위대한 예술 지지자인
콜린 마틴데일을 기리며
이 책을 헌정합니다.

신경미학

2019년 6월 15일 초판 1쇄 발행
2019년 11월 10일 초판 2쇄 발행
2022년 1월 5일 초판 3쇄 발행

편저자 | 마르틴 스코프 · 오신 바타니안
옮긴이 | 강미정 · 민철홍
교정교열 | 정난진
펴낸이 | 이찬규
펴낸곳 | 북코리아
등록번호 | 제03-01240호
주소 | 13209 경기도 성남시 중원구 사기막골로 45번길 14
        우림2차 A동 1007호
전화 | 02-704-7840
팩스 | 02-704-7848
이메일 | sunhaksa@korea.com
홈페이지 | www.북코리아.kr
ISBN | 978-89-6324-641-3 (93100)

값 28,000원

* 본서의 무단복제를 금하며, 잘못된 책은 바꾸어 드립니다.

NEUROAESTHETICS

신경미학

마르틴 스코프 · 오신 바타니안 편저

강미정 · 민철홍 옮김

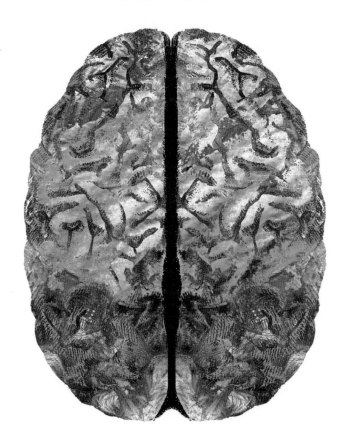

북코리아

CONTENTS

CONTENTS

CONTENTS

〈일러두기〉

1. 본문 중 고딕체로 표시한 〔 〕 안 내용은 역자가 독자의 이해를 위해 삽입한 것이다. 단, 원 저자가 기입한 〔 〕 안 내용은 그대로 명조체로 두었다.

2. 모든 주석은 역자 주이다. 다만 원 저자의 주석은 '[원주]'로 표시했다.

3. 역자의 참고자료는 별표(*)를 달아 참고문헌 끝부분에 제시했다.

4. 단행본 및 정기간행물은 『 』, 논문이나 글 제목은 「 」, 예술작품은 〈 〉로 구분했다.

5. 단어나 어구 강조는 ' ', 인용은 " "로 표기했다.

1

서론:
신경미학이란 무엇인가?

마르틴 스코프(Martin Skov)와 오신 바타니안(Oshin Vartanian)

신생 연구 영역인 신경미학은 호기심과 모험정신으로 가득 차 있다. 우리는 이 새로운 영역의 역사 초창기에 등장한 이 책이 현재 신경미학이라는 주제를 둘러싸고 있는 흥분을 잘 포착해주길 희망한다. 이러한 배경에서 우리는 다음과 같이 두 가지 구체적인 목적을 염두에 두고 이 책의 출판에 착수했다. 첫 번째 목적은 현재 '신경미학'이라는 기치 아래 사용되는 접근법들의 다양성을 강조하는 것이다. 이 책의 목차를 한번만 훑어봐도 신경미학이라는 주제가 많은 영역에서, 그리고 다양한 방법론적 관점에서 연구되고 있다는 것이 드러날 것이다. 실험적 관점, 진화적 관점, 신경심리학적 관점, 신경영상학적 관점 등 다양한 관점을 지닌 연구자들이 시각예술, 문학, 음악, 영화와 관련하여 신경미학을 연구하고 있다는 사실은 이 책이 서로 매우 다른 것들을 함께 묶고 있다는 점을 부각한다. 우리는 이러한 다양성이 결국 신경미학 분야에 상당히 이바지하리라고 믿는다. 이 분야의 본질적으로 학제적인 본성은 가설 생성의 온상이 될 뿐만 아니라(이 책의 8장을 보라), 서로 다른 학문영역을 가로지르는 토대적 가설들을 시험할 수 있는 계기가 되기도 한다.

우리의 두 번째 목표는 본성상 좀 더 통합적이다. 즉, 두 번째 목표는 이처럼 다변적인 작업의 가닥들에 공통적인 것을 규정하는 핵심 특징 중 일부의 추출을 포함한다. 우리는 서론에서 이 두 번째 목표에 도전할 것이다. 여기서 우리의 목적은 신경미학을 가능케 하는 틀을 제시하는 것이다. 이런 목적을 위해 강조되는 것은 우리가 신경미학을 규정짓는 특징이라고 믿는 것이다. (이 책의 2장도 참고하라.) 어떤 이들은 하나의 학문 분야로서 신경미학은 관심 영역이 지나치게 협소하며, 예술의 미적 기능에 관한 측면만 이해하기보다는 예술 전반에 대해 이해하고자 노력하는 것이 이상적이라고 주장한다. (이 책의 4장을 보라.) 우리는 이런 문제에 조금 다르게 접근하여, 신경미학이 사실상 예술 연구 **이상의** 것을 포괄해야 한다는 태도를 견지하고 있다. 우리는 미적 기능이 예술의 기치 아래에 있는 것들보다 훨씬 폭넓고 매우 광범위한 대상들의 배열과 우리의 상호작용을 특징으로 하는 현상이라고 믿고 있다. 아래에서 우리는 이러한 특징들을 포착해주리라고 희망하는 신경미학의 실질적 정의를 제공하고자 한다.

신경미학, 과거와 현재

　신경미학은 기본적으로 신경과학을 탐구 방법으로 사용한 미학 연구의 한 특정 방식이다. 미학에 대한 다른 접근들은 철학적 분석이나 엄격한 심리학적 모형(model)을 사용해왔다. 이처럼 신경미학은 뇌 과정이 미적 행동의 기저를 이루는 방식에 대해 연구하는 학문이다. 비록 이런 문제에 대한 진정한 실험 연구는 기껏해야 지난 20년 사이에 시작되었으나, 미적 행동의 근간이 되는 신경 기제에 대해 탐구하고자 한 개념적 경향은 18~19세기까지 추적해볼 수 있다. 이 시기에는 전반적으로 마음과 뇌의 관계에 대한 과학적 이해가 격변했으며(Reed, 1997), 이래즈머스 다윈(Erasmus Darwin, 1792)[1] 같은 몇몇 연구자는 정신상태가 생리학적 기제로 설명될 수 있다는 생각을 하기 시작했다. 이런 생각은 『시와 음악의 대응에 대한 관찰Observations on the Correspondence between Petry and Music』(1769)을 쓴 대니얼 웹(Daniel Webb)과 『그림 같은 것The Picturesque에 관한 에세이』(1810)를 쓴 유덜 프라이스(Uvedale Price)를 포함한 다수의 미학자에게 영감을 주었고, 그 결과 그들은 미적 경험의 제 국면이 생리학적 기초를 갖는다는 견해를 제시했다. 예를 들어, 미국의 심리학자 헨리 럿거스 마셜(Henry Rutgers Marshall)은 미의 경험이 통증과 즐거움이라는 기초적이고도 쾌락적인 감정에 뿌리내리고 있다고 주장했고(Marshall, 1892, 1893), 이러한 쟁점을 언급하기 위해 『통증, 즐거움, 미학Pain, Pleasure, and Aesthetics』(1894)이라는 제목의 책을 출판했다.

　미학생리학에 관한 이와 같은 생각은 처음에는 실험보다 추측을 더 부추겼으며, 결과적으로 『생리학적 미학Physiological Aesthetics』(Grant Allen, 1877), 『예술생리학의 과제Aufgaben der Kunstphysiologie』(Georg Hirth, 1897), 『종과 예술: 생

리학적 미학에 대한 서설*Geschlecht und Kunst: Prolegomena zu einer Physiologischen Aesthetik*』
(Gustav Naumann, 1899) 같은 제목의 저서들로 출판되었다. 그러나 이 책들
은 데이터가 거의 없거나 아예 없던 것들이다. 그러다가 1870년대 독일
의 생리학자 구스타프 테오도르 페히너(Gustav Theodor Fechner)가 경험의 변
화를 자극 입력의 측정 가능한 변화와 서로 연관지어 정신적 사건들에
관한 생리학 연구의 한 방식을 창안하게 됨으로써 변화의 국면을 맞게
되었다. 그는 이 같은 실험 테크닉을 미적 경험의 차원들에 발 빠르게
적용했다(Fechner, 1876). 이 책에서 토마스 야콥센(Thomas Jacobsen)이 보여주
는 것처럼 페히너의 방법론적 창안은 풍부한 실험 전통을 구축하는 데
영감을 주었고, 생리학자들은 20세기를 지나는 동안 다양한 심리측정
(psychometric) 테크닉을 사용하여 예술 지각에 대한 행동 반응을 측정하고
자 시도했다. (Martindale, 2007도 참고하라.)

    그러나 여전히 진정한 미학생리학을 위해 신경미학은 기초 신경과
학의 진전을 더 기다려야 했다. 실험미학 전통에 따라 수집된 행동 자료
에 관해 대뇌피질 기제에 의지하여 설명하고자 한 영향력 있는 시도, 즉
미적 선호가 생리적 각성(arousal)으로 결정된다는 대니얼 벌린(Daniel Berlyne)
의 가설(1971)이 신경과학 혁명이 전개되던 시기에 등장했다는 것은 결
코 우연이 아니다. 1970년대와 1980년대에 걸쳐 수많은 논문과 저서들
에서 지각, 기억, 감정 등 신경학적 기반에 대한 기초 신경과학의 점증하
는 연구가 활용되었고, 그리하여 뇌가 어떻게 예술 행동, 특히 시각예술
관련 행동을 계산하는가에 관한 이론들이 쏟아져 나왔다(Critchley & Henson,
1977; Gregory et al., 1995; Livingstone, 1988; Miall, 1976; Rentschler et al., 1988). 뇌과학자들
은 PET(Positron Emission Tomography; 양전자 방출 단층 촬영)나 fMRI(functional Magnetic
Resonance Imaging; 기능적 자기공명영상) 같은 비침습적(noninvasive) 신경영상 기법들

이 출현함에 따라[2) 예술 및 다른 미적 대상을 경험할 때 발생하는 피험자의 뇌 활동을 관찰할 수 있게 되었고, 그리하여 마침내 이런 이론들은 실험을 통한 정밀성을 갖추게 되었다.

이상과 같은 짧은 역사적 개관이 분명하게 보여주는 것처럼 신경미학의 진화는 신경과학 분야 내에서 널리 알려져 있는 궤도를 지나왔다. 첫째, 마음의 한 측면과 뇌 과정을 등치시킬 가능성이 도입되어 열띤 논쟁의 대상이 되었다. 둘째, 활용할 수 있기는 하지만 반드시 미적으로 특수하다고 할 수 없는 지식에 기초하여 모형과 가설이 개진되고 있다. 셋째, 실험 작업이 뒤를 잇는다. 의식에 대한 실험적 연구와 윤리적 심리학의 부상과 함께 신경과학과 이 분야들의 탐구 간에 관련성이 증대된 것을 보면서 우리는 유사한 트렌드가 미학에서도 나타나리라고 예견하고 있다.

신경미학의 기본 방향

신경미학은 미적 행동의 기저를 이루는 신경 과정에 관한 연구다. 그런데 이 말이 의미하는 것은 더 정확하게 무엇인가? 우리는 '미적' 대상이라고 부를 수 있는 것과 상호작용하는 형식들이 존재한다고 제안한다. 신경미학이 할 일은 이런 미적 기능이 무엇인지 확인하고 신경생물학적 원인에 대해 탐구하는 것이다.

미적 기능이란 대상과의 상호작용 과정에서 그 대상의 창조자나 관람자에게서 환기된 심리적 과정을 의미한다. 이런 심리적 과정은 다른 무엇보다 지각적 · 감각적 · 인지적 · 정서적 · 평가적 · 사회적 측면을 포함할 수 있으며, 이들 모두는 생물학적 기반, 즉 신경적 기반을 갖는다고 추정된다. 우리는 '예술' 대신 '대상(object)'이라는 용어를 사용하고 있는데, 이는 미적 과정이 예술작품 외에 훨씬 광범위한 범위의 대상들과 우리가 하는 상호작용을 유형화하기 때문이다.

현재로서는 이와 같은 신경미학에 대한 정의를 구성하는 각 요소는 더 많은 연구가 필요하다. 우선 대상의 미적 기능에 관한 연구에서 수많은 생물학적 틀(frameworks)이 제안되었다. (예를 들어 Berlyne, 1971을 보라.) 생물학적 틀은 미학 연구에만 특수하게 사용되는 기법에서 비롯된 기능은 아니다. 사실 이런 기능은 탐구를 추동하는 생물학 이론들 모두와 관련되어 있다. 예를 들어 반응시간을 측정하는 미학의 행동 실험은 연구에서 가정된 예측들이 생물학 기반 이론에 의해 동기가 부여되거나 그로부터 도출되었다면 생물학적 틀에 속할 것이다. 우리는 이렇게 다른 생물학적 틀에서 나온 예측이 다양한 영역(가령 음악, 무용 등)을 가로질러 어느 정도까지 적용되는지 연구할 필요가 있으며, 그런 예측이 시각미학(visual aesthetics)처럼 좀 더 특수한 목적에도 기여하는가에 대해 연구할 필요가 있다. (Chatterjee, 2003을 보라.) 더구나 미적 기능을 이해하기 위해 제안된 생물학적 틀은 반드시 생물학의 더 광범위한 주제들, 가령 진화론의 주제들과 연결되어 있어야 한다. (Miller, 2000을 보라.) 다시 말해 미학 안에 자리 잡은 생물학적 틀은 서로의 생각을 주고받고 일관성 있는 논의를 펼치기 위해 생물과학의 더 넓은 주제들과 양립할 수 있어야 한다는 것이다.

우리는 또한 미적 대상과 상호작용하는 과정에서 창작자나 관람자에게 환기된 심리적 과정에 대해 더 잘 이해할 필요가 있다(Zaidel, 2005). 역사적으로 관람자의 미적 과정에 대해 연구하는 것이 창작자의 미적 과정에 대해 연구하는 것보다 쉬운 것으로 증명되었다. 그리하여 연구자들은 관람자의 미적 경험에 초점을 맞춰왔으나, 궁극적으로 동전의 양면이 모두 이해될 필요가 있다는 것은 주지의 사실이다. (이 책의 5장을 보라.) 이런 편향성은 이 책의 내용에도 반영되어 있다. (하지만 이 책의 4장, 7장, 8장은 예외에 속한다.) 관람자의 미적 반응을 일으키는 창작자 내부에서 발생하는 과정에 대한 이해를 신경미학의 핵심 구성요소로 간주해야 한다는 것은 분명하다.

마지막으로 예술대상을 다른 대상들과 구분하는 규준이 아직 잘 합의되어 있지 않다는 점이 지적되어야 한다. (이 책의 2장을 보라.) 합리적인 접근방식 중 하나는 관찰자나 창작자가 **예술작품으로서** 접근하는 대상들에 대해 연구하는 것이다. 예를 들어 레더 외가 제시한 미적 경험의 모델에서 출발점이 되는 것은 관심의 대상인 하나의 예술작품에 대한 고찰이다(Leder et al., 2004). 이런 접근은 예술작품을 포함한 우리의 미적 경험에 대해서는 유용한 접근이지만, 예술작품으로 간주되지 않는 대상들에 대해 우리가 갖는 미적 경험은 포착하지 못한다. 우리의 신경미학 정의에 따르면 미적인 현상들은 특유하기보다는 공통적이며, 우리가 회화를 창조하고 영화를 볼 때 분명히 환기되지만 사랑하는 사람을 포옹할 때도 환기된다. 이 점에 대한 개연적인 근거를 말하자면 이렇다. 즉, 예술 자체를 생산하거나 감상할 때와 관련하여 구성요소가 되는 신경 과정은 특유하지 않으며 (다른 비미적 경험과) 공통적이라는 것이다. 가령 어떤 신경 기제는 영화, 소설, 오페라뿐만 아니라 직장에서의 사고(incidents)나 역사적 사건들의 내러티브 구조를 계산할 수도 있다. 대부분의 사람들이 본질적으로 미적이라고 여기는 어떤 아름다운 예술작품을 경험하는 기능조차(Jacobsen et al., 2004) 우리와 예술대상과의 상호작용에만 특유한 것이 아니다. 우리는 얼굴, 자동차, 풍경 같은 대상들도 아름답다는 사실을 발견한다. 이런 식으로 다른 행동적(behavioral) 행위들의 영역에서도 미적인 측면들을 발견할 수 있다. 궁극적으로 우리는 단지 예술작품에 국한시키지 않고 모든 대상에 대한 우리의 미적 경험에 관해 설명할 모형이 필요할 것이다. 비록 지금 신경미학의 주안점이 되고 있는 '예술작품에 대한 미적 경험'이 정당한 출발 지점이라고 할지라도 말이다.

신경미학의 핵심 문제

이상과 같이 신경미학이라는 용어를 정의하기로 하고, 다음으로 탐구가 필요한 핵심 쟁점이 무엇인지 질문하는 단계로 넘어가자. (이 책의 2장, 3장, 7장을 참고하라.) 신경미학의 주요 임무가 적절한 분석 수준에서 탐구할 수 있는 미적 과정의 특성을 이루는 행동 특징들을 밝혀내는 것이라는 사실은 명백하다. 하지만 다른 중요한 쟁점들도 있는데, 그중 하나는 미적 경험의 진화론적 의미다. (이 책의 4장, 6장, 8장을 보라.) 진화론적 쟁점은 미적 경험에 접근하는 **이유**에 대해 언급할 뿐만 아니라 그 과정에 접근하는 **방법**에 대해서도 알려줄 것이다. 왜냐하면 이 둘은 긴밀하게 연관된 문제이기 때문이다. 예를 들어 미적 경험이 짝짓기나 유혹적인 집단적 결합에 기반을 둔다는 사실의 발견 여부는 미적 경험 발생을 매개하는 것으로서 탐구되는 과정을 선택하는 데 영향을 미칠 것이다.

이 책의 많은 장은 예술에서 표상(representation)의[3] 역할, 더 나아가 미적인 것들(aesthetics)에서[4] 표상의 역할을 다루는 데 역점을 두고 있다. 정신적 표상의 미적 특질에 영향을 미치는 요소들에 대한 우리의 이해는 표상 일반에 대한 이해에 의존하고 있다. 이 책에서 웨이드(Wade)는 시각적 표상의 매혹적인 역사와 그것이 결국 다채로운 세부에서 시각적 신경과학으로 나아가게 되는 추이를 포괄하고 있다. 그로달(Grodal), 테르바니에미(Tervaniemi), 마이얼(Miall)은 각각 자신들의 글에서 오늘날 대부분 사람들에게 아마도 미적 경험의 가장 전형적인 수단이 된다고 할 수 있는 영화, 음악, 문학을 붙잡고 씨름한다. 탐구 영역이 명백하게 다름에도 불구하고 저자들이 각자의 영역에서 표상을 이해하기 위해 유사한 주제들 — 가령 지각 및 행동과 인간 두뇌 안에서 발생하는 각각의 신경표상[5] 간에 존재하는 긴밀한 연관 같은 것 — 을 필수적인 것으로 논의한다는 점을 편저자들은 만족스럽게 여기고 있다.

끝으로 미적 경험에서 감정(emotion)의[6] 역할에 대한 설명이 더 필요하다. 이 책에 수록된 여러 장에서 이 문제를 언급하고 있다. 셰니에(Chenier)와 빙키엘만(Winkielman)은 미적 선호에서 정동(affect)의 역할에 관해 설명하기 위해 처리 유창성(processing fluency)[7] 개념을 도입한다. 브라운 및 디사나야케와 바타니안은 미학 영역에 최근의 감정 이론을 도입함으로써 색다른 접근을 시도하고 있다. 이러한 연구의 목적은 미학에서의 감정 이론이 인간의 감정 처리에 관한 더욱 진전된 모델에 기초하도록 하는 것이다. 감정이입(empathy)에서 거울 뉴런의 역할에 관한 마이얼의 논의는 예술품에 대한 몰입이라는 강력한 경험을 설명함으로써 이런 쟁론에 편승한다. (이 책의 12장도 참고하라.) 미적 경험에서 감정에 관한 신경생물학적 이론은 언어 처리 같은 다른 영역의 인간 활동에서 경험되는 감정에 관한 신경생물학적 이론과 반드시 연관되어야 한다고 말하는 것은 정당하다.

우리는 이런 개별적인 질문들에 대한 연구가 상호 간에 상당히 바람직한 영향을 미칠 수 있다는 점을 강조하는 것이 중요하다고 판단한다. 예를 들어 미적 선호 형성의 기저에 있는 신경 체계가 애초에 짝짓기를 수월하게 하려고 진화되었다는 생각은 이런 체계들이 어떻게 작동할 수 있는가에 관한 흥미로운 질문들을 촉발할 수 있다. 가령, 그런 체계들은 회화에 반응하는 것과 유사하게 얼굴의 자극에 반응하는가? 등이 있다. 다른 한편, 나달과 동료들이 매우 우아하게 증명한 것처럼 안와전두 피질(orbitofrontal cortex)[8] 같은 핵심적 구조의 기능적 활동에 관한 지식은 진화론적 가설에 영향을 주기도 한다.

이 책의 목표

우리는 이 책이 무엇보다 이와 같은 핵심적 질문들에 대한 새로운 연구를 독려하게 되기를 희망한다. 언급했듯이 신경미학은 자랑할 만한 유구한 지성사를 갖고 있으며, 출현하기 시작하는 실험 자료들로 최근 많은 관심을 불러일으키고 있다. 그럼에도 신경미학이 여전히 일관성 있는 틀을 필요로 한다는 점은 분명하다. 이 책에 포함하기 위해 선택한 쟁점들 안에서 우리는 그런 틀의 윤곽을 그려보고자 노력하면서 미래의 신경미학자들이 탐구해야 할 가장 중요한 질문들의 목록을 나열하고 그것들이 서로 어떻게 관련되어 있는지 설명했다.

이와 같은 틀을 제안하면서 우리는 특별히 두 가지 주제에 관심을 기울였다. 첫째, 신경미학은 무용, 음악, 문학, 조각 혹은 회화를 망라하는 모든 예술 형식을 포괄하는 것이어야 한다. 이는 또한 신경미학 이론이 오로지 하나의 예술 형식에서 나온 사례들이 제공한 동기들로 구성된 특이한 가설들에 지배되어서는 안 된다는 것을 의미하기도 한다. 둘째, 우리는 미적 경험과 예술적 창조성이 혼연하고 신비로운 심리적 과정들에 의지하는 것이 아니라 지각, 기억, 감정 등 기초적인 신경 과정에 뿌리를 두고 있다는 것을 증명함으로써 신경미학을 연구하는 더 폭넓은 과학 공동체에 참여하기를 희망한다. 다시 말해 신경미학은 더욱 광범위한 신경과학적 프로그램의 기초적인 부분으로 간주되어야 할 것이다.

앞을 내다보며

심리학적 미학의 시작은 통상 구스타프 테오도르 페히너의 걸출한 저작 『미학 입문 *Vorschule der Aesthetik*』(1876) 출판으로 거슬러 올라간다. 이처럼 풍부한 전통의 궤적을 따라 우리는 신경미학이 미적 경험에 내재한 객관적 세계와 주관적 세계 간의 연관성에 대해 이해하며, 페히너의 경험적 탐구의 자세를 따르는 자연스러운 연장선에 있다고 본다. 우리는 신경미학의 장래가 밝다고 믿으며, 이 분야에서의 발견들이 심리학 및 다른 유관 학문 분야 안에서의 미학 연구를 더욱 확고하게 하는 데 기여할 것이라고 믿는다. 우리는 미학의 수수께끼들이 생물학에서 유래한 통찰들을 통해 해결될 수 있으리라고 희망할 뿐만 아니라, 또한 그와 같은 공헌이 진정하게 양방향적일 수 있으리라고 기대한다. (Miller, 2001을 보라.)

1) 이래즈머스 다윈(1731~1802)은 영국의 의사이자 자연철학자, 생리학자, 노예무역 폐지론자, 발명가, 시인이다. 자연선택설의 전조라고 할 수 있는 이론을 전개하여 손자인 찰스 다윈의 진화론에 영향을 주었다. 주요 저서로는 『주노미아Zoonomia』(1794~1796), 『식물원Botanic garden』(1791) 등이 있다.

2) 비침습적(noninvasive) 신경영상 기법이란 수술이나 전극 삽입 같은 침습적 방법을 사용하지 않고 뇌의 구조나 기능을 측정하는 기법을 말한다. 신체에 손상을 입히지 않는 비침습적 신경영상 테크닉의 발달로 인간 피험자의 뇌 활동을 측정할 수 있게 되었다. 주요 비침습적 신경영상 기법으로는 본문에 언급된 PET, fMRI 등이 있다. PET(Positron Emission Tomography)는 양전자를 방출하는 방사성 추적 물질(tracer)을 혈류에 주입하여 방출되는 감마선의 쌍을 탐지하는 기법이다. fMRI(functional Magnetic Resonance Imaging)는 자기장을 사용하여 혈류의 BOLD(Blood-Oxygen-Level Dependent, 혈류 산소 수준) 신호를 측정하는 기법이다. fMRI는 산화헤모글로빈과 비산화헤모글로빈의 자기적 성질이 다르다는 점을 이용하여 산화헤모글로빈의 빈도가 높게 나타나는 곳, 즉 뇌 활동이 활발한 곳을 시각화해서 보여준다. fMRI는 공간해상도가 높아 뇌 활동 위치를 특정하는 데 유리한 반면 시간해상도는 떨어져 순간적 뇌 활동 측정은 어려운 단점을 지닌다.

3) 이 책에서 'representation'은 대체로 '표상'으로 번역하지만, 문맥에 따라서는 '재현'으로 번역할 것이다. 예를 들어 'pictorial representation'은 '회화적 표상'이 아니라 '회화적 재현'으로 번역한다.

4) 신경미학자들은 'aesthetics'를 '미학'이라는 학명으로 사용하기보다는 미적인 것들 일반을 총칭하는 용어로 사용하는 경향이 있다. 이때 '미적인 것들'이란 아름다운 사물을 포함한 미적 대상을 뜻하기도 하지만 그런 대상에 대한 경험을 뜻하기도 한다. 따라서 이 책에서는 문맥에 따라 'aesthetics'를 '미학'이나 '미적인 것들' 등으로 옮긴다.

5) 인지신경과학자들이 말하는 '표상' 또는 '정신적 표상(mental representation)'은 주로 명제로 표현될 수 있는 개념의 착상이거나 지각 경험에 상응하는 심상(imagery)의 출현을 일컫는다. (Paul Thagard, 2014를 참고하라.) 그런데 '정신적 표상'이 '신경표상(neural representation)'으로 명시될 때 '표상'은 좀 더 구체적인 신경학적 의미를 띤다. 즉, 신경표상이란 수천 개에서 수백만 개에 이르는 뉴런들이 연결되어 발생하는 신경과정을 말한다. 그러므로 신경학적으로 정의한다면 '표상'은 "일련의 시냅스들이 형성하는 방대한 망에서 뇌가 정보를 분산처리하는 작용"이 될 것이다. '신경표상'에 대한 더 자세한 설명은 이 책 2장의 '표상' 절과 R. C. deCharm & A. Zador, 2000을 참고하라.

6) 'emotion'은 대체로 '(광범위한 의미의) 감정'이라고 번역하는 것이 자연스러우나, 관용어의 경우 (가령 정서심리학이나 기본정서 등) '정서'라고 번역한다. 참고로 이 책에서는 'affect'는 정동(情動)으로, 'feeling'은 느낌으로, 'mood'는 기분으로 각각 번역한다. 심리학

에서 'affect'는 "희로애락과 같이 일시적으로 급격히 일어나는 감정, 진행 중인 사고 과정
이 멎거나 신체적 변화가 뒤따르는 강렬한 감정 상태"라는 의미에서 대체로 '감정' 또는 '
정동'으로 번역되어 쓰이고 있다. 최근 철학적 논의에서는 'affect'의 역어를 "개인적 차원
이전 단계에서의 유동적인 감정 및 느낌"을 지칭하는 '정동'으로 통용하려는 추세가 있다
(그레그와 시그워스, 2015). 'feeling'은 감정이나 정동과는 달리 희로애락 중 어떤 종류의
상태인지 파악하기 이전의 신체적 감각으로서의 어떤 느낌을 의미한다는 점에서 '느낌'으
로, 'mood'는 지속적이고 관찰 가능한 감정상태라는 의미에서 '기분'으로 번역한다.

7)   처리 유창성은 정보가 얼마나 쉽게 처리되는지를 말한다. 셰니에와 빙키엘만은 어떤 대상
     에 대한 정보가 쉽게 처리될수록 그 대상을 아름답게 느낀다고 주장했다. 더 자세한 것은
     이 책의 14장을 참고하라.

8)   안와전두피질은 감각 통합, 강화물의 감정가 표상, 의사결정, 기대되는 보상이나 처벌의
     신호 등에 관여하는 것으로 추정되는 전전두피질 부위이다. 브로드만 영역(BA, Brodmann
     Area) 10, 11, 47에 해당한다. 브로드만 영역은 20세기 초 독일 해부학자 코르비니안 브로
     드만(Korbinian Brodmann)이 인간, 원숭이 등의 대뇌피질을 뉴런의 세포 구조적 조직에
     따라 구분한 영역들을 말한다. 브로드만은 대뇌피질을 51개의 영역으로 나누어 번호를 붙
     였다. (컬러 그림은 이 책의 249쪽을 보라.)

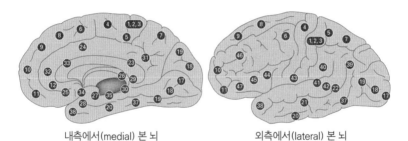

내측에서(medial) 본 뇌   외측에서(lateral) 본 뇌

[그림 1-1] 브로드만 영역(BA)

2

신경미학의 문제: 신경미학 연구를 위한 틀

마르틴 스코프(Martin Skov)

신경미학의 과제

달리아 자이덜(Dahlia Zaidel)은 자신의 저서 『신경심리학과 예술*The Neuropsychology of Art*』에서 다음과 같이 언급했다.

> 예술과 뇌 사이의 연관은 [···] 구성요소를 규정하기 힘들어 밝히기
> 가 어렵다. 시스티나 성당에 벽화를 그릴 때, 혹은 모세나 피에타를
> 조각할 때 미켈란젤로 마음의 어떤 능력이 작품에 들어갔을까? 모네
> 가 수련을 그릴 때, 고갱이 〈테하마나의 조상들Ancestors of Tehamana〉을
> 그릴 때, 그리고 고대의 예술가들이 라스코와 알타미라의 동굴 벽화
> 를 그릴 때 그들 마음속의 무엇이 작품을 통제한 것일까? 마찬가지로,

〈아이다〉를 작곡할 때 베르디의 마음을 구성한 요소들은 무엇일까?

이러한 질문에 덧붙여 우리는 다음과 같은 질문도 추가해야 한다. 즉, 어떠한 신경처리 과정이 우리에게 예술을 경험하고 감상하도록 할까? 우리는 '모네'의 그림과 '고갱'의 그림을 어떻게 구별할까? 모나리자의 미소는 왜 불가사의하며, 뇌는 예술작품이 자아낸 이러한 수수께끼를 어떻게 해결할까? 이와 유사하게, 어떤 예술작품은 사람들을 즐겁게 하는데 다른 예술작품은 그렇지 않은 이유, 그리고 어떤 사람은 모네를 좋아하고 고갱을 싫어하는데 다른 사람에게는 그 반대일 수도 있는 이유는 무엇일까? 우리가 예술 창조의 기저를 이루는 뇌 과정보다는 예술의 지각과 인지의 기저가 되는 뇌 과정에 대해 더 많이 알고 있기는 하지만, 둘 다 아직은 이해했다고 말하기에 너무 이르다.

신경미학을 처음 접하는 사람은 이상의 질문들 및 관련 질문들에 답변하고자 하는 과학적 분야로 단순하게 정의할 수 있다. 언뜻 보기에 이것은 매우 간단한 시도처럼 보인다. 그러나 예를 들어 언어에 대한 신경과학 연구는 언어의 구조에 대한 정교한 모형에 기초하지만, 예술의 구조에 대한 유사한 모형이 존재하지 않는 것에서 알 수 있듯이 그렇게 간단하지 않다. 연구할 행동의 부분들을 기술하는 모형이 없다는 것은 야심 찬 신경미학자들이 예술 감상이나 생산의 신경학적 상관물을 찾는 것이 어렵다는 것을 의미한다. 우리에게는 예술의 '문법'뿐만 아니라 뇌가 예술 행동을 어떻게 계산하는가에 대한 심리학적 모형도 없기 때문에 자이덜이 말한 것처럼 예술의 경험과 창조에 관여하는 신경학적 구성요소들을 밝히는 것은 힘들다.

왜 이러한 모형이 등장하지 않았을까? 내 생각에 그 주된 이유는 일단 예술이란 무엇인가를 정의하는 일이 대단히 어려운 것이라는 데 있다. 오랜 세월 동안 수많은 저자가 예술 대상을 다른 대상과 구분할 수 있는 속성을 정확히 찾아내고자 했지만, 이러한 노력은 대체로 실패했거나 논쟁의 여지가 있다고 증명되었다. 예술작품에 고유한 것으로 제기된 모든 특성은 비예술적인 대상에서도 찾을 수 있다는 것이 금방 밝혀져 좌절감이 느껴질 정도였다. 예술이 제공하는 특수한 종류의 경험인 '미적 경험'을 구성하는 것이 무엇인지를 밝히려는 노력도 마찬가지다 (Beardsley, 1969). '경험의 통일성', '무관심성', '아름다움' 등 예술의 정수(精髓)라고 제시된 경험적 속성들은 정말 예술작품만 유발하는 것일까? 다시 한번 우리는 이러한 모호함을 언어의 경우와 대조할 수 있다. 〔예술에서〕 품사, 음소, 절에 해당하는 것에 관해 합의조차 할 수 없다면 예술의 문법 모형을 세우기는 어려울 것이다.

따라서 현시점에서 신경미학은 모든 실험적 연구의 전제조건을 충족시켜야 할 위치에 있다. 말하자면 신경미학은 예술 대상을 특징짓는 것과 미적 경험을 특징짓는 것 모두에 관한 좋은 모형을 만들어내야 하는 위치에 있다는 것이다. 연구자들은 적어도 잘 동기화된 탐구의 추진 노선이 필요하다. 이를테면 양식(style)은 예술 대상의 결정적인 부분이며, 기억은 양식의 경험을 계산하는 데 중요한 역할을 할 것이 틀림없다. 왜냐하면 보고 있는 대상을 특정 양식의 표본으로 재인하기(recognize)[1] 위해서는 현재의 지각적 입력을 견본(template)과 맞춰보아야 하기 때문이다. 그런 이유에서 피험자들이 '양식을 따른' 대상과 '양식을 따르지 않은' 대상을 볼 때 뇌 영상 촬영을 하여 내측두엽(medial temporal lobe)[2] 활동의 차이를 살펴보자. 이러한 잠정적인 질문에 대한 연구는 결과적으로 '양식'이라는 것이 정확히 무엇인가에 대한 더 깊은 이해로 이어질 수 있다. 예를 들어, 내측두엽이 새로운 양식을 처리하는 방식과 오래된 양식을 처리하는 방식에 중요한 차이점이 있다는 것이 밝혀질지도 모른다. 전자는 코드화(encoding) 과정을 유발하고 후자는 회상 과정을 유발해 각기 다른 뇌 구조 활동에 의존할 수도 있다(Miyashita, 2004 참고). 최근의 연구 결과는 비주위피질(perirhinal cortex)과 해마(hippocampus)[3] 같은 구조들이 공간 재인 기억과 대상 재인 기억에 각기 다른 역할을 할 수도 있다는 것을 보여준다(Aggleton & Brown, 2005). 이는 건축과 회화의 양식이 각기 다른 신경계 시스템에 의존할 수 있다는 것을 시사한다. 더 나아가 초기의 지각과 기억 시스템이 어떻게 상호작용하여 양식의 효과를 만들어내는지에 대해 더 세부적인 지식을 습득하게 되면, 양식에 대한 정보가 감정의 기저를 이루는 구조 등 뇌의 다른 부분들에 어떻게 영향을 미치는가를 조사하는 연구의 설계가 가능해질 것이다.

이 가설적인 예시에서 두 가지 중요한 교훈을 얻을 수 있다. 먼저, 급성장하는 신경미학 분야는 주로 뇌가 **어떻게** 예술 행동을 계산하는가에 대한 질문에 관심을 기울이고 있지만, 예술 행동이란 **무엇인가**에 대한 논의에 주목하면서 앞으로 나아가야 한다는 것이다. 십중팔구 새로운 지각 표상의 코드화, 재인이나 인출(retrieval) 같은 양식 계산의 기저를 이루는 기억 과정은 예술 대상의 경험에만 특유한 것은 아닐 것이다. 하지만 이것들이 우리가 예술작품이라고 부르는 종류의 대상들과 관련하여 특수한 기능을 수행할 가능성은 있다. 예를 들어, 범주화 과정은 자주 허구의 표상(가령 "이 가면은 비의 신 차크(Chac)를[4] 나타낸다"라고 말할 때)이나 심지어 특이한 방식으로 표현된 자연물(가령 "수련을 그린 모네의 이 붓놀림은 매우 인상주의적이야!"라고 말할 때)을 만들어낸다. 여전히 이 특수한 기능에 대한 주장은 양식이 대부분 예술작품의 구조적인 특징이라는 가정에 의존한다. 양식은 예술 대상에만 특유한 것이 아니어도 되지만, 거의 모든 예술의 특징이어야 한다. 결과적으로, 신경미학은 인류가 만들어낸 다양한 형태의 예술 목록을 만들고 기술하는 작업을 하는, 고고학으로부터 인류학, 예술사에 이르는 다양한 분야들, 그리고 이러한 예술작품들의 형식적 구조를 분석하려는 분야들인 철학, 기호학, 실험심리학 등을 포함하여 여러 가지 방식으로 예술 대상의 전형적인 특성을 찾아내기 위해 노력하는 다른 미학의 하위 분야들과 연계하여 작업해야 한다. 이 점을 강조할 가치가 있는 것은 이러한 분야에서 연구하는 어떤 연구자들은 신경미학이 전통적인 미학의 자리를 가로채려 하고 있다는 두려움을 드러냈기 때문이다(가령 Hyman, 2006). 분명히 말하건대 이것은 사실이 아니다. 오히려 실험적인 신경미학은 전통 미학의 통찰을 출발점으로 삼지 않고는 거의 시작조차 할 수 없다.

다른 한편, 양식에 관한 나의 상상적 사례가 보여주듯이 신경미학의 연구 결과는 무엇이 예술 대상과 미적 경험을 구성하는가에 대한 이해를 수정하고 개선하는 데 도움이 될 수 있다. 이것이 나의 두 번째 주장이다. 양식은 장소나 물체 같은 지각대상들(percepts) 및 다른 가능한 요인들의 변화에 의존하는 많은 하위형식들(subforms)을 포괄하는 우산 개념(umbrella concept)으로 볼 수도 있다. 또한 양식(의 기능)은 회화와 음악(또는 다른 양상들)에서 정확히 똑같지 않을 가능성이 높다. 그러므로 실험적 신경미학이 전통 미학의 설명과 이론에 피드백을 보낸다면, 그것은 우리가 기존의 개념과 모형을 풍부하게 하고 수정하도록 도와줄 수 있는 이러한 잠재적인 차이점을 드러내 보여줄 것이다. 다시 말해 '**무엇이** 예술을 구성하는가?'에 대한 모형이 '뇌가 **어떻게** 예술을 계산하는가?'에 대한 연구의 전제조건이 되듯이, 예술 행동을 유발하는 신경인지적 기제를 연구하는 것은 전통 미학의 임무인 '예술이란 무엇인가?'를 밝혀내는 데 불가결한 중요성을 가진다. 확실히 **무엇이**와 **어떻게**라는 이 두 가지 질문이 서로 얽혀 있다고 생각하는 것이 도움이 된다.

　　이상과 같은 들어가는 말을 요약하자면, 신경미학은 인간의 예술 행동에 관여하는 신경학적 과정, 즉 예술의 구축과 경험 모두의 기반이 되는 과정들을 찾아내고 이해하는 것을 목표로 하는 새로운 과학적 분과다. 하지만 순조로운 출발을 위해 신경미학이 무엇을 찾고자 하는가에 대한 생각을 하고 있어야 한다. 말하자면 신경미학 연구자들은 무엇이 미적 특성으로 간주되는가에 대한 생각을 가지고 있어야 한다. 이것은 쉬운 일이 아니다. 사실 이 단계에서 신경미학의 핵심적인 도전은 예술의 생산과 소비를 담당하는 신경 체계의 기능적 요소에 대한 모형을 세우는 것 자체에 있다. 이러한 모형은 '예술 대상이 실제로 무엇이라고 파악되는가?'에 대한 연구를 바탕으로 한 가설적 모형을 계속 제시하고 실험을 통해 이 가설들을 시험함으로써 가장 잘 얻을 수 있다. 이렇게 볼 때, 신경미학은 예술이 언제 인류에게 처음으로 나타났는가, 예술 행동은 역사적으로 어떤 모습을 취해왔는가(암각미술, 장신구, 춤, 조각, 건축, 음악 등), 혹은 예술의 사회적·심리적 기능은 무엇인가 등을 연구하는 다른 분과 학문과 함께 예술에 대한 다양한 생물학적 접근 중 하나의 하위분과일 뿐이다. (나는 이러한 질문과 마찬가지로 중요한, 왜 특정한 형식의 예술 행동이 진화되었는가 하는 진화론적 질문은 언급하지 않았다. 그러나 앞으로 간략하게 짚고 넘어가겠지만, 신경미학은 더 넓은 영역의 생물미학과 밀접하게 관련되어 있다고 봐야 한다. 즉 진화론적 가설은 신경미학 실험에 영감을 줄 수 있다. 반대로 신경미학의 연구 결과는 진화론적 추론에 도움을 줄 수 있다. 이에 대한 예는 이 책의 6장을 참고하라.)

　　이 장의 나머지 부분에서는 내가 신경미학 연구에서 중심을 이뤄야 한다고 생각하는 몇 가지 문제를 제시했다. 분명하게 말하자면 이 문제들이 전부라는 것은 절대로 아니다. 앞에서 언급했듯이 신경미학은 아직 초창기에 머물러 있고, 예술적 경험이나 창조에 관여할 가능성이 있는 신경 기제에 대해 완전히 이해하기 위해서는 갈 길이 아주 멀다. 하지만 적어도 내가 제시하는 모든 문제가 예술 행동에서 결정적인 역할을 한다는 것이 증명될 수 있다고 생각하며, 그러하기에 미래의 신경미학 연구에 영감을 주기를 바라고 있다.

예술이란 무엇인가?

나의 전반적인 목표는 예술 현상을 특징짓는 몇 가지 특성을 찾아내고 이러한 특성들과 관련된 신경인지적 기제 중 몇 가지를 제안하는 것이다. 이것을 어떻게 시작할 수 있을까? 다음과 같은 방법이 적절하다고 생각한다. 우리는 이미 회화를 경험할 때 뇌가 시지각, 시각적 재인, 기억, 감정 그리고 대상을 보는 데 일반적으로 관여하는 다른 기제들 등 기본적인 신경체계를 활성화한다는 것을 알고 있다. 이와 마찬가지로 미술 작품을 창조하기 위해 미술가들은 시각적 심상(무엇을 묘사할 것인가), 운동 제어와 시지각(붓을 올바른 방향으로 움직이기 등) 등의 기저를 이루는 신경체계를 다른 형식의 시각적 묘사에서도 일반적으로 활성화되는 과정과 같은 방식으로 활성화해야 한다는 것도 이미 알고 있다. 따라서 우리는 "예술을 경험하고 제작하는 데 이러한 체계의 어떤 기능이 특별히 관련되는가?" 하는 질문으로부터 출발할 수 있다. 양식의 예로 돌아가면, 가령 우리는

"지각 입력을 범주화하고 개념적 의미를 부여하는 일반적인 기제가 하나의 회화를 모네의 작품이나 인상주의로 보는 과정과 관련하여 어떤 특수한 과제를 수행하는가?"라고 질문할 수 있다. 이에 대한 답변은 "그렇다"라고 추정할 수 있는데, 미술작품은 의도적으로 **창조되었고** — 즉 미술가가 색과 선 등이 정확히 지금처럼 독특한 방식으로 배치되어야 한다고 결정했고 — 개념적 의미의 범주화와 활성화는 여기서 참신하고 허구적인 개념요소들의 군집을 만들기 위해 특별한 형식을 취하기 때문이다("모네의 수련은 **보라색과 흰색**이고, **개방적인 필치로** 그렸다 등"). 이러한 방식으로 우리가 어느 정도 알고 있는 것들 — 즉 시지각과 운동 제어 — 로부터 이런 기본적인 기제들이 예술을 감상하거나 그림을 그릴 때 어떻게 더 특수하게 사용되는가에 관한 훨씬 정교한 개념으로 나아간다. 내가 보기에 이러한 [신경미학적] 접근은 예술 행동을 구성하거나 야기하는 것이 전적으로 특유한 특징들의 집합이라고 가정하지 않는다. 말하자면 예술 행동을 구성하는 특징들은 보통 비예술적인 행동에도 적용된다고 설명할 수 있는 것들이다. 예를 들어, 양식과 관련된 범주화나 개념적 의미의 기제가 예술에만 고유한 것일 필요는 없다. 어떤 이유에서든 축구 경기를 예술과 동일시하지 않고서도 어떤 축구팀이 특정한 경기 스타일을 가지고 있다고 경험할 때처럼 양식을 예술이 아닌 대상의 특성이라고 해도 아무 문제가 없다. 다만 여기서 중요한 것은 우리가 예술이라고 부르는 행동영역의 사실상 본질적인 부분이 되는 기능을 찾아낼 수 있었다는 것이다.

그렇다면 이러한 예술 행동의 본질적인 요소들의 목록은 어떤 모습을 띨 것인가? 이미 말한 것처럼 현시점에서 포괄적인 목록을 만드는 것은 불가능하지만, 가장 중요한 특징 몇몇을 골라내는 것은 가능하다. 몇몇 특징은 매우 근본적이다. 즉 모든 형식의 예술 행동에 일반적으로 나타난다는 것이다. 다른 특징들은 여러 다양한 양태의 예술들에서 더욱 특수하게 나타난다. 말하자면 무용에서는 운동활동 기제, 음악에서는 청각 기제, 문학에서는 언어 기제 등이 나타난다. 어떤 경우에는 다른 양상의 예술에서 역할을 하기도 하지만 말이다. 마지막으로, 어떤 특징들은 예술작품에서는 현저하다고 여겨지지만, 예술 행동에서는 반드시 그렇게 여겨지지 않는다. 러시아 형식주의자들을 따라 이러한 유형의 특징을 '기법(device)'이라고 부르겠다(Erlich, 1981). 기법이란 감상자에게 다소 특정한 영향을 주기 위해 예술가가 의도적으로 만든 계획적인 재료 구성이다. 가령 각운, 운율 구조, 원근법, 크레셴도(crescendo), 피루엣(pirouette) 등을 생각해보라. 기법은 예술에 필수적으로 존재하지만, 어떠한 개별적인 기법도 그 자체로 예술 대상에 본질적이지 않다. 예를 들어, 은유(metaphor)를 포함한 시와 포함하지 않은 시는 모두 창작 가능하다. 우리는 기법을 각각 특정한 예술작품을 구별해주는, 또 결과적으로 각각의 예술 대상에 대한 경험을 구별해주는 특징으로 생각할 수 있고 이러한 기법은 신경미학에서 매우 중요하다. 놀랄 것도 없이 이미 실험실에서 다양한 범위의 연구가 진행되었고 대표적인 것 몇 가지만 말하자면 은유(Rapp et al., 2004), 서양식 음 체계(tonal structure; Janata et al., 2002), 리듬(Patel, 2003), 내러티브(Zalla et al., 2002), 비정상적으로 채색된 대상들(Zeki & Marini, 1998) 등이 있다. 하지만 결국 기법은 더 큰 맥락, 즉 기법이 예술 행동에서 수행하는 역할이라는 맥락에서 이해되어야 한다. 우리는 궁극적으로 은유가 작동하도록 하는 신경인지적 기제를 밝히는 데 관심이 있지만, 우리의 주된 목표는 전반적인 미적 경험에 은유가 어떻게 기여하는지 이해하는 것이다.

나는 다음과 같은 네 가지 특징이 일반적인 예술 행동의 구성요소일 것이라고 확신한다. 다시 한번 강조하자면, 더 많은 실험 자료를 축적할수록 이 특징들은 수정되거나 뒤집히거나 새로운 특징이 추가될 수도 있다. 네 가지 특징을 간략히 설명한 후 다음 두 절에서 이 특징들을 보조하며, 따라서 미래 신경미학의 조사 목표가 되어야 할 몇 가지 신경인지적 기제를 제안할 것이다.

① 모든 예술의 핵심은 창조 행위의 결과다. 이러한 창조의 측면이 아마도 해명이 필요한 가장 근본적인 차원일 것이다. 예술작품이란 인간이 어떤 특정한 형식을 만들고자 하는 의도로 물질적인 재료를 조작함으로써 생긴 결과물이다. 나는 예술의 매우 기본적인 의미를 뜻한다. 예술은 반드시 가장 전통적인 의미에서 '작품'의 형태를 취할 필요가 없다. 예술은 전통무용이나 상황예술(situational art)처럼 사건에 더 가까울 수도 있고(van Damme, 1996), 예술작품은 '열려 있다'라고, 다시 말해 행위자나 감상자의 해석에 영향을 받는다고 이해할 수도 있다(Eco, 1989). 하지만 예술작품이 대상이 아닌 사건이라고 하더라도, 혹은 시간이나 맥락에 따라 일시적이거나 변화한다고 하더라도 예술가가 초래했기 때문에만 존재하는 어떤 한정적인 물질적 재현이 항상 존재하며, 감상자는 이것을 미적 경험을 형성하기 위한 출발점으로 사용한다. 예술가가 예술작품을 '초래한' 것이 사실이라고 해도, 음악가들이 노래를 만들기 위해 음고, 리듬, 멜로디를 결합하거나 시인이 시를 창작하기 위해 단어, 통사, 음소를 배열하는 것처럼 항상 물질적 재료들이 친숙한 방식으로 의도적으로 조작되는 것은 아니라고 반론할 수도 있다. 어떤 모더니즘 예술은 **발견된 오브제**(*objets trouvé*)[5]를 사용하거나 물질적인 형식보다는 개념적인 아이디어를 강조

하여 이러한 제작 측면을 최소화하려 한다. 뒤샹이 만들어져 있는 변기를 미술관으로 옮기는 데는 통상적인 수공예적 기술이 거의 들어가지 않았지만, 상황적인 맥락의 의도적 변화는 그 자체로 예술적 조작이다. 사실 뒤샹이 변기에 서명을 하고 〈샘Fontaine〉이라는 제목을 붙임으로써 더 수정을 가한 것은 방문객이 평범한 변기를 미술관의 유별난 존재로 경험하게 하려는 의도였다. 변기는 감상자들에게 무엇을 예술작품으로 간주할 수 있는가에 대한 논쟁을 촉발하려는 **분명한 목적 아래** 미술관에 **놓였으며**, 그리하여 그 자체로 예술작품이 되었다.

② 분명히 인간은 도구 — 예를 들어 언어적 발화 — 와 같이 반드시 예술이라고 볼 수 없는 다른 새로운 형식이나 대상을 창조한다. 철학자들은 이러한 형식의 제작과 예술을 창조하는 행위 사이의 차이점을 밝히려고 노력했다. 가장 유명한 것은 『판단력비판』에 담긴 칸트의 생각으로, 도구나 다른 인공물은 어떤 목적을 수행하기 위해 만들어지는 반면, 예술작품은 무관심적이거나 (disinterested) 비실용적인 경험을 제공하기 위해 창조된다는 것이다(Kant, 1974). 내 생각에 예술작품과 다른 인공물 사이에는 두 가지 큰 차이점이 있다. 첫 번째 차이는 예술작품을 창조하는 주요 목적이 감상자에게서 **경험**을 유발하는 것이라는 사실이다. 우리는 앉을 수 있는 의자, 한 장소에서 다른 장소로 이동시켜주는 자동차, 혹은 노래 모음을 휴대할 수 있게 해주는 아이팟을 발명했다. 우리는 어떤 기능을 쉽게 하는 것을 돕는 도구로서 인공물을 제작한다. 이와 대조적으로 예술작품은 어떤 기능으로 사용하기

위해서가 아니라 경험하기 위해 창조한다. 앞에서 말했듯이, 뒤
샹은 소변기를 접하는 사람들이 그것을 **보고** 소변기와 전통적으
로 미술관에서 전시되는 다른 대상들과의 부조화를 **깨닫게** 하려
고, 말하자면 **이러한 불협화**(dissonance)를 인지적인 효과와 감정적
인 효과 모두로서 **경험하고** 예술의 본성에 대해 **반성하도록** 하
려고 서명한 소변기를 전시했던 것이다. 경험을 유발하거나 자극
하는 것이 예술 대상의 목적이다. 예술가 쪽에서 볼 때 이것은 색
채와 단어가 선택된다는 것, 모티프, 테마, 주제가 목표가 된다는
것, 그리고 새로운 기법들이 감상자에게 효과를 일으키기 위해
분명한 목적을 가지고 발명된다는 것을 의미한다. 이러한 효과가
엄청나게 다양하다는 것은 분명하다. 스릴러는 감상자에게 강한
긴장감을 불러일으키고자 한다. 코미디는 당신을 웃게 하려고 애
쓴다. 아리스토텔레스는 『시학』에서 비극은 "일정한 크기가 있는
진지하고 완전한 행위의 모방이고, 다른 부분들에서 다양한 방식
으로 꾸며진 언어로 되어 있으며, 내러티브가 아니라 극적인 형
식을 취하고, 연민과 두려움을 통해 이러한 격정의 카타르시스를
이뤄내는 것"이라고 했다(Aristotle, 1941). 감상자 쪽에서 볼 때 예술
작품의 속성들은 정신적 경험을 조리하기(cook up) 위한 성분들로
사용된다.

③ 이처럼 예술작품의 관찰자(다른 관찰자들과 예술가 자신 모두)에게 경험적
인 효과를 일으키기 위해 물질적인 재료를 조작하는 성향이 나타
나는 이유는 무엇일까? 확실히 어떤 경우에는 그 이유가 그저 관
찰자의 기분을 좋게 하거나 관찰자를 웃게 하거나 주인공을 동정

하게 하기 위해서다. 그렇지 않은 경우에는 그 이유가 이전에 고려되지 않았던 새로운 생각(가령, 예술로서의 변기)을 유발하기 위해서다. 엘렌 디사나야케가 일련의 논문과 책에서 강력하게 주장했듯이, 예술적 창조성의 목적은 종종 예술작품을 "특별하게 만들어" 두드러지도록 하는 것이기도 하다. (Dissanayake, 1979, 1982, 2000; 이 책의 4장도 참고하라.) 예술작품을 특별한 것으로 경험하는 효과는 예술작품을 다른 일상적 사물들과 구별되게 한다. 예를 들어 장식 도구는 소유권이나 사회적 지위를 표시할 수 있고, 진귀한 재료로 지어진 커다란 궁전은 이곳이 국가원수의 거처라는 것을 나타낼 수 있다. 디사나야케는 이처럼 사물, 장소, 행동, 그리고 우리를 둘러싼 세계의 다른 부분들의 모양을 만들거나 수정하려는 경향은 이렇게 수정된 것들을 맥락에서 벗어나 있는 것으로 표시하고자 하는 인간적 필요를 반영한다는 견해를 제시한다. 이러한 성향은 동물의 놀이와 제례(ritual)에서도 찾을 수 있는 행동적 특징이다. 과장, 정형화, 규칙, 장식, 정교화 및 다른 형식의 가공을 통해 평범한 행동이나 특별하지 않은 사물이 기분, 생각, 느낌(예를 들어 적대감이나 성적 흥분)을 소통하거나 위의 사례에서 본 것처럼 중요한 가치나 생각을 표현하는 능력 같은 "특별해진 의사소통 기능을 획득한다"(Dissanayake, 1979, p. 27). 디사나야케의 가설은 어떻게 근대적인 '순수' 예술('fine' art)의 복잡한 문화적 산물이 행동의 초기 형식으로부터 진화했는지에 대한 일리 있는 설명을 제공하는 동시에 왜 음악, 시, 무용, 그리고 다른 예술이 세례, 장례, 짝짓기(파티!), 사회적 기능(대관식, 취임식 등), 종교적 의식 등 우리 삶의 거의 모든 중요한 상황에 계속해서 두드러지게 나타나는가를 해명해주므로 매우 매력적이라고 생각한다. 확실히 위에서 정의한 예술 기법들은 여러 가지 측면에서 "특별하게 만들기" 위한 일반적인 경향의 아종(亞種)이다.

④ 앞서 이야기한 것처럼 예술작품은 경험되기 위해 존재한다. 미학 이론에는 예술작품의 지각적 특성에 기초한 경험을 만들어내는 정신적인 과정이 비예술적 대상을 경험하는 정신적 과정과 어떤 중요한 측면에서 다르다고 가정하는 오랜 전통이 있다. 핵심적인 가정은 예술작품은 평범한 대상과는 대조적으로 **해석되어야** 한다는 것이다. 즉 지각 대상으로서 예술작품은 새롭고 낯설거나 불가사의한 부분들로 이뤄져 있으므로 의미 있는 정신적 표상으로 쉽게 '번역되지' 않는다는 것이다. 따라서 러시아 형식주의자들은, 시인과 작가들이 사용하는 양식적 기법은 새로운 견지에서 제시됨으로써 습관적인 것을 '낯설게 만들고(making strange)', 이를 통해 독서 과정을 탈자동화시켜 사물에 대한 자각(awareness)을 고조시켜주고 예리한 지각력을 되찾아준다고 주장했다 (Shklovsky, 1965). 데이비드 마이얼(David Miall)과 돈 쿠이컨(Don Kuiken)은 최근 독자반응(reader-response)에 관한 일련의 경험적 연구를 통해 이런 가설을 재검토했고, 시적이지 않은 부분과 비교했을 때 이야기의 시적인 부분에서 읽는 시간과 정동(affect) 평정이 증가한다는 것을 발견했다(Miall & Kuiken, 1994). 마이얼은 이 책 11장에서 문학이 이화(異化)-재개념화 주기(defamiliarization-reconceptualization cycle)를 유발하며, 양식적 기법을 포함한 구절이 일으키는 느낌은 "독자가 새로운 이해를 찾도록 유도하는 대안적인 관점을 제공한다.

결과적으로 나타나는 재개념화는 그 구절을 처음 접했을 때의 경험에 이어 발생한다…"라고 제안한다. 이러한 견해는 5장에서 피치와 동료들이 우리가 예술을 경험할 때 세 단계로 구성된 특수한 '인지적 경로'가 있다고 제안한 것을 연상시킨다. 즉 "친숙성, 재인 또는 안정의 첫 번째 단계, 놀람, 모호함 또는 긴장의 두 번째 단계, 통합, 해소 또는 종합의 세 번째 단계"가 그것이다. 지금까지 심리학자들은 이러한 놀라운 요소의 통합과 모호성의 해소가 이뤄지는 동안 무슨 일이 일어나는지 더 구체화하는 데 비록 많은 관심은 아니더라도 어느 정도 관심을 가져왔다. (예를 들어 Solso, 1996, 2003을 보라.) 하지만 마이얼이 쓴 장과 피치 외의 장은 새로운 생각들이 등장하기 시작했다는 것을 보여준다. 중요한 것은 이런 생각들을 경험적으로 시험해볼 수 있다는 점이다.

나는 이 네 가지 특징 모두 인간의 예술 행동이 보여주는 두 가지 본질적인 특성, 즉 전통적인 미학이 대체로 예술에 특유한 것이라 믿었고, 대부분의 신경미학자들이 설명이 필요하다는 데 동의하리라고 생각되는 두 가지 특성을 포착하고 있다고 생각한다. 첫 번째는 예술작품, 즉 지각하는 사람에게 경험을 제공하려는 의도를 가지고 조작되고 꾸며지고 형태가 만들어지는 물질적 재료들의 집합을 창조하려는 욕구 및 능력과 관련된다. 두 번째는 창조된 재료의 본성과 관련이 있다. 이것은 어떤 의미에서 '특별한', 즉 평범한 대상이나 재료에서 특정한 방식으로 벗어나므로 감상자 쪽에서 이화-재개념화의 인지적 주기를 유발하는 경향이 있다. 신경미학의 현재 역할은 이러한 행동 특성의 원인인 신경 기제를 밝혀내는 것이다. 물론 예술적 창조성, 재료 조작, 특별하게 만들기, 이화 또는 재개념화를 전담하는 뚜렷하게 구분된 해부학적 영역은 없을 것이다. 이렇게 추정되는 인지 기능은 더 기본적인 신경 과정의 결합물임이 밝혀질 것이다. 시적인 창조성을 예로 들어 생각해보자. 시나 소설을 짓기 위해 시인은 시적이지 않은 방식으로 말할 때 사용하는 것과 동일한 여러 정신작용을 사용할 것이다. 말하자면 일단 메시지가 감지되어야 한다. 그러고 나서 이 메시지가 어휘적·통사적으로 구성되고 운동 활동의 수단을 통해 표현되어야 한다(Levelt, 1999). 측두엽, 두정엽, 전전두피질 그리고 운동피질에[6] 분산된 신경망이 언어적 표현을 생성하는 이 복잡한 과정의 기저를 이룬다(Bookheimer, 2002; Démonet et al., 2005; Gernsbacher & Kaschak, 2003). 문제는 시적 표현을 창조하는 것이, 만약 다른 것이 있다면 다른 종류의 언어적 표현을 만들어내는 것과 어떻게 다른가 하는 것이다. 나는 프레데릭 셰른펠트(Frederik Stjernfelt), 올라프 폴슨(Olaf Paulson)과 함께 여러 가능한 방식으로 양자가 다를 수 있음을 제시했다(Skov et al., 2006). ⓐ 우선 예술가는 심상(mental imagery), 즉 흥미로운 의미가 부여된 정신적 이미지를 꿈꾸는 능력이 더 두드러지는 사람일 가능성이 있다. 이러한 '환상'의 돌발적인 출현은 날개 달린 말이나 피를 마시고 박쥐로 변장할 수 있는 사람과 같이 지각적 또는 개념적 특징들이 특이하게도 동시에 활성화됨으로써 나타날 수 있다. 아마 시인들은 이러한 개념적인 정보를 혼합할 수 있는 신경체계를 타고났을 것이다. ⓑ 또 다른 가능성은 시인들이 심상을 말로 표현하는 데 특별히 뛰어난 사람일 수 있다는 것이다. 연구 결과는 하전두회(inferior frontal gyrus; IFG)와[7] 측두엽 뉴런들 사이의 상호작용이 의미론적 특징의 선택과 더 큰 구절 및 담화 체제로의 통합에 중요하다는 것을 보여주었다(Hagoort, 2005; Kan & Thompson-Schill, 2004; Thompson-Schill et al., 2005 참고). 시인의 우월한 언어 기술은 몇 가지 알려지지 않은 구조나 기능적인 능력 ― 확장된 회백질(grey matter), 축삭의 연결(axonal connections)[8] 등 ― 에 뿌리를 두고 있으며, 측두엽의 개념 체계에 대한 하전두회의 통제를 강화한다. ⓒ 마지막으로, 시인들 또한 현재 열띤 연구의 주제가 되는 기제들인 가설 생성, 평가, 갖춤새 전환(set shifting), 갈등 해소(Martindale, 1994)를 포함한 창의적인 문제 해결을 위해 사용되는 일반적인 뇌 기제를 활용한다는 것은 의심의 여지가 없다. (최근의 검토는 Vartanian & Goel, 2007을 참고하라.) 시적 창조성의 진정한 원천이 무엇이라고 밝혀지건 창조적 탁월함이 오로지 하나의 신경 과정으로부터 나오는 것이 아님은 당연하다. 아마도 시적 언어를 창조하는 과정은 시인마다 다른 방식으로 상호작용할 수도 있는 몇 가지 다른 신경 기제를 요구할 것이다. (어떤 시인은 매우 상상력이 풍부하고, 다른 시인은 참신한 정신적 관념에 딱 맞는 표현(le mot juste)을 떠올리는 데 매우 능숙할 수 있다.) 또한 명심해야 할 것은 시적 창조성이 더 나아가 음악적 창조성이나 시각적 창조성과는 구별되는 신경 기제와 관련되어 있을 수 있다는 것이다.

현재 우리에게 가장 잘 알려진 예술 행동의 측면은 예술의 수용이다. 우선 우리는 예술 수용에 관여하는 두 가지 핵심적 신경 영역으로 표상과 감정적 반응을 가려낼 수 있다. 표상과 감정적 반응은 모두 예술 행동의 본질적인 특징을 만들어내는 데 중요한 신경 기제에 기여할 것이다.

표상

앞에서 쓴 것처럼 예술작품의 주요한 목적 중 하나는 감상자에게서 경험을 유발하는 것이다. 예술작품은 그것을 특별하게 보이게 해주는 기법들로 구성되어 있으므로 이러한 예술 행동의 측면은 정신적 표상을 형성하는 과정에 특별한 중요성을 부여한다. 예술작품을 볼 때 우리는 자주 예술가들이 고안한 독창적이고 특유한 형식이나 적어도 친숙한 형식의 새로운 구성을 마주하곤 한다. 예술 경험의 결정적인 부분은 이러한 새로운 형식이나 새로운 배치의 지각적 특징들을 도출하고 이를 이해할 수 있도록 통합하는 뇌의 능력이다.

현대의 신경과학은 시각체계가 어떻게 기능적 모듈(Felleman & Van Essen, 1991; Zeki, 2005)과 처리의 흐름(Goodale & Milner, 1992)으로 조직되어 있으며 뇌가 어떻게 대상을 인식하는가를 이해하는 데 많은 발전을 해왔다(Kanwisher, 2003). 유사하게 신경 영상법과 다른 새로운 기법을 통해 우리는 뇌가 어떻게 음악적 입력을 조성, 음고, 선율, 리듬 등으로(Koelsch & Siebel, 2005; Peretz & Zatorre, 2005), 또는 언어 입력을 음소, 어휘적 개체, 통사적 구조 등으로(Bookheimer, 2002; Démonet et al., 2005) 분석하는가에 대해서도 점차 이해하기 시작했다. 시각, 청각, 언어 인지의 세 가지 양상(modalities) 모두에서 일반적인 구조적 조직은 다음과 같으리라고 짐작된다. 지각적 입력이 감각 말초에서부터 피질의 뒷부분을 통해 전두피질을 향해 위쪽으로 여행할 때, 뇌(과정)의 초기 부분은 지각적 특징(대조, 빛, 색, 대칭, 청각적 복잡성 등)을 추출하는 일을 한다. 측두엽과 두정엽 내 구조는 다양한 원리에 따라 이러한 특징들을 분류하고 통합하며, 그 결과로 도출된 대상 범주화를 뇌가 지닌 개념 체계의 다른 지식 마디들(nodes)과 관련시킨다. 그러는

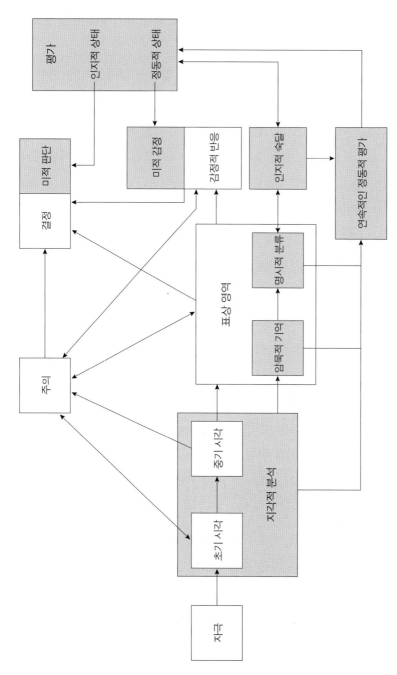

[그림 2-1] 예술대상이 드러내는 지각적 속성에 기초하여 만든, 뇌가 예술작품이 정신적 표상을 형성할 때 관여하는 신경인지적 기제에 관한 하나의 가능한 모형.
(© 마르쿠스 니달이 Leder et al., 2004를 참조하여 다시 그림)

동안 전두피질에 위치한 구조는 뒤따르는 정보를 유기체의 행동 프로그램과 병합시킨다.

신경미학자들은 뇌가 어떻게 지각적 입력을 다루는가에 대한 이와 같이 새로운 이해를 활용하여 예술의 표상이 어떻게 좀 더 기본적인 과정으로부터 나오는가에 관한 다양한 모형들을 제안했다(Chatterjee, 2003; Leder et al., 2004; Livingstone, 1988; Solso, 1996; Zeki, 1999). 〔그림 2-1〕에 묘사된 헬무트 레더(Helmut Leder)와 동료들의 모형은 좋은 사례이다. 이 모형은 예술에 특수하다고 추정되는 다수의 과정들을 지각적 분석, 기억, 대상 범주화의 일반적인 기제들에 배정하는데, 가장 중요한 것들만 들자면 맥락의 식별, 준비(organization), 친숙성, 전형성, 양식과 내용의 분류, 예술작품에 대한 '인지적 숙달(cognitive mastering)'을 포함한다.

레더의 모형은 한 과정 요소에서 다음 과정으로 가는 정보의 흐름(지각적 분석 → 암묵적 기억 통합 → 명시적 분류 → 인지적 숙달 → 평가)을 규정하는 정보처리 모형으로 볼 수 있다. 아마도 이 모든 단계들이 어떤 예술작품에든 개입된다고 하는 것이 옳겠지만, 나는 예술작품들이 체계의 상이한 부분들을 이용한다는 점에서 다를 수 있다는 것을 인식해야 한다고 생각한다. 통찰력 있는 세미르 제키가 언급한 것처럼(Semir Zeki, 1999), 예술가들은 선별된 뇌 기제에 조준하여 제한된 몇 개의 지각적 · 인지적 특징들에 집중하는 경향이 있다. 예를 들어 초상화가는 얼굴 처리에 집중하고, 추상화가는 기하학적 도형이나 색에 집중하는 것처럼 말이다. 이와 마찬가지로, 어떤 예술작품은 좀 더 자극 중심적인 반면 다른 작품은 주로 우리의 생각들로 이루어진 정신적 세계에 호소한다. (예를 들면 개념 예술이 있다.) 이브 클랭(Yves Klein)의 단색 그림은 지각적 정보를 과거의 경험과 연관시키는 감상자의 능력에 상대적으로 적게 의존하는 반면, 데이비드 린치(David Lynch)

의 〈트윈 픽스Twin Peaks〉와 같이 대단히 상호텍스트적인 작품들은 능동적으로 노력을 기울인 기억의 참여를 통해서만 이해될 수 있을 것이다. 따라서 예술작품의 종류에 따라 레더가 추정한 다섯 단계가 개별적 예술경험에 미치는 계산의 결과는 달라질 것이다. 또한 정보의 흐름이 상향적으로만, 즉 뇌의 뒷부분에서 앞부분으로만 흐를 것 같지는 않다. 하향적 정보가 초기 시각피질 뉴런의 처리도 조절한다는 것이 오래전부터 알려졌을 뿐만 아니라(Churchland et al., 1994), 몇몇 정신물리학적(psychophysical) 연구는 단순히 제목을 달아 예술작품의 맥락을 조절하는 것이 예술작품에 대한 감상자의 감상과 이해에 영향을 준다는 것을 보여주었다(Cupchick et al., 1994; Leder et al., 2006; Russell, 2003). 더 가능성 있는 추측은 정보가, 이를테면 레더 외의 모형이 제안하는 다양한 기제들 사이에서 앞뒤로 흐른다는 것이다. 예술의 정신적 표상이 구성되는 동안 지각적 분석, 기억, 대상 재인, 전두엽의 처리가 정확히 어떻게 기능적·시간적으로 상호작용하는가에 대해서는 더 진전된 연구가 필요하다.

레더 외가 제안한 것과 같은 모형들은 예술가가 어떻게 예술작품을 특별하게 보이게 하는가에 대한 구체적인 가설을 개진하는 데 필수적일 것이다. 특별한 것이 된 예술작품은 본질적으로 낯설거나 비정상적인 표상을 감상자의 뇌에 불러일으킨다. 레더 외의 모형의 관점에서 살펴보면 시스템을 동요시키는 것은 모든 단계에서 가능하다. 다시 말해 개별적인 예술대상이 채택한 어떠한 표상적 기제든지 변경될 수 있다는 것이다. 예를 들어 지각 표상의 상대적인 크기는 그것이 관찰자로부터 얼마나 멀리 위치하고 있는가에 대한 지표이므로(지각 표상이 관찰자에게 가까울수록 눈의 망막에서 더 많은 공간을 차지한다.) 예술가는 그림 요소들의 2차원적인 크기를 변화시켜 뇌의 지각 체계를 깊이에 대한 착각을 유발하는 데 이용할 수 있다(Solso, 2003). 이것이 특별함을 얻는 한 가지 방법이다. 효과를 얻는 또 다른 방법은 예를 들어, 친숙한 대상의 비율을 왜곡하거나, 사물의 정상적인 색을 바꾸거나, 관련되지 않은 개념들을 병치하거나, 또는 표상의 일부를 흔하지 않은 방식으로 포착함으로써 감상자의 예상을 깨뜨리는 것이다. 실제로 예술가는 종종 동일한 예술작품에 하나 이상의 전략을 사용한다. 발튀스(Balthus)의 그림 〈거리La Rue〉를 생각해보자. 이 그림은 일상적인 거리를 매우 효과적으로 색다르고 낯선 거리로 변형시킨다. 예를 들어 사용된 색은 일상적인 거리에 일반적이지 않은 것이고, 등장하는 사람들도 어떤 식으로든지 이상해 보인다. 대체로 이 그림에는 마치 약간 불길하거나 **언캐니한**(Unheimlich)[9] 거리처럼 상당히 불안정한 특성이 있다. 이 효과는 적어도 나에게는 다양한 요인들의 조작에서 기인한 것이다. 예를 들어 산책하는 사람들 몇 명에게는 병약해 보이는 노란 피부색이 주어졌다. 그림 뒤쪽의 수평선이 오른쪽 밑으로 기울어져 있어서 장면의 시각이 기울어져 보인다. 그림 앞쪽에서 빨간 공을 갖고 놀고 있는 '소녀'와 뒤에서 여자의 팔에 앉아 있는 '소년'은 아이 같기보다는 어른처럼 보이고, 물론 그림의 왼쪽 면에서 소녀를 팔로 감싸고 있는 남자는 여자를 공격하는 것(성적으로, 혹은 장난으로?) 같은 모호한 인상을 준다. 다른 사람들에게 둘러싸여 환한 대낮에 길 한가운데에서 펼쳐지기에는 이상한 행동들이다. 이것과 다른 요인들이 함께 감상자의 마음에 '거리'의 표상을 지각적 · 개념적으로 극심하게 소외된 장소로 형성시키고 다소간 충격적인 불안의 감정을 불러일으키게 만든다. 남자는 소녀에게 무엇을 하는 것일까? 왜 사람들 중 두 명은 아이의 몸과 어른의 얼굴을 가진 것일까? 그건 그렇고 여기는 대체 어떤 곳인가?

　　예술가가 사용하는 '낯설게 하기' 기법이 전반적인 표상의 틀 안에

[그림 2-2] 발튀스, 〈거리La Rue〉, 1933.

서 의미 있는 목적에 기여한다는 것이 아마도 결정적일 것이다. 특이한 얼굴 색, 기울어진 시각, 그리고 아이의 몸을 지닌 어른의 얼굴 등은 다 함께 수상한 일에 관여된 기이한 사람들이 거주하는 이상한 거리를 보는 경험을 불러일으킨다. 발튀스가 사용한 요소들 중 일부를 제거하는 것을 상상해볼 수 있다. 예를 들어 건물, 그리고 길과 보도를 표시하는 선들을 제거하면 자유롭게 떠다니는 사람들만 남게 되어 **특수한 설정 안에서** 괴이한 행동에 연관된 유별난 사람들을 보고 있다는 느낌을 없앨 수 있다. 마찬가지로, 발튀스가 그림의 중앙에 위치한 노란색의 남자만 그린 경우를 상상해볼 수 있다. 이렇게 하면 뭉크와 같은 표현주의 회화가 남게 되는데 노란색, 팔의 위치와 불가사의한 미소가 이상한 거리의 특성 대신에 갑자기 남자의 내적·심리적 세계의 기호로 나타내게 될 것이다. 달리 말하면, 예술적 기법은 전체의 부분으로서 기능한다는 것이다. 이것은 매우 중요한 지점이다. 말하자면 우리가 예술이라 부르는 대상은 그저 재료의 형식을 기존의 특이한 방식으로 형성하는 데서 출현하는 것이 아니라, 소통의 목적을 위해 그렇게 함으로써 출현하는 것이다. 이것은 예술이 환기시키는 정신적 표상에 특색 있는 고유성을 부여한다. 〈거리〉에서 색채, 선, 몸의 자세, 통합할 수 없는 몸과 머리, 불안정감 등의 조합은 다른 어떤 거리와도 비슷하지 않은, 또는 그 점에서는 거리에 대한 다른 어떤 묘사와도 비슷하지 않은 거리를 만들어낸다.

예술작품의 예술적 기법을 의미 있는 전체로 융합시키기 위해 뇌는 별개의 신경 과정에서 오는 정보를 통합하기 위한 여러 가지 기제를 사용하거나, 또는 정보를 통합하기 위한 몇 가지 서로 다른 기제를 사용할 가능성이 높다. 이러한 통합 기제가 레더 모형의 일부로서 추가되어야 한다. 실험자료는 예를 들어 음악이 의미 처리에 영향을 미치거나(Koelsch et al., 2004), 그림에 대한 감정적 반응에 영향을 주거나(Baumgartner et al., 2006), 운동 체계를 활성화시킬 수 있다는 것(Zatorre et al., 2007)을 보여준다. 또 다른 종류의 통합은 두 개의 다른 의미 영역에서 온 개념적 정보를 통합하는 은유가 예시한다(Fauconnier & Turner, 2000). 세 번째 통합은 개념적이거나 지각적인 또는 다른 종류의 갈등 해소가 예시한다. 짐작건대 이러한 기제는 축삭 연결, 신경세포 발화의 동기화, 지각적이고 개념적인 정보의 재활성화, 정보의 선택, 주의의 이동, 작업 기억(working memories) 유지뿐만 아니라 하향적 조절에 의존할 것이다. 다행히 이러한 기제에 관여하는 다양한 신경과정을 밝혀내려는 실험들이 시작되고 있다. 예를 들어 초기 fMRI 연구에서 제키와 마리니는 빨간 딸기와 파란 딸기를 보는 것을 비교하여 후자의 조건이 전두 구조에서 비상한 활동을 유발한다는 것을 발견했다(Zeki & Marini, 1998). 은유 처리에 대한 다른 연구들은 우반구의 측두 구조가 동떨어져 있고 맥락상 관련 없는 특징들을 포함하여 주어진 언어적 발화(utterance)에 의해 개시되는 더 넓은 의미론적 영역에서 약하고 분산된 의미 활성화를 유지하는 반면, 좌측두엽의 구조는 발화의 지배적이거나 문자 그대로이거나 혹은 문맥상 관계있는 의미와 관련된 특징들의 의미 활성화의 기저를 이룬다는 것을 보여준다. (Jung-Beeman, 2005; 이 책의 11장도 참고하라.) 이렇게 성긴 의미 활성화는 아마도 지배적인 의미를 우회하고 더 멀리 있는 특징에 접근하게 해줌으로써 간접적인 의미론적 관계, 흔하지 않은 해석, 농담, 그리고 물론 은유를 돕는 것으로 보인다 (Schmidt et al., 출판 중; St. George et al., 1999). 앞으로 이와 같은 노선을 취하는 연구가 더 많이 이루어져 예술 경험에서 정보가 어떻게 통합되는지 더 밝혀줄 것으로 기대한다.

감정

예술대상에 대한 우리 경험의 표상적 측면은 당연히 예술작품의 지각적 속성들을 조작함으로써 예술가가 가장 직접적으로 영향을 미치는 측면이다. 평범한 대상과 대조적으로 예술작품에 관여하는 것의 경험적인 성격은 정신적 표상을 생성하는 데 관여하는 지각, 기억, 인지적 과정의 조작에서 주로 기인한다. 반응하기 위해서는 시각적이거나 청각적인 형식의 특별함을 이해할 수 있어야 한다. 하지만 이와 동시에 어떤 것을 특별하다고 경험하기의 중요한 한 부분은 그러한 정신적 표상에 동반하는 어떤 형식의 감정적인 반응이라는 것도 명확하다. 그런 종류의 색채가 인간의 피부에 일반적이지 않다는 것을 알려주는 시각체계가 있으므로 나는 발튀스의 그림에서 사용된 피부색이 비정상적이라고 인식한다. 하지만 나는 이러한 비정상성에 대해 병들었다는 느낌을 가지고 반응한다. 그렇다. 그 사람들은 병들어 보인다. 마찬가지로 나는 아이의 몸과 어른 머리의 조합이 이상하고 불안정하다고 느낀다. 그리고 처음에는 설명할 수 없는 어떤 이유로 전체적인 풍경이 다소 불길하게 보인다. 예술작품에 대한 뇌의 감정적인 반응이 미적 경험의 더없이 중요한 요소라는 것은 의심할 여지가 없다.

안타깝게도 현재로서는 레더 모형과 같은 표상의 기반이 되는 기제에 대한 모형들과 달리 예술 경험에서 사용되는 감정적 기제를 정리하려는 시도는 없다. 물론 감정에 관여하는 과정에 대한 우리의 신경생물학적 이해는 시지각이나 기억에 대한 이해에 비해 훨씬 더 열악하다. 하지만 우리는 예술의 경험에서 감정이 어떤 기능을 수행하는지 추측하기 시작할 만큼 충분히 알아가기 시작했다(Barrett et al., 2007; Dalgleish, 2004; Panksepp, 2005). 표상의 기저를 이루는 신경인지적 기제가 우리가 경험하는 대상의 성질을 계산하는 반면, 우리의 감정은 다른 방식으로 그것의 가치를 측정한다. 감정적 가치는 경험하는 유기체의 생리적 상태와 행동적 목표와 관련된다. 예를 들면 갈증은 동기의 감정으로 작용하는 생리학적 결핍에 대한 신호일 수 있다. 반면에 쾌와 불쾌는 유기체가 다른 행동적 선택지 사이에서 선택하는 것을 돕고 또한 학습 과정에서 강화 신호로서 기능할 수 있다. ("만약 내가 갈증을 해소하기 위해 마시려 한 노란 액체가 맛이 없었다면, 미래에는 이것을 피해야겠다.") 예술작품이 이러한 기능 ― 감정값(valence),[10] 한 대상을 특히 부각시키기, 대상의 가치에 따른 주목(가령 위협적인 얼굴에 더 주목하기), 보상 예측 등 ― 을 어떻게, 그리고 무슨 이유 때문에 사용하는가 하는 것은 중요한 질문이다. 때때로 철학자들은 감정적 반응이 예술 경험에서 중심적인 역할을 수행할 수 있다는 견해를 시사했지만, 이것이 사실인지 여부는 아직 합의가 이루어지지 않았다. (나는 미, 카타르시스, 숭고, 새로운 것의 충격 등과 같이 자주 인용되는 예술에 대한 반응들에 대해 생각하고 있다.) 나는 예술 경험에서 감정적 반응이 누릴 수 있는 몇 가지 기능을 매우 잠정적으로만 제시하겠다.

첫째, 많은 예술작품이 왕왕 기본정서(basic emotion)라고[11] 불리는 것을 환기한다는 것은 꽤 명백한 사실이다(Barrett & Wager, 2006). 우리는 주인공이 죽을 때 슬픔을 느끼고 로맨틱 코미디의 결말에서 여주인공이 드디어 키스를 받을 때 행복을 느낀다. 이러한 감정을 유발하는 것이 예술작품의 주된 목표인 것처럼 보일 때가 많다. 이것은 다른 모든 것보다 한 가지 감정반응만을 추구하는 장르물만의 이야기는 아니다. 코미디, 스릴러, 공포 영화, 로맨스. 예술작품은 종종 소설 속의 등장인물이 처음에는 사악하게 보이지만 나중에는 좋은 사람이라는 것을 알게 되는 경우처럼 감정적 변화를 야기하는 능력이라는 특징을 갖는다. 실제로 쉬운 해결책이 없다는 것, 어떤 사람이나 행동이 좋은가 혹은 나쁜가 여부를 쉽게 판단할 수 없다는 것은 종종 '훌륭한' 예술의 증표가 된다. 이와 유사하게 교향곡에 대한 감정적 반응은 긍정적이고 부정적인 감정 간의 급격한 변화로 이루어져 뒤죽박죽이거나 불분명할 수 있다. 놀랍게도 예술은 아마 우리 자신을 불쾌한 대상에 자발적으로 노출시키는 드문 분야 중 하나일 것이다. 말하자면 예술에서 우리는 종종 훼손된 신체, 폭력, 불협화음, 같은 음의 지루한 연속적인 반복, 악의적인 행동, 불균형한 신체, 이상하고 불길한 사람들이 있는 불안정한 거리 등을 만난다. 따라서 예술은 우리가 함께 춤을 추거나 음악을 통해서나 재미있는 책을 읽는 것을 통해 기분을 좋게 할 때처럼 긍정적인 감정을 유발하기 위해서만 이용되지 않는다. 우리는 슬픔, 공포, 역겨움, 불쾌를 유발하기 위해 예술을 의도적으로 사용하기도 한다.

예술을 경험할 때 감정체계가 수행하는 두 번째 기능은 예술작품의 미적 가치라고 할 수 있는 것을 확고하게 하는 것이다. 위에서 논의한 다양한 감정적 반응과는 달리 미적 가치는 감상자가 예술대상을 얼마나 좋아하는가와 관련된다. 미적 가치는 종종 서로 구별되는 감정들 ― 아름답다, 기쁘다, 흥미롭다, 멋지다 등 ― 로 표현되지만, 그것들이 생리적인 의미에서 정말로 다른 것인지 아니면 그저 우리가 동일한 기본적인 형태의 즐거움에 서로 다른 이름을 붙이고 있는 것인지는 아직 알 수 없다. 그러나 우리는 대상의 미적 가치가 자극의 물리적 속성, 학습, 성격적 특성, 기분, 그리고 다양한 하향적 요인(맥락, 제목, 틀 변화 등)을 포함하여 많은 요인들의 영향을 받는다는 사실을 수많은 심리학 실험을 통해 알고 있다. 몇몇 신경영상 연구는 미적 가치가 선조체(striatum), 편도체(amygdala), 안와전두피질, 전측 대상회(anterior cingulate)와 같은 뇌의 구조와 관련된 보상 과정에 의해[12] 대부분 계산된다고 강력하게 시사한다. (오신 바타니안이 이 책 13장에서 이와 관련된 문헌들을 검토하기 때문에 여기서는 검토하지 않을 것이다.) 예술가들이 어떤 특성은 선택적으로 강조하고 다른 특성은 강조하지 않음으로써 그들의 예술작품에서 높은 미적 가치를 추구하는 것이 가능하다. 예를 들어 시인은 정확한 음절수를 통한 시의 운율과 각 문장의 의미적 내용의 균형을 맞추는 데는 신경을 쓰지만 두운과 같은 음성적 특징은 무시할 수 있다. 예술가의 입장에서 예술작품은 이러한 형식적인 목적을 달성했기 때문에 '훌륭하게' 보일 수 있다. 반면 어떤 독자들은 이러한 특성에 반응하지 않을 수 있으며, 따라서 예술가가 좋아하더라도 독자는 지루하다고 생각할 수도 있다. 동일한 지각적 특성의 집합에 대해 사람들이 다르게 반응하는 정확한 이유를 밝히는 것은 신경미학이 마주하고 있는 핵심 과제 중 하나이다. 십인십색이라는 것이다.

예술을 통해 뇌의 감정 체계를 끌어들이는 이러한 두 가지 방법은 모두 인공물을 특별하게 만드는 차이나는 방법을 제시한다. 인간적인 성격이나 행동의 표상에 대한 감정이입, 혹은 감정적으로 두드러지는 상황의 모방을 통해 기본정서에 호소하는 것은 아마도 표상의 내용 측면과 더 관련될 것이고, 반면에 미적 가치를 추구하는 것은 표상을 구성하는 형식 요소들을 더 겨냥하는 것 같다. 어쩌면 이러한 가설적인 차이가 특별하게 만들기의 서로 다른 욕구를 반영하는지도 모른다.

결론

이 장에서 나는 미래의 신경미학 연구를 위한 일반적인 틀을 제시하고자 시도했다. 나는 신경미학 연구자들이 왜 하나의 연구 문제가 미학의 영역에 속하는가 혹은 속하지 않는가에 대해 분명히 해야 한다고 제안한다. 실험연구를 시작하기 위해 우리는 어떤 신경인지적 기제가 예술행동의 기반이 되는가에 대해 상술해야 할 필요가 있다. 이러한 모형의 전제조건은 무엇이 예술 행동을 구성하는가에 대한 성찰이다. 예술 대상 경험의 표상적·감정적 측면에 관여하는 것으로 추정되는 기제에 대한 나의 간략한 논의가 독자들에게 이 책의 나머지 장들에서 나올 더 상세한 논의를 이해하기 위한 의미 있는 구조를 제공했으리라고 믿는다.

1) 심리학에서 '재인(recognition)'이란 "현재 경험하고(접촉하고) 있는 자극이나 정보가 과거 (또는 이전)의 학습 또는 입력 과정을 통해 기억 체계 속에 저장되어 있는 자극이나 정보와 같은 것임을 알아보는 (또는 확인하는) 인지 과정"을 말한다(곽호완 외, 2008). 풀어 말하면 '이것이 (내가 알고 있는) 무엇이다'라는 것을 알아보는 것이 재인이다. 통상 '인식'이라고 번역하는 'recognition'을 심리학에서 주로 '재인'이라고 번역하는 이유는 이미 인지했던 것을 다시 인지하여 확인한다는 '재인지'의 의미를 담기 위한 것이라고 할 수 있으며, 철학에서도 같은 취지에서 왕왕 '재인'이라고 번역한다.

2) 대뇌피질은 크게 전두엽(frontal lobe), 두정엽(parietal lobe), 측두엽(temporal lobe), 후두엽(occipital lobe)의 네 부분으로 나뉜다. 이 중 전두엽은 대뇌의 앞쪽, 즉 이마 쪽에 위치하는 엽으로 이성적 사고와 판단, 추상적 사유, 감정조절 등에 관여하며, 측두엽은 머리의 양쪽 옆면에 위치하고 있는 부위로 청각을 비롯한 감각입력처리, 기억, 언어이해 등에 관여한다. 두정엽은 머리 위 정수리 쪽에 있는 부위로 감각정보통합 등에 관여하고, 후두엽은 시각중추가 자리하고 있어 주로 시각정보의 처리를 담당한다. 본문의 '내측두엽'에서 앞에 붙은 '내(측)(medial)'라는 말은 몸의 중심선에서 가까운 쪽을 의미하며 '외(측)(lateral)'와 대조적으로 사용된다. 내측두엽은 측두엽 중에서 머리 중심부에 가까운 안쪽 부위를 말하며 장기기억에 중요한 역할을 하는 것으로 알려져 있다. (컬러 그림은 이 책의 251쪽을 보라.)

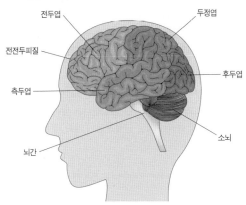

[그림 2-3] 외측에서 본 뇌의 구조

3) 비주위피질은 내측두엽에 있는 부위로 BA 35와 36에 해당한다. 비주위피질은 시지각과 기억에 관여하는 것으로 알려져 있다. 해마는 대뇌피질 아래쪽에 위치하는 변연계(limbic system)에 속하는 부위로 동물 해마와 비슷하게 생겼으며, 단기기억을 장기기억으로 전환하는 데 중요한 역할을 한다. 해마, 편도체(amygdala), 전측시상핵(anterior thalamic nuclei), 후각신경구(olfactory bulbs) 등으로 이루어진 변연계는 개체 및 종족유지에 필요한 본능적

욕구에 직접 관여하며, 감정, 행동, 동기부여, 기억, 후각 등의 기능을 담당한다. (컬러 그림은 이 책의 251쪽을 보라.)

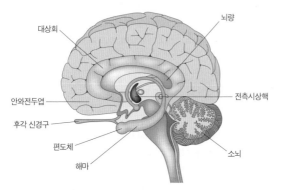

[그림 2-4] 변연계: 내측에서 본 뇌의 구조

4) 챠크(Chac 또는 Chaac라고 표기됨)는 마야문명에서 나타나는 비의 신으로, 구름을 쳐서 천둥번개와 비를 불러온다고 알려져 있다.

5) '발견된 오브제(*objets trouvé*)'는 마르셀 뒤샹을 비롯한 다다이스트들이 시도한 '레디메이드'와 유사한 개념이다. 뒤샹 같은 모더니즘 미술가들은 창조적이고 의도적인 제작이라는 전통적인 미술 관념에서 벗어나 기성품을 선택하여 예술대상으로 제시하곤 했다. 모더니스트들이 예술작품으로 선택하거나 발견한 대상에는 기성품, 즉 레디메이드가 많았지만 돌이나 나뭇가지 같은 자연물도 있다.

6) 전전두피질은 전두엽 중에서도 앞쪽 부위를 말하며 BA 9, 10, 11, 12, 46, 47에 해당한다. 전전두피질은 집행 기능, 주의, 기억 등 고등 인지 기능을 담당한다고 알려져 있다. 운동피질은 수의운동(隨意運動), 즉 척추동물의 의지에 따른 근육운동의 계획, 통제, 실행에 관여하는 대뇌피질 부위로 전두엽 뒷부분에 위치하고 있다.

7) 하전두회는 전두엽 아래쪽에 있는 뇌회(gyrus/convolution)로 BA 44, 45, 47에 해당하며,

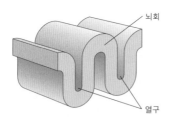

[그림 2-5] 뇌회와 열구

언어 처리 등에 중요한 역할을 하는 것으로 알려져 있다. 뇌회는 대뇌피질 주름에서 위로 솟아오른 부분을 말하고, 움푹 파인 부분은 '열구(sulcus)'라고 한다.

8) 중추신경계에서 회색으로 보이는 부분을 '회백질(grey matter)', 흰색으로 보이는 부분을 '백질(white matter)'이라고 한다. 회백질에는 뉴런의 세포체가 많이 분포하고 백질에는 수초화된 축삭돌기(軸索突起)가 많이 분포한다. 축삭은 뉴런의 세포체에서 길게 뻗어나온 가지로, 다른 뉴런으로 신경 신호를 전달하는 역할을 한다. 즉 한 뉴런의 축삭의 말단이 다른 뉴런의 가지에 연결됨으로써 신경 신호가 전달된다. 축삭의 수초화란 신경 전달 속도를 빠르게 하기 위해 축삭 주변을 '미엘린'이라는 절연 물질로 감싸는 것을 말하는데, 이 미엘린 때문에 백질이 흰색을 띠게 되는 것이다. 대뇌와 소뇌의 표면은 회백질로 이루어져 있고 그 안쪽은 백질로 되어 있다.

9) 영어 '언캐니(uncanny)'로 번역되는 독일어 'unheimlich'는 원래 독일의 심리학자 에른스트 옌치(Ernst Jentsch)가 에른스트 호프만(Ernst Hoffman)의 소설 『모래인간The Sandman』에 나오는 인형 올림피아에 대해 기술하기 위해 쓴 단어이다. 살아있는 사람과 똑같이 보이지만 실상 생명을 지니지 않은 인형은 친숙한 듯 낯설고 낯선 듯 친숙하다. 이렇듯 삶과 죽음의 모호한 경계선에 있는 대상의 '낯선 친숙함'을 흔히 '언캐니'라고 한다. 이후 프로이트가 자신의 정신분석학 연구에서 사용하는 'Unheimlich'는 단지 친숙하고 편안하다는 뜻의 대립으로서 낯설다는 뜻 이상을 의미하게 된다. 프로이트는 이 용어를 우리의 이드(Id) 또는 억눌려 있는 충동을 무의식적으로 일깨우는 대상의 특징을 기술하는 데 사용한다. 일상생활에서 금지되어 있는 욕망은 성적인 것이든 죽음에 관한 것이든 간에 정상적인 감각에서는 낯설지만 근본적으로는 친숙한 것이다.

10) 심리학에서 감정값이란 어떤 자극과 연합된 감정적 가치를 말한다. 매력적인 사건, 대상, 상황은 긍정적(positive) 감정값을 갖고 혐오스런 사건, 대상, 상황은 부정적(negative) 감정값을 갖는다.

11) 기본정서와 기본정서 이론에 대해서는 이 책 4장을 참고하라.

12) 선조체는 대뇌피질 아래에 있는 구조로 미상핵(caudate nucleus)과 피각(putamen)으로 이루어져 있으며 이 둘을 연결하는 선 때문에 '선조체'라는 이름이 붙었다. 편도체는 변연계의 기억중추인 해마 끝부분에 있는 아몬드 모양의 구조로 기억, 의사결정, 감정 반응과 관련된 기능을 한다. 전측 대상회는 주의, 반응 억제, 정서 반응(특히 통증에 관한)에 관여하는 전두엽 한가운데에 있는 뇌 구조로 BA 24, 32, 33에 해당한다. 쾌락, 강화 학습 등 보상 관련 인지를 책임지는 뇌 구조 및 신경 경로의 집합을 '보상 체계(reward system)'라고 하는데, 앞의 구조들이 모두 보상 체계에 속한다고 추정되고 있다.

3

신경미학과 미학심리학

토마스 야콥센(*Thomas Jacobsen*)

　신경미학이라는 용어에서 이미 나타나는 것처럼 인지신경과학자들은 경험미학의 전통적인 분과를 재발견했다. 지난 몇 년 동안 점점 더 많은 연구자들이 미적 처리(processing)에 대한 심리학적 연구에 신경과학적 도구를 이용하거나, 기능적(인지적) 신경과학 연구의 방향을 미적 처리에 관한 탐구를 향하기 시작했다. 이 장에서는 그들의 노력이 정신물리학의 고전적이며 화용론적으로 이원론적인 접근에 얼마나 깊이 뿌리를 두고 있는지를 추적할 것이다. 여기서 신경활동의 객관적인 측정치는 개인적·주관적 경험의 보고와 서로 관련되어 있다.

　미적 감상이든 생산이든 간에 마음의 미적 처리는 매우 흥미로운 주제이지만, 그 쟁점들이 복잡한 영역에 걸쳐 있어 통일된 접근이 어려운 것처럼 보인다. 이 장은 미적 처리, 즉 미, 추, 예쁨, 조화, 우아함, 모양 좋음(shapeliness), 또는 매혹 등에 대한 평가나 생산이(Jacobsen et al., 2004) 자극의 대칭, 복잡성, 참신성, 친숙성, 예술적 양식, 사회적 지위에의 호소, 개인적인 선호와 같은 다수의 요소들의 지배를 받는다는 것을 보여주는 연구들을 간략하게 검토할 것이다. 인간은 광범위한 영역의 개체들(entities)을 미적으로 감상한다. 말하자면 회화, 조각, 음악, 오페라, 연극, 문학, 디자인, 건물, 얼굴, 꽃, 풍경, 음식, 기계, 주거지, 그리고 기타 여러 다른 일상적 대상들이 있다. 문화에 따라 아름답다고 여기는 대상이 달라지고, 같은 문화 내에서도 사람에 따라 선호가 갈린다. 나아가 콘텐츠 영역에 따라 개인들 사이에서 합의의 정도가 달라진다. 따라서 미적 처리는 진화적 · 역사적 · 문화적 · 교육적 · 인지적 · (신경)생물학적 · 개인적 · 성격적 · 감정적 · 상황적 관점, 그리고 아마도 그 밖의 여러 가지 관점에서 유용하게 다룰 수 있다. 이와 같은 이유로 인간 미학(human aesthetics) 전체는 여러 상이한 분석 수준에서 다수의 다른 관점을 취할 때 가장 잘 접근할 수 있다고 주장되어왔다. 이 장은 또한 오늘날의 미학심리학(Psychology of Aesthetics)을 위해 일곱 가지 관점으로 구성된 틀에 대해 검토할 것이다(Jacobsen, 2006).

학제성이 강한 분야인 신경미학은 마음과 몸을 모두 강조하면서 양자의 관점 모두에 초점을 맞춘다. 하지만 미적인 것들에 관한 정신적 과정을 설명하는 일반적이고 통일된 접근을 만들어내기 위해 다른 관점들도 고려할 것이다.

역사

구스타프 테오도르 페히너는 그의 주요 심리학적 미학 연구를 1876년 라이프치히에서 출판된 『미학 입문』에서 정리했다(Fechner, 1876). 『미학 입문』의 출판연도를 경험적인 성향이 강한 미학심리학의 시작으로 본다면 분과학문으로서 미학심리학의 역사는 130년이 넘은 것이며, 페히너의 정신물리학에 이어 실험심리학에서 두 번째로 오래된 분과로 간주할 수 있다. 페히너는 당시 대단히 성행했던 대부분의 철학적 미학과 대조적으로, 객관적인 지식의 편린들을 조합하는 경험적인 "아래로부터의 미학(aesthetics from below)"을 주장했다. 페히너는 이런 경험적인 미학을 '실험미학(Experimental Aesthetics)'이라고 불렀지만, '경험미학(Empirical Aesthetics)', '심리학적 미학(Psychological Aesthetics)', '심리미학(Psychoaesthetics)' 같은 다른 표현들도 널리 쓰이고 있다. 오늘날의 미학심리학은 아직도 페히너의 전통을 따른다. 미학심리학은 자주 한편으로는 3인칭 관점의 객관적인 관찰과, 다른 한편으로는 개인적이고 본원적으로 주관적인 경험에 근거한 참가자들의 보고 사이의 변환 관계를 설정한다. 신경미학에서 전자는 EEG(electroencephalograms; 뇌전도), ERP(event-related potentials; 사건 관련 전위), MEG(magnetoencephalograms; 뇌자도), fMRI, PET와 같은 측정치로 구성된다.[1] 후자는 더 이상 환원될 수 없다. 이런 식으로 신경미학의 이 부분은 내적인 정신물리학의 특수한 버전이 되고 있다.

지금까지도 페히너의 연구는 실험적·심리학적 미학뿐만 아니라 신경미학을 위한 훌륭한 영감의 원천이 되고 있다. 그의 많은 개념들이 아직 오늘날의 심리학 용어 목록에 채택되지 않았고, 그가 이룬 업적의 어떤 측면들은 망각 속으로 사라졌다. 예를 들어 그의 미적 역치(aesthetic threshold) 개념은 자극이 미적으로 유쾌하거나 불쾌한 경험을 유발하기 위해서는 구체적이고 개별적인 역치의 통과(crossing)를 유발해야 한다는 점을 암시한다.[2] 이 개념은 경험적이고 실험적인 시험의 대상이 되었고, 그 결과는 1906년 저명한 심리학 학술지인 『심리학 리뷰Psychological Review』지에 실렸다(Martin, 1906). 하지만 그 후에도 오랫동안 페히너의 미적 역치 혹은 *aesthetische Schwelle* 개념은 국제적으로 전문가들이 많이 사용하지 않았다.

실험미학의 역사를 살펴보면 몇몇 주요 연구경향을 발견할 수 있다. 페히너의 중요한 저작이 출판된 이후 특별히 두드러지는 공헌들이 여럿 있었다. 게슈탈트심리학(Gestalt psychology)은 예술심리학과 미학심리학에 강력하게 영향을 끼쳤다. 이 맥락에서 루돌프 아른하임(Rudolf Arnheim)의 연구는 유명한 게슈탈트 지각법칙을 예술과 미적인 것들에 적용한 중요한 대표사례라고 할 수 있다(Arnheim, 1974). 또한 대니얼 벌린의 연구에도 특별한 중요성을 부여해야 한다(Berlyne, 1971, 1974). 그는 주로 1960년대와 1970년대 동안 심리생물학적 접근을 옹호했으며, 그때까지 수십 년 동안 거의 관심을 끌지 못했던 실험미학을 대대적으로 부흥시키는 데 성공했다. 그는 생리적 각성(arousal)의 중요성을 강조했고, 복잡성이나 참신함 같은 이른바 조합변인(collative variables)과 미적 감상 사이의 역 U자형(inverted U-shaped) 관계를 제안했다.[3] 벌린의 영향력은 오늘날에도 여전히 느낄 수 있다. 또한 성격구조 연구의 저명한 이론가인 한스 아이젱크는 수많은 비교와 심리측정 위주의 출판물로 실험미학에 기여했다(Eysenck, 1983). 또 다른 이정표는 콜린 마틴데일의 인지이론이다(Martindale, 1988). 그는 개인의 지식구조가 미적 과정에 미치는 결정적인 역할을 특별히 강조했다. 이와 같은 저자들이 설정한 방향을 따라 이러한 경향들은 모두 미학심리학이 세부적인 사실들을 발견하는 데 기여했다.

용어

미학(aesthetics)이라는 단어의 의미는 다중적이며 시간에 따라 변화하고 있다. 미학이라는 말이 지닌 두 가지 주요 의미군은 다음과 같이 확인된다. 즉 하나는 감각의 부재인 마취(anaesthetic)나 비자발적인 동시 감각인 공감각(synaesthetic) 같은 파생어가 보여주듯이 감각(sensation) 과정과 관련되어 있다. 두 번째 의미군은 예술, 철학, 혹은 미술사에서 논의되는 것과 같은 미학의 의미와 관련되어 있다. 독일 대학생들을 대상으로 한 최근 연구에서 확실히 아름다움과 추함이라는 양극적 차원은 대상에 관한 미학에 접근할 때 1차적인 차원이 되며 모범적인 기술적(descriptive) 차원이 되는 것처럼 보였다(Jacobsen et al., 2004). 이 결과는 물론 철학적 · 심리학적 미학에서 미적인 것들에 대한 주요 개념화, 즉 아름다움으로 수렴된다. 2차적 수준에서는 더 많은 수의 개념(우아하다, 조화롭다, 형태가 좋다, 작다, 크다, 둥글다, 색깔이 있다 등)을 수반하는 개념 체계가 존재한다. 이와 같은 연구에 대한 기술적 접근은 역사적 · 교육적 · 문화적 영향과 기타 다른 영향들로 인한 잠재적인 변화를 부정하지 않은 채 주어진 상태에 대한 정보를 제공한다. 그러한 연구는 동시대 서양문화에서는 미학이라는 단어가 지닌 두 번째 의미 범위가 지배적이라는 것을 보여주었다. 하지만 감각과 관련된 첫 번째 의미는 미적 처리에서 감각적 요소가 필수적이라는 사실에 포함되어 있다. 예를 들어 기억에 기초한 아름다움의 판단은 감각 과정을 요구하지 않는 데 반해 아름다움에 대한 미적 판단은 감각 과정을 요구한다. 결국 미적 처리는 위에서 말한 개념 체계 — 주로 아름다움의 차원 — 와 관련하여 한 개체에 대한 감각에 기반을 둔 평가이다. 미적 처리의 감각적 하위요소는 상상력을 이용하여 정신적으로 모사될(simulated) 수 있다. 이 글 전체에서 미학이라는 단어는 지각 자체에 대한 연구보다는 아름다움, 예술, 모양 좋음, 우아함, 조화 같은 것을 가리킨다고 이해될 것이다.

심리학은 경험과 행동의 과학이다. 미학심리학은 미학의 정신적인 처리에 관심을 기울이는 심리학의 하위분과이다. 여기서 '개체'라는 용어는 미적 처리의 대상을 가리킨다. 개체는 사물, 생물, 사건, 풍경, 혹은 환경일 수도 있다.

신경미학은 미학의 신경(인지) 심리학이나 기능적(인지적) 신경학의 일부로 해석될 수 있다. 신경미학이라는 용어 자체가 인지신경과학과 두 번째로 오래된 실험심리학 분과 사이에서 새롭게 정립된 연관성을 반영한다. 이 새로운 분야를 위한 세 가지 기초적인 연구전략을 상정할 수 있다. 하나는 위에서 기술한 상관적(correlational)·정신물리학적 접근으로 대부분의 신경영상 연구에서 사용되고 있다. 다른 두 가지 전략은 정신과 물질 사이에 일방향의 인과관계를 확립하는 접근들로 한편으로는 신경심리학 연구와 같은 것이고, 다른 한편으로는 생체 내(in vivo) 형태 계측(morphometry)을 이용하는 장기 훈련 연구와 같은 것이다.[4] 어느 쪽이든 기존의 행동적 발견들은 다른 경험적 또는 역사적 관찰들과 함께 이 떠오르는 분야의 발전을 위해 매우 의미 있는 것들이다.

위상

〔미학심리학〕 연구가 진척되는 동안 미적 경험과 행동에 영향을 주는

많은 요인들이 확인되었다(Arnheim, 1974; Berlyne, 1971, 1974; Fechner, 1876). 대상의 대칭성이나 비대칭성(예: Berlyne, 1971; Fechner, 1876; Jacobsen & Höfel, 2002), 복잡성이나 단순성(Berlyne, 1970, 1971), 대상의 참신성이나 친숙성(Berlyne, 1970, 1971), 비율이나 구성(Höge, 1995; Locher, 2003), 디자인의 형식적 특성과 대비되는 의미에서의 의미론적 내용(Martindale, 1988), 대상의 원형성(Hekkert & van Wieringen, 1990), 그리고 자극의 중요성이나 단순 노출(예: Leder et al., 2004)이 미적 경험과 판단에 영향을 준다는 것이 알려졌다. 이와 더불어, 사람의 감정 상태(예: Konecni, 1979), 자극의 흥미도(Berlyne, 1971), 사회적 지위나 금전적 이익에 대한 호소(Konecni, 1979; Ritterfeld, 2002), 교육 및 일반적인 역사적, 문화적, 또는 경제적 배경(Jacobsen, 2002; Konecni, 1979; Ritterfeld, 2002)이 미적 판단에 영향을 주는 것으로 알려졌다. 이를테면 하나의 대상을 박물관과 슈퍼마켓에서 다르게 감상할 수 있는 것처럼 다양한 상황적 측면이 하는 〔미적〕 역할이 있다. 그뿐만 아니라 미적 판단은 개인들 간의 차이에 의해서도 결정된다(Berlyne, 1971; Fechner, 1876; Jacobsen, 2002, 2004; Jacobsen & Höfel, 2002; Martindale, 1988; Whitfield, 1984). 당연히 수많은 다른 발견들이 있다. 하지만 이 짧은 목록만으로도 이미 미적 경험과 행동은 자극, 사람, 그리고 상황과 관련된 영향들로 이루어진 복잡한 네트워크의 지배를 받는다는 것을 알 수 있다.

오늘날의 미학심리학은 경험적 발견들의 모자이크라는 특징을 갖고 있다. 하지만 우리가 오늘날 직면해야 할 문제들은 대개 과거와 동일한 것들이다. 예를 들면 실험 통제의 정도와 발견 결과를 일반화할 수 있는 범위 사이의 갈등 같은 것이 있다. 실험의 논리는 가급적이면 하나 또는 소수의 잘 정의된 측면과 관련해서만 변화하고 다른 요인들은 일정하게 유지되는, 명확하게 정의된 조건을 요구한다. 미학 연구에 적용되는 이러한 방법론적 배경은 흔히 최대한의 실험 통제를 위해 자극 복잡성을 희생해야 한다는 것을 의미한다. 이러한 실험의 범위 안에서 참가자들은 기하학적 형태나 그저 단순한 선의 아름다움을 판단하라는 요구를 받는다. 하지만 참가자 개인들이 이러한 종류의 대상에 대해 진정한 미적 판단을 내놓을 수 있을까? 대체로 개개의 사람들은 훨씬 더 복잡한 회화, 조각, 건물, 또는 멜로디에 대하여 미적 판단을 하려는 경향을 갖고 있다. 그러나 이러한 대상들은 대부분 다양한 자극 차원의 변화를 결합시켜 적절한 실험적 통제를 방해하거나 심지어 불가능하게 한다. 이와 같은 이유로 만약 연구자들이 자주 단순하고 통제하기 쉬운 자극에 한정된 연구를 진행한다면, 조사한 요인들 간의 결합 효과 및 상호작용에 대한 진술은 훨씬 더 제한적일 것이다. 최악의 경우, 관심 대상에 대해 어떠한 결론에 이르는 것도 불가능할 것이다. 이것은 하나의 도전이다. 다시 말해, 예술과 과학 사이에 성공적으로 다리를 놓아야 한다는, 오늘날에도 여전히 유효한 도전이다.

페히너의 시대 이후 심리학은 상당히 발전했고 온전히 확립된 과학적 분과가 되었다. 오늘날 심리학적 미학의 주류는 실험적 혹은 경험적인 방법을 사용한다. 따라서 주류의 심리학적 미학은 이론적이고 내성적인(introspective) 종류의 심리학적 미학과는 대조적으로 '상향식 미학(bottom-up aesthetics)'이라는 페히너 본래의 개념적이고 방법론적인 의도를 수용하고 계승함으로써 이러한 전통을 확실하게 따르고 있다.

하지만 미학심리학은 오늘날 학계에서 강력한 영향력을 가진 분야라고 할 수는 없다. 한 분과학문의 위상(status)을 어떻게 가늠할 수 있을까? 아마도 전업학자의 수, 출판물의 수, 논문이 출판되는 전문학술지의 위상, 그 분야의 전문 학술지의 수, 전문 학회 등으로 할 수 있을 것이다. 이러한 변수들로 측정했을 때, 이 분야는 다른 분야들과 비교하여 커다란 발전의 잠재력을 보인다. 독일어로도 영어로도 미학심리학을 위한 일반적인 교과서가 없다. 최근 미국심리학회 제10분과 — 미학, 창의성, 그리고 예술의 심리학회(American Psychological Association's Division 10 — Society for the Psychology of Aesthetics, Creativity and the Arts)가 『미학, 창의성, 그리고 예술의 심리학』이라는 제목의 새로운 학술지를 출간하기는 했지만,[5] 기본적으로 미학심리학 분야에는 국제경험미학회(International Association of Empirical Aesthetics)의 기관지인 『예술의 경험적 연구*Empirical Studies of the Arts*』라는 단 하나의 전문 학술지밖에 없다(Höge, 1995). 게다가 심리학적 미학에 완전히 전념하여 연구하는 학자들은 소수일 뿐이고, 관심을 갖고 있는 사람들의 경우에도 미학심리학은 연구활동의 두 번째나 세 번째 영역에 불과하다. 이는 학자들이 하나의 연구 분야에 완전히 집중할 것이 거의 강요되다시피 하는 심리학의 다른 하위분과들과는 매우 대조되는 상황으로 이어진다. 그뿐만 아니라, 미학심리학은 흔히 표준적인 심리학 교육과정에서 필수적인 부분이 아니다. 심리학 전공 학생들이 미학심리학에 친숙해질 것인가 여부는 보통 선생 개개인의 관심사에 달려 있다. 따라서 실험미학을 실험심리학의 두 번째로 오래된 분야가 아니라 현대 예술의 한 추세라고 간주하는 실력 있는 심리학자들을 만나는 것은 그리 드문 일이 아니다.

미학심리학은 여러 조각으로 흩어져 있는 하위분과들로 구성되어 있다. 미학심리학은 균질적인 분과가 아니다. 실험미학은 위에서 개관한 것처럼 주로 예술에 대한 연구를, 가장 넓은 의미로는 인공물을 다룬다. 하지만 미적 행동과 경험의 전체 범위를 포괄하기 위해 미학심리학은 광범위한 주제영역을 포함해야 할 것이다. 예를 들어 사회심리학에서 수행하는 인간적 매력에 관한 연구는 인간의 아름다움에 관한 측면을 다룬다. (Langlois & Roggmann, 1990을 보라.) 시장 조사는 미적 선호를 확인해줄 다양한 측면을 다룬다. 여기에서는 응용에 초점을 두고 있긴 하지만, 미적 경험과 행동이 상품 마케팅과 직접적인 관계를 맺고 있다는 것을 알 수 있다. 미술심리학과 심리학적 미학에는 겹치는 영역이 많이 있다. 그러나 미적 처리는 미술로 한정되지 않으며, 따라서 두 분야를 동일시해서는 안 된다. 미술심리학은 또한 음악심리학과 유사점이 많다. (이 책의 10장을 보라.) 인류학과 진화생물학은 미적 행동의 기원과 기초를 다룬다. (이 책의 6장을 참고하라.) 건축에서는 건물의 미적 측면을 연구하고 통합하는 것이 작업의 자연스러운 구성요소이다. (다른) 응용 예술도 유사한 접근을 이용한다. 훨씬 제한된 범위에서이긴 하나, 이것은 미디어연구와 문학연구에 대해서도 사실이다. 미술사는 풍부한 통찰력을 제공해줄 수 있다. 이에 더해서 구강 및 안면 수술, 그리고 치의학은 각자의 분야에서 미학의 경험적인 연구에 기여한다. (Höfel et al., 2007을 참고하라.) 결론적으로 말해 미학심리학은 지금은 다소 흩어져 있지만, 학제적이고 통합적인 접근으로 발전하여 엄청나게 많은 분과학문과 응용분야를 연결시키고 통합할 수 있다. 이것은 신경미학에서도 마찬가지로 사실이다.

틀

여기서 검토하는 (이론적) 틀은 미적 처리라는 주제에 대해 일곱 가지 관점(vantage points)을 채택한다(Jacobsen, 2006). 각각의 관점은 서로 다른 분석 수준을 가질 수 있다. 이것들은 상호 배타적이지 않다. 오히려 서로 다른 각도에서 다양한 방식으로 접근하면서 미적인 것들의 처리에 관심을 기울이고 부분적으로 서로 관련되어 있는 광범위한 주제를 포괄한다. 이러한 일곱 관점의 기둥으로 간주되어 온 것들에는 마음, 몸(이 둘은 신경미학의 중심이기도 하다.), 내용, 개인, 상황, 통시성, 공시성이 있다. 아래에서 이러한 것들에 대해 검토할 것이다. ([그림 3-1]을 보라.)

마음

마음은 현대의 학문적 심리학의 시각에서 본 미적 처리에 관한 관점이다. 미학심리학은 심리학에서 필수적인 부분이다. 많은 연구자들이 미적 처리를 설명하는 데 인지적 용어를 사용했다(예: Martindale, 1988). 예를 들어 원형선호모형(preference-for-prototype model) 지지자들은 주어진 범주의 전형적인 사례들이 덜 전형적인 것들보다 선호된다고 주장한다(Hekkert & van Wieringen, 1990). 이것은 대단히 영향력 있는 인지적 모형(Rosch, 1975)이 미적 처리에 대한 심리학적 연구에 적용될 수 있다는 것을 증명한다.[6] 그러나 동시대 심리학 개념은 아직 체계적으로 [미학심리학으로] 이전되지 않았다.

[미학심리학을] 현대 심리학이론과 연관시킬 수 있는 많은 가능성이 존재한다. 취미판단이 사례가 될 수 있다. 규정적 판단(determining judgment)은 판단자의 평가뿐만 아니라 판단할 대상에 대한 정신적 표상을 요구한다.[7] 규정적 판단의 경우 두 가지가 모두 '인출된다'. 인지사회심리학은 매우 정교한 연구와 이러한 정신적 과정에 대한 개념적 틀인 이른바 '태도(attitude)' 개념을 제거한다.[8] (검토를 위해서는 Petty et al., 1997을 참고하라.) 여기서는 대신 넓은 범위의 이론적인 연결이 상당히 가능하다. 하지만 이러한

[그림 3-1] 미학심리학의 이론틀에 관한 도해(Jacobsen, 2006). 상호 배타적이지 않은 일곱 가지 다른 관점에서 주제가 도출되어 있다. 즉 통시성, 공시성, 마음, 몸, 내용, 개인, 상황이 미학심리학의 주제들이다. 이 작업은 결국 미적 처리에 관한 통합적 이론으로 수렴될 수 있다. (© 토마스 야콥센)

연결은 예를 들면 가구(furniture) 같은 제한된 내용 영역에 관해서만 상세하게 설명되었다(Ritterfeld, 2002). 덧붙이자면, 인지사회심리학은 미학심리학 연구에 더 심도 있게 사용될 수 있는 이론적 목록을 발전시켜왔다고 할 수 있다.

　이는 또한 정서심리학에도 해당한다(예: Konecni, 1979). 기분이 미적 판단에 어떻게 영향을 미치는가? 정서적인 양식의 효과는 무엇인가? 물론

심리학적 미학에서 감정을 바라볼 수 있는 많은 다른 관점들도 있다. (이 책의 14장을 참고하라.) 특히 철학적 미학은 거의 무궁무진한 원천이 될 수 있다. 많은 개념에 대한 심리학적 검토가 아직 진행되지 않았다. 반성적인 미적 판단과 규정적인 미적 판단의 차이나 인공미와 자연미의 구별과 같은 유명한 철학적 개념은 심리학과 신경미학에서 연구해야 할 것으로 남아 있다.

몸

몸의 관점은 신경미학의 핵심부를 포함한다. 미적 처리에 관해서는 신체적인(somatic) 측면을 참작하여 검토한다. 또한 마음과 몸은 함께 미적 처리의 전체 영역을 포괄한다. 생물학은 미학에 대한 이해에 기여한다. 신경과학은 특히 지난 10년간 극적인 진전을 이루었다. 뇌 기능에 대한 우리의 지식은 상당히 증가했다. 이러한 성과는 미학 연구에서도 사용될 것이다. 더 나아가 인지신경과학적 발견들의 통합도 점점 실현 가능성이 커지고 있다. 이 책의 몇몇 기고자들이 분명히 밝히고 있는 것처럼 연구자들은 미적 처리를 수행하고 있는 뇌 활동을 직접 조사하기 시작했을 뿐만 아니라, 후천적인 손상이 어떻게 미적 처리에 영향을 미치는가에 관한 통찰도 등장하기 시작했다. (이 책의 7장과 8장을 보라.)

내용

　앞서 소개했듯이 인간의 미적 처리는 다수의 다른 개체들과 관련되어 있다. 이러한 영역들은 특성이 대단히 상이하며, 이는 결과적으로 미적 처리에서의 차이로 이어진다. 예를 들어 진화를 겪으면서 인간은 특정한 자극 특성에 대해 다른 특성들보다 더 민감하게 반응하게 되었다. (청각, 시각 등 상이한) 감각적 양상들은 서로 다른 원리에 의해 지배된다. 뇌는 특정한 자극 범주들을 처리하기 위해 영역들을 전문화시켰다. 어떤 개체들은 사회적 관련성이 대단히 크고, 다른 개체들은 관련성이 적다. 우리는 음악, 시, 또는 춤 같은 특정한 영역에서 전문가로 교육받고 훈련받는 반면, 다른 영역에서는 초보자 수준에 머문다. 이러한 모든 요인들이 내용 영역이 미적 처리에 미치는 영향에 관여한다. 따라서 연구자들은 발견한 것들의 일반화 가능성을 조심스럽게 평가해야 할 것이다. 예를 들어보자. 시각적 양상에 주어져 있는 선호를 설명하는 게슈탈트 법칙(Arnheim, 1974)이 음악이나 요리의 선호로 확장될 수 있을까? 아닐 가능성이 높다. 예를 들자면, 색채에 대한 선호는 대단히 맥락 의존적으로 보인다는 사실을 거론할 수 있다(Whitfield, 1984).

개인

　이 관점은 개인의 처리 특성과 선호에 초점을 맞춘다. "취미에 관해서는 논쟁의 여지가 없다(De gustibus non est disputandum)."라는 고대 로마 속담처럼 취미에 대한 설명이 존재하지 않는다고 흔히 알려져 있다. 그러나 취미의 문제에 대한 논의가 존재하며, 때로는 꽤 격렬한 쟁론이 되기도 한다. 앞으로 미적 처리의 개인 간 차이에 대한 체계적인 조사가 실행되어야 할 것이다. 지금까지는 동질적인 집단 안에서 나타나는 미적 처리의 개인 간 차이에 대해 별로 알려진 것이 많지 않다.

최근 연구에서 비예술가 참가자들로부터 49개의 새로운 형식적 그래픽 패턴이 지닌 아름다움에 대한 미적 판단을 수집했다(Jacobsen et al., 2004). 수집된 데이터를 바탕으로 개인의 미적 판단 전략을 반영하는 모형을 산출하는 개인별 분석을 실시했다. 개인적 사례의 모형화는 이러한 개인 간 차이를 포착할 수 있는 수단을 제공한다. 이 연구는 또한 평균치의 데이터에 근거한 집단모형도 도출했다. 하지만 이 집단모형은 절반의 참가자들이 가진 전략만 충분히 설명할 수 있었던 반면, 개인 모형은 훨씬 더 정확한 설명을 제공했다. 따라서 일부 법칙 정립적 연구들이 데이터 평균화를 사용함으로써 확연한 개인적 차이를 감추었을 수도 있다는 가정은 합당해 보인다. 따라서 이러한 데이터 패턴을 감안했을 때 단순한 법칙 정립적 접근의 정당성에 대해 쟁론할 수도 있다. 그리하여 이러한 모호한 경험적 상황에 직면할 경우 개별 사례 접근이 추가로 적용되어야 한다고 주장할 수 있다. 이런 의미에서 취미에 관한 설명은 실제로 존재하면서도 존재하지 않는다고 할 수 있다.

하지만 개인들 간의 어떤 차이는 집단 차이의 수준에서 상당히 잘 설명될 수 있다. 전문가와 비전문가, 일반인, 혹은 초보자는 능력과 기술(skill)의 측면에서 서로 다르다. 전문가들은 그들의 전문영역에 대한 구체적이고 구조화된 지식을 갖추고 있다. 지식 체계는 서로 다른 정도의 복잡성을 보인다. 이렇게 상이한 인지 체계가 다시 서로 다른 미적 처리로 이어질 수 있다. 전형적인 연구에서는 숙련된 판단자 집단의 수행과 미숙하거나(naïve) 숙련되지 않은 판단자 집단의 수행을 대조시켰다(예: Nodine et al., 1993). 성격 구조 연구에 기초한 문헌 또한 많이 있다(Eysenck, 1983 참고). 개인 대 집단에 대한 고찰 외에 문화 비교도 또 다른 중요한 관점이다.

상황

주어진 시간과 주어진 장소의 조합, 즉 상황은 미적 처리에 영향을 미친다. 내용, 개인, 그리고 상황의 관점을 종합했을 때에야 미적 처리라는 주제를 완전히 포괄할 수 있다.

예를 들어 토마토수프 캔을 슈퍼마켓에서 마주치는 것은 아마도 박물관에서 마주치는 것과는 다른 정신적 처리과정을 수반할 것이다. 이러한 상황적 조건은 정신적으로 저장된 대본(script)이나 도식(schema)의 사용을 이끌어낸다(Baldwin, 1992). 도식이나 대본은 주어진 상황에서 행동을 유도하는 영역 특수적 지식을 저장하는 조직화된 기억 표상이다.[9] 따라서 도식은 처리의 부담을 극적으로 경감시킬 수 있다. 도식은 대부분 사회적으로 결정되고, 따라서 문화적으로 제한되며 개인적으로 습득된다. 박물관, 극장, 오페라하우스, 또는 갤러리에 있는 것은 각각의 인지적 도식이 사용되므로 보통 미적 처리를 촉진한다. 반면에 주유소나 슈퍼마켓 대본은 그렇지 않다. 결과적으로 하나의 동일한 개체가 현재 활성화된 도식에 의해 유발되는 서로 다른 마음가짐(mindset) 때문에 다르게 처리될 것이다. 알맞은 도식은 미적 관조나 미적 생산성이라는 정신적 양태를 활성화하는 데 도움을 줄 것이다. 신경미학 연구 대부분이 실험실 연구라는 특성을 고려할 때, 상황은 중요하지만 구현하기에는 어려운 관점이 될 것이다.

통시성

통시성은 시간에 따른 변화를 고려하는 관점으로 상이한 분석 수준들에서 추구할 수 있다. 예컨대 통시성은 진화생물학이나 진화인류학의 관점에서 추구할 수 있다. **생물학적 진화**는 비인류 영장류로부터 인간 영장류에 이르기까지 상당한 변화를 가져다주었다. 여기서 미적 행동의 기원과 원인에 대한 문제가 관심의 중심을 차지하고 있다. 사람들은 사용할 의도도 없으면서 왜 멋지고 정교한 도구와 무기를 생산하는가? 얼굴은 왜 아름답다고 지각되기 위해 특정 정도의 대칭성을 가져야만 하는가? 우리의 미적 능력과 기술의 발달에서 진화가 차지하는 몫은 무엇인가(Wundt, 1900/1920)? 이러한 질문들은 심리학의 고전적인 문제의 복합체인 본성과 양육(nature-nurture) 논쟁으로 이어진다. 한편으로는 유전 및 생물학적 설정, 그리고 다른 한편으로는 문화적 상부구조의 영향 사이의 관계를 조사하는 이 문제는 예를 들어 지능연구에서 열띤 논쟁의 주제였고 오늘날의 언어연구에서 매우 인기가 높다(Gazzaniga, 2004).

위에서 이야기한 것은 본성과 양육 문제의 다른 면, 즉 역사적 변화, 문화적 발전, 혹은 때때로 **문화적 진화**라고 일컬어지는 측면으로 이어져 오늘날 미적 처리의 주요한 변이를 설명한다. 심리학적 미학의 또 다른 관점은 역사적인 것, 특히 문명의 역사와 연결되어 있다. 미적 판단과 선호는 시간에 따라 변화한다(Höfel & Jacobsen, 2003; Jacobsen, 2002). 미적 사용은 도구의 가용성, 재료의 발달과 가용성, 그리고 생산의 테크닉에 따라 변화하는 한편, 반대로 무엇이 실현 가능한가에 영향을 받지 않는 시간적인 변화가 있다.

여기서 **유행**(fashion)이 작용하기 시작한다. 역사적 변화의 또 다른 측면인 유행은 현대의 기술 발전에 기반을 둘 수도 있고 독립적일 수도 있는 단순한 트렌드에서 기인한 것일 수 있다. 트렌드는 실용적이지 않은 옷, 성형 수술, (자기) 훼손 등 미의 이상에 대한 극단적인 예시로 이어질 수 있다. 이러한 두 가지 측면을 고려할 때 역사적 관점은 미적 행동과 경험에 대한 중요한 시각을 열어줄 수 있고 이것은 또한 본성상 본질적으로 심리학적인 질문들에 대한 답을 찾는 데 기여할 수 있다.

집단 수준에서의 통시성의 이러한 분석 수준들에 더해 개인적인 수준도 있다. 개체발생(ontogenesis) 도중에 개인은 미적 교육과 다른 발달적 성취를 통해 서로 다른 정도로 발전적 개선을 이룰 수 있다(Parsons, 1987). 더 나아가 미적 처리는 자극의 참신성이나 단순 노출의 지배를 받기도 하는 상이한 정도의 **개인적인 시간적 안정성**에 종속되어 있다(Berlyne, 1971, Höfel & Jacobsen, 2003; Leder et al., 2004).

공시성

이 관점은 주어진 시간 단면 내에서의 비교에 초점을 맞춘다. 통시성과 함께 이 관점 또한 미적 처리의 전체 영역을 포괄한다. 미적 처리의 광범위한 개체들은 문화적 및 사회적 과정의 지배를 받는다. 따라서 문화의 효과, 사회적 역할의 영향, 사회적 지위, 또는 문화적 차이가 고찰된다(Baldwin, 1992; Ritterfeld, 2002).

문화비교는 매우 유용한 정보를 주는 방법이 될 수 있다(Wundt, 1900/1920). 문화의 주요 경향 및 지배적인 미의 이상과 하위문화가 택하고 있는 것을 대조시키는 것은 점점 더 중요한 연구 시도가 되고 있다. 예를 들어 1950년대의 셔츠 차림인 남자 사진을 보여주고 "무엇이 빠졌는가?"라고 질문했을 때 이에 대한 답변은 "넥타이"였을 것이다. 이것은 가장 널리 사용된 지능 검사에서 올바른 답변이었다. 어쩌면 오늘날 서부 대도시 지역 사람들은 대신 문신이나 얼굴의 피어싱이 빠졌다고 생각할 것이다. 이것은 분명히 몇몇 하위문화 집단에서 사실로 나타난다. 보편적으로 여겨질 만한 미적 경향성의 문화적 형성에 대한 체계적인 조사는 학제적 접근에서 흥미로운 측면일 것이다. 주어진 문화나 하위문화에 의존하는 미적 선호의 사례는 많다. 문화에 의존적이어서 일반적이라고 할 수 없는 심리학적 모형의 제안을 하지 않기 위해 미학심리학 연구는 문화적 특수성에 관한 다른 분과학문의 연구에서 혜택을 받을 수도 있다. 현재의 틀을 이용할 때 연구자들에게 주어진 과제 중 하나는 일곱 가지 관점이 제공하는 풍부한 자료로부터 미학심리학과 관련된 정보를 추출해내는 것이다.

전망

위에서 언급했듯이 오늘날의 미학심리학은 상당히 다종적이다. 강한 학제적 접근을 취한다면 위에서 언급한 모든 예술과 과학의 분과학문들이 기여할 것이다. 궁극적인 목표는 자극, 성격 및 상황과 관련된 요인들로 이뤄진 전체적인 망을 기술하고 설명하는 미학의 정신적 과정에 대한 통일된 이론이 될 것이다. 이것은 커다란 도전이다. 이런 목적에 직면하여, 위에서 소개한 서로 다른 관점에서 주제에 접근하고 심리학적으로 관련된 측면들을 파악하고 추출하며 이것들을 단계적으로 점점 통합하는 것이 도움이 될 것이다. 그렇지만 결국은 본래적으로 복잡하고 정교하게 조직되어 있는 이론 구조가 등장할 것이다.

이런 강한 학제적인 접근이 불가능하지는 않다. 인지신경과학은 대체로 이러한 기초적인 접근의 성공을 인상적으로 보여주었다. (검토를 위해서는 Gazzaniga, 2004를 참고하라.) 미학심리학 일반에서, 특히 신경미학에서 이러한 접근이 아직 이루어지지 않았다. 우리 연구실에서는 미적 판단 연구에 대한 인지신경과학적 접근을 추구하기로 결정했다. 이를 위해 우리는 위에서 소개한 미적 판단에 영향을 주는 요인들을 통제할 수 있게 해주는 새로운 자극 재료를 구성했다. 재료에서 대칭과 복잡성에 변화를 주었다. ([그림 3-2]를 참고하라.) 다른 요인들은 적절하게 통제했다.

첫 ERP 데이터가 2000년에 제시되었다(Jacobsen & Höfel, 2000, 2003). 결과는 동일한 자극과 과제 구조를 사용한 평가적인 미적 판단 과제와 기술적인 대칭 판단 과제 사이에 시간적 경과와 신경적 원천 모두의 이중 해리(double dissociation)를 나타냈다. 미적 판단에서는 전두 음반응(frontal negativity)이 유발되었고 대칭판단 과제에서는 지속적인 후두 음반응(posterior sustained negativity)이 유발되었다. 자극이 시작된 후 300~400msec의 시간 범위에서 미적이지 않은 것에서 미적인 것을 뺀 전두 음반응과 600~1,100msec의 시간 범위에서 대칭에서 비대칭을 뺀 자료가 [그림 3-3]에 나타나 있다. 그동안 반복적으로 이러한 발견이 이뤄졌다(Höfel &

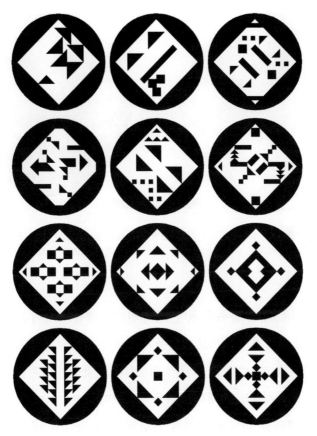

[그림 3-2] Jacobsen & Höfel(2000, 2003)과 Jacobsen et al.(2006)에서 제시된 자극 표본. 첫 번째와 두 번째 줄의 그래픽 패턴들은 대칭적이지 않으며, 아름답지 않은 것에서 아름다운 것의 순서로 각 줄에 배열되었다. 세 번째와 네 번째 줄의 패턴들은 대칭적이며, 역시 아름답지 않은 것에서 아름다운 것의 순서로 배열되었다. (© 토마스 야콥센)

Jacobsen, 2007a, 2007b; Roye et al., 2008).

후속 연구에서 기하학적 형태의 아름다움에 대한 미적 판단의 신경 상관물을 조사하기 위해 fMRI가 사용되었다. 참가자들은 동일한 자극 재료에 대하여 평가적인 미적 판단(아름다운가, 아닌가?)과 기술적인 대칭

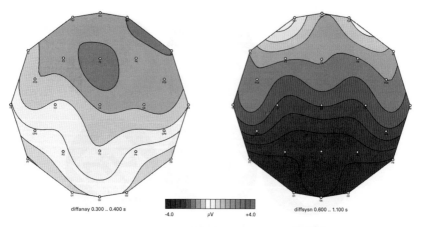

diffanay 0.300 .. 0.400 s   -4.0   μV   +4.0   diffsysn 0.600 .. 1.100 s

[그림 3-3] 야콥센과 회펠이 도출한 사건관련전위 데이터(Jacobsen and Höfel, 2000, 2003)를 바탕으로 제작한 전위 지도. (© 토마스 야콥센; 컬러 그림은 이 책의 252쪽을 보라.)

판단(대칭적인가, 아닌가?)을 수행했다. 미적 판단이 종종 대칭의 기준에 의해 유도된다고 알려져 있으므로 대칭을 사용했다. 태도의 영향이나 기억과 관련된 과정을 최소화하고 자극의 대칭성과 복잡성의 효과를 검증하기 위해 새로운 추상적인 그래픽 무늬를 제시했다.

　행동 결과를 바탕으로 미적 판단에 대한 자극의 대칭성과 복잡성의 영향을 확인할 수 있었다. 직접적인 fMRI 대조는 전두정중앙 피질(frontomedian cortex, BA 9/10), 양측 전전두피질(bilateral prefrontal, BA 45/47), 후측 대상회(posterior cingualte), 좌측 측두극(left temporal pole),[10] 측두두정 접합(temporoparietal junction)에서 미적 판단에서 특수하게 나타나는 활성화를 보여주었다(그림 3-4). 이에 반해 대칭판단은 공간 처리를 보조하는 두정 및 운동전영역에서 특수한 활성화를 유발했다. 흥미롭게도 아름답다는 판단은 전두정중앙 피질뿐만 아니라 대칭 네트워크의 좌측 두정엽 내구(left intraparietal sulcus)의 BOLD(Blood-Oxygen-Level Dependent; 혈류 산소 수준) 신호를

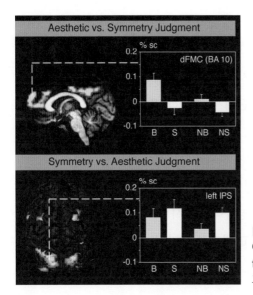

[그림 3-4]
야콥센 외(2006)의 연구에서 나온
fMRI 결과를 보여주는 그림들. (컬러
그림은 이 책의 253쪽을 보라.)

높였다. 또한, 자극 복잡성은 두 가지 판단 유형 각각에 대하여 차별적인
효과를 야기했다.

　　이러한 발견들은 아름다움에 대한 미적 판단이 사회적 · 도덕적 단
서에 대한 평가적 판단의 기저가 되는 구조와 부분적으로 겹쳐지는 망
에 의존한다는 것을 보여주며, 아름다움에 대한 우리의 판단에서 대칭성
과 복잡성이 중요하다는 것을 입증한다.

　　신경미학은 앞에서 소개한 몸/뇌와 마음의 관점을 필수적으로 다룬
다. 다른 다섯 가지 관점 또한 정신적 처리, 행동 수행, 그리고 기저에 놓
인 뇌 연결망의 역동적인 구성에 대해 예측하는 데 기여한다. 상관적 접
근에 있어서 신경미학은 환원 불가능하고 개별적이며 주관적인 정신적
과정 및 상태와 객관적이고 외적으로 관찰되는 신경 기반 사이의 변환
관계를 구축한다. 따라서 신경미학은 페히너의 전통을 따른다고 할 수
있다. 이는 단지 페히너의 실험미학 때문만이 아니라, 더 핵심적으로는

페히너의 실험심리학이 현대 정신물리학의 탁월한 사례이기 때문이다. 오늘날 내적인 정신물리학은 현대 신경과학적 방법을 사용할 수 있게 된 덕분에 크게 진보했다. 하지만 기본적인 방법론적 접근은 동일하다. 화용론적으로 이원론적인 접근에서 주관적 경험과 외적 관찰(EEG, ERP, MEG, fMRI, PET 등)은 상관관계에 있거나, 혹은 (실험이) 가능하고 윤리적으로 실행할 수 있는 경우 인과관계가 성립한다(신경심리학, TMS[11]).

앞에서 소개한, 미적 과정에 영향을 주는 것으로 알려진 모든 요인들은 신경과학적 측정치에도 영향력을 행사할 가능성이 매우 높다. 그러므로 신경미학은 흥미진진하고 대단히 복잡한 도전에 응하기 시작해야 한다.

1) EEG(electroencephalogram)는 두피에 부착한 전극을 통해 뇌신경의 전기적 활동을 측정하는 신경영상 기법이며, ERP(event-related potential)란 특정한 자극(가령 피험자에게 주어진 과제)에 대한 뇌 반응을 EEG로 측정한 결과로 나타나는 전위차(電位差)를 의미한다. MEG(magnetoencephalogram)는 감도가 높은 자기계(磁氣計)를 사용하여 뇌에서 발생하는 전류가 산출하는 자기장을 측정함으로써 뇌 활동을 기록하는 신경영상 기법이다. EEG나 MEG는 fMRI와는 대조적으로 뇌 활동을 직접 측정함으로써 높은 시간해상도를 보이는 장점을 지니나 공간해상도는 낮은 단점이 있다. fMRI와 PET에 대한 설명은 1장 주 2)를 참고하라.

2) 역치(threshold)란 생물이 자극에 대해 반응하는 데 필요한 최소한의 자극의 세기를 말한다. 자극이 존재하더라도 역치에 미치지 못하면 생물은 그 자극에 대해 반응하지 않는다. 페히너는 실험심리학의 역치 개념을 미적 경험에 적용하여 쾌나 불쾌를 유발하기 위해서는 자극이 역치에 도달해야 한다는 미적 역치의 원리를 주창했다.

3) 벌린은 복잡성, 참신성, 불확실성, 갈등 같은 정신적 표상들을 두 개 이상의 출처에서 나온 자극들의 비교를 통해 결정된다는 의미에서 '조합변인'이라고 불렀다. 벌린은 이 조합변인이 매우 낮거나 높은 수준일 때보다 중간 수준일 때(예를 들면 매우 복잡하거나 단순할 때보다 중간일 때) 미적 쾌감이 가장 커진다는 조합변인과 미적 감상 사이의 역 U자형 관계를 제시했다(Berlyne, 1971).

4) 살아있는 뇌의 구조 변화를 측정하여 훈련에 따른 장기적인 뇌의 변화를 연구하는 것을 말한다. '생체 내(in vivo)'라는 용어는 살아있는 유기체를 대상으로 연구하는 것을 뜻한다.

5) 미국심리학회 제10분과 — 미학, 창의성, 그리고 예술의 심리학회가 『미학, 창의성, 그리고 예술의 심리학』 제1권을 출간한 것은 2006년이다.

6) E. 로시는 인간이 어떤 범주에 대한 처리를 할 때 그 범주의 가장 전형적인 (가상의) 구성원인 원형(prototype)에 근거해서 처리한다는 원형 이론을 주창했다. 이는 범주에 대한 논리적 정의에 근거해서 처리한다는 전통적인 이론과 대비되며 범주의 전형적인 구성원일수록 쉽게 처리된다는 실험적 근거로 뒷받침되었다(Rosch, 1975).

7) 칸트는 제3비판서인 『판단력비판』에서 판단력을 '규정적인' 것과 '반성적인' 것으로 구별한다. 판단력은 쾌나 불쾌의 감정에 기초하여 개념적 인지능력인 지성과 도덕적 실천능력인 이성을 매개하는 역할을 한다. 지성이 자연, 즉 감성계의 합법칙성을 이해하는 능력이라면 이성은 자유개념에 기초한 도덕법칙이 적용되는 초감성계를 인식하는 능력이다. 요컨대, 판단력이란 감성계의 특수한 현상을 초감성적인 보편적 규칙에 포섭함으로써 이원화된 세계를 매개하는 능력이다. 칸트는 규정적 판단력과 반성적 판단력 각각을 다음과 같이 설명한다. 즉 규정적 판단력은 규칙과 법칙 같은 보편자가 주어져 있을 때 그 아래로

특수자를 포섭하는 능력인 데 반해, 반성적 판단력은 특수한 현상만 주어져 있을 때 그것을 위하여 보편자를 발견해내는 능력이다. 예를 들어 우리가 뉴턴 역학 시대에 살고 있다고 생각해보자. 태양 너머에 있는 별이 반사하는 빛이 태양 주변에서 휘어지는 현상을 뉴턴의 광학으로는 설명할 수 없다. 그러므로 이 특수한 현상을 포섭할 수 있는 새로운 보편적 법칙이 발견되어야 하는데 이때 반성적 판단력이 활동한다. 이 활동은 아인슈타인의 상대성이론이 발견될 때까지 지속될 것이다. 두 종류의 판단력은 미적 판단에 대해서도 설명할 수 있다. 즉 규정적 미적 판단력은 어떤 조형물의 아름다움을 '대칭성'과 같은 고전미학의 원리에 따라 평가할 때 작동하는 반면, 반성적 미적 판단력은 어떤 특수한 예술현상을 설명할 새로운 미학적 원리를 창안해야 할 때 작동한다고 할 수 있다. (칸트, 2009를 참고하라.)

8) 심리학에서 '태도'란 어떤 물체, 사건, 사람 등에 대한 긍정적이거나 부정적인 평가를 말한다. 태도는 통상 대상에 대한 신념이나 생각에 해당하는 인지적 요소, 대상과 연결된 감정에 해당하는 감정적 요소, 대상에 대한 행동에 해당하는 행동적 요소로 구성된다고 간주된다.

9) 심리학에서 도식(schema)이란 우리가 세상에 대한 지식, 정보, 경험을 조직화하는 데 사용하는 정신적 틀을 말한다. 예를 들면, 집에 대한 도식은 '건물의 일종이고 방들로 구성되어 있으며 사람들의 주거를 위해 사용된다'라는 식으로 이루어져 있다. 대본(script)은 도식의 특수한 형태로서 사건에 대한 도식을 말한다. 예를 들면, 음식점에서 식사를 하는 것에 대한 대본은 "문을 열고 들어간다, 자리를 안내받는다, 메뉴판을 본다, 주문을 한다, …"와 같은 방식으로 이루어져 있다(Baldwin, 1992).

10) 6장 주 8)을 참고하라.

11) TMS는 경두개자기자극(transcranial magnetic stimulation)이라고 주로 번역하는 뇌 연구기법으로, 머리 위의 특정 위치에 강한 자기장을 만들어서 특정 뇌 부위를 자극하거나 일시적으로 마비시키는 방법을 말한다. TMS를 사용하여 특정 뇌 부위를 마비시켰을 때 장애가 발생하는 정신 기능을 살펴보면 그 부위가 하는 기능을 알 수 있다. TMS는 뇌 부위의 활동과 정신 기능 사이의 상관관계만 파악할 수 있는 대부분의 비침습적 뇌 연구 방법들과 달리 비침습적이면서도 특정 뇌 부위의 일시적 마비라는 실험 조작을 통해 인과관계를 확인할 수 있다는 장점이 있다.

4

예술은 미학 그 이상이다: 협소한 미학으로서의 신경미학

스티븐 브라운(Steven Brown)과 엘렌 디사나야케(Ellen Dissanayake)

신경미학은 매우 젊은 분야여서 적절한 주제가 무엇인가에 대해 아직 확립된 관점이 없는 것 같다. '신경미학'이라는 용어는 형태론적으로 회화 같은 예술작품이나 음정 같은 예술작품 구성요소의 지각과 관련된 신경적 측면에 대한 과학적 연구라는 의미를 함축하고 있다. 그러나 우리는 이 새로운 분야의 종사자들이 '미학'과 '예술'이라는 용어에 내재한 엄청난 모호성, 즉 인간의 예술 행동에 대한 적절한 이해를 방해하는 모호성을 깨닫지 못하고 있을 수 있다는 점에 대해 우려하고 있다. 미학이나 예술 같은 용어들이 내포하고 있는 의미는 산업화 시대 이전의, 민속적, 토착적, 혹은 홍적세 사회의, 그리고 심지어 동시대 대중문화 속에서의 예술에 대한 경험과 예술의 실천 및 기능을 고려했을 때 특히 부적절하고 오해의 소지가 엿보인다.

(권위 있고 계시적인 작품들의 독립적 영역을 함축하는 대문자 A를 가진) '예술(Art)'과 (그런 작품들을 향한 독특하고 숭배적이기까지 한 관심의 방식으로서) '미학' 같은 용어가 현재의 엘리트주의적인 의미를 지니게 되고 서로 피할 수 없이 밀접한 관계를 갖게 된 것은 불과 지난 두 세기 동안의 일이다(Davies, 2006; Shiner, 2001). (감각과 관련된 그리스어 aiesthesis에서 유래한) 'aesthetic'이라는 단어는 1735년 독일의 철학자가 시와 관련된 책에서 처음 사용했고(Baumgarten, 1735/1954), 그 이후 두 가지 다른, 그러나 항상 구별되지는 않는 방식으로 사용되었다. 계몽주의 철학자들과 추종자들은 현재 '미적인 것(the aesthetic)'이 갖고 있는 엘리트주의적인 개념, 즉 특수한 형식의 무관심적인 지식과 감상이라는 개념을 위대한 예술작품에 대한 지각으로부터 유발되는 감정 반응을 기술하기 위해 점진적으로 발전시켰다(Shiner, 2001).

'미학'의 엘리트주의적인 의미는 예술 및 예술작품과 강고한 역사적 연관을 갖고 있는 반면, 이 용어의 두 번째 용법은 자연미처럼 아름다움에 대한 감상과 관련된 모든 가치체계를 가리키게 되었다. 최근 수십 년간 몇몇 동물행동학자와 진화심리학자들은 본래 '경관미학'(Appleton, 1990; Orians, 2001; Ruso et al., 2003) 또는 '다윈미학'(Thornhill, 1998)이라고 불렸지만 오늘날에는 일반적으로 '진화미학'(Voland & Grammer, 2003)이라고 부르는 새로운 분야에 앞서 말한 미학의 두 번째 개념, 즉 더 넓은 개념을 사용했다. 진화미학은 적응적 의사결정과 문제 해결로 귀결되는, 환경 안에 있는 대상을 향한 선택적 주목과 긍정적 감정 반응을 촉진하는 동물과 인간의 감각적 선호를 탐구한다(Orians, 2001). 이런 방식으로 지각되는 대상이 아름답다고 여겨지는 것이다(Thornhill, 1998). 동물(특히 새)이 아름다움을 누리는 것처럼 보인다는 점에 주목하고 수컷 새의 화려한 색과 무늬를 암컷의 선택 때문이라고 생각한 다윈의 견해를 따라(Darwin, 1871), 어떤 진화미학 연구자들은 인간의 예술이 짝짓기를 위해 암컷을 유혹하려고 수컷 새들이 행하는 구애 표현과 유사한 방식으로 성적인 선택에 따라 발생했다고 제안하기도 했다. (Miller, 2000, 2001을 보라.)

진화미학 연구자들이 엘리트주의적인 미학의 철학적 의미를 명백하게 고수하지 않음에도 몇몇 연구자는 그들의 발견이 예술과 미에 대한 인간의 반응을 이해하는 데 적용될 수 있는 것처럼 쓰고 있다(예: Thornhill, 1998). 지금까지 신경미학의 기치 아래 출판된 연구로 판단한다면 신경미학 분야는 예술에 특별히 관심을 기울이는 것처럼 보인다. 이 분야는 적어도 유럽의 시각예술, 심지어 추상회화의 걸작들에 특히 관심을 기울이는 것 같다. (예를 들어 Kawabata & Zeki, 2004; Solso, 1994; Vartanian & Goel, 2004; Zeki, 1999를 보라.) 엘리트 시각예술에 대한 이러한 관심이 예술과 미학 개념 모두 18세기 유럽 중심적 관념과 맺고 있는 암묵적 연관관계에서 나온다고 생각된다.

이 장에서 우리는 오늘날의 신경미학이, 협소하고 문화에 종속된 미학 및 예술의 의미로 말미암아 세 가지 중요한 측면에서 제한적이라는 사실을 제시하고자 한다. 첫째, 감각적 지각대상과 선호에 근거한 신경미학의 미적 데이터는 예술 대상보다 훨씬 넓은 범위의 대상에 적용된다. 신경미학은 진화미학 및 미학의 다른 과학적 개념들과 마찬가지로 한 부류의 감정들에 입각하고 있으며, 이런 감정들의 생물학적 기능은 **대상의 속성들**에 대한 평가를 생성한다. 하지만 여기서 좋거나 싫음에 대한 일반적인 평가라고 간주하는 미적 감정들은 상위수준의 의미를 지닌다(superordinate). 즉 미적 감정들은 풍경, 음식의 질, 같은 종의 외모와 행동 등이 포함되는 진화미학에서와 마찬가지로 모든 생명체에게 생물학적 생존에 중요한 다양한 대상을 평가하는 데 대단히 중요하다는 것이다. 엄격히 말하자면 신경미학의 영역을 정의하는 것은 예술작품만이 아니라 이렇게 넓은 영역에 걸쳐 있다. 이 학문영역이 가져야 할 더 나은 목표는 예술작품에 연관된 것이라기보다 (풍경이나 배우자를 포함하여) 평가되는 모든 대상에 적용되는 미적 반응에 대한 일반적인, 상위 수준의 이론을 발전시키는 것이다. 지금 우리가 생각하기로, 신경미학은 예술을 비예술과 구별할 방법이 없다. 현대 추상회화를 볼 때 유발되는 신경반응을 특징짓는 것은 평가 중인 것이 예술에 대한 반응인지 질문하게 만든다는 것이다. 다음 절에서 우리는 예술을 하나의 활동, 즉 사람들이 행하는(즉 '예술화하는(to artify)') 어떤 것으로 생각하게 하는 신조어인 '예술화(artification)' 행동으로 보는 관점을 제시한다.

둘째, 예술 그 자체는 특징들에 대한 미적 반응이나 선호보다 훨씬 넓은 범위의 인간 경험을 다룬다. 이렇게 반응과 선호에 맞춰진 초점은 개별적인 예술작품에서조차 계몽주의 원칙에 근거를 둔 순수예술에 대한 여러 철학적 접근에서 전제했던 것처럼 예술을 수용자 심리학과 사회적 무기능성의 수준으로 환원시킨다. 예술 창조 같은 복잡한 행동이 (배우자를 선택하거나 적합한 서식지를 찾는 것과 마찬가지로) 미적 차원을 포함하기는 하지만, 예술 행동은 미적 차원으로 환원될 수도 없고 미적 차원은 예술 행동과 관련해 가장 중요한 것도 아니다. 우리는 또 다른 신조어를 도입하여 예술에 대한 포괄적인 신경과학적 접근으로서 '신경예술학(neuroartsology)'이라는 새로운 분야를 제안하려는데, 이는 진화된 행동으로서의 예술이라는 더 넓은 틀 안에서 상정된 것이다.

셋째로 미적 경험은 대체로 대상(예술 대상이든 다른 것이든)에 대한 감정적 평가와 관련되어 있으므로 우리는 미적 반응에 대한 신경과학 연구를 그것이 속한 곳, 즉 감정에 대한 더 큰 이론에 근거하게 하는 것이 필수적이라고 생각한다. 최근까지 감정에 대한 생물학적 이론을 강력하게 지배해온 것은 다윈까지 거슬러 올라가는 '기본정서' 이론('basic emotion' theory, BET)이었다(Darwin, 1872). 우리는 BET가 미적 반응뿐만 아니라 예술의 생산과 지각에 동반되는 다른 여러 감정에 대한 이해에 부적절한 기반을 제공한다고 생각한다. 가장 극명한 사례(이자 이 책에서 가장 중심적인 사례)를 들자면, '혐오(disgust)'라는 부정적 감정값의 평가에 관한 기본정서는 확실히 존재하는 반면 좋아함, 매력, 황홀감 등 긍정적 감정값의 대응물에 상응하는 기본정서는 없다. 따라서 신경미학은 진화미학 못지않게 BET가 제공하는 것보다 더 풍부한 감정 이론을 필요로 한다. 이어지는 절에서 우리는 클로어와 오토니(Clore/Ortony) 이론을 유망한 대안으로써 논의하고, 그것을 감정 영역에 관한 신경영상 연구와 관련시키려 시도할 것이다.

요컨대 신경미학은 예술에 한정되어서는 안 되며, 대신 미적으로 평가되는 모든 종류의 대상과 현상에 초점을 맞춰야 한다. 그리고 예술에 대한 적절한 이해는 지각적 선호에 관해 연구하는 협소한 신경미학에서 생겨나지 않으며, 그보다는 보편적인 예술화 행동에 관여하는 인지적·신경적·문화적 현상의 전체 집합에 관한 설명을 도모하는 신경예술학을 요구한다.

예술은 무엇이고 무엇을 위한 것인가?

미학도 혼란스러운 용어이지만, 예술 개념은 (만약 그런 것이 있다면) 미학보다 더 갈등의 소지와 이론의 여지가 많다. 또한 미학이라는 용어와 마찬가지로 예술의 현대적 용법은 순수예술에 관한 18세기 철학과 주로 부유한 엘리트 계층, 대개는 교회와 궁정을 위해 창작된 예술작품에 대한 당대 예술철학의 주요 관심으로부터 유래했다. 따라서 예술의 현대적 용법은 고전적 예술이나 순수예술의 실천 및 의미와 관련된 유럽 중심적 관념을 보유하고 있다. 하지만 포괄적이고 과학적인 예술에 대한 이해는 모든 인간 문화에서 나타나는 예술을 포함해야 한다. 비서구 문화를 예술로 진입시키고자 한다면 우리는 서구적 순수예술의 '무관심적인' 미적 실천과 동떨어진 예술 실천을 마주하게 될 뿐만 아니라, 예술을 아름다움과 필연적으로 연관되지 않을 수도 있는 행동으로 간주하게 된다(Dissanayake, 2007).

동서고금을 막론하고 전근대사회에서(가령 전통사회, 토착사회에서)의 예술 생산의 맥락을 살펴보면, 예술이 제례적 의식(ritual ceremonies)에서 눈에 띄게 행해진다는 것을 알 수 있다(Alcorta & Sosis, 2005; Dissanayake, 1988, 2006). 실로 무엇이든지 간에 의식이란 (예술화 행동으로 상정될 수 있는) 예술들의 집합이다. 광범위한 문화적 다양성에도 불구하고 제례 의식은 세계가 작동하는 방식에 대한 인지적 신념체계의 행동 표현으로서 몇몇 공통적인 특징을 갖는다. 의식은 개인과 집단이 그들의 생계와 생존에 필수적인 것으로 지각되는 환경의 소산에 영향을 주기를 바랄 때인 **불확실성이 지각되는 시기에 수행된다**(Dissanayake, 1992, 2008; Rappaport, 1999; Turner, 1969). 의식은 대체로 **다중양상**(multimodal)으로 나타난다. 즉 노래, 악기 연주, 춤, 문학적 언어, 극적 장면 그리고 신체, 환경, 소품 같은 장식을 결합한다. 덧붙이자면 의식은 일반적으로 **참여적이라고** 할 수 있다. 즉 관객은 전문가가 공연하는 것을 볼 때도 손뼉 치기, 움직이기, 소리 지르기, 노래하기 등을 통해 참여한다. 서아프리카의 북 연주를 연구하는 학자인 존 체르노프(John Chernoff)가 관찰했듯이, "아프리카의 가장 근본적인 미학은 참여가 없다면 아무 의미도 없다,"는 것이다(Chernoff, 1979, p. 23).

의식의 맥락에서 예술은 다수의 결정적인 사회적 기능을 크고 작은 문화에 제공한다. 몇 가지만 예를 들자면, 사회의 혈통 및 정체성과 관련된 역사기록적 기능, 계획된 노고의 정당성 및 실현 가능성에 관련된 담론적 기능, 시기 표시와 관련된 기능(예: 월력 제례[수확], 생활주기 제례[결혼, 장례, 탄생]), 신과의 소통, 불안 및 스트레스 해소, 사회적 조정 등이 포함된다. 예술 활동의 주된 목적은 수렵, 채집, 적에 대한 대항, 기반시설 건축 등과 같은 집단적 노력을 지지하기 위한 협력을 장려하는 것이다. 또한 예술은 사회적 조화를 유지하고 집단 내 갈등을 완화하는 주요 수단이다. 모든 문화를 통틀어 예술이 초래하는 집단의 이득은 강력하고 광범위하다. 성 선택주의자들이 제안한 것처럼 예술의 적응 기능을 개인적인 성적 과시로 환원하는 것(Miller, 2000)은 예술을 완전히 경쟁적인 일로 만든다. 하지만 예술은 정확히 반대의 일을 한다는 증거, 즉 협력을 이루어 내고 개인적인 경쟁을 회피한다는 것을 암시하는 수많은 증거가 있다. 따라서 우리는 예술로 가득 찬 제례의 맥락에서 성적 과시의 존재를 인정하면서도 예술을 성적 과시로 환원하는 것을 거부한다. 만약 실제로 이런 연관성이 발견된다면, 성적 과시가 제례 의식의 집단 결속 측면의 2차적인 파생물일 가능성이 그 역보다 더 크다고 할 수 있다(Brown, 2000). 일단 집단이 집합적 생존을 위해 모이고 나면, 그런 맥락 안에서는 성적 과시의 기회가 주어질 수 있다.

우리는 예술을 대상(회화, 노래)이나 대상의 성질(미, 조화), 감각인지적 선호의 단서 혹은 감각적·인지적 자극의 수동적 등록이 아니라 예술화 행동 — 즉 사람들이 행하는 일들 — 으로 간주하는 것이 유익하다고 제안한다. 수십 년에 걸쳐 우리 중 한 명(엘렌 디사나야케)이 이러한 개념을 점진적으로 정교하게 만들어 왔다(Dissanayake, 1988, 1992, 2000, 2008). 예술화(원래는 "특별하게 만들기"라고 불린)는 인간 개인(과 집단)의 "평범한 현실을 비범하게 만들기"에 대해 보편적으로 관찰되는 애호를 의미한다(Dissanayake, 1992, p. 49).

예술화와 인간의 제례적 실천에서 그 표현에 대한 이해는 다른 동물들에 대한 연구에서 발전한 '제례화'라는 동물행동학적 개념을 적용함으로써 더욱 분명해진다(Tinbergen, 1952). 간단히 말해 제례화된 행동이란 일상생활에서 끌어낸 평범하고 특별할 것 없는 행동(깃털 고르기, 둥지 짓기, 먹이 쪼기)을 취하여 원래의 출처와는 완전히 다른 어떤 것에 대해 소통하기 위해 변화시킨 방식이며, 새로운 맥락에서 그것을 사용하는 소통적 표현이다. 동물행동학자들은 동물과 인간 모두에서 제례화 중에 일어나는 변화를 기술하고(Eibl-Eibesfeldt, 1989, pp. 439-440), 전구행동(precursor behavior)과[1] 비교했을 때 제례화된 버전은 다음과 같이 달라진다는 것을 보여주었다. 즉 제례화 행동은 ⓐ **단순화된다.** 형식화, 정형화 혹은 양식화된다. ⓑ **반복적이다.** 이러한 행동은 자주 일상적인 행위의 종잡을 수 없는 수행과 구별되는 '전형적 강도'나 규칙적인 속도를 갖고 있다. ⓒ **과장된다.** 그리고 ⓓ **정교화된다.** 때로는 ⓔ **기대의 조작**이 동반된다. 이러한 변화나 조작은 종종 공격성이나 구애와 관련이 있는 새로운 메시지에 주의를 끌고 관심을 지속시키는 데 기여한다.

인간의 예술화 행동은 제례화처럼 일상적인 행동의 구성요소에 작용하여 그것을 주목할 만하고 비범하게 만드는 형식화, 반복, 과장, 정교화 같은 조작을 사용한다. 가장 기본적인 의미로 일상적인 신체 운동이 형식화, 반복, 정교화 그리고 과장을 통해 예술화(혹은 양식화)되면 '무용'이 되고, 일상적인 언어는 시나 문학이 되며, 일상적인 소재(신체, 인공물, 환경)

는 물감, 조각(carving), 그리고 셀 수 없이 많은 종류의 장신구처럼 비범한 것이 된다. 더 광범위하게 살펴보면, 전통문화의 무용은 역사적(신화적) 사건을 서사적으로 재연함으로써 더욱 격상된다는 것을 알 수 있다. 예술화 행동은 제례화 행동처럼 주의를 끌고 흥미를 지속시키며 감정을 형성한다. 확실히 진화미학과 신경미학이 탐구하는 선호 자체가 예술은 아니지만, 매력적인 색채나 형태가 중요한 대상, 사건 또는 메시지를 강조하거나 돋보이게 할 때와 같이 자주 예술화되거나 예술화에 사용되곤 한다.

예술화를 오로지 미적 반응을 자극하는 능력의 면에서만 보지 않게 하려고 우리는 이러한 활동의 결과가 중요한 **인지적** 귀결이라는 것, 주로 어떤 것의 일상적인 의미나 용법과 비교되는 새로운 의미를 생성하는 것이라는 사실을 지적하고자 한다. 예를 들어 무기나 선박 같은 대상의 장식은 그것에 특별한 힘을 부여하는 방법이며, 새로운 교회에 십자가상을 놓는 것은 교회를 신성화하고 보호하는 방법이다. 기도나 주문같이 특별한 문구를 읊는 것은 멀리 있는 신과 접촉하는 방법이다. 따라서 예술화가 초래하는 '변경(alterations)'의 기저가 되는 강조는 맥락의 변화나 반복과 과장 같은 수행적 속성의 변화뿐만 아니라 대상이나 사건의 의미와 기능에서의 인지적 변화도 포함한다. 예술 행동은 제례적 실천을 인지적 신념체계와 연결하는 가장 중요한 기제 중 하나이다(Alcorta & Sosis, 2005).

흥미롭게도, 인간 영아는 성인 보호자의 음성, 표정, 머리나 신체의 운동에 대한 제례화(또는 예술화) 작용에 반응하는 소질을 타고난다. 보편적으로 이자적인(dyadic) 행동인 '아기 말(baby talk)'에서[2] 성인들은 자발적으로(즉 배우지 않고도) 그들의 발화, 표현, 운동 동작(kinetic movement)을 단순화하고 반복하고 정교화하고 강조함으로써 영아의 주의를 끌고 관심을 지속시킨다. 8주 정도 된 영아가 성인에게 수반적 반응을 기대한다는 것을 보여준 연구가 증명하는 것처럼 성인은 영아의 반응에 맞춰 이러한 신호들을 일시적으로 조정한다(Murray & Trevarthen, 1985; Nadel et al., 1999).

디사나야케는 이렇게 조정된 이자적 행동의 기원을 다음과 같은 가설을 통해 제기한다(Disanayake, 2000, 2008). 즉 성인 보호자의 조정된 행동은 완전히 두 발로 걷게 된 **호모 에렉투스**에서 골반이 좁아지는 해부학적 경향이 아이를 출산할 때 이와 동시에 발생한 뇌와 두개골이 커지는 해부학적 경향과 충돌한 200만 년 전의 '출산 딜레마(obstetric dilemma)'에 대처한 행동 적응에서 기원했다는 것이다. 여러 가지 행동 적응(예: 분만 시 분리될 수 있는 여성의 치골 결합선(symphysis), 압축되는 영아의 두개골, 출생 후의 대규모 두뇌 성장) 중에서도 임신 기간이 크게 줄어들어서(Falk, 1998; Gould, 1977; Portmann, 1941) 다른 영장류처럼 몇 주나 몇 달이 아니라 무력한 영아가 몇 년을 보호자에게 의존하는 결과를 가져왔다. 어머니의 친밀한 소통 행동의 단순화, 반복, 정교화, 과장(예: 미소 짓기, 눈 뜨기, 눈썹 찡긋하기, 머리 까딱하기, 고개 끄덕이기, 부드럽게 물결치는 발성, 만지기, 쓰다듬기, 뽀뽀하기)은 모체의 뇌에서 친밀성의 신경망을 강화하는 데 기여했으며, 공유하는 시간에 기초하여 수행될 때 두 사람 사이에서 행동의 신경적 조정과 정동적 변화의 일치를 초래하는 수단을 마련했다(Beebe et al., 1997; Trevarthen, 1979). 어머니와 영아의 상호작용은 제례화 행동처럼 작동하는 것처럼 보인다. 즉 제례화 행동에서는 하나의 맥락에서 신호(인간 성인과 다른 영장류에서 발견되는 친밀하고 친사회적인 행동)가 변화하여 다른 어떤 것을 의미하게 되거나, 혹은 이 경우처럼 적응적인 상호 간 감정적 유대를 조성한다. 디사나야케는 예술화 조작에 대한 인간의 감수성과 능력이 조상 어머니들과 그들의 미성숙한 영아 사이에서 진화된 상호작용으로부터 계통 발생적으로 유래했다고 제안한다(Disanayake, 2000, 2008).

감정 이론

우리는 앞서 다음과 같이 주장했다. 즉 미적인 것이라는 개념은 예술과 유럽 중심적으로 합성된 개념의 방해를 받지 않고 (진화미학에서처럼) 다양한 종류의 대상에 적용되며, 예술에 관한 신경적 이론은 (즉 신경예술학은) 예술 대상의 감각적 선호에 관한 신경미학적 분석보다 훨씬 많은 것을 요구한다는 것이다. 신경미학과 예술 간의 적절한 연결성에 대한 이해는 예술을 구성하는 행동에 대한 기능적 분석뿐만 아니라 인간 감정에 대한 이론에 미적 반응의 근거를 두는 것도 마찬가지로 중요하게 요구한다.

우리는 감정을, 좋고 나쁨의 평가로 유발되는, 환경 속에 있는 사건이나 대상에 대한 반응이라고 이해한다. 감정은 먹이 주기, 자기방어, 짝짓기, 이주 등과 관련하여 생존에 중요한 목표 지향적 동기 상태에 강하게 묶여 있다. 감정 개념은 감정값, 강도, 초점 같은 세 가지 결정적인 측면들을 요구한다. 감정값은 대부분 감정이 긍정적 범주 또는 부정적 범주의 두 가지로 나뉜다는 사실을 가리킨다(Ortony & Turner, 1990). 다른 말로 하면 대부분의 감정 평가는 '나에게 좋은 것' 아니면 '나에게 나쁜 것'으로 경험된다. 이러한 불연속적인 구분과는 대조적으로 감정은 약한 것에서부터 강한 것까지 단계적인 척도를 따라 강도가 변화한다. 좌절과 기쁨은 분노와 황홀 같은 매우 강한 감정과 비교했을 때 낮은 강도의 감정이다. 감정값과 강도를 통합하는 종합적인 도식에는 '원형(circumplex)' 모형 또는 '쾌-각성' 모형이 포함되는데, 여기서 감정값(쾌)과 강도(각성)는 2차원적 평면의 직교하는(orthgonal) 차원들로 간주한다(Reisenzein, 1994).[3]

중요하기는 하지만 이 도식은 여전히 정서심리학에서 중대한 세 번째 구성요소, 즉 초점을 빠뜨리고 있다. 가장 보편적으로 받아들여지고 있는 초점에 관한 도식은 다윈이 처음으로 제안하고(Darwin, 1872) 20세기에 에크먼과 동료들(Ekman, 1992, 1999)이 정교하게 만든 기본정서이론(BET)이다. BET 도식은 감정에 수반되는 독특한 표정과 문화 간 보편적 표현이라는 두 가지 모두에서 강력한 생물학적 토대를 가진 것으로 나타났으며, 5~8가지 별개의 감정 유형으로 구성되어 있다. BET는 감정에 대한 신경영상 연구의 주된 원동력이었고, 놀랄 것도 없이 신경영상 연구에서 분석되는 주요 감정들(대체로 공포)은 BET 도식의 구성요소들이다(Hennelotter & Schroeder, 2006). 혐오는 미적 의미뿐만 아니라 미적이지 않은 의미도 분명히 있기는 하지만, 기본정서 중 혐오만이 미적 감정으로 범주화될 수 있다.[4]

우리가 생각하기에 BET는 인간의 풍부한 감정적 삶뿐만 아니라 인간 감정의 숫자를 크게 과소평가하고 있다. 인간의 감정을 분류한 심리학자들은 단지 몇 가지가 아니라 말 그대로 수백 개의 감정이 있다고 본다(Clore, 1994 참고). 우리는 클로어 및 오토니와 다른 사람들이 제기한 BET 비판에 공감하며(Ortony & Turner, 1990), 감정적 초점에 대한 그들의 관점이 BET보다 인간 감정의 복잡성을 이해하는 데 더 유망한 방법을 제공한다고 생각한다.

클로어와 오토니의 도식에서 감정은 결과, 대상, 행위주체 같은 세 가지 초점과 관련하여 범주화된다(Clore, 1994; Clore & Ortony, 2000). 여기에 우리는 네 번째 범주인 '사회적 상호작용' 초점을 추가하고자 한다.

① **결과.** 첫 번째 범주는 **결과의 효과**에 대한 감정값 반응을 다룬다. 이것은 동기적 감정으로, 행복(결과에 만족함)부터 슬픔(결과에 불만족함)까지의 범위에 걸쳐 있다. 기쁨은 긍정적인 결과인 감정으로

행복보다 더 큰 강도를 지니는 것이며, 비애와 슬픔은 유사하게 부정인 감정값을 지닌 감정이다.

② **대상.** 두 번째 범주는 **대상과 사건의 측면에 대한 감정값 반응**을 다룬다. **미적 감정을 구성하는 것은 바로 이 대상 범주이며,** 이 책에서 특히 중요하다. 대상 범주는 좋아함이나 매력에서부터 싫어함이나 혐오에 이르는 범위에 걸쳐 있으며, 사람들이 선호와 취미에 대해 논의할 때 적용된다. 말하자면 얼굴에 대한 것이든 식품, 선율 또는 건물에 대한 것이든 미적 매력의 느낌이 이 범주에 들어가며, 증오나 혐오 같은 부정적 감정값의 대응물도 마찬가지로 여기에 속한다. 신경미학에 관해 말하자면, BET는 긍정적 감정값의 미적 용어(매력, 좋아함, 사랑)는 포함하지 않으며, 혐오라는 부정적 감정값의 감정만 포함한다고 할 수 있다.

③ **행위주체.** 감정의 세 번째 범주는 **행위자의 행위에 대한 감정값 반응**과 관련되며, 인정부터 불인정까지의 범위를 포함한다. 이 범주는 칭찬할 만함이나 수치스러움의 평가 등 사람들이 **도덕적** 감정(행동의 적절성에 대한 판단)이라고 생각하는 것으로 대부분 구성된다. 흥미롭게도 혐오라는 부정적 감정값의 기본정서는 두 초점 범주에 해당한다. 한편으로 혐오는 대상(예: 배설물, 상한 음식)의 특성에 대한 미적 평가일 수 있지만, 다른 한편으로는 행위자(예: 정치인, 상사, 점원)의 행위에 대한 도덕적 평가일 수도 있다. 따라서 클로어와 오토니가 제안한 도식은 BET가 전혀 하지 못하는 방식으로 감정의 본성에 대한 '다초점적(multifocus)' 이해를 가능하게 한다.

④ **사회적 상호작용**. 클로어와 오토니가 제안한 도식의 개선으로 우리가 여기서 제안하는 네 번째 초점 범주는 다른 사람들과의 사회적 상호작용에 대한 감정값 반응과 관련이 있다. 행위주체에서 논의한 도덕적 감정과 유사하지만 이 감정들은 행위주체에 대한 단순한 평가를 넘어서며, 아마도 편안함이나 불편함의 감정적 범위로 가장 잘 요약될 수 있을 것이다. 우리는 사람들이 우리 편이라고 느끼는가, 아니면 우리에게 반대한다고 느끼는가? 그들은 우리의 목표를 지지하는가, 아니면 좌절시키는가? 우리의 자아가 우리 자신보다 더 낫거나 유능하다고 지각하는 어떤 사람에게 위협받는다고 느낄 때 경험되는 것이 이 네 번째 범주다. 긍정적인 쪽을 본다면 이 범주는 예술 경험에서 매우 중심적인 사랑, 신뢰, 친화 같은 감정을 포함한다. 이것들은 본성상 미적인 것은 아니지만, 확실히 미적 평가를 강화하는 보상적 감정이다. 매력(미적 감정)과 친화(사회적 상호작용 감정) 사이의 상호작용에 대해서는 뒤에서 더 이야기할 것이다. 부정적인 쪽에는 혐오처럼 복잡한 다초점적 의미를 가지는 기본정서인 공포가 있다. 공포는 미래 사건의 부정적인 효과에 대한 예측과 관련된 '결과물'인 감정이지만(예: 수업에서 발표할 때 느끼는 무대공포증), 공포는 또한 우리의 목표를 좌절시키거나 우리를 해치려는 사람들의 의도에 대한 지각과 관련된 강한 사회적 상호작용 감정이기도 하다. (예를 들어 어떤 사람을 두려워하는 경우가 이에 해당한다.)

감정의 이러한 네 가지 일반적 초점 외에도 서로 강화하는 방식으로 작용하는 경향이 있는, 유사한 감정값을 지닌 감정들 사이에는 중요한 상호작용이 있다. 초점은 다르지만, 감정값이 비슷한 감정의 조합이 있다고 우리는 제안하고자 한다. 예를 들자면, 사람들은 미적으로 아름답다고 생각하는 것들을 도덕적으로 좋은 것으로, 추하다고 판단하는 것들을 나쁜 것으로 평가하는 경향이 있다. 이런 이유로 인해 신화에 나오는 사악한 마녀는 추한 반면 착한 왕자는 잘생겼다. 많은 전근대사회에서(예: 바손예족(Basongye), 딩카족(Dinka), 이그보족(Igbo), 자바인(Javanese), 레가족(Lega), 세뉴포족(Senufo), 템네족(Temne), 와기족(Wahgi) 등[5]) 좋은(정제된, 유익한) 것과 아름다운 것은 개념적으로 분리할 수 없다(Dissanayake, 1992; van Damme, 1996). 사회적으로 우리의 목표를 지지하고 곁에서 편안함을 느끼는 사람들을 도덕적으로 좋다고 평가한다. 우리는 그들을 매력적이라고 여기는 경향이 있다. (당장은 아니라고 해도 적어도 시간이 지나면 그렇게 한다.) 그러므로 주어진 대상에 대한 미적 평가와 도덕적 평가는 평행하는 경향이 있다고 하겠다(Brown & Volgsten, 2006). 그렇지 못한 상황은 인지 부조화의 느낌을 일으키는 경향이 있다. 추한 마녀가 자비롭거나 잘생긴 왕자가 사악하다면 혼란스러울 것이다. 요컨대 우리는 어떤 대상이나 상황의 다양한 측면에 대해 서로 평행하는 평가를 하는 경향이 있고, 이러한 평가는 감정값과 관련하여 서로를 강화한다.

요약하자면 미적인 것들에 대한 이해는 감정값, 강도, 초점의 차원을 포함하는 인간 감정에 대한 이론에 근거해야 한다. BET에는 초점에 관해 정확한 이해를 제공할 이론적 정교함이 부족하다. 우리는 클로어와 오토니의 이론이 감정에 대해 더 풍부한 관점이라고 믿고 있다. 우리가 논의한 네 가지 초점 중에서 '대상의 측면'이 미적 감정과 가장 직접적으로 관련되어 있다. 하지만 우리가 역설하려는 것은 미적 감정 그 너머를 보고 예술과 관련된 감정의 복잡한 망, 특히 미적 감정과 다른 사회적으로 중요한 감정 사이의 상호작용을 인식하자는 것이다.

안와전두피질과 감정값 평가

앞에서 논의했듯이 감정은 대상이나 사건에 대한 감정값 평가, 즉 개별적인 목표 성취와 관련하여 어떤 것이 좋거나 나쁘다는 평가에 근거한다. 평가과정은 '외수용성(exteroceptive)' 지각 — 우리를 둘러싼 외부 세계에서 일어나는 것들에 대한 지각 — 과 '내수용성(introceptive)' 지각 — 신체적·감정적 욕구에 관한 우리 장기의 기능적 상태와 관련된 내부적 환경 상황의 보고 — 사이에서 많은 방식을 통해 비교한다. 음식, 온기 또는 수면 욕구 같은 항상성 기제의 상태에 대해 보고하는 '내장구심성(visceral afferent)' 체계가 있다.[6] 우리가 목표 지향적인 행동을 수행할 때, 의도하는 목표와 현재의 내장 상태 사이에 비교가 이뤄진다. 우리는 목표를 촉진하는가(긍정적 감정값, 보상적), 아니면 방해하는가(부정적 감정값, 혐오적)에 기반을 두어 결과를 판단한다. 그러므로 우리 주변의 것들을 목표 지향적 행동의 맥락에서 지각할 때 외부 수용기와 내부 수용기로부터 병렬적인 감각 신호들이 도착하며, 이 신호들은 반드시 비교된다. '감정값 평가' 체계는 외수용성 입력과 내수용성 입력 간의 양립 가능성을 가늠한다. 이러한 비교에 근거하여 긍정적이거나 부정적인 감정값, 그리고 특정한 강도의 감정이 보고된다.

앞에서 언급한 감정의 네 가지 초점에 대한 두뇌의 중추에 관해 고찰할 때, 안와전두피질(주로 인간의 B4, 11이지만, 대상피질의 전복측 부분도 포함한다.)의 변연계 주위(paralimbic) 피질을 감정값 평가를 다루는 다중 초점과 다중 양상 뇌 영역의 유력한 후보로 간주한다는 것은 흥미롭다(Rolls, 2004). 이 부위는 긍정적 감정값 대상과 부정적 감정값 대상 모두에 대해 일관된 반응성을 보이는 몇 안 되는 뇌 영역 중 하나다. 안와전두피질은 2차적인 후각 및 미각 피질로 기능하는, 아마도 주로 후각과 미각을 위한 상위의 감각피질일 것이라는 사실이 흥미롭다(Rolls, 2005). 이것은 그 자체로 식량 원(그리고 아마도 냄새와 맛 기제를 통해 동종(同種, conspecifics))에 대한 평가에 기원을 둔 미적인 것들에 관한 어떤 의미심장한 것을 가리킬 수도 있다.

미적 감정, 특히 긍정적 감정값을 가진 감정에 대한 신경영상 연구는 음악(Blood & Zatorre, 2001; Blood et al., 1999; Brown et al., 2004), 회화(Kawabata & Zeki, 2004), 얼굴(Aharon et al., 2001; Nakamura et al., 1998; O'Doherty et al., 2003), 냄새(Anderson et al., 2003), 맛(Small et al., 2003), 촉감(Francis et al., 1999) 등 매우 다양한 보상 자극에 반응하는 안와전두피질의 활성화를 보여주었다. 따라서 주어진 감정적 초점(즉 대상과 사건에 대한 미적 평가)의 맥락 내에서 다감각 처리에 대한 충분한 증거가 있다고 할 수 있다. 이러한 다감각 처리 너머에는 교차양상(cross-modal) 처리가 있다. 예를 들어, 안와전두피질 뉴런 내에서 후각과 미각의 결합이 '풍미(flavor)'라는 상위의 감각을 매개한다고 여겨진다(Rolls, 2005). 교차양상 연합은 어린 영아의 안와전두피질에서도 발생하며, 시각적 · 운동적 · 발성적(vocal) 양상을 포함한다(Schore, 1994).

감정처리와 관련되어 있다고 보이는 다른 뇌 영역들은 안와전두피질보다 더 큰 감정값 특정성을 보인다. 예를 들어, 긍정적 감정은 복측 선조체(ventral striatum; 중격의지핵(nucleus accumbens)), 복측 피개영역(ventral tegmental area), 수도주변 회백질(periaqueductal gray) 같은 영역과[7] 이들과 연관된 도파민계 및 아편계 신경전달물질 체계와 관련된다(Burgdorf & Panksepp, 2006). 부정적 감정은 편도체와 전측 및 복측 뇌섬엽(anterior/ventral insula) 같은 영역과 관련된다.[8] 그렇다면 안와전두피질은 아마도 감정값과 초점 모두에 걸친 상위 감정 영역의 가장 유력한 후보일 것이다. 안와전두피질이 또한 내장구심성의 피질수용영역 중 하나라는 사실은 그것이 감정값 평가를 할 수 있게 하는 기제에 관한 단서를 제공한다. 모든 감각경로에서 ('무엇인가'의 경로 혹은 대상재인 경로를 통해) 전달되는 외수용성 정보와 기관계(organ system)에서 전달되는 내수용성 정보 사이의 비교를 매개함으로써 안와전두피질은 '나에게 좋은 것' 대 '나에게 나쁜 것'의 평가를 생성하며, 자극의 감정적 평가에 감정값을 부여하기 좋은 위치에 있다. 그뿐만 아니라, 안와전두피질은 해마방회(parahippocampal gyrus) 및 해마 같은 기억 영역과 밀접하게 연결된 변연계 주위 영역으로,[9] 자극의 기억 용이성을 조절한다. 또한 안와전두피질은 특히 우반구 피질하부에 있는 동기와 감정의(motivation-emotion) 통합 중추로 광범위하게 투사된다(Tucker, 1992). 교향곡과 조각 같은 예술 대상 감상에서의 안와전두피질의 중요성은 식량원, 그리고 그리고 아마도 동종의 후각적·미각적 속성을 판단하는 데 이 부분의 피질의 기능으로부터 진화적으로 유래했을 수 있다. 안와전두피질은 다음 절의 주제인 친화적 상호작용에도 중요하다.

친화 대 매력

음악인류학자들과 대중음악이론가들은 모두 예술에 대한 서양식 사고가 예술작품의 **대상화**에 근거한다는 데 동의한다. (문화이론가인 Shiner,

2001도 참고하라.) 예술 장르는 개인 저작자가 있는 별개의 '예술작품들'(예: 책, 교향곡, 발레)의 집합으로 구성된 것으로 보인다(Stockfelt, 2006). 미적 감정은 대상의 특성과 관련되어 있으므로 예술을 대상에 대한 평가, 즉 미적 반응으로 축소하는 것은 어쩌면 자연스러운 일이다. 하지만 위에서 기술했듯이, 우리는 오로지 대상의 속성에만 근거한 예술이론은 부적절하다고 믿는다. 클로어와 오토니의 이론을 수정하여 감정의 네 가지 초점을 기술하고 나니, 우리는 인간 행동이라는 면에서 예술의 효능이 대상에 근거한 미적 감정만이 아닌 **모든 종류**의 감정 생성과 지각에 의존한다는 것을 강조할 필요성을 느낀다. 우리는 예술을 이끄는 가장 중요한 (그리고 덜 연구된) 감정 중 하나는 강력한 보상 가치의 감정인 사회적 친화(affiliation)라고 제안하고자 한다. 이러한 제안은 예술의 가장 중요한 기능 중 하나인 사회적 집단 내의 협력과 응집성을 촉진하기 위해 사회적 통일감을 생성하고 강화하는 것이라는 우리의 관점과 일치한다. 사실 친화적 상호작용이야말로 가족 단위와 친구 관계를 포함한 집단 형성에 있어서 가장 기초가 된다. 아기 말에서 어머니와 영아 사이에 교환되는 제례적 친화 신호가 영아의 인지적 능력과 감정적 능력을 이후의 예술 생산과 지각에 사용되는 기술의 토대를 제공하는 방식으로 조율하는 것처럼 여기에는 강력한 발달적인 기초가 존재한다(Miall & Dissanayake, 2003). 친화는 사회적 상호작용 감정의 범주에 속하면서도 사회적 행동의 적절성에 대한 도덕적 감정과 그 목표 및 결과에 대한 동기적 감정과도 상당히 일치한다. 그리고 위의 감정에 대한 논의에 따라 이 모든 감정 유형들은 서로 강화하는 것이어야 한다. 따라서 대상에 근거한 미적 감정은 친화, 예측, 도덕적 정의의 보상 감정을 포함한 반응들로 이루어진 집합의 부분이다.

　모성애와 낭만적 사랑을 포함하여 친화에 전념한 소수의 신경영상 연구문헌이 있다. 이것들은 친화 감정의 경험이 안와전두피질뿐만 아니라 수도주변 회백질 같은 뇌의 다른 보상 중추들을 활성화한다는 것을 보여준다(Bartels & Zeki, 2004; Carter et al., 1999; Miller & Rodgers, 2001; Nitschke et al., 2004). 후자의 영역은 높은 밀도의 바소프레신과 옥시토신 수용기(vasopressin and oxytocin receptor)를 가지고 있으며, 안와전두피질로 투사된다. 바소프레신과 옥시토신은 양자 모두 동물의 친화 경험과 관련이 있는 것으로 나타났다. (Nelson & Panksepp, 1998; Young & Wang, 2004; Pedersen et al., 1992의 논문들도 참고하라.) 이러한 발견은 안와전두피질이 감정의 초점을 초월하고, 하나의 초점 이상의 감정들 사이에서 상호작용이 이 뇌 영역에서 합쳐질 수 있다는 앞의 주장과 일치한다. 따라서 왜 사악한 마녀는 추해야 하는지 혹은 착한 왕자는 잘생겨야 하는지에 대한 생물학적 설명이 제공된다. 우리는 안와전두피질의 기능적 특성이 어머니-영아 상호작용부터 집단 전체에 걸친 의식의 예술화에 이르는 제례적 행동에 매우 중심적인 다중양상 처리에 대한 인간의 친화성에 중요한 통찰을 제공한다고 추측한다. 덧붙이자면, 스트레스를 줄여주는 옥시토신의 기여는 예술에 대한 어떤 사회적 참여가 다른 기능과 더불어 개인의 불안을 덜어줄 수 있다는 주장을 지지한다고 할 수 있다(Dissanayake, 2007; Üvnas-Moberg, 1999).

우리가 말하고자 하는 핵심은 예술이 결과, 대상, 행위주체, 사회적 상호작용이라는 네 가지 감정적 초점의 결합을 제공한다는 것이다. 예술을 미학의 협소한 영역으로만 격하시키는 것은 오해의 소지가 있으며 환원주의적이다. 협소한 신경미학은 예술도, 예술에 동반하는 감정의 풍부함도 정당하게 평가하지 못한다. 소규모 문화에서의 음악 생산이나 무용 같은 활동은 집단의 유기체적 속성을 끌어내어 궁극적으로 집단 행위, 특히 사냥이나 전쟁같이 대가가 큰 것들에 대단히 중요한 공동의 목적에 대한 의식을 확고하게 하기 위한 훌륭한 방법이다. 예술에 대한 미학적 접근은 행동이 아닌 대상에 초점을 맞추므로 예술의 기능적 결과의 대부분을 무시한다.

신경미학이 아니라 신경예술학

우리는 신조어를 제안할 때 생기는 위험성을 인정하기는 하지만, 예술의 진화와 신경과학에 대한 깊은 이해는 신경미학이 아니라 '신경예술학(neuroartsology)'을 통해서만 나올 것이라고 믿는다. 미적 반응이 예술 경험의 중대한 측면인 한 신경미학은 의심의 여지 없이 예술에 대한 신경학적 연구에 중요한 깨우침을 제공할 것이다. 그런데도 신경예술학은 신경미학이 제공하는 것보다 훨씬 많은 영역을 포괄할 것이다. 이미 언급한 것처럼 예술은 인지적 생활의 모든 측면을 이용하고, 미적 감정만이 아니라 이 장에서 기술한 인간 감정의 네 가지 범주를 모두 활용한다. 이와 더불어 신경예술학은 예술을 생산하고 지각하는 것의 행동적기능에 강조점을 둔다. 이는 예술화 산물을 지각자의 미적 반응, 즉 다른 어떤 현저한 자극에 대한 반응과도 거의 차이가 없는 반응으로 환원하지 않는다. 아마도 가장 중요한 것은 신경예술학이 직접적인 미적 기능이나 결과가 없는 많은 인지적·행동적 기제를 포함하리라는 것이다. 음악에서의 음정조합 규칙, 무용이나 음악의 율동적인 여흥, 연극이나 무용의 역할극, 드로잉이나 회화의 이미지 창조 같은 예술의 특징은 아무런 직접적인 미적 기능을 가질 필요가 없으며, 그 대신 사람들이 무기를 들도록 동기 부여하거나 신과 소통하거나 조상 혈통에 대해 사람들을 교육하거나 불행 이후에 불안을 누그러뜨리고 카타르시스를 발생시키는 것과 관련된 사회적 역할을 할 수 있다. 미적 감정은 의심할 여지없이 예술의 중요한 부분이지만, 예술을 특징짓는 필요조건도 충분조건도 아니다. 따라서 미적 반응에 협소하게 초점을 맞추는 것은 결국 예술이란 무엇인가에 대한 더 큰 그림을 그리는 데 방해가 된다. 마지막으로 예술을 보상적인 것으로 지각한다면 예술작품이 매력적인 대상이기 때문만은 아니다. 단순히 대상에 근거한 감정 외에도 사회적 교감의 즐거움과 공동의 목적에 대한 도덕적 열정을 포함해 사람들이 예술을 창조하고 경험할 때 나타나는 매우 다양한 보상 감정이 있다.

1) 임상의학에서는 'precursor'를 어떤 증상에 선행하는 증상이라는 의미에서 '전구증상'이라고 부른다. 여기서는 어떤 행동에 선행하는 행동이라는 의미에서 '전구행동'이라고 번역했다.

2) "아기 말이 보편적으로 이자적인(dyadic) 행동"이라는 것은 일반적으로 '아기 말'이 보호자 — 주로 어머니 — 와 아기 두 사람의 이항적이고 직접적인 관계에서 발생한다는 것이다. 성인의 편에서 '아기 말'은 아기를 대할 때 성인이 사용하는 억양이 강조되고 느리고 문법적으로 단순한 말을 뜻한다. 발화의 통상적인 형식은 한국어, 영어 혹은 중국어 등 발화자가 속한 사회에서 이미 약속된 규칙체계에 따른다. 이 경우 언어체계는 단지 두 사람 간의 직접적인 관계가 아니라 언어체계의 매개를 통한 삼항적인(triadic) 혹은 간접적인 관계를 성립시킨다.

3) 감정의 원형 모형 혹은 쾌락 각성 모형은 정서심리학자 제임스 러셀(James Russell)이 주창한 감정 모형으로, 감정은 각성과 감정값(쾌/불쾌)이라는 두 차원을 갖는 원형 공간을 따라 분포되어 있다는 모형이다.

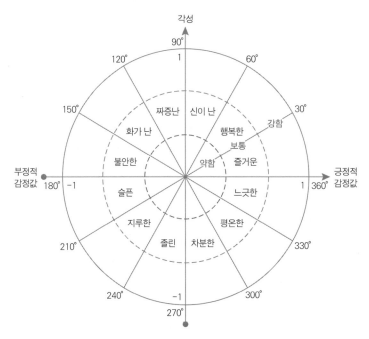

[그림 4-1] 감정의 원형 모형 (Kowalczuk et al., 2016)

4) 기본정서이론(Basic Emotion Theory, BET)은 정서심리학자 폴 에크먼(Paul Ekman) 등이 주창한 이론으로 문화와 관계없이 보편적이고 생물학적인 기반을 갖는 '기본적인' 개별 감정들이 있다는 이론이다. 에크먼은 서로 접촉이 없던 여러 문화의 사람들이 같은 표정으로 감정을 표현한다는 연구 결과를 토대로 기본정서이론을 주장했다. 다윈의 진화론에 영향을 받은 이 이론의 주창자들은 기본정서를 진화의 산물이라고 간주한다. 기본정서에 해당하는 감정이 무엇인지는 학자에 따라 의견이 갈리지만, 초기 버전의 이론에서는 행복, 놀람, 공포, 슬픔, 분노, 혐오 등이 기본정서로 거론된다(Ekman et al., 1972).

5) 바손예족은 콩고의 중남부에 거주하는 원시부족이고, 딩카족은 남수단의 서북쪽 바엘가잘에 거주하는 민속집단이다. 이그보족은 남부 나이지리아에 거주하는 민속집단이며, 자바인은 인도네시아 자바섬에 사는 토착민이고, 레가족은 1970년대까지 콩고 중동부 엘리라계곡과 울린디강 계곡에 거주하던 원시부족이다. 세뉴포족은 코트디부아르, 말리, 부르키나파소, 가나에 걸쳐 거주하는 민속집단이며, 템네족은 서아프리카 시에라레온(Sierra Leone)의 가장 큰 민속집단이고, 와기족은 파푸아뉴기니에 거주하던 원시부족이다.

6) 내장구심성 체계는 자율신경계의 일부로서 내장으로부터 중추신경계로 신호를 전달하는 신경체계다. 말단에서 중앙의 방향으로 신호가 전달되므로 '구심성(afferent)'이라는 말이 붙었으며, 신체 상태를 보고하는 기능을 수행함으로써 항상성 유지에 기여한다.

7) 선조체는 복측선조체(ventral striatum)와 배측선조체(dorsal striatum)로 나뉜다. (선조체에 대해서는 2장 주 12)를 참고하라.) 뇌 부위 명칭에서 '복측(ventral)'이란 뇌의 배쪽에 가까운 부분을 뜻하며, 반대로 '배측(dorsal)'은 등쪽에 가까운 부분을 가리킨다. 복측선조체는 중격의지핵(nucleus accumbens)과 후결절(olfactory tubercle)로 이뤄져 있으며 보상 인지, 강화, 동기적 현저성에 관여한다. 배측선조체는 미상핵(caudate nucleus)과 피각(putamen)으로 이뤄져 있고 운동 기능과 관련된 인지, 집행 기능, 자극-반응 학습에 관여한다. 복측 피개영역(ventral tegmental area)은 중뇌 바닥의 중심선 근처에 있는 뉴런들의 집단으로 인지, 동기, 오르가슴, 약물 중독, 사랑과 관련된 강렬한 감정, 몇몇 정신 장애에 중요한 역할을 한다. 수도주변 회백질(periaqueductal gray)은 중뇌 피개(tegmentum) 내 중뇌수도(cerebral aqueduct) 주변에 위치하는 회백질로 하향적 통증 조절의 주요한 통제 중추이다. (이 책의 1장 주 8)에 삽입된 그림을 참고하라.)

8) 뇌섬엽은 대뇌 외측구(lateral sulcus, 측두엽을 전두엽 및 두정엽과 구분해주는 움푹 파인 부분)의 안쪽 깊이 접혀 있는 부위다. 뇌섬엽의 앞쪽, 배에 가까운 쪽 부분인 전측 및 복측 뇌섬엽(anterior/ventral insula)은 내수용성 자각, 자의식, 동정심이나 감정이입, 대인관계 경험 등에 관여한다고 알려져 있다.

9) 해마방회(parahippocampal gyrus)는 해마를 둘러싸고 있는 회백질 영역으로 기억 부호화 및 인출에 중요한 역할을 한다. 해마와 변연계에 관해서는 2장 주 3)을 참고하라.

5

생물미학과 미적 경로: 역동적인 인지적·문화적 관점

테쿰세 피치(W. Tecumseh Fitch), 안톄 폰 그레베니츠(Antje von Graevenitz),
에릭 니콜라스(Eric Nicolas)

[그림 5-1] 폰타나의 작품 보기 (© W. 테쿰세 피치)

서론: '위대한 예술'을 넘어 – 있는 그대로의 미적 경험 탐구

미학적 교육을 잘 받은 엘리트가 개별 예술작품의 '가치'를 판단하는 것을 목표로 삼고 있는 미학의 오랜 전통이 있다. 이러한 접근은 흔히 모종의 정전(canon), 즉 '위대한 예술'을 구성하는 것으로 합의된 일군의 작품에 대한 이해와 해석에 초점을 둔다. 우리는 이러한 태도가 예술 감상 및 예술사 입문서에서 뻔뻔스럽게 표출된 것을 볼 수 있다. 그런 책에서는 "학생이 예술작품에 대해 스스로 평가하고 판단할 수 있도록 하는 일반적인 비판적 분석 기법을 발달시키고"(Wold & Cykler, 1976, p. 1), 그럼으로써 독자에게 미학적 엘리트가 공유하는 판단에 접근할 기회를 부여한다는 목표를 명시적으로 진술하기도 한다. 같은 저자들은 대중음악, 일러스트레이션 또는 만화를 언급하며 "우리에게 단지 오락을 제공하고 유쾌한 기분전환만을 목표로 하는 예술은 (…) 지속성 있는 질적 가치가 매우 떨어지거나 아예 없다"라고 말한다. 특히 "대중에게 영합하는 예술은 (…) 미적 가치가 거의 없으며 고려되지도 않을 것이다." 우리는 오랜 전통을 지닌, 이와 같은 미학 개념 — 즉 예술을 아름답게 만드는 것과 예술의 위대함을 판단하는 규준에 대한 연구 — 은 생물학에 기초하여 미학에 접근하는 토대가 되기엔 부실하다고 느끼고 있다. 그 대신에 생물미학(bioaesthetics)이라는 미래의 분야는 어떠한 미적 경험이라도 가능한, 모든 정상적인 인간이 널리 공유하는 능력에 초점을 맞춰야 한다고 생각한다.

이 장의 출발점은 미적 경험의 대상이 무엇이든, 보는 사람이나 듣는 사람의 문화적 배경이 무엇이든 간에 미적 경험 그 자체에 대해 더욱 중립적이고 기술적인(descriptive) 연구를 위해 전통적이고 규정적인(prescriptive) 관점을 거부하는 것이다. 구체적으로 말해, 미래의 생물미학의 목표는 다양한 미적 경험을 구성하는 주관적 현상을, 이러한 경험을 가능하게 하는 인지적 · 신경적 기제와 연결시키는 것이어야 한다. '생물', '신경', '미학' 사이에 다리를 놓으려는 시도와 더불어, 우리에게는 훈련받지 않은 비엘리트 지각자가 가지고 있는 일상적 음악과 예술작품을 지각하고 즐길 수 있는 광범위하게 (그리고 아마도 보편적으로) 공유된 능력, 즉 네 살이나 다섯 살짜리 어린아이에게 이미 기본적인 형태로 존재하는 능력을 포함하는, 더욱 기본적이고 포괄적인 미학 개념이 필요하다. 그리고 규범적인(canonical) 작품들에만 배타적으로 초점을 맞추기보다는 모든 예술에 대한 정상적인 지각자의 인지 경험에 초점을 맞추도록 관점을 재조정할 것을 제안한다. 그런 다음 우리는 이 장에서 평범한 사람이 어떤 사건이나 대상을 '미적으로' 지각할 때, 그 효과가 유쾌하거나 도발적인 것이든, 기분을 누그러뜨리거나 거슬리는 것이든 간에 무슨 일이 일어나고 있는가에 관한 기본적이고 기술적인 이해를 향해 최초의 몇 발자국을 내딛고자 한다. 우리는 우리가 좋아하게 된 예술작품들에 대해 논의할 것이지만, '좋은' 혹은 '나쁜' 예술에 대한 어떠한 규정적인 평가도 피할 것이다. 이러한 이론적 변화는 현대 언어학을 특징짓는 초점 변화와 평행선상에 있는 것이다. 말하자면 현대 언어학은 언어 전문가의 규정적인 역할(즉 "ain't는 올바른 영어가 아니다.")을 거부하고, 거리의 사람들(혹은 마찬가지로 흥미로운 어린아이들)의 언어 능력에 관한 더욱 중립적이고 기술적 접근을 선호한다. 언어학에서 일어난 이러한 초점의 변화는 모든 정상적인 인간의 언어 능력의 기저를 이루지만 대부분 무의식적이어서 언어 전문가들은 간과하는 엄청난 복잡성의 발견으로 이어졌다. 우리는 몇몇 지각자 집단에 미적 반응을 유발하는 모든 예술작품을 진지하게 받아들이는 미래의 생물미학자 및 신경미학자들이 이와 유사한 복잡성을 발견할 것이라고 믿는다. 실제로 그러한 연구의 중요한 한 요소는 확실히 성공적으로 "대중을 만족시키는" 대중예술(popular art)이 되어야 할 것이며, 따라서 이것은 아래의 논의에서 주된 초점이 될 것이다.

궁극적으로, 미학에 대한 포괄적인 기술적 접근은 예술작품 지각자의 심리적 경험뿐만 아니라 이보다 덜 반복 가능한(replicable) 예술작품 창조자의 심리적 경험도 포함해야 한다. 확실히 둘 다 중요하지만, 이 장에서 우리는 논리적으로 우선하며 경험적으로 다루기 쉽다는 단순한 이유에서 지각자에 주목할 것이다.[1] 미적 과정의 창조 측면에 대한 경험적 연구는 불가능하지는 않지만, 훨씬 도전적이다. 그러므로 우리는 그것만으로도 큰 도전이 되는, 낮은 곳에 달린 열매에서 시작하는 것을 선호한다.

예술적 취미가 개인들 사이에서 차이가 난다는 것은 잘 알려져 있다. 하지만 이 장에서 우리는 활용된 매체와 상관없이 성공적인 예술에 대한 지각자의 정신적 · 감정적 경험의 일반적인 특징이라고 할 수 있는 매우 기본적인 인지 경로가 있다고 제안한다. 이 '미적 경로(aesthetic trajectory)'는 대체로 적어도 세 개의 시간적 단계를 포함한다. 첫 번째 단계는 친숙성, 재인 혹은 안정성이고, 두 번째 단계는 경이감, 모호성 혹은 긴장이며, 세 번째 단계는 통합, 해소 혹은 종합이다. 자주, 특히 시각예술에는 일종의 긴장이나 모호성이 남아 있으며, 이는 감상자에게 계속 "더 많은 것을 위해 돌아오게" 하고, 긴장을 해소하거나 작품을 더 잘 이해하기 위해 반복적으로 보게 한다. 마찬가지로 자주, 특히 음악에서는 [긴장의] 해소가 상당히 완전하고 만족스럽지만 긴장과 해소의 경험 자체가 즐거워서 반복해서 듣게 된다. 이런 종류의 경로는 아마도 음악과 영화, 그리고 다른 시간예술에서 가장 익숙할 것이다. 그 이유는 작품의 시간적 형식이 지각자의 인지적 · 감정적 경험의 시간 전개와 대체로 일치하기(synchronized) 때문이다. 그러나 유사한 경로가 회화, 조각 또는 건축 같은 정적인 시각예술의 지각도 특징지을 가능성이 높은 것으로 보인다. 사실 여기서 우리가 제안하는 3단계 인지 경로와 매우 유사한 것이 아리스토텔레스가 『시학』에서 규정한 이래 극적인 내러티브의 원칙으로 여겨져왔다. 이는 해설의 기본 구조, 즉 절정으로 이어지는 갈등의 도입, 대단원으로 이뤄진 기본 구조로(이후 구스타프 프라이타크(Gustav Freytag)가 플롯의 '피라미드' 구조로 정교하게 만든다.), 거의 보편적 범위의 스토리텔링을 특징짓는 것이다. 내러티브아트에서 이러한 미적 '원호(arc)'는 직관적으로 알 수 있으므로 미적 원호와 여기서 제안하는 기저의 인지적 역동의 관련성은 독자가 평가하도록 남겨둘 것이다.

이처럼 우리는 인지적 상태의 기본적인 역동적 진행 자체가 변하지 않는 형식을 취하는 예술도 포함하는 미적 경험의 특징이라고 제안한다. **미적 반응은 관조의 대상이 정지해 있는 경우에도 일종의 정신적 운동이다.** 이와 같은 특징 규명이 정확하다면, 그것은 우리의 예술 경험 일반을 특징짓기 위한 통일된 주제와 심리학 및 인지신경과학과의 다양하면서도 결코 사소하지 않은 접점을 가능하게 하는 주제를 제공할 것이다.

배경 가정

미적 경로에 대한 논의에 착수하기 전에 우리가 채택한 접근에 대한 몇 가지 배경 가정을 간략하게 진술해야 할 것이다. 먼저, 우리는 현대 인지과학의 관점을 취하여 '가설 형성'이나 '법칙과 표상' 같은 약칭 용어를 사용하여 모든 인지작용의 기저 원리의 특징을 찾고자 시도한다. 이렇게 기술되는 대부분의 인지 과정은 무의식적이며, 종종 의식적인 내성에 저항적인 것(다양한 정도로 '캡슐화된 것(encapsulated)'[2])으로 이해된다. 이러한 접근의 고전적인 사례가 시각에서 제공되는데, 단순히 이미지를 응시하는 것만으로도 여러 뇌 영역에서 매우 빠르게(1초 미만) 펼쳐지고, 대부분 완전히 무의식적이고 복잡한 일련의 신경적 사건이 촉발된다는 것이 이제 분명하다(Marr, 1982). 색채나 깊이 지각을 보조하는 것과 같은, 유관 기제 중 많은 것이 어떤 의식적 내성에 대해서든지 대단히 저항적이다. 일반적으로, 기저 체계의 복잡성은 체계가 다양한 착시나 뇌 손상을 입었을 경우처럼 어떤 식으로든 '고장 났을' 때에야 비로소 드러난다. 따라서 우리의 논의는 상정된 다양한 단계를 지각자가 의식적으로 자각하고 있는 정도에 대해서는 가정하지 않는다. 실제로 우리의 배경 가정은 대부분의 지각적 작업이 의식적 자각 없이 일어나고, 미적 경험의 가장 두드러진 의식적 요소는 이러한 무의식적 지각 과정의 감정적 효과라는 것이다.

둘째로, 생물과학(biological science)과 미학 사이에 다리를 놓고자 시도하면서 우리는 인지 과정에서 매우 기본적인 최저 수준의 공통적 지배 요인의 집합을 찾고 있다. 우리가 밝혀낸 특수한 과정이 전문 미학자들과 (예: Langer, 1942) 자신의 경험에 대해 어느 정도 통찰을 지닌 평균적인 예술 감상자 모두에게 상당히 명백한 것이길 바라는 마음이다. 그러므로 우리는 여기서 깊이 있는 새로운 통찰에 대해 주장하지 않고, 미학 논쟁의 더 전통적인 초점인 아름다움, 해석, 창의성 등과 관련된 많은 쟁점을 다루지 않는다. 심리학자, 미학자, 그리고 평균적인 예술 감상자가 미적 경로에 관한 우리의 제안이 자못 명백하다고 여긴다면 충분히 만족스러울 것이다.

세 번째로, 이 장에서 예술작품의 창조자가 아니라 지각자의 미적 경험에 초점을 맞추는 데 대해 정당화하기 위해 일러둘 말이 있다. 창조자가 미학의 전통적인 초점이 되어 온 것은 타당해 보인다. 왜냐하면 창조자가 없다면 지각자가 지각할 것이 없을 것이기 때문이다. 하지만 이것은 **창조자 자신이 지각자라는 사실**을 무시한다. 다시 말해 창조 과정 자체가 일반적으로 예술가의 창조 행위와 지각적 평가 사이의 상호작용을 수반한다는 것이다. 이것은 작곡가가 내부적으로 작곡하는 과정에서 머릿속에서 음악을 '들을' 때조차 사실이다. 우리가 여기서 주목하는 기저의 인지 과정은 이 경우에도 작동하며, 따라서 이에 대해 더 잘 이해함으로써 창조자 측의 과정에 대해서도 밝힐 수 있다. 그렇다면 논리적으로 말해 예술 생산은 예술을 미적으로 지각하는 능력을 전제하며(창조자 자신 쪽에서만이라도), 창조 과정의 결정적인 요소는 작품이 창조되는 동안 전개되는 작품에 대한 지각이라고 할 수 있다. 따라서 여기서 우리의 초점이 미학에서 창조자가 수행하는 역할의 중요성에 관해 관심이 부족하거나 인식하지 못했다는 것을 가리킨다고 간주해서는 안 된다. 실제로 우리는 성공적인 예술 창조자들에 대한 제키의 논변에 진심으로 동의한다. 제키에 따르면 예술 창조자 자신이 실천적 신경미학자들이며, 예술가들은 인간의 미적 능력을 이해하는 데 관심이 있는 과학자들에게 가르쳐줄 것이 많다(Zeki, 1999). 우리는 아래에서 예술가들이 신경미학 및 생물미학에서 중요한 역할을 했거나 할 가능성이 있는 여러 사례를 제시할 것이다.

여기서 우리가 지각자의 경험에 주목하는 것에 관한 두 번째 정당화는 경험적 접근성을 중시하는 이 신경미학 저서의 목적을 겨냥하고 있다. 평범한 지각자의 미적 경험은 실험적으로 쉽게 연구될 수 있다. (예를 들면, 심리평정 과제나 뇌 영상 연구를 통해 가능하다.) 간단히 말해 지각자의 미적 경험은 창조자의 미적 경험보다 훨씬 신뢰성 있게 유발되고 통제할 수 있다. 우리는 비전문가 감상자를 새로운 예술작품에 반복적으로 쉽게 노출하고 다양한 방법으로 그들의 반응을 측정할 수 있지만, 가장 확신에 찬 왕성한 창조자조차 창조 과정을 완전히 통제하지는 못 하며, 반드시 일정 시간 동안 '뮤즈를 기다려야' 한다. (그럼에도 우리는 끝에서 음악 연주자, 특히 재즈 즉흥 연주자를 중요한 중간 사례로서 다시 살펴볼 것이다.) 더욱이 지각자의 경험은 개인들 내부에서 그리고 개인들 사이에서 적어도 어느 정도까지는 반복될 수 있다. 우리는 되풀이해서 같은 음악작품을 듣거나 같은 그림을 볼 수 있고, 매번의 경험이 결코 같지는 않겠지만 우리의 미적 반응의 어떤 기본적인 측면은 보통 일정하게 유지될 것이다. 어떤 노래를 듣는 것이 지겨워질 때처럼 반복함에 따라 변화하는 측면조차 '경로' 단계의 핵심 측면을 명확하게 만들어줄 수 있다. 이러한 재생 가능성은 또한 지각자가 지각 경험에 대한 내성적 통찰, 즉 예술가와 감상자 모두 오랫동안 가치를 부여해온 통찰의 한 형식을 가질 수 있게 해준다. 이와 대조적으로 예술작품의 창조는 유일하고 고유하기에, 대체로 경험적으로 접근하기 어려운 경험이라고 생각된다.

마지막으로 아마도 가장 논란의 소지가 많아 보이는 가정을 말하자면 이러하다. 즉 우리는 일반적으로 지각자가 경험하는 인지 과정과 창조자가 의도한 인지 과정 사이에 무작위적이지 않은 대응관계가 존재한다고 생각한다. 상황에 따라 이는 상대적으로 직접적일 수도 있고(예: 즉흥 솔로 연주 도중에 발생한 창조자와 청취자 사이의 긴밀한 일시적 '공감'), 상당히 간접적이고 모호할 수도 있다. 그러나 지각자의 경험이 창조적 경험에 대한 미래의 탐구와 관련되도록 하는 것은 부분적으로 이러한 연관성이 존재한다는 믿음이다. (이것은 결론에서 다시 다룰 것이다.)

논문 개관

우리는 앞서 다양한 예술의 미적 경로를 탐구한다는 우리의 목표에 관해 서술하고, 지각자의 미적 경험에 초점을 맞추는 이유를 정당화했다. 이 장을 시작하면서 대부분 20세기에 제작된 회화와 음악의 사례들을 사용하여 미적 경로에 대해 더욱 자세히 기술하고자 한다. 미적 경로라는 개념은 분명히 재현적인 미술을 포함하긴 하지만, 비재현적 시각예술의 표현 어법(idiom)이 재현, 가상(illusion), 상징체계 같은 더 복잡한 문제로 인해 모호해지지 않고 근본적인 지점들에 대해 더 분명한 실례를 제공한다(Gombrich, 1959). 비재현적 미술은 또한 음악과 더 직접적으로 비교할 수 있을 것으로 보이는데, 음악은 시간적 전개와 역동이 정확하게 기보될 수 있으므로 미적 경로의 모범적인 사례를 제공한다. 우리의 논의는 짧은 기간에 습득된 개별 지각자들의 '공시적' 경험에 초점을 맞춰 시작한다. 그 이후에야 '통시적' 사회, 문화 현상인 전통과 예술 '형식들'의 발전으로 넘어갈 것이다.

"미적 경로와 문화적 변화"라는 제목의 절(이 책 139쪽 참고)에서는 더욱 광범위하고 장기적인 문화적 진화에 대해 논의한다. 우리는 예술과 관련해서 생물학적 관점과 문화적 관점이 양립 불가능하지 않으며, 실제로 인간의 미적 능력에 대해 풍부하게 이해하기 위해서는 두 관점이 모두 필요하다고 주장한다. 우리는 미적 경로의 역동성이 더 긴 문화적 기간에 걸친 새로움에 대한 끊임없는 모색을 강요하며, 그럼으로써 문화적 변화를 위한 힘이 된다고 제안한다. 지난해의 만족스럽고 새로운 것이 올해는 새로운 스타일 일부가 되고, 다음 해에는 구식이 된다. 따라서 여기서 고려되는 모형은 개별적인 미적 경험과 예술에서 매우 전형적으로 나타나는 통시적인 문화적 변화 사이의 견고한 연관성을 강조한다.

"표기법: 유용한 미학적 분석 틀"이라는 제목의 절(이 책 146쪽 참고)에서는 표기법(notation)의 문제를 고려하여 시각예술과 시간예술 사이의 중요한 차이를 모색할 것이다. 시각예술에서는 작품 자체가 예술가의 행위에 대한 일종의 표기이므로 별개의 표기체계가 불필요한 것으로 보인다. 그에 반해 음악에서 기보체계의 발전은 그렇지 않았다면 순간적이었을 예술적 대상(즉 일시적인 연주)에 영속성을 부여했다. 연주에 들어가는 많은 표현적 세부사항들을 포착하지 못한다는 대가를 치르기는 했지만 말이다. 기보는 작품의 시간적 구조의 추상이므로 어디에서 특정한 미적 단계가 일어날 가능성이 높은지를 정확하게 알려주는 더할 나위 없는 기회를 제공한다. 이런 기회 덕분에 음악의 기보는 재현과 논의를 위한 유용한 매체가 되었고, 미적 경로에 대한 신경 연구를 위한 경험적 도구가 되었다.

음악의 기보는 문화적 · 역사적 고려사항과도 관련이 있는데, 이는 다시 미적 능력 기저의 생물학적 보편성에 대한 제안을 평가할 더 진전된 연구 기회를 제공한다. 유사한 재현체계의 존재는 시간과 공간을 가로지르는 예술적 관념들이 소통될 수 있게 함으로써 서양 음악의 발달에 깊은 영향을 미쳤고, 오늘날 오디오 녹음이 어디에서나 존재함에도 기보는 많은 하위문화 음악의 결정적인 구성요소로 남아 있다. 실례를 들자면, 우리는 재즈에서 사용되는 기보체계의 진화에 대해 탐구한다. 이는 전통적인 서양 기보를 기반으로 하지만 더 즉흥적인 표현 수단의 필요성을 반영하여 지난 반세기 동안 진화한 (그리고 여전히 진화하고 있는) 몇몇 중요한 요소가 추가로 포함되어 있다. 추상미술, 재즈, 실험적인 음악(예: 존 케이지와 필립 글래스) 등 20세기의 더욱 추상적이고 즉흥적인 예술 사이의 유사성은 여기서 지지하는 역동적 관점에서 탐구를 진척시키는 것을 정당화하는 것처럼 보인다.

우리는 마지막 절에서 여기서 제안한 생각들을 시험하고 확장할 수 있는 종류의 실험들을 보여주고, 지각에 대한 이러한 가설들을 확장하여 창조적 과정을 이해할 수 있는 몇몇 방식을 고찰하며, 미래의 연구를 위한 다수의 해결되지 않은 문제와 질문들을 강조하면서 마무리할 것이다.

미적 경로

"미술은 진실을 드러내는 거짓말이다." – 피카소

재현미술

프랑스의 인상주의 화가 클로드 모네(Claude Monet)가 물가를 따라 한 줄로 서 있는 포플러나무를 그린 (그림 5-2)에 대해 생각해보자. 첫눈에 이 회화는 매우 단순한 작품으로 보이고, 관람자가 이전에 실제로 본 적이 있는 장면을 생각나게 할지도 모른다. 이것이 미적 경로의 첫 단계를 개시한다. 즉 미적 경로는 감상자의 주의를 작품으로 유도하여 결속시키는 재인과 친숙성의 느낌으로 시작된다. 그러나 눈으로 훑어보면 그림이 점점 흥미진진해 보이기 시작할 것이다. 색채 선택은 우리로 하여금 각각의 붓놀림을 고려하도록 유도하고, 그 '이미지'가 물감으로 덮인 평면

[그림 5-2] 클로드 모네, 〈포플러나무〉, 1891년 (© 메트로폴리탄미술관; 컬러 그림은 이 책의 254쪽을 보라.)

의 직사각형 캔버스라는 사실을 무시하지 못하게 한다. 더 나아가 누군가는 수면이 그려진 곳에 비친 나무 사이 공간이 ⓐ 공기 중의 공간 또는 '구멍'이거나, ⓑ 수면에 이러한 것들이 비친 모습이거나, ⓒ 캔버스 위 일렬의 하얀 직사각형 물감으로 보일 수 있다는 것을 알아차린다. 일반적으로 우리는 이 모든 해석을 한꺼번에 '보지' 않는다. 우리는 해석들 사이를 왔다 갔다 하고, 우리의 지각이 하나의 해석이나 다른 어떤 해석을 향하도록 어느 정도 인도할 수 있다. 이런 종류의 정신적 운동이 우리의 평범하고 편안한 지각적 확실성을 불안정하게 만드는데, 이것이 미적 경로의 두 번째 단계다. 애초의 친숙성이 참신성, 불확실성, 모호성으로 진화한 것이다. 이는 대상 자체의 실재(캔버스 위의 페인트 붓질)와 그 실재가 재현하는 이미지(물 옆에 줄 선 포플러나무) 사이에 감지할 수 있는 긴장을 조성한다.

여기서 하나의 중요한 미적 '속임수'가 인상주의 운동에 핵심적이며, 세잔은 그것을 이론적으로 진척시켰다. 붓놀림이 명백한 '붓놀림'의 성질을 보유하도록 하고, 캔버스 재료의 질감이 두드러지도록 남겨둠으로써(종종 붓놀림 사이로 보여줌으로써) 많은 인상주의 회화는 관람자에게 회화가 물체라는(painting-as-object) 사실을 거의 즉시 인정하도록 강요한다. 이러한 것은 당시 서구 유럽의 규범을 이룬, 살롱 화가들의 완성도 높은 세련된 테크닉과 대조적이다. 예술 대상 자체라는 실재에 직면하면서 관람자가 애초에 가졌던 친숙성에서 멀어지는 움직임이 생성되고, 이와 함께 불확실성과 모호성이 고조된 정서적 긴장과 더불어 유발된다. 하지만 결국 감상자는 뒤로 물러나서 그림을 다시 원래의 나무로 지각하는 것으로 방향을 돌림으로써 이러한 긴장을 해소할 수 있다. 이것이 미적 경로의 세 번째 단계다. 즉 두 번째 새로움의 단계에서 발생한 긴장을 (부분적으로) 해소하는 단계다. 따라서 결정적으로 이러한 순환의 마지막 단계는 단순히 처음의 친숙성으로 되돌아가는 것이 아니라 이전과 같은 둘의 통합이나 종합을 나타낸다. 이러한 부분적인 해결이 우리에게 즐거움을 주며, (많은 예술작품의) 즐거움이 불완전하므로 우리는 더 많은 것을 얻기 위해 다시 돌아오게 된다. 우리는 이 과정을 원하는 만큼 반복할 수 있고, 많은 회화가 실제로 우리를 유도하여 그렇게 하도록 한다. 따라서 미적 경험은 종종 앞서 설명한 단순화된 세 단계 과정을 여러 차례 지나

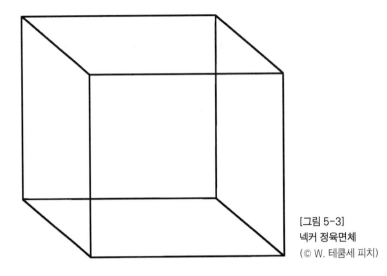

[그림 5-3]
넥커 정육면체
(© W. 테쿰세 피치)

는 것으로 구성되어 있다. 미적 경험에 대한 이런 해명은 완벽한 특징 규명이라기보다는 미적 역동에서 추출한 것이다.

앞에서 설명한 정신적 운동과 〔그림 5-3〕의 넥커 정육면체를 볼 때 경험하는 인지적 움직임 사이에는 근본적인 유사점이 있다. 이러한 도형을 '쌍안정(bistable)'이라고 부른다. 왜냐하면 시각 체계가 이것을 두 가지 방식 중 하나로 지각하며, 시간이 주어지면 이 두 가지 해석 사이에서 뒤집는 경향이 있기 때문이다. 이러한 종류의 쌍안정 도형은 시각이라는 것이 단순히 현실적 시각 자극이 망막과 뇌로 정확하게 '흡수되는 것'이 아니라 사실상 관람자의 해석 과정이라는 표준적인 사례를 제공한다(Wundt, 1908). 시각이 (무의식적이더라도) 능동적인 유형의 가설 시험이라는 개념은 이미 헬름홀츠(Helmholtz, 1911) 같은 초기 생리학자들이나 심리학자들에게 분명했고, 이후 대부분의 정신물리학자들과 신경과학자들에게 받아들여졌다(Gombrich, 1959; Zschocke, 2006). 하지만 세 번째 통합 단계인 '해소'에서 만족감은 넥커 정육면체의 상태가 뒤집히는 것을 볼 때 느끼는 기이한 반전을 상당히 넘어서는 것이므로 미적 경로는 단순한 쌍안정을 넘어선다고 할 수 있다. 따라서 쌍안정이 지각의 능동적인 인지적 측면에 대한 좋은 실례를 제공하기는 하지만, 미적 경로에서 결정적인 해소 및 종합의 구성요소를 지니고 있지 않으므로 우리는 이러한 쌍안정 도형을 예술로 여기지 않는다.

모네의 그림은 대부분 재현적인 미술에서 경험할 수 있는 모호성을 유형화한다(Gombrich, 1959). 말하자면 '정신적 운동'의 주요 원천은 이미지의 지각 대상(통상 감상자에게 가장 먼저 떠오르는 것)과 예술적 물체 자체(캔버스 위의 물감, 종이 위의 자국(mark), 조각된 대리석 블록) 사이의 진동이라는 것이다. 이미지와 물체라는 쌍안정은 미적 경험의 전제조건을 만들어내며, 미적 경험은 이 두 개의 지각 대상을 하나의 통일된 전체로 통합하려는 감상자의 시도를 통해 완성된다. 궁극적으로 우리는 '얼마나 즐거운 이미지인가?'와 '얼마나 솜씨 좋은 회화인가?' 둘 다를 생각함으로써 양 측면 모두에서 전체적인 만족감을 얻을 수 있다. 우리가 회화를 물체로 보도록 허용하고 장려함으로써 인상주의 화가들은 이러한 쌍안정의 긴장을 강조하고 뒤이어 등장한 더욱 추상적인 미술을 위한 길을 닦았다.

추상미술

인간이 자연에서 새로운 가능성을 발견한 데 힘입어 공학에서 이룬 많은 것들이 쓸모없어졌다. 이는 예술적이고 미학적인 질문에 대해서도 마찬가지로 사실일 것이다(Kazimir Malevich, 1976, p. 11).

비재현미술 혹은 추상미술을 향한 움직임이 인상주의, 표현주의, 큐비즘 이후 바로 다가왔다. 추상미술은 여러 방면에서 인상주의자들, 특히 세잔이 발전시킨 관념들의 논리적 확장이다. 하지만 추상화가들은 재현적 심상을 포기하고 이에 따라 구상적 회화가 보장하는 이미지와 물체 사이의 전통적인 쌍안정성을 포기함으로써 친숙성, 긴장, 모호성의 다른 원천을 개발할 수밖에 없었다.

20세기 추상미술로 향하는 패러다임 전환을 개시했다고 널리 받아들여지는 그림에서(Gooding, 2001) 러시아 화가 카지미르 말레비치는 1915년 그의 〈검은 절대주의 사각형Black Suprematist Square〉(그림 5-4)과 더불어 이 문제에 대한 매우 단순하고 우아한 해결책을 제시했다. 이 그림에는 하얀 캔버스 위에 단순한 검은 정사각형이 있다. 이것은 흰 표면 위에

[그림 5-4] 말레비치 사각형 (모스크바 트레티야코브 갤러리 컬렉션, © W. 테쿰세 피치)

놓인 검은 표면, 비어 있는 흰 공간에 검은 정육면체가 떠 있는 것으로 보일 수도 있고, 혹은 완전히 다르게 흰 표면 내의 검은 구멍, 즉 검은 공간으로 향하는 입구로 보일 수도 있다. 순전히 2차원적으로 보인다 하더라도 이 작품은 서로 반대되는 두 가지 상충하는 해석을 하고 있다. 관람자는 어떤 것이 '정확한지' 확신할 수 없다. 왜냐하면 그 이미지에 대해 어떤 해석을 선택하더라도 다른 해석도 마찬가지로 가능해 보이기 때문이다. 하지만 넥커의 정육면체를 경험할 때 관람자가 두 번째 지각 단계에서 머뭇거리게 되는 것(정육면체가 돌출하고 있는가, 아니면 후퇴하고 있는가?)과 달리, 〈검은 절대주의 사각형〉은 예술이 의존하는 이러한 긴장을 해소하는 쪽으로 관람자를 몰아간다. 하나의 부분적인 해소는 말레비치가 정사각형을 선택한 데서 나온다. 즉 신고전주의자는 대칭적인 기하학적 형태를 질서와 안정성의 전형으로 보았고, 스콜라 철학자는 지구의 상징으로 여겼다. 말레비치는 사각형의 변들의 길이가 똑같다는 것을 모든 인간의 평등과 동일시했다. 그리하여 정사각형 도형 자체가 긴장과 모호성을 해소하는 한 가지 방법을 제공한다. 즉 관람자는 더 풍부하고 완전하게 해석된 정사각형에서 해소를 창출해낸다. 또 다른 해소의 원천은 최초의 전시에서 그 회화가 차지한 공간적 맥락을 통해 가능했다. 〈검은 절대주의 사각형〉은 (마치 건축에서 해방된 것처럼) 매우 비관습적인 위치인 방의 위쪽 구석에 걸려 있었는데, 이는 러시아 정교의 성상 회화를 강렬하게 연상시키는 [전시] 방식이었다. 이런 과정을 통해 그 회화를 결국에는 러시아 종교미술의 깊은 흐름의 연속으로 보아 긴장을 완화할 수 있었다.

친숙성과 긴장을 형성하는 데 추상미술이 누린 거의 무제한적 가능성은 지난 세기 동안 풍성한 미적 접근으로 이어졌다. 이것은 관람자에게 지각하고 이해하고 통합하기 위한 도전이 될 수 있기에, 초기부터 추상미술가들은 보통 그들의 작품과 함께 이 과정을 돕기 위한 해석상의 가이드라인이나 성명서를 나란히 전시했다. (월프가 조롱한 관행이다(Wolfe, 1975).) 이러한 문서들은 종종 가식적이었음에도 불구하고 재현적인 작품을 위해 미술가가 그런 세부적인 해석 가이드라인을 내놓는 일은 드물었으므로 추상미술에 관심 있는 미술사학자와 미학자들에게 가치 있는 수단을 제공한다.

말레비치의 글은 그의 검은 사각형에 대해 대단히 야심 찬 미학적 목표를 꽤 자세하게 논의한다. '절대주의(Suprematist)' 운동의 상징인 이 그림은 명백하게 예술 창조의 큰 몫을 관람자들에게 넘겨주었기 때문에 작품의 다양하고 가능성 있는 해석들을 보고 상상하면서 관람자들이 스스로 이미지를 창조했다. 미술가는 그토록 단순한 이미지를 제시하면서 의도적으로 가능하다면 최대로 창조 과정에서 손을 떼고자 한다. 창의적인 관람자에게 거의 무한한 자유를 인정한 것은 러시아 혁명의 여명기에 말레비치가 예견한, 시민을 위한 자유의 조짐으로 보일 만큼 정치적으로 의미 있어 보였다. 이 작품에 대한 말레비치의 예술적 목표는 그의 자기 선언적인 '보편적인' 예술형식을 통해 인민의 정신적·미적 해방이라는 정치적 목표를 포함하고 있었다. 그러므로 적어도 러시아에서 시작될 때의 추상미술은 유럽 살롱이 대표한 재현적인 미술의 엘리트주의적 제도와 정반대라고 간주했다. 말레비치는 이 새로운 접근으로 "쓰레기로 가득 찬 아카데미 미술의 웅덩이에서 자신을 끌어냈다"고 생각했다(Malevich, 1915). 이 단순한 정사각형의 미학적 목표는 야심 그 자체 외에 아무것도 아니었다.

말레비치는 시지각에 대한 당대의 심리학 이론이 자신의 작품에 끼친 영향에 대해 명백하게 언급하지는 않았지만, 아마도 게슈탈트심리학자들의 지각 이론, 특히 빌헬름 분트(Wilhelm Wundt)의 이론을 잘 알고 있었을 것이다. (Zhadova, 1982, p. 45를 보라.) 심리학자의 딸이었던 말레비치의 아내는 널리 논의된 분트의 국제적으로 성공한 『생리심리학 개요Outline of Physiological Psychology』라는 출판물(Wundt, 1908)로 남편의 관심을 이끌었을지도 모른다. 세 권으로 구성된 이 저술은 아마 그가 읽을 수 있었을법한 독일어 원본으로 다수의 판을 찍었고, 1912년에 러시아어로 번역되었다. 이 책의 2권과 3권에서 분트는 광학적 착시와 미적 지각에 대해 논의하면서 가장 단순한 기하학 형태, 특히 끌어당긴 정육면체(drawn cubes)에 대해서도 관람자가 자유롭게 자신의 마음을 구성할 수 있다고 주장한다. ((그림 5-5)를 보라.) 분트는 흰 표면 위의 검은 사각형에 대한 자신의 지각을 매달려

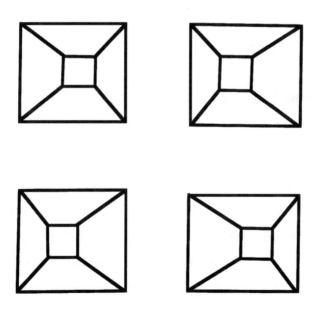

[그림 5-5] 분트의 정육면체 (© W. 테쿰세 피치)

있는 형태로, 또는 반대로, 아무것도 없는 표면의 구멍으로, 끝없는 복수의(plural) 감각들로 묘사했다. 그의 작품에 덧붙인 성명서에서 말레비치의 미학적 주장은 시지각 자체에 대한 분트의 주장을 직접적으로 반향한다. 따라서 이 장의 두 가지 중심 주제 — 관람자의 창의적 과정에 대한 주목과 관람자의 정신적 운동의 중요성 — 는 그 시기의 주도적인 게슈탈트심리학자들뿐만 아니라 초기 추상미술가의 명백한 목표와 공명한다. 이러한 주제에 대한 몰두가 오늘날의 추상미술까지 지속되고 있으며, 이후의 재현미술과 구상미술(예: 마그리트(Magritte) 같은 초현실주의 미술)에서도 울려 퍼지고 있다고 해도 과언이 아니다. 아래에서 이와 같은 더 폭넓은 문화적 쟁점으로 돌아가겠지만, 우선 미적 경로가 정적이지 않은(nonstatic) 예술 어법에서 어떻게 실현되는지 고려해야 할 것이다.

음악과 시간예술

추상미술과 재현미술의 차이는 음악과 언어에서 추상과 의미에 관한 비슷한 차이와 매우 유사하다(Langer, 1942). 중요한 의미에서 우리는 재현적 회화를 시와 비슷하게 볼 수 있다. 즉 회화가 물리적 구조(붓놀림, 색채 선택)와 심상적 구조(마음에 떠오르는 재현적 시각 이미지)를 동시에 탐구하듯이, 시는 음성구조(운, 두운, 억양 등)와 의미구조(단어의 의미에서 형성된)를 동시에 탐구한다. 의미론적 · 재현적 요소는 추상미술이나 음악에서 같은 방식으로 존재하지 않는다. 말레비치가 새롭고 완전히 추상적인 미술을 발전시키고 있던 바로 그 순간, 일군의 창의적인 모스크바의 시인들이 다른 이들(이탈리아 미래주의자들과 이후의 다다이스트들)과 마찬가지로 무의미한 시, 즉 문법과 의미의 구속에서 '자유로운' 시를 실험하고 있었다(Zhadova, 1982). 물론 추상적인 개념, 음성을 위한 음성에 대한 인간의 실험은 음악의 등장과 함께 훨씬 이전에 시작되었다. 인간이 정확히 언제부터 음악을 창작했는가는 아무도 모르지만, 구석기 시대의 아름다운 모양의 뼈로 만든 피리는 우리 조상들이 라스코 및 유사한 동굴벽화를 제작한 것과 같은 시기인 35,000년 전부터 인간이 음악을 창작했다는 사실을 분명하게 가리킨다(Hahn & Munzel, 1995). 그러므로 음악은 적어도 재현적 미술만큼이나 오래되었다고 할 수 있다. 하지만 다윈을 필두로 한 많은 이론가는 음악이 더 오래전으로 거슬러 올라가 원시인의 언어 진화보다도 확실히 앞선다는 것을 제시했다(Fitch, 2006; Mithen, 2005). 시각예술과 달리 음악은 중요한 의미에서 매우 초기부터 추상적이었다. 시간을 통해 펼쳐지고 명백한 명제적 의미가 없는 예술형식이 어떻게 미적 경로의 기본적인 세 단계를 끌어낼 수 있을까? 끊임없이 변화하는 자극이 어떻게 친숙한 느낌을 끌어낼까? 친숙성은 어떻게 변형되어 놀라움이나 긴장의 느낌으로 이어질까?

존 레넌과 폴 매카트니가 작곡한 비틀스의 1968년 히트곡, 〈혁명 Revolution〉을 생각해보자. 이 노래는 A조의 로큰롤 '느낌(feel)'으로 시작하는데, 이 느낌은 당시 영어권 대중음악 사회에 매우 친숙한 것이었다. 곡의 첫 소절에서 "You say you want a revolution"이라는 가사가 반복되고, 청취자는 강한 친숙성과 편안한 느낌을 갖는다. 하지만 시끄럽고 의도적으로 왜곡된 전자기타 소리는 당시로서는 대단히 참신해서, 곧 펼쳐질 새로운 것이 어떤 것인가에 대한 힌트가 되었다. (사실 녹음된 노래의 이런 측면을 때로 '헤비메탈'의 선구라고 언급한다.) 작곡가들은 친숙한 소리를 내는 화성적 리듬의 성립과 척 베리(Chuck Berry)에게서[3] 가져온 기타 리프에 거의 바로 뒤따라, 표준적인 록이나 블루스의 운율 구조를 어김으로써 우리의 편안한 친숙성에 훼방을 놓는다. 록 양식의 표준은 시종일관 4/4박자이거나 '보통의 박자(common time)'로, 각 마디는 정확히 네 박자를 갖는다. 하지만 "well, you know" 같은 가사 구절은 마디를 두 박자 빠르게 끊고, "know"에서의 코드 변화가 확립된 박자보다 두 박자나 '너무 빨리' 일어난다. 이것이 우리의 운율 구조에 대한 예상을 어기고 청취자에게 조금 불편한 불확실성을 주게 되지만, 표준 박자로 돌아오면서 청취자는 금방 안정감을 되찾는다. 그러고는 이 전체 양식이 다시 반복된다. 이번에 우리는 무의식적으로 2/4 마디를 예상하고, 이 예상은 보상을 받는다. 표준 운율 양식으로부터의 변화는 꽤 미묘하지만(저자들은 이 노래에 대단히 친숙했음에도 앉아서 기록하기 전에는 이런 변화를 알아차리지 못했다), 요구되는 미적 경로의 역

[그림 5-6] 〈혁명〉의 악보 (© E. 니콜라스와 W. 테쿰세 피치)

동적인 세 부분을 이미 예시했다. 말하자면 우리는 친숙성, 놀라움(음악학에서는 '기대 위반'이 더 표준적인 표현이다), 해소를 경험했다는 것이다. 하지만 아직 이야기할 것이 더 남아 있다.

이 곡의 B파트는 "but if you talk about"이라는 가사로 시작되면서 아직 곡에서 듣지 못한 B단조로 움직이고, 이 선택 자체는 (전형적으로 I-IV-V도나 '3화음'인) 블루스에 기초한 '전통이 강한' 로큰롤 선율의 양식적 예상을 벗어난다. 하지만 서양 화성의 표준적 규칙에 의해 이 코드, 즉 온음계 2도 단조 화음(diatonic ii minor)은[4] 이 곡의 A조에 딱 들어맞는다. 다음으로 딸림화음 E조로 옮겨가는데, 이런 변화는 화성적으로 놀랍지 않지만 동시에 양식상으로는 예상하지 못한 것이다. B단조 코드로 다시 돌아가면서 우리는 잘못된 안도감을 느끼게 되고 여기서 일이 터진다. 즉 "count me out"의 가사와 함께 짧은 한마디 동안 급속하게 G, A, F# 코드가 제시되는데, 그것도 특이한 당김음으로 차고 나가는 리드미컬한 악구다. G장조와 F#장조로 이뤄진 코드는 서양 화성의 표준 규칙을 위반하며, 본질적으로 완전히 예측 불가능한 뜻밖의 코드다. F#에 다다르면 갑자기 우리는 곡이 아무렇게나 갈 수 있다는 느낌을 받게 된다. 화성적으로 방향을 잃고 혼란에 빠지지만 어느새 곡은 (친숙한) 딸림화음(dominant chord)으로 안정되며, 이보다 더 예측할 수 있거나 친숙할 수 없는 매우 간단한 록 후렴부로 진행된다. 후렴이 수반하는 코드("and you know its gonna be alright")는 가사에 충실하고, 많은 민요, 블루스, 록 음악의 뼈대를 제공했던, 너무나 쉬운 I-IV-V도의 화음 진행이다. 또한 마치 회복된 익숙함의 영향을 더 강조하는 것처럼 1950년대 스타일의 백그라운드 보컬 라인 "슈비두비(shoobie-doos)"가 코믹에 가깝거나 반어적인 효과로 추가되어 있다.

시간예술의 반복과 친숙성

인기가 많다는 데 대해 반박의 여지가 없는 〈혁명〉은 음악에서 미적 경로가 어떻게 달성되는지에 대해 잘 요약된 축소판 사례라고 할 수 있다. 친숙성의 주요 근원은 두 가지로, 둘 다 반복에 근거한다. 악곡 안에서 발생하는 국지적 수준의 반복은 기초적이고 지각적인 연속을 예상하도록 만든다. 우리가 지속적인 소리나 선율에 빨리 익숙해지는 것과 같은 식으로 반복된 악구의 구조를 무의식적으로 떠올렸을 때 다음 악구와 정확히 같거나 혹은 거의 같다면 즉시 친숙한 느낌을 받는다. 더 긴 작품(예: 교향곡)에서 테마나 모티프가 반복될 때처럼 더 오랜 시간 동안 같은 것이 반복된다 하더라도 여전히 한 곡 안에서 발생하는 것이다. 이러한 곡 안에서의 반복을 '국지적 반복'이라고 부를 수 있다. 더 넓은 문화적 수준에서 전체 음악 공동체는 규준적인 노래의 형식과 양식, 화성적·운율적 구조와 악기 조합이 있어서 그 공동체의 구성원이 특정한 새로운 악곡을 처음 듣는다 해도 음악으로 인정할 것이다. 악곡은 이처럼 문화에 의존적인 지식을 이용하여 이전의 익숙한 형식이나 양식을 예시한다고 범주화될 수 있다. 우리는 이와 같은 청취자의 이전 경험과 지식에 의존하는 악곡들 사이의 반복을 사회적 혹은 문화적 반복이라고 한다.

그러므로 비재현적인 음악의 영역에서 친숙성을 자아내는 최선의 도구는 여러 상이한 종류의 반복이라고 할 수 있다. 우리는 이러한 발상을 설명하기 위해 인기 있는 서구의 노래를 사용했지만, 이 원칙은 모든 문화와 시대에 존재하는 인간의 음악에서 상당히 많은 부분에 적용된다. 국지적 반복은 몇몇 공유되는 운율이나 화성 체계를 따라 3/4이나 4/4박자(와 가장 흔한 변이인 6/8과 2/4박자)를 선택하고 온음계를 사용하는 데서 발견되며, 20세기까지 거의 모든 서구의 예술 음악에서 나타난다. '음계(scale)'란 곡의 모든 음이 형성되는 제한된(주로 5~10개 사이의) 일련의 음고를 일컫는다. 이러한 음계는 인간 음악의 거의 보편적인 특징으로 보인다(Nettl, 2000). 동쪽 반구(동양)에서 많이 사용하는 '드론 줄(drone strings)'을 갖춘 현악기는5) 많은 비서구 음악 문화에서 광범위하게 사용되는 음조 반복의 사례를 제공한다. 덧붙이자면, 미시적 차원의 반복을 주기 위해 규칙적으로 반복되는 각각의 음(note)이나 음의 집단은 사실상 세상에 알려진 모든 음악의 흔한 특징이라고 할 수 있다.

반복의 극단적인 사례는 〈벡사시옹Vexations〉이라는 작품이다. 이 곡은 프랑스 작곡가 에릭 사티(Eric Satie)가 작곡하고 비밀에 붙여두었던 것을 1963년 존 케이지(John Cage)와 동료들이 처음 연주했다. 이 곡은 짧은 화성 모티프를 840번에 걸쳐 매우 느리게(très lent) 연주할 것을 요구한다. 1963년에 이 곡의 첫 대중 공연은 오후 6시부터 다음날 정오까지 계속되었고, 몇몇 피아니스트가 돌아가며 연주했다. (소문에 의하면 전체 공연에 참석한 유일한 사람은 앤디 워홀(Andy Warhol)이다.) 사티는 그 곡이 일종의 '음악적 가구(musical furniture)'를 재현한다고 여겼고, 반복이 개인의 시간과 변화에 대한 감각을 소멸시켜 역설적으로 일종의 휴식으로 지각되도록 한다고 생각했다. 요컨대 정지해 있는 움직임이라는 것이다. 이 곡은 화성적으로 복잡하고 낯선 것임에도 불구하고 완력으로 필수적인 친숙성을 달성하고자 하며, 그럼으로써 음악가가 사용할 수 있는 도구 중 하나를 논리적 극단으로 몰아간다.

사회적 반복 또한 인간의 음악에서 보편적으로 나타난다(Cross, 2003; Nettle, 2000). 전 세계적으로 자장가와 다른 동요들을 반복해서 부르고, 어린 청취자는 이 단순한 형식의 사회적 반복을 열렬히 추구한다(Trehub &

Trainor, 1998). 서구 고전음악에서는 가톨릭 미사의 '키리에 엘레이손(Kyrie Eleison)' 형식부터[6] 클래식 소나타의 4개 악장 형식에 이르기까지 양식적 형식이 편재해 있다. 인도 고전음악인 라가(ragas)는[7] 어떤 점에서 음계에 가깝지만, 적절한 장식의 종류에 대해 엄청나게 축적된 문화적 전통을 갖고 있다는 점뿐만 아니라, 연상되는 '기분'과 양식적으로 평범한 음의 특수한 배치 둘 다에서 국지적 반복을 넘어선다. 이와 유사하게, (룸바, 맘보, 살사 같은 아프로-캐리비언 형식이나 아포세와 삼바 같은 아프로-브라질리언 형식 등) 서아프리카의 타악기와 많은 파생물은 (카리브 전통에서 '클라베스(claves)'라고[8] 명명된) 복잡한 리듬의 오스티나토(ostinatos)를[9] 기반으로 만들어졌으며, 운율적으로 모호한 리듬 구조를 형성한다(Amira & Cornelius, 1992; Locke, 1983; Titon et al., 1984; Temperley, 2000). 덧붙이자면, 이것을 기반으로 한 특정한 오스티나토 및 다른 구체적인 패턴은 종교적인 중요성뿐만 아니라 구체적인 사회적 중요성을 띠는데, 이는 쿠바의 산테리아(Santeria)[10] 음악이나 브라질의 칸돔블레(Candomble)에서[11] 각기 다른 신에게 부응하는 상이한 드럼 패턴에서 그러한 것과 마찬가지다. 따라서 반복은 다양한 수준에서 인간 음악의 친숙성을 위한 기초를 보편적으로(혹은 거의 보편적으로) 제공하는 것으로 보인다.

음악에서 이러한 반복의 두 유형이 강조되긴 했지만, 결코 음악에 유일하지 않다는 것을 즉시 알 수 있을 것이다. 모네의 회화에서 포플러 나무의 반복 또한 국지적 친숙성을 형성하며, 현실("이런 나무를 전에 본 적이 있어")과 풍경화에 존재하는 양식 모두와 일치하는 이미지는 사회적 친숙성을 조성한다. 후자의 사회적 반복 형식은 재현적인 회화에서 우세하지만, 국지적 반복은 추상미술과 다른 시각예술(특히 건축)에서 더 우세한 역할을 한다. 무용에서 반복은 예상을 재구축하는 데 중심적인 역할을 하고, 영화에서는 이전 영화의 사진, 세트 디자인, 의상, 대화에 대한 자기

참조적(self-referential) 인용이 감독과 시나리오 작가의 창작에서 핵심적 구축 요소 중 하나가 된다.

말레비치와 추상미술로 돌아가면, 말레비치의 검은 사각형의 바로 후속 작품들은 두 종류의 반복을 모두 포함하고 있다. 예를 들어 하나의 미술작품이 두 개의 검은 사각형이나 각각 빨간색과 검은색인 두 사각형으로 이뤄져 있는 식의 반복이다. 캔버스 내의 국지적 반복, 이 작품들과 그것들이 인용한 〈검은 절대주의 사각형〉 사이에서 나타나는 사회적 반복은 친숙성을 자아낸다. 하지만 우리는 이 반복을 어떻게 해석해야 하는가? 이것은 단순히 동일한 것 이상의 문제인가, 또는 이 새로운 이중적 형태가 이전의 것과 대조되는가? 어떤 선택을 하더라도 다른 선택도 잠재적으로 타당하므로 판단을 내릴 수 없다. 러시아 절대주의의 젊은 양식 안에 추가된 사회적 반복의 반향으로 우리는 또다시 쌍안정을 찾게 된다. 분트의 책에서 (두 개의 정육면체가 나란히 있는 것으로 해석되도록) 두 인접한 사각형의 유사한 모습을 제시했을 때, 또다시 분트가 말레비치에게 영감의 원천이 되었을지도 모른다.

우리는 여기서 미적 경로의 첫 단계인 친숙성의 성립이 어느 예술 형태에서나 미적 감상을 위한 필수적인 전제조건이라고 주장하고자 하므로 이 첫 번째 단계에 집중했다. 친숙성으로 가는 길은 다양하며, 친숙성의 **몇몇** 유형은 미적 관여에 요구되는 사항이다. 하지만 일단 친숙성이 달성되면, 우리가 놀라거나 혼란스러워지는 많은 방식이나, 혹은 놀라움이나 모호함이 성공적으로 해소되는 여러 방식의 목록을 작성할 가망은 거의 없는 것처럼 보인다. 사실 예술가들의 창의적인 작업은 대부분 두 번째와 세 번째 구성요소에 있고, 예술 운동들의 많은 차이는 그것들이 지각자들에게 편안한 친숙함에서 놀라움 (혹은 심지어 충격) 사이에 남아 있는 정도(degree)에 있다. 그런 스펙트럼의 아방가르드적 극단에서 가장 중요한 것은 우리의 친숙함에 대한 감각이 한계점까지 늘어날 수 있다는 것이다. 반면 더 보수적인 (일반적으로 말하면 더 대중적인) 극단에서는 우리의 예상이 단지 조금만 위반되어도 우리의 종합 능력과 해결 능력이 단지 조금만 작동할 것이다. 하지만 어떤 예술 양식이든 — 자의식적인 아방가르드 예술의 경우처럼 오브제, 설치, 퍼포먼스 또는 이벤트를 예술로 **간주해야 한다고** 공식적으로 선언할 경우에도 — 지각자가 놀라기 전에, 그리고 미적 경로의 결정적인 통합과 해소가 완성되기 전에 친숙성이 존재해야 한다.

요약하자면 음악과 시간예술 미학의 역동적 측면을 이해하기 위해서는 확대된 시야가 필요하다. 이러한 역동적 관점이 정적인 시각예술과도 관련이 있는 관찰로 이어진다. 모네의 〈포플러나무〉에서 나무의 공간적 반복은 음악에서 음 또는 모티프 반복과는 다른 차원과 감각 양상에서 발생한다. 하지만 두 가지 모두 우리의 지각을 안정화하고, 낮은 수준의 인지적 예상을 충족시키며, 친숙함과 편안함이라는 느낌을 형성하는 역할을 한다. 이와 유사하게, 많은 상이한 방식과 기간 동안 발생하는 형식과 양식의 사회적 반복은 비록 문화적 · 역사적 이해, 그리고 관람자/청취자 측에서 다른 종류의 이해를 더 요구하는 것일지라도 친숙성으로 나아가는 두 번째 결정적 경로를 제공한다. 말레비치의 두 개의 사각형이 추상미술 일반이 낯선, 특히 절대주의가 낯선 관람자에게 별로 중요하게 여겨지지 않는 것처럼 로큰롤이나 가나의 북인 **아그베코르**(agbekor)[12]가 낯선 청취자는 이러한 형식에서 붙잡을 것, 어떤 방식으로든 친숙한 것이 더 적을 것이므로 심지어 미적 경로에 착수할 수조차 없을 것이다.

따라서 미학에 대한 생물학적 접근은 모든 인간이 공유하는 지각적·신경학적 과정을 고려함으로써 시작되어야 하지만, 인간의 미적 경험의 복잡성을 완전히 이해하고 싶다면 오로지 이러한 측면에만 집중해서는 안 된다. 생물미학은 더 나아가 숙련된 관람자/청취자가 이런 능력을 사용하는 방식을 형성하고 때로는 완전히 결정하는, 사회적·문화적 요인들에 대한 이해를 통합할 필요가 있다. 이러한 방향을 향한 하나의 단계로 우리는 이제 예술형식과 양식의 문화적 진화에 대한 짧은 탐구로 넘어갈 것이다. 이러한 탐구 또한 이 장에서 우리가 받아들인 관점에서 고찰함으로써 더 풍부하게 이해될 수 있다.

미적 경로와 문화적 변화

비록 생물학과 문화가 때로는 (가령 악명 높은 본성 대 양육(Nature versus Nurture) 논쟁처럼) 상호 배타적인 설명 요인들에 놓이지만, 이것은 생물학적 설명의 복잡성에 대한 모든 진정한 통찰을 지연시키거나 가로막는 환상에 불과한 이분법이다. 실상 동물행동학 연구자들은 사회적 학습을 위한 능력 자체가 강력한 생물학적 기반이 있으며, 수많은 상이한 척추동물 종들 속에서 단순한 형식의 문화적 전승이 존재한다는 사실을 점점 더 확신하고 있다(Avital & Jablonka, 2000; Bonner, 1983; Boyd & Richerson, 1985; Galef, 1992). 더 나아가 최근에는 인류의 가장 가까운 친척인 침팬지에게 오늘날 '침팬지 문화'라고 알려진, 수세대에 걸쳐 전해 내려온 특정한 수렵 채집과 사회적 행동이 있다는 것이 확실해졌다(Mc Grew, 2004; Whiten et al., 1999). 하지만 대부분의 학자들은 인간의 문화적 능력은 이렇게 비교적 단순한 사회적 학습의 사례들을 훌쩍 넘어서며, 이러한 능력은 인간 생물학에서만 특유하게 강력한 측면이라는 데 동의한다(Tomasello, 1999). 언어가 일반적으로 그리고 올바르게 문화 전승의 극히 강력한 도구로 강조되지만, 음악과 미술도 중요한 초세대적 혹은 문화적 구성요소를 지닌다. 보통 언어, 음악, 그리고 다른 예술형식들은 사회적으로 학습된 공유된 요소와 개인적으로 독특한 창의적인 요소 둘 다를 포함하고 있다. 어떤 구체적인 발화나 예술작품을 이해하기 위한 시도에서 이 두 가지 요소가 모두 결정적인 역할을 한다. 둘 중 하나에 배타적으로 집중하려는 시도는 모두 다 더욱 복잡한 현실을 왜곡한다. ((개인적인) 창의적 요소나 사회적인 요소를 부인하는 것이 이에 해당한다. 예를 들어 "언어는 학습 이전의 발화를 복창하는 것(rehearsal)이다"처럼 창의적 요소를 부인하거나, "위대한 예술은 개인의 순수하게 창조적인 행위다"와 같이 사회적 요소를 부인하는 경우가 있다.) 이와 유사하게, 각 요소를 간단한 공식으로 역할을 나누려는 시도들도 모두 마찬가지로 잘못되었다. (가령 "언어/미술/음악에서 문화가 40%, 개성이 60%를 차지한다"라고 말하는 경우가 그러하다.) 이 두 요소 간의 지속적인 상호작용과 피드백으로 인해 두 가지 모두가 문화적으로 전승되는 행동에 100% 관여하고 있으므로 둘 다 필수적이다. 따라서 더 나은 은유가 필요하다고 하겠다.

학습 본능

현존하는 생태학자 중 가장 영향력이 큰 사람 중 한 명으로 평생 동물의 의사소통을 연구한 피터 말러(Peter Marler)는 생물학에 기초한 문화적 능력의 세련되고 강력한 모형을 발전시켰다. 말러의 초기 연구는 (모든 조류 종의 거의 절반을 차지하는) 대부분의 명금(songbirds)이 노래를 **학습한다**는 사실을 입증하는 데 도움을 주었다. 즉, 어린 새는 정상적으로 노래하기 위해 같은 종이 노래한 사례들을 들어봐야 한다(Catchpole, 1973; Marler & Slabbekoorn, 2004). 동종의 노래를 접하지 못하고 다른 종과 함께 새장에서 길러진 새는 완전히 비정상적인 노래를 하거나, 아니면 (어떤 경우에는) 다른 종의 노래를 학습한다. 결정적으로, 대부분 새는 단순히 성체의 노래를 정확히 흉내 내는 것이 아니다. 많은 종에서 개체들은 어린 새일 때 들은 것을 기반으로 하지만, 애초에 들었던 것과 똑같지는 않은 새롭고 참신한 노래를 창조한다. 새소리에는 창의적인 측면이 있고, 이는 각 세대가 이전의 세대로부터 조금씩 다른 노래를 듣게 된다는 사실을 확인해준다. 세대를 거친 노래 전승 과정과 창조성이나 잘못된 모방을 통해 도입되는 다소의 새로움으로 인해 새소리의 '방언'이 발달하기 시작하여, 서로 다른 지역에 서식하는 동종의 새들은 상당히 다른 노래를 부른다. 하지만 중국계 아동이 완벽한 영어를 학습할 수 있는 것과 마찬가지로, 어린 새가 부모의 방언보다 다른 방언에 더 많이 노출된다면 새로운 방언을 학습할 것이다. 이와 동일하게 중요한 점은 다른 많은 종의 노래에 노출된 어린 새는 틀림없이 자기 종의 노래에 통달하리라는 것이다. 그 방식을 아직 이해할 수 없지만, 특정 종의 새는 그것이 우선적으로 주의를 기울이는 자기 종의 노래 '양식'을 선호하는 성향을 가지고 태어나는 것으로 보인다. 그러므로 새의 학습 성향은 어떤 면에서 제한적이라고 할 수 있다. 다시 말해 새가 들은 것이라면 무엇이든 학습하는, 단순한 '범용 체계'는 아니라는 것이다.

이와 같은 사실들에 힘입어 새소리 연구자들은 단순한 본성 대 양육이라는 이분법을 넘어서게 되었다. 말러의 새소리 습득 모형은 생물학적·문화적 요소 둘 모두에 동등한 비중을 두고 있으며, 이들 두 요소는 "학습 본능(instinct to learn)" 안에서 불가분하게 얽혀 있다(Marler, 1991). 새들은 인간 아동처럼 종 특유의 소통 체계에 숙달할 수 있는 **준비성**(readiness)을 선천적으로 타고나지만, 이 체계를 **알고** 태어나지는 않는다. 생물학적으로 주어진 준비성의 일부는 특정 종류의 청각 자극(동종의 음성)에 주목하고 다른 것(개 짖는 소리, 기계 소음 등)에는 주목하지 않는 성향이다. 다른 한 요소는 무엇은 학습할 수 있고, 무엇은 학습할 수 없는가 하는 일련의 제약들에 해당한다. 말하자면, 어린 새가 받아들일 수 있는 인위적인 새소리(또는 인공어)의 종류에는 한계가 있다는 것이다. 이러한 사실들은 인간의 언어 습득에 대한 사실과 분명한 유사성을 보여주며, 인간의 문화적 능력을 '학습 본능'으로 간주하는 모형이 기존의 은유를 중요하게 개선했다는 점은 명확해 보인다. 이런 학습 본능 모형은 최근 인간의 음악 습득 모형에서 명확하게 제시되었다(Fitch, 2006a; Marler, 2000).

문화적 '톱니바퀴'와 양식적 변화

미적 경로가 이전 세대로부터 배우려는 우리 인간의 문화적 본능과 결합할 때, 문화적 변화를 위한 강력한 원동력이 발생한다. (미적 경로의 중간 구성요소인) 새로움에 대한 요구는 각 세대가 새로운 형식의 모호성과 놀라움을 창의적으로 실험하고 발견하리라는 것을 보장한다. 친숙함과 종합에 대한 이중적인 요구는 과거 작품들과의 모종의 연속성을 충분히 보장하는 범위 안에서 창의성을 유지할 것이다. 각 세대는 원하는 방향을 향해 앞으로 '톱니바퀴를 따라 움직이고(ratchet)', 통상 당대의 분위기와 취향에서 영향을 받으면서 선대의 미적 성공에 기초하여 구축될 수 있다. 모든 예술형식에서 '문화적 톱니바퀴(cultural ratchet)'는[13] 세대를 건너 연장자들이 수행한 형식을 아이들이 숙련하고, 그 이상으로 나아갈 때 작동한다. 창조자보다 훨씬 오래 남을 수 있는 (회화, 조각, 건축 등) 많은 시각예술작품의 영속성은 학습자가 작품이 창조될 때 보거나 배우기 위해 직접 참여하지 않아도 되므로 이 과정을 더욱 복잡하게 한다. 하지만 언어에서 이러한 영속성이 나타난 것은 문자가 출현하기 전인 약 5,000년 전이며, 음악에서는 훨씬 이후에도 나타나지 않았다. 서양 기보법은 대략 15세기쯤에야 이러한 역할을 충분히 할 만큼 발전했다(Read, 1969). 무용의 경우, 가까스로 영화, 비디오의 출현으로 비슷하게 영구적이고 정확한 기록 체계가 발전했다.

그러므로 문화적 변화와 발전을 추구하는 성향은 미적 경로를, 어린 시절의 문화를 흡수하려는 인간적 경향과 결합한 데서 필연적으로 생겨나는 것으로 보인다. 특히 새로움을 향한 욕구는 가장 엄격하게 유지되는 예술형식을 제외한 모든 예술형식에서 점진적인 변화를 허용할 것 같다. 종교적 제례에서 사용하기 위해 창조한 음악이나 미술은 가장 보수적인 극단에 위치시킬 수 있을 것이다. 여러 세기에 걸쳐 지속적으로 연주되었던 그레고리오 성가는 서양 예술음악의 한 사례가 된다. 서아프리카 (특히 요루바) 문화에서 유래하고, 노예들에 의해 몇 세기 전에 아메리카 대륙으로 전해진 다양한 종교음악은 비서구 음악의 두드러진 사례다. (예를 들어 쿠바의 산테리아, 브라질의 칸돔블레, 아이티의 부두교(voudoun) 등이 있다. Amira & Cornelius, 1992를 보라.) 이렇게 오랫동안 분리되어 있던 형식들 간의 비교는 오늘날의 요루바 형식과 함께 어떠한 표기법이나 문자체계도 없이 수 세기 동안 양식과 내용이 수백 개의 상당히 복잡한 리듬과 노래에서 매우 잘 보존되었다는 것을 보여준다. 종교음악이나 종교미술은 본질적으로 보수적인 사회적 용도로 오랫동안 잔존한 문화유산의 원천을 형성하고, 외부적 기록의 도움 없이도 상당히 충실하게 많은 세대를 거쳐 전해 내려올 수 있다. 따라서 이러한 원천은 단지 즐기기와 춤추기만을 위한 대중음악처럼 급속하게 변화하는 양식의 연속적인 버전들에 영향을 줄 수 있다.

새로움에 대한 갈망은 아방가르드 예술가가 제작한 작품에서 극에 달하지만, 여기에서도 예술형식의 본질적인 문화적 연속성이 인정되어야 한다. 이전 형식과 양식에 대한 가장 과격한 거부도 절대 이전 세대의 영향에서 벗어날 수 없다. 모든 혁신에도 불구하고 큐비즘은 아직도 전통적 주제들(인물화, 누드화, 정물화)을 반재현적인(semirepresentational) 태도로 다뤘다. 말레비치의 〈검은 절대주의 사각형〉은 "예술의 종말"이라고 선언되기도 (그리고 매도당하기도) 했지만, 인상주의와 큐비즘 화가들을 모방한 화가가 캔버스 위의 물감으로 제작하여 갤러리에 전시한 하나의 물체다(Zhadova, 1982). 그러므로 이 작품은 더 넓은 관점에서 봤을 때 전통과 긴밀한 연결을 유지한다고 할 수 있다. 동시대의 관행을 노골적으로 거부하는 음악 형식도 마찬가지다. 대중음악의 '그런지(grunge)' 혁명은 너바나(Nirvana)의 음악과 함께 1990년대 중반 최고조에 달했고, 당시 상업적으로 지배적이던 매우 세련된 스튜디오 음악의 노골적인 배격을 특징으로 했지만, 그럼에도 이전의 유효성이 증명된 음악 양식(특히 1950년대와 1960년대의 록음악)에 기초하여 만들어낸 것임에 틀림없다. 그런지는 표준적인 악기를 사용했고, 사람들이 모여 함께 즐기고 춤추는 클럽에서 연주되면서 전통적인 음악 산업의 경로를 통해 배급되었다. 아방가르드마저

과거와 확고하게 묶여 있고, 새롭고 창의적인 작품도 앞선 작품에 반응하거나 그것에 기초하여 구축된다. (어쨌든 과거와의 연관이 없는 저항은 무의미하다고 하겠다.) 결국에는 작년의 가장 새로운 것이 올해에는 표준이 되고 내년에는 구식이 되므로 사실상 문화적 변화의 어떤 형식이 보증된다.

이러한 문화적 변화가 진보라고 여겨지는가? 적어도 몇몇 경우에서 우리는 문화적 변화의 방향성을 알아차릴 수 있다. 하나의 양식은 오랜 세대에 걸쳐 특정한 방향을 향해 나아가는 것처럼 보인다. 생물미학적 관점에서 이러한 가능성을 고려할 때, 완벽함을 향한 추세라는 시대에 뒤떨어진 헤겔적 관념을 수용할 필요가 없다. (각 생물 종이 환경에 최적의 상태로 적응한다는 사실을 받아들이는 것이 어떤 종이 다른 종보다 '더 완벽하다'는 의미를 함축하지 않는 것과 마찬가지다.) 특정한 미적 방향에서 진보적인 변화는 무질서한 역사적 현실에 도식적인 일관성을 단순히 소급하여 도입하는 문제가 아니라, 다수의 역사적 귀결들에 대한 시험 가능한 관찰이다. 모범적인 예로 르네상스 초기부터 19세기 말까지 서양 회화의 특징이었던 실물 같음(verisimilitude)의 증가가 있다(Gombrich, 1959). 실제와 같은 가상에 대한 열망이 오랫동안 변화의 주요 원동력이었다는 것, 세대를 거듭하면서 기술적 통찰과 숙련을 축적함에 따라 이 목표에 점점 더 가까이 다가갔다는 데는 의심할 여지가 거의 없다. 제키가 상세하게 논증했듯이 이 시기의 미술가들을 신경미학자로 특징짓는 것은 전적으로 타당하다. 그들은 뇌 영상 촬영이 가능해지기 훨씬 전부터 인간 지각계의 특성을 탐구했다(Zeki, 1999). 실제로 동시대의 시각 신경과학은 몇 세기에 걸쳐 미술가들이 발전시킨 많은 시각적 환영과 기술적 속임수들을 숱하게 많이 유익하게 사용했다. 이는 예술과 과학 간의 교환이 양방향적이라는 중요한 사실을 상기시켜준다. 르네상스 이후 유럽에서 재현적 회화의 발전이 인간의 예술적 성과의 정점으로 여겨지는 것은 정당하다. 이러한 발전은 시공간상으로 서로 멀리 떨어져 있던 많은 예술가가 달성한 무수히 많은 지각적·기술적 통찰이 오랜 시간에 걸쳐 축적된 결과였다. 숱한 세대를 거쳐 전해 내려온 중국과 일본의 붓그림에 나타나는, 단순성을 추구하는 명백한 경향에 대해서도 비슷한 논평을 할 수 있다. 연이은 세대가 계속해서 사실주의적 재현이나 단순성과 같이 대단히 중요한 목표를 추진할 때, 새로운 작은 것들을 축적함으로써 진보를 이룰 수 있다는 것은 분명하다.

물론 대중적인 예술형식에서는 새로움이 종종 그 자체로 목적이 되곤 한다. 각 세대가 나이를 먹을수록 젊은 세대의 양식을 한 단계 아래의 것으로 보고, 젊은 세대는 새로운 양식을 이전의 양식과 관행에 대해 신선하고 새로운 대안으로 제시한다는 것은 누구나 아는 이야기다. 누가 옳을까? 이 장의 첫 부분에서 강조했듯이, 일어나는 변화를 미화하든 비판하든 간에 이런 무거운 문제에 대한 논쟁을 피하는 것이 생물미학 분야를 위해 중요하다고 생각한다. 우리는 단순히 예술의 문화적 다양성 속에 변화가 깊이 박혀 있다는 것을 받아들이고, 이러한 변화가 어떻게, 또 왜 일어나는지 이해하고자 노력하면 된다. 또한 변화하지 **않는** 것들을 우리의 기본적인 인지 성향과 한계의 본질에 대한 중요한 단서로 이용할 수 있다. 그러므로 예술사 연구자가 생물미학에서 하는 역할은 중대하다고 할 수 있다.

요약

이제 이 장의 이론적인 부분의 막바지에 이르렀다. 우리는 어떤 성공적인 예술작품에 대한 지각자의 미적 경험이라도 '미적 경로'로 특징지을 수 있고, 적어도 친숙성, 새로움, 종합의 세 가지 단계로 이뤄진다고 주장했다. 비록 이러한 경로의 전개가 음악 같은 시간예술에서 가장 분명하긴 하지만, 회화 같은 정적인 예술형식을 보는 관람자의 인지적 경험에도 동일하게 적용된다. 몇몇 형식에서 반복은 친숙한 느낌을 형성하는 데 결정적인 역할을 한다. 국지적인 한 극단에서 볼 때 반복은 순전히 지각적일 수 있다. (시각 형태의 즉각적인 반복이나 반복되는 소리 모티프가 그 사례다.) 또한 예술계에는 일반적으로 '사회적 반복'이라고 부르는 양식 및 형식의 반복이 있다. 다른 중간 단계의 반복도 가능하며(예: 교향곡에서 주제와 변주 혹은 예술가의 모든 작품에 줄곧 재등장하는 주제 등), 일반적으로 하나의 작품이 이 모든 다른 형태의 반복 사례를 보여줄 수 있다. 새로움을 향한 갈망은 어린 시절의 문화를 흡수하려는 인간의 성향(우리의 학습 본능)과 결합하여 예술형식의 연속적 변화로 이어지고, 때로는 진보적으로 여겨지는 특정한 방향으로, 또 때로는 단순히 새로움을 향한 방향으로 나아간다. 하지만 한 세대의 새로움은 다음 세대에서 뛰어넘어야 할 기준이 되기 때문에 강력한 반대세력이 대항하지 않는 이상 문화적 변화는 확실히 일어난다.

이 장의 다음 부분에서는 이러한 주제들이 어떻게 경험적으로 탐구될 수 있는가에 대한 설명을 세부적인 예시 — 즉 재즈 즉흥연주의 발달 — 를 고찰함으로써 제공할 것이다. 우리는 기보법(musical notation) 연구에서 경험적인 자료를 얻어, 그것이 일반적인 미적 경로와 특정한 문화적 발달을 이해하기 위한 중대한 자원이 된다고 주장하고자 한다. 이를 위해 우리는 생물미학 연구의 도구로서 기보법에 대한 일반적인 고찰로 시작할 것이다.

표기법: 유용한 미학적 분석 틀

비망록(aide-mémoire)으로 고안된 표기체계는 역사가 매우 오래되었을 것이다. 가장 오래된 몇몇 '상징적' 물건이 표기법으로 해석되었다. 아마도 잠재적으로 추상적 또는 상징적 가치를 지닌 가장 오래된 인공물은 남아프리카 블롬보스(Blombos) 동굴에서 발견한 약 7만 년 전으로 추정되는 문양이 새겨진 황토(ochre) 조각일 것이다(Henshilwood et al., 2002). (최소 120만 년 전 불가리아의 코자르니카(Kozarnika) 동굴에서 발견된 표식들(marks)처럼) 더 오래된 뼈에 새긴 표식들이 발견되기는 했지만, 블롬보스 황토가 도축이나 연마 또는 다른 실용적 목적의 산물일 리 없는 뚜렷한 문양을 가진 최초의 것이다. 이렇게 비재현적이고 실용적이지 않은 표식들에 대한 풍부한 증거는 주로 유럽에서 고고학 기록상 한참 후인 약 3만 년 전에야 나타난다(Marshack, 1976). 물론 그런 표식들을 해석하는 일은 고고학자들을 위한 로르샤흐 검사(Rorschach test)와도[14] 같은 것이고, 달력이나 살생 계수기(kill counters)부터 초기의 추상미술, 즉 "표식을 위한 표식(marks for marks' sake)"에 이르기까지 오래전 문양이 새겨진 물건의 다양한 용도를 상상할 수 있었다. 이러한 발견들이 분명히 나타내는 것은 인간이 적어도 3만 년 전부터, 아니 어쩌면 더 오랫동안 의도적으로 표식을 만들었다는 것이다. 우리가 이러한 표기체계의 용도를 분명히 밝혀낼 수 있었던 시기에는

(메소포타미아의 해석 가능한 설형문자(cuneiform writing)의 등장과 함께) **표식이 셈과 산수,** 언어의 기록, 기보법으로 사용되었다(Kilmer & Tinney, 1996; West, 1994). 그 이후에 기보체계는 많은 문화에서 (가령 인도 고전음악의 사르감(sargam) 체계처럼) 독립적으로 발달했다. 중세 유럽에서 발달한 현재의 서양식 체계는 이제 전 세계에서 사용되며, 간단한 민요부터 가장 복잡한 현대 교향악곡까지 엄청나게 다양한 여러 음악을 재현하기 위한 공통어의 역할을 한다.

이런 종류의 표기체계가 시각예술이나 무용에서 (성공적으로) 발달하지 않았다는 것은 흥미로운 사실이다. 드로잉과 회화의 경우에는 작품 자체를 일종의 표기법으로 볼 수 있다. 즉 표식들은 미술가의 행위를 직접적으로 기록한 것이다. 비록 붓놀림이나 연필 자국이 시간에 따라 정렬되어 있지는 않지만, 그것들은 공간 속에서 미술가의 움직임에 따라 지워지지 않는 재현으로 남게 된다. 우리는 중첩된 부분과 다른 단서들을 조사함으로써 (특히 엑스레이, 질량 분석 등과 같은 현대 기술을 활용하여) 그것들이 적용된 상대적 순서에 대한 어떤 단서를 얻을 수 있다. 그러므로 문제의 시기에 사용된 기법에 익숙한 숙련된 미술가는 단지 완성된 작품을 검토함으로써 그 미술가가 언제 무엇을 했는가에 대한 상당히 정확한 심성 모형(mental model)을 재구성할 수 있다. 잭슨 폴락(Jackson Pollock)의 그림 같은 추상미술은 미술가의 움직임이라는 측면에서 해석해줄 것을 부르짖고 있어서 문자적인 의미에서 '악보'로 해석될 수도 있다.

무용의 경우에는 상황이 더욱 복잡하다. 정확한 무용 표기법 체계를 만들려는 시도가 다수 있었으나, 그중 어떤 것도 특별히 성공적이지 않았기 때문이다. 이 중 가장 널리 퍼진 것은 라바노테이션(Labanotation)으로(Hutchinson, 1961),[15] 어느 정도 통용되는 성과가 있었고 많은 무용학도가 여전히 숙달하고 있다. (유사한 표기법 체계가 인도 고전무용에도 존재하는 것으로 보인다.)

그런데도 무용에서는 음악과 유사한 전통이 발달하지 않았다. 안무가들은 라바노테이션으로 표기된 작품을 거의 창작하지 않는다. 왜냐하면 초급 무용수들은 무용보를 보고 스텝을 배우지 않기 때문이다. 오늘날 영화와 비디오는 무용 작품의 영속적인 기록을 제공하지만, 이것은 코드화된 추상이라기보다는 공연의 직접적인 재현이다. 영화와 비디오의 녹화 및 조작의 용이성을 고려하면 이러한 무용 표기법 문화가 발달할 가능성은 적어 보인다. 그런데도 무용 표기법 체계가 존재하고, 일련의 잠재적인 실험 대상자들이 그것을 읽고 해석할 수 있다. 따라서 여기에서는 무용에 대해 더 논의하지는 않을 것이지만, 기보법과 미학의 경험적 탐구에서 기보법이 지니는 가치에 관한 우리의 논평 대부분은 라바노테이션이나 유사한 체계에도 **필요한 부분만 약간 수정하여** 적용할 수 있을 것이다.

기보법과 미적 경로

추상적인 수준에서 말하자면, 음악작품을 위해 기보된 악보는 지면에 공간적으로 배치된 표식, 그리고 시간에 따라 펼쳐지는 (음, 악절, 박절 구조(metric structure) 등) 음악적 사건들 사이의 대응을 나타낸다. 연주자가 보기에 이러한 음악적 구조에는 대응하는 운동 요소가 있으며, 따라서 악보 또한 일련의 행위로 변환될 수 있다. 어떠한 경우든 시각 영역의 공간적 차원이 다른 차원에서 시간의 흐름에 대응한다. 말과 글의 관계처럼 음악과 악보의 관계는 공간과 시간 사이의 양방향적 매핑(bidirectional mapping)이다. 따라서 기보된 악보는 상당히 정확하게 순간이나 지속 기간을 명시할 수 있게 해준다. 이런 기능 덕분에 기보법은 미적 경로의 역동을 연구할 때 잠재적으로 중요한 도구가 된다.

　여기서 본질적인 측면은 기보법이 일종의 추상이라는 것이다. 악보는 개별적인 음들을 나타낼 뿐만 아니라, 개별적인 음들이 어떤 초기 화성 및 박절의 맥락 안에서 서로 맺는 **관계**와 함께 화성 및 리듬 공간에서 변화하는 위치와 관련해 형성 중인 게슈탈트 개념과의 **관계** 또한 나타낸다. 이처럼 게슈탈트에서 극적이거나 미묘한 변화는 국지적 수준(예: 임시표, 주어진 마디 안에서 연주되는 조를 벗어난 음)이나 작품의 수준(예: 조표나 박자표의 변화)에서 명시적으로 기보될 수 있다. 작곡가는 매우 구체적일 수도 있고(가령 연주될 각각 특정한 음, 그리고 심지어는 그것을 연주할 때 어느 손가락을 사용할지 표시한다), 연주자에게 기대되는 것에 대한 훨씬 폭넓고 유연한 느낌을 제공할 수도 있다. (가령 재즈에서 사용되는 화음 읽기가 있다. 아래를 참고하라.) 하지만 기보법은 곡에 대한 추상적 표상을 제공하므로 다양한 종류의 명시적 정보를 제공한다. 이런 정보는 곡의 오디오 녹음 혹은 (각각의 음을 고립된 사건으로 나타내는) MIDI[16] 같은 컴퓨터 기반 기보체계에서는 찾아볼 수 없거나 단지 암시적으로만 존재한다. (Dannenberg, 1993을 보라.) 따라서 우리는 기보법이 작곡가의 의도와 연주자의 행위에 대한 추상적인 '내막(inside view)'을 제공하며 경험적 연구를 위한 유용한 틀을 제공할 수 있다고 제안한다.

　서양의 기보법은 완벽함과는 거리가 멀지만, 화성, 리듬의 '느낌'에 대한 추가적인 정보, 강약, 빠르기, 음색 등 연주의 더욱 미묘한 측면에 대한 해석적인 단서와 함께 음악작품의 각 음의 높이와 박자를 나타내는, 폭넓게 접근할 수 있고 잘 코드화된 상징적 수단을 제공한다. 이 체계는 어떤 곡을 한 번도 들어본 적 없는 숙련된 음악가가 실시간으로 "그때마다", "악보를 보고 바로 연주하여" 재창조할 수 있을 만큼 충분히 정확하고 지각적으로 효율적이다. 훈련된 많은 서양 음악가들은 기보법

[그림 5-7] 〈여기, 저기, 어디든지〉 도입부의 악보(C장조로 편곡했다.) (© E. 니콜라스)

을 해석하는 데 매우 능숙해서 이 과정은 자동적이고 거의 노력이 들지 않는 것처럼 보인다. 그럼에도 불구하고 몇 세기에 걸쳐 문화적으로 진화해온 이런 기보체계에는 많은 어려움이 따라다녔고, 이 체계에 훈련되지 않은 독자에게 기보법은 심각한 어려움을 제기한다. 우리는 모든 독자가 기보법에 익숙하리라고 추정하지 않기에 많은 독자에게 친숙한 또 다른 비틀스의 곡 〈여기, 저기, 어디든지Here, There and Everywhere〉(그림 5-7)에 대한 논의로 시작하고자 한다. 우선 음악적으로 기보된 곡의 구조를 간략하게 소개하고, 기보의 화성적 측면에 초점을 맞출 것이다. 이후 우리는 미적 경로의 발전 단계를 표현하는 데 이 체계가 지니는 가치를 보여주고자 한다.

서양 기보법의 기본 개념

〔서양〕 음악의 악보는 기본적으로 라틴 문자처럼 수평으로 페이지의 좌측 위에서부터 우측 아래로 읽는 문서다. '**오선**(staff)'이라고 부르는 다섯 개의 평행한 수평선 한 벌이 각 지면의 너비만큼 걸쳐지고, 두꺼운 수직선이 **마디**(measures)를 나눈다. 각 오선에서 맨 처음 발견되는 상징인 **음자리표**(clef)는 오선 위의 특정 위치가 주어진 음으로 해석된다는 것을 명시하고, 다른 음은 이것에 상대적이다. 이 곡의 음자리표는 똑바로 선 첼로 모양처럼 보이고, 나선이 G음의 선 위에서 원을 그리므로 G 또는 높은음자리표라고 불린다. 곡이 시작하는 데서 우리는 일반적으로 전체적인 구조에 관한 몇 가지 중요한 시사점을 발견한다. 노래 제목과 작곡가의 이름뿐만 아니라 곡의 **화성** 구조를 명시하는 **조표**(key signature)와 **리듬** 구조를 표시하는 **박자표**(time signature)를 볼 수 있다. 조표는 음자리표 상징의 바로 오른쪽에 있다. (예를 들면, 〈혁명〉의 시작 부분에 있는 세 개의 # 부호, 즉 올림표는 A조를 표시하고, 〈여기, 저기, 어디든지〉의 시작 부분에 있는 한 개의 #은 G장조를 나타낸다.[17]) 이러한 상징들은 어떤 음을 '표준' 음고에서 올리거나 내려야 하는가를 명시한다. 피아노의 흰 건반은 표준음에 대응하고, 검은 건반은 **올림음**(sharp)이나 **내림음**(flat)과 대응한다. 즉 올림음이나 내림음은 각각 표준 음고에서 반음씩 올리거나 내리는 것이다. 하나의 조성은 서양의 전통적 의미에서 조성의 정상적 혹은 표준적 구성요소로 간주하는 일곱 개의 음을 갖고 있다. 이 일곱 음이 조성을 이루는 **온음계**의 음들이다. (이 음들의 배타적인 사용은 아래에서 논의하는 것처럼 '순수한' 온음계 화성으로 이어진다.) 작곡가는 각 조성이 각기 다른 올림음이나 내림음을 가지고 있으므로 조성에서 나타나는 올림음이나 내림음인 '검은 건반' 음을 곡의 시작 부분에

서 조표를 사용하여 한 번에 명시한다. 이것은 악보를 읽는 사람에게 이런 메시지를 전한다. "이 곡에서는 항상 다른 지시가 없는 이상 오선지의 이 위치에 있는 음을 (때에 따라) 올리거나 내린 것으로 해석하세요." 전체적으로 표준적인 흰 건반의 음들만 사용하는 C장조 곡은 올림음이나 내림음이 없으므로 조표는 소용이 없다(즉 비어 있다).

조표와 박자표는 곡의 '기본 설정'을 나타내므로 악보의 나머지 부분을 해석하기 위한 기본 규칙을 구성한다. 이것은 음악적 '문법'의 형식으로 생각될 수 있다(Bernstein, 1981; Sloboda, 1985; Sundberg & Lindblom, 1976). 이렇게 기본에서 벗어난 것은 부가적인 상징으로 명시된다. 따라서 돌발적 표식을 앞세운 모든 음은 서양 화성의 이치에서 **사실상**(*de facto*) '탈격(deviant)'이다. (뒤에서 다루겠지만 무엇을 '탈격'으로 볼 것인가는 양식에 따라 상당히 다르긴 하다.) 그런 명시적인 탈격의 지시는 악곡의 기대 위반이나 화성적 긴장을 분명하게 가리킨다. 이것은 결정적인 미적 순간을 악보와 그에 상응하는 음악 연주 안에 명확하게 자리매김하는 데 기보가 갖는 가치에 대한 매우 단순하고 직접적인 사례 중 하나다.

임시표와 조바꿈: 화성적 긴장과 해소

〈여기, 저기, 어디든지〉는 상당한 화성적 긴장을 생성하는 악곡에 관한 명쾌한 사례다. 이 곡의 첫 구간(악보에서 'A구간'이라고 지칭한 부분)은 전체적으로 G조의 온음계다. 따라서 (문자 상징으로 표시된) 화음의 순서는 순수한 온음계 화성을 따르며, 더 나아가 가장 익숙한 음계 순서인 온음계 화음 시퀀스 — I, ii, iii, IV — 로 종지부(cadence)를 구성한다.[18] 하지만 B구간의 도입부는 우발적인 음의 등장(가사의 단어 'want'에서의 B♭)과 비온음계 코드(F7)의 등장에 대한 전조가 되는데,[19] 이것은 상당히 놀라운 결과를 낳는다. 갑자기 아무런 준비도 없이 우리는 새롭고 사뭇 다른 조성으로 들어섰다. 즉 내림 B조가 된 것이다. 이러한 조성 변화는 **조바꿈**(modulation)이라고 한다. 조바꿈은 서양 음악에서 화성적 경이와 긴장을 유발하는 주요 원천 중 하나다. 여기서 이런 우발적인 상징이 등장한다는 것 자체가 긴장의 고조를 명확하게 가리킨다. 그리하여 이 부분에서 노래는 흥미로워지고 청취자의 도전의식을 북돋는다.

이 곡은 이 새로운 조성에서 잠깐 편안히 머물다가 이것이 새로운 조성**이라고** 확신시킬 만큼 또다시 매우 일반적인 화음 변화를 충분히 지속한 다음, ('피벗 코드(pivot chord)' D7을 거쳐) 예전 조성인 G로 돌아가서 곡의 시작 부분의 화음과 멜로디를 반복한다. (이는 '머리로부터'라는 뜻의 이탈리아어 'da capo'로 지칭하는데, 여기의 'DC al Coda'에서처럼[20] DC라고 축약해서 쓴다.) 이와 같은 기보의 일부에서 우리는 미적 경로의 상징적 윤곽을 볼 수 있다. 조표와 첫 마디는 반드시 친숙함을 느끼도록 창작한다. 우발적이고 갑작스러운 화음의 등장을 지시하는 조바꿈이 긴장을 형성하며, 이는 다시 원래 조성으로 돌아오며 해소된다.

화성적 긴장과 해소의 이러한 '화음 진동(chord oscillation)'의 훨씬 더 진귀한 사례를 많은 너바나 노래(와 그것이 영향을 끼친 대중음악 장르의 많은 곡의 화음 진행)에서 찾을 수 있다. 가장 단순한 형태로 곡의 한 부분 전체가 오직 두 개의 화음으로만 이뤄질 수도 있다. 첫 번째 것이 조표에 대한 기대를 형성하고, 두 번째 것이 이러한 기대를 무너뜨린다. (이런 사례에는 〈그러다 무언가가Something in the Way〉, 〈그녀에 대해About a Girl〉 외 다른 많은 곡의 A구간이 포함된다.) 그렇다면 그런지 화음(grunge harmony)은[21] 어찌 보면 (비틀스의 많은 곡과 이전 시대의 콜

포터(Cole Porter) 곡을 포함한) 이전의 대중음악에서 흔치 않았던 긴장감을 형성하고 해소하는 화성적 '기교'의 논리적 확장이자 정화라고 할 수 있다. 전통적 화성에 숙달된 청취자에게 이런 그런지 접근법이 놀라운 이유는 조바꿈이 두 조성 모두에서 다수의 화음을 수반할 것이라는 통상적 기대를 완전히 벗어난다는 것이다. 포터의 〈밤과 낮Night and Day〉 도입부 화음과 두 번째 구간을 시작하는 놀라운 조바꿈은 32개의 감미로운 마디로 나눠져 있는 반면, 너바나의 곡은 똑같이 놀라운 음정 간 이동을 한 화음에서 다음 화음으로 이어간다. 그런지 화성의 전략과 이것을 이용한 좀 더 친숙한 양식의 록음악 작곡에서 두 개의 조성이 단순히 병치되고 화성적 긴장과 해소는 가장 기본적인 핵심만 추출되고 나면, 나머지는 청취자의 몫으로 남겨진다.

이런 조바꿈의 사례를 20세기 후반 대중음악에서 가져온 이유는 두 가지다. 첫 번째 이유는 이 곡들이 (문자 그대로) 이론의 여지없이 인기가 많아 수백만 장이나 팔렸으며, 광고로 유인하지 않고도 많은 청취자를 확보하여, 그 매력을 서구권을 훌쩍 넘어 널리 퍼뜨렸다는 데 있다. 어떤 이유에서든 이 곡들은 장시간 지속적으로 전 세계 사람들을 매혹시켰기 때문에 이 장에서 우리가 권장하는 종류의 미학 연구(생물미학 연구)에 좋은 후보가 된 것 같다. 대중음악에 집중하는 두 번째 이유이자 더 흥미로운 이유는 존 레넌과 폴 매카트니(대부분의 비틀스 노래의 작곡가)나 커트 코베인(대부분의 너바나 곡을 작곡한 사람) 모두가 서양 화성체계에 대한 교육을 받지 않고 악보를 읽거나 쓸 수 없다는 것이다. 이 노래들은 대부분의 인간 음악이 그러하듯이 '귀에 의해' 창작되었고, 직접 공연하고 청취하는 민속음악 전통을 통해(종종 전자적 복제가 포함되지만, 이 또한 우리가 의미하는 '민속성'을 지닌다.) 아무런 기보체계의 혜택도 받지 않고 전달되었다. 그럼에도 불구하고 그

곡들은 쉽게 기보될 수 있고, 이 기보는 논의되고 있는 친숙성/긴장/해소 경로의 결정적인 측면을 반영한다. 서양 기보법은 유럽의 종교 및 예술 음악의 본래 영역 너머로 훨씬 더 확장되어 이러한 경로를 분석하고 논의하기 위한 실용적인 상징체계로 기능할 것이 확실해 보인다.

우리는 이 사례들이 이 절의 기본 요점을 분명히 보여줄 수 있기를 바란다. 다시 말해 기보는 악곡의 추상적인 인지구조에 대한 하나의 조망을 제공하며, 이러한 조망은 적어도 악곡의 몇몇 미적 특성과 일치한다는 것이다. 이러한 방식으로 표현되고 연구될 수 있는 다른 많은 음악적 복잡성에 대한 더 자세한 고찰은 이 장의 범위를 벗어난다. 표준 기보법이 매우 충분하지 않다는 것, 특히 리듬 영역에서 충분하지 않다는 것은 말할 것도 없다. 다행히도 이러한 불충분함 때문에 많은 작곡가가 혁신적인 표기를 고안했고, 이를 통해 문화적인 면에서 스스로 진화하는 표기가 항상 새로운 음악의 요구에 따라 변한다는 것이 확실해졌다(Gaare, 1997). 현대 기보법에 대해 더 배우고 싶은 독자는 쿠퍼의 훌륭하고 간략한 소개와(Cooper, 1982) 리드의 백과사전적이고 권위적인 설명을(Read, 1969) 참조할 수 있다. 앞의 사례들은 우리의 목적을 위해 기보가 제공한 음악 작품의 추상적인 표상이 꽤 정확하게 다양한 종류의 긴장과 해소가 일어나는 시간을 명시하는 데 이용되는 방법을 충분히 잘 드러낸다. 이것은 결국 인지적 · 신경적 단계의 미적 경로 탐구를 향한 다양한 실험적 접근의 문을 열어준다. (이에 대해서는 '결론'이라는 제목의 절에서 다룰 것이다.) 이제 우리는 기보법의 특수한 진화적 국면 — 즉 재즈에서 사용된 화성 표기법 — 에 대해 세부적으로 고찰함으로써 음악 양식의 문화적 진화에 대한 문제, 즉 우리의 두 번째 문제를 탐색하면서 기보의 유용성에 대해 논의할 것이다.

재즈 기보법의 문화적 진화: 구체적 사례 검토

우리는 이제 미학 내의 문화적 문제를 탐구할 때 기보체계의 가치를 재즈 기보의 역사적 발전에 대해 고찰하며 설명해 보일 것이다. 뉴올리언스의 거리에서 시작된 초기부터 재즈 음악은 서양의 음악 전통, 특히 복잡한 화성과 선율이 특징적이던 전통에 물들어 있었다. 하지만 재즈의 더 깊은 뿌리는 아프리카계 미국인의 초기 음악이다. 특히 리듬을 사용하고 즉흥연주에 초점을 맞춘다는 점에서 재즈는 서아프리카 음악에서 유래한 흔적을 지닌다는 데는 오해의 여지가 없다. 따라서 재즈는 아프리카와 유럽의 두 독립적인 문화 흐름의 융합의 일종을 보여주며, 전자의 복잡한 리듬과 즉흥적 요소를 후자의 복잡한 화성 및 선율 구조와 통합시킨다(Cooke, 1998; Dale, 2004; King, 1997). 처음부터 재즈는 즉흥적인 형식이었으며, 이것은 오늘날 연주되는 서양의 '고전적인' 음악과 가장 구별되는 차이점으로 남아 있다. 바흐나 모차르트가 능숙한 즉흥 연주자였고 바로크와 고전음악 전통에 때로는 독주자의 즉흥을 위한 '카덴차(cadenza)'[22] 구간이 있었다. 하지만 이 전통은 동시대 연주에서 거의 사라져버렸으며, 이제는 악보에 쓰인 음들은 '법칙'이 되었고 일탈은 모두 그저 실수로 치부된다. 이와 반대로 재즈 독주자는 바흐나 베토벤 작품의 동시대 연주에서는 완전히 금지된 방식으로 형성된 선율을 '가지고 놀' 것이라는 기대를 받는다. 기량이 뛰어난 재즈 연주자가 창의적으로 선율을 가지고 놀 것이라고 기대하는 이유는 그가 하나의 곡을 연주할 때마다 색다른 독주를 만들어내기 때문이다. 즉흥연주는 독주자에게만 제한된 것이 아니다. 일반적으로 재즈 앙상블의 나머지 구성원들 또한 계속적으로 더 미묘한 리듬과 화성 단계에서 즉흥연주를 한다. 이러한 재즈의 특성을 처음 접하고자 하는 이에게 J. 킹은 좋은 출발점이 되어줄 것이다(King, 1997).

이 절에서 우리는 잘 알려진 음악 전통에서 이처럼 두드러지는 즉흥적 면모가 어떻게 기보 변화에 반영되어 있는지 (그리고 기록되어 있는지) 설명하기 위해 재즈 기보의 발달에 대해 고찰할 것이다. 재즈곡의 작곡가는 각 악기 연주를 위해 악곡의 모든 음표를 적지 않으며, 다 적을 수도 없다. 왜냐하면 이런 방식으로 적혀서 정확하게 연주되는 음악은 더 이상 재즈가 아니기 때문이다. 이런 연주는 가장 두드러지고 높이 평가되는 재즈 양식의 특징을 상실할 것이다. 이것은 재즈가 서양 기보를 본질적으로 결핍하고 있거나 어렵기 때문이 아니다. (사실 몇몇 고등학교 재즈 밴드는 완벽한 고전음악 방식의 악보를 쓰여 있는 그대로 연주한다.) 실제로 재즈 작곡가가 모든 음표를 적지 않는 것은 연주 방식, 즉 연주자의 즉흥적 창의성에 부여된 가치에서 오는 압박 때문이다. 따라서 재즈 악보는 연주를 위한 정확한 초안으로 발전했다기보다는 한 곡의 무수한 변주를 조합해내기 위한 레시피에 더 가깝다. 각 작품은 가능한 표현 범위를 구체화하고 나머지는 제외하는 일련의 화음 및 리듬 개념인 음악적 '문법'을 지니고 있다. 재즈 악보는 흉내 낼 수 없는 연주자의 창조적 역할을 체화한 것이다. 물론 고전 악보 또한 연주자의 창의성과 정서적 뉘앙스를 살리기 위한 충분한 여지를 남기고, 일반적으로 어떤 두 연주자의 곡이 음악적 표현 방식에서 정확히 똑같을 수 없다. 하지만 창조성을 위해 열려 있는 이런 여지가 고전음악에서는 지휘자와 연주자의 재량에 따라 기보 외적인 암묵적인 문제로 남아 있는 반면, 재즈 기보에서는 이런 여지가 명시적으로 요구되며 연주자에게는 실질적인 창조성이 기대된다. 따라서 재즈의 중요한 덕목은, (다른 즉흥음악과 마찬가지로) 전통적인 창조자/연주자의 이분법을 없앰으로써 생계를 꾸리기 위해 즉흥연주를 하면서 자연스럽게 작곡하는 연주자의 창조성의 신경 기반을 탐구하기 위한 하나의 경험적 경로를 제공한다는 데 있다고 하겠다.

재즈 음악은 1900년대 미국 남부에서 발달했다(Cooke, 1998). 래그타임과 특히 블루스의 초기 양식을 토대로 구축된 재즈 음악은 대부분 유럽의 표준 악기들을 아프리카계 미국인의 방식으로 독특하게 이용했고, 표준 서양 기보법을 통해 비교적 쉽게 기본 뼈대만 갖춘 형태로 기록될 수 있었다(Russo, 1961). (우리는 여기서 여전히 정확한 표기를 거부하는 '스윙' 같은 리듬 문제는 다루지 않는다.) 일반적으로 재즈 앙상블은 독주 악기 역할을 하는 하나 이상의 호른과 함께 화음을 표현하기도 하는 (일반적으로 키보드나 기타, 밴조, 베이스 같은 현악기와 흔히 몇 대의 드럼과 타악기로 구성된) 리듬 섹션을 포함한다. 호른은 더 큰 재즈 '오케스트라'에서 독주를 하기도 하는 리듬 섹션의 악기들과 역할 교환이 가능한 섹션을 구성한다. 보컬리스트는 있어도 되고 없어도 된다. 사용할 수 있는 악기를 예측할 수 없다는 재즈의 본성은 처음부터 재즈 기보에 강한 영향을 주었다. 다시 말해, 어떤 악기가 등장하더라도 적응할 수 있는 체계가 필요했던 것이다. 이것이 재즈 기보의 핵심으로 남아 있는 코드(chord) 표기의 발전으로 이어졌다. (그리고 실제로 오늘날 대부분 대중음악으로 퍼졌다.) 재즈화음 상징들의 기저에 있는 해석 체계는 비교적 간단한 문법으로 구성되어 있다. 가령 코드 표기를 음들로, 또 그 반대로 바꾸기 위한 명백한 일련의 법칙 등이다.

코드 표기는 본질적으로 단순한 개념이다. (흔치 않은 몇 가지 예가 복잡하고 어려울 수도 있기는 하다.) 코드란 음악적 구성에서 화성을 이루는 역할을 하는, 통상 동시에 소리 나는 세 개나 그 이상의 음 조합이다. 재즈 코드 표기는 작곡가나 편곡가가 상상할 수 있는 어떤 코드든 문자, 숫자, 약간의 부가적 상징의 연결로 사실상 지시할 수 있게 해준다. 코드 이름을 구성하는 가장 중요한 요소는 '근음(root)'이라고 하는 음이다. (근음은 올림음이나 내림음을 포함한 A와 G 사이의 문자로 지시된다.) 가장 기본적이고 꾸밈이 없는 코드는 근음에 기반을 둔 장3화음이다. (즉 근음, 3도, 5도 음정들로 이뤄진 세 음의 조합이다.) 그러므로 C코드는 {C, E, G} 세 음의 조합이다. 더 복잡한 코드들로 이뤄진 커다란 집합은 이러한 기본 골조를 기반으로 하여 하나 이상의 음을 변형시키거나 '꾸미는' 추가적 음을 더한다. 예를 들어 (코드 문자 이름 뒤에 'm', 'min', '−'이 쓰이는) 단조 화음은 3도음을 반 계단 내리라는 지시다. 따라서 'Cm'은 C, E♭, G 세 음의 조합을 표시한다. 감화음(diminished chord)은 3도음과 5도음 모두를 내리는 것으로 'Cdim'은 {C, E♭, G♭}을 나타낸다. 재즈 코드 표기의 기초 단계는 단순히 고전음악에서 화음 명칭, 온음계 조성의 기본 용법을 별다른 변화 없이 빌려 사용한다. 추가적인 꾸밈음은 근음에서부터 올라가는 순서로 표시된다. 가장 흔한 예는 (온음계 조성에서 표준이 되는 '장조(major)' 7이 아니라 재즈에서 'maj7'이라고 쓰는) '7'로, 재즈에서 반음 낮거나 '딸림(dominant)' 7도를 말한다. (고전적인 교육을 받은 음악가는 온음계 '장조(major)'의 7도음을 '기본(default)' 7로 보기 때문에 이런 표기법 자체가 재즈와 고전적 관행의 중요한 차이를 반영한다.) C코드의 딸림7도는 B♭이기 때문에 코드 C7은 {C, E, G, B♭}이 된다. 기호 'Cm7'은 단3도와 딸림7도를 합하여 {C, E♭, G, B♭}의 음을 형성한다. 이러한 간단한 사례들이 재즈 코드 표기의 기반을 이루는 기본 원리들을 보여준다. 하지만 이보다 훨씬 복잡한 표기 도구들이 있다. (예를 들어, '9'라고 쓰는 것은 딸림7도와 9도 모두를 지시하거나 혹은 근음으로부터 두 번째 음이 추가되어야 한다는 것을 지시한다.) 이렇게 더 복잡한 재즈 화음 표기법을 읽고 해석하는 규칙은 [표 5-1]에 요약되어 있다.

여기서 고려할 지점은 두 가지다. 첫째는 재즈 관행(예: 내림7도(flatted7)

[표 5-1] '코드 철자': 재즈 화음의 기보 원칙

상징	대안	읽기	의미
mn	m, –	minor	3도를 반음 내려라(flat)[a]
B♭	–5	flat five	5도를 반음 내려라
7	B♭7	seven	딸림(내림)7도를 추가하라[b]
maj7	△	major seventh	온음계 7도를 추가하라
dim	°	diminished	3도와 5도를 반음 내려라
dim7	°7	diminished seventh	3도와 5도를 반음 내리고, 이중내림7도를 추가하라
m7b5	∅	half-diminished	내림3도, 내림5도, 딸림7도
aug, +5	+, #5	augmented	반음 올린(sharp) 5도
sus 4	sus	sus 4, suspended 4	3도를 빼고 4도를 넣어라
6		sixth	6도를 추가하라[c]
9		nine	딸림7도와 9도(2도)를 추가하라
11		eleven	딸림7도와 9도, 그리고 11도(4도)를 추가하라
13		thirteen	딸림7도와 9도, 그리고 13도(6도)를 추가하라

a) 재즈에서 'minor'는 항상 오로지 세 번째 음만 지시한다. 고전음악 용어법에서 'minor'라고 규정했던 음정을 재즈에서는 '내림(flat)'이라고 부른다. (예를 들어 고전음악의 'minor sixth'는 'flat sixth'로 규정되어, 재즈 음악가가 즉시 장조나 단조를 구체화할 수 있게 한다. 이때 장조나 단조는 'C–/maj7', 즉 〈나의 서글픈 발렌타인My Funny Valentine〉의 두 번째 코드–근음, 내림3도(flat 3rd), 선택5도(optional 5th), 자연7도(natural 7th)–에서처럼 딸림7도나 자연7도를 포함한다.)
b) 재즈에서 기본이 되는 제7음정은 '딸림' 7도라고 부르는, 비온음계의 내림7도다.
c) '내림6도'라는 용어는 잘 쓰지 않는다. 대신 이것은 '올림5도'나 증음(augmented)이라고 불릴 것이다.

의 습관적 사용)이 기보체계에 영향을 주었다는 것이다. 말하자면 '전형적인' 화음이 그것보다 덜 자주 접하는 화음보다 더 짧은 상징적 표현을 갖는 경향이 있다. 따라서 기보체계는 실제의 실천을 반영하고, 이러한 기보체계에 관한 연구는 그것 뒤에 숨어 있는 음악적 관행 개념에 대한 통찰을 제공할 수 있다. 둘째로 그리고 결정적으로, 재즈의 이러한 코드 상징들은 앙상블에 주어진 음표들이 연주되는 방법에 엄청난 융통성을 부여한다. 이 모든 음표는 (기타나 피아노 같은) 하나의 악기로만 연주하거나, 몇몇 음표를 베이스가 연주하고 나머지를 밴조가 연주할 수도 있다. 음표 연주에 관한 구체적인 부분은 연주자들에게 달려 있다. 이는 어떤 특정한 코드든지 가능한 실현방식은 대단히 다양하며, 따라서 전체 노래는 방대한 수의 가능한 버전을 갖고 있다는 것을 암시한다. 그러므로 재즈 작곡가는 악곡의 특수하고 단일한 예시가 아니라 전체적으로 열린 결말의 가능한 예시들의 집합을 명시한다고 할 수 있다.

　구체적인 사례로 스탠더드 재즈가 된 콜 포터(Cole Porter)의 많은 곡 중 하나인 〈그중 단 하나Just One of Those Things〉의 두 가지 다른 버전을 생각해보고자 한다. 〔그림 5-8〕은 포터 자신이 썼다고 추정되는 것과 꽤 가까운 구 버전의 도입부, 그리고 현대 재즈 '차트'로 전체 곡을 하나의 페이지 위에 압축한 것을 보여준다. 여러 가지 차이점이 있는데, 그중 많은 코드를 추가하고 더 '재즈스러운(jazzy)' 대응코드로 대체한 점이 가장 두드러진다. 실제 브로드웨이 스타일의 도입부는 재즈 차트에서 생략되었다. (이것은 거의 대부분의 경우이며, 물론 몇몇 예외를 제외하고는 스탠더드 재즈에서 이러한 도입부의 연주를 듣는 것은 드문 일이다.) 가사는 없지만, 선율은 재즈 앙상블의 악기 중 하나가 통상적으로 곡의 시작 부분을 연주하도록 작곡된다. 이런 선율 덕분에 우리는 광대한 화성 구조와 함께 이 두 버전을 묶어 '같은 작품'이라고 부를 수 있다. 하지만 사실상 나머지는 모두 변해버렸다.

　재즈가 계속해서 활력을 띠는 이유는 부분적으로 이러한 생성력에 있다. 재즈가 고전음악과 마찬가지로 스탠더드의 규범을 갖고 있음에도 재즈 청취자는 기존의 스탠더드가 연주될 때마다(혹은 녹음된 음악의 경우 각 앙상블마다) 다를 거라고 기대할 수 있으며, 만약 다른 앙상블 연주의 음 하나

[그림 5-8] 〈그중 단 하나Just One of Those Things〉 (© W. 테쿰세 피치와 E. 니콜라스)

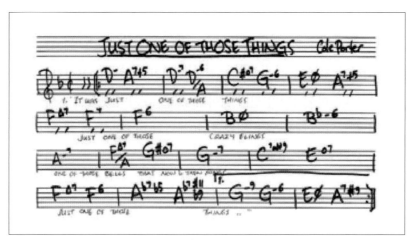

[그림 5-8] 계속

하나를 그대로 복제한 앙상블 연주를 듣는다면 실망할 것이다. 이와 같은 즉흥연주의 결여는 재즈 미학에서 상당히 벗어나는 것이므로 재즈 미학은 재즈 연주자에게 같은 악기의 고전 연주자에게 요구되는 것을 훨씬 넘어선 상당히 벅찬 요구를 부과할 것이다. 이러한 양식상의 차이가 기보 관행의 변화를 이끌었고, 이는 오늘날에도 분명히 접할 수 있는 여전히 진행 중인 문화 진화에 관한 역사적 기록이다.

　재즈와 20세기 다른 예술양식을 띤 '실험적' 음악 사이의 밀접한 연결고리를 언급하지 않고 마무리짓는다면 우리가 게으른 사람들로 보일 것이다. 한편으로 존 케이지 같은 작곡가와 플럭서스(Fluxus) 운동에 합류한 그의 추종자들의 악보는 그 자체로 ("틀짓기에 적합한") 시각적 예술작품이라고 여겨지고 있다. 어떤 것들은 사실상 연주하는 것이 불가능하고, 연주를 위한 지시로서의 악보의 표준적인 개념이 약화되었다. 다른 한편으로 재즈는 비트 시인(Beat poets)부터 아방가르드 시네마까지 다른 양식의 많은 예술가에게 영향을 미쳤다. 피에트 몬드리안과 잭슨 폴락 같은 영향력 있는 추상화가들은 재즈를 사랑했고, 명백히 그들은 자신의 작품을 음악에서 경험한 것과 같은 종류의 활기찬 생성력을 표현하려는 시도로 보았다. 미술사학자 월터 페이터(Walter Pater)가 말했듯이 만약 "모든 미술이 음악의 상태를 열망"한다면, 20세기의 미술은 특히 재즈의 상태를 열망했다고 할 수 있다.

결론: 종합과 전망

우리의 주장을 요약하자면 이러하다. 즉 성공적인 예술작품의 미적 감상은 정적인 지각 상태라고 규정될 수 없으며, 일련의 인지적 상태 ─ 인지적 역동 ─ 를 수반한다는 것이다. 최소 수준에서 우리는 이것이 정확히 세 가지 기본적 구성요소 ─ 친숙성, 놀라움, 해소라고 해설한 것 ─ 로 요약 혹은 추출될 수 있다고 주장한다. 물론 훨씬 복잡한 인지 역동이 이러한 기초 위에 형성될 수도 있다. 우리는 이러한 상태의 조합으로 구성된 정신적 운동의 형태를 '미적 경로'라고 이름 붙였고, 회화와 음악에서만 실증 사례를 제공하기는 했지만, 이 이름이 〔감각〕 양상 (modality)과 관계없이 **모든** 예술작품에 대해 미적 감상의 중요한 요소를 특징짓는다고 제안한다. 성공적인 내러티브를 위한 3단계 구조 ─ 즉 전개(exposition) 혹은 '상승(rising action)', 갈등(conflict)과 '절정(climax)', 대단원 (denouement) 혹은 '하강(falling action)' ─ 를 제안하는 아리스토텔레스의 『**시학**』에서 유래한 문학 연구의 오랜 전통은 우리의 미적 경로 모형과 잘 대응하며, 극예술 및 문학예술에 대해 인지적 혹은 생물미학적 관점에서 접근하는 연구가 스토리텔링의 보편적 특성과 기저의 인지적 과정 사이의 연결을 밝혀낼 수 있으리라는 사실을 암시한다.

우리가 강조하고자 하는 것은 미적 향유 능력이 (교육받은 '미학적 엘리트' 뿐만 아니라) 정상적인 인간이라면 누구나 가능하고, 이러한 일반적인 능력의 특징 규명과 이해는 그 능력이 모든 정상 성인에게 존재하는지, 그리고 어떻게 영아기와 아동기 동안 발달하는지 둘 다에 관해 미학에 대한 생물학적 접근을 발전시키는 데 관심을 가진 학자들의 기초적인 연구 주제가 되어야 한다는 것이다.

모든 인간에게 공통적인 생물학적 기반을 갖는 미적 능력의 존재를 인정하는 것이 결코 인간의 예술적 노력의 심오한 문화적 구성요소를 배제하거나 무시하기를 강요하는 것은 아니다. 오히려 정반대다. 우리가 이해하는 바와 같이 문화를 추구하는 인간의 기본적인 성향(우리의 학습 본능)의 조합은 미적 경로와 **결합하여** 연속적인 문화 변화의 과정을 명령한다. 친숙성에 대한 욕구는 어느 정도의 문화적 연속성을 보장하는 반면, 새로움, 놀라움, 모호함에 대한 미적 욕구는 변화를 위한 원동력으로 작용한다. 사실 우리가 예술의 기본적인 감상을 역동적인 과정으로 특징지은 것과 마찬가지로, 계속해서 변화하는 예술에 대한 **문화적** 관념은 우리 종에 관한 어떤 기초적인 사실들로부터 유래한, 거의 불가피한 귀결로 보인다. 따라서 우리는 기본적인 인간의 미적 능력에 대해 더욱 풍부한 생물학적 이해를 도모함으로써 예술사학자가 연구하는 문화적 변화 과정에 관한 중요한 사실들이 밝혀질 수 있으리라고 생각한다. (예를 들어 라틴어가 이탈리아어나 프랑스어로 발달한 것과 같이) 언어의 역사적 변화가 인간의 언어능력을 밝힐 수 있는 것처럼 예술문화의 변화에 관한 연구(예: 미 대륙

발견 이전의 도자기나 유럽의 르네상스 회화)가 인간의 미적 감상에서 더욱 기초적인 공통성을 밝힐 수도 있다. 따라서 문화나 예술양식의 문화적 발달에 대한 관심은 미학에 대한 생물학적 접근과 결코 반대되거나 양립이 불가능하지 않다. 다시 말해, 두 주제 모두 똑같이 중요하고 사실상 불가분하게 얽혀 있기에 문화 연구는 미학에 대한 생물학적 접근의 필수적인 구성요소로 이해되어야 한다. 미적 감상에 대한 이러한 역동적 접근은 경험적 연구를 위한 수많은 길을 열어준다. 다음 절에서 우리는 이 중 일부에 대해 간략하게 이야기할 것이다.

생물미학에 대한 경험적 접근

가장 근본적인 수준에서 미적 경로의 인지적 역동은 모든 인지적 활동과 마찬가지로 뇌 기능에 기반을 두어야 한다. 이러한 기반을 이해하기 위한 첫 번째 시도로, 예술작품을 감상하는 인간 피험자의 뇌 활동을 조사하여 미적 경로 단계들의 '신경 신호' 추출을 시도하기 위해 표준적인 뇌영상기법을 사용할 수 있다. 동시대 인지신경과학자들은 초기 뇌영상연구의 특징이었던, 지나치게 단순화된 '신골상학(neophrenology)'을 극복하면서 연구를 진척시키고 있다. 만약 미래의 연구에서 뇌의 '미적 감상' 영역 (혹은 미적 경로의 '새로움'이나 '해소' 단계에 부합하는 뇌 영역)을 찾아낸다면, 우리는 극도로 경악할 것이라는 사실에 주목할 필요가 있다. 훨씬 더 그럴듯한 사실은 복수의 뇌 영역들 사이에서 발견되는, 또 특수한 영역의 뉴런들 안에 있는 특정 유형의 응집성(coherence)과 비응집성이 미적 감상의 기반을 이루는 신경 활동의 결정적인 측면이라는 것이다. 시각 처리와 청각 처리 각각의 기저 신경이 서로 다른 뇌 영역에 위치한다는 것을 고려하면, 음악과 회화의 지각에서 어떤 미적 공통성이라도 밝히고 가려내기 위해 더 추상적이고 개념적 접근이 필요하다는 것을 예상해야 한다. 특히 우수한 공간적 정확성과 탁월한 시간적 정확성을 결합한 MEG(뇌자도) 같은 동시대의 테크닉은 이런 점에서 상당히 기대된다.

음악에 대한 감정 반응: 경험적 기법

현재 사용하는 도구들의 전망에 대해 알고 싶다면, 최근 폭발적으로 증가한 음악에 관한 인지신경과학 연구를 고찰해보라(Peretz & Zatorre, 2003). 이것은 인지신경과학에서 크게 발전하는 영역 중 하나가 되었고, 이미 여러 권의 책 분량의 논평 주제가 되었다. 여기서 우리가 논의한 것처럼 음악에 대한 미적 경험이 별로 명시적으로 언급되지 않지만, 음악에서 감정에 대해 논의하는 많은 연구는 이 장이 주목하는 점과 긴밀하게 연관되어 있다(Juslin & Sloboda, 2001; Trainor & Schmidt, 2003). 이것을 관찰하는 가장 기초적인 기법은 피험자의 자기보고(Sloboda, 1991)와 생리학적 측정(심박동수, 호흡)이고, 이 두 가지 측정법을 통해 음악은 강력한 감정 반응을 끌어낼 수 있다(Krumhansl, 1997; Nyklicek et al., 1997). 슬로보다(Sloboda)는 특별히 음악작품에서 음악 청취자에게 기대 위반(우리의 미적 경로의 두 번째 단계)이 가장 전형적이고도 신뢰할 만하게 '전율(shivers)'을 유도하는 영역이라는 것을 발견했다. 이렇게 음악이 강렬하게 만족스러운 '스릴'이나 전율을 형성할 수 있는 능력은 뇌 영상 연구를 통해 더욱 탐구되었다(Blood & Zatorre, 2001). 뇌혈류 흐름에 대한 PET 연구에서 스릴의 생리학적 · 주관적 측정과 연관된 뇌 활성영역은 다른 음악적이지 않은 맥락의 감정에 관여하는 것과 동일했다. 알파파 세기(power)의 EEG 측정을 이용해 아기들의 음악 청취에 관해 연구한 트레이너와 슈미트는 음악에 정서적으로 반응하는 이런 능력이 생애 초기에 발달하며, 3개월 때는 존재하지도 않았던 것이 한 살 무렵엔 이미 잘 발달해 있다는 것을 보여주었다(Trainor & Schmidt, 2003). 정서적으로 자극적인 회화와 음악에 적용된 유사한 측정은 두 영역을 서로 상승시키는 상호작용이 있음을 드러낸다(Baumgartner et al., 2006). 이 모든 데이터들을 다 함께 고려하면, 음악작품에 대한 개인의 감정 반응을 강력하고 다양한 기법들을 이용하여 측정할 수 있다는 사실에 대한 의심이 걷힐 것이다. (측정된) 데이터는 놀라움의 두 번째 단계(기대 위반)가 음악작품에 대한 감정적·미적 경험에서 결정적인 부분이라는 우리의 주장과 일치한다.

또한 잘 검증된 기법들은 지각 과정의 무의식적인(자동적이거나 '전주의적(preattentively)') 측면을 포함하여 기대 위반의 더 기본적인 지각적 측면을 탐구하기 위해 사용될 수 있다. 일반적으로 MEG 기술을 사용해 연구되는 MMN(mismatch negativity, 불일치 음성도)이 좋은 사례다. 이것은 '별난' 혹은 일탈적인 자극에 대한 신속하고 자동적인 신경 반응으로, 청각 피질 중앙이나 주변에 있다. 특정한 유형(예: 특정 빈도의 음)의 일련의 자극이 연속해서 주어지면, 이런 종류로부터의 간헐적인 일탈(다른 빈도로 나타나는 음)이 MMN을 유발할 것이다. 이 효과는 피험자의 주의에 의존적이지 않고, MMN은 피험자가 비디오 게임을 하거나 독서 중 혹은 심지어 혼수 상태일 때도 여전히 나타날 것이다(Tervaniemi, 2003). 따라서 MMN은 낮은 수준의 자동적이고 전형적으로 무의식적 과정의 신경 특징이다. MMN이 전통적으로 음이나 음색 같은 청각의 비교적 기본적인 측면을 연구하기 위해 이용되었지만(Tervaniemi et al., 1997), 같은 기법이 훨씬 높은 수준으로 음악적 처리에 적용된 경우가 있다(Koelsch et al., 2000). 이 연구자들은 화음 기대를 형성하고, 그 후 일반적으로 기대한 으뜸음(tonic)으로 해소되는 종지부로 배열된 다섯 개의 코드로 이뤄진 일련의 코드들을 연주했다. 표준적 화성 규칙을 위반하는 종지부는 우반구에서 가장 강력하여 ERAN(early right anterior negativity, 초기 우전측 음반응)이라고 표기하는 EEG 신호를 발생시키는데, 이는 통사의 언어적 위반이 좌반구에 유발하는 것과 유사하다. 다시 말해 이러한 효과는 전주의적으로 이끌어낼 수 있다는 것이다. 더 나아가 ERAN은 음악 교육을 받지 않은 청취자의 화음 위반에서도 관찰된다. 이러한 능력은 음악이론이나 악기를 배우는 것과 연합된 교육의 효과가 아니라 인간의 음악 능력의 더 기본적이고 보편적인 국면이라는 것을 보여준다.

이와 유사한 많은 연구들(Peretz & Zatorre, 2003)과 함께 이러한 결과는 다양한 분석 수준에서 음악에 대한 미적 반응의 신경 기반 조사에 사용할 수 있는 비침습적 도구들의 성능을 분명하게 보여준다. 대부분의 경우 데이터 분석은 음악이 시간적으로 펼쳐진다는 사실과 악보의 특정 지점이 긴장감이 증가하거나 해소가 일어나는 지점으로 쉽게 나눌 수 있다는 사실에 의존한다. 현대 음악학에서 긴장과 완화가 일어나는 순간의 시간적 위치가 중요한 역할을 하기 때문에 이러한 긴장과 해소 지점의 분리는 실험 결과와 이론의 수렴을 재확인해준다(Lerdahl, 2001; Lerdahl & Jackendoff, 1983). 악보는 중요한 경험적 도구가 되었다. 우리는 기본적으로 악보에 명시된 것과 같은 긴장과 완화 주기 사이의 상관관계를 그것의 연주로 이끌어낸 신경 데이터와 함께 찾는 중이다.

그러나 음악학 연구가 이렇게 미적 반응의 시간적 특수성에 의존하기 때문에 회화나 조각 같은 정적인 시각예술의 지각에 같은 원리를 적용하고자 한다면 심각한 문제가 야기된다. 실험자로서 우리는 놀라움 혹은 모호함의 인식에 해당하는 '아하(aha)'의 정확한 순간이나 시각예술에서 일어나는 모호함의 해소나 종합을 어떻게 알 수 있을까? 관람자의 미적 경험과 관련된 정신적 운동은 관람자 입장에서 발생하는 창의적인 행위다. 이것이 내적으로 생성되었다는 사실은 경험적 연구에서 대처할 수 없는 문제를 제기할 것으로 보인다. 더구나 시각적 자극과 음악에 대해 보이는 피험자의 감정 반응은 어떤 수준에서든 — 심지어 훨씬 관련이 적은 뇌 영역인 원초적인 생리학적 반응 측면에서도 — 반드시 항상 동일할 필요가 없다(Trainor & Schmidt, 2003). 그렇다면 (MMN이나 ERAN 같은) 청각적 반응이 시각예술에 대한 미적 반응의 유효한 지시자 역할을 하리라고 단순히 기대할 수 있다고 장담할 수는 없다.

시각예술의 미적 경로에 대한 경험적 연구

우리는 이러한 문제에 대해 다룰 상호 배타적이지 않은 두 가지 잠재적인 방법이 있다고 본다. 첫 번째는 일종의 자기보고 형태로, 관람자가 작품을 관찰하던 중 무언가 놀랍거나 혼란스러운 측면을 발견했을 때 표시하는 것을 이용한다. (가령 관람자는 버튼을 누르거나 '아하'라고 말할 수 있다.) 두 번째 접근은 현대적인 안구추적장비를 이용하는 것으로, 이 방법에서는 적어도 처음에는 자기보고와 결합하여 안구 움직임 자체가 놀라움이나 모호함의 표시가 된다. 특히나 신중하게 선택되거나 발생시킨 예술적 자극은 비교적 알기 쉬운 '놀라운' 구성요소를 갖고 있어서(예를 들어, 르네 마그리트나 M. C. 에셔(Escher)의 작품의 경우 그림에 특히 놀라운 부분이 있어서 일반적으로 관람자가 일정 시간 동안 시선을 고정하고 주목하게 만든다), 그렇게 결합된 접근을 이용하여 관심 영역으로의 안구 움직임, (청각 영역에서 이전에 설명한 MMN처럼) 놀라움에 대한 전기적 '신호(signature)', 그리고 이와 관련된 뇌 영역을 찾을 수 있다. 이런 종류의 측정들이 분리되고 입증된다면, 놀라움과 해소의 요소가 더 미묘하고 다면적이거나 좀 더 일반적인 다양한 예술작품에 대한 미적 감상을 탐구하는 강력한 도구가 될 수 있다. 따라서 안구 운동을 뇌영상이나 EEG와 결합시켜 사용한 시각예술작품 관람자의 미적 경험에 대한 탐구는 현재 이 장에서 제기한 문제들의 연구에 유망한 노선을 제공한다. 신경음악 연구에서 이미 성공적으로 발전한 기법들을 시각예술에 적용하는 데는 어떤 장애물도 눈에 띄지 않는다.

상이한 미적 양상들 사이의 간극을 이어줄 가망성 있는 또 하나의 방법은 시간적인 **동시에** 시각적인 구성요소를 지닌 비디오를 사용하는 것이다. 우리는 놀라움 혹은 해소의 요소를 특정 순간에 나타나도록 용이하게 비디오를 디자인할 수 있으므로 이러한 요소들에 대한 신경학이나 생리학적 반응의 기록을 명확하게 할 수 있다. 이러한 요소들은 청각영역에서보다 정적인 예술을 관찰하는 중에 일어나는 시각적 놀라움과 대응할 가능성이 훨씬 커 보인다. 마지막으로, 음악과 비디오의 결합은 또 다른 가능성들을 열어준다. 비디오에 추가된 음악은 시각적 사건에 대한 지각적 · 감정적 반응에 강력한 영향을 주고, 영화음악 기술은 실험 연구에서 쉽게 활용될 수 있는 잘 알려진 사례들을 많이 제공한다. 이런 시간적이고 시각적인 비디오는 "실천하는 신경미학자로서의 예술가"에 대한 통찰이 실험 상황에서 유익하게 탐구될 수 있는 또 하나의 영역이라고 하겠다.

    서로 다른 예술들 사이의 틈을 메우고자 시도하는 미학에 대한 경험적 접근은 대단히 흥미로운 질문들로 신속하게 이어질 것이다. 대부분의 미적 경험에 전형적일 것이라고 가정하는 재인, 새로움 또는 해소 단계의 신경 신호가 있어서 정적인 예술과 시간적 예술이 그것을 공유하는 것인가? 이는 회화, 조각, 건축과 같이 다양한 시각예술 영역에 걸쳐 적용될 수 있는가? 양식과 상관없이 **어떤** 형식의 예술에 대해서든 특정한 감정 혹은 미적 반응에 의해 활성화되는 공통된 뇌 영역이 있는가? 만일 그렇다면, 그것은 대단히 흥미롭고 중요한 발견이 될 것이다.

    신경학적 접근 덕분에 우리는 다른 종의 지각능력을 조사하는 비교연구의 접근을 이용하여 인간의 미적 능력의 진화적 기원도 고찰할 수 있게 되었다. '동물 미학(animal aesthetics)'에 대한 질문이 아직 탐구되지 않고 남아 있지만, 인간의 미적 경험의 기본적인 어떤 측면이 인간이 아닌 동물과 공유되어 비교연구의 관점에서 생물학적 기반을 더 잘 이해할 수 있다는 주장이 터무니없어 보이지는 않는다(그림 5-9). 인간이 아닌 동물의 뇌에서 인간의 미적 반응과 어느 정도까지 유사한 현상이 관찰될 수 있는가? 동물이 언어를 사용해 예술에 대한 반응을 우리와 공유할 수 없다는 것은 분명하지만, 그럼에도 불구하고 동물은 우리가 예술이라고 생각하는 자극에 대한 원형적 미적 반응을 공유할 수도 있다. 어쩌면 비침습적 신경 기법이 이러한 공통점을 밝히는 가장 좋은 방법일지도 모른다. 동물은 대칭이나 밝은색에 대한 인간의 특정 성향이나 인간의 미적 만족감의 핵심요소라고 제안한 모호함의 해소에 대한 만족스러운 반응도 공유할 것인가? 우리가 보기에 이러한 모든 경험적 질문들에 대해 탐구할 가치가 있다.

[그림 5-9] 추상미술을 바라보는 개 (© W. 테쿰세 피치)

창조자 포함하기

이 장에서 우리는 거의 전적으로 지각자의 미적 경험에 초점을 맞추면서 (최소한 예술가 자신의) 미적 능력이 발휘되지 않는다면 예술 창조에 아무 의미가 없을 것이라고 주장했다. 하지만 창조자가 없다면 예술이 **존재하지** 않을 것이라는 것도 물론 마찬가지로 사실이다. 그러므로 우리가 예술적 창조의 기저에 있는 인지 과정에 대해 아무 이야기도 하지 않는다면 직무태만이 될 것이다. 우리가 이야기하고 싶은 요점은 지각의 기저에 있는 것과 동일한 많은 과정들이 예술작품을 창조하는 동안 완전히 작동하며, 반드시 그러하다는 것이다. 따라서 특정한 창조자의 심리를 이해하기 위한 중요한 첫 단계는 위에서 설명한 바로 그 종류의 기법들을 사용해서 창조자의 지각적 성향을 이해하는 것이다. 창조자가 자신이 발전시키고 있는 예술작품의 지각자로서 역할을 한다는 사실은 또한 다른 지각자들도 완성된 작품을 볼 때 유사한 미적 경험을 할 가능성을 높인다.

창조자와 지각자 사이의 이러한 잠재적인 대응을 평가하기 위해 농담을 이야기하는 것과 경험하는 것에 대한 유비를 생각해보자. 농담은 청취자의 창의적인 행동을 요구한다는 의미에서 우리의 미적 경로의 매우 압축적인 언어 버전을 포함한다고 볼 수 있다. 농담의 한방(punch line)은 종종 상황의 앞부분에서 나타나는 눈에 띄지 않는 모호성에 기반을 두곤 하는 놀라움의 요소를 포함한다. 농담을 '이해한다'는 것은 이전에 형성된 상황의 개념을 소급적으로 변경하여 모호함을 해소하는 것을 의미한다. 이 과정이 항상 웃음으로 이어지지 않을 수도 있는 반면, 완성이나 해소의 창의적인 행동에는 일반적으로 즐거움이 존재한다. 만약 어떤 이유로든 듣는 사람의 창의적 행동이 완성되지 않는다면, 농담은 성공하지 못한 것이다. 따라서 우리는 일반적으로 시간이 크게 압축되긴 했지만(놀라움의 순간에 해소가 거의 바로 뒤따르므로), 여기서 미적 경로의 기본 윤곽을 찾아볼 수 있다. 결정적으로 농담을 이해한다는 것은 듣는 이가 놀라움의 요소를 알아차리고 이해했으며, 말하는 사람이 의도한 해소와 종합을 똑같이 본질적으로 경험했다는 것을 의미한다. 누군가는 농담의 설정에 제시된 상황을 진정으로 웃기다고 여겨, 말하는 이의 의도에 정확하게 부응하지 않더라도 결론에서 웃을 수 있을지도 모른다. 하지만 일반적으로 말해서 그들은 매우 구체적으로 특정한 놀라움과 해소를 경험하지 않은 이상 농담을 이해하지 못한 것이다. 따라서 성공적인 농담 교환에는 말하는 이와 듣는 이 사이에 근본적인 대칭이 존재한다. 물론 농담을 말하는 이는 이미 농담을 알고 있으므로 사실 듣는 이를 놀라게 하는 요소에 의해 놀라지 않으며, 그들이 직접 말하는 수고를 하는 것으로 보아 처음 들었을 때 유쾌하게 놀랐을 것임은 거의 확실하다. 듣는 이에 대해서도 똑같이 사실이라는 것에 주목하라. 즉 전에 농담을 들었을 수도 있지만, 그럼에도 "이것을 들었으면 내 말을 멈추어라"를 선택하지 않고 같은 방식으로 다시 재미있게 받아들일 것을 기쁘게 기대한다. (마치 어떤 사람이 같은 예술작품을 반복적으로 경험하여 미묘하게 변하거나 유사한 미적 반응을 매번 달성하는 것과 마찬가지로 말이다.) 문자 그대로의 놀라움이 농담의 수행이나 경험에서 근본적인 차이점이 아니고, 효과성에서도 결정적이지 않은 것으로 보일 것이다. 결정적인 것은 농담 내러티브가 의도적으로 무엇을 감추는가와 듣는 이의 상상력이 어떤 식으로든 무엇을 공급하는가 사이의 긴밀한 대응이다. 따라서 성공적인 농담은 창조자(말하는 이)의 의도와 지각자(듣는 이)의 해석 사이의 유사성에서 직접적으로 기인하고, 이에 결정적으로 의존하는 미적 즐거움에 대한 강력한 사례를 제공한다.

우리는 예술작품의 창조나 수행도 마찬가지라고 제안한다. 즐거움의 일부는 정확히 창조자 쪽과 지각자 쪽에서의 유사한 미적 경험에서 온다. 재현적 미술작품에서 즐거움을 느낄 때 경험하는 느낌의 결정적인 측면은 우리가 창조자의 미적 경험을 **공유한다**는 것이다. 우리는 적어도 포플러나무를 **모네가 본 것처럼** 보고 있다고 상상한다. 모네가 이 작품을 그리면서 다른 많은 것도 생각했다는 것은 아마 사실일 것이다. (무엇보다 분명한 것은 아마 다른 부수적인 관심들의 전체 묶음 ― 추위, 배고픔, 물감의 가격, 세잔의 건강 등 ― 과 함께 그가 그림을 그리고 있는 도중이라는 메타-예술적 의식이다.) 그럼에도 모네가 그림을 그리면서 그 그림이 잠재적으로 다른 이들과 공유될 시각 방식을 그 자신이 발견하고 있었다는 생각은 창작자와 지각자 사이의 관계를 개념화하기에 합당하고 타당한 것으로 보인다. 우리는 이러한 잠재성을 주장하며 포스트모더니즘 비평에서 상당히 매도된 악명 높은 '의도론적 오류(Intentional Fallacy)'의[23] 비난도 감수해야 한다는 것을 알고 있다 (Wimsatt & Beardsley, 1946). 어느 지각자도 창작자의 **모든** 의도를 복원하기를 바랄 수 없다는 것이 분명한 사실이지만, 지각자가 **아무것도** 복원할 수 없다는 것은 아니다. 확실히 이는 우리에게 완전히 믿기 어려운 주장으로 보인다.

그렇다면 우리는 여기서 지각자에 대해 개관한 것과 같은 맥락에서 근본적으로 창작자의 인지적 경험의 중요한 구성요소를 이해하기를 기대할 수 있다. 더 나아가 창작자의 지각적 역동은 지각자의 것과 근본적으로 공통적인 무언가를 가지며, 예술적 즐거움의 중요한 부분은 완전히 헛되지 않게 미적 경험의 **공유**가 일어나고 있다는 감각이라고 생각하는 데는 타당한 이유가 있다. 존 슬로보다는 그의 음악 인식에 대한 통찰력 있는 탐구에서 설득력 있게 '약리적(pharmaceutical)' 예술 모형(예술의 기능이 지각자의 정서적 효과를 유발한다는 것)을 반대했고, '언어적' 모형(예술이 창작자로부터 지각자에게로 구체적인 의미와 메시지를 정확히 전달하기 위해 존재한다는 것)에 대해서도 마찬가지로 반대했다(Sloboda, 2005). 우리가 믿는 것처럼 이러한 모형을 포기한다면, 아마 더 적합한 모형은 건축학적 은유에 근거할 것이다. 예술가는 지각자 측에서 어떤 종류의 경험을 유도하는 특수한 차원 및 특징들을 가지고 공간을 창조한다. 실제 미적 경험을 따를 책임은 이 공간에 입장하는 모든 개인에게 있고, 지각자가 (필요나 선택에 의해) 초대를 완전히 거절하거나 심지어 이 은유적 공간에 대해 창작자가 완전히 예측하지 못한 미적 사용을 할 가능성도 언제나 존재하기 때문에 할 수 있는 일이라곤 초대가 전부다. 어느 쪽이든 창조의 이러한 잠재성은 미적 경험의 근본적인 측면이며 예술가와 감상자 사이에서 공유되는 것이다. 따라서 우리는 여기서 개진한 미적 감상에 관한 아이디어 중 다수가 예술적 창조의 이해에도 마찬가지로 적절하기를 희망한다.

감사의 말

우리는 저작권 변호사 월러스 콜린스(Wallace Collins)와 색소폰 연주자 마이클 칸(Michael Karn)의 조언에 대해 감사드린다.

1) 저자들은 상대적으로 덜 어려운 문제인 예술작품 지각자의 심리적 경험에 대해 우선 연구하겠다는 것이다. 저자들이 예술 지각 경험이 예술 창조 경험보다 논리적으로 우선한다고 보는 이유는 예술가도 창조자이기 이전에 지각자이기 때문이다. 다시 말해 미술작품을 보든 음악작품을 듣든 간에 최초의 지각자는 예술가 자신이 될 것이고, 창조 과정에서의 지각이 창조에 영향을 미친다는 것이다. 창조 과정 자체가 창조자의 지각 형성을 필연적으로 전제하기 때문에 지각 경험은 창조 경험보다 논리적으로 우선한다고 할 수 있다. (이어지는 "배경 가정" 절을 보라.)

2) 어떤 인지 과정이 캡슐화되어 있다는 것은 다른 과정으로부터 독립적이라는 의미이다. 예를 들어, 통사 처리(syntactic processing)가 캡슐화되어 있다는 것은 통사 처리가 의미, 맥락 등의 처리로부터 독립적으로 통사적인 정보만 이용해서 이뤄진다는 것이다.

3) 척 베리(1926~2017)는 미국의 싱어송라이터이자 기타리스트다. 존 레넌은 "척 베리가 곧 로큰롤이다"라고 말하며 그를 추앙했다. 척 베리의 음악과 연주는 1960년대 기타리스트들과 록뮤직에 지대한 영향을 주었다. 그의 영향을 받은 뮤지션으로는 롤링스톤스의 기타리스트 키스 리처드(Keith Richards)와 비틀스의 존 레넌, 조지 해리슨이 대표적이다. 척 베리의 히트곡으로는 〈Maybellene〉, 〈Memphis, Tennessee〉, 〈Sweet Little Sixteen〉, 〈Rock and Roll Music〉, 〈Johnny B. Goode〉 등이 있다.

4) 온음계란 'diatonic scale' 또는 'heptatonic prima'를 번역한 것이며, 우리가 통상 알고 있는 서양음악의 7음계를 일컫는다. 온음계는 피아노의 하얀 건반에 해당하는 일곱 개의 음으로 구성된 옥타브가 반복되는 음계로 옥타브마다 5개의 온음과 2개의 반음이 있다. 반면 흰 건반과 검은 검반 모두를 사용하는 반음계(半音階)는 모든 음이 반음 간격으로 진행되는 음계이며, 12개의 반음정으로 구성되어 있다. 'diatonic ii minor'는 중복적인 표현이라고 할 수 있겠는데, 로마자 숫자를 소문자로 표기한 'ii' 자체가 이미 단조임을 뜻하는 것이기 때문이다. 2도 화음이 단조라는 것은 음악을 공부한 사람들은 모두 알고 있기 때문에 굳이 '단조'라고 명시할 필요도 없다. 바로 위에 이른바 '3화음'과 동일한 표현으로 제시된 'I-IV-V'는 모두 장조인 1도-4도-5도 화음의 진행을 뜻하는 것이다.

5) 악기 중에는 저음을 배경음으로 내는 것들이 있는데, 이런 저음부를 '드론'이라고 하며, '드론줄'은 배경음을 내는 현악기의 장치라고 할 수 있다.

6) 키리에 엘레이숀(Kyrie Eleison)은 가톨릭·그리스 정교의 미사 첫머리에 암송하는 "주여 불쌍히 여기소서"라는 뜻의 기도 문구에 붙인 음악을 뜻한다.

7) 라가는 인도 음악의 전통적인 선율 양식을 일컫는다.

8) 클라베스는 쿠바 음악에서 중요하게 사용되는 두 개가 한 벌인 긴 막대기 모양의 타악기 또는 이를 사용한 라틴음악의 기본 리듬을 뜻한다.

9) 오스티나토(ostinato)란 어떤 일정한 음형(音型)을 동일한 성부에서 반복하는 것을 말한다. 말하자면, 어떤 곡에서 어떤 악기나 성부가 그 곡의 처음부터 끝까지 똑같은 멜로디나 리듬을 계속 반복함으로써 그 악기나 성부에서 같은 음가가 나타나는 것을 의미한다.

10) 산테리아(Santeria)는 나이지리아의 요루바족이 믿었던 아프리카 고대 종교에서 유래한 쿠바의 종교다. 1770년대에서 1840년대 사이에 요루바족은 카리브제도에 노예로 끌려오게 되었는데, 이때 그들이 함께 들여온 종교가 가톨릭의 여러 특성들과 혼합되어 산테리아가 발생했다.

11) 칸돔블레(Candomblé)는 노예 신분으로 브라질로 건너온 아프리카인이 들여온 종교로, 아프리카 민속 종교와 가톨릭이 합쳐져서 독특한 형태로 변형된 것이다.

12) 아그베코르(agbekor)는 서아프리카 이브족, 포족의 전쟁 춤에서 유래한 전통무용 양식을 일컬으며, 현재는 가나 남부 볼타 지역의 드조갓제(Dzogadze)족이 추고 있다. 아그베코르 공연에서는 일군의 남성들이 북소리 장단에 맞추어 단순하고 반복적인 노래를 부르며 흥겹고 힘찬 동작을 반복하는 것을 볼 수 있다.

13) 문화적 톱니바퀴라는 개념은 토마셀로가 제시한 것이다(Tomasello, 1999). 이 개념에 대해서는 이 책 6장에서 더 자세히 다룬다.

14) 로르샤흐 검사(Rorschach test)란 피검자에게 좌우 대칭의 불규칙한 잉크 무늬를 보여주고 어떤 모양으로 보이는지를 말하게 하여 그 사람의 성격, 정신 상태 등을 판단하는 인성 진단 방법을 말한다.

15) 라바노테이션은 1928년 헝가리 태생의 무용가 루돌프 라반(Rudolf Laban)이 무용수의 동작을 기록하고 분석하기 위해 만든 무용 표기체계다.

16) 'MIDI'란 'musical instrument digital interface'의 약어로, 전자악기를 컴퓨터로 제어하기 위한 인터페이스를 가리킨다.

17) 저자 중 한 명인 N. 니콜라스가 그린 〔그림 5-7〕은 C장조로 편곡되어 # 부호를 찾을 수 없으나, 이 노래는 원래 G장조이기 때문에 원곡에는 하나의 # 부호가 앞에 붙는다.

18) 〔그림 5-7〕 악보에서 Ⓐ구간으로 표시된 곳에 해당하는 이 화음 시퀀스는 종지부에서 그대로 반복된다. 즉 시작 부분과 동일하게 종지부의 화음 진행은 I-ii-iii-IV의 순서로 되어 있다.

19) 〔그림 5-7〕에는 "I want her"라는 가사가 쓰여 있지 않아서 본문 내용을 이해하는 데 다소 어려움이 있다. 이 악보로 연주하는 사람은 악보의 둘째 단 마지막 마디에 도돌이표가 있기 때문에 처음엔 악보에 보이는 대로 마지막 마디를 Dm7, G 코드 순으로 진행한 후 다시 Ⓐ구간의 처음으로 돌아가서 한 번 더 연주한다. 원래 악보를 보면 두 번째로 둘

째 단 마지막 마디를 연주할 때 Dm7과 G에 이어 B♭이 추가되어 있다. 이와 동시에 "I want her" 가사가 추가되어 있고, B♭코드는 'want'라는 단어에서 연주하도록 되어 있다. 〔그림 5-7〕에서 빠져 있는, 도돌이표를 따라 연주하고 두 번째로 부르게 되는 A구간 마지막 두 마디의 코드 진행은 다음과 같다.

20) 'Coda'는 악곡이나 악장의 종결부를 뜻하므로 'DC al Coda'는 처음부터 종결부까지 다시 연주하라는 의미를 지닌다.

21) 그런지 음악은 얼터너티브록의 하위 장르이자 1980년대 중반 미국 서부 워싱턴주, 특히 시애틀을 중심으로 유행한 하위문화의 일종이다. 그런지 음악은 처음에는 서브팝(Sub Pop)이라는 시애틀의 독립레코드사를 중심으로 형성됐는데, 1990년대 초 그런지록이 널리 유행하여 미국 동부 및 호주까지 건너가게 되었다. 대표적인 뮤지션으로는 너바나, 펄잼, 앨리스인체인스 등이 있다.

22) 음악에서 카덴차란 독주자가 화려한 기교와 기량을 마음껏 뽐내며 연주하는 구간으로, 주로 악곡의 종지부에 위치한다. 카덴차에서 독주자는 대개 무반주로 자유롭게 리듬을 타면서 즉흥연주를 하는 경향이 있다.

23) 의도론적 오류란 예술작품에 대한 미적 판단에서 예술가의 의도나 목적을 기준으로 삼는 것에 내재한 문제를 가리킨다. 문학작품이나 미술작품의 의미 해석에서 예술가가 애초에 작품을 창조할 때 가졌던 의도는 하나의 고려사항일 뿐 작품의 모든 의미라고 할 수 없다. 왜냐하면 작품의 해석은 해석자의 몫이고, 작가의 역사적 상황과 심리적 상태에 대해 해석자가 판단하기 때문이다. 이 개념은 『언어적 도상 *The Verbal Icon*』에서 W. K. 윔샛 주니어 (Wimsatt, Jr.)와 먼로 C. 비어즐리(Monroe C. Beardsley)가 처음으로 제안했다(Wimsatt & Beardsley, 1946).

6

예술 및 미적 감상의 진화에 대한
가설 한정하기[1]

마르코스 나달(*Marcos Nadal*), **미켈 카포**(*Miquel Capó*), **엔릭 무나르**(*Enric Munar*),
지젤 마르티(*Gisèle Marty*), **카밀로 호세 셀라–콘데**(*Camilo José Cela-Conde*)

만약 이 장의 목적이 인간 인지의 진화에 대해 실제로 알려져 있는
것을 이야기하는 것이라면, 이 문장의 마지막에서 멈출 수도 있다(R. C.
Lewontin, 1990).

연구자들은 오랜 세월 동안 미적 감상과 예술의 진화에 대해 설명
하고자 시도해왔다. 20세기 초에 이르러, 심지어 19세기가 끝나기 전에
도 이미 다윈설에 기반한 추론이 흥미로운 결론들에 도달했다. 예를 들
어, 클레이는 우리가 아름다운 것을 보거나 들을 때 느끼는 즐거움이 우
리 종이 진화해오는 동안 줄곧 중요한 적응적 역할을 했다고 주장했다
(Clay, 1908). 그에 따르면 이런 미적 감상의 정동적 차원은 환경 적합성을

평가해야 한다는 필요성에서 생겨났다. 이러한 관점은 환경이 제공하는 자원과 잠재적 위험에 따라 달라지는 감정적 반응에 기초하며, 현재 통용되는 미적 선호의 기원에 관한 모형들을 예견한 것이다(Kaplan, 1992; Orians, 2001; Orians & Heerwagen, 1992; Smith, 2005). "아름다움에 대한 감상의 원시적 근원"(Allen, 1880, p. 30)과 그 진화적 역사에 대한 다른 초기 연구들은 최근 연구들의 인기 있는 설명이기도 한 성 선택(sexual selection)에 기초하고 있다(Etcoff, 1999; Miller, 2001).

분화되기 전의 유인원 단계로부터 처음으로 진화한 초기 상태의 인간은 미적인 느낌을 가진 특정의 모호한 요소들을 갖고 있었음에 틀림없다. 하지만 그런 요소들은 태고의 구애 및 혼인 관계에서만 행사되거나 의식적으로 나타날 수 있었던 것 같다. 초기의 인간은 이미 형태와 대칭에 대한 어떤 미감(a sense of beauty)을 선천적으로 타고났을 것이 틀림없다. (…) 그는 또한 색채와 광택의 아름다움을 의식했을 것이 틀림없다. 꽃, 과일, 깃털의 경우에는 어렴풋이 의식했겠지만, 초기 배우자(mates)의 눈, 머리카락, 치아, 입술, 그리고 윤이 나는 검은 얼굴빛에 대해서는 아마 가장 완전하게 파악했을 것이다. (…) 요약하면, 나는 아름다움에 대한 원시인의 개념은 전적으로 인간중심적(anthropinistic)이었을 것이라고 생각한다. 주로 남자나 여자의 개성이 중심이었을 것이다. 그리고 이후의 인간의 모든 역사는 탈인간화(apanthropinisation)의 역사(…)였고, 끝까지 인간 본성의 중심(natural centre)으로 남아 있는 이 고정점을 둘러싼 미적인 느낌의 점진적인 퇴보 또는 동심원적 확장이었다(Allen, 1880, pp. 450-451).

리처드 르원틴의 회의주의는 인지 과정의 진화적 역사에 관해 우리가 갖고 있는 지식이 대체로 사변적이라는 데서 기인한다(Lewontin, 1990). 이 주제에 대해 앨런과 클레이가 표현한 견해와 이후의 설명들(Etcoff, 1999; Kaplan, 1992; Miller, 2001; Orians, 2001; Orians & Heerwagen, 1992; Smith, 2005)은 르원틴의 비판에 취약하다. 이 저자의 말을 다시 풀어 설명하면서 우리는 다음과 같은 사실들을 인정해야 한다. 첫째, 예술과 미적 감상의 진화에 대한 가설 대부분이 사실에 기초한 견실한 근거가 없고 대부분 타당성을 평가할 수단이 없다. 둘째, 미적 감상이 실제로 자연선택에 의해 형성되었다고 결정하기가 상당히 어렵다. 즉 이 결정을 하려면 이런 형질(trait)의 서로 다른 변이에 따라 개인들마다 생존 가능성이 달라진다는 것을 증명해야 한다. 셋째, 재생산 비율에서 실제로 차이가 있다고 하더라도 자연선택의 추동력으로 인해 특수한 형질과 관련해 각 개인이 유전적으로 다를 수밖에 없음에도 불구하고 미적 감상에 대해 그러한 차이를 증명할 확실한 증거가 없다. 이상과 더불어 기타 논점들을 바탕으로 르원틴은 인지의 진화를 증명하는 진리에 관한 그럴듯한 시나리오를 취하는 것에 대해 경고했고, 우리는 예술과 미적 감상에 대해서도 마찬가지로 말할 수 있다고 믿고 있다.

우리의 계통(lineage) 진화에 관한 지식은 화석의 잔해, 물질적 문화, 고대의 DNA를 바탕으로 한 추론에 의존한다. 하지만 고대 DNA는 말할 것도 없고 화석 기록은 인지적 형질의 진화에 대한 가설의 근거로 사용하기에는 부족하다. 도구, 거주의 기호(signs) 또는 무덤 같은 물질적인 유물로부터 정신적 능력을 추론하는 것이 적합한가 여부는 논란이 많은 문제다. 미적 감상의 진화에 대한 설명은 우리 종의 진화와 이러한 지능과 연관된 인지 과정을 비롯하여 신경 상관물의 진화에 관한 지식에 철저하게 근거해야 한다고 믿고 있다. 이 장에서는 예술과 미적 감상의 진화가설에 의해 설명될 수 있는 (그리고 그런 진화가설 한정하기를 도와줄 수 있는) 고인류학과 비교신경과학에서 나온 사실들을 짚고 넘어갈 것이다. 이러한 시도에서 우리는 신경영상 연구에서 미적 선호와 연관되어 있다고 나온 뇌영역들의 진화 가능성에 최대한 주목할 것이다.

인간 진화와 미적 생산에 대한 고고학적 증거

우리가 사용하고 있는 생물 분류의 기초는 린네가 정립한 것이다(Linnaeus, 1735). 이 도식(scheme)의 최상위 자리는 인간과 인간의 가장 가까운 친척들인 영장(Primata, 으뜸)목(目)이 차지했다. 진화를 상승 구조(ascending scale)로 간주하는 생각은 널리 유행하는 사고로, 과학적 연구가 시작된 이래 인간 진화에 대한 연구에 스며든 것이었다. 최근까지 인간 고생물학은 이와 유사한 선형적 모형을 선호했다. 인간 진화는 유인원과 공유하는 우리의 조상으로부터 현대의 인간으로 이어지는 직선으로 여겨졌다. 이 노선을 따라 오스트랄로피테쿠스, 파란트로푸스, 네안데르탈인 등 몇몇 단계가 규정되었다(Brace, 1965). 이러한 순차적 관점은 오래된 종이 현재의 유인원과 유사하고 최근의 종이 우리와 더 많은 유사점을 보이는, 질서정연하게 보이는 화석 기록에서 증거를 찾았다.

하지만 1970년대 말에 발견된 새로운 화석 증거로 인해 인류 진화에 대한 이런 단순한 개념을 옹호할 수 없게 되었다. 케냐의 쿠비 포라(Koobi Fora) 유적지에서 동일한 시기에 속하지만 현저한 형태적 차이를

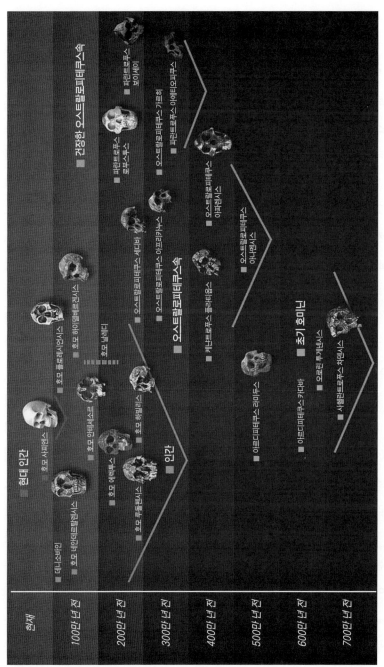

[그림 6-11] 인류의 고고학적 기원 (ⓒ 런던자연사박물관; 컬러 그림은 이 책의 255쪽을 보라.)

보이는 인류 유해들이 나왔다. 어떤 표본은 건장한 외관과 작은 두개골을 특징으로 한 반면, 다른 표본은 가냘프고 약간 더 큰 두개골을 가지고 있었다. 이러한 표본들 사이에 차이가 있다는 것은 그 유해들이 현재 서로 다른 종에 포함되어 있다는 것을 의미한다. 즉 그것들은 **파란트로푸스 보이세이**(Paranthropus boisei), **호모 하빌리스**(Homo habilis), **호모 에르가스테르**(Homo ergaster)의 세 가지 다른 종에 속한다. 이것은 이전에 인식되지 않았던 인류 조상의 복잡성과 다양성에 대한 최초의 기호였으며, 현재로서는 분명히 최후라고 할 수 없는 기호다. 사실상 중앙 및 동부 아프리카, 그리고 동남아시아에서 최근의 발견들은 거의 우리가 속한 과(科, family)의 시작에서부터 아마도 불과 2만 년이나 3만 년 전까지의 각 시점에 하나 이상의 인류 형태가 존재했다는 사실을 시사한다.

대부분 연구자들은 화석 유해와 분자 수준의 자료가 600만 년이나 700만 년 전에 아프리카 대륙의 어딘가에서 인류가 처음으로 등장했다는 사실을 가리킨다는 데 동의할 것이다. 500만 년에서 700만 년 전의 것으로 추정되는 유적에서 발견된 가장 초기의 표본들은 세 가지 서로 다른 종의 것으로 간주되어왔다. 말하자면 **사헬란트로푸스 차덴시스**(Sahelanthropus tchadensis), **오로린 투게넨시스**(Orrorin tugenensis), **아르디피테쿠스 라미두스**(Ardipithecus ramidus) 등이다. 이러한 유해의 단편적인 상태, 그리고 비교에 내재된 어려움 때문에 이들의 인류 지위의 타당성에 관한 많은 논의가 존재한다. 완전히 두 발로 걷는 인류라는 이론의 여지가 없는 가장 초기의 증거는 약 4만 년 전 가까이에 나타난 것이다. 이것은 동아프리카에서 발견된 **오스트랄로피테쿠스 아나멘시스**(Australopithecus anamensis)와 **오스트랄로피테쿠스 아파렌시스**(Australopithecus afarensis) 표본 일부의 추정 연대다. 이들의 가장 눈에 띄는 특징에는 작은 두개(頭蓋), 큰

송곳니, 큰 어금니와 나무 위에 특화된 생활(arboreal specializations)을 나타내는 특정 잔재들 등 원시적 특징들의 현존이 포함된다.

인간 진화에서 가장 중요한 사건 중 하나는 350만 년에서 250만 년 전의 건장한 계통과 가냘픈 계통의 분리다. 이러한 분기는 두 가지 구별되는 인류의 적응 전략으로 이어졌다. 한쪽 계통은 단단한 채소(열매) 재료를 포함하는 식습관에 특화되어 있으며, 거대한 턱, 어금니 그리고 시상능(矢狀稜, sagittal crest)이[2] 발달해 있다. 다른 계통, 즉 날씬한 계통은 생존을 위해 체외 적응(extrasomatic adaptation)에[3] 의지했다. 호모 하빌리스가 최초의 증거로 250만 년 전의 것으로 추정되는 올도완문화(Oldowan)라고[4] 알려진 석기 제작업을 발전시킨 최초의 인류였다는 사실을 보여주는 이론의 여지없는 증거가 존재한다. 기후 변화로 인해 100만 년 전쯤 건장한 계통이 사라졌을 때, 이 계통은 아프리카 전체에 퍼져서 다음과 같이 구별되는 종들로 갈라졌다. 즉 건장한 계통은 파란트로푸스 보이세이, 파란트로푸스 아에티오피쿠스(Paranthropus aethiopicus), 파란트로푸스 로부스투스(Paranthropus robustus)의 세 가지 종이다. 이와 달리, 가냘픈 계통은 170만 년 전까지 아시아에 도착했고, 새롭고 더 정교하고 다양해진 석기 제작업을 발전시켰다. 이것이 곧 아슐문화(Acheulean)다.[5] 홍적세(Pleistocene)의[6] 인류는 카프카스의 호모 게오르기쿠스(Homo georgicus), 아시아의 호모 에렉투스(Homo erectus), 그리고 아프리카의 호모 에르가스테르 등 서로 다른 종으로 갈라졌다.

30만 년 전쯤 네안데르탈인은 빙저에 있던(subglacial) 유럽과 중동에 정착했다. 그러는 사이 더 따뜻했던 동아프리카에서는 새로운 종이 막 등장하기 시작했다. 우리가 속한 종인 호모 사피엔스의 가장 이른 표본들은 15만 년에서 20만 년 전의 것들이다. 이 새로운 종은 약 7만 년 전

온도가 상승할 무렵 구대륙을 휩쓸기 시작했다. 그들은 약 5만 년 전에 오스트레일리아에 도착했고, 3만 년 전 이전에 유럽으로 이동하여 네안데르탈인을 대체했으며, 3만 년에서 15만 년 전 사이 아메리카 대륙으로 가기 위해 베링해협을 건넜다.

각 인류 종은 구별되는 특징을 지녔고, 각기 다른 적응 방안을 나타냈다. 그들은 공통의 조상을 공유하기는 하지만, 유인원에서 인간으로 이어지는 단일한 형태학적·인지적 노선에 함께 놓일 수 없다. 호미니드과(科) 안에서의 계통 분기는 적응 문제에 대해 서로 다른 해결 방법을 초래했고, 오랜 기간 인류는 예술작품은 말할 것도 없고 석기도 제작하지 않은 채 생존했다.

상징적인 기능이 부여된 사물과 그림(depiction)뿐만 아니라 미적 감상을 위한 것들을 창조하는 능력을 포함한 인간 행동의 현대적 기원에 대해서는 상이한 견해들이 존재한다. 이러한 접근들은 연속선상에 있는 서로 반대되는 두 가설이라고 할 수 있다. 이중 '혁명 가설(revolution hypothesis)'이라고 부르는 가설은 현생 인류의 행동이 그즈음 급속하게 등장했다는 것을 가리키는 5만 년에서 4만 년 전 사이 발견된 고고학적 기록으로 증명된다. 이 관점을 지지하는 몇몇 사람은 특히 의도적인 매장, 도구와 신체 그리고 동굴 벽의 장식, 뼈와 상아 물건의 정교화, 새로운 칼날(blade) 제작술, 그리고 복잡한 교환 관계의 증거들처럼 유럽의 후기 구석기시대 발굴현장에서 발견된 종류의 고고학적 유물로 급격하게 변화한 것이 인간의 인지작용(Mellars, 1991)과 신경 기질(Klein, 1995)이 상당히 변화했다는 증거라고 주장한다. 이렇게 풍부한 고고학적 기록은 중기 구석기시대의 유적과 대조적이라고 보인다. 중기 구석기시대의 유적은 더 단순하고 덜 다양한 석기 기술, 자원 활용의 낮은 효율성, 상징적 행동의 부재 등에 대한 증거로 여겨진다(Hensilwood & Marean, 2003).

　이와 반대로 연속선상의 다른 한 끝단에 있는 학자들은 고고학 기록에 대한 다수의 재해석을 통해 현대인의 인지능력이 등장한 장소와 시간에 의문을 제기한다. 그들이 보여준 것은 혁명 가설이 유럽에 기반을 둔 선사시대의 시대 구분을 다른 지역에 적용할 때 생기는 문제를 무시했다는 것이다. 말하자면 유럽, 아프리카, 아시아의 고고학적 현장들의 풍부함의 차이나 인구 이동 등이 무시되었다는 것이다(Hensilwood & Marean, 2003). 우리가 '점진주의 가설(gradualist hypothesis)'이라고 부르는 대안적인 설명은 혁명 가설의 예측과 반대로 현생 인류의 인지능력을 나타내는 행동이 동일한 시간과 장소에서 등장하지 않았다고 주장한다. 맥브리어티와 브룩스는 유럽에서 발견된 후기 구석기시대의 유물들이 오랜 기간 동안 새로운 행동의 점진적이고 계속적인 축적의 결과라는 풍부한 증거를 제시했다(McBrearty & Brooks, 2000). 실제로 아프리카 고고학적 유적지에서 작업이 진행되면서 복잡한 자급자족 전략뿐만 아니라 황토의 사용, 문양 새김(engraving), 뼈가공(bone working) 같은 활동은 혁명 가설이 상정한 것보다 훨씬 일찍 등장했다는 것이 분명해지고 있다(d'Errico et al., 2003; Hensilwood et al., 2001). 예를 들어 장식된 조개껍데기, 달걀 껍데기, 구멍이 뚫린 뼈가 10만 년 전에 아프리카에서 발견되었다. 장식이 된 돌은 13만 년 된 나이지리아 유적에서 나타났다. 황토의 사용은 지난 30만 년에 걸쳐 다수의 장소에서 기록되었다(McBrearty & Brooks, 2000). 하지만 초기의 미적 감상에 대한 증거가 아프리카 대륙에서만 나타난 것은 아니다. 더 나중이기는 하지만, 점진적이고 완전한 현생적인 행동을 향한 변화는 남아시아의 고고학 기록에서도 나타난다(James & Petraglia, 2005). 최근의 새로운 정보 축적과 이전의 증거에 대한 재해석은, 모자이크와도 같은 진화의 본성 때문에 특정 시점에 인간의 독특성이 기원했다는 견해가 매우 가능성이 적은 시나리오라는 마르틴의 관찰(Martin, 1998)을 확증해주는 것으로 보인다.

그리하여 최근 유럽뿐만 아니라 전 지구적인 관점에서 고고학적 기록에 대해 재검토한 결과, 예술, 상징, 미적 감상의 기원이 공간적으로는 분산되고 확장되어 있고 시간적으로는 연속적이며, 중기 구석기시대 조상의 인지능력과 신경 구조에 깊은 뿌리를 두고 있다는 사실이 제시되었다. 이러한 기원에 대한 증거는 오랜 시간에 걸쳐 나타나는데, 처음에는 희소하지만 나중으로 가면서 점점 풍부하고 다양해진다. 유럽 오리냐크문화(Aurignacian)에서[7] 나타난 '갑작스러운' 예술의 폭증이 놀랍게 느껴지는 것은 아프리카와 아시아의 고고학적 기록을 무시했기 때문이다. 이러한 문화적 현상은 우리 종의 등장 이후 점차 증가하고 있었고, 유럽이 아닌 아프리카에 초기의 표본을 남겼다. 프랑스 남부와 스페인 북부의 동굴에서 발견된 벽화는 초기 조상으로부터 물려받았을 수도 있는, 우리 종의 여명기에 현존했던 세련되고 아름다운 인지과정의 표명이다. 그것은 인지적 (신경적 또는 유전적) 개선의 기호라기보다는 아마도 우리 종만큼이나 오래되었을 진화의 기나긴 과정의 결과로 보인다. 즉 기저에 있는 현생적 창조 능력과 미적 선호가 점점 정교해지고 다양해진 표현으로 나아간, 문화적 진화 과정의 결과물이라고 하겠다.

미적 선호의 신경 기반 진화

언어나 도덕적 추론 또는 미적 감상을 단일하고 통합적인 인지 과정으로 간주하는 것은 이러한 인지적 능력이 각각 별개의 단일한 계산 기전(machinery)에 의존한다는 것을 암시한다. 하지만 인지적 기제를 이전에 존재하던 하위 구성요소들의 변형과 새로운 조합의 결과로 보는 것이 그 구조와 진화를 이해하기 시작하는 데 매우 생산적이라는 사실이 증명되었다(Marcus, 2004). 인간의 행동과 인지에 대한 진화적 접근은 조각의 아름다움에 감탄하거나 예술작품을 창조하는 인간 행동이 아마도 서로 다른 인지 과정들 사이에서 발생하는 상호작용의 결과이며, 이 과정들 중 어느 것도 그 임무를 독점하지 않는다는 사실을 잊어서는 안 된다. 이것은 미적 경험에 관한 최근 모형들에서 강조되었다(Chatterjee, 2003; Leder et al., 2004). 미적 감상의 진화를 해명하는 데 기여한 대부분의 연구는 암묵적으로 또는 명시적으로 이런 인지적 특질이 인간 진화의 어떤 단계에서, 가장 흔하게는 홍적세에서 나타났다고 가정한다(Orians & Heerwagen, 1992). 그러나 이러한 가정은 타당성을 증명할 필요가 있다. 인간이 다른 영장류와 미적 감상의 인지적·신경적 기반의 일부를 공유하므로 이런 인지적·신경적 기반이 인간 자신보다 앞설 수도 있다는 것이 상상 불가능한 것이 아니라면 말이다. 직관적으로 믿기지 않을 수도 있지만, 이것은 최근에 언어에서 입증되었다. 인간에게 특수한 형질로 여겨지던 언어 이해와 습득에 관련된 몇몇 인지적 과정이 원숭이에게서도 확인되었다(Tincoff & Hauser, 2005; Weiss & Newport, 2006). 이와 유사하게 플랙과 드왈은 인간의 도덕성을 네 개의 구성요소로 나눔으로써 우리와 가까운 영장류에서 가능성 있는 진화적 근원을 확인할 수 있었다(Flack & de Waal, 2000). 이것은 인간의 도덕성이나 언어를 보조하는 인지작용의 모든 구성요소가 인간과 침팬지 계통이 나뉜 후에 나타난 것은 아님을 시사한다. 사실상 이는 인류보다 훨씬 전에, 적어도 부분적으로는 이전부터 존재하던 구성요소들을 이용하여 인간의 언어와 도덕성이 진화되었다는 점을 시사한다. 이 절에서 우리는 미적 선호와 관련된 뇌영역들이 인간에게서 어떤 특별한 특징을 보이는지, 아니면 생존하는 가장 가까운 동족과 분리된 이후로 거의 변화하지 않았는지에 대한 질문에 대해 탐구할 것이다. 인간 계통의 등장 이후 미적 선호와 관련된 신경 구조(와 그것들의 기능) 모두가 동일한 정도의 변화를 겪지 않았을 가능성이 크다. 신경영상 연구에서 미적 선호와 관련되어 있다고 보이는 뇌영역들에서 인간과 인간이 아닌 영장류 사이의 차이점과 공통점은 이러한 인지 과정들을 진화적 관점에서 접근하는 연구자들에게 실마리를 제공할 수 있다고 우리는 믿는다.

논의를 더 진행하기 전에 짚고 넘어가야 할 주의사항이 있다. 세즈노스키와 처치랜드가 말했듯이, 뇌는 여러 개의 위계적 수준들로 구성될 수 있다(Sejnowski & Churchland, 1989). 여기에는 시스템, 지도, 네트워크, 개개의 뉴런, 시냅스, 분자가 포함된다. 다른 인지작용과 마찬가지로, 어느 수준의 분석이 미적 선호의 신경 상관물에 대한 연구와 가장 관련이 있는지는 밝힐 방법은 없다. 게다가 이러한 능력의 진화적 출현은 위계 수준들의 어떤 집합의 변환으로든지 얻어졌을 수 있다. 하지만 이런 경우, 인지작용의 신경 기반에 대한 정보는 이 중 한 수준(시스템)에만 한정되고, 인간의 뇌가 진화해온 방식에 대한 우리의 희박한 지식으로 인해 다른 대부분 수준에서의 변화에 대한 합리적인 가설을 도출하지 못하게 된다. 따라서 우리의 분석은 뇌의 조직적 위계에서 상위의 수준으로 제한될 것이다.

미적 선호와 관련된 인지 작용

앞에서 개관한 질문들을 다루기 위해서는 먼저 미적 감상을 구성하는 단위들을 밝혀야 한다. 채터지(Chatterjee, 2003), 레더와 동료들(Leder et al., 2004)이 정교하게 만든 모형은 미적 감상을 기본 요소들로 나누는 데 대한 합리적인 가이드라인을 제공한다〔그림 6-2〕.

채터지의 제안은 시각적 신경과학에 기반을 둔 광범위한 시각적 대상에 대한 미적 선호 모형이고, 레더와 동료들의 것은 예술작품의 미적 판단에 대한 정보처리 모형이지만, 이 제안들은 미적 감상과 관련된 인지적·정동적 작용에 대한 상호보완적인 견해를 나타낸다(Vartanian & Nadal, 2007). 우리의 주요 고려사항이 뇌와 미적 감상의 관계라는 점에서, 채터지의 체계가 우리의 목적에 더 알맞을 것이다. 채터지는 시각적 자극의 지각에는 공통적으로 세 개의 처리 단계가 미적 선호와 관련되어 있다고 제시한다. 초기 단계의 시각 처리에서는 단순한 요소들이 추출되어 뇌의 다른 영역에서 분석된다. 중간 단계의 작용에서는 어떤 요소들은 분리하고 다른 요소들은 집단화하여 일관성 있는 표상을 형성한다. 후기 단계

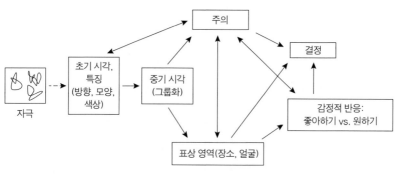

[그림 6-2] 시각 신경과학에 따른 시각미학의 신경 기반에 대한 일반적 개념틀 (© 채터지, 2003)

에서는 더욱 정밀성을 기하기 위해 대상의 특정 영역이 선택되고, 기억이 활성화되며, 대상이 재인되어 의미와 연합하게 된다. 시각적 자극이 미적으로 유쾌하거나 불쾌한 경우 이러한 작용들은 주의 기제를 통해 시스템에 피드백하는 감정과정을 유발한다. 의사결정 과정의 결과로 발생하는 두 번째 결과물이 있다. 채터지는 미적 자극 처리에서 시각적 뇌 영역이 관여하는 것은 다른 모든 시각적 자극 처리와 동일하다고 말한다. 정확히 말해 미적 선호를 시각적 자극과 관련된 다른 인지 과정과 구별하는 것은 감정이나 의사결정 같은 추가적인 비지각적 과정의 관여다.

최근의 신경영상 연구는 이러한 인지적·정동적 과정의 신경 상관물에 대한 기본적인 그림을 드러냈다. 미적 감상에 관여하는 정동적 과정은 후두피질에서 초기 시각과정의 강화(Vartanian & Goel, 2004)뿐만 아니라 안와전두피질(Kawabata & Zeki, 2004), 미상핵, 전측 대상피질(anterior cingulate cortex)에 의해 매개되는 것으로 보인다. 미적 감상에서 재인과 의미 귀속은 측두극(temporal pole)에서의[8] 활동과 관련되어 있는 것으로 보이고(Jacobsen, Schubotz, Höfel & von Cramon, 2005), 결정은 외측 전전두피질(lateral prefrontal cortex)과 전두극(frontal pole)에[9] 의해 조정되는 것으로 보인다(Cela-Conde et al., 2004; Jacobsen et al., 2005). 만약 이런 것들이 확실히 미적 선호를 지지하는 주요 뇌영역이라면, 이런 뇌영역의 진화에 대한 지식은 미적 선호 자체의 진화를 이해하기 위해 기초적이라는 사실이 따라 나온다.

특정한 구체적 뇌영역과 마찬가지로, 인간 뇌의 진화에 대한 전반적인 이해는 광범위한 동물들에게 작용하는 일반적인 뇌 진화의 원리를 고려하고, 특수하게 인간적으로 보이는 현재의 뇌 특징을 설명하며, 이러한 특징을 화석 기록에서 추적할 것을 요구한다. 지면이 제한적인 까닭에 주요 견해 중 일부만 간략하게 개관하고, 위에서 언급한 미적 선호에 대한 신경영상 연구에서 밝혀진 영역들에 한정시킬 필요가 있다. 인간 뇌의 진화에 대한 연구를 더 깊이 탐구하고 싶은 독자에게는 현재 지식에 대한 비판적 검토를 제시한 릴링(Rilling, 2006)과 쉐네만(Schoenemann, 2006)의 연구가 명쾌하면서도 흥미롭게 보일 것이다.

인간 뇌의 진화

인간 계통이 침팬지로 이어지는 계통으로부터 분리된 이후 주목할 만한 뇌 크기의 증가는 없었다. **오스트랄로피테쿠스 아파렌시스** 같은 초기 오스트랄로피테쿠스의 뇌수용력(cranial capacity)은 400cc에 가깝고, 현재 침팬지의 것과 거의 동일하다. 신체 크기와 비교할 때 건장한 계통의 뇌수용력은 그다지 많이 변하지 않았다. 하지만 뇌 크기의 상대성장 외적(extra-allometric)[10] 증가는 우리 속(屬, genus)의 첫 표본인 **호모 하빌리스**의 등장과 함께 나타났다. 이것은 다른 종과 비교했을 때 몸무게 증가의 증거가 없음에도, **호모 하빌리스**의 뇌수용력이 700~750cc로 증가했다고 추정된다는 의미다. 학자들은 이것이 주목할 만한 증가이며, 어떤 식으로든 석기 문화의 등장과 관련이 있다는 데 일반적으로 동의한다. 900~1,000cc에 이르는 **호모 에렉투스**의 뇌수용력은 **호모 하빌리스**의 것보다 더 컸지만, 몸도 더 컸다. 그러므로 이때의 뇌 크기 증가는 몸 크기의 일반적인 증가에 의한 것으로 보인다(Hublin, 2005). 이와 반대로 네안데르탈인이나 현대의 인간 등 **호모 에렉투스** 이후 인류의 뇌 크기 성장은 상대성장 외적인 것으로 보인다. 즉 **호모 에렉투스** 이래 우리 종의 몸 크기는 별로 변하지 않았지만, 평균 뇌수용량은 거의 1,350cc가 되었다.

비교연구들은 인간의 진화 과정 동안 뇌의 피질하부 요소의 크기나 조직이 극적인 변화를 겪지 않았다는 사실을 제시한다. 이것은 인간의 화석기록에서 관찰된 뇌수용력 증가의 주원인이 대뇌피질의 증가와 관련되어 있음을 의미한다. 또한 인간 계통이 침팬지 계통에서 분리된 이후 생긴 피질의 확장이 사실은 신피질의 확장 때문이라는 증거가 있다(Changeux, 2005; Zilles, 2005). 하지만 신피질의 모든 기능적인 영역이 동일하게 크기의 증가를 겪지는 않은 것으로 보인다. 1차 감각영역과 운동영역이 거의 커지지 않거나 심지어 다른 영장류보다 상대적으로 작은 영역을 차지하는 것으로 보이는 반면, 인간이 진화하는 동안 다중 양상 연합피질에는 엄청난 증가가 있었던 것으로 보인다(Changeux, 2005; Zilles, 2005). 이러한 유전자 보존은 더욱 세밀한 수준의 분석에서도 뚜렷이 나타난다. 질르와 동료들(Zilles et al., 1995)이 진행한 마카크원숭이와 인간의 운동피질 및 체감각피질(somatosensory cortices)의 세포구조적 · 신경화학적 속성 연구는 두 종 간의 많은 유사점을 밝혀냈고, 체감각 및 운동 정보 처리와 연관된 뇌영역들이 이러한 종에서 대체로 보존되어 있음을 시사한다. 따라서 우리는 미적 선호에 연관된 인간 뇌영역의 진화에 관한 발견을 검토하면서 다중 양상 연합피질 영역에 집중할 것이다.

시각 체계

바타니안과 괼이 수행한 회화의 미적 선호에 관한 신경영상 연구는 참여자들이 보고 있는 자극에 대해 더 높은 선호도 점수를 줄 때 낮은 점수를 줄 때보다 후두부의 시각 영역 활성화가 더 크다는 것을 밝혀냈다(Vartanian & Goel, 2004). 이전의 연구들은 선호되는 자극이 초기 시각 단계에서 처리를 향상시키는 주의 기제(Kaestner & Ungerleider, 2000; Poghosyan et al., 2005)와 정동적 과정(Lang et al., 1998)을 발동시킨다고 제안한다.

인간의 1차 시각피질(primary visual cortex)이 차지하는 영역은 침팬지보다 1.5배 크지만, 상대적인 관점에서는 1,350cc인 영장류 뇌의 거의 절반 크기로 예상된다. 인간의 진화 과정을 통해 시각정보의 초기 처리를 담당하는 후두부가 전체 뇌보다 적게 확장된 것으로 보인다. 하지만 크기 변화가 비교적 측정하기 쉬운 반면, 뇌를 별개의 영역으로 분할하는 것에 대한 광범위한 합의가 없으므로 원숭이와 인간의 시각피질 체계의 조직을 비교하는 연구는 제한적이라고 할 수 있다. 원숭이와 인간의 시각피질의 세포구조 및 기능의 상동관계(homologies)에 관한 검토들에 의하면, 이론의 여지가 없는 유일한 영역은 V1, V2, V3, MT/V5이다(Orban et al., 2004; Sereno & Tootell, 2005; Van Essen, 2005).[11] 오르반과 동료들이 말했듯이, 초기 시각 처리에 관여하는 뇌 영역 — 즉 V1, V2 — 의 망막위상(retinotopic)[12] 조직과 기능은 인간에서 대거 보존되었다(Orban et al., 2004). 하지만 인간 뇌의 V1 영역에는 어떤 파생적 측면을 가리키는 특징이 있다. 프리어스와 콜먼이 대세포(magnocellular) 시각 경로의 피질 표상과[13] 관련된 어떤 특징들은 다른 영장류의 경우와 다르다고 보이는 증거를 제출한 것은 특기할 만하다(Preuss & Coleman, 2002). 이와 같은 데이터는, 이러한 변화 중 어떤 것은 아프리카 유인원의 공통 조상에서 등장한 반면, 다른 것들은 인간 계통을 따라 등장했다는 것을 시사한다. 대세포 체계는 휘도 대조 과정과 관련되어 있으며 등휘도의(isoluminant) 조건에서는 운동 지각이 제 기능을 못한다는 사실로 미뤄볼 때, 이 체계가 운동을 분석하는 데 필수적인 것으로 드러난다. 대세포 흐름을 따르는 과정과 연관된 다른 특징들에는 원근감

(perspective), 대상의 상대적인 크기, 깊이 지각이 포함된다.

초기 시각 영역이 인간과 원숭이 간에 상동적인(homologous)¹⁴⁾ 경향이 있는 반면, 시각 체계에서 상위로 올라갈수록 상동관계가 덜 명확해진다. 예를 들어 V3 영역은 인간과 마카크원숭이의 시야가 사실상 동일한 표상을 갖는다는 사실을 지지한다. 하지만 오르반과 동료들은 인간의 V3A 영역이 운동 신호에 민감하고 그것을 3차원의 정보를 추출하기 위해 사용하는 반면, 원숭이의 V3A는 이러한 기능을 공유하지 않는다는 데 주목했다(Orban et al., 2004). 마찬가지로 MT/V5의 후측 영역이 인간에게 보존되어 있지만 전측 부분의 상동관계는 아직 분명하지 않다. 영장류 종 사이에서 V4의 복측 및 배측 영역이 다르게 진화했으므로 원숭이에게서 인간 V4 영역의 상동기관을 밝히는 것은 쉬운 일이 아니다. 시각 흐름에서 더 아래쪽으로 내려가자 추가적인 차이들이 확인되었다. 비교 fMRI 자료와 뇌 변형의 컴퓨터화를 이용하여 오르반과 동료들이 발표한 연구는 인간 계통을 따라 복측 시각흐름과 배측 시각흐름이 동일한 방식으로 진화하지 않았다는 점을 시사한다.¹⁵⁾ 구체적으로 말해, 대상 표상과 범주화와 관련된 복측 흐름에 포함된 영역은 공간 표상과 행동을 조직하기 위한 시각 정보 분석에 연관된 배측 흐름 부분들보다 확장이 적었다는 것이다(Orban et al., 2004). 발턴은 배측 두정엽 영역이 대세포 체계에서만 정보를 얻는다는 사실을 인간의 진화 중 대세포 피질 표상의 향상에 대한 앞서 언급된 생각에 추가할 수 있다고 적고 있다(Barton, 2006). 인간에서 보이는 복측 흐름의 상대적 보존(relative conservation)은, 대칭 지각(Sasaki et al., 2005), 표상(Munakata et al., 2001), 시각적 대상의 범주화(Sigala et al., 2002)가 일어나는 동안 인간과 원숭이의 상동적인 뇌 영역 활성도를 보여준 연구에 의해 추가로 증명되고 있다.

측두극

야콥센 외가 진행한 미적 평가에 대한 신경영상 연구는 시각적인 기하학적 자극의 아름다움의 평정(rating)이 참가자들에게 자극의 대칭을 평정할 때와 비교하여 좌측 측두극의 활성도가 높다는 것을 밝혔다(Jacobsen et al., 2005). 저자들은 선행연구의 결과를 바탕으로 이 영역이 과거 경험에 근거한 광범위한 정동적ㆍ의미론적 맥락의 창출과 관련되어 있을 것이라고 제안했다. 이러한 맥락의 창출은 시각적 자극의 아름다움을 결정하는데 기틀이 된다.

릴링과 셀리그먼은 인간을 포함한 다양한 영장류 표본에서 측두엽의 여러 측면들을 비교했다(Rilling & Seligman, 2002). 그들의 연구결과에 따르면 인간이 진화하는 과정에서 측두엽의 표면적과 용량 그리고 백질[16]이 커져서 그 결과 뇌에서 예상보다 큰 비율을 차지하게 되었다. 그러나 인간의 측두엽이 단지 상대성장적으로 커진 유인원의 측두엽이 아니라는 증거가 있다. 인간 측두엽의 백질 양은 유인원의 상대성장적 추세로 예측되는 것보다 많다. 이것은 인간 계통의 등장 이후로 측두엽 연결 패턴이 어느 정도 재조직화를 거쳤다는 것을 말하는데, 이는 쉔커와 동료들의 연구결과와 일관적이다(Schenker et al., 2005). 릴링 외는 이러한 재조직이 인간의 측두엽, 특히 좌반구에서 언어와 관련된 영역의 등장 및 확장과 연관되었을 것이라고 말한다(Rilling, 2006; Rilling & Seligman, 2002). 그들은 언어 영역이 측두극을 포함한 인간의 외측 측두엽의 큰 부분을 차지한다는 연구에 기초하여 이 가설을 세웠다. 원숭이의 이 영역은 주로 대상 인식에 관여하는 것으로 보인다. 따라서 인간의 시각적 대상 처리의 흐름이 언어, 말하기와 연관된 외측(lateral) 표면의 확장을 위해 복측으로(ventrally)

이동한 것으로 보인다.

인간과 인간 외 영장류 측두엽의 외측 및 복측 영역이 기능적으로 관여할 때 이렇게 차이를 보임에도 불구하고 측두엽의 대부분 기능은 상동적인 것으로 보인다. 원숭이로 진행된 최근 연구는 말하기 과정과 관련되어 있는, 측두극을 포함한 인간의 좌측 측두엽 영역이 음성 소통과 연관된 정보처리의 오랜 진화적 역사를 가졌을지도 모른다고 제안한다. 포렘바와 동료들은 마카크원숭이의 우측·좌측 측두극이 음향 자극처리에 특화되었다는 것을 발견했다(Poremba et al., 2004). 하지만 우반구의 활동이 음성이 아닌(nonvocal) 소리,[17] 환경적 배경 소음, 인간 말소리를 포함한 넓은 범위의 소리와 연관된다면 좌배측(left dorsal) 측두극의 활성은 종 특유의 원숭이 발성에서 우반구보다 컸다. 저자들은 이것이 인간 뇌에서 청각 언어처리의 전구체를 나타낼 수도 있다고 믿는다. 벨린의 음성 정보 비교 처리에 관한 검토는 인간과 인간이 아닌 영장류에서 외측화 기능의 우연한 일치(coincidence)를 강조하고 있다(Belin, 2006).

그러나 추가적인 기능적 상동관계가 있는 것 같다. 인간의 측두극은 처리되는 정보를 해석하기 위해 광범위한 의미론적·감정적 맥락을 형성하기 위한 과거 경험의 사용과 관련된다고 여겨 왔다. 콘도와 동료들은 원숭이의 측두극이 안와 및 내측 전전두 네트워크와 강력하게 연결되어 감정, 기억, 감각 과정의 통합에 관여함을 보여주었다(Kondo et al., 2003). 이러한 기능적 상동관계는 크록슨과 동료들이 발표한 결과에 근접하며, 인간과 마카크원숭이의 측두피질과 전전두피질의 연결 패턴이 매우 유사하다는 것을 보여준다(Croxson et al., 2005).

끝으로, 측두극은 인간의 대상 재인에 중심적인 역할을 하는 것으로 보인다. 이 영역에 병변(lesions)이 나타나면 특히 친숙한 대상이나 얼굴 같은 구체적인 개체를 재인하고 상기하는 능력이 손상된다(Nakamura & Kubota, 1996). 이 기능은 원숭이에게서 상동관계가 발견된다. 전측 측두피질의 뉴런들이 대상과 관련된 시각 정보의 고차적 처리에 관여하고 훈련된 범주의 표본 제시에 민감해질 수 있다는 것이 밝혀졌다(Vogels, 1999). 마찬가지로 다른 연구들도, 가령 나카무라와 구보타가 검토한 연구도 원숭이의 측두극 손상이 실험자의 장갑, 음식, 살아있는 뱀을 인식하는 데 결함을 발생시키지만, 친숙하지 않은 대상이나 패턴을 식별하는 데는 문제가 없다는 것을 보여준다(Nakamura & Kubota, 1996).

전두엽: 일반적 특징

테런스 디콘(Terrence Deacon)은 인간의 전전두피질이 인류 뇌 크기에 대한 예상치의 두 배 정도라고 주장한다(Deacon, 1997). 이러한 증가는 언어나 상징적 표상 같은 인간의 독특한 인지적 특성과 자주 관련되곤 한다. 하지만 랠프 할러웨이(Ralph Holloway)의 연구결과는 이 영역의 용량이 예상했던 수치 안에 있다는 것을 보여주어 전전두피질의 크기와 인간의 인지적 능력 사이의 관계에 대한 의심을 불러일으켰다(Holloway, 1996). 이 문제를 실험적으로 확인하기 위해 세멘데페리와 다마지오는 현대의 인간, 침팬지, 고릴라, 오랑우탄, 긴팔원숭이의 상이한 뇌영역들의 크기를 구조적 자기공명(structural magnetic resonance)을 사용하여 측정했다(Semendeferi & Damasio, 2000). 저자들은 전두엽과 후두엽의 용량, 그리고 측두엽과 두정엽을 결합한 용량과 함께 총 반구의 용량도 계산할 수 있도록 대뇌반구의 3차원 구조로 이미지들을 재구성했다. 그 결과, 이 부분들의 상대적 용량에서 상당한 동질성을 밝혀냈다. 그러므로 이 연구결과는 인간의 진화에서 전전두피질의 어떤 부분의 크기 증가에 대한 아무런 증거도 제공하지 않은 것이다(Semendeferi & Damasio, 2000).

순전한 크기 변화가 인지 과정과 관련된 신경계의 진화를 이해하는 열쇠는 아닐 것이다. 영장류 뇌 크기의 증가는 두께보다 피질 층의 확장과 관련이 있다는 것은 주지의 사실이다. 표면적 확장이 두개골 크기의 증가를 수반하지는 않으므로 피질이 접힌 정도가 늘어나야 한다. 질레스와 동료들은 인간과 인간 외 영장류 뇌의 전후 주름(rostro-caudal gyrification) 지수—피질이 접혀 열구(sulci)와 뇌회(convolutions)를 형성하는 정도—의[18] 패턴을 비교했다(Zilles et al., 1988). 이들은 전전두피질, 후측 측두피질, 전측 두정피질에서 최대 주름지수를 보인 인간의 패턴이 원원류(原猿類) 및 원숭이의 것과 상당히 다르다는 것을 발견했다. 침팬지, 고릴라, 오랑우탄의 뇌와 비교했을 때, 인간의 뇌는 전전두피질에서 대단히 높은 주름 지수를 보였다는 한 가지 사실 빼고는 그리 특별해 보이지 않았다.

릴링과 인셀은 더 높은 정확도를 제공하는 기법으로 영장류 뇌주름 연구를 계속했다(Rilling & Insel, 1999). 그들은 11가지의 다른 영장류 종에 속한 44개 표본의 뇌를 구조적 자기공명을 이용하여 측정했다. 결과는 전반적으로 더 큰 뇌가 더 높은 주름 지수를 갖는다는 것을 확인해주었다. 하지만 인간의 뇌에서 전전두피질과 후측두–두정피질 두 영역은 예상치를 초과했다. 저자들은 인간의 진화 과정 중 이 영역들에서의 주름 증가가 우리에게 특유한 몇 가지 인지 기능의 출현을 이끈 신경 기반을 구성하는 부분일 수 있다고 제안한다.

전전두피질 및 두정피질 표면의 증가는 기능이 유지된다면 필연적으로 피질 내의 연결성 증가로 이어질 것이다. 이것은 다시 이 영역 안에 있는 백질 비율의 증가를 요구할 것이다. 쉐네만과 동료들은 인간의 전전두피질에서 백질 증가의 증거를 조사했다(Schoenemann et al., 2005). 그들은 11가지 다른 영장류 종에 속한 수컷과 암컷의 회백질, 백질, 전체 피질의 용량과 함께 전전두피질의 용량을 측정했다. 그 결과, 전전두 백질과 회백질의 백분율 간에 상관성이 매우 약하다는 것이 드러났다. 말하자면, 피질 내 연결성은 진화 과정 내내 뉴런 수의 변화와는 비교적 독립적으로 변할 수도 있다는 것이다. 그뿐만 아니라, 인간과 인간 외 영장류 간에 전전두 영역의 백질 비율은 상당한 차이를 보인 반면, 회백질에서는 거의 차이가 없었다(Schoenemann et al., 2005). 이상을 종합해보면, 이러한 결과는 전전두피질의 백질이 교세포(膠細胞, glial)[19] 수 증가나 연결 패턴의 재조직화를 통해 인간적 특성을 드러내는 다양한 특질을 뒷받침하는 복잡한 인지 과정의 발달에 중요한 역할을 했으리라는 것을 보여준다. 그러나 셔우드 외는 포함된 표본의 구성뿐만 아니라 이 연구에 사용한 전전두피질의 대용물에 대해 비판하면서 전전두 백질의 증가가 쉐네만과 동료들의 연구결과보다 훨씬 적다고 말한다(Sherwood et al., 2005). 사실 과다한 전두엽 백질이 상대성장 외적인 증가를 나타내는지, 아니면 셔우드 외가 주장한 대로 우리처럼 큰 뇌에서 더 긴 축삭돌기의 투사와 더 큰 수상돌기 가지를 유지하면서 파생되는 높은 에너지 비용과 관련된 것인지는(Sherwood et al., 2006) 알아내기 어렵다. 어떤 경우든 간에, 영장류가 육식 포유동물보다 나머지 피질에 비해 많은 양의 회백질을 전두피질에 갖고 있다는 것을 보인 부시와 올맨의 증거를 고려한다면(Bush & Allman, 2004), 인간의 진화 과정 내내 진행된 전전두 백질의 증가는 일반적인 영장류 〔진화〕 추세의 연장을 나타낸다고 보인다.

안와전두피질

가와바타와 제키는 실험 참가자들이 다양한 예술적인 시각 자극의 아름다움에 대해 결정을 내리는 동안 발생하는 안와전두피질의 활동을 확인했다(Kawabata & Zeki, 2004). 이 영역에서 1차적인 보상 자극(Francis et al., 1999; O'Doherty et al., 2002)과 추상적인 보상 자극(O'Doherty et al., 2001)과 관련된 활동을 관찰한 많은 연구들은, 미적 선호에서 안와전두피질의 역할이 각각의 시각적 자극의 보상 가치를 나타내는 것일 수도 있다고 제안한다.

다수의 마카크원숭이와 인간의 안와전두피질을 비교했을 때 인간의 패턴이 더 다양했고 더 큰 정도의 복잡성을 보였지만, 열구의 패턴은 매우 유사했다는 것이 드러났다(Chiavaras & Petrides, 2000). 두 종 모두의 각 반구에는 4개의 주요 열구가 있다. 이것이 5개의 주요 뇌회를 형성한다. 말하자면 내측에 위치한 직회(直回, gyrus rectus)와, 이와 평행하게 내측 안와회(orbital gyrus)가 있으며, 후자와 외측 안와회 사이에는 전측 안와회와 후측 안와회가 있다. 따라서 인간의 안와전두피질의 열구 패턴은 상당한 정도로 보존되어 있다고 보인다.

세멘데페리와 동료들의 후측 안와전두피질에 위치한 BA 13의 비교 분석은 이 영역의 미세구조 체계에 대한 양적인 연구를 포함하는데, 인간, 침팬지, 보노보, 고릴라, 오랑우탄, 긴팔원숭이, 붉은털원숭이의 용량을 추정했다(Semendeferi et al., 1998). 비교적 적은 표본을 포함하긴 했지만, 몇몇 결과는 미적 선호의 진화에 대한 연구와 관련된 것일 수도 있다. (진화적 특징이) 보존되어 있다는 의미에서 세멘데페리 외가 인간의 BA 13의 상태를 원시적이라고 간주한 전반적인 유사성에도 불구하고, 인간을 다른 유인원 표본과 구별 짓는 몇 가지 특징이 있다. 예를 들어 인간과 보노보의 BA 13은 다른 유인원들과 비교했을 때 작다고 할 수 있는데, 이것은 다른 특징들과 함께 안와전두피질의 세포구조(cytoarchitectonic) 영역의 수가 증가했다는 것을 시사한다. 이 영역의 세포 밀도는 유인동물 중 인간이 가장 낮았고, 긴팔원숭이와 함께 가장 낮은 회백질 수준 지수를 보였다. 이것은 축삭돌기와 수상돌기로 채워진 공간이 더 많다는 것을 의미한다.

인간의 안와전두피질 조직의 원시적이고 파생적인 측면들의 모자이크로 만들어낸 이와 같은 그림은 반 에센이 수행한 마카크원숭이와의 비교연구 결과이기도 하다(Van Essen, 2005). 두 종 사이의 전반적인 피질 영역 배치는 가까운 종들에서와 마찬가지로 거의 동일하다. 상대적 크기와 관련해서는 외측 안와전두 영역이 대부분 보존된 것으로 보인다. 두 종 간에 내측과 후측 영역에서 차이도 있지만, BA 10이 차지한 전측 영역이 가장 큰 차이를 보인다. 인간에게서 이 영역은 피질의 4.5%를 차지하고 나서 부분으로 세분화되는 반면, 마카크원숭이에게서는 피질의 1.4%를 차지하고 두 부분으로 분화된다(Van Essen, 2005). 이는 앞서 언급한 세멘데페리와 동료들의 예상을 확증해주는 것이다.

롤이 수행한 영장류의 안와전두피질 기능에 대한 검토는 원숭이에서와 마찬가지로 냄새, 맛, 식품 질감, 복측 시각흐름 정보, 얼굴 정보의 표상을 포함한다는 점에서 이 영역이 기능적으로 보존되어 있다고 제안한다(Roll, 2004). 이러한 표상은 처리되는 자극을 식별하고 보상 가치를 설정하기 위해 사용된다. 더 나아가, 원숭이와 인간의 안와전두피질은 자극과 보상의 연합을 학습하고 우연히 발생하는 변화를 교정하는 데 결정적인 요소인 것으로 보인다.

전측 전두피질

야콥센과 동료들은 실험 참가자들이 기하학적인 시각적 자극에 대한 미적 판단을 실시하는 동안 전두극(frontal pole)의 활동을 기록했다(Jacobsen et al., 2005). 선행연구의 견지에서 보면(예: Zysset et al., 2002), 뇌의 이 영역이 넓은 스펙트럼에 걸친 평가적 판단에서 근본적인 역할을 하는 것으로 보인다. 페트리데스와 판디야는 전두극을 차지하는 세포구조 영역의 명칭인 BA 10의 신경체계를 마카크원숭이와 인간 간의 비교를 통해 연구했다(Petrides & Pandya, 1999). 연구결과는 다른 이웃한 영역과 이 영역을 구별 짓는 구조적 특징이 두 종 모두에서 매우 동일하다는 것을 보여주었다. 이것은 인간이 진화하는 동안 이 뇌영역의 피질층(cortical layers)을[20] 가로지르는 뉴런의 종류와 분포에 변화가 거의 없었다는 것을 말한다.

세멘데페리와 동료들은 BA 10에 대한 양적 · 질적 분석을 진행했다(Semendeferi et al., 2001). 그들은 마카크원숭이, 긴팔원숭이, 오랑우탄, 고릴라, 침팬지, 보노보 그리고 인간의 뇌에 대한 정보를 비교했다. 표본 크기가 비교적 작았으므로 분석결과가 예비적일 수밖에 없지만, 그들은 호미노이드 사이에서 흥미로운 유사점과 차이점을 밝혀냈다. 예를 들어 연구에서 BA 10이 고릴라를 제외한 다른 아시아와 아프리카 유인원에서는 인간과 마찬가지로 전두극에서 발견되었지만, 고릴라는 이 영역에서 다소 특이한 조직을 보였다. 다른 한편 이 특정한 뇌영역과 관련하여 인간을 다른 유인원과 구분 짓는 확실한 특징들도 있다. 첫째, 인간의 이 영역은 다른 유인원보다 상대적으로나 절대적으로나 더 크다. 하지만 이 정보를 로그 척도로 변환하고 모든 유인원에 대해 회귀 분석하면, 인간에게서 관찰되는 BA 10의 크기 값은 예측한 값보다 약간 위에 있다.[21]

할러웨이는 이러한 증가가 6%의 근사치로 나타난다고 계산했다(Holloway, 2002). 둘째, 인간은 뉴런 수가 절대적으로 더 많다 하더라도 호미노이드 중에서 뉴런의 밀도가 가장 낮기 때문에 같은 영역과 다른 영역들 안에서 연결될 수 있는 더 큰 공간을 확보할 수 있다. 특히 세멘데페리와 동료들은 "인간은 〔대뇌피질〕 II층(layer)과 III층에서[22] 연결을 가능하게 하는 공간이 더 많은 것으로 보이며, 이것은 우리 종에서 B4 10과 다른 상위 위계의 연합 영역 사이에 소통이 증가되었음을 나타낸다"는 사실에 주목했다(Semendeferi et al., 2001, p. 238).

외측 전전두피질

셀라콘데와 동료들의 연구(Cela-Conde et al., 2004)와 야콥센 외가 진행한 연구(Jacobsen et al., 2005)는 시각예술작품과 기하학적 디자인의 아름다움을 평정할 때 외측 전전두피질이 관여한다는 것을 밝혔다. 이런 활동이 연구들에서 제시한 시각적 자극의 아름다움에 관한 의사결정 과정과 관련되었을 수 있다는 가설을 뒷받침하는 선행연구들이 있다(Heekeren et al., 2004; Krawczk, 2002).

반 에센이 수행한 원숭이와 인간 사이의 피질 구조에 대한 비교 검토는 유인원이 진화하는 동안 전두피질의 확장이 불균등했으며, 외측이 가장 많이 확장된 영역이라는 사실을 드러냈다(Van Essen, 2005). 피질 영역의 상대적인 확장이 이렇게 다름에도 외측 전전두피질의 신경 구조와 기능에 관해서는 인간과 다른 영장류 사이에 커다란 유사성이 있는 것으로 보인다. 페트리데스와 판디야는 인간과 마카크원숭이의 배외측 전전두피질(ventrolateral prefrontal cortex)의 세포구조와 연결패턴 비교 연구를 수행했는데, 이 연구에는 BA 8, 9와 BA 46이 포함됐다(Petrides & Pandya, 1999). 그 결과, 인간 뇌에 새로운 세포구조적 영역은 없다는 것이 보였다. 사실 인간과 마카크원숭이에서 모두 비슷한 특징이 보이므로 두 종의 이 영역들을 식별해내기 위해 동일한 구조적 특징이 이용될 수 있다. 이 구조는 두 종에서 BA 8Av, 8Ad, 8B, 9/46d, 9/46v 같은 세부 영역이 동일하게 발견될 정도로 상응한다. BA 47/12와 45를 포함한 복외측(ventrolateral) 전전두피질을 인간과 마카크원숭이에서 비교 분석한 후에도 유사한 그림이 나타났다(Petrides & Pandya, 2001). 원숭이와 인간에게서 이 두 영역(BA 47/12와 45)을 식별하기 위한 세포구조적 기준은 배외측 피질의 두 영역(BA 8, 9와 BA 46)을 구분하기 위해 사용한 것과 거의 같다. 또한 두 종 모두에서 BA 45(45A, 45B)의 더 미세한 하위영역도 구별할 수 있다.

　　기능적 수준에서도 외측 전전두피질과 관련된 원숭이와 인간 사이의 유사성이 기록되었다. 페트리데스는 원숭이와 인간의 외측피질은 전후 축을 따라 기능적으로 조직된다는 데 주목했다(Petrides, 2005). 병변 연구는 원숭이의 전전두피질의 미측(caudal) 영역(BA 8)이 자극과 학습된 조건 규칙에 따른 경쟁하는 반응의 선택 사이에서 유연한 주의 전환에 기여한다는 것을 보여주었다. 축의 두측 끝(rostral end)에서는 내측-외측(mid-lateral) 전전두피질이 더 추상적인 인지적 통제 과정에 관여한다. 여기에는 배측-복측(dorsal-ventral) 축에 따른 추가적인 기능적 체계화가 존재한다. 내측-배측(BA 46과 9/46) 영역의 병변은, 자극의 선택이나 예측한 사건의 발생에 대한 모니터링을 요구하는 작업기억 과제 수행을 손상시킨다. 내측-배측 전두피질(BA 47/12, 45)은 단기 및 장기 기억에 저장된 자극의 선택과 비교를 포함한 집행기능 실행과 이를 기반으로 한 판단 수행에 영향을 미친다. 페트리데스는 외측 전전두엽 영역의 구조를 명확하게 알기 위해 사람들이 참여한 몇몇 신경영상 연구를 수행했고, 그 결과는 원숭이를 대상으로 진행한 손상 연구에 근접하는 것으로 나왔다(Petrides, 2005). 따라서 외측피질에 의해 수행되는 기능 — 즉 선택, 모니터링, 판단 — 은 전후의 축과 배측-복측 축 둘 모두를 따라 구조화된다. 앞에서 언급한 원숭이-병변 연구에서 얻은 결과를 고려하면 인간 외측피질의 기능적 구조가 원시적인 특징을 띠는 것처럼 보일 것이다. 하지만 확실한 차이가 존재한다. 예를 들어, (첫째,) 언어나 심지어 미적 감상 같은 특정한 인간의 인지 능력을 위해 이러한 기능이 동원되는 일이 다른 영장류 종에는 확실히 존재하지 않는다는 것이다. 둘째로, 이러한 기능을 실행하기 위한 정보의 종류도 다른 것으로 보인다. 데니스와 동료들은 인간과 인간 외 영장류를 대상으로 한 fMRI 실험에서, 시각적 대상을 제시했을 때 인간보다 원숭이의 전전두피질 활성화가 훨씬 강하게 나타난다는 것을 보였다(Denys et al., 2004). 이러한 발견에 대한 저자들의 해석은 이러하다. 즉 원숭이 전전두피질이 수용하는 정보가 주로 시각정보인 것과 대조적으로 인간의 대뇌피질에 이르는 정보는 다감각적 본성을 지녔기 때문에 이런 결과가 나왔다는 것이다. 다른 대안적 해석은 인간의 전전두피질에는 모든 시각 정보가 도달하는 것이 아니라 선택적으로 걸러진 정보만 도달할 수도 있다는 것이다(Denys et al., 2004).

전두 대상피질

바타니안과 괼(2004), 야콥센 외(2005)의 연구는 실험 참가자들이 미적 선호 과제를 실행할 때 전두 대상피질이 활성화된다고 보고했다. 선행연구의 증거는 미적 선호에 대한 전두 대상피질의 관여가 미적으로 즐거운 시각 자극에 의해 유발되는 감정의 의식적 자각과 관련되어 있다는 사실을 시사한다(Hornak et al., 2003; Lane et al., 1998). 전두 대상피질이 원숭이와 인간 모두에게서 후측 대상피질과 세포학적으로 구별되기는 하지만, 두 종 사이에 상당한 차이도 존재한다. 가장 분명한 것은 인간에게는 두 개의 새로운 영역, 즉 BA 33과 32가 존재한다는 것이다. 또한 님친스키와 동료들이 얻은 실험결과는 유인원과 인간의 전두 대상피질이 독특한 종류의 뉴런을 특징적으로 갖고 있다고 제시한다(Nimchinsky et al., 1999). 방추세포(方錐細胞, spindle cells)라고 부르는 이 뉴런들은 Vb층에서[23] 발견되는데, 다른 영장류 종을 포함한 기타 포유류에서는 발견되지 않는 것이다. 인간에서 방추세포는 Vb층의 횡단면 내 추상세포(錐狀細胞, pyramidal cells)의 5.6%를 차지하며, 3~6개의 뉴런 무리로 발견된다. 다른 유인원들 중 보노보의 방추뉴런이 추상세포의 4.8%를 차지하고, 3~6개 사이의 무리로 이뤄져 있어서 인간과 가장 가까운 경향을 보였다. 이와 반대로 보통의 침팬지, 고릴라, 오랑우탄에서는 무리가 관찰되지 않았고, 상대적인 양은 각각 3.8%, 2.3%, 0.6%였다. 긴팔원숭이 표본에서는 아무것도 관측되지 않았다. 이러한 결과는 전두 대상피질에 한정된 새로운 종류의 뉴런이 인류의 진화과정 중에 등장했다는 것을 말해준다. 이러한 뉴런들은 인간 계통을 따라 상대적으로 더 많아졌고, 서로 무리를 짓기 시작했다. 올맨과 동료들은 인간의 전두 대상피질에서 방추세포가 가장 많이 집중된 곳이 복측 영역이라고 언급한다(Allman et al., 2002). 이 영역의 활동은 보통 감정적 과제를 실행하는 도중에 기록되었다(Bush et al., 2000). 님친스키와 동료들은 이러한 뉴런의 주된 기능이 감정적 정보를 통합하여 발성, 표정, 자율기능과 관련된 운동 영역으로 전송하는 것이라는 가설을 정립했다(Nimchinsky et al., 1999). 올맨과 동료들은 방추세포의 증가된 비율은 감정적 안정성과 자기통제의 향상과 관련되어 있으며, 전두 대상피질의 증대와 함께 인간 대가족의 경제적 요구에 대처함에서 핵심 요인이 되었다고 제시했다(Allman et al., 2002).

요약

"미적 선호의 신경 기반 진화"절에서 주목한 연구들은 인간이 진화하는 동안 인지능력의 신경 기반이 겪은 변화의 첫 스케치를 제공하므로 미적 선호의 진화에 관한 가설의 출발점이 될 수 있을 것이다. 우리는 신경영상 연구를 통해 미적 선호에 관련된 것으로 보이는 몇몇 영역이 인간에게서는 상대적으로 보존된 반면, 다른 종은 다수의 파생적 특징을 보인다는 것을 검토를 통해 밝혔다.

추측건대 안와전두피질은 미적 판단 과제를 수행하는 동안 받아들이는 시각적 자극의 보상가치의 표상을 뒷받침한다. 안와전두피질의 열구 패턴, 세포구조, 그리고 기능이 인간의 뇌에서 대단히 잘 보존된 것으로 보인다. BA 10의 확장과 신경 밀도의 감소만 파생적 특징으로 나타난다. 미적 선호의 의사결정 단계와 관련된 측두극에 대한 비교 문헌을 검토하고 나면, 유사한 그림이 나타난다. 즉 측두극은 상대적으로 확장되고 뉴런의 밀도는 감소했다는 것이 드러난다. 시각적 자극의 아름다움에 대한 결정과 연관된 다른 영역인 내측-배외측 및 내측-복외측 피질에도 원숭이와 인간 간에 상당한 세포구조적 유사점이 있다. 두 종 간의 주요한 차이는 우리 종이 진화하는 도중 이러한 외측영역들이 상당한 확장을 했을 뿐만 아니라, 인간의 이 영역들은 시각적 정보를 주로 받아들이는 대신 다감각적 정보를 받아들인다고 보인다는 것이다. 전반적으로 전전두피질 연결패턴의 복잡성은 700만 년 전에 우리 계통이 침팬지로부터 분리된 이후에 증가한 것으로 보인다.

측두극의 활동은 미적 선호를 위한 기억 및 감정의 맥락 창출과 관련지어 이해되어왔다. 우리는 검토를 통해 원숭이와 인간에서 이 영역이 범주화, 친숙한 대상의 재인, 감정, 기억, 감각 정보의 통합에서 본질적으로 매우 유사한 기능을 수행한다는 것을 밝혔다. 인간에게서 언어와 연관된 측두부가 대상 중심의 시각흐름 영역을 더 배측으로 밀어내며 확장되었다 하더라도 측두부는 원숭이의 종 특이적인 울음 처리의 기반이 되는 것과 가까운 계통발생 관계를 갖고 있는 것으로 보인다.

후두 시각영역의 활동은 미적 선호가 이뤄지는 동안 감정적·주의적(attentional) 관여의 상관물로 이해되며, 새롭고 원시적인 특징들의 모자이크를 보여준다. 시각 처리의 초기 단계를 지원하는 영역이 대거 보존된 반면, 후기 단계와 연관된 영역은 다소 변화한 것으로 보인다. 특히 공간 정보의 처리와 움직임을 이끄는 시각 정보의 조직이 인간이 진화하는 동안 대상 중심의 시각적 분석보다 강조되어온 것으로 보인다.

마지막으로, 미적 선호 중 정동적 상태의 의식적 자각에서 역할을 수행할 가능성이 있는 전두 대상피질에 대한 비교연구 검토를 통해 우리는 세포구조의 두 가지 주요 변화를 밝혔다. 말하자면 두 가지 새로운 세포구조적 뇌 영역이 출현했으며, 대형 유인원과 인간에게 특유한 뉴런한 종류가 군집을 이루게 되었다는 것이다.

유전자와 문화의 산물

인간 계통 전체에 걸친 뇌의 구조적 · 세포구조적 변화가 결국 신경 조직의 발달 과정 중에 생긴 변화로 인해 발생했다는 사실은 뇌 진화 연구에서 종종 간과되어왔다(Martin, 1998). 이러한 발달 과정은 유전자에 의해 유도되지만, 뇌의 특징과 유전자 간의 관계가 현재로서는 속속들이 밝혀지지 않았다. 예를 들어, 현재 특정 유전자의 발현은 다른 활성화된 유전자가 제공하는 맥락뿐만 아니라 신경조직과 발달 단계에 의존한다고 알려져 있다. 더욱이 유전자는 뇌의 발달과 기능의 여러 측면과 연관된다는 의미에서 대개 다면발현성(多面發現性, pleiotropic)을 띤다고 할 수 있다. 샹주는 인간의 전두 뇌 영역의 확장은 다른 부분과 마찬가지로 (아마도 적은 수의) 발달 유전자의 영향이 확장된 결과일 수도 있다는 가설을 수립했다(Changeux, 2005). 다른 영장류와 비교했을 때 인간의 대뇌피질 유전자 발현 조절에서 눈에 띄는 차이를 보여준다는 연구결과가 이 가설을 뒷받침해준다(Caceres et al., 2003). 올드햄과 동료들의 실험 결과는 이러한 차이가 모든 뇌 영역에 공통적으로 나타나지 않는다는 것을 드러냈고, 발현패턴이 1차 시각피질에서는 비교적 보존된 반면 연합피질에서 특별히 파생되었을 수도 있다고 제안했다(Oldham et al., 2006). 그러나 위댕과 동료들은 뇌에서의 유전자 발현 조절 변화가 인간 계통에 한정되어 있지 않고 침팬지나 다른 유인원과 영장류 종에서도 발생한다고 경고했다(Uddin et al., 2004).

에나르드와 동료들은 인간, 오랑우탄, 침팬지, 마카크원숭이의 조직 견본들에서 얻은 mRNA의 발현 정도와 단백질 발현 패턴을 연구했다(Enard et al., 2002). 연구결과는 다른 장기보다 뇌가 인간과 다른 종 사이에서 유전자 발현 차이를 더 크게 나타낸다는 것을 보였다. 이러한 발견은 뇌에서 나타나는 유전자 발현 정도의 변화가 인류의 진화 도중에 뚜렷하게 나타났다는 것을 말한다. 도러스와 동료들은 여러 영장류와 설치류 종을 대상으로 신경계의 생물학적 기능의 근본적인 유전자와 관련된 단백질의 진화율 분석을 통해 비슷한 결과를 얻었다(Dorus et al., 2004). 그들은 특히 신경계 발달과 관련된 유전자가 설치류보다 영장류에서 높은 진화율을 보인다는 것을 발견했다. 이러한 경향은 반복적인 생리 과정과 관련된 유전자에서는 두드러지지 않았다. 또한 그들은 유전자가 영장류 목(目) 안에서 인간 계통을 따라 특히 빠른 진화를 겪었다는 것을 발견했고, 이러한 발견을 인간 뇌의 크기 및 복잡성의 증가와 연관시켰다. 폴라드와 동료들은 포유류에서 일반적으로 보존되었지만 대단히 가속화된 진화를 겪은 것으로 보이는 일련의 염색체 영역을 식별해냈다(Pollard et al., 2006). 그들이 얻은 결과는 이 많은 염색체 영역이 조절과 신경발달 기능을 수행하는 유전자를 지니고 있다는 것을 드러냈다. 중립적 모형 조건에서 예측했던 것보다 더 빠른 아미노산 서열의 변화율은 보통 양성 선택(positive selection)과 진화적 성공의 표시로 간주된다(Amadio & Walsh, 2006). 따라서 뇌의 발달 과정 변화는 강력한 양성 선택의 압력이 이끈 것으로 본다. 하지만 시와 동료들은 가속화된 진화가 뇌 조직에서 발현된 많은 유전자의 특징이 아닐 수도 있으며, 이러한 연구에서 얻은 결과가 연구에 특정한 유전자만을 포함시킨 기준과 그리고 비교에 사용된 외집단의 구성으로 인해 편향되었을 수도 있다고 경고한다(Shi et al., 2006).

이와 같이 미적 감상의 기원과 진화는 인간을 특징짓는 다른 인지적 기제와 마찬가지로 신피질 영역의 상대적 크기 증가 자체에만 기인한 것이 아니라 발달 시기에서도 영향을 받았다. 정상적으로 신경회로가 성숙하려면 정확한 발달 시기와 개체의 환경과의 상호작용이 필요하다.

다른 많은 것들 가운데 쥐의 시각 피질이 발달하는 동안 시각 상실이 유전자 발현에 미치는 영향을 연구한 마즈단과 샤츠가 이러한 사실을 증명해 보였다(Majdan & Shatz, 2006). 저자들은 신경회로의 성숙과 연관된 몇 개의 유전자 조절이 감각적 경험의 발달사에 의존한다고 보고하면서, 시각과정의 신경학적 기질 발달에서 나타나는 환경의 자극과 유전자 발현 간의 복잡한 관계를 제시했다.

샹주는 최대의 시냅스를 획득하고 정돈하는 발달 단계가 인간에게서 특이하게 길다는 데 대한 몇 가지 증거를 검토했다(Changeux, 2005). 이것은 인간 뇌 진화를 이해하는 데 연결의 중요성을 고려한다면 결정적인 논점이라고 할 수 있다. 샹주는 대뇌피질 표면의 증가가 뉴런 사이의 더 많은 연결 생성 가능성을 제공한다고 말한다. 증가된 연결성은 1차 시각 피질 같은 다른 뇌 영역과 비교했을 때 전전두피질에서 확실히 더 많이 나타나는 수상돌기와 축삭돌기의 미분지말단을 초래할 것이다. 초기 단계가 환경적 영향에 비교적 둔감한 반면, 인간의 유아기 동안 내내 지속되는 이 길어진 기간에는 외부 정보에 특히 민감하다. 이와 같이 인간의 뇌는 발달의 결정적인 단계에서 — 즉 신경 결합이 구축, 강화, 제거되고 있을 때 — 외부 요소의 영향을 받는다.

외부 세계에 대한 안정적인 표상을 저장하는 뇌의 후성적(epigenetic) 능력 덕분에 인간은 사회적 수준에서 문화적 대상으로 이뤄진 인공 세계를 창조할 기회를 얻었다. 다시 말해, 문화의 기원과 세대에서 세대로 이어지는 전파는 상당한 시냅스 수의 증가와 인간 뇌에서 출생 후에 일어나는 활성의존성(activity-dependant) 시냅스 선택의 다양한 과정에 있다. 이러한 후성적 진화는 또 다른 결과를 가져왔다. 즉 후성적 진화는 인간이 최근 역사 동안 발달시킨 문화의 다양성을 가능하게 했다. 바꿔 말해,

뇌 연결성이 출생 이후 후성적으로 진화함으로써 문화 진화의 길이 열렸다는 것이다(Changeux, 2005, p. 89).

그러므로 초기 발달단계에서 나타나는 신경 연결성의 유연함(malleability)은 인간의 뇌를 환경적 영향에 특히 민감하게 만든다고 하겠다. 인간의 경우, 문화적 요소가 이러한 환경의 중요한 부분이 된다. 라랜드와 동료들은 인간이 진화해온 동안 문화적 환경 창조가 차지하는 중요한 역할을 보여준 많은 연구들을 요약했다(Laland et al., 2001). 인간은 자라면서 식물, 동물, 기후 등과 같은 생물학적 요소에 둘러싸일 뿐만 아니라, 언어와 사회적 상호작용과 함께 심미적 목적을 위한 많은 특징 중 색채, 형태, 물체, 움직임, 소리 등의 사용을 포함한 풍부한 문화적 배경 안에서 성장한다. 우리가 성장한 문화적 환경은 인간이 진화하는 과정에서 갑자기 등장하지 않았다는 것은 확실하다. 그것은 느리고 점진적인 문화적 행위와 전통 축적의 결과물이다. 이러한 과정을 "문화의 톱니바퀴 효과(the rachet effect)"라고 설명한 토마셀로는 사회적 학습 능력과 혁신이 누적된 문화 진화의 토대가 된다고 주장한 바 있다(Tomasello, 1999). 아이들이 어른들을 따라 하는 모방학습은 문화적 행위가 한 세대에서 다음 세대 사이에서 상실되지 않는다는 것을 보장한다. 이와 반대로 혁신은 더 효과적이고 참신한 문화적 변종이 후손에게 전해지도록 한다. 따라서 각 세대는 문화적 요소를 맨 처음부터 다시 창조할 필요 없이 부모로부터 배운 것을 수정하여 이러한 변화를 자손들에게 물려준다. 미적 감상의 경우, 대대로 인간은 미적 표현의 정교함을 높이고 다양성을 넓힘으로써 미적 즐거움을 제공하는 많은 새로운 형식을 창조했다. 이것이 결국 새로운 세대가 몰두한 문화적 환경이 되었고, 위에서 짚고 넘어간 문헌에 따르면 신경 발달과 연결성 조직의 어떤 측면에 영향을 미쳤을 수도 있다. 르원틴은 다른 모든 형질과 마찬가지로 인지적 형질을 진화의 결과와 원인 두 측면 모두에서 연구해야 할 필요성을 강조했다(Lewontin, 1990). 그러므로 르원틴의 말을 풀어 말하자면, 진화적 접근에서 미적 감상이나 창조성 같은 현상들의 진화가, 그 현상들이 인간의 진화에 미친 결과와 더불어 연구되어야 한다고 할 수 있다. 생물학적 · 문화적 진화 간에 상호 영향을 주는 방식이 미적 감상에 초래한 효과는 여전히 체계적 탐구의 대상으로 남아 있다.

결론: 미적 선호의 진화를 위한 틀을 향하여

이 장에서 우리는 다양한 단편적 정보들을 수집하여 조합했다. 이제 미적 선호의 진화를 고려한 가설에 대해 이러한 단편들이 시사하는 바를 간략히 설명하려 한다. 이것은 마치 최종적 이미지에 관한 많은 세부정보를 갖지 못한 채 퍼즐의 가장자리 조각들을 나열해나가는 것과도 같다. 하지만 시작하기 전에 현재 연구가 지닌 두 가지 중요한 한계를 인정하고 싶다. 우선 우리는 비교신경학적 검토에서 높은 단계의 뇌 구조에 초점을 두었다. 이것은 낮은 단계에서의 비교 자료가 드물기 때문이지 주어진 문제와 관련하여 덜 중요하다고 믿어서가 아니다. 둘째로, 몇 가지 사례에서 해부학적 · 인지적 변화 사이의 일치가 추정되지만 진화 과정에서 발생한 신경해부학적 변화의 인지적 영향에 관한 지식은 턱없이 부족하다. 이러한 두 가지 결함에도 불구하고 우리는 다음의 결론들이 미적 선호뿐만 아니라 창의성처럼 유관한 다른 현상들에 접근하는 진화적 관점을 확보하는 데 가치 있게 쓰일 제한점들을 대표한다고 믿는다.

미적 선호는 여러 구성적 인지 과정들 사이에서 발생하는 상호작용의 결과물이다. 이러한 사실은 심리학적 · 신경심리학적 연구의 방대한 자료축적(corpus)에 기초한 최근의 인지 모형에 반영되었다(Chatterjee, 2003; Leder et al., 2004). 신경영상 연구는 미적 선호를 위해 뇌에 단일한 제어부가 존재하지 않으며, 상이한 구성요소들로 이뤄진 과정들이 각 뇌 영역의 활동과 연관되어 있다는 것을 확인해주었다. 미적으로 즐거운 시각적 자극의 보상 가치는 안와전두피질(Kawabata & Zeki, 2004)과 미상핵(Vartanian & Goel, 2004)에서 나타나는 것으로 보인다. 바타니안과 괼, 야콥센과 동료들은 미적 선호 과제를 수행하는 동안 전두 대상피질의 활동을 기록했다. 그들에 의하면 이런 활동은 감정적 과정의 의식적 자각과 관련되어 있다. 선호하는 자극으로 인한 주의나 감정 기제는 후두피질의 초기 시각 과정을 향상시킨다(Vartanian & Goel, 2004). 측두극의 활동은 아름다움에 관한 결정에서 감정 및 기억의 맥락을 제공하는 것으로 보인다(Jacobsen et al., 2005). 마지막으로, 시각적 자극의 아름다움에 대한 의사결정은 전두극, 외측 전전두엽 영역의 활동과 연관되어 있다(Cela-Conde et al., 2004; Jacobsen et al., 2005). 뉴런 활동의 특정한 시간적 · 공간적 분포가 각 사람이 특정한 예술작품과 디자인은 즐기고 다른 것은 그러지 않도록 만든다. 따라서 미적 선호의 진화에 대한 질문은 결국 그 구성요소의 진화적 역사, 신경 기반, 상호작용에 관한 질문이 된다.

초점을 요소들의 구성 과정으로 옮긴 결과, 각 구성 과정이 상대적으로 독립적인 진화를 했을 수 있다는 것이 드러났다. 각 과정이 다른 기원에서 출발했을 가능성도 열려 있다. 또한 비교 연구는 추정되는 전구체를 알아내기 위한 강력한 도구다. 사실 우리의 검토에서는 인지 과정의 구성이 신경 기반과 마찬가지로 가까운 종들에게서도 나타난다는 것이 상당히 잘 나타나고 있다. 따라서 우리는 인간과 원숭이의 공통 조상에서도 나타날 것이라는 추정이 가능하다. 현대 계통발생 추론의 근본이 되는 단순성 규준(parsimonious criterion)에 따르면, 가까운 두 계통에서 각각 독립적으로 나타난 것보다 훨씬 가능성 있는 시나리오다. 따라서 미적 선호가 뇌와 인지의 실질적 변화보다는 이미 존재하는 인지 과정과 신경 기반의 결집을 통해 진화했다고 볼 수 있다.

이상과 같은 견해는 인간이 진화하는 동안 인지 과정이나 신경 기초에 변화가 없었다는 것을 의미하지 않는다. 우리가 말하고자 하는 것은 인간이 특정 뇌영역에서 점진적이고 양적인 변화를 거침으로써 미적 선호를 획득했다는 것이다. 구체적으로 말하면, 전전두엽 연결성 패턴의 복잡성, 배측 시각적 흐름의 증가, 전두 대상피질 내의 새로운 세포구조를 들 수 있다. 아마도 이러한 변화는 다중양상 정보의 더 풍부한 통합, 추상적인 표상의 발생, 공간 관계 분석의 개선, 인지적 제어 능력의 향상을 각각 가능하게 해주었을 것이다.

미적 선호의 바탕이 되는 이러한 뇌 영역의 변화는 인간의 진화 도중 각자 다른 시기에 일어났을지도 모른다. 더 나아가 원래는 미적 선호와 관련이 없는 다양한 선택압(selective pressure)에 의한 것일 수도 있다. 따라서 인간 경험에 대한 진화적 접근은 하나 이상의 선택이익 가설이나 심지어 진화 기제를 포함할 수 있으며, 아마도 반드시 포함해야 할 것이다.

인간 뇌의 연결성 패턴 발달은 환경적 요소에 민감하다. 이렇게 증가한 가소성(plasticity)이 미적 선호 진화와 관련된 역할을 했을 가능성이 있다. 적어도 지난 20만 년 동안 보디페인팅, 장식물, 뼈 조각품처럼 환경을 장식하기 위한 것을 포함하여 다양한 문화적 실천이 인간 유아에게 노출되었다는 것은 확실히 미적으로 조율된 마음이 발달하는 데 핵심적 국면이 되어왔다. 미적 요소의 문화적 생산은 느리고 점진적이었으며, 다양한 지역 전통과 표현 형식을 지녔다. 미적 선호에 대한 진화적 접근은 문화와 생물학적 진화 사이의 상호작용에 대한 설명을 필요로 한다.

1) 〔원주〕이 연구는 팔마데마요르카 로제병원(Clinica Rotger)이 **발레아레스제도 정부의 경제, 재무 및 혁신부**(*Conselleria d'Economia, Hisenda innovacio, Govern de les Illes Balears*)에서 받은 연구기금 PRIB-2004-10057로 수행한 것이다.

2) 시상능(矢狀稜, sagittal crest)이란 고릴라처럼 턱뼈가 크고 저작근(咀嚼筋)이 발달한 영장류에서 잘 관찰되는, 두개골 두정부로부터 후방으로 뻗은 칸막이 모양인 뼈의 능선을 가리킨다. 시상능은 무엇보다도 음식물을 씹을 때 주로 사용하는 머리 양측의 측두근(temporal muscles)을 지탱하기 위해 발달한 것으로 추정된다.

3) 저명한 고고학자 루이스 빈포드(Lewis Binford)는 문화를 "인간 유기체의 체외적응을 위한 수단"이라고 정의한다. 이때 그는 폭넓은 '문화' 개념을 채택하여 인간이 물리적·사회적 환경에 적응하도록 기능하고, 변화를 위해 생물학적 과정에 의존하는 모든 종류의 하위문화를 지시하고 있다. 그러므로 "가냘픈 계통이 생존을 위해 체외 적응에 의지했다"는 말은 가냘픈 계통이 석기문화를 발전시키기 시작했다는 의미로 풀이할 수 있다. Binford (1962), p. 218을 참고하라.

4) 고고학에서 올도완문화(Oldowan)란 탄자니아의 올두바이협곡을 표준 유적으로 하는, 세계에서 가장 오래되었다고 간주되는 석기문화를 말한다.

5) 아슐문화(Acheulean)는 전기 구석기에 해당하는 약 170만 년 전 아프리카와 아시아 등지에서 처음으로 개발되었던 석기제작 산업을 일컫는다. 아슐문화는 호모하빌리스가 사용했던 올두바이의 석기제작술에서 유래한 것으로 알려져 있다.

6) 홍적세 또는 플라이스토세는 약 258만 년 전에서 1만 년 전까지 지속되었던, 흔히 빙하기(Ice Age)라고 부르는 지질학적 시대다. 홍적세가 끝나는 시기는 빙하기와 구석기시대의 종말과 일치한다. 시기상 인류는 홍적세에 출현했다고 할 수 있다. 중석기시대는 충적세 또는 홀로세(Holocene)부터 시작되는데, 이 지질시대는 현재까지 지속되고 있으므로 현세(現世)라고도 부른다.

7) 오리냐크문화(Aurignacian)란 약 4만 년 전 시작되어 3만 3천 년 전까지 지속됐던 후기 구석기시대 고고학적 유산을 말한다. 유럽의 초기 현생 인류가 오리냐크문화를 발전시켰다고 추정되고 있다. 오리냐크문화의 사례로는 가장 오래된 인간 형상 조각인 〈홀레 펠스(Hohle Fels)의 비너스〉가 있다.

8) 측두극(temporal pole)은 측두엽의 앞쪽 끝에 위치하는 대뇌피질 영역으로, 이어지는 측두극 절에서 저자들이 설명하는 것처럼 미적 판단과 언어 능력을 비롯한 다양한 인지 기능에 관여한다고 알려져 있다.

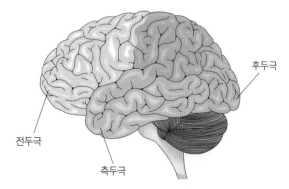

[그림 6-3] 측두극, 전두극, 후두극

9) 전두극(frontal pole)은 이마의 앞쪽 정중앙에 위치한 전두엽 부위다. 전두극은 특히 새롭거나 불확실한 영역에 도전할 때 내리는 결정에 관여하는 것으로 알려져 있다.

10) 상대성장(allometric growth)이란 동일 개체의 체부분(體部分) 간의 상이한 성장을 뜻한다. 즉 유기체의 여러 신체기관들은 각기 다른 속도로 크기가 증가한다는 것이다. 그렇다 하더라도 호모 하빌리스의 뇌 크기 증가는 다른 신체 부분의 증가보다 괄목할 만하게 빨랐다는 점에서 상대성장 외적인(extra-allometric) 증가였다고 할 수 있다.

11) V1, V2, V3, MT/V5는 모두 후두엽에 위치하는 시각피질의 하위 영역들이다. V1, V2, V3는 각각 BA 17, 18, 19에 위치하고 MT/V5는 측두엽 안쪽에 위치하는 시각피질이다. V1은 시상으로부터 시각 입력을 받아서 가장 초기의 시각 처리를 하는 영역으로 1차 시각피

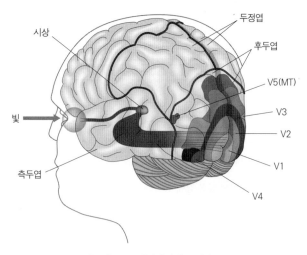

[그림 6-4] 시각피질의 국재화

질(primary visual cortex)에 해당한다. V2는 V1으로부터 정보를 받아 V1으로 피드백을 보내기도 하지만, 주로 V3, V4, V5로 정보를 보내는 영역인 2차 시각피질(secondary visual cortex)이다. V3는 V2의 바로 앞쪽에 위치한 영역으로 V2로부터 정보를 받는다. MT 또는 V5는 운동 지각에 중요한 역할을 한다고 알려져 있으며, MT라는 용어는 '중간측두 시각피질(middle temporal visual cortex)'의 약어다. (컬러 그림은 이 책의 256쪽을 보라.)

12) 망막위상(retinotopy)이란 망막으로부터 시각정보의 흐름에 속해 있는 뉴런까지 전달되는 시각정보 입력에 관한 매핑을 말한다.

13) 대세포 시각경로(magnocellular visual pathway)와 소세포 시각경로(parvocellular visual pathway)는 망막에서 시상의 외측슬상핵(Lateral Geniculate Nucleus: LGN)을 거쳐 1차 시각피질(V1)까지 이어지는 두 가지 구분되는 경로로, '대세포(magnocellular)'와 '소세포(parvocellular)'라는 말은 시상의 외측슬상핵에서 두 경로에 해당하는 세포의 크기가 다른 데서 유래했다. 즉 대세포 경로는 외측슬상핵에서 크기가 큰 대세포를 거쳐가고 소세포 경로는 크기가 작은 세포를 거쳐간다. 대세포 경로는 명암 대비를 잘 탐지하고, 낮은 공간 주파수에 민감한 데 비해 소세포 경로는 색을 처리하고 높은 공간 주파수에 민감하다. 본문에서 말하는 '대세포 시각 경로의 피질 표상(cortical representation)'은 대뇌피질에서 대세포 시각 경로에 대응하는 신경표상을 의미하는 것으로 보인다.

14) 상동성(homology)은 어떠한 형질이 진화 과정 동안 보존된 것을 뜻하며, 이는 형태적 형질이나 분자적 형질, 유전자 서열도 해당할 수 있다. 간단히 말해 진화 과정을 거치면서도 보존될 것이라고 예측되는 특징들을 '상동성'이라고 하는데, 여기서 어떤 형질이 보존되었다는 것은 서로 다른 종 사이에서 나타나는 형질이 정확히 일치한다는 것이 아니라 어떠한 공통적 조상 형질로부터 유래된 것이 소실되지 않고 남아 있어 진화적 관계를 유추할 수 있게 하는 것을 말한다.

15) 망막에서 V1으로 전달된 시각정보는 두 가지 흐름을 따라 전달되는데, 그중 하나는 배측 경로(dorsal pathway)이고, 다른 하나는 복측 경로(ventral pathway)다. 배측, 즉 등쪽을 따라 흐르는 시각정보는 주로 사물의 위치와 운동에 관한 것이어서 '어디 경로(where-pathway)'

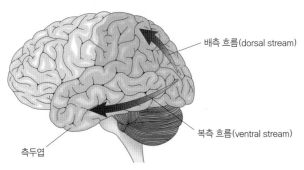

배측 흐름(dorsal stream)

복측 흐름(ventral stream)

측두엽

[그림 6-5] 시각정보의 두 가지 흐름

라고도 하며, 복측 즉 배쪽을 따라 흐르는 정보는 사물의 형태와 색채에 관한 것이어서 '무엇 경로(what-pathway)'라고도 부른다. (컬러 그림은 이 책의 256쪽을 보라.)

16) 백질과 회백질에 대해서는 2장 주 8)을 참고하라.

17) 청각적 소통은 반드시 음성을 통한 것이 아닐 수 있다. 가령 손뼉을 치는 것이나 손이나 발로 바닥을 두드리는 것도 청각적 소통이지만, 음성적이지 않은 소리를 통한 소통이다. 다른 예를 들면 명금이 노래를 하는 대신 부리나 발톱으로 바닥을 탁탁 쳐서 소리를 냄으로써 구애를 하거나 영역을 지키는 경우가 있다. 더 자세한 설명을 위해서는 다음 자료를 참고하라.
https://web.stanford.edu/group/stanfordbirds/text/essays/Nonvocal_Sounds.html

18) 열구와 뇌회에 대해서는 2장 주 7)을 참고하라.

19) 교세포(膠細胞, glial)는 신경계에 있는 비(非)뉴런 세포로 뉴런을 지원하거나 보호하는 역할을 한다.

20) 대뇌피질은 뉴런의 종류 및 다른 영역들과의 연결 특성에 따라 크게 6개의 층으로 구분된다. 피질층의 가장 바깥쪽이 I층이고 차례대로 제일 안쪽은 VI층이다.

21) 정신적인 현상 중에는 물리적인 크기에 로그를 취한 값에 비례해서 나타나는 것이 많다. 예를 들어, 인간이 지각하는 소리의 크기는 물리적인 소리 크기에 로그를 취한 값에 비례한다. 여기서도 이 점에 착안하여 BA 10의 크기 값에 로그를 취하여 비교해본 것이다. 본문에서 말하고자 하는 것은, 원 수치로 비교했을 때는 인간의 BA 10이 예외적일 정도로 커 보이지만, 로그 척도로 변환하여 비교하면 예측되는 범위를 크게 벗어나지 않는다는 것이다.

22) 대뇌피질의 II층은 '외과립층(external granular layer)'이라고 불리며 작은 피라미드 뉴런(pyramidal neurons)들과 많은 수의 성상 뉴런(stellate neurons)들로 구성된다. III층은 '외피라미드층(external pyramidal layer)'이라고 불리며, 주로 작거나 중간 크기의 피라미드 뉴런들로 구성된다.

23) 대뇌피질의 V층은 다시 Va층과 Vb층으로 나뉜다. Va층은 Vb층보다 세포의 밀도가 높아서 염색하면 더 어두운 색을 띤다. IV층과 V층은 피질 두께의 40%를 차지한다.

7

시각예술의 신경심리학에 대한 전망

안잔 채터지(Anjan Chatterjee)

우리는 과연 예술에 관한 신경심리학으로부터 무언가를 배울 수 있을까? 신경심리학은 지각, 기억, 언어 같은 다양한 인지체계에 대한 우리의 지식을 진전시키는 산파 역할을 했다. 하지만 신경심리학이 미학연구에 끼친 영향은 지금까지 미미했다. 왜 그럴까? 중요한 요인 중 하나는 분명히 예술의 신경심리학(과 신경미학 일반)이라는 탐구영역이 아직 걸음마 수준에 있다는 것이다. 우리가 추론을 이끌어낼 수 있는 데이터는 극히 드물다. 이런 데이터는 심사를 거친 학술논문들보다는 책의 단원들에서 자주 발견되며, 따라서 검색 엔진으로 접근할 수 없는 것들이다. 제한된 데이터와 데이터 접근의 어려움이라는 제약 너머에 있는 신경미학 분야 내부에서 제기된 신경미학의 적절한 방법에 관한 근본적인 질문도 아직 답변되지 않은 채 남아 있다. 더 나아가 어떤 현상들은 종종 눈에 띄게 두드러짐에도 불구하고 예술이론을 구성하는 데 적절하게 활용되지 않았다. 마지막으로 언급할 근본적이면서도 심대한 우려는 이 모든 노력이 어쩌면 잘못된 길을 따라왔을 수도 있다는 것이다. 예술은 본성상 과학이 고집하는 종류의 환원을 거부할지도 모른다. 아니면, 과학의 렌즈를 통해 걸러지고 나면 예술은 그것을 특별한 인간 활동으로 만들어주는 바로 그 특성을 잃게 될지도 모른다.

이 장에서 나는 예술의 신경심리학의 전망에 대해 어떤 최종적인 판단을 내리기에는 아직 이르다고 주장한다. 나는 특히 시각예술에 초점을 맞추고 있다. 음악이나 무용 혹은 문학보다는 시각예술에서 연구가 더 많이 진척되었다. 따라서 시각예술이 이러한 〔과학적〕 방향의 탐구에 내재하는 잠재성과 위험 모두를 더 잘 보여줄 수 있다. 우선 나는 뇌 손상을 가진 예술가들에 대한 이미 나와 있는 보고들을 돌아보려 한다. 나는 이 일을 선택적으로 함으로써 (아마 다른 접근들도 있을 테지만) 내가 보기에 생산적이라고 입증될 수 있는 하나의 접근을 강조할 것이다. 그러고 나서 이 분야의 몇 가지 한계에 대해 논의하고, 이 분야가 진전하기 위해 이뤄져야 할 일에 대해 전망할 것이다. 예술가들은 그들의 시각-운동 기술(visuo-motor skills) 덕분에 흔히 뇌 손상과 연관되는 시각-운동적 결손으로부터 상대적으로 보호받을 수도 있다고 추측할 수 있다. 하지만 이러한 추측은 뇌 손상이 예술적 생산에 미치는 영향에 대한 검토들에서 분명히 나타나듯이 사실이 아닌 것으로 보인다(Bogousslavsky & Boller, 2005; Chatterjee, 2004a, 2004b; Rose, 2006; Zaidel, 2005). 편측공간무시(unilateral spatial neglect)는 환자가 공간의 한쪽 편을 인식하지 못하는 장애다(Chatterjee, 2003). 편측공간무시를 가진 예술가들은 그들의 예술작품에서 이러한 무시 증상을 드러낸다(Jung, 1974). 시각실인증(visual agnosia, 視覺失認症)은 대상을 시각적으로 지각하거나 재인하지 못하는 것이다. 시각실인증을 가진 예술가들은 그들의 산출물에서 대상을 묘사하는 데 어려움을 겪는다(Wapner et al., 1978). 색맹은 색채를 파악하지 못한다. 색맹인 예술가들은 그들의 그림에서 색채를 적절하게 사용하지 못할 수도 있다(Sacks, 1995a). 이런 사례들에서 예술작품은 종종 아름답고 매혹적인 방식으로 신경심리학적 결손의 본성을 드러낸다. 하지만 이런 작품들이 반드시 예술적 생산 자체의 본성에 대한 통찰을 던져주는 것은 아니다.

우리는 뇌 손상을 가진 예술가들의 사례를 어떻게 하면 더 유익하게 활용할 수 있을까? 한 가지 전략은 뇌 손상이 예술적 산출물의 역설적인 촉진을 낳는 사례를 조사하는 것이다. 뇌 손상이 시각예술을 창작하는 능력에 미치는 영향은 다른 많은 인간의 능력과 확연하게 대조된다. 뇌 질환은 정보를 소통하고, 운동을 조정하고, 대상을 재인하고, 감정을 파악하고, 논리적 의사결정을 하는 우리의 능력을 손상시킬 수 있다. 이와 대조적으로 뇌 질환은 확실히 예술을 생산하는 능력을 변화시킬 수 있고, 이러한 변화는 때때로 예술적 능력의 향상으로 간주된다. 예술적 능력이 향상된 사례들은 뇌 손상이 초래하는 역설적인 기능적 촉진이라는 더 일반적인 부류에 속한다(Kapur, 1996). 이와 같은 기능 촉진의 다른 사례들 대부분은 비교적 단순한 감각 및 운동 능력과 자동적 과정과 관련이 있다.

이러한 논의는 뇌에 단일한 예술 중추는 존재하지 않는다는 견해를 함축한다. 하나의 반구가 그 자체로 예술 창조에 어떤 특권적 역할을 가진다는 것도 사실이 아니다. 오히려 예술 생산은 상당히 복잡하며, 서로 다른 뇌 부분들에 의해 매개되는 많은 요소로 구성되어 있다. 최종적인 예술적 산출물은 이렇게 상이한 구성요소들의 조합으로부터 출현한다. 뇌 손상은 전체 (인지) 과정에서 사용 가능한 뇌 부위를 변화시키며, 그 산출물은 구성요소들을 다르게 조직화한 결과가 된다. 일반적으로 말초적 손상은 입력(실명)이든 출력(마비)이든 간에 예술적 생산과 관련된 구성요소에 대해 흥미로운 사실을 드러낼 가능성이 더 낮다. 이에 반해, 중추적 손상, 특히 역설적으로 예술을 촉진시키는 손상은 예술적 생산의 본성에 대해 더 큰 통찰을 제공할 수도 있다.

시각예술의 역설적 촉진

이어지는 내용에서는 신경학적 장애가 예술을 향상시킬 수 있는 방식들에 대해 검토하려 한다. 여기엔 네 가지 방식, 즉 시각예술을 생산하려는 성향, 독창적인 시각적 어휘 제공하기, 정확한 묘사 돕기, 그리고 표현력 변화시키기가 포함된다.

예술을 생산하려는 성향

전측두엽 치매(Fronto-temporal dementias)는 사람의 성격에 엄청난 변화를 초래하는 퇴행성 신경질환군이다. 환자들은 사회적 탈억제(disinhibition)와 탈조직화(disorganization)[1]를 겪을 수 있으며, 언어, 주의 그리고 의사결정 능력에 문제가 생길 수 있다. 전측두엽 치매를 겪는 몇몇 사람은 행동거지와 인지능력의 변화와 더불어 생전 처음 예술을 생산하는 성향을 발달시킨다. 밀러와 동료들은 이런 사람들의 예술이 추상적이거나 상징적이지 않고 사실주의적인 경향이 있다는 것에 주목한다(Miller et al., 1998). 시각적인 경우가 가장 많고, 강박적인 특성을 보이며 매우 자세하게 묘사한다. 환자는 자신의 예술에 강렬하게 몰두하고 있는 것처럼 보인다. 전측두엽 치매를 겪는 사람들의 예술적 산출물은 그들의 성격 변화의 결과인 것처럼 보인다. 즉 그들이 후천적으로 획득한 강박적인 형질이 그림으로(graphically) 표현된 것이고, 반복적으로 표현하고 세부사항에 주목한 결과 두드러지는 시각 이미지를 산출하게 된 것이다.

몇몇 다른 사례도 신경질환이 초래하는 강박적 형질이 예술을 생산하는 성향을 갖게 할 수 있다는 생각과 일치한다. 올리버 색스는 샌프란시스코에 사는 이탈리아인 화가 프랑코 마냐니(Franco Magnani)의 사례를 묘사했다(Sacks, 1995b). 마냐니는 자신이 자란 폰티토(Pontito)라는 이탈리아 마을의 현실적인 장면을 수백 장 그렸다. 서른한 살 때 마냐니는 뇌염 질환으로 추측되는 병을 앓았다. 병치레를 한 후 그는 강박적으로 그림을 그리기 시작했다. 폰티토는 그가 추구하는 예술의 유일한 주제였고, 그는 강박적으로 폰티토를 그렸다. 폰티토에 대한 강박은 그의 사고와 대화를 사로잡았다. 색스는 그가 부분 복합발작을 겪었고, 부분적으로는 종종 측두엽 간질과 연관되는 강박적이고 '집요한' 성격을 보이고 있다고 추측했다(Waxman & Geschwind, 1975). 때때로 이런 환자들은 끊임없이 적는다는 의미에서 '하이퍼그래픽'하기도 하다. 하지만 마냐니의 하이퍼그래피아는 언어적으로 표현되는 대신, 시각적으로 자신을 표현하는 방식으로 나타났다.

리스괴와 동료들은 지주막하 출혈(subarachnoid hemorrhage)을[2] 가진 건축가의 사례를 보고했다(Lythgoe et al., 2005). 그 건축가는 발병 전에는 예술에 관심이 없었지만, 첫 부상에서 회복된 이후 강박적인 예술가가 되었다. 출혈이 발생한 이후에는 어느 정도의 언어적 탈억제만 제외한다면 정상적인 언어 및 수행 지능지수와 정상적인 행동을 보였다. 정신적 유연성과 관련된 것을 제외하고는 대부분의 신경심리학적 과제를 잘 수행해냈다. 그는 또한 수백 장의 스케치를 그리기 시작했는데, 대부분 얼굴을 그렸다. 이후 그는 대규모 드로잉을 그려서 때로는 온 방을 뒤덮었지만, 그의 예술은 소수의 주제에 제한되어 있었다.

마지막으로 자폐증이 있는 아이들 중 약 10%는 서번트와 유사한(savant-like)[3] 능력을 가진다(Rimland & Fein, 1988). 이 아이들의 일부는 빼어난 시각 이미지를 생산한다(Sacks, 1995c). 이러한 사례의 가장 자세한 묘사는 셀페가 보고한 나디아(Nadia)였다(Selfe, 1977). 아기 때 나디아는 엄마에게 반응하지 않았고, 성장하면서 사회적 공감력이 부족한 것처럼 보였다. 어린 시절 나디아는 다른 아이들의 존재에 대해 강박적인 걱정을 가졌고, 그들과 어떤 실질적인 상호작용도 형성하지 않았다. 나디아는 언어 습득이 지연되는 등 발달이상을 보였음에도 드로잉에는 탁월한 기술을 갖고 있었다. 세 살 때 그녀는 실물과 똑같이 말을 그렸다. 한 번 그릴 때 잠시 동안 집중적으로 그렸고, 항상 이미지를 그대로 따라 했다. 그녀는 또한 말 같은 특정한 종류의 이미지에 집중하여 수백 개의 사례를 그렸다. 나디아의 능력은 탁월했으나, 이런 재능이 나디아에게만 유일한 것은 아니었다. 이런 빼어난 드로잉 기술을 가진 자폐아들은 특정한 주제에 집중하여 반복적으로 그리는 것으로 보인다.

그러므로 강박적 형질을 초래하는 몇 가지 신경질환으로 인해 사람들은 예술을 생산하려는 성향을 갖게 될 수도 있다. 이런 예술가들은 사실적인 이미지를 생산하고 제한된 범위의 주제에 사로잡히는 경향이 있다. 강박장애의 신경 기반이 아직 완전히 밝혀지지는 않았지만, 아마도 도파민과 보상회로의 변화와 관련이 있을 것이다. 우리는 최근에 도파민

작용제의 투약 이후 강박적으로 예술을 생산한 파킨슨병 환자에 대해 보고했다(Chatterjee et al., 2006). 흥미롭게도 그는 글씨를 쓸 때 심각한 운동 통제의 손상을 분명히 나타내는데도 불구하고 그림을 그릴 때는 우아하고 물결치는 움직임을 만들어낼 수 있었다. 강박적 형질은 또한 안와전두피질, 내측두피질, 그리고 전두선조회로(fronto-striatal circuits)의[4] 기능 장애와 연관되어 있다(Kwon et al., 2003; Saxena et al., 1999; Ursu et al., 2003). 특히 이 절에서 기술한 사례들에서 이러한 영역들이 손상되었을 수 있고, 머리 뒤쪽의 후측두엽 피질들은 아마 손상되지 않았을 것이다. 뒤쪽 피질들의 보존은 얼굴, 장소 및 사물을 표상하는 신경 기질이 보존되도록 하고, 그리하여 그것들이 이러한 환자들의 강박적 대상이 될 수 있게 한다.

우리는 아직도 어떻게 강박적 형질의 변화가 예술을 생산하는 성향을 야기하는지 자세히 알지 못한다. 예를 들어, 다음과 같은 질문들에 우리는 여전히 답변하지 못했다. 왜 전측두엽 치매나 자폐증을 가진 환자 중 일부만 이러한 기술이 발달하는가? 다른 이들에게도 예술을 생산하도록 고무할 수 있는가? 그리고 이러한 '개입'이 치료효과를 가질 수 있는가? 무엇이 어떤 사람들은 시각예술을 생산하는 성향을 갖게 하고, 다른 사람들은 다른 것들에 집착하는 성향을 띠게 하는가?

시각적 어휘

편두통과 간질 같은 신경질환은 생산적인 시각 현상들과 관련될 수 있다. 영국편두통협회(British Migraine Association)와 WB제약(WB Pharmaceuticals)이 후원한 제1회 국내 미술 공모전(National Art Competition)에 출품된 200점

이상의 작품 중 70%가 스펙트럼 외양(spectral appearances),[5] 48%가 섬광암점(閃光暗點, fortifications),[6] 16%가 시각적 손실 영역, 2.5%가 모자이크 시각을 보였다(Wilkinson & Robinson, 1985).

포돌과 로빈슨이 보고한 바에 따르면, 미술가 이그냐셔스 브레넌(Ignatius Brennan)은 편두통 기운이 그의 예술에 어떻게 영감을 주었는지 유창하게 표현했다(Podoll & Robinson, 2000). 그가 열한 살 때 경험한 편두통은 종종 시야의 많은 부분을 가리는 지그재그 모양의 구름과 함께 시각적 손실을 초래하는 무서운 사건이었다. 나이가 들면서 그는 모자이크와 함께 삼각형과 둥근 형태도 보았다. 또한 사물이 커지거나 작아지는 시각적 왜곡도 경험했다. 브레넌은 자신의 예술에 미친 편두통의 영향을 다음과 같이 묘사했다.

미술학교에 다닐 때 나는 편두통 경험에 대한 그림을 의도적으로 시작한 것이 아니라 무의식적으로 시작했다. 당시에는 풍경화를 많이 그렸다. 나는 종종 하늘뿐만 아니라 모든 곳에 있는 구름을 그리곤 했는데, 나는 이것이 시각 손실 중에 경험한 시각적 공동(空洞)을 나타내는 것이라고 생각했다. 또한 내 그림에 톱니 모양의 지그재그 형태를 사용하여 모든 것이 부서져버리는 경험을 상징했다. (…)

구름, 지그재그, 그리고 다른 심상은 나 자신의 개인적인 시각적 어휘의 부분이지만, 그것들은 분명히 편두통 경험에서 나온 것이다. 나는 이에 대해 전적으로 확신한다. 나는 그런 일을 의도적으로 하지는 않지만, 특수한 주제, 예를 들어 기분이나 감정을 나타내는 데 적합할 때는 이런 이미지들을 다른 방식들로 사용하기도 한다. (…) (Podoll & Robinson, 2000, p. 264)

이런 환자들은 예술가들이 시각적 어휘를 생산에 어떻게 이용하는가에 관한 통찰을 제공할 수 있을지도 모른다. 이러한 사례들에 대한 더 자세한 분석은 예술가들이 이 시각적 어휘, 그리고 어쩌면 시소자들(visual primitives)를[7] 연결시키는 시각적 문법을 어떻게 발달시키는지에 대해서도 알려줄지 모른다. 아마도 이러한 분석은 개인이 어떻게 "안목(eye)을 발달시키도록" 훈련되는가에 대한 통찰을 제공할 수도 있을 것이다.

기술적 정확성(Descriptive Accuracy)

수 세기 동안 시각예술가들은 대상과 환경을 정확하게 표현하는 데 몰두해왔다. 드로잉과 회화에서 기술적 정확성 문제의 기저에는 대상을 파악할 때 보는 것과 아는 것의 역할이 자리하고 있다. 시각실인증은 환자가 대상을 재인하는 데 어려움을 겪는 장애 부류다(Farah, 1990). 리사우어가 시각실인증에 관한 고전적 기술을 한 이래, 대상 재인의 결핍은 지각적 결핍과 개념적 결핍 사이의 연속선상에 있다고 인식되어왔다(Lissauer, 1890). '통각적 실인증'이라고 부르는 지각에 기반을 둔 실인증은 시각 정보를 일관된 대상으로 처리하는 능력을 손상시킨다. 개념에 기초한 실인증은 '연합성 실인증'이라고 하며, 대상에 대한 의미론적 지식의 손상을 수반한다(Farah, 1990).

와프너 외는 다른 식으로 그렸다면 파편화되었을 드로잉의 깊이와 음영을 〔언어로〕 전달할 수 있음에도 불구하고 이미지 모사하기(copy)에는 어려움을 갖는 통각적 실인증을 가진 미술가에 대해 기술했다(Wapner et al., 1978). 그에게 보존되어 있던 의미론적 체계는 예술적 생산을 유도하는 데 별 도움이 되지 못했다. 그래서 전화기를 그리라고 했을 때 그는 추론으로 이미지를 구성했다. "전화는 위에 설 수 있는 바닥, 말할 수 있는 곳, 소통하기 위해 꽂는 전선으로 들을 수 있는 어떤 것, 전화를 걸 수 있는 곳이 필요하다." 이러한 언어적 전략은 정확한 이미지를 만드는 데 별로 효과적이지 않았다. 그러므로 대상에 대한 의미론적 지식 자체는 대상을 정확히 묘사하는 데 도움이 되지 않는다고 할 수 있다.

이 환자는 연합성 실인증을 가진 두 사람과 대조적이다(Franklin et al., 1992; Schwartz & Chawluck, 1990). 두 사례 모두에서 이들에게 언어적 명칭으로 대상을 그리도록 하면, 대충 어린아이들이 그린 것과 비슷한 단순한 이미지를 그렸다. 하지만 복잡한 시각 이미지에서는 결과가 놀라울 정도로 달랐다. 예를 들어, 이들 중 한 명은 보티첼리가 원래 그린 초상화를 똑같이 그리거나 스태프의 초상화를 아름답게 그릴 수 있었다(Franklin et al., 1992). 따라서 대상에 대한 의미론적 지식은 결코 정확하게 묘사하기 위해 필수적인 것이 아니라고 할 수 있다.

한 폴란드 실어증 미술가에 대한 관찰도 이러한 논점과 일치한다(Kaczmarek, 1991). 제2차 세계대전이라는 사건에서 깊이 영향을 받아 발병하기 전에 그의 회화는 보통 숫자, 글자, 표의문자를 이용한 반전(反戰)의 표명이었다. 뇌졸중이 발병한 이후 그는 말이 어눌해졌고 적은 수의 단어만 사용하게 되었다. 우리의 의미론적 체계의 핵심은 추상화하고 일반화하는 능력에 있다. 추상적 상징의 사용은 보존된 의미론적 체계의 표시라고 여길 수 있다. 그의 의미론적 체계에 대해 상세하게 시험하지는 않았지만, 그의 실어증에 대한 기술에서 의미론 체계의 저하를 추론해낼 수 있을 것이다. 그가 언어적 상징을 사용할 능력을 잃게 된 것은 미술작품에도 영향을 미쳤다. 그는 더 이상 이전의 양식으로 작품을 생산할 수 없었다. 하지만 상징을 다룰 능력을 상실했음에도 불구하고 그는 여전히 사실적인 풍경화와 초상화는 상당히 잘 그릴 수 있었다!

대상에 대한 의미론적 지식이 실제로 예술 생산을 저해하는가? 미술사학자 에른스트 곰브리치(Ernst Gombrich)는 훈련된 미술가들조차 정확성을 희생할 수도 있는 방식으로 보고 있는 것에 대한 지식을 묘사에 도입한다고 관찰했다(Gombrich, 1960). 그렇다면 손상된 지식은 시각-운동 체계가 온전하다면 대상과 장면을 정확하게 묘사하는 능력을 도울 수도 있을 것이다. 서번트와 유사한 예술적 능력을 가진 자폐아 사례들은 아마도 이러한 손상된 지식을 통해 설명될 수 있을 것이다.

자폐증 예술가들은 재빨리 정확하게 그리기 전에 대상을 몇 분 동안만 보면 된다(Sacks, 1995c; Selfe, 1977). 나디아의 능력은 다른 아이들의 그림 실력 발달의 가속화된 버전이 아니었다. 그녀는 사실적으로 그리는 것을 배우기 이전에 단순한 도식적 이미지의 단계를 먼저 거치지 않았다. 오히려 그녀의 능력은 처음부터 발달하여 시간이 흘러도 별로 변하지 않았다. 나디아는 처음에 말을 반복적으로 그렸다. 그녀는 선을 능숙하게 망설임 없이 그렸다. 나디아가 이 이미지들을 다른 사람들과는 다르게 다뤘다는 것은 다음 두 관찰을 통해 알 수 있다. 첫째, 나디아는 종이의 어느 곳에서든지 그리기 시작한다. 그녀는 종이 안에 이미지 전체를 다 채워 담으려 하지 않고, 종이의 가장자리에 다다르면 말의 일부만 그렸더라도 드로잉을 끝내버렸다. 둘째, 대부분 사람들은 말을 머리부터 그린다. 반면 나디아는 말의 목에서부터 그림을 시작할 수 있었으며, 말의 머리처럼 특정 대상에 관한 결정적인 특징에 영향을 받지 않는 것처럼 보였다. 말과 펠리컨을 그리는 나디아의 놀라운 기술은 구체적인 대상에 대한 강박적인 집중에서 오는 것으로 보인다. 말하자면 그녀의 집중은 시각적 대상을 '보는' 능력을 간섭하는 의미론적 연합으로 인해 흐트러지지 않는다는 것이다. 나디아가 마침내 언어를 습득하고 나자, 그녀의 그림은 전보다 평범해졌다. 추정컨대 언어의 습득은 더 풍부한 의미론적 체계가 발달했다는 사실을 반영하고, 그녀의 예술적 기술을 떨어뜨린 것으로 보인다.

표현성의 변화

물론 시각예술은 사물들과 장면들을 정확히 묘사하는 데 국한되지 않는다. 아마도 사진술의 등장에 떠밀려 시각예술은 다양한 양식들로 갈라졌을 것이다. 뇌 손상이 미술가에게 미치는 가장 흥미로운 영향 중 하나는, 정확하게 묘사할 능력을 상실함으로써 그의 예술에서 놀라울 정도로 매력적인 양식 변화를 겪는다는 것이다. 이러한 양식적 변화는 색채와 형태의 사용과 이미지의 내용에서 발생할 수 있다.

색스는 정신적 외상으로 인한(traumatic) 뇌 손상 때문에 후천적 색맹이 된 미술가에 대해 기술했다(Sacks, 1995a). 그의 초기 그림들은 색채가 화려하고 상당히 추상적이었다. 사고 이후 그에게 모든 것은 '먼지 잿빛'으로 보였다. 처음에 그는 막연히 색채를 사용하고자 시도했으나, 결국 (실패한 후) 스스로 흑백 그림으로 후퇴했다. 시간이 흐름에 따라 그는 자신의 그림에 제한적이지만 몇 가지 색채를 도입했다. 무력감을 겪던 초기를 지나고 나서 그는 자신이 보는 새로운 방식을, 색채로 어수선해지지 않은 순수한 형태의 세계를 보게 해주는 이상한 선물이라고 여기기 시작했다. 이 새로운 시각은 그에게 새로운 표현 영역을 펼쳐주었다. 예를 들어 운전할 때 그는 불타오르는 듯한 빨간 일출을 검은색으로 보았다. 그는 그 장면을 이렇게 묘사했다. "해가 폭탄처럼 떠올랐고, 마치 거대한 폭발 같았다. 이전에 이러한 일출을 본 사람이 있는가?" 이 광경에 영감을 받아 그는 〈핵일출Nuclear Sunrise〉이라는 흑백 그림을 제작했다.

우반구 손상은 좌측공간무시를 야기하므로 환자들은 공간의 좌측을 알아차리지 못하게 된다(Chatterjee, 2003). 좌측공간무시를 지닌 미술가들은 자신들이 그리거나 색칠하는 이미지의 좌측을 빠뜨린다(Blanke et al., 2003; Cantagallo & Sala, 1998; Halligan & Marshall, 1997; Jung, 1974; Marsh & Philwin, 1987; Schnider et al., 1993). 그들이 좌측공간무시에서 회복되어도 선의 사용은 여전히 바뀌어 있을지도 모른다. 이러한 선의 사용방식 변화가 어떻게 높이 평가되는 미술을 생산하는지 보여주는 두 사례가 있다. 저명한 독일 미술가 로비스 코린트(Lovis Corinth)는 1911년에 우반구 뇌졸중을 앓았다. 병에서 회복하자 그는 그림을 다시 시작했다. 그의 자화상과 아내의 초상화는 때때로 화면 좌측의 세부사항이 누락되고 좌측의 질감이 바탕과 섞여 있어서 분명한 양식 변화를 보여준다. 앨프레드 쿤(Alfred Kuhn)은 이 작품의 특징을 다음과 같이 묘사했다(Gardner, 1975에서 재인용).

그는 외관에서 숨겨져 있는 부분들을 예견할 수 있게 되었다. (…) 윤곽은 사라지고 몸통이 산산이 찢기고 왜곡되고 질감으로 사라진다. (…) 또한 초상화의 충실함은 거의 완전히 사라졌다. (…) 사람은 본질적으로 넓은 줄무늬로 포착된다. (인물의) 특징묘사가 이제 과장된 나머지 실제로 종종 캐리커처가 되어버린다. (…) 코린트는 언제나 그 자신만 볼 수 있는 그림 뒤의 그림을 그리는 것 같다. (…) 이 시점에서 코린트는 위대한 화가의 위치에서 위대한 예술가의 반경 안으로 옮겨갔다.

헬러는 우반구 뇌졸중을 앓은 이후 선들 사이의 공간적 관계를 조직하는 데 어려움을 겪은 미술가 로링 휴스(Loring Hughes)의 경험을 보고했다(Heller, 1994). 그런 어려움으로 인해 그녀는 발병 전의 정확한 묘사 양식을 포기할 수밖에 없었다. 대신 그녀는 상상력과 감정에 의지했다. 초기에 그녀는 자신의 그림을 전시하는 것을 매우 부끄러워했다. 미술가 커뮤니티는 이렇게 왜곡된 이미지에 좋은 반응을 보였다. 비평가 에일린 왓킨스(Eileen Watkins)는 그녀의 작품이 이전에는 존재하지 않던 '감정적 강타(emotional wallop)'를 전달한다고 묘사했다.

좌뇌 손상과 함께 발생하는 양식 변화는 우뇌 손상과 함께 관찰되는 것과는 상당히 다르게 나타난다. 구체적으로 말하면 더 선명한 색채를 도입하고 내용에 변화를 준다. 이러한 변화는 불가리아 화가 즐라튜 보야지예프(Zlatio Boiyadjiev), 미국 화가 캐서린 셔우드(Katherine Sherwood), 그리고 안노니와 동료들(Annoni et al., 2004)이 보고한 스위스 화가 등과 같은 사례들에서 찾아볼 수 있다.

발병하기 전 보야지예프의 미술 양식은 자연적이고 회화적이었으며, 그림에서 흙색조를 사용하는 경향이 있었다. 실어증 발병 이후 보야지예프의 그림은 더욱 풍부하고 색채가 다채롭고 부드러우며 역동적인 선을 담고 있다고 서술되었다(Brown, 1977; Zaimov et al., 1969). 그의 작품 이미지는 좀 더 독창적이 되었고, 때로는 심지어 기이하고 기상천외하게도 보였다. 캐서린 셔우드도 유사하게 좌반구 출혈성 뇌졸중을 앓았고, 이로 인해 그녀는 실어증과 우편측약화(right-sided weakness)를 겪게 되었다(Waldman, 2000). 왼손으로 그림을 그리는 훈련을 한 이후 셔우드의 경력은 전성기를 맞이했다. 병을 앓기 전 그녀의 그림은 크로스드레서들,[8] 중세 인장들, 스파이 사진들처럼 일군의 비전적(秘傳的, esoteric) 이미지들을 통합한 "대단히 이지적인" 것으로 묘사되었다. 뇌졸중을 앓은 이후 그녀는 자신이 원하는 그림을 제작할 수 없게 됐다고 느꼈다. 그녀의 새로운 양식은 크고 불규칙한 순환적 움직임이 있어 "가공되지 않은" 혹은 "직감적인" 것으로 묘사되고 있다. 그녀는 자신의 왼손이 오른손이 전혀 경험하지 못한 붓의 편안함과 우아함을 즐긴다고 말하면서 이렇게 하는 것이 "부담스럽지 않다"고 기술한다. 마지막으로 안노니와 동료들은 최근에 "구상적 인상주의" 미술가로 묘사되는 스위스 풍경화가에 대해 기술했다(Annoni et al., 2004). 그는 왼쪽 시상에 작은 발작이 있었다. 그의 부인은 발작 이후 그가 가벼운 감정통제장애를 겪게 되었다고 생각했다. 그는 자신이 이미지의 숨겨진 아름다움에 더 민감하다고 느꼈고 대담한 색채를 사용했다. 그는 사실주의적인 회화로부터 인상주의적인 회화로 전환했다. 그는 자신이 선, 윤곽, 원근법을 명확하게 사용할 것 같지 않고, 오른손보다 왼손을 사용했을 때 더 창의적이라고 생각했다. 뇌 손상이 가져온 마지막 양식적 변화는 단순함을 향한 움직임이었다. 안노니와 동료들은 좌측후두 손상을 가진 사람에 대해 기술했다(Annoni et al., 2004). 그는 발작을 일으킨 지 한 달 후에 드로잉과 회화를 재개했다. 그의 새로운 예술작품은 단순화·양식화되었고 갈수록 더 추상적이 되었으며, 제한된 색채만 사용하게 되었다. 시각연합피질의 손상이 일관적으로 단순화되고 추상화된 양식을 초래하는가에 대해서는 아직 정확하게 알려진 바가 없다. 알츠하이머병을 앓고 있는 몇몇 화가 중 그림작업을 지속한 사람들도 유사한 양상을 나타내는 것처럼 보인다. 나의 임상 경험으로 미뤄 볼 때, 이러한 환자들은 보통 예술기획을 완수하기에는 그다지 체계적이지 못하다(Crutch et al., 2001; Maurer & Prvulovic, 2004; Miller & Hou, 2004). 나는 작업실에서 별다른 예술 제작활동도 하지 않고 꾸물거리며 시간을 보내는 예술가 환자 몇 명을 돌봐왔다. 윌리엄 유터몰런(William Utermohlen)은 몇 년간 병을 앓으면서 일련의 자화상을 그렸다. 그의 초상화들은 점점 단순화되고 왜곡됨에 따라 그의 뇌리에서 떠나지 않는 심리학적 자기 연구가 되어버린 것처럼 보인다.

알츠하이머병을 앓은 가장 유명한 예술가는 표현주의자 윌렘 드 쿠닝(Willem de Kooning; Storr, 1995)이다. 신경질환이 발병한 이후 드 쿠닝의 전처와 학생들은 그가 작업을 계속할 수 있는 구조를 마련해주었다. 그들은 그의 캔버스를 늘려주고 색을 섞어줬다. 드 쿠닝은 자신이 몰입하고 활기를 띨 수 있는 작업실을 제외하고는 대체로 심드렁했다고 알려져 있다. 전문가들은 이러한 말기의 작품들이 드 쿠닝의 새롭고 일관성 있는 양식을 나타낸다는 사실에 일반적으로 동의한다. 드 쿠닝의 회화들은 지속적으로 단순해졌고, 색채를 원색에만 국한시켰다. 이전 작품에서 형태의 흔적이 눈에 띄긴 하지만 줄어들었다. 샌프란시스코 현대미술관의 선임큐레이터인 개럴스는 다음과 같이 말했다(Garrels, 1995). "형태의 어휘를 보유하고 있으며 더 명확하게 하고 있다. ﹝…﹞ 그 결과 이전에는 보이지 않던 개방성과 자유의 회화, 즉 남다르게 서정적이고 즉각적으로 감각적이며 명랑한 회화가 되었다."

앞을 내다보며

앞서 설명한 것 같은 예비적인 관찰들이 있음에도 신경심리학이 경험적 미학에 실질적인 기여를 하기 위해서는 할 일이 많다. 이 분야가 성장하기 위해 우리는 매혹적인 일화를 분류하는 것 이상을 할 필요가 있다. 나는 다음의 세 가지를 하는 것이 필수적이라고 생각한다. (이 세 가지만 더 하면 충분한가는 단정할 수 없지만 말이다.) 즉 사례들에 대한 훨씬 깊이 있는 심층 연구, 측정, 시험 가능한 이론의 적용이 요구된다.

사례연구

도입부에서 나는 예술의 신경심리학에 대한 추론을 성립시킬 데이터가 드물다는 데 대해 언급했다. 예술 생산에 뇌 손상이 끼치는 영향을 살펴보면 집단연구는 불가능할 것 같다. 신경질환을 가진 예술가들이 드물고, 집단연구를 가능하게 하기에는 예술가들의 재능과 양식이 너무 다양하다. (편두통을 가진 환자는 예외일 것이다.) 따라서 우리는 인지신경심리학에서 오랜 생산적인 전통을 가진 접근인 단일 사례들의 분석에 대체로 제한되어 있다(예: Code et al., 1996). 뇌 손상을 가진 인정받는 예술가들이 드물기는 하지만, 아마도 그들은 여전히 문헌상에서 실제보다 적게 드러나고 있을 것이다. 대부분의 임상가들은 이러한 사례들을 과학적 탐구를 위한 잠재적인 탐침(probes)이 아니라, 흥미로운 이형(異形)으로 본다. 이러한 사례들이 출판될 때도 그들의 인지능력과 예술에 대한 보고는 개관에 그칠 뿐 분석적인 경우는 드물다. 이 분야의 진전을 원한다면 최소한 충분히 연구된 사례연구가 더 필요하다.

측정

　지금까지 보고된 사례들 대부분이 지닌 중요한 단점은 측정이 결핍되어 있다는 것이다. 예술작품 자체를 측정하려는 아무런 노력도 없이 뇌 손상이 만들어낸 예술 제작의 변화에 대해 어떻게 확신할 수 있을까? 뇌 손상 이후 예술에서의 변화에 대한 주장은 내가 언급한 것처럼 통상 사후에 해석된 것이다. 그리고 나서 이러한 해석은 몇몇 예술작품의 구체적인 사례들에 의해 지지된다. 우리는 예술적 변화를 평가할 수 있는 도구(instrument)가 절실히 필요하다. 이러한 도구는 적어도 두 가지 특성을 가져야 한다. 첫째, 예술작품을 포괄적인 속성들의 집합에 따라 평가할 수 있어야 한다. 이러한 특성에는 형식적 속성들(예: 선, 색, 구성요소의 사용 등)과 내용적 속성들(예: 추상, 사실주의 등)이 포함되어야 한다. 둘째, 기술적인 판단과 평가적인 판단을 구별해야 한다.

　이러한 평가도구와 (가령 뇌 손상 이전 또는 이후의 미술작품 같은) 대표적인 작품 표본들을 가지고, 그러지 않았더라면 우연한 관찰에 지나지 않았을 것에 양적 구조를 부여하기 시작할 수 있다. 평정자들은 개별 예술작품의 상태를 알지 못한 채 만약 변화가 존재한다면 어떤 속성이 변화했는지 식별하기 위해 이 작품들에 접근할 수 있다. 이러한 변화의 평정은 신뢰도의 가장 기본적인 요구조건을 충족시켜야 하며, 가설을 시험할 때는 통계에 따라야 한다. 이와 같은 도구는 신경심리학에 특화될 필요가 없다. 오히려 뇌 손상에 의한 것이든, 예술적 양식에 의한 것이든, 혹은 문화적 전통에 의한 것이든 상관없이 어떤 종류의 차이라도 측정할 잣대로 기능할 수 있을 것이다.

　내가 지지하는 종류의 평가도구는 또 다른 매우 중요한 용도가 있을 것이다. 우리는 예술 지각의 신경심리학에 대해 아무것도 알지 못한다. 예술작품 속의 상이한 속성들에 대한 민감성이 서로 다른 종류의 뇌 손상에서 영향을 받을지 모른다고 기대할 수도 있다. 대표적인 예술작품들의 특성에 대한 정상 피험자의 신뢰성 있는 평정을 확립함으로써 우리는 뇌 손상이 어떻게 예술의 상이한 구성요소들에 대한 지각과 이러한 작품들에 대한 선호도를 손상시키는가에 대한 탐구를 시작할 수 있다.

이론 구성

마지막으로, 신경미학 분야를 진척시키기 위해 개념적 명료성을 부여하여 이용할 수 있을 것이다. 어떤 것이 추구할 가치가 있는 의미 있고 다루기 쉬운 질문일까? 예를 들어 실어증이 예술에 영향을 주는가에 관한 질문은 부적절할 것이다. 한 범주가 다른 범주에 직접적으로 대응하길 기대하기에는 예술과 실어증 둘 다 너무 방대하다. 어떻게 뇌 손상이 예술 제작과 지각을 변화시키는가에 대해 시험 가능한 가설을 생성하려면 예술을 구성하는 과정을 분석할 필요가 있다(Chatterjee, 2004b). 예술의 신경적 기반에 대한 몇 가지 지배적인 틀이 발전되어왔다. 이런 틀들은 각기 다른 점을 강조하면서 시각 처리 및 인지 처리의 원리(Livingstone, 2002; Ramachandran & Hirstein, 1999; Zeki, 1999), 아름다움과 예술 경험의 기저에 놓인 진화론적 원칙(Grammer et al., 2003; Miller, 2000) 등과 연관되어 있다. 이러한 틀들은 예술의 신경과학을 위한 초기 기반을 다지는 데 결정적이다. 하지만 초기의 기반을 최종적 구성으로 오해해서는 안 된다. 광범위한 이론적 주장들은 시험 가능한 유망한 가설들로 추려지지 않는 이상 그저 그런 이야기로 남을 뿐이다.

마지막 고려사항

환자들과 그들의 예술작품에 대해 내가 지지하는 종류의 상세한 분석은 예술가들의 협조를 요구할 것이다. 여기에 잠재적인 걸림돌이 있다. 예술가들은 이 모든 시도를 의심으로 받아들일 수 있다. 예술가들과 또 다른 사람들은 예술활동과 그 산물을 '뇌 현상'으로 보는 것을 거부할 수도 있다. 만약 뇌 손상의 영향으로 단순하게 환원된다면, 그들의 예술에 대한 논의가 관심을 받지 못할 수도 있다. 캐서린 셔우드와 윌리엄 유터몰런의 작품은 그들의 신경질환 발병 이후 더 많은 관심을 모았음에 틀림없다. 20세기 초의 '아웃사이더 예술'(일반적으로 정신질환을 가진 사람의 예술로 정의된다.)의 역할을 답습해 신경질환을 가진 사람의 예술이 이상화되거나 예술 시장에서 악용될 위험이 있을지도 모른다(Prinzhorn, 1972). 우리는 이 예술가들의 작품에 대한 칭송을, 특히 비평가에게 더 좋은 평가를 받을 경우 질환 덕분으로 돌리는가? 의심할 여지 없이 그들의 작품을 향한 어느 정도의 사회적 관심은 그들의 질병에 대한 사실로부터 형성되었다. 하지만 우리는 어떻게 뇌 손상이 원리적인 방식으로 예술적 생산물에 심오한 영향을 줄 수 있으며, (이러한 가정이 없다면 예술의 신경심리학은 존재할 수 없다.) 동시에 이러한 예술작품의 가치나 예술가 개인의 능력이 그러한 뇌 손상의 영향으로 환원될 수 없다는 가정을 받아들일 수 있을까?

이와 같은 딜레마를 해결하는 하나의 가능한 방식은 예술적 양식들 사이의 평가적 판단을 예술적 양식 내의 평가적 판단과 구별하는 것이다. 예를 들어, 뇌 손상이 정확하게 선을 묘사하기 어렵게 만드는 상황을 고려해보자. 이러한 뇌 손상을 가진 예술가는 표현주의 양식을 채택할 수도 있다. 만약 일반적으로 사실주의보다 표현주의를 선호한다면, 새로운 작품에 대한 선호는 뇌 손상 영향의 결과로 보다 쉽게 간주될 수 있다. 하지만 뇌 손상 때문에 사실주의라는 습관적인 배출구(outlet)가 가로막혔기 때문에 표현주의로 인도된다는 것은 예술가가 **훌륭한** 표현주의자가 된다는 것을 의미하지는 않는다. 여기서 예술작품의 평가와 표현주의적 방법으로 작업하는 예술가들의 재능에 대한 평가는 뇌 손상으로 쉽사리 환원되지 않는다. 오히려 이러한 전환이 효과적으로 일어난 경우에는 개인들의 재능과 창의적인 탄력성에 대해 이야기할 수도 있다. 만약 예술가들이 우리의 노력에 기꺼이 함께하기를 바란다면 과학자들은 이러한 구별에 민감해질 필요가 있을 것이다.

결론

이제까지의 논의를 정리하자면, 나는 뇌 손상으로 인한 예술적 생산능력의 향상으로 추정되는 효과에 대해 강조했다. 물론 이 관찰들은 매우 선택적인 작품들에 기초하고 있다. 더 많은 예술가들이 뇌 부상으로 엄청난 피해를 입었을 가능성이 있으나, 이러한 사례들은 보고되지 않았다. 우리는 그야말로 내가 개괄한 종류의 효과들의 기저율(base rate)도 알지 못한다. 그럼에도 뇌 손상 이후에 변화하거나 심지어 개선된 사레는 예술의 다면적 본성을 나타낸다. 내 관점에서 이러한 측면들의 변화와 보상의 기반이 되는 기제에 대한 탐구는 신경심리학이 경험적 미학을 발전시킬 수 있는 한 가지 방법이다. 미래에 대해 전망하자면 이러하다. 즉 예술의 신경심리학이 모든 실험과학이 가진 기본적인 엄격성을 병합하지 못한다면, 우리는 고찰 중인 충격적인 예술현상학의 유혹을 통과하지 못할 것이다. 우리는 예술의 신경심리학적 전망에 대해 조심스럽게 낙관할 수 있지만, '무거운 과제'가 우리 앞에 남아 있다.

감사의 말

이 장의 초고에 대해 유익한 비평을 해주신 리사 샌터(Lisa Santer), 샤론 거쇼니(Sharon Gershoni), 프린 X 어모러팬스(Prin X Amorapanth)에게 감사드린다.

1) 말 그대로 탈억제(disinhibition)란 사회적 관습의 무시, 충동성, 잘못된 위험 평가 등으로 나타나는 억제력의 결핍을 뜻하며, 탈조직화(disorganization)란 계획, 통제, 질서, 조직과 관련된 인지능력의 결핍을 의미한다.

2) 지주막하 출혈(subarachnoid hemorrhage)이란 뇌의 지주막 아래 공간에 뇌출혈이 일어나는 질환이다. 뇌 실질을 감싸고 있는 뇌막에는 경막, 지주막, 연막이 있는데, 이 중 중간에 있는 막이 마치 거미줄 모양과 같다고 해서 '거미막'이라고 부르기도 한다.

3) 서번트(savant)는 프랑스어로 '알고 있는(knowing)'이라는 뜻으로, 다른 정신적 기능은 떨어지지만 특정한 분야에서는 정상으로 간주되는 범위를 훨씬 넘는 놀라운 능력을 보이는 사람을 말한다. 서번트들은 자폐 스펙트럼 장애, 뇌 손상 등의 장애가 있지만 계산이나 기억, 미술, 음악 등에서 놀라운 능력을 보이곤 한다.

4) 전두선조회로(fronto-striatal circuits)는 전두엽 영역들, 그리고 전뇌의 기저에 위치한 기저핵(basal ganglia)의 일부인 선조체(striatum)를 연결하는 신경 경로이며, 주요 기능은 인지 및 행동 기능을 매개하는 것이다.

5) 스펙트럼 외양이란 별이나 섬광처럼 빛이 발산하는 모양을 말한다.

6) 섬광암점(閃光暗點)은 섬광이 지그재그 모양으로 나타나는 것을 말하는데, 그 모양이 성벽을 위에서 본 것과 비슷하다고 하여 '요새(fortification)'라 부른다.

7) 시소자(visual primitives)란 시각적 형태 지각에서 가장 기초적 요소인 자극 단위로 색, 선분의 끝, 선의 방향성, 운동 방향, 결 등을 말한다. (곽호완 외, 2008을 참고하라.)

8) 크로스드레서(Crossdresser)란 이성의 복장을 하는 사람을 일컫는다. 크로스드레싱이나 크로스드레서라는 표현은 단지 이성의 복장을 하는 행위나 행위자를 가리키며 그 의도에 대해서는 고려하지 않는다. 가령 게이 남성이 드랙 퀸(drag queen)처럼 축제에서 유희의 일환으로 여장을 하는 경우는 물론이거니와, 아무런 의도 없이 남자가 여장을, 여자가 남장을 하는 경우도 모두 통칭하여 '크로스드레싱'이라고 한다.

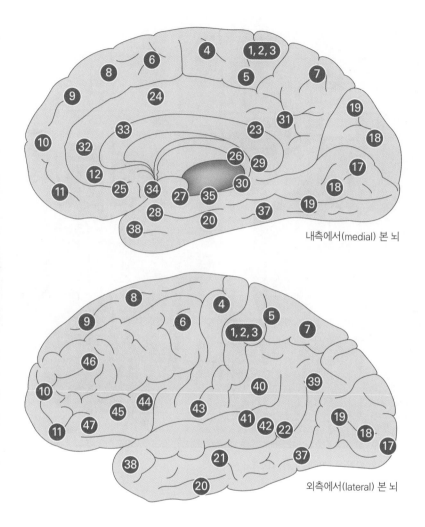

내측에서(medial) 본 뇌

외측에서(lateral) 본 뇌

[그림 1-1] 브로드만 영역(BA)

[그림 2-2] 발튀스, 〈거리La Rue〉, 1933.

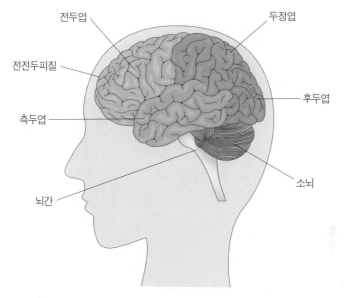

[그림 2-3] 외측에서 본 뇌의 구조

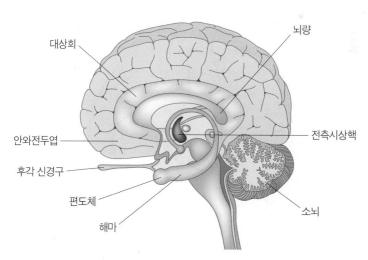

[그림 2-4] 변연계: 내측에서 본 뇌의 구조

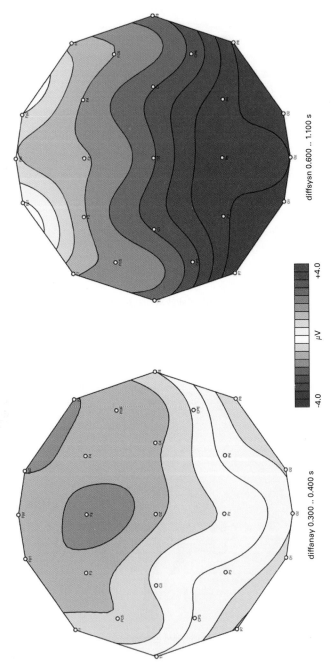

diffsysn 0.600 .. 1.100 s

μV

+4.0

-4.0

diffanay 0.300 .. 0.400 s

[그림 3-31] 야콥센과 회펠이 도출한 사건관련전위 데이터(Jacobsen and Höfel, 2000, 2003)를 바탕으로 제작한 전위 지도. 좌측 도해는 미적 판단 과제 수행 중에 도출된 전두 음반응을, 우측 도해는 대칭 판단 과제 수행 중에 도출된 지속적인 후두 음반응을 나타낸다. 각각 평균 전위차가 그려져 있다. 전자는 전두 음반응이 일어나는 동안 300~400msec 사이 시간대의 비미적인 판단에서 미적인 판단을 뺀 결과이고, 후자는 자극이 시작된 후 600~1,100msec 사이 시간대의 대칭 판단에서 비대칭 판단을 뺀 결과이다. (© 토마스 야콥센)

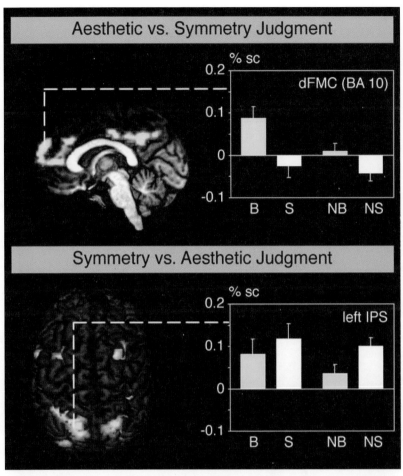

[그림 3-4] 야콥센 외(2006)의 연구에서 나온 fMRI 결과를 보여주는 그림들. 위는 대칭 판단과 반대되는 미적 판단을 할 때 의미 있게 활성화된 영역에 대한 전체 피험자(n=15) 평균치의 통계 지도이고, 아래는 미적 판단과 반대되는 대칭 판단을 할 때 의미 있게 활성화된 영역에 대한 전체 피험자(n=15) 평균치의 통계 지도이다. Z-지도(Z-map)는 z = 3.09(p < 0.05, 다중 비교를 위해 수정)일 때 역치에 도달했다. 막대그래프는 두 개의 관심 영역[즉 배측 전두정중앙피질(dFMC)과 두정엽 내구(IPS)]에서 나타난 신호변화 백분율을 보여주는데, (B), (S), (NB), (NS)는 각각 '아름다움', '대칭', '아름답지 않음', '대칭이 아님'을 판단할 때 측정된 결과를 가리킨다.

[그림 5-2] 클로드 모네, 〈포플러나무〉, 1891년. 메트로폴리탄미술관, H. O. 하베마이어 컬렉션, H. O. 하베마이어 여사가 1929년 기증함. (© 메트로폴리탄미술관)

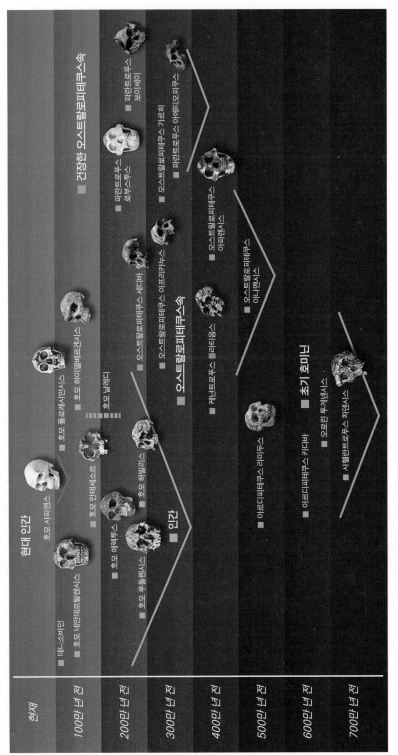

현재

100만 년 전

200만 년 전

300만 년 전

400만 년 전

500만 년 전

600만 년 전

700만 년 전

현대 인간

■ 데니소바인
■ 호모 네안데르탈렌시스
■ 호모 사피엔스

■ 호모 플로레시엔시스
■ 호모 하이델베르겐시스
■ 호모 날레디

인간

■ 호모 루돌펜시스
■ 호모 에렉투스
■ 호모 안테세소르
■ 호모 하빌리스

건장한 오스트랄로피테쿠스속

■ 파란트로푸스 로부스투스
■ 파란트로푸스 보이세이

오스트랄로피테쿠스속

■ 오스트랄로피테쿠스 세디바
■ 오스트랄로피테쿠스 아프리카누스
■ 오스트랄로피테쿠스 가른히
■ 오스트랄로피테쿠스 아에티오피쿠스
■ 오스트랄로피테쿠스 아파렌시스
■ 오스트랄로피테쿠스 아나멘시스
■ 케냔트로푸스 플라티옵스

초기 호미닌

■ 아르디피테쿠스 라미두스
■ 아르디피테쿠스 카다바
■ 오로린 투게넨시스
■ 사헬란트로푸스 차덴시스

[그림 6-11] 인류의 고고학적 기원 (ⓒ 런던자연사박물관)

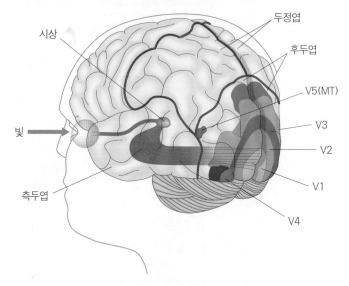

시상

두정엽

후두엽

V5(MT)

V3

빛

V2

측두엽

V1

V4

[그림 6-4] 시각피질의 국재화

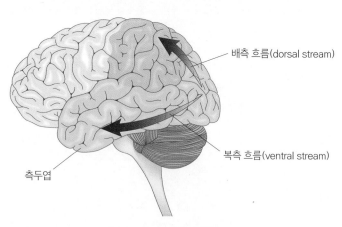

배측 흐름(dorsal stream)

복측 흐름(ventral stream)

측두엽

[그림 6-5] 시각정보의 두 가지 흐름

[그림 9-3] 안드레아 만테냐, 〈성 크리스토퍼의 순교〉, 1450~57. (© 자크마르–앙드레 박물관)

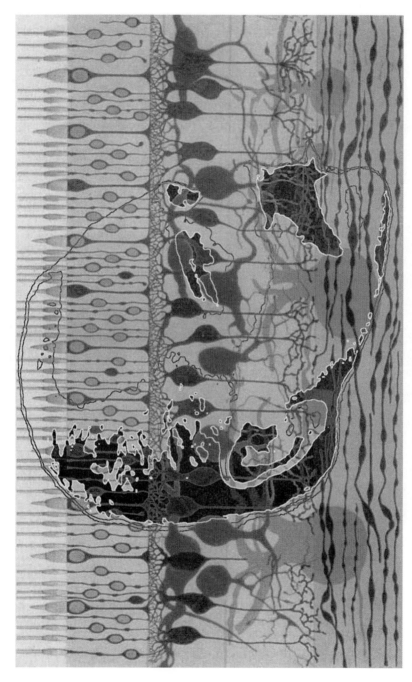

[그림 9-7] 타르투페리의 망막. 초상화의 인물인 타르투페리는 굵지의 염색법을 망막에 적용했다. (© 니콜라스 웨이드)

[그림 9-28] 피에르 아리스티드 앙드레 브루이예, 〈살페트리에르에서의 임상 강의〉, 1987. 임상 수업을 하고 있는 샤르코와 그의 학생들을 그린 집단초상화이다. (© 파리 데카르트대학)

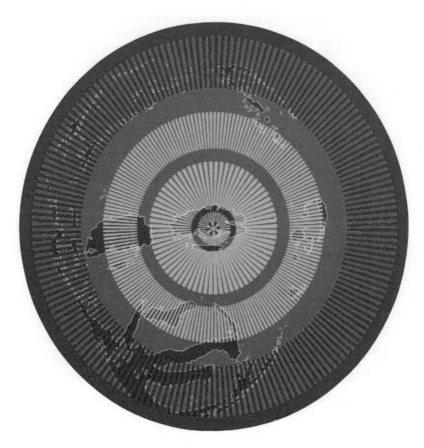

[그림 9-31] **변형된 에니그마.** 환형(環形)을 따라 뚜렷한 회전현상을 만들어내는 패턴 속에 있는 세미르 제키의 초상. 제키는 이시아 레비안트(Isiah Leviant)가 '에니그마'라고 부른 것과 유사한 패턴을 바라보는 관찰자들을 대상으로 신경영상 연구를 수행했다. (ⓒ 니콜라스 웨이드)

[그림 9-32] 바자렐리의 시각 (© 니콜라스 웨이드)

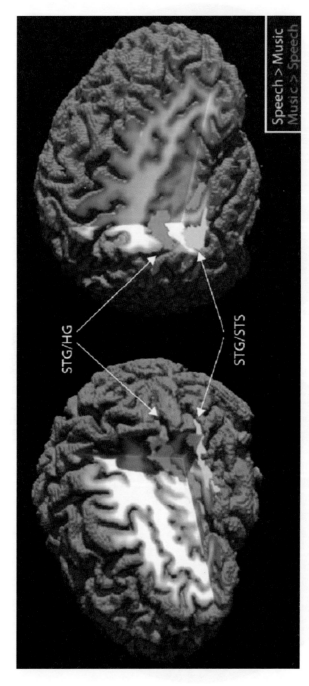

[그림 10-11] 발화된 소리와 음악적 소리에 따라 선택적으로 활성화되는 뇌 영역. fMRI 스캔이 진행되는 동안 음악전문가가 아닌 사람들에게 도돕한 지속시간과 음고를 지닌 가짜단어 /ba:ba/와 색소폰 소리를 제시했다. 발화 소리 대 음악 지각이 진행되는 동안 더 활성화된 뇌 영역은 노란색으로 표시했고, 발화 소리보다 음악 소리가 더 많이 활성화된 뇌 영역은 녹색으로 표시했다. 'STG'는 상측두회(superior temporal gyrus)를, 'HG'는 헤실의 회(Heschl's gyrus)를, 'STS'는 상측두구(superior temporal sulcus)를 약칭한다. (© 마리 테르바니에미)

262 신경미학

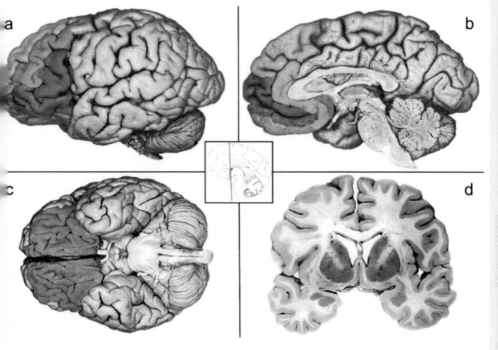

[그림 13-1] 감정의 정신적 표상에 대해 알려주는 신경적 준거 공간에서 핵심적인 뇌 영역. 핵심정동의 복측 체계는 안와전두피질 내에 정초한 두 가지 긴밀하게 연관된 회로를 포함한다. (뇌 앞쪽 전체 복측 표면은 눈 위에 있는 안와골(orbital bone) 뒤에 위치한다. 그림 c를 보라.) 좀 더 감각적인 체계는 안와전두피질(OFC)의 측면을 포함하며, BA11과 13, BA 47/12의 측면 부분을 포함한다. (그림 a와 d의 보라색에 해당하는 부분이다.) 그것은 전측 뇌섬엽(그림 d의 노란색)과 편도체 안의 기저측(basolateral) 복합체(그림 d의 분홍색, 복측면)와 긴밀히 연관되어 있다. 내장운동 회로는 복내측 전전두피질(VMPFC)의 복측 부분을 포함한다. VMPFC의 복측 부분은 OFC의 내측 부분(그림 a, b, c의 파란색)과 BA11과 13, BA10의 복측 부분, 그리고 OFC의 내측과 외측이 연결되는 BA14를 포함한다. VMPFC는 중심핵(그림 d의 분홍색, 배측면)을 포함하는 편도체, 그리고 뇌의 내측 벽 (ACC; 그림 b의 구리색과 황갈색) 위에 있는 BA 24, 25, 32의 전측 부분들을 포함하는 전측대상피질의 협하 부분들과 긴밀하게 연결되어 있다. 배측 체계는 정신상태 귀속과 연관이 있으며, 여기에는 BA 10[그림 b, 적갈색(maroon)]의 전두극에 해당하는 VMPFC의 배측, 그리고 전측 ACC(그림 b, 복숭아색), 그리고 BA 8, 9, 10(그림 a, b, 초록색) 내측면에 해당하는 배내측 전전두피질(DMPFC) 이 포함된다. 복외측 전전두피질(VLPFC)은 그림 a에 빨강색으로 보인다. 또한 시상(그림 b, 밝은 분홍색), 복부선조체(그림 d, 초록색), 배외측 전전두피질(DLPFC)의 중전두회(그림 a, 오렌지색)와 같은 관련 뇌 영역들이 보인다. 『심리학 연례논평 *Annual Review of Psychology*』, 58권에 게재된 그림을 편집자의 허락하에 재출판했다. (© 2007 Annual Reviews. www.annualreviews.org)

8

뇌와 예술: 분과학문들의 교차점에서 신경 단서 찾기

달리아 자이덜(Dahlia W. Zaidel)

예술은 인간 사회에 보편적으로 존재하고, 예술의 착상, 재료, 방법, 기법, 기술이 복잡하게 결합됨으로써 조화롭고 의미 있는 상징적 표상을 표현한다. 이러한 실천은 많은 비서구 문화의 일상생활에서 필수적인 요소다. 비서구 문화에서는 예술이 수많은 경우에 수많은 이유에서 다양한 방식으로 뛰어난 재능을 가진 사람뿐만 아니라 공동체의 나머지 구성원들에 의해서도 창조된다(Dissanayake, 1988). 사람들은 예술의 어휘와 문법에 대해 알지 못하더라도 예술에서 의미를 끌어낼 수 있다. 확실히 예술은 강력한 의사소통 도구다. 예술작품의 궁극적인 의미는 작품이 생산되고 경험된 문화적 · 생태적 맥락을 앎으로써 얻어지지만, 그 맥락을 잘 모를 때도 예술을 즐기거나 예술에 매료될 수 없는 것은 아니다. 반 고흐, 모딜리아니, 피카소를 비롯하여 많은 다른 유럽 예술가들이 지리적으로나 문화적으로 떨어져 있는 사회에서 창조된 예술의 영향과 영감을 반영하는 작품들을 생산했다는 사실은 창조된 시대나 문화와 관계없는 예술의 광범위한 매력뿐만 아니라 예술의 생물학적 기반에 대해 증명한다. 이러한 이유만으로도 예술의 신경해부학적 토대는 오랫동안 지적으로, 또 과학적으로 흥미를 자아내왔다.

인간의 언어는 의미와 이해를 전달하기 위해 어휘, 소리 및 통사의 무한한 결합을 가능하게 하는 기제에 의존하지만, 예술과 비교하면 언어는 엄청나게 더 효율적이다(Hauser et al., 2002; Pinker & Bloom, 1990). 언어와 예술은 모두 아마도 진화하는 데 수백만 년이 걸렸을 신경적 계산 기제에 의해 지탱된다. 이러한 가정은 신호, 상징, 시각과 청각을 통한 정교한 의사소통, 그리고 지시적 인지(referential cognition)를 사용하는 벌, 새, 물고기, 인간이 아닌 영장류 등 동물들에 대한 관찰에서 도출된 것이다(Arnold & Zuberbuhler, 2006; de Waal & Tyack, 2003; Laland & Janik, 2006; Wilson, 2006). 그러나 뇌가 어떻게 언어를 지원하는가에 대해서는 꽤 알려져 있고 이해되고 있는 데 반해, 예술과 뇌의 관계를 밝혀내는 데는 거의 성과가 없다. 그 이유는 주로 예술의 알파벳 요소들이 아직 완전히 해독되지 않았다는 데 있으며, 또한 몇 가지 빈약한 가설이 생산적인 연구를 방해해왔다는 것도 한 가지 원인이 된다. 후자의 한 사례는 대뇌 우반구가 예술에 특화되어 있다는 널리 퍼진 생각이다. 이것은 우선 하나의 제안 혹은 가설일 뿐이며, 혹하게 하는 매력이 있기는 하지만 수십 년 동안 예술과 뇌의 관계에 대한 탐색을 방해해왔다. 그러나 이 관계에 대한 유익한 실마리를 던져줄 수 있고 상황을 반전시킬 수 있는 몇 가지 자료가 있다. 첫 번째이자

가장 중요한 자료는 신경해부학적 단서들이다. 그런 단서들은 평생 예술적 경력을 쌓아온 기성 예술가가 편측 초점성 뇌 손상을 입은 경우에서 수집할 수 있다. 드물기는 하지만 이런 예술가들을 음악과 시각예술에서 찾아볼 수 있다. 이와 비슷하게, 재능과 창의성에 대한 통찰은 확산적이고 느리게 진행되는 치매를 가진 기성 예술가나 예술에 전문성을 지닌 자폐적 서번트에서 찾을 수 있다. 이와 나란하게 연구되어야 할 결정적인 자료는 보편적인 예술 실천으로, 그것은 예술과 뇌의 진화 관계, 매우 오래된 예술의 기원, 그리고 인간 존재에서 예술의 목적과 역할에 대한 탐구를 이끌어낸다. 예술의 기원이 해부학적인 현생인류인 **호모 사피엔스**가 처음 출현하기 훨씬 전으로 거슬러 올라간다는 증거가 있다. 그러므로 고고학, 인류학, 생물학, 진화론, 신경심리학 그리고 신경학이 다 함께 이러한 탐구에 기여해야 한다. 이것이 내가 뇌와 예술에 대한 저서에서 발전시킨 접근법이며(Zaidel, 2005), 이 장에서는 이와 더불어 추가적인 쟁점들을 살펴볼 것이다. 여기서는 학제적 영역들의 융합(convergence)을 통해 뇌와 예술의 관계를 나타내는 차트가 잠정적으로나마 해독될 수 있다는 견해가 채택되었다.

인류 진화에서 초기 예술의 출현

예술의 기원을 둘러싼 현재 진행 중인 논쟁에서는 인간의 언어와 예술이 서로 얽혀 있고 예술은 언어와 함께 출현했으며, 이 둘이 하나로 묶여 인류 역사의 장면에 등장했다고, 특히 정교한 조합 언어(combinatorial language)가 출현했을 때 등장했다고 논의되고 있다(Corballis, 2004; Gentilucci & Corballis, 2006; Stringer, 2002). 예술은 지시적 · 상징적인데, 언어도 그렇기 때문에 둘 다를 매개하는 유사한 뇌의 변화가 주장된다. 더욱이 언어 발달과 관련된 태고의 중요한 적응적 사건은 혀, 목구멍의 뒤쪽, 그리고 후두가 특유하게 병치되어 매우 다양하고 미묘한 소리를 생산하는 인두(咽頭; pharynx)의[1] 특징적인 생리에서 기인한 것으로 보고 있다(Lieberman, 2002). 물론 이것은 돌연변이든 후성유전적 변이(epigenetic aberration)든 간에 어떤 유리한 유전적 변이의 지원을 받아야 가능한 것이었을 수 있다. 7번 염색체의 FOXP2 유전자가 현재 그러한 결정적인 유전적 변이로 여겨지고 있다(Fisher & Marcus, 2006). 이 유전자는 많은 동물에서 발견되지만, 보고된 바에 따르면 그 패턴이 인간에게서는 다르게 나타나며 이 유전자에 발생한 기능적 이상은 언어장애를 초래한다(Vargha-Khadem et al., 2005; Vargha-Khadem et al., 1998). 언어는 해부학적인 현생인류인 **호모 사피엔스**와만 현재 연관되어 있다. 호모 사피엔스는 20만 년 전쯤 아프리카에서 처음 진화되었고 10만 년 전쯤 아프리카에서 나와(Noonan et al., 2006) 천천히 중동과 유럽(과 또한 아시아)으로 흘러갔다고 오늘날 상정되고 있다(Carstairs-McCarthy, 2004). 정확한 시기에 대해서는 계속 논의와 토론이 이뤄지고 있고, 더 많은 증거가 발견되면 바뀔 수 있다. 다양하고 풍부한 상징적 · 재현적 · 비기능적 예술에 대한 고고학적 증거는 약 3만 5천 년에서 4만 5천 년 전부터의 서유럽을 가리키고 있다(Appenzeller, 1998; Lewis-Williams, 2002). 여기서의 핵심은 그 시기에 많은 인공물이 창조되었다는 것뿐만 아니라, 그것들이 장식용이었고 비기능적이었다는 것이다. 보는 관점에 따라 이것은 상징체계, 재현, 그리고 문화적 실천을 명확하게 시사한다고 할 수 있다.

그러나 이러한 시기들은 예술을 해부학적 현생인류의 뇌와 연관시키는 데는 문제의 소지가 있다. 해부학적 현생인류인 **호모 사피엔스**가 출현했다고 하는 시기와 풍부한 예술의 출현 사이에는 엄청난 시간차가 있다(Mcbrearty & Brooks, 2000). 7만 년 전까지 거슬러 올라가는 아프리카에서의 예술 관련 활동에 대한 증거가 분명히 있고(Henshilwood et al., 2004; Henshilwood et al., 2002), 더욱 최근에 쉴라 콜슨(Sheila Coulson) 팀이 보츠와나 동굴에서 발견한 제례의식도 7만 년 전까지 거슬러 올라간다. 왜 해부학적 현생인류는 10만 년 전에 풍부한 예술을 생산하지 않았으며, 그 기간 동안 신경해부학적으로 무슨 일이 일어났을까? 이것은 생각해볼 필요가 있는 당연한 질문이다. 고고학적 증거의 부재가 실천의 부재를 의미하지는 않는다는 것을 이해하는 것 또한 중요하다. 아프리카의 기후와 지리적 조건은 서유럽과 동일하지 않고, 이러한 차이가 고고학적 인공물 발굴의 어려움을 초래할 수 있다.

이제 네안데르탈인의 문제가 남는다(Harvati et al., 2004). 네안데르탈인과 현생인류는 37만 년 전쯤 그로부터 갈라지는 공통 조상을 갖는다고 추정되고(Noonan et al., 2006), 따라서 각각 별개의 호모 계통을 대표한다(Delson & Harvati, 2006). 네안데르탈인은 40만 년 전쯤부터 약 2만 5천 년 전까지 (역시 원래 아프리카로부터 이주해서) 유럽에서 생존하고 생활했다. 그들은 유럽에서 해부학적 현생인류를 수십만 년 앞섰지만, 유럽에서 존재한 대부분 시간 동안 생산한 상징 관련 예술에 대해서는 빈약한 고고학적 증거만 잔존하고 있다. 〔현재〕 발견된 상징적 인공물은 모두 **호모 사피엔스** 이후의 학습에서 기인한 것으로 간주되고 있다(Einwogerer et al., 2006). 다음 단락들에서는 이 문제들 각각에 대해 논의할 것이다.

예술과 언어 인지 간에 관계가 있다는 것은 이론적으로는 합당하지만, 이 둘이 동일한 진화적 시간 창 안에서 그렇게 밀접하게 얽혀 있어야 하는 이유가 전혀 명백하지 않다. 첫째, 영장류와 인류가 수백만 년 동안 성공적으로 상호작용과 생존을 위한 음성 및 시각적 의사소통 전략을 사용해왔다는 사실을 고려할 때, 상징적·지시적 재현을 시작하게 한 뇌의 **갑작스러운** 변화를 상상하기는 어렵다. 인두와 언어의〔인두구조와 말하기의〕관계(pharynx-language relationship) 또한 갑작스럽게 다른 인지적 발달과 독립적으로 발달하지는 않았을 것이다. 둘째, 예술 인공물은 비인간 영장류가 아닌 인류와 관련되고, 따라서 상징적-지시적 능력은 **호모 사피엔스**의 두 발로 걷는 첫 조상〔초기 호미닌〕이 나타난 시기인 약 600만 년 전으로 거슬러 올라간다. 셋째, 예술과 언어 모두 추상능력에 의존한다는 것은 의사소통의 이러한 두 가지 형태 모두를 지지하는, 신경 기질이 오랜 시간에 걸쳐 진화했을 가능성을 제기한다. 다른 한편으로는 인간 뇌의 진화 과정에서 예술 표현이 언어 발달에 앞섰다고 가정하는 것, 심지어 어쩌면 언어 전문화가 상징과 재현의 비언어적 유형을 오랫동안 사용한 후에 나타났을 것이라고 예상하는 것도 터무니없지는 않다.

　문제를 복잡하게 만드는 것은 프랑스의 고고학 유적에서 나온 최근의 증거가, 풍부한 초기 예술의 원래 시기 추정에 대해 심각하게 재고할 필요성을 제시한다는 것이다(Zilhao et al., 2006). 네안데르탈인과 해부학적 현생인류가 점유한 유적들과 관련되어 있는 중요한 고려사항이 있다. 19세기에 사용한, 특히 화석 사냥꾼들이 사용한, 한눈에 봐도 뒤떨어진 발굴 기법은 퇴적층을 제대로 찾지 못했으며 이로 인해 이후의 고고학자들이 잘못된 정보를 얻게 되었다. 이런 유적 중 하나는 프랑스의 그로트 데 페(Grotte des Fées)로, 해부학적 현생인류의 풍부한 예술 생산을 지지하는 증거의 연대는 약 4만 년 전으로 추정된다. 그러나 같은 장소를 점유한 것으로 보이는 네안데르탈인은 그들보다 먼저 그곳에서 살았고 구멍을 뚫은 여우 이빨 같은 개인적 장신구와 다른 정교한 인공물들을 생산했다. 최근에 다른 중요한 고고학적 증거가 지브롤터(Gibraltar)의 고르함 동굴(Gorham's Cave)에서 발굴되었다(Finlayson et al., 2006). 네안데르탈인과 관련된 인공물은 그들이 2만 5천 년 전에 그곳에 살았으며 따라서 풍부한 예술을 생산한 **호모 사피엔스**와 상당히 중첩된다는 점을, 다시 말해 이전에 추정되었던 것보다 더 많이 중첩된다는 점을 시사한다. (검토를 위해서는 Delson & Harvati, 2006을 참조하라.) 또 다른 중요한 최근의 발견은 상아 구슬로 장식된 오스트리아의 네안데르탈인 영아 두 구의 무덤이다(Einwogerer et al., 2006). 이 무덤은 약 2만 7천 년 전의 것으로 추정된다. 네안데르탈인은 말소리를 산출하는 결정적인 해부학적 기관으로 추정되는 것을 갖고 있지 않으므로 언어와 연관되지는 않는다. 하지만 그들이 뼈와 사슴뿔로 만든 음악용 피리가 유럽의 여러 장소에서 발견되었다. 네안데르탈인이 지녔던 예술 능력은 그들이 상징적·지시적 사고를 했다는 것을 암시한다. 이런 결론은 예술과 언어의 관계, 그리고 문화적 실천에 대해 재고할 수밖에 없게 만들 것이다. 마지막으로, 예술-언어-**호모 사피엔스** 이론은 30만 년 전까지 거슬러 올라가는 초기 인류의 예술 생산에 대한 증거로 인해 난관에 봉착했다(Brooks et al., 2006; Dennell, 1997; McBrearty & Brooks, 2000; McBrearty & Tryon, 2006).

사실상 모든 살아있는 유기체가 의사소통을 한다고 해도 예술과 인간의 언어는 모두 범위, 다양성(versatility) 그리고 효과성에서 독보적이다. 두 가지 모두 생각, 사실, 의도, 감정 등을 소통하기 위해 추상적 인지에 의존한다. 예술과 언어 인지가 계산적·신경해부학적 처리방식을 공유한다고 생각하는 것은 합당하지만, 이 둘의 토대가 진화하는 데 걸린 수백만 년 동안 예술과 언어가 동시에 진화했다고 가정할 필요는 없다.

예술생물학

예술은, 문화의 사회적 실천은 물론이거니와(Ikegami, 2005), 사람들 사이의 상호작용과 유대관계로 이어지는(Turner, 2006) 연결 도구다. 근본적인 질문 중 몇 가지는 예술의 생물학적 목적이 무엇인가, 인간은 왜 예술을 창조하는가, 그리고 이것이 어떻게 인간 뇌의 진화 및 성장에 모두 들어맞는가에 대해 묻는다. 인류학자, 생물학자, 철학자 그리고 진화론자들이 이에 대해 논쟁한다(Dissanayake, 1988, 1995; Gottschall & Wilson, 2005). 제프리 밀러(Geoffrey Miller)가 다음과 같은 흥미로운 설명을 제시하면서 논증을 폈다(Miller, 2000, 2001a, 2001b). 그는 예술 창조가 예술의 과시(display)와 관련이 있으며, 결국은 다른 사람들의 판단과 연관되어 있다고 가정한다. 그리고 과시는 판단과 함께 생식을 위한 배우자 선택이 일어날 수 있도록 구애(display)가 강조되는 생물학적 배우자 선택 전략을 상기시킨다. 사실상 적합한 자질(fitness quality)은 배우자 선택 단계 초기에 일찌감치 결정된다. 동물들은 자기 유전자의 자질과 그에 따른 자손의 생존 가능성을 보여주기 위한 목적으로 자신의 용맹성과 신체적 외관을 과시한다. 유전자가 우수할수록 유전 적합성도 좋아진다. 예술 생산은 신체적 강인함과 더불어 지능의 자질을 보여주려는 의도인데, 신체적 강인함과 지능은 모두 종의 생존에 중요하다. 밀러의 성 선택 관점에 따르면 예술은 이러한 선택 전략의 연장선상에 있으며, 이는 모든 형태의 예술에 적용된다.

(Gould & Gould, 1989에 기술된 것처럼) 짝짓기를 목적으로 하는 동물들의 다양한 과시는 보통 인간의 창조행위에 적용되는 라벨들을 끌어들인다. 즉 재치(to wit), 창의성, 영리함, 재주, 발명력(inventiveness) 같은 것들이 있다. 여기서 중요한 사례 한 가지를 논의해보자. 가령 오스트레일리아와 뉴기

니에 주로 서식하는 이 종의 수컷들이 짓는 정자(bower)를 따서 바우어새라고 불리는 새가 있다(Diamond, 1982). 정자는 여러 가지 모양과 형태로 나타나고 단순한 것에서 복잡한 것, 작은 것에서 큰 것, 정교한 것, 매우 장식적인 것, 색이 있는 것과 없는 것에 걸쳐 나타나며, 심지어 인간에게서 가져온 장식물을 사용하기도 한다. 수컷 바우어새는 오직 암컷을 유혹하려는 목적만을 위해 건축물을 짓는다. 이것은 둥지가 아니다. 바우어새가 의도하는 목적은 건축자의 재능과 기술, 적합성과 유전 가능성, 영리함 그리고 강인함을 보여주는 것이다. 한번 유혹되고 나면 암컷과 수컷은 정자에서 짝짓기를 하지도 않고, 거기서 새끼들을 돌보거나 먹이지도 않는다. 그런데 바우어새의 뇌 크기가 정자의 건축적 복잡성과 상관관계가 있다는 증거가 있다(Madden, 2001)! 이는 그 종의 두 구성원, 즉 건축하는 수컷과 감상하는 암컷 모두에 대해 사실이다. 그러므로 이런 예술적 건축물을 창조하고 판단하는 데 필요한 정신적 인지는 신경해부학적 기반을 갖는다고 하겠다.[2]

많은 동물들에서 공통적으로 나타나는 배우자 선택 전략은 수컷들의 경쟁으로 구성되어 있다. 큰뿔산양 떼에서 수컷들은 승리자가 나타나 그 승리자가 암컷들을 차지할 때까지 서로 싸운다. 그들은 싸울 때 상대방이 쓰러지기를 바라며 구부러진 굵은 뿔을 계속해서 서로에게 부딪친다. 밑에 있는 두개골은 손상을 최소화하도록 진화되어 유난히 두껍다. 반면에 머릿속의 공간은 두개골의 두께로 채워져서 뇌가 작다. 바우어새의 창조행위가 반복적인 것과 달리, 암컷을 차지하기 위한 산양의 이러한 유형의 싸움은 에너지의 팽창이 엄청나므로 약 1년 동안만 지속된다. 해마다 이 고생을 반복하는 것은 가능하지 않다. 여기서는 암컷의 선택권이 그다지 많지 않아 보인다. 암컷은 누구든 승리하는 자와 짝짓기를 해야 한다(Gould & Gould, 1989). 싸움 과시에도 기술, 영리함, 강인함이 있지만 모두 바우어새의 경우처럼 풍부한 유연성, 재능, 창의성, 기억력, 발명력이 있는 것은 결코 아니다.

뇌 손상 예술가에게서 얻은 신경 단서

예술 양식과 기법을 구별하는 것은 중요하다. 양식은 예술가가 채택한 장르(인상주의, 사실주의, 초현실주의, 추상표현주의 등)로 정의되는 데 비해, 기법은 생산의 개인적 특징(예술가가 그 장르를 표현하기 위해 채택한 방식)을 의미한다. 예를 들면 모든 인상주의자가 클로드 모네처럼 그린 것도 아니고, 모든 초현실주의자가 살바도르 달리나 르네 마그리트처럼 그린 것도 아니다. 따라서 주어진 장르 (혹은 예술 운동) 내에서 기법에 변화가 있다고 할 수 있다.

뇌 기능의 영역별 국재화(localization)는[3] 전통적으로 대뇌 좌반구나 우반구에 초점성 · 국한성(circumscribed) 뇌 손상을 가진 환자들에 대한 연구를 통해 완성되었다. 예술과 관련된 뇌 기능의 국재화에 대한 추론은 아마도 뇌 손상을 입은 기성 예술가들로부터 얻을 수 있을 것이다. 그리고 손상의 결과에 관한 주요 질문은 일반적으로 예술에서 어떤 변화가 나타났는가, 그리고 구체적으로는 양식, 기법, 기술(skills), 재능 또는 창의성이 손상의 공격에 어떻게 대처했는가와 관련된다. 뇌 손상을 입은 예술가가 드물다는 것은 분명하다. 그러나 뇌와 예술에 관한 저서에서 나는 편측 손상을 입은 비치매 시각예술가 15명 이상에 대해 검토하고 논의한 바 있다(Zaidel, 2005). 그들은 병인과 관계없이 신경학적 질병이 있음에도 계속해서 예술적 능력을 발휘했다. 이때 손상의 좌우 위치는 상관이 없었다. 이들 예술가는 창의성을 유지했고, 재능과 기술을 보유했다. 이와 같은 사실은 손상되기 이전에 완벽하게 만들고 단련했던 개인적 예술양식이 대체로 변하지 않았다는 것을 증명한다. (위에 기술한 예술 양식에 대한 정의를 참고하라.) 이것은 대뇌의 두 반구 중 어느 쪽도 예술의 이러한 측면들에 특화되어 있지 않고, 두 반구 내의 특정한 국지적인 영역이 생산을 통제하지는 않는다는 것을 시사한다. 더 나아가 나는 서서히 잠식해 오는 뇌의 퇴화를 경험한 기성 예술가들이 발표한 사례들도 검토했는데 (Zaidel, 2005), 여기서도 그들의 예술적 기술, 양식 그리고 창의성이 발병 한참 후까지도 유지된다는 사실을 발견했다. 이러한 연구의 결과로 발견한 다양한 병인들에는 파킨슨병, 알츠하이머병, 전측두엽 치매, 레비소체 치매(dementia with Lewy Bodies), 피질기저퇴화(corticobasal degeneration)가 포함된다.[4] 손실률이 다르기는 하지만 광범위한 신경세포의 사멸과 연결의 손실이 이러한 신경학적 상태를 특징짓는데, 그럼에도 예술 능력은 유지되었다. 이처럼 정신적으로 쇠퇴하는 상태에서 예술적 기술 쇠퇴의 최종 단계는 예술 능력이 존재하는 많은 영역에서 진행된 심각한 인지적 퇴화와 나란히 진행되었다. 종합하자면, 현재로선 예술은 다중적인 요소로 구성되어 있기 때문에 뇌가 기능적으로 국재화되어 있다는 주장과 부합하지 않는다고 할 수 있다.

뇌 손상을 입기 전에 사실주의 그림을 그렸던 예술가는 손상 이후에도 계속해서 그렇게 그렸다. 손상 이후 경우에 따라 나타나는 기법의 변화는 손상 자체가 가한 운동적 제약이나 시각적 제약, 혹은 두 가지 모두의 제약에 대한 조정의 결과라고 설명할 수 있다. (좌반구 손상으로 인해) 오른손 마비가 온 예술가는 손상 이후 왼손으로 작품을 창작한다. 우반구 손상이 있는 예술가가 시야의 왼쪽 절반을 무시하게 되면, 캔버스의 오른쪽 절반으로 이동한 예술을 만들어낸다. 이상과 같은 것들이 기법 변화의 주된 원인이 된다. (그러나) 위에서 언급했듯이 창작하려는 동기를 포함하여 많은 다른 예술적 노력의 특징들은 변함없이 이어진다.

이처럼 (예술적 능력이) 보존된다는 것은 고도로 훈련된 기술의 회복력을 보여줄 뿐만 아니라, 당연히 특수하게 예술적인 기능의 국재화가 부재한다는 것을 드러낸다. 보존은 아마도 손상된 조직이 건강한 조직과 조합된 결과를 반영할 것이다. 두 가지 기제는 모두 그런 예술가들의 예술에서 상호작용한다. 첨언하자면, 보존된 기능은 다중 신경회로에서 표상이 중복된다는(redundancy) 사실을 반영한다고 추정되며, 따라서 보존은 이러한 회로 일부를 할애한 데서 기인한다고 할 수 있다(Carmichael, 2006; Jenkins & Merzenich, 1987). 오늘날 뇌 손상의 결과로 나타나는 해부학적 재구조화에 관한 활발한 연구는 언어 회복에 초점이 맞춰져 있지만(Knecht et al., 2002; Saur et al., 2006), 연구의 결과는 다른 인지 유형들로 일반화될 수 있다(Kapur, 1996).

뇌 손상을 입은 기성 예술가들은 언어 능력과는 별개인 동기와 표현 능력을 유지하는 것으로 나타난다. 실제로 뇌 손상 증거는 언어적 표현과 예술적 표현 사이의 분리를 시사하지만, 이것이 반드시 좌-우 반구 특화 문제(좌반구는 주요 언어 기능에, 우반구는 시각적-공간적 기능에 특화되어 있다는 것)에서 기인하는 것은 아니다. 하나의 표현방식이 다른 표현방식을 방해하거나 배제할 필요가 없으며, 두 표현방식이 상호 대립적일 필요도 없다. 시각예술이 정상적인 시각적-공간적(visuo-spatial) 지각과 인지를 필요로 하기는 하지만, 이러한 인지의 결핍이나 감퇴가 미적이고 창의적인 숙련된 예술작품의 생산을 방해하는 것 같지는 않다. 서양미술에서 공간의 묘사는 선의 수렴과 소실선(vanishing lines)을 포함한다. 세계에 대한 정확한 사실적 묘사는 이러한 기법으로 인해 용이해진다. 그러나 비서구사회의 미술 장르들은 묘사에서 반드시 3차원 공간을 강조하지 않는다. 예를 들어, 중국미술과 일본미술을 생각해보자. 추상미술과 초현실주의 미술도 생각해보자. 이러한 장르들에서는 깊이 묘사가 전혀 없거나 상상의 세계를 창조하기 위해 깊이가 왜곡된다. 그러므로 시각적-공간적 인지가 시각예술에서 지배적인 인지일 필요는 없다.

예술 생산과 지각에서 반구의 역할에 관해 배경이 되는 문제는 정교하게 다듬어져야 한다. 로저 스페리(Roger W. Sperry)가 파사데나(Pasadena) 캘리포니아공과대학(Caltech)에서 수행한 교련절개(commissurotomy; '분할뇌(split-brain)') 연구가 출판된 1960년대 무렵부터 예술의 우반구 특화와 관련된 가설들이 제안되었다. 그러나 이것은 어디까지나 가설이며, 추가적인 연구가 반구 차이에 대해 더 많은 것을 밝혀내면 수정될 수 있다는 생각에서 제안된 것이다. 예술과 관련하여 이 가설은 예술을 언어와 구별해야 할 필요에 기초한 것이다. 언어는 주로 좌반구에 특화되어 있다고 반복해서 분명히 확인되었고 본질적으로 비언어적인 인지, 즉 예술과 구별되었다. 그러나 이후 오랫동안 배타적이거나 주요 우반구-예술 연결에 대한 견고한 경험적 증거는 결코 나타나지 않았다. 우반구가 '창의적, 예술적, 감정적'이라는 주장은 교련절개 연구나 다른 뇌 손상 환자 집단에 대한 경험적 연구에 거의 기초하고 있지 않다. 게다가 예술은 다양한 종류의 인지(생산, 수용, 기법, 양식, 기억)로 구성되고, 어떻게 예술이 좌반구보다 우반구에 더 특화되어 있는지 설명하기 위해 분석된 적이 한 번도 없다(Zaidel & Kasher, 1989). 하지만 시간이 흐르자 불행하게도 추정에 불과한 이 가설은 너무 많은 사람이 이미 입증된 사실이라고 믿기 시작한 매력적이고 대중적인 은유가 되었다.

그림, 드로잉 그리고 뇌

그림과 드로잉을 통한 의사소통은 상대적으로 쉽고 보편적이고 시대와 문화를 넘어서며, 사실주의적이거나 추상적인 묘사에 적용된다. 심지어 언어적으로 혹은 정서적으로 의사소통할 능력을 상실한 신경과적 환자에게서도 관찰된다. 실제로 그림은 좌반구나 우반구가 손상된 환자의 신경심리 검사에서 자극으로 흔히 사용된다. 광범위한 확산성 뇌 질환이 있다고 하더라도 편측 뇌 손상 이후 모든 그림을 이해하지 못하는 무화증(無畵症, apictoria)이 나타나는 경우는 거의 없으며, 있다 해도 극히 드물다. 시각적 대상 실인증이 있는 환자 일부에게 그림으로 그려진 특정한 종류의 대상의 의미를 끌어내는 데 선택적인 장애가 나타나기는 하지만(De Renzi, 1999; Farah, 1990), 실인증 환자조차 모든 회화적 재현의 해독이 완전히 불가능할 만큼 손상되지는 않으며, 언어와 기억이 심각하게 위태로워질 때조차 드로잉을 제작한다. 알츠하이머병을 앓는 환자는 언어와 기억이 심각하게 고장났음에도 사실적으로든 추상으로서든 계속해서 대상을 그릴 수 있다(Kirk & Kertesz, 1991, 1993). 때때로 신경과 환자에게서 특징적인 드로잉 기법이 나타난다. 우측 두정엽과 후두엽이 손상되고 나면 드로잉에 윤곽선이 없어지고, 대신 그리는 대상의 세부사항이 강조된다. 좌반구 손상 환자의 그림은 이와 반대 양상을 보여, 안쪽의 세부사항은 없고 윤곽선만 그린다(Lezak, 1995; Warrington & James, 1966). 좌반구에서는 단편적이고 분석적인 사고가 발생하고, 우반구에서는 게슈탈트적 사고가 일어난다는 생각은 당초에 서로 다른 뇌 손상 편측성을 가진 환자들의 드로잉 패턴을 관찰한 데서 나온 것이다(Ettlinger et al., 1957; Paterson & Zangwill, 1944; Zangwill, 1964). 그러나 대상을 재현하는 특징적인 양식이 있다 하더라도 드로잉은 양반구 각각에 있는 신경 기질에 대한 통제로서 개념화되고 실행될 수 있다.

실어증(뇌 손상, 일반적으로는 좌반구의 손상에 뒤따르는 언어 장애)을 앓는 전문적 예술가의 드로잉은 언어와 예술의 문제 모두에 대해 말해준다. 이런 예술가에게서 발견된 결과들은 두 가지 표현방식 사이의 해리를 강조한다. 그러나 이런 사실이 반드시 예술적 드로잉이 우반구 통제를 통한 성취라는 것을 의미해야 하는 것은 아니다. 좌반구 내의 온전한 영역이 드로잉의 실행을 통제할 수도 있고, 심지어 양반구가 실행을 통제할 수도 있다. 회화적 대상으로부터 회화적 의미를 끌어내는 데 좌반구 하측두엽이 하는 역할에 대한 보고들이 있다(Whatmough et al., 2002). 이것은 장면과 관련해서 장면의 중심 주제를 묘사하지 못하는 동시실인증(simultanagnosia)[5] 이라고 알려진 신경학적 상태에서 두드러진다(Clavagnier et al., 2006; Kinsbourne & Warrington, 1962; Levine & Calvanio, 1978). 요컨대, 각 반구 안에서 일어나는 인지 작용 모두가 드로잉에서 이뤄지는 상징적 재현에 무엇이라도 기여한다는 것이다.

시각예술의 색채

색채는 예술에서 미적 감각을 유발하는 하나의 특수한 차원일 뿐이다. 무채색 표현 또한 강력한 미적 반응을 일으킨다. 사진, 석판화, 동판화, 건축 등을 생각해보라. 영화는 의미와 미적 즐거움을 전달하기 위해 색채가 필요하지 않은 예술의 더할 나위 없이 좋은 사례다(Arnheim, 1958). 이러한 현상은 연극 무대의 공연에서도 충분히 드러나지만, 영화에서 훨씬 더 그러하다. 영화에서 조도와 명암 조작은 미적 경험의 한 차원이다. 〈카사블랑카Casablanca〉, 〈제3의 사나이The Third Man〉, 〈제7의 봉인The Seventh Seal〉과 그 외의 매우 많은 영화들이 이런 점을 보여준다. 캄캄한 극장에서 무색(noncolor) 영화를 보는 것은 주변 환경이 빛으로 환하게 밝혀진 곳에서 흑백의 스틸사진을 보는 것과는 다른 효과가 있다. 오랫동안, 심지어 컬러 영화 제작이 가능해진 뒤에도 유명한 영화예술가들은 흑백영화 창작을 선호했다. 그런 예술가 중에는 영화감독 잉마르 베리만(Ingmar Bergman)과 촬영기사 스벤 닉비스트(Sven Nykvist) 같은 이들이 있다(Nykvist, 2003).

백내장과 나이가 들면서 찾아오는 정상적인 시력의 변화는 색채와 대상을 예술적으로 묘사하는 방식에 영향을 미친다(Ravin, 1997). 백내장 때문에 잘 보지 못한다는 것은 사실적인 이미지를 묘사하지 못한다는 것을 의미한다(Nathan, 2002). 예를 들어, 인상주의자들의 흐릿한 양식은 부분적으로 햇빛에 과도하게 노출된 상황으로 인해, 또는 백내장 같은 다른 병인학적 원인에 의한 질병으로 인해 저하된 예술가의 시력을 반영한다는 주장은 이상할 것도 없다. 이런 예술가 중 한 명이 클로드 모네다. 이와 비슷하게, 레오나르도 다빈치나 렘브란트 같은 예술가들은 나이가 들면서 자연스럽게 발생한 안구의 노화 때문에 점점 더 어두운 그림을 그렸다(Marmor & Lanthony, 2001). 신경심리학자들은 연구 중인 (이상) 행동의 원인이 감각적 변화가 아니라 뇌에 있다는 것에 대해 확신하기 위해 전통적으로 감각적 결손을 중추적인 (뇌) 손상과 구분해왔다. 예술가들의 감각적 결손에 대한 규명은 신경과학, 뇌 그리고 예술의 관계에 대해 더 많은 것을 알려줄 것이다.

뇌 손상을 가진 음악예술가의 신경 단서

시각예술과 관련해서는 회화적 · 시각적 상징이 결국 문자적 상징으로 이어졌을 것이라고 추정되고, 음악과 관련해서는 (속이기, 의사소통 또는 기념행사에서처럼) 동물 소리의 흉내가 언어에, 그리고 음성 및 악기를 통한 음악 생산에 크게 기여했을 수 있다. 시각예술은 추적 가능한 고고학적 증거를 남기는 반면, 음악예술의 기원에 대해서는 추측만 가능할 뿐이다.

음악예술에서는 작곡과 연주 두 측면이 모두 예술과 뇌에 관한 논의에 포함되어야 한다. 현재 광범위한 신경영상 테크닉을 사용한 발견에 따르면, 음악예술가에게서 서로 멀리 떨어져 있는 뇌 구조들이 활성화되며, 지금까지 단일한 '음악 중추'는 확인되지 않았다(Altenmüller, 2001; Peretz, 2002). 초기 신경학자들은 좌반구나 우반구의 편측 손상에 따른 음악적 장애를 놓치지 않고 관찰했다(Basso, 1999). 측두엽은 대개 음악적 지각과 관련되고, 전두엽은 음악적 생산 및 표현과 관련된다(Baeck, 2002). 좌반구 손상을 가진 일부 사례에서는 음악과 언어가 모두 손상될 수도 있지만,

(좌반구 손상에 따른) 언어 장애를 겪는 환자들에서 때때로 음악적 능력이 손상되지 않았다는 것을 관찰한 신경학자들은 음악과 언어를 구별하고자 시도했다(Basso, 1999). 그들에 따르면 반구에 대한 일반적인 그림에서 좌반구는 박자와 리듬의 지각에 특화된 반면, 우반구는 음고와 음색 지각에 특화되어 있다.

하지만 훈련은 뇌 손상을 입지 않은 사람들의 음악적 기억과 음악에 대한 반응을 형성한다. 음악적 훈련은 반구의 관여에 결정적인 역할을 하는데, 훈련된 음악가의 경우 좌반구가 최대한 관여하는 반면, 음악가가 아닌 사람들에서는 우반구가 최대한으로 관여한다(Bever & Chiarello, 1974). 또한 음악가와 비음악가 간에 뇌 구조의 차이가 있다는 증거가 있다(Münte et al., 2002). 신경영상 결과들은 전문적 음악가에게는 비음악가와는 조금 다르게 활성화되는 뇌 영역, 특히 음악 실행 영역에서 상이하게 활성화되는 뇌 영역이 있다는 것을 보여준다(Pantev et al., 1998). 비음악가와 음악가에 대한 비침습적 뇌 영상 연구들은 음악이 다수의 신경 영역을 작동시킨다는 사실을 시사한다. 이러한 연구들은 음악의 신경영역(중추)을 정확히 짚어내는 일을 더욱 복잡하게 만들며, 동시에 음악적 반응이 매우 넓은 스펙트럼을 갖고 있다는 것을 강조한다(Patel, 2003).

퇴행성 질환이나 국지적 손상을 지닌 작곡가에 관해 출판된 사례들 대부분은 좌반구와 관련된다. 국지적 우반구 손상을 가진 작곡가에 대한 출판된 사례가 부족하므로 음악 작곡에 각 반구의 인지작용이 기여하는 바에 관해 균형 잡힌 결론을 내리기가 어렵다(Wieser, 2003). 나의 저서에서 검토한 작곡가들은 신경학적인 문제가 있음에도 작곡을 할 수 있었다(Zaidel, 2005). 몇 가지 사례에는 러시아 작곡가 비사리온 셰발린(Vissarion Shebalin), 프랑스 작곡가 장 랑글레(Jean Langlais), 그리고 영국 작곡가 벤저

민 브리튼(Benjamin Britten)이 있다. 광범위한 훈련, 기술의 과잉 학습, 특출한 음악적 재능, 음악적으로 유리한 유전적 조건은 모두 뇌 손상 이후 작곡가의 능력 보존을 증진하는 요인들이다(Bentivoglio, 2003; Zatorre, 2003). (종종 초기 아동기부터) 충분히 연습한 음악적 습관의 기능적 표상과 신경 가소성(plasticity) 덕분에 이러한 기술이 손상되지 않고 남아 있다. 이는 뉴런과 연결의 손실에 대응하기 위해 뇌에서 발생하는 기능적 재조직화 가능성이 매우 높은, 느리게 진행되는 신경변성 뇌 질환에서 특히 잘 나타난다. 모리스 라벨(Maurice Ravel)은 서서히 진행되는 질병 속에서도 작곡을 계속한 작곡가 중 한 명이다(Amaducci et al., 2002).

이와 비슷하게, 페니실린 발견 이전에 매우 파괴적인 성병이었던 신경 매독은 로베르트 슈만(Robert Schumann), 베드르지흐 스메타나(Bedřich Smetana), 프란츠 슈베르트(Franz Schubert) 같은 작곡가들에게 심각한 피해를 입혔다. 그들이 이 질병을 앓지 않았다면 어떤 음악을 만들었을지 궁금하기는 하지만, 매독은 그들의 작곡활동을 막지는 못했다. 또한 스메타나와 베토벤에게 청력 상실을 일으킨 감각적 결손은 그들의 기술, 기교, 재능이 아니라면 작품의 본질에 영향을 미쳤을 수도 있다. 모든 것을 고려했을 때 음악 작곡에서 예술적 특징의 신경해부학적 기저는 강한 유전적 기초를 갖고 있을지도 모르는 기술들을 통제하는 다양한 신경 영역과 손상에 대응하는 뇌의 가소성이라고 볼 수 있다.

예술에서의 아름다움과 생물학

예술은 인간 뇌의 특유성이 발생시킨, 생각(idea)을 개념화하는 다른 하나의 형식이다. 예술이 즐거움을 유발한다는 사실은 부가적 차원 혹은 보너스다. 아름다움이라는 반응은 현실이 예술에 재현되는 정도와는 별개이며, 따라서 미가 생물학과 신경해부학에 정박하고 있다는 사실을 제시한다. 예술의 미적 가치를 의사소통적 가치로부터 떼어내기는 어렵다. 예술에서 미는 어디에서 오는가? 예술가가 그것을 의식적으로 거기에 넣는 것인가? 그리고 만약 그렇다면 정확히 어떻게 그렇게 하는가? 나는 예술에서의 미는 창발적 속성(emergent property)이며, 예술가에 의해 의도적으로 구성되는 것이 아니라 오히려 예술작품을 지각할 때 감상자의 뇌에 의해 추출되는 어떤 것이라고 제안한다.

미의 신경 기반에 대해 설명할 때 무엇보다 미적으로 유의미한 (aesthetic-relevant) 반응이 예술에 한정된 것도 아니고 예술에서 비롯된 것도 아니라는 점이 강조되어야 한다. 산 정상이나 상공의 비행기에서 본 자연 풍경에 대한 무수한 반응, 또는 일몰, 무지개, 구름 층, 보름달, 굽이진 모래 언덕, 형형색색의 새들, 호수에 낀 안개, 그리고 많은 다른 자연 현상에 대한 반응들만 생각해봐도 미적 반응은 늘상 일어나는 일이라는 것을 알 수 있다. 일찍이 다윈은 동물과 인간에게서 미학의 문제를 논의했다. (Welsch, 2004를 보라.) 이 목록에 우리는 인간의 얼굴, 그림(Zaidel & FitzGerald, 1994) 또는 사진(Chen et al., 1997; Zaidel et al., 1995; Zaidel & Cohen, 2005)에서의 매력과 미에 대한 반응을 추가해야 한다. 따라서 미적 반응의 유발은 인간이 예술 생산을 시작하기 한참 전부터 존재했다고 주장하는 것이 타당하다. 다윈이 그랬던 것처럼 동물들이 미와 관련된 반응을 경험하는가 여부를 궁금해하는 것 또한 논리적이다.

그림을 바라볼 때 '아름답다'라는 명확한 생리적 반응을 느끼는 것은 흔한 경험이다. 흔히 그림은 누가 그렸는가와 관계없이, 그리고 창작된 시대와는 무관하게 감상자들 사이에 유사한 반응을 불러일으킨다. 확실히 일상 사건들에 대한 감정 반응은 예술에 대한 반응과 $180°$ 반대편에 있는 것이 아니다. 예술은 예술가의 맥락과 환경을 표현하므로 예술과 비예술 자극에 대한 감정 반응 사이에 커다란 유사성 또는 적어도 자연스러운 연속체가 있다고 기대하는 것은 일리가 있다.

예술작품과 관련된 흥미로운 개념 하나는 시각체계가 지각된 형태에서 형식의 원초들(form primitives)을 탐색하는 작용으로부터 시각적으로 미적인 것에 대한 뇌의 반응이 생겨난다는 것이다. 아마도 보여진 것, 예를 들면 모서리(원초적 형식)와 특징 탐지기(생리적 반응) 사이의 흡족한 부합이 예술에 대한 반응을 설명할 수 있을 것이다. 경사 효과(oblique effect)에 관한 문헌에 기술된 발견들이 이런 개념에 대해 밝혀준다(Appelle, 1972; Latto & Russell-Duff, 2002; McMahon & MacLeod, 2003). 지난 150년 동안의 무수한 관찰로부터 비스듬한 방향의 자극보다 수평 또는 수직 방향의 자극에 특화된 수행이 획득된다는 경사 효과가 도출되었다(McMahon & MacLeod, 2003). 이는 어린이와 몇몇 동물에서도 증명되었다(Appelle, 1972). 이러한 효과와 그 구성요소에 대한 후속 연구가 미적 반응의 신경적 기질의 위치를 알아내는 데 유익한 자료를 제공할 수 있을 것이다.

뇌 활동과 예술 미학

최근 몇몇 연구가 미학의 측면에서 예술 재료를 지각할 때 뇌의 기능적 활성화를 탐구하고자 시도했다(Cela-Conde et al., 2004). 보여진 그림에 관한 과제의 지시와 판단에 대한 반응으로 다수의 뇌 영역이 활성화되었다. 중요한 연구에서 바타니안과 괼은 피험자들에게 자신의 미적 선호에 따라 그림을 평정하도록 했다. 여기서 그들의 발견이 보여준 것은 선호도가 증가하면 양쪽 후두엽과 방추상회(fusiform gyrus), 그리고 좌측 대상회에서 활성화가 증가하는 것과는 반대되는 선호도 감소와, (선호도가 낮을수록 활동이 낮아지는) 우측 미상핵의 활성화 정도 사이의 관계였다(Vartanian & Goel, 2004). 가와바타와 제키는 뇌 촬영이 진행되는 동안 피험자들이 사전에 미학적 범주(추하다, 아름답다 또는 중립적이다)를 부여한 그림들을 보게 했다(Kawabata & Zeki, 2004). 그들도 다수의 뇌 영역이 관여되며 추함, 아름다움 또는 중립의 특정한 범주와 연결되는 특정한 영역은 없다는 것을 발견했다. 다시 말해, 범주 사이의 구체적인 구별은 뇌 영역에서는 나타나지 않았다. 야콥센과 동료들은 피험자들에게 실험실에서 만든 그래픽 기하학적 패턴을 보여주고 미적 판단을 하게 하면서 뇌를 촬영했다(Jacobsen et al., 2006). 그들은 편측과 양측 모두 다양한 뇌 영역이 활성화된다는 것을 발견했다. 종합하자면, 이러한 연구들은 예술 미학에 국한된 영역이나 부위는 없다는 것을 보여주며, 더불어 반구 특화 자체가 미적 예술 판단을 설명해주지는 않는다는 개념을 확인해준다.

창의성, 재능, 기술에 대한 신경심리학적 고찰

기성 예술가들의 예술 생산은 여러 가지 신경적 기질 체계의 활동을 표상한다. 예술적 성공은 재능, 연습, 창의성을 포함한 다양한 요인에 달려 있다. 기술, 기법 그리고 재능의 역할을 규명하는 것은 연구자들에게 커다란 도전이 되고 있다. 창의성이란 정확히 무엇인가? 가장 좋은 정의는 매우 새롭고 사회에 긍정적인 것, 이전에 존재하지 않았거나 혁신적, 발명적 또는 독창적이라고 부를 만큼 변화된 어떤 것에 대해 창의적이라고 한다. 창의성은 유연성과 더불어 주어진 것, 확립된 것, 알려진 것, 반복된 것, 정형화된 것, 받아들여지는 것으로 간주되는 것과는 정반대 방식으로 생각을 개념화하는 능력을 필요로 한다. 창의성은 예술에 한정되지 않는다. 과학자와 사업가들도 창의적이고 의사, 간호사, 정원사, 그리고 무수한 다른 사회 구성원들도 그렇다. (Rose, 2004를 보라.)

창의성이 뇌에서 양쪽 반구에 표상된다는 가장 좋은 신경 단서는 (이 장의 앞 절에서 검토한 것처럼) 대뇌 반구 하나에 손상을 입은 기성 예술가들에게서 창의성이 손상되지 않는다는 사실에서 나온다. 이런 예술가들에게서 나온 증거들은 여러 뇌 영역이 관여한다는 것과 두 반구가 서로 협력한다는 것을 시사한다. 추가적인 단서는 이례적인 예술가들에게서 관찰된다. 자폐적 서번트들은 일반적으로 심각한 언어적 · 사회적 의사소통 문제로 고통을 겪는다(DeLong, 1999; Freitag, 2006; Frith & Hill, 2003). 종종 좌반구 기능 장애는 의사소통 장애의 주된 원인으로 가정되는데, 왜냐하면 주로 심각한 언어 이상이 관찰되기 때문이다. 자폐적 서번트 예술가들은 광범위한 신경적 뇌 장애를 갖고 있음에도 선천적인 드로잉 재능과 특출한 회화적 재능을 갖고 있는 것으로 보인다. 그러나 그들의 창작은 대체로 추상화가 거의 혹은 전혀 없는 사실주의적 재현이고, 창의성으로 이해할 것이 많지 않다(Sacks, 1995). 흥미롭게도 그들 중 대부분이 예술 훈련으로부터 얻는 이득은 지극히 적다(Sacks, 2004). 더구나 이런 예술가들은 자폐증을 가진 사람 중 지극히 일부만을 대표한다. 그러나 전체 인구와 비교하면 그들의 창작은 선택된 소수에 비견될 수 있다. 그러므로 자연스럽게 다음과 같은 결론이 따라나온다. 즉 재능과 기술은 창의성과 분리될 수 있으며 광범위한 신경 장애를 갖고 있음에도 기능할 수 있다는 것이다.

치매 진행이 시작되기 전에, 예를 들어 전측두엽 치매나 알츠하이머병이 시작되기 전에는 예술을 창작한 적이 없는 몇 안 되는 신경과적 환자들의 예술 창작은, 신경 연결의 선택적 위축이 새로운 표현의 창발로 이어진다는 것을 암시할 수 있다. 다음과 같은 결론들이 제안되었다 (Miller et al., 1998; Miller & Hou, 2004; Miller et al., 1996). 이 현상에 대한 대안적 설명 하나는 예술적 재능과 창의성이 항상 존재했지만 충분히 돈을 벌 수 있는 직업을 가지라는 사회적 압력 같은 경제적 이유 때문에 예술 재능이 발현되지 못했다는 것이다. 업무와 관련이 있는 전문화된 인지의 저하로 평생 직업이 더 이상 수행될 수 없게 되었을 때 예술 실천을 위한 시간이 생긴 것이다. 예술 창작이 뇌 치매 질환의 자연스러운 결과라면 치매를 앓는 수백만의 환자가 예술을 창작할 것이라고 기대할 수 있을 것이다. 하지만 현실은 그렇지 않으므로 오랫동안 지속되는 재능을 가진 사람들만이 질환이 시작되면 예술적 능력을 보여준다고 결론짓는 것이 타당하다.

다듬어지지 않은 예술적 재능은 모든 예술가에게 아마도 강력한 유전적 요소가 있는 능력과 기술을 의미할 것이다. 재능은 서로 다른 예술형식들과 다른 분야의 인간적 노력에서 창의성과 상호작용함으로써 표현된다. 발명력, 특출함(ingenuity)과 함께 기술의 보존은 뇌 변화의 정도와 본질을 고려할 때 몇몇 신경학적 사례에서 주목할 만하다. 재능, 부단한 연습 그리고 기술은 모두 그 기능적 표상에서 중복이 있고, 뇌 손상 또는 감각 손상 이후에도 손상되지 않는 예술 능력의 기초가 존재함을 시사한다.

결론

예술은 언어처럼 의사소통의 한 형식이다. 의사소통의 유형들은 사실상 모든 생물에 존재하며, 상징이나 지시적 표상 같은 인간의 예술 관련 행동의 신경해부학적 기초는 수백만 년 동안 적응적으로 진화되어왔다고 가정하는 것이 합당하다. 광범위한 문화적 실천은 예술의 실천을 증진하고 이러한 진화적 압력을 충족하는 역할을 한다. 어떤 경우에서든 예술이 언어와 공진화했다거나 이 둘이 단일한 포장 꾸러미로 인류의 역사 곳곳에 '등장했다'는 것도 분명하지 않으며, 풍부한 예술에 대한 고고학적 증거가 없는 곳에서는 광범위한 언어 실천이 없었다고 가정하는 것도 합당하지 않다.

신경해부학과 연결시키기 위해 기성 예술가의 뇌 손상에서 단서를 찾는 것은 유용하다. 나는 관련된 문헌을 검토하면서 편측 초점성 뇌 손상과 치매 질환으로 인한 광범위한 신경 손상은 예술을 통해 의사소통하는 능력을 없애지 못하며, 예술가들은 창의성, 재능, 기술, 동기를 유지한다는 것을 관찰했다. 광범위한 뇌 손상과 심각한 언어 손상 또는 다른 인지적 손상에도 상징적·지시적 방식으로 묘사하는 능력은 유지된다. 이 모든 것은 뚜렷한 영역 국재화가 존재하는 언어와 달리, 예술의 신경 기초는 뇌에서 확산적으로 나타난다는 사실을 시사한다. 뇌 손상을 지닌 기성 예술가에게 예술 능력의 패턴이 보존되어 있다는 것은 예술과 언어가 공진화하지 않았다는 생각을 지지한다. 말하자면 예술 표현이 언어에 앞서 나타나면서 진화와 적응은 시차가 생겼을 수도 있다는 것이다.

더 나아가 뇌 손상이 기법상의 변화로 이어진다 하더라도 뇌 손상 자체가 예술 창조를 가능하게 하는 것은 아니다. 선천적인 예술적 재능은 뇌 질환을 겪으면서 기술을 보존하는 데 크게 기여한다. 손상이 예술 생산에 선택적으로 영향을 주는 방식은 뇌와 예술의 관계를 해독하는 연구에 커다란 도전으로 남아 있다.

예술작품의 미적인 본성은 반드시 예술가가 의도적으로 '박아 넣는' 어떤 것이 아니며, 오히려 여기서 제안하는 것처럼 신경해부학적 기초를 가지고 있기는 하지만 감상자의 마음에서 형성되는 창발적 속성으로 볼 수 있다. 미적 반응은 애착, 소유욕 그리고 즐거움과 밀접히 연결되어 예술의 의사소통적 메시지에 대해 주의를 끄는 적응적 수단으로 볼 수 있을 것이다. 미와 관련된 반응은 매우 다양한 맥락에서 존재하고, 인간이 예술을 생산하기 시작하거나 예술 관련 행동에 참여하기 한참 전에도 '애착을 향한 끌림(attraction for attachment)'으로서 틀림없이 뇌 안의 마음에 의해 생성되었을 것이므로 그런 반응 자체는 예술에 한정된 것이 아니다. 결국 진화는 적응을 통해 기존의 해부학적 기제를 활용하는 것일 뿐 어떤 기제를 갑자기 생성해내는 것이 아니다. 따라서 다윈이 제시한 것처럼 동물들이 미적 반응을 경험하는가 여부를 궁금해하는 것은 합리적이라고 하겠다. 앞으로의 연구는 이 쟁점을 인식론적으로 바라봐서는 안 되며, 경험적으로 접근해야 할 것이다.

1) 인두는 식도와 후두에 붙어 있는 깔때기 모양의 부분을 말한다.

2) 자이덜의 이런 진술은 6장 저자들의 견해와는 다소 상충된다. 6장에서는 뇌 용적과 지능 간의 상관관계에 대해 성급하게 단정하는 대신 '뇌주름 지수'라는 또 다른 변수를 고려한다. 뇌 크기와 지능의 관계에 대한 연구들을 종합해보면 모종의 상관관계가 있기는 하나, 그 정도가 과장된 측면이 있다. 건강한 성인의 경우 상관계수는 최대 0.4 정도로 추정된다.

3) 뇌 기능이 영역별로 국재화되어 있다는 것은 18세기부터 프란츠 요제프 갈(Franz Josef Gall) 같은 신경해부학자들이 주장했고, 19세기에 이르러서는 브로카영역, 베르니케영역 등을 발견함으로써 과학적 신뢰를 얻기 시작했다. 잘 알려져 있듯이 브로카영역과 베르니케영역은 모두 언어능력에 관여하는 부위들이다. 폴 브로카(Paul Broca)는 1860년대에 좌측 전두엽의 특정 영역이 발화능력과 연관되어 있다는 사실을 발견하여 '브로카영역'이라고 명명했고, 카를 베르니케(Carl Wernicke)는 1874년 다른 사람의 언어를 이해하는 데 문제가 있는 환자의 경우에서 좌측 측두엽 뒤편의 위쪽 특정 영역이 수용성언어장애와 관련되어 있다는 것을 발견하고 '베르니케영역'이라고 명명했다. 20세기 초에 이르면 뇌의 각 영역별로 특화된 뇌 기능이 훨씬 세부적으로 밝혀진다.
뇌 기능의 국재화가 널리 받아들여지는 주장이기는 하나, 뇌가 작동하는 유일한 원리는 아니다. 가령 심리학자 칼 스펜서 래슐리(Karl Spencer Lashley)는 뇌 기능의 등역가성(equipotentiality)을 주장했다. 예를 들어, 뇌의 한 부분이 손상됨으로써 기억 기능이 상실되었을 때 다른 손상되지 않은 부위가 대신 그 기능을 담당할 수 있다는 것이다. 그는 등역가성이 '집단행동(mass action)' 법칙에 따라 나타난다고 보고, 뇌의 모든 복잡한 기능의 효율성은 전체 뇌가 손상된 정도에 따라 달라지는 것일 뿐 어떤 특정 영역이 손상된 정도에 따라 달라지는 것이 아니라고 주장했다. 뇌 기능의 등역가성과 집단행동을 주장한다고 해서 뇌의 국재화를 부정하는 것은 아니다. 래슐리는 언어 기능처럼 뇌의 특정 부분에 고정되어 있는 뇌활동이 있으나, 학습 기능처럼 특정 부분에 국한되지 않아서 유연성을 지니는 뇌 활동들도 있다고 보았다. 오늘날에는 뇌의 가소성(plasticity)을 증명하는 많은 사례들이 발견되어 뇌 기능의 국재화 및 전문화와 함께 널리 수용되고 있다. (http://en.wikipedia.org/wiki/equipotentiality를 참고하라.)

4) 레비소체 치매는 레비소체의 증가와 관련된 것으로 시간이 갈수록 악화되는 치매의 한 종류다. 레비소체란 이를 발견한 프리츠 하인리히 레비(Fritz Heinrich Lewy)의 이름을 따라 명명한 것으로, 파킨슨병, 레비소체 치매 등에서 나타나는 신경세포 내부에 발달하는 단백질의 비정상적인 응집을 가리킨다. '피질기저핵변성'이라고도 부르는 피질기저퇴화는 대뇌피질 및 기저핵과 관련된 희귀한 진행성 신경퇴화질환으로 운동 및 인지 기능 장애를 말한다.

5) 동시실인증(同時失認症) 또는 부분시각인식못함증으로 번역되는 'simultanagnosia'는 한

장면에서 한 부분 이상을 동시에 보지 못하거나 각 부분을 전체로 통합하여 보지 못하는 상태를 말한다.

9

시각 표상의 암시

니콜라스 웨이드(Nicholas Wade)

시각적 아름다움은 시각 과정에 대해 통상적으로 설명하는 사람들에 의해 적절하게 표현되지 못했다. 다시 말해 시각과학자들은 일정한 과정을 거친 미적 느낌으로 연구주제를 드러내지 않았다. 이런 역할을 담당해온 것은 시각예술가들이고, 그들은 시각과학자들이 실험을 통해 연구하는 시각 현상 중에서도 가장 매혹적인 사례 중 몇몇을 제공해왔다. 미적인 것들과 그 시각적 기반에 대해 더 많이 발견하고 싶은 사람은 시각작용에 관한 교과서를 먼저 찾지는 않을 것 같다. 시각예술가들과 시각을 연구하는 과학자들이 종종 동일한 현상을 검토하는 데 관심이 있다고 할지라도 그들이 취택하는 방법은 완전히 다르다. 과학자들은 일반적으로 오래된 현상에 관해 새로운 사실을 발견하고자 애쓴다. 반면 예술가들은 이전에 본 적이 없던 방식으로 현상들을 배열하는 데, 또는 아마도 그 현상들에 대한 관람자의 자각을 증대시키는 데 관심을 갖고 있다. 이는 종종 패턴 요소들을 단순화하기보다는 효과를 복잡하게 만든다. 따라서 예술가는 종종 과학자에게는 보이지 않는 미적 측면을 드러내면서 복잡성을 포용하고 직관적으로 현상들을 조작하는 반면, 과학자들은 실험실에서 통제하기 위해 현상들을 정제하고 분리시킨다고 할 수 있다. 예술가들은 더 매력적인 시각 현상의 사례를 제공할 뿐만 아니라, 과학적으로 참신한 방식으로 그들의 영역을 개선한다. (Wade, 2007b를 보라.)

나는 관례를 벗어난 방식으로 시각 과정의 기본적인 측면 몇몇을 제시하고자 하지만, 이런 방식이 시각의 미적 차원의 한 요소를 잡아내기를 희망한다. 다시 말해 나는 언어적으로 제시된 관념들을 시각적 형식으로도 전달하고자 할 것이다. 논의의 출발점은 시각적 자극이 될 것이고, 이어서 광선 처리의 해부학과 생리학, 시각 현상의 다양성이 뒤따를 것이며, 실험 미학에 대한 동조로 글을 끝맺을 것이다.

빛과 눈

시각(sight)에 관한 연구는 긴 역사 동안 대부분 빛의 본성과 긴밀하게 얽혀 있었다. 고대 그리스 사상가 중에는 빛이 눈에서 방사된다고 믿는 사람들이 있었고, 다른 이들은 눈이 빛을 받아들인다고 간주했다(Park, 1997; Wade, 1998a, 2007a). 빛과 시각은 요하네스 케플러(Johannes Kepler, 1571~1630)가 이미지가 눈에서 어떻게 형성되는지 기술하기 전에는 사실상 동의어였다. 눈의 곡광학(dioptirics)에 관한 케플러의 분석은 빛의 물리학과 시각의 심리학 간의 구별을 초래했다. 그러나 빛의 본성으로 인해 물리학에서 빛은 입자가 아니면 파동으로 간주된다는 문제, 즉 오늘날까지도 남아 있는 이중성 문제가 제기되었다. 아이작 뉴턴(Isaac Newton, 1642~1727; [그림 9-1] 좌측)은 빛이 입자라고 보는 입장의 옹호자였던 반면, 크리스티안 하위헌스(Christiaan Huygens, 1629~1695; [그림 9-1] 우측)는 빛이 파동이라는 입장을 선호했다. 이 시기까지 시각과학은 광학, 곡광학, 반사광학(catoptrics)의 세 부분으로 나뉘어 있었다. (Cohen & Drabkin, 1958을 보라.) 프랜시스쿠스 마리아 그리말디(Franciscus Maria Grimaldi)는 부가적 현상인 회절(diffraction)에[1] 대해 증명했다(Grimaldi, 1665). 그는 빛이 액체처럼 파동 안에서 유동하면서 작용할 수도 있다고 보았다. 파동이론은 하위헌스가 지지하고 확대시켰다(Huygens, 1690). 그는 발광의 원천 위에 있는 점들이 생산할 수 있는 파면을 제안하며 설명했다. 그는 빛을 소리에 비유했는데, 이때 회절은 구멍이나 모서리에서 발생하는 파면이라는 점에 근거해서 분석되었다. 이와 대조적으로 뉴턴은 빛이 서로 충돌하는 작은 미립자들(corpuscles)로 구

[그림 9-1] (좌) 예견자. 뉴턴의 얼굴, 그리고 가시 스펙트럼의 형성과 시각경로에 대한 부분적 논증을 위해 뉴턴의 다이어그램을 결합한 초상화. (우) 파동이론가. 파동 패턴 안에 각인되어 있는 하위헌스의 초상 (ⓒ 니콜라스 웨이드)

성되어 있다고 제안했다. 하지만 뉴턴은 빛이 파동으로 작용한다는 것도 배제하지 않았다. 이후로 하위헌스의 빛의 파동이론과 뉴턴의 미립자론 간의 이론적 대비가 생겼다. 두 이론 간의 균형은 간섭 현상(interference phenomena)에[2] 대해 증명하고 분석한 토머스 영(Thomas Young)의 파동이론 쪽으로 기울어졌다(Young, 1802).

색채는 광학의 물리적인 차원과 심리적인 차원을 뒤섞어버린다. 빛의 물리적 속성이 명료하게 밝혀지고 나서야 이런 뒤섞임에 대해 파악할 수 있었다. 『광학Opticks』(1704)에서 뉴턴은 프리즘을 통과하는 태양광선이 생산하는 스펙트럼에 대해 서술하고 해석했다. 색채 차이는 프리즘에 의해 굴절되는 정도의 차이와 관련이 있다. 뉴턴은 색채가 빛의 속성이기보다 주관적인 경험이라고 지적하기도 했다. "광선은 색채가 없다고 말하는 것이 정당하다. 광선에는 이런저런 색채의 감각을 자극하는 일정한 힘과 경향이 있을 뿐이다."(Newton, 1704, p. 90) 그런 힘은 부분적으로 태양광선이 프리즘을 통과할 때 굴절되는 정도에 의존한다. 프리즘으로 형성한 색채 자체를 포함하여 프리즘 실험을 실행하기 이전에도 뉴턴은 광범위한 영역의 색채 현상을 접할 수 있었다. 수 세기에 걸쳐 색채 혼합, 잔상, 색채 대비, 색 그림자 등의 현상이 축적되었고 경쟁하는 이론들을 발생시켰기 때문이다. 대부분의 이론은 색채가 신체의 속성이며, 투명한 매질을 통해 눈에 도달하는 빛에 의해 전달된다는 아리스토텔레스의 관점에 기초하고 있었다. 뉴턴은 빛과 색채에 관한 통일된 이론을 제공했다. 백색의 빛은 통합되어 있지 않고 굴절량이 다른 많은 요소가 정확한 비례에 따라 혼합되어 있다. 뉴턴은 또한 정교한 실험 절차에 관한 목록을 가지고 프리즘에 의해 형성된 색채를 분석할 수 있었다. 예를 들어 프리즘이 형성한 스펙트럼의 작은 영역들은 분리되거나 다른 부분들과 혼합될 수 있기 때문에 그런 영역들을 혼합하는 법칙이 결정될 수 있었다.

빛이 물리적 속성으로 간주될 수 있으며, 빛의 반사와 굴절은 물리적 원리에 따른다는 인식과 함께 빛에 관한 연구는 물리학자의 영역이 되었다. 반면 시각에 대한 검토는 주로 생리학자나 철학자들이 추구했다. 빛의 물리학을 시각의 철학과 구분한 것은 고대부터 유물론자와 관념론자 간에 놓여 있던 간극을 반영한다. 즉 빛은 외적이고 물질적인 현상인 반면, 시각은 내적이고 주관적인 현상으로 간주되어왔다.

시각과 관련하여 오래 지속되어온 문제는 이미지의 본성에 관한 것이었다. 시각 이미지는 빛이 눈에서 방사된다고 보든 혹은 눈이 빛을 받아들인다고 보든 간에 언제나 빛에 기반을 두고 있었다. 두 입장은 모두 빛이 직선으로 진행한다는 유클리드(ca. 323~283 BC)가 기술한 사실과 일치한다. 이런 사실은 다른 어떤 것보다 이미지와 그 형성에 관한 초기 이론들에 영향을 주었다. 유클리드의 광학은 물리적인 동시에 심리적이다. 그의 다이어그램에 있는 광선들은 빛뿐만 아니라 시각도 나타낸다. 가령 『광학Opticks』이라는 제목을 가진 유클리드의 저서는 바라보는 각도(visual angles)에 따라 시각적 공간을 기술한 책이며, 여기서 유클리드는 공간 지각을 기하학적으로 분석하고 있다. (Burton, 1945를 보라.) 유클리드 시대부터 줄곧 시각 문제는 대상과 눈 사이에 그려진 광선 다이어그램으로 설명되었다. 유클리드는 눈에 비친 이미지의 크기가 대상과의 거리에 따라 달라진다는 것을 깨달았다. 그러므로 주어진 크기의 대상은 눈으로부터의 거리가 멀어질수록 더 작아지는 눈과의 각도를 투사할 것이다((그림 9-2) 위). 다른 식으로 말하자면, 시각 연구자들은 빛이 직선적으로 확장되므로 단순한 시선 각도의 삼각법에 의해 대상을 묘사할 수 있었다. 이것은 착상된 대상으로서, 일반적으로 화살표를 이용하여 재현했다. 사람

[그림 9-2] (위) 눈 속의 화살. 단어들을 구성하는 문자들은 모두 (눈 모양이 되고 있는 'e'와는 별개로) 동일한 각도를 대(對)하고 있다. (아래) 이산 원근법(shifted perspective). 직사각형처럼 보일 격자 안에 문자들이 배열되어 있으며, 제일 오른쪽 끝에서 보면 그 효과를 묘사하는 단어[AN-AMORPHOSIS]가 인지될 것이다. (© 니콜라스 웨이드)

들은 지금도 렌즈로 초점을 맞춘 이미지를 형성할 때처럼 화살표를 사용하여 광학의 회화적 장치를 표시한다.

　　미술가들도 보는 각도, 즉 시각(視角, visual angle)이라는 개념을 활용했고, 이미지가 눈 내에서가 아니라 눈앞에서 어떻게 형성되는지 규정할 때 가장 뚜렷한 진전이 있었다. 15세기 초 필리포 브루넬레스키(Fillipo Brunelleschi, 1377~1446)는 시선각도를 회화 평면에 옮기기 위한 실용적인 방법들을 고안했다. 3차원 공간을 2차원 평면에 재현하기 위한 명확한 규칙들은 레온 바티스타 알베르티(Leon Battista Alberti, 1404~1472)가 공식화했으며, 이것을 당시의 미술가들이 열성적으로 적용했다. (Kemp, 1990을 보라.) 선원근법은 눈앞에 보이는 표면 위에 이미지를 형성하기 위한 이론을 제공했다.

알베르티는 그림을 통해 그려진 주제를 볼 수 있었기 때문에 그림 평면을 '창문'이라고 서술했다. 그림이 창문이라면 빛은 유클리드 광선을 따라 눈에 도달하는 화살처럼, 또는 눈으로부터 대상을 만나는 화살처럼 이동할 수 있다. 빛이 이동하는 방향은 그려진 도형의 선에 아무런 영향도 미치지 않았다. 화살의 비행에는 한 치의 모호함도 끼어들지 않았다. 화살은 활에서 대상으로 (곧장) 이동했다. 이는 안드레아 만테냐(Andrea Mantegna)가 1450~1457년 사이에 그린 〈성 크리스토퍼의 순교Martyrdom of St. Christopher〉라는 프레스코화에 그럴싸하게 묘사되어 있다. (Kubovy, 1986을 보라.) 그 그림은 로마 황제 데시우스가 신앙을 버리지 않으면 죽음에 처할 것이라고 저주한 C로 시작되는 세 번째 성자를 토대로 한 그리스의 전설적 영웅을 기념하고 있다. 황제의 저주에 저항한 탓에 성 크리스토퍼는 기둥에 묶였고 궁수들이 그를 겨냥했다. 화살이 모두 성자를 피해 날아갔는데, 그중 하나가 황제의 눈을 관통했다. 성 크리스토퍼는 죽임을 당하기 전에 황제에게 그의 눈이 성자의 피로 치유될 것이라고 말했다. 황제는 시력을 되찾은 후 기독교로 개종했다. 만테냐는 알베르티의 창을 통해 데시우스의 눈으로 날아 들어간 화살을 묘사했다. 그러나 실제로 원근법의 화살은 회화 평면에서 멈췄다. 15~16세기 시각예술가들 또한 당대의 시각과학자들이었으나, 그들은 광학 장치로서 눈에 대한 이해를 거의 증진시키지 않았다. 그들은 카메라 옵스큐라(camera obscura)처럼 원근법을 활용한 회화 제작 보조용 광학 장치를 사용할 때조차 시각 관련 지식 증진에 기여한 것이 없었다.

[그림 9-3] 안드레아 만테냐, 〈성 크리스토퍼의 순교〉, 1450~57. (© 자크마르–앙드레 박물관; 컬러 그림은 이 책의 257쪽을 보라.)

　　선원근법은 15세기 미술가들에게 급속하고 광범위하게 채택됐다. 선원근법은 가파르게 상승하거나 하강하는 원근법적 건축 형태나 왜상 회화에서 왜곡되었다. 레오나르도 다빈치(1472~1519) 또한 왜상, 즉 왜곡된 시각을 제작했다([그림 9-2] 아래). [그림 9-2]에 보이는 글자들은 왜상을 제작하기 위해 16~17세기에 채택한 것과 같은 원리를 이용하여 그린 것이다. 여기서 중심적 원근법에 따른 회화 이미지는 애초에 통상적인 직사각형 격자 안에 그려진 것이다. 이후 격자는 어떤 특이한(eccentric) 정점을 따라 변형되고, 원래 격자 단위 안에 있던 내용물은 변형된 격자로 자리를 옮긴 것이다. 최초의 왜상은 아마도 중국에서 서구로 건너왔을 것이다(Baltrusaitis, 1977). 장 프랑수아 니세롱(Jean-Francois Niceron)은 이 신기한 원근법에 관해 자신의 책에서 수학적 · 광학적으로 분석했다(Niceron, 1646). 그는 선형 · 원추형 · 원통형 왜상들을 제작했다. 이런 왜상들 배후의 원리는 본질적으로 아델버트 에임스(Adelbert Ames Jr., 1880~1955)가 지각에 관한 유명한 시연에서 적용했던 것[3]과 본질적으로 동일하다. (Behrens, 1993; Ittelson, 1952를 보라.)

여러 미술가가 카메라와 눈의 작용에서 유사점을 도출했지만, 원근법의 화살이 눈 자체를 관통하는 데는 2세기나 걸렸다! 케플러는 빛이 망막 이미지를 형성하기 위해 눈의 다양하고 투명한 표면에 의해 어떻게 굴절되는지 기술했다[그림 9-4]. 이것은 이전에 생각했던 것 같은 렌즈가 아닌 수용 표면으로서 망막 개념을 정립했다. 하지만 이런 결과는 시각 분석에서 회화적 은유를 강화시켰다. 이 은유는 망막 위 광학 이미지가 도치되고(inverted) 역전되어(reversed) 있기 때문에 특히 강화되었고,[4] 따라서 지각 경험과 일치하지 않았다. 망막 이미지는 하나의 그림이며, 이와 같은 재현은 어떤 식으로든 역전과 도치를 요구한다고 생각되었다. 케플러는 이런 이미지가 어떻게 나오게 되었는지 성찰하기를 꺼렸고, 그런 일은 물리학의 영역을 넘어선다고 여겼다.

내가 말하려는 것은 "시각은 눈앞에 있는 세계의 반구 전체의 이미지(*idolum*)와 좀 더 많은 것이 망막의 불그레하고 하얗고 오목한 표면 위에서 형성될 때 발생한다."라는 것이다. 나는 이 문제를 자연철학자

[그림 9-4] 케플러의 곡광학. 케플러의 초상이 (정립상과 도립상 모두로 제시된) 'RETINAL IMAGE' 라는 말 속의 망막 구조들에 삽입되어 있다. (© 니콜라스 웨이드)

들에게 맡겨 이런 이미지 또는 **그림**(*pictura*)이 망막과 신경 안에 있는 시각의 정신적(spiritual) 원리에 따라 합쳐지는 방식을 논의하게 하고자 한다(Kepler, 1605, 불역본은 Crombie, 1964, pp. 147-148을 보라).

말하자면 케플러는 이미지 형성과 관련된 물리학적 광학과 시각의 심리학적 광학 사이에 명확한 차별을 두었다는 것이다. 그렇게 함으로써 그는 오랫동안 시각 연구자들이 씨름해온 문제를 제기했다(Smith, 2004).

또 다른 천문학자 크리스토프 샤이너(Christoph Scheiner, 1573~1650; 〔그림 9-5〕)는 사람이 아닌 많은 동물의 눈을 절제해본 경험을 바탕으로 총체

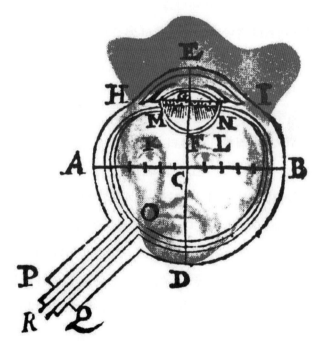

[그림 9-5] 샤이너의 눈(oculus). 샤이너의 저서(1619)에 나오는 눈 다이어그램[과 샤이너의 초상] (© 니콜라스 웨이드)

적인 눈 해부에 관한 정밀한 재현을 제공했다. 렌즈와 그 곡률이 적절하게 재현되었으며, 시신경은 눈에서 코 쪽으로 향하고 있다. 샤이너는 인공적인 이미지 형성과 자연적인 이미지 형성이 똑같다고 판단했으며, 어떻게 인공눈을 제작할 수 있는지 기술했다(Scheiner, 1619). 몇 년 후 샤이너는 카메라와 눈 안에서 형성되는 광학 이미지에 관한 회화적 분석을 제시했다(Scheiner, 1630). 그가 볼록렌즈와 오목렌즈를 부가한 까닭에 이러한 회화적 분석은 도립상과 정립상(inverted and upright image) 모두로 나타난다(Daxecher, 2004를 보라). 그는 정립적 망막 이미지가 도립적 시각을 야기한다고 기록했다. 더 나아가 샤이너는 이미지가 흥분한 동물의 노출된 표면에서 어떻게 보일 수 있는지에 대해서도 기술했다. 이는 그가 "종종 수행했던" 실험이다. 인공눈의 망막과 함께 동물 눈의 망막에 비친 도치되고 역전된 이미지의 증명은 시각에 관한 광학적 분석을 앞당겼다.

케플러와 샤이너는 이미지와 눈의 통합을 위한 장면을 연출해놓았고, 르네 데카르트(1596~1650: 〔그림 9-6〕위)가 통합을 이뤄냈다. 데카르트는 샤이너를 좇아 눈 다이어그램을 상세하게 그렸으며, 달걀 껍데기가 망막을 대체하기에 적합한 재료라고 하면서 인공눈을 제작했다. 데카르트가 시도한 분석의 힘은 그의 삽화에서 강력하게 드러난다. 잘린 눈 안에서의 이미지 형성이 가장 친숙하게 재현된 것은 데카르트의 『광학 Dioptrique』(1637/1902, 1965)에 나온다. 이 책에서 보편적 관찰자는 도치되고 역전된 망막 이미지의 공간 배치에 대해 숙고하고 있다. 데카르트는 스넬의 법칙(Snells law)'을[5] 발생 중인 굴절에 적용할 수 있었기 때문에 케플러보다 더 정확하게 이미지 형성에 대한 분석을 할 수 있었다(Wade, 1998b). 그는 인공눈을 사용함으로써 초점 맞추기 문제를 전면으로 가져왔다. 즉 서로 다른 거리에 있는 대상들은 초점이 맞춰진 이미지를 형성하기 위

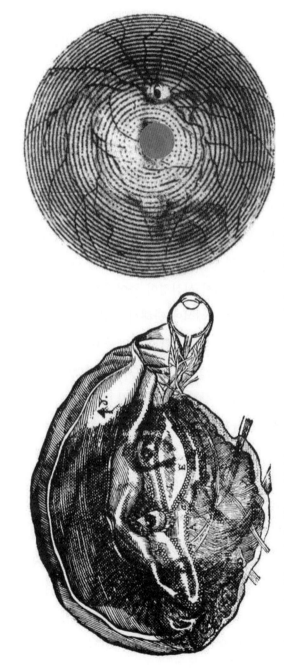

[그림 9-6] (좌) 데카르트의 뇌. 데카르트의 『인간론*Traite de l'Homme*』(1664/1909)에 나오는 뇌 다이어그램과 그의 초상기 (우) 황반(Gelbe Flecke). 폰 쉼머링이 그린 황반이 추가된 망막 다이어그램 속의 폰 쉼머링(ⓒ 니콜러스 웨이드)

해 상이한 강도의 렌즈를 요구한다는 것이다. 데카르트는 또한 지각 과정과 연관된 뇌 처리 과정, 특히 쌍안의 단일한 시각을 매개할 수 있는 뇌 처리 과정에 관해서도 고찰했다.

이처럼 눈 전체의 해부학적 구조에 대한 이해가 진전됨에 따라 관심의 초점은 렌즈에서 망막으로 옮겨갔다. 그럼에도 몇몇 생리학자는 망막에 수용 기능을 부여하는 데 의문을 제기했다. 이런 의문은 에드메 마리오트(Edmé Mariotte, 1620~1684)가 처음 기술한, 이른바 '맹점'이라는 부인하기 어려운 현상에 기초한 것이다. 1668년 마리오트는 시신경 맨 아래쪽에 맺히는 작은 물체의 이미지는 한쪽 눈만으로는 볼 수 없다는 사실을 발견했다. 이 현상 덕분에 마리오트와 다른 이들은 시선의 각도나 망막의 차원 모두에서 시신경이 들어가는 지점을 정확하게 지정할 수 있었다. 맹점 현상의 해석에 관해서는 상당한 논쟁이 남아 있었다. 마리오트는 망막이 시신경을 포함하여 안구 내부 표면 전체에 뻗어 있어서 망막을 수용기관이라고 할 수 없다고 주장했다. 대부분은 이에 동의하지 않았는데, 이유는 각각 서로 달랐다. 말하자면, 눈 안에서 빛을 가로막는 다른 장애물들은 시각을 방해하지 않는다, 또는 맹점은 압박 이미지로는 보이지 않는다, 또는 비교연구에 따르면 망막은 융모막(choroid)보다 종차를 더 적게 겪었다는 등이다. 이 논쟁이 교훈적이었던 이유는 그 덕분에 망막 연구가 촉진되었기 때문이다. 직접적인 망막 관찰의 최절정에 도달한 것은 아마도 사무엘 토마스 폰 쇔머링(Samuel Thomas von Soemmerring, 1755~1830)일 것이다((그림 9-6) 아래). 그는 눈의 각 부분들에 관한 아름다운 판화들을 제작했으며, 그중에는 황반이 묘사된 것도 있다.

폰 쇔머링은 절단이 초래할 잠재적 인위성 때문에 그리고 단순 현미경이 광학적 오차를 낳는 경향이 있다는 이유에서 망막의 현미경 연구에 대해 회의적이었다(von Soemmerring, 1801). 그러한 연구는 17세기에 이미 판 레이웬훅(van Leeuwenhoek)이 자신의 현미경으로 소의 시신경을 들여다 보았을 때 수행된 바 있다. 무색 현미경의 능력이 진가를 발휘하기 시작한 것은 폰 쇰머링이 죽은 이후였다.[6] 무색 현미경이 도입된 것은 1820년대였으며, 1840년대 이후에야 현미경용 조제물질을 고정시키고 분할하고 채색하는 기술이 빠르게 발전했다. (Wade, 2007a를 보라.)

시각생리학

현미경학자들이 직면한 주요 문제는 신경섬유를 좀 더 쉽게 볼 수 있도록 만드는 것이었다. 카밀로 골지(Camillo Golgi, 1843~1926)는 1873년 '흑색 반응(reazione nera)'으로 이에 대한 해결책을 제시했다. 즉 조제물질을 포타슘 중크롬산염으로 경화시키고 나서 질산은을 주입한 것이다. 그 결과 나타난 흑색 반응은 이전에는 불가능한 방식으로 회백질 안에 있는 신경망을 드러내 보여주었다. 이러한 처리가 초래하는 효력은 원래 소뇌 안의 푸르키네세포의 수지상부(arborization)에서 증명된 것이며,[7] 관심은 곧바로 망막으로 옮겨갔다. 은염 테크닉을 망막 구조에 최초로 적용한 것은 골지의 제자 페루치오 타르투페리(Ferrucio Tartuferi)였다(Tartuferi, 1887). 그는 아름다운 망막 삽화 안에 자신의 초상을 포함시켰다[그림 9-7]. 망막 수평세포와 아마크린(amacrine) 세포가 간상체(rods), 추상체(cones), 양극세포(bipolar cells)와 함께 선명하게 나타났다.[8] 망막을 구성하는 각 부분을 세부적으로 재현했음에도 타르투페리는 신경체계가 서로 연결된 연속적

[그림 9-7] **타르투페리의 망막.** 초상화의 인물인 타르투페리는 골지의 염색법을 망막에 적용했다. (© 니콜라스 웨이드; 컬러 그림은 이 책의 258쪽을 보라.)

단위, 즉 레티큘럼이라고 보는 스승 골지의 견해를 계속 견지했다. (Wade & Piccolino, 2006을 보라.)

산티아고 라몬 이 카할(Santiago Ramon y Cajal, 1852~1934)은 골지의 염색기법을 채택하여 응용함으로써 대뇌의 대형세포들을 포함하여 신경체계 내 광범위한 영역의 구조들에 대해 탐구했다. 망막은 카할이 연구한 두 번째 구조였으며(Cajal, 1893), 그는 망막이 빌헬름 발데이어(Wilhelm Waldeyer)가 1891년 상술한 뉴런 독트린을 지지하는 강력한 증거라고 보았다. 하지만 카할은 타르투페리만큼 정확하게 망막을 재현하지는 못했다. 카할은 간상체와 추상체가 서로 다른 기능을 갖는다는 이중성 이론을 지지하기 위해 간상체와 추상체 간에 중요한 차이를 설정했으며, 또한 수용기와 연결되어 있는 섬유들을 구별하기 위해 그 차이를 유지하고자 했다. 수평 세포와 아마크린 세포 간에 측면(lateral) 연결이 있다는 것은[9] 카할이 착상한 시각 작동 방식에 문제를 제기했다. 카할은 중앙부의 반점 패턴을 가지고 망막 이미지를 점대점으로 분석할 수 있다고 생각했다. 시각 경로에 있는 측면 연결들은 이러한 투사 패턴을 교란시킬 수 있었기에 카할은 그런 시퀀스를 증명해줄 증거를 조직학(histology)에서[10] 발견하고자 했다.

　20세기의 연구는 대다수 카할이 정립해놓은 방향을 좇았다. 그의 조직학 연구는 이후 줄곧 신경생리학에서 우세했던 뉴런 독트린을 지지했다. 20세기 전반부 동안 점대점 자극과 코드화라는 사진적 패러다임이 망막에 관한 생리학적 탐구를 지배한 것은 주로 그의 업적에서 기인했다고 할 수 있다. 시각 채널 안에서의 측면 간 상호작용이 정신물리학적으로 명백하게 증명되었음에도, 또 『리뮐뤼스*Limulus*』에서 보여준 하트라인의 연구(Hartline, 1928), 발로의 개구리 연구(Barlow, 1953), 커플러의 포유류 눈 연구(Kuffler, 1953) 등의 선구적인 생리학적 연구들이 있었음에도, 다시 말해 망막과정에 관한 새로운 개념이 조금씩 싹트고 있었음에도 불구하고 이런 상황이 펼쳐졌다. 선구적인 생리학 연구들은 신경회로의 복잡한 연결망에서 발생하는 반복적인 측면 간 상호작용이 시각정보를 처리하는 근본적 메커니즘으로 간주된다는 것을 증명했다. 하트라인은 그래닛(Granite), 월드(Wald)와 함께 1967년 망막에 관한 연구로 의학 및 생리학 분야 노벨상을 받았다[그림 9-8]. 그리하여 망막 기능에 관한 현대적 개념은 카할의 사진적 패러다임 대신 (골지의 영향을 받은) 타르투페리가 주장하는 망상구조 도식에 더욱 근접하는 것처럼 보인다.

　생리학적 차원에 대해서는 또한 노벨상을 목표로 후벨(Hubel)과 비젤(Wiesel)이 연구했다. 테크놀로지가 발전함에 따라 미소전극(microelectrode)과 증폭기를 이용하여 단일 신경세포 내에서 일어나는 전기 활동의 기

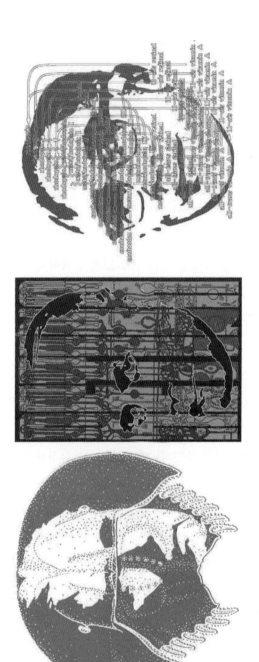

[그림 9-8] 노벨상을 받은 망막. 1967년 노벨 의학 및 생리학상 수상자들의 지각적 초상화. (좌) 리뷸루스, 핼던 케퍼 하트라인(Haldan Keffer Hartline, 1903~1993), (중앙) 노벨 색상, 망막 구조 속의 래그나 그래닛(Ragnar Granit, 1900~1991), (우) 가시적인 자주색, 시홍소(rhodopsin) 반응을 보이는 조지 월드(George Wald, 1906~1997) (© 니콜라스 웨이드)

록이 가능해졌는데, 이는 망막에 있는 세포뿐만 아니라 더 중앙부에 있는 세포들에 대해서도 가능해졌다. 후벨과 비젤은 시각피질 내에 있는 단일 세포의 수용 영역을 기록함으로써 그 영역을 가장 강하게 흥분시키는 자극을 결정할 수 있었다(Hubel & Wiesel, 1962, 1968). 카할이나 다른 이들의 생각과는 반대로, 빛의 점들은 가장 효과적인 계기 특징(trigger features)이 아니었다. 피질 세포들은 선이나 모서리를 더 잘 선별해냈는데, 특히 그것들의 방향과 수직으로 움직일 때 더욱 그러했다. 이러한 방향선택적인 뉴런들은 한때 시각피질 안에 있는 대다수 세포들을 구성하고 있다고 간주되었다. 실제로 그런 뉴런들을 발견한 이후 야기된 관심으로 인해 그것들은 '특징 탐지기'라고 불렸다. 이는 피질 뉴런들이 이러한 사건 지향(case orientation)에서 망막 자극 패턴 안에 포함된 특정한 특징들을 추출하도록 선택적으로 조율되었기 때문이다. 모서리 운동 방향은 또 다른 추출 특징이다. 마치 양안의 불일치와 색채가 그렇듯이 말이다. 방향선택적 뉴런들은 피질 표면과 직각을 이루는 동시에 평행하는, V1이라고 알려진 시각피질 영역에 대해 대단히 질서정연한 구조를 갖고 있다. 미소전극이 피질 표면에 직각으로 삽입되고 이때 접촉한 모든 방향 세포들이 기록된다면, 그것들은 모두 동일한 방향을 선호할 것이다. 이것을 '피질 기둥(cortical column)'이라고 부른다. 이와 똑같이 옆에 있는 기둥에도 삽입하면 미세하게 다른 방향선택이 기록될 것이다. 그다음 기둥은 15°정도 또는 그 이상의 선호 지향을 드러내는 세포들을 갖고 있을 것이고, 각각의 기둥은 바로 인접한 기둥으로부터 15°가량 차이가 날 것이다. 사실 피질세포의 방향선택성은 정확하지 않으며, 여기서 제시됐을 만한 정도의 정확성을 지닐 뿐이다. 다시 말해, 각각의 뉴런으로부터 최대치의 반응을 산출할 특수한 방향이 있지만, 동시에 그 강도가 점점 감소하기는 하나 선호하는 방향의 양끝과 10~20° 사이의 선들에 반응할 것이다. 따라서 망막에 떨어지는 주어진 선은 일정 영역의 방향선택 뉴런들을 자극할 테지만, 그 정도는 계속해서 변할 것이다. V1 영역은 방향선택성에 관해서는 수직적 조직을 갖고 있고, 방향변화와 관련해서는 수평적 조직을 갖고 있다. 이로부터 주어진 망막 영역을 표상하는 모든 방향이 초래된다.

자극의 파장 특성들은 '피질 블롭(cortical blobs)'이라고 부르는 것 안에 코드화된다.[11] 즉 세포들은 방향선택적이지 않고, 이중의 저항성을 갖고 있다. 중심부와 중심부를 둘러싼 조직을 갖는 수용 영역은 긴 파장에 흥분되며, (R+G-라고 지시되는) 중간 파장에 의해 방해받고, 중간 파장 둘레에 있는 파장(R-G+)에는 역으로 영향을 준다. 이런 세포 유형들은 B+Y-의 중앙을 코드화하는 세포 유형, B-Y+ 주위나 그 역(converse)〔즉, B+Y- 주위〕을 코드화하는 세포 유형보다 더 흔하다. 이런 특징 탐지기들은 시각피질

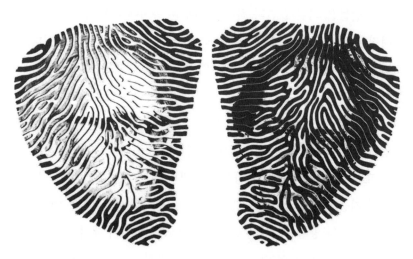

[그림 9-9] 특징탐지기. 후벨과 비젤은 1981년 시각 체계에 관한 그들의 신경생리학적 연구를 인정받아 함께 노벨 의학 및 생리학상을 수여했다. 그들의 얼굴이 원숭이 시각피질에서 교차적으로 나타나는 우세한 눈(ocular dominance) 기둥들 안에 묘사되어 있다. (© 니콜라스 웨이드)

안에서 질서정연한 표상을 갖고 있으며, 명확하게 정의된 우세한 눈(eye-dominance)의 영역에 투사한다.[12] 〔그림 9-9〕에 묘사된 패턴들은 시각피질에서 우세한 눈 영역의 교차적(alternating) 패턴들에 관한 것이다. 시각과학자들이 상이한 패턴들 안에 재현되어 있는데, 왼쪽은 후벨이고, 오른쪽은 비젤이다.

단일 단위의 기록들은 망막에 부딪치는 빛이 후속 단계에서 처리되는 방식에 관한 우리의 이해를 엄청나게 확장시켜주었다. 이는 〔그림 9-10〕에 도식적이고 은유적으로 재현되어 있다. 중앙에 빛나는 선들은 작은 틈새를 통해 눈에 들어가 망막에 부딪치는 광선 같은 것이다. 망막 안에는 수용기, 양극성 세포, 망막 신경절(ganglion) 세포로 이뤄진 세 개의 신경 층이 있고, 이것들은 모두 측면으로 연결되어 있다. 신경절 세포에서 나온 축삭돌기는 부분적 분리를 겪으면서 시각피질까지 뻗어가는데, 이는 좌우 반망막(hemiretinae)이 반대쪽 반구에 투사되기 위해서다. 그러나 망막의 수직적인 중간선에서 나온 섬유들에서 양 반구에 투사되는 것들이 몇몇 있다. 시각피질의 수준에서는 6개의 수평 층이 있는 직각기둥과 관련된 조직이 있다. 중앙부에서 원들이 두 개의 중첩된 단안의 시각장을 나타내며, 이 시각장 안에서는 양안의 휘도 증대가 일어난다.

사람들이 시각피질 영역이 각각 특수한 기능을 갖고 있다는 사실을 더 잘 이해하게 됨에 따라 시각뇌의 상이한 영역들은 두 가지 서로 다른 종류의 처리 경로 또는 흐름으로 나누어져 있다는 가정을 하게 되었다. 이런 가정의 초기 아이디어는 '두 가지 시각 체계'라는 것이었다(Ungeleider & Mishkin, 1982).[13] 이는 1960년대에 도출된 피질과 상위 둔덕(colliculi)의 '무엇' 체계와 '어디' 체계 각각에서 도출된 차이를 발전시켰다. 그들의 제안은 이러했다. 즉 피질을 흐르는 두 가지 상이한 처리 과정이 있다는 것

[그림 9-10] 눈과 뇌. 광선으로부터 피질 기둥에 이르는 단계들을 재현한 시각 체계의 도식화 (© 니콜라스 웨이드)

이다. 첫째로 하측두엽 경로 또는 '복측' 경로는 대상의 (크기, 형태, 정향, 색채 같은) 세부 지각과 인식을 가능하게 하고, 후두정부 또는 '배측' 경로는 대상의 위치 지각을 가능하게 한다. 밀너와 구달은 이 이론이 발전하는 데 심대하게 기여했다(Milner & Goodale, 1995). 그들에 따르면, 서로 평행하는 두 개의 시각 처리 경로는 실제로 행동(배측 흐름)과 세계에 대한 시각 경험(복측 흐름)으로 나뉘어 특화되어 있다. 배측 경로는 진화적으로 더 오래된 시각 체계로서, 생명체가 세계 내에서 방향을 찾고 먹이를 잡도록 해준다. 그들의 주장에 따르면, 복측 경로는 특히 유인원이 대상의 세밀한 지각과 해석, 그리고 의식적 자각을 가능하게 하도록 발전되었다.

채널이나 공간 필터 개념은 단일 단위 기록을 위한 필터 개념이 등장한 이후 나타났으며, 퍼거스 캠벨(Fergus Campbell, 1924~1993: 〔그림 9-11〕 우측)과 그의 동료들이 사인파 줄무늬를 탐지하고 이에 맞추기 위해 이 개념을 대단히 열정적으로 적용했다. (Campbell & Robson, 1968을 보라.) 줄무늬들의 매력은 자극의 정의와 자극의 반응에 대한 이론을 한 번에 제공한다는데 있었다. 케네스 크레이크(Kenneth Craik, 1914~1945, 〔그림 9-11〕 좌측)는 이러한 발전의 배후에 있는 원리의 특징을 내다보았다.

> 어떤 단순한 대상들을 '인식하거나' 동일하게 반응하는 다양한 신체 기관(physical device)의 행동은 그런 〔수학적〕 변형에 의해 다뤄질 수 있다. 그러므로 신체적인 '인식' 도구들의 본질적 부분은 통상 하나의 필터라고 할 수 있다. 그것은 기계적인 체(sieve), 광학적 필터 혹은 조율된 전기 회로 중 무엇이든지 간에 그 종류의 양만 '통과시킨다'. 그것은 다른 모든 것을 식별하고 거부하기 위해 요구된다(Craik, 1966, pp. 44-45).

앨런 튜링(Alan Turing, 1912~1954)과 마찬가지로 크레이크는 컴퓨터가 지각과 인지 과정 자체에 대한 은유를 제공할 뿐만 아니라, 지각이론을 모사할(simulate) 수 있는 강력한 도구라고 예견했다(Millican & Clark, 1996). 1960년대 이래 시각적 지각에 관한 연구는 컴퓨터에서 커다란 영향을 받았다. 디지털 컴퓨터는 과학자들이 데이터를 더 빨리 수집하고 분석할 수 있도록 해주었을 뿐 아니라, 실험실 과학자들이 새로운 종류의 시각

As mentioned above one of the characteristics of memory and perception is the recognition of identity or of similarity. To recognise a thing is surely to react to it, internally or overtly, as the same thing to which we reacted on a previous occasion.

In this above sense mechanical devices can show some degree of recognition. A photocell can respond in the same way to coins saving the same colour, a penny-in-the-slot machine to certain coins, and so forth. Men and animals can recognise, but of much more. The progressive stages of recognition may be classified as:

(1) Those in which the conditions of stimulation are identical, within the limits of discrimination — recognition is mechanical.

(2) Those in which there are differences in the peripheral stimulation, but in which these may be 'corrected' by central processes so as to lead to the production of an identical pattern of central stimulation;

(3) Those in which such correction is inadequate or lacking, so that there are points of difference between stimulation on two occasions, these points of difference being perceptible by the organism, yet the thing recognised as the same in certain important aspects; and

(4) Those in which the differences extend to all directions; sensory qualities and physical constituents, so that the sameness of the two objects is confined to some abstract characteristic such as triangularity, number, and other spatial or temporal relations or vague qualities such as indefinable difficulty.

[그림 9-111] (좌) 정체의 인식. 설명의 본성에 관한 자신의 저서(1943)에서 나온 텍스트 안에 있는 캐너스 크레이크의 초상. (우) 캠벨 타탄. 십자무늬의 사인 파 줄무늬가 웃고 있는 퍼거스 캠벨의 얼굴을 변형시키고 있다. (© 니콜라스 웨이드)

적 디스플레이를 갖춘 시각 체계를 시험할 새로운 방식을 발전시킬 도구를 제공했다. 사인파 줄무늬와 다른 단순한 패턴들을 나타내기 위해 오실로스코프(oscilloscopes)에[14] 의존하던 과거에서 멀어짐으로써 통제된 방식으로 구성될 수 있거나 조작될 수 있는 패턴들뿐만 아니라, 더 자연주의적인 패턴들도 점점 더 많이 사용할 수 있게 되었다. 또한 컴퓨터의 발전 덕분에 다수의 그룹은 독서 중인 눈 운동을 통제하는 기발한 실험을 수행할 수 있게 되었다. 그리하여 눈 운동의 기록을 더 잘할 수 있게 되었고, 또한 눈 운동을 모니터상 특징들의 변화와 연결시킬 수 있게 되었다. (Findlay & Gilchrist, 2003; Wade & Tatler, 2005를 보라.) 그럼에도 컴퓨터 모델링의 몇몇 한계점이 지적되어야 했다(Wade & Heller, 1997).

컴퓨터는 뇌를 이해하는 데 유용한 은유를 제공한다. 즉 컴퓨터와 뇌는 둘 다 같은 구조를 가지고 다수의 다른 기능들을 수행한다. 이렇게 유사성이 있다 하더라도 이런 은유를 과도하게 사용하지 않도록 주의해야 한다. 최근 몇 년간 이룩한 진보에도 기계에서 지각을 닮은 어떤 것을 창출한다는 것은 대단히 어렵다는 것이 증명되었다. 이에 대한 여러 이유 중 하나는 현재의 컴퓨터 아키텍처가 생물학적 정보처리과정을 모사하는 데 적합하지 않다는 사실일 것이다. 인간의 시각은 병렬적으로 발생하는 극도로 많은 수의 상대적으로 단순한 계산(computation)에 의존하고 있다. 많은 계산 요소는 복잡한 방식으로 상호 연결되어 있는데, 이 방식은 경험의 결과 대체될 수도 있다. 신경 충동들은 전기 신호와 비교할 때 느린 속도로 전달되고, 신경세포들은 활동에서 회복하는 데 시간이 걸리기 때문에 생물학적 계산 또한 느리게 진행된다. 일반적인 전기적 컴퓨터는 연속적인 처리를 사용한다. 여기서는 한 번에 단 하나의 계산만 수행되지만, 이는 대단히 빠른 속도로 이뤄진다. 병렬 컴퓨팅과 연결망 형태의 처리 과정 구성에서 급속한 발전이 이뤄졌으나, 그 처리량은 현재 매우 단순한 유기체의 처리량에도 미치지 못하는 실정이다. 덧붙이자면, 우리는 지각 과정들이 작동하는 방식에 대해 명확하고 충분한 개념을 갖고 있지 않기 때문에 컴퓨터에서 지각 과정들을 재창조할 수 없다.

기계 은유는 처음에 상대적으로 단순한 기계들만 열거되었지만, 실험심리학자들에게 특히 매력적이었던 것으로 드러났다. 크레이크는 디지털 컴퓨터가 아직 태동기여서 아날로그 장치로 연구했다(Craik, 1996). 그럼에도 그는 입력, 프로세싱, 출력의 구성요소로 된 서보 시스템을 디지털 컴퓨터에 적용될 수 있는 방식으로 공식화했다. 컴퓨터 기계의 속도와 복잡성이 증가하자 그것들이 모사할 수 있는 임무가 더욱 복잡해졌다. 정보와 자기조직화(self-organization)처럼 공학에서 가져온 개념들 또한 신경생리학의 점증하는 지식과 통합되었고, 이는 컴퓨터를 뇌의 은유로 만드는 결과를 초래했다(Wade & Bruce, 2001을 보라).

마음을 향한 은유적 오디세이에 올랐던 컴퓨터는 처음에 디지털적이고 순차적이었으나, 이와 동시에 그 기반은 병렬적 처리에 놓여 있었다. 맥컬로크(McCulloch)와 피츠(Pitts)의 뉴런 모형은 후대에 등장한 패턴 인식의 연결주의 모형의 토대를 제공했고, 지각을 기저의 생리학과 연결시키는 네트워크는 도널드 헵(Donald Hebb; 〔그림 9-12〕)이 지각과 학습을 사변적으로 종합하면서 더 메꿔나갔다. 헵은 지각적 학습은 세포들의 조합들이 함께 점화할 때 발생한다고 제안했다(Hebb, 1949). 다시 말해 세포 조합들의 반향(reverberating) 활동은 신경들이 서로 점화할 가능성을 더욱 증대시키는 시냅스 변화를 초래했다는 것이다. 세포 조합들의 기능은 신경생리학적 정리에 기초하고 있었다. 헵에 의하면, "세포 A의 축삭돌기가 세포 B를 흥분시킬 만큼 충분히 가깝고 반복적이거나 끈질기게 세포 B의

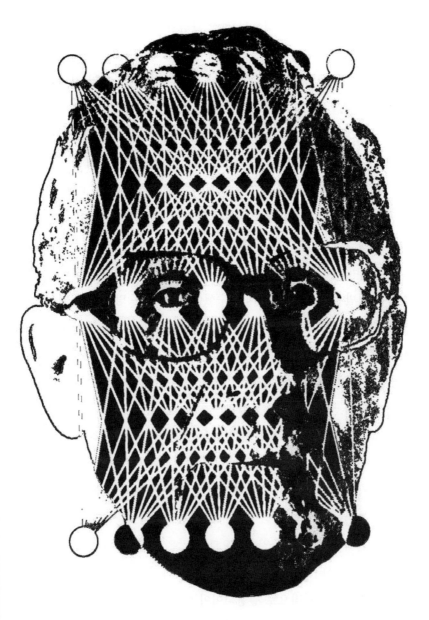

[그림 9-12] 숨겨진 단위들. 도널드 헵의 얼굴을 세 개의 층으로 된 네트워크의 중간층에서 볼 수 있다. 중간층에 있는 각 세포는 위와 아래층에 있는 다른 세포와 연결되어 있다. (© 니콜라스 웨이드)

점화에 참여할 때, 어느 정도의 성장 과정이나 신진대사의 변화가 하나의 세포 또는 두 세포 모두에서 발생한다. 그리하여 B를 점화하는 세포 중 하나로서 A의 효율성이 증가한다."(Hebb, 1949, p. 62) 헵의 정리는 현재 통용되는 연결주의적 인지모형의 토대를 제공한다고 간주된다. 이후 헵은 그 개념을 안정화된 망막 이미지로부터 감각 상실에 이르는 광범위한 범위의 현상을 설명하는 데 적용했다. 컴퓨터의 급속한 발전은 더욱 복잡한 신경망의 디자인을 가능하게 하는 결과를 낳았다. 다시 말해 그 활동이 입력층이나 출력층으로부터 결정될 수 없는 더 깊이 숨겨진 층들을 디자인할 수 있게 되었다.

데이비드 마(David Marr, 1945~1980; (그림 9-13))는 시각을 설명하기 위한 컴퓨터 기반 틀을 개발하는 데 착수했는데, 이 틀은 망막 안에 있는 최저 수준의 과정에서 시각적 대상의 재인 과정까지 아우르는 것이었다. 마는 시각 체계를 포함하여 어떤 정보처리 체계라도 이해될 수 있는 세 개의 수준을 규정했다(Marr, 1982). 최상위 수준은 컴퓨터 계산이론에 대해 기술하는 것이다. 이는 과정의 목적과 목표, 다른 기능의 맥락에 적절한 이유, 그리고 수행하는 데 필요한 전략의 일반적 논리에 대해 진술하는 것을 포함한다. 바로 아래 수준은 표상의 알고리즘 수준이다. 이 수준은 발생하는 과정의 실제 순서에 대한 진술을 요구한다. 이를 통해 '알고리즘'이라고 불리는 다양한 논리적 절차들을 통해 계산이 이뤄진다. 어떤 주어진 계산에 대해서든지 일반적으로 수많은 알고리즘이 있을 수 있다. 다시 말해 컴퓨터 계산이론은 목표를 성취하기 위한 특정 수단을 명시하지 않으므로 독립적으로 결정되어야 한다. 마는 첫 번째 수준을 '무엇을' 계산하며 '왜' 계산하는가에 관한 것으로, 두 번째 수준을 '어떻게' 계산하는가에 관한 것으로 간주한다. 컴퓨터 계산이론과 표상 양자와 별개

[그림 9-13] 2½ D 스케치. 데이비드 마의 초상이 정육면체의 재현 안에서 마치 가우스 함수의 한 차이처럼 제시되고 있다. 정육면체의 세 면의 패턴 속성에는 미세한 차이가 있어서 마의 초상은 2½ 차원 스케치의 특성을 띤다. 다시 말해 2차원 패턴 안에 있는 요소들은 재현된 대상의 3차원적 특성에 대한 지시자를 제공한다는 것이다. (© 니콜라스 웨이드)

로 하드웨어 구현의 수준이 있다. 주어진 계산 기능이 수많은 알고리즘에 의해 수행될 수 있는 것과 마찬가지로 주어진 알고리즘은 다양한 대안적·물리적 장치로 예시될 수 있다. 곱셈의 알고리즘은 전자 컴퓨터 또는 기계적 계산기, 뇌 또는 주판에서 구현될 수 있다. 시지각과 관련하여 마의 분석은 우리에게 상이한 설명 수준을 혼동하지 않도록 주의하라고 권고한다.

마는 시각 분석의 출발점은 컴퓨터 계산이론 수준에서 적절하게 기술하는 것이어야 한다고 주장했다. 왜냐하면 이러한 기술 덕분에 하위 수준의 작용에 대해 이해할 틀이 마련되기 때문이다. 우리가 만약 지각 과정의 목적에 대해 적절하게 일반적으로 기술하지 않는다면 기저의 논리나 그것이 발생하는 생리학적 하드웨어를 이해할 수 없을 것이다. 마는 이렇게 주장한다. "시각이라는 주제에 대해서는 모든 것을 설명해주는 어떤 단일한 방정식이나 관점이 존재하지 않는다. 각각의 문제는 여러 관점에서 접근해야 한다. 다시 말해 정보 표상의 문제로 그 표상을 도출할 수 있는 계산으로, 두 가지 일을 모두 신속하고 신뢰할 만하게 수행할 수 있는 컴퓨터 아키텍처의 문제로 다각적으로 접근해야 한다는 것이다."(Marr, 1982, p. 5) 많은 시각과학자가 여전히 마의 일반적 접근법을 채택하는 한편, 그가 제시한 모형의 세부사항을 수정해왔다.

시각 현상

시각 현상의 영역은 매우 넓기에 여기 제시된 것들로 제한할 필요가 있다. 시각의 많은 측면에 있어서는 시각에 관한 위대한 주창자 중 한 사람인 헤르만 헬름홀츠(Hermann Helmholtz, 1821~1894)를 참고하는 것이 현명하다. 그는 1867년에 출판된 저서 『생리학적 광학 핸드북Handbuch der physiologischen Optik』 제2권과 제3권에서 시각 현상들 또는 그가 부른 대로 시각의 감각들에 대해 언급했다. 그는 색채 시각에 관한 분석을 제시하는 제2권에서 색채는 세 가지 (신경) 기제의 작용을 통해 지각된다는 토머스 영의 가설을 확장시키고, 특정 에너지를 지닌 신경 각각의 파장 민감성을 보여주는 세 개의 추정 곡선을 제시했다. 헬름홀츠는 또한 색채를 더하는 혼합과 빼는 혼합을 구별했고(Helmholtz, 1873), 그의 책 『대중 강연Popular Lectures』에서 시각의 과학과 회화의 실천 간의 관계에 대해 저술했다. (그림 9-14)에서 젊은 헬름홀츠는 가시적인 스펙트럼을 지닌 세 영역에 반응하는 신경들의 특정 에너지를 묘사하는 곡선들의 조합 안에 모습을 보이고 있다.

헬름홀츠는 자신이 주장한 시각 이론이 별로 새롭지 않다는 사실을 인정했지만, 다른 사람들이 이전에 했던 것보다 광범위한 현상들에 대한 논의를 다뤘다. 그는 다음과 같이 간명하게 자신의 입장을 요약했다.

감각기관의 감각작용은 우리의 의식에 대한 증표이기에 우리 지능에 남겨진 일은 그 의미를 파악하는 방법을 학습하는 것이다. (…) 분명히 우리가 다른 측면에서 대상을 바라보거나 만져보거나 하기 위해 우리의 눈이나 신체를 움직일 때 가시적 대상에 의해 생산된 다른 어떤

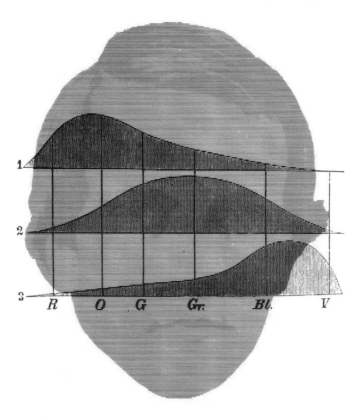

[그림 9-14] 젊은 헬름홀츠. 1847년에 찍은 헬름홀츠의 다게레오타입에서 나온 지각적 조상. 그래프의 곡선들은 그의 『핸드북』(1867)에 나오는 가시스펙트럼의 빨강, 초록, 파랑의 영역에 반응하는 신경의 민감도 기능 추정치를 나타낸다. (© 니콜라스 웨이드)

감각작용도 — 시각뿐만 아니라 다른 감각의 작용 또한 — 경험에 의해 학습될 수 있을 것이다. 전체적인 관념 안에 통일되어 있는 이 모든 가능한 감각작용의 내용은 신체에 대한 우리의 전체 관념을 형성한다. 그리고 우리는 그런 관념이 실제 감각작용에 의해 재강화될 때 그것을 지각이라고 부른다. 이런 목적을 위해 요구되는 유일한 심적 활동은 이전에 종종 연결된 적이 있는 두 관념 사이에서 주기적으로 발생하는 연상이다(1925, 2000, pp. 533-534).

헬름홀츠는 지각에 대한 전적으로 경험주의적인 해석을 채택함으로써, 또 그런 해석을 생득설과 첨예하게 대비시킴으로써 이제껏 지각에 대해 제기되어온 논쟁을 재개했다. 이 논쟁은 헬름홀츠와 에발트 헤링(Ewald Hering, 1834~1918) 사이의 갈등이라는 개인적 양상을 띠었고, 색채 시각과 입체적 깊이 지각이 주요 전쟁터가 되었다. (Turner, 1994를 보라.)

헤링은 볼프강 괴테(1749~1832)의 전통을 따르는 심리학을 받아들인 생리학자였다. 헤링(1931)은 지각 연구에서 현상학적이고 생득주의적인 입장을 대표했다. 시각에 대한 헤링의 연구는 공간 지각, 색채 시각, 대비 현상과 관련된 것이었다. 괴테처럼 헤링은 색채의 주관적 차원에 대해 강조했으며, 자신의 대립과정 이론의(opponent-process theory)[15] 기초를 영과 헬름홀츠처럼 상이한 파장을 지닌 빛의 혼합에 두는 대신 색채 현상에 두었다. 헤링은 관찰자들에게 색종이를 제시하는 절차를 채택하여 혼합된 색들을 명명하도록 요구했다. 빨강, 초록, 파랑, 노랑, 그리고 검정과 하양은 어떤 다른 색들의 혼합물이 아니라고 말했다. 그는 또한 동시적이고 연속적인 색채 대비 현상도 검토했다. 이와 함께 그는 세 가지 대립쌍 — 빨강과 초록, 파랑과 노랑, 하양과 검정 — 에 기초한 색채시각 이론을 제안했다. 그는 빛에 의해 구성되거나 붕괴되어 여섯 개의 요소를 산출하는 세 가지 망막 색소가 있다고 생각했다. 현대의 색채이론은, 헬름홀츠와 헤링이 모두 원칙적으로는 옳지만, 세부적으로는 그르다는 것을 보여주었다. 말하자면, 시초의 단계는 (세 가지 종류의 섬유가 아니라) 세 가지 원뿔색소를 포함하는데, 이는 (색소들의 작용에서가 아니라) 신경들을 결합하여 빨강과 초록, 파랑과 노랑, 하양과 검정의 대립쌍을 산출하게 하는 신호들이다.

헬름홀츠와 헤링이 주로 쟁론했던 다른 분야는 양안 시각에 관한 것이었다. 두 눈으로 보는 단일 시각의 문제는 고대에 이미 제기된 것이지만, 찰스 윗스턴(Charles Wheatstone, 1802~1875; 〔그림 9-15〕)이 입체경(stereoscope)을 발명하면서 헬름홀츠의 생전에 변형을 겪었다. 헬름홀츠는 두 눈 각각에 조금씩 다르게 보이는 이미지들은 이중 시각이 아니라 깊이감을 산출한다는 것을 증명했다. 헬름홀츠와 헤링 간 논쟁에서 결정적인 쟁점은 망막의 국지적 기호들은 적응될 수 있는 것인가 또는 고정되어 있는가 하는 것과 그런 기호들이 어떻게 입체경적 시각을 위해 작용하는가 하는 것이었다. 헬름홀츠는 그것들이 학습된다고 믿었던 반면, 헤링은 각각의

[그림 9-15] 반사식 입체경자(Mirror stereoscopist). 1830년대 초 자신이 발명한 반사식 입체경 안에 있는 찰스 윗스턴의 초상. 측면 판(E′와 E)에 삽입된 약간 다른 이미지들이 거울에 반사되어 왼쪽 눈과 오른쪽 눈으로 들어간다. (© 니콜라스 웨이드)

망막 위 점들이 높이, 넓이, 깊이의 공간값을 나타내는 국지적 기호들을 갖고 있으며 양안의 혼융은 생리학적이라고 주장했다. 헬름홀츠는 단안의 시각 각각을 의식이 입수할 수 있으며 그런 혼융은 심적인(psychical) 행위라고 간주했다. 입체경은 이 같은 두 이론에서 제시한 예측을 검토하는 데 결정적인 도구인 것으로 증명되었다. 헬름홀츠가 "윗스턴이 입체경을 발명함으로써 선천적 시각이론의 난점과 미흡함이 이전보다 훨씬 명백해졌다."고 결론을 내린 데는 놀라울 것이 없다(Helmholtz, 1873, p. 274).

입체경은 양안 시각 연구에 신세계를 열었다. 그 세계는 실험실이었고, 입체경의 도움에 힘입어 물리학 방법이 공간 시각의 탐구에 적용될 수 있었다. 윗스턴은 각각의 눈에 제시된 그림들을 조작할 수 있었고, 산출된 깊이를 관찰할 수 있었다. 입체경으로 봤을 때 서로 다른 그림들이 깊이 현상을 산출한다는 사실이 확립되자, 윗스턴은 그 관계의 본성을 발견하기 위해 형상들(figures)에 대한 일련의 체계적인 조작을 시행했다. 윗스턴은 그의 첫 번째 논문에서 (겹치든 겹치지 않든 간에) 격차(disparity)의 신호가 (더 가깝게 혹은 더 멀게) 보여진 상대적 깊이감을 결정한다는 것, 시각의 단일성을 산출하는 격차에는 한계가 있다는 것, 안구 운동은 (깊이는 격차가 있는 잔상 안에서 보이므로) 관련되지 않는다는 것, 그리고 철저하게 상이한 그림들과 색채들이 양안의 경쟁을 초래한다는 것을 증명했다(Wheatstone, 1838).

윗스턴이 입체경에 관한 첫 번째 논문을 세상에 선보인 다음해인 1839년, 그의 친구 윌리엄 헨리 폭스 탤벗(William Henry Fox Talbot, 1800~1877)은 네거티브-포지티브 사진 현상과정을 대중에 공개했다. 이들의 우정은 입체경과 사진의 결합을 이끌어냈다. 하지만 대중적 인기를 끈 것은 윗스턴의 반사식(mirror) 버전이 아니라 데이비드 브루스터(David Brewster, 1781~1868)가 발명한 반렌즈(half-lenses)를 이용한 모델이었고, 이는 빅토리아

시대 사람들의 마음을 단번에 사로잡았다. (Wade, 1983을 보라.)

브루스터와 윗스턴은 모두 주관적인 시각현상에 사로잡혀 있었는데, 그들은 양안시각 해석에서뿐만 아니라 주관적 시각현상에서도 경쟁관계에 있었다. 브루스터는 판화의 미세한 선이 보일 수 있는 주관적인 색채에 대해 기술했다(Brewster, 1825). 그러나 "주관적 시각 현상"이라는 용어는 괴테의 현상학에 좀 더 체계적인 접근을 이용한 얀 에반젤리스타 푸르키녜(Jan Evangelista Purkinje, 1787~1869; 〔그림 9-17〕)의 것이었다. 푸르키녜는 〔신체의〕 현미경적 구조들을 기술한 것으로 가장 유명하다. 실상 그는 인체 전체에 자신의 흔적을 남겨놓고 있다. 이를테면 뇌에는 푸르키녜 세포가 있고, 심장 주위에는 푸르키녜 섬유가 있으며, 푸르키녜 이미지는 눈의 광학 표면에서 반사되며, 우리는 푸르키녜 트리(망막혈관의 음영들)를 가시적으로 만들 수 있고, 해가 뜨고 질 무렵에는 푸르키녜 이행(shift)을 경험할 수 있다. (Wade & Brožek, 2001; Wade et al., 2002를 보라.) 의대생이었던 푸르키녜는 주관적 시각현상에 대해 탐구했다. 그 이유는 부분적으로 그가 생리학적 기구들에 전혀 접근할 수 없었기 때문이지만, 또한 그가 시각적 착각(visual illusions)이 시각적 진실을 드러낸다고 믿었기 때문이기도 했다(Purkinje, 1823, 1825). 푸르키녜는 1830년대 초에 무색 현미경을 사용할 기회를 얻었고, 이후부터 조직학적 발견을 하게 되었다. 그가 연구한 단순한 현상 중에는 〔그림 9-16〕에서 보이는 것과 같은 동심원 패턴에서의 왜곡 관찰이 있었다. 윗스턴은 비록 시각 현상을 식별할 때 '주관적'이라는 용어가 적절한가에 대해 논박하긴 했지만, 푸르키녜의 첫 저서를 다음처럼 요약적으로 번역했다(Wheatstone, 1830).

저자는 〔주관적인 현상에〕 해당하는 외부 대상들의 현존에서 출현하는

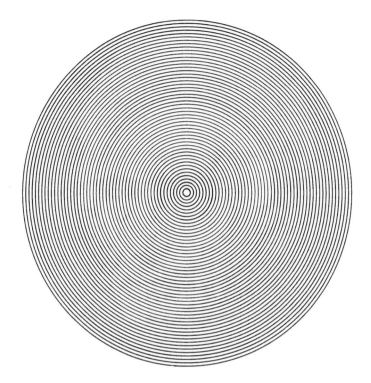

[그림 9-16] 주관적 시각에서 보기(Sehen in subjecktiver Hinsicht). 푸르키녜의 초상이 동심원의 한 패턴 안에 부분적으로 숨겨져 있다. 그 패턴을 몇 초 동안 관찰한다면 원들 자체가 왜곡되는 것처럼 보이고 바퀴살들이 중앙으로부터 빛나면서 회전하는 것처럼 보일 것이다. 전체 패턴이 초점을 벗어났을 때, 그의 얼굴을 볼 수 있다. 푸르키녜는 이미지와 그 잔상의 중첩 때문에 왜곡이 발생한다고 보았다. 하지만 왜곡은 아마도 수정체에서 일어나는 일시적인 비점수차(非點收差, astigmatic) 변화에서 기인할 것이다. (© 니콜라스 웨이드)

것들과 이런 현상들을 구별하기 위해 '주관적'이라는 용어를 사용한다. 이 용어는 우리에게 친숙한 다른 어떤 것보다 이런 부류의 현상을 잘 지시하면서 우회적 표현을 회피하기 위해 의도적으로 유지해온 것이다. 하지만 잘 생각해보면 그 용어가 엄밀하게 적합하지는 않다는 것을 알게 될 것이다. 정확히 말해 그와 같은 모든 현상들은 주관적이다. 다시 말해 정신 안에 존재한다. 질적 규정(qualification) 없이 현상들을 객관적이고 주관적이라고 분류하는 것을 용인한다면, 우리는 어디서 객관적인 것이 끝나고 주관적인 것이 시작되는지에 대해 어느 정도로든 정확하게 결정할 수 없을 것이 분명하다(Wheatstone, 1830, p. 102).

윗스턴은 푸르키녜의 책에서 발췌한 섹션들을 요약했을 뿐만 아니라 몇몇 현상, 특히 가시적인 망막 혈관을 관찰하는 참신한 방법들을 덧붙이기도 했다.

헬름홀츠는 현상학적 방법에 공감하지 않았고, 괴테의 과학자로서의 역할보다는 시인으로서의 역할에 주목했다. 그러나 헬름홀츠는 착시를 포함하여 많은 현상에 대한 안구 운동 해석을 채택했다. 결국 그의 관점은, "모든 과학은 감각작용으로 환원된다"고 주장함으로써 과학에 대한 실증주의적 접근의 윤곽을 제시한 에른스트 마흐(Ernst Mach, 1838~1916; 〔그림 9-17〕)에 의해 반박된다. 마흐는 윤곽선의 모습을 물리적 변수와 서로 관련시킴으로써 형태 지각의 새로운 분야를 정의했다(Mach, 1886). 마흐는 형태 지각에 관여하는 감각작용의 복잡성에 대해 연구하면서 20세기 게슈탈트 심리학의 기반을 다졌다. 하지만 충격적인 대비 현상 하나는 그리 쉽게 정의되지 않았다. 즉 밝은 것에서 어두운 것으로의 균일한 밝기 변화는 균일하게 보이지 않는다. 어두운 띠는 어두운 경계선 옆에서 볼 수 있는 반면 밝은 띠는 밝은 경계선 옆에 배치된다. 이런 현상은 지금 '마흐의 띠(Mach bands)'라고 불리고 있으며, 마흐는 이에 대해 휘도 변화의 2차 미분(second derivative)에 의거하여 수학적으로 기술했다. (Ratliff, 1965를 보라.)

착시란 진실한(veridical) 지각에서 벗어난 것을 말하며, 시각에 관해 기록해온 역사 동안 내내 탐구의 지속적 원천이 되어왔다. (Wade, 2005a를 보라.) 착시는 진실한 지각이 아님에도 불구하고 19세기 말에 들어와 점차 중요성을 띠게 되었다. 한편으로 착시는 생리학으로부터 심리학을 해방시켰고, 다른 한편으로 착시는 지각의 비밀을 풀어줄 열쇠를 갖고 있다고 생각되었다. 더욱이 착시는 눈을 뗄 수 없는 대비를 유도하는 단순한

[그림 9-17] 마흐의 띠. 에른스트 마흐가 그를 둘러싼 밝고 어두운 띠 안에서 희미하게 규정되어 있다. 초상의 디자인이 그의 머리의 경계선과 맞도록 그려져 있어서 머리의 세부를 멀리서 감지할 수 있다. 나는 마흐의 얼굴 특징을 규정함에 있어서 모종의 예술적 자유(artistic license)를 취했다. 엄밀히 말하자면 그의 얼굴 특징이 마흐의 띠를 따르지 않고 있다. 하지만 이 디자인은 적절한 감각 분석이라고 볼 수 있다. (© 니콜라스 웨이드)

윤곽선 드로잉을 통해 손쉽게 가시화될 수 있었다. 역설적으로 이런 형태로 묘사된 최초의 착시 중 몇몇은 달이나 폭포 착시처럼 자연현상에서 경험할 수 있는 현상이었다. 헬름홀츠는 이런 착시적 움직임의 출발을 볼 수 있었고, 헬름홀츠 정사각형(그림 9-18)이라고 불리는 정적인 착시를 추가하기도 했다(Helmholtz, 1867). 그것은 기본적으로 수평선-수직선으로 이뤄진 착시 사례였다. 수평선이 규정한 영역은 수직선으로 구성된 영역보다 작게 보인다.

많은 19세기 시각 과학자들의 흥미를 끈 착시는 오펠이 '기하학적 시각적(optical)' 착각이라고 이름붙인 것들이었다(Oppel, 1856). 그것은 상대적으로 작지만 신뢰할 만한 시각 공간의 왜곡으로 구성되어 있었다. 이는 대개 크기나 방향 영역에서의 왜곡이었다. 많은 참신한 형태가 19세기의 마지막 10년 동안 고안되고 묘사되었으며, 이것들은 종종 처음 그리거나 묘사한 사람들의 이름을 갖고 있었다. 기하학적인 시각적 착각은 철저하게 19세기 말의 현상이었으며, 폰초(Ponzo), 포겐도르프(Poggendorff), 마흐, 뮐러-라이어(Müller-Lyer) 같은 이들이 자신들의 이름을 딴 현상들에 대해 서술했다. 19세기 말에 착시에 관한 활동이 이렇게 터져 나올 수밖에 없었던 이유에 대한 검토는 매우 유익할 것이다. 다르게 말하자면, 윤곽선 드로잉이 지각 연구에서 왜 그토록 중심적인 역할을 맡고 있었는지 알아볼 필요가 있다는 것이다. 이는 시각에 관한 두 가지 강력한 사고 가닥의 결합에서 기인했을 수 있다. 그 첫 번째는 케플러와 말년의 데카르트가 눈의 곡광학적 속성들을 상술했던 17세기에서 유래한다. 그들은 그럼으로써 지각 문제가 정적이고 2차원적인 망막 이미지를 그 출발점으로 삼고 있다는 개념을 준비해두었던 것이다. 망막 이미지는 정적인 것으로 간주되었고, 지각의 문제는 거리라는 잃어버린 차원을 모호한 투

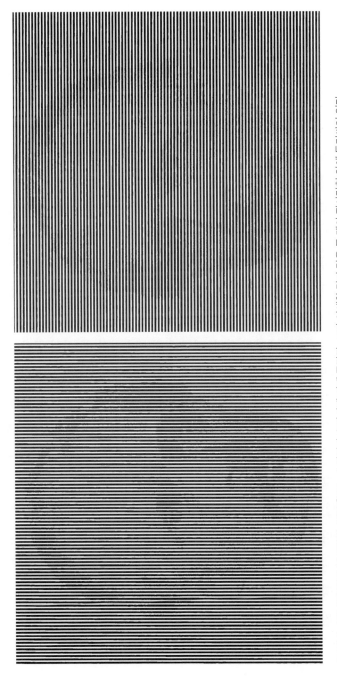

[그림 9-18] 헬름홀츠 정사각형 헬름홀츠는 수직선과 수평선에 의해 규정된, 크기 인쇄한 것과 같은 두 개의 정사각형 안에 둘러싸여 있다.
(ⓒ 니콜라스 웨이드)

사로부터 회복시키는 것으로 여겨졌다. 하지만 이것은 모두 물리학적인 동시에 생리학적인 허구다. 정적인 망막 이미지는 편리한 물리학적 허구인데, 그 이유는 망막 이미지 덕분에 우리는 눈의 곡광학적 속성을 묘사하는 광선 다이어그램을 그릴 수 있기 때문이다. 정적인 망막 이미지는 또한 생리학적 허구라고도 할 수 있다. 왜냐하면 눈은 결코 정지해 있지 않으며 수용체가 차등적 비율로 에너지를 수집하기 때문이다. 그럼에도 이와 같은 허구들이 우리의 시각 모형들을 계속해서 추동하고 있다. 두 번째 가닥은 19세기 중반에 소개된 지각 연구에 대한 실험적 접근과 관련이 있다. 윗스턴과 헬름홀츠는 물리과학 실험의 엄정성이 지각 연구에도 미치도록 해야 한다고 주장했다. 그러므로 지각이 어떻게 변경되는지 결정하기 위해 상당히 비자연적인 방식으로 자극 변수들을 분리하고 조작해야 했다. 견고한 물체를 조작하는 것은 어렵지만 참신한 그림을 창작하는 것은 대단히 쉽다. 더구나 윗스턴 자신이 3차원 공간의 지각이 두 개의 적절한 평면 드로잉을 사용함으로써 합성될 수 있다는 것을 보여주었다. 그리하여 그림들이 시각 연구를 위한 자극으로 수용되었다. 일단 수용되고 나자, 생리학자들은 수 세기 동안 미술가의 문장부(armory)에서 한 부분을 차지했던 속임수들을 재발견하고, 새로운 속임수 몇 가지를 고안해내기도 했다.

헬름홀츠 정사각형의 착시는 기본 방위에서의 공간 왜곡에 기초하고 있다. 그것은 현재 '수평-수직 착시'라고 불리며, 통상 도치된 T자 형태(inverted T shape) 안에 있는 단선들로 재현된다. 헬름홀츠 정사각형 착시는 방향과 크기(extent)를 통합시키는 데 반해, 다른 것들 대부분은 이 중 한 차원만 포함하고 있다. 두 방향의 착시는 [그림 9-19]에서 볼 수 있다. 하나는 이제까지 헬름홀츠의 조력자였던 사람(분트)과 결합되어 있고,

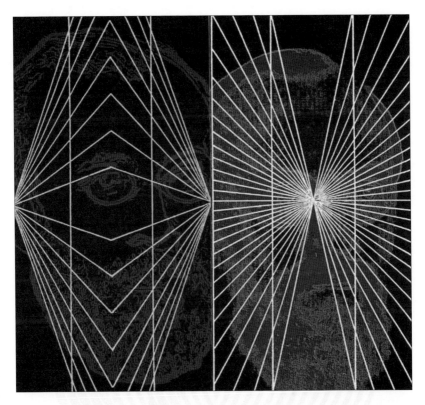

[그림 9-19] **분트와 헤링 착시.** 빌헬름 분트의 초상이 두 개의 수직선이 안쪽으로 휘는 것처럼 보이게 하는 경사선 패턴 안에서 보인다. 이것을 '분트 착시'라고 부른다. 에발트 헤링의 이름을 따라 명명된 방향 착시는 바깥으로 휘는 것처럼 보이는 수직선을 만들어내는 방사하는 선으로 이뤄져 있다. 이런 착시 형상들은 분트의 저서에 검은 바탕의 흰 선으로 인쇄되어 있다(Wundt, 1898). (© 니콜라스 웨이드)

다른 하나는 그의 적대자였던 사람(헤링)과 결합되어 있다.

길이 착시는 다소 늦게 재현되었으나, 이는 방향 착시보다 더 강도 높은 실험과 해석을 거쳐야 했다. 아마도 가장 유명한 것은 뮐러-라이어 착시(그림 9-20)일 것이다. 기하학적 착시는 생리학사에서 중요한 위치를 차지하는데, 착시 현상은 분트가 1879년 라이프치히에 심리학연구소를 설립하게 된 계기 중 하나였기 때문이다. 분트는 착시를 어떻게 생리학적 용어로 설명할 수 있는지 예상할 수 없었기에 의식과 함께 별개의 분과학문을 필요로 했다. 분트는 근접 자극(proximal stimulus, 즉 망막 이미지)을[16) 잣대로 삼았고, 해당 망막 범위를 산출하는 ([그림 9-20]의 수평선 같은) 두 개의 선적인 범위가 생리학적 과정으로 인해 지각적 비균등성을 산출할 수 있다는 사실을 받아들일 수 없었다. 그리하여 기하학적인 시각적 착각은 [생리학적 탐구의 맥락이 아니라] 독립적 분과학문으로서 심리학을 정립하는 맥

[그림 9-20] 착시자(illusionist). 두 개의 수평선 길이는 물리적으로 동일하지만 다르게 보인다. 즉 위의 수평선은 아래의 것보다 더 길게 보인다. 이것은 프란츠 카를 뮐러-라이어(1857~1916)가 묘사한 것으로, 턱수염이 있는 그의 초상이 삽화에 제시되고 있다. (© 니콜라스 웨이드)

락에서 중요한 역할을 했다. 거기엔 생리학적 지각의 상관항이 아무것도 없다고 생각되었다. 분트 같은 심리학자들은 상관항을 결정하고자 애썼고, 다른 상위 수준의 대안들이 고려되었음에도 당시 가장 선호되었던 것은 안구 운동에 의한 것이었다.[17]

대비 현상은 시각적 착각의 또 다른 강력한 원천을 제공했다. 주변의 색채가 에워싸인 색채에 미칠 수 있는 영향에 대해 오래전부터 알려졌음에도 휘도 차이의 미묘한 효과에 대해서는 19세기에 와서야 기술되었다. 예를 들어 루디마르 헤르만(Ludimar Hermann, 1838~1914)은 〔그림 9-21〕 왼쪽의 격자 안에서 볼 수 있는 효과 — 즉 어두운 점들이 흰색 선의 교차점에 나타남으로써 생기는 효과 — 에 대해 설명했다. 그는 착시적 점

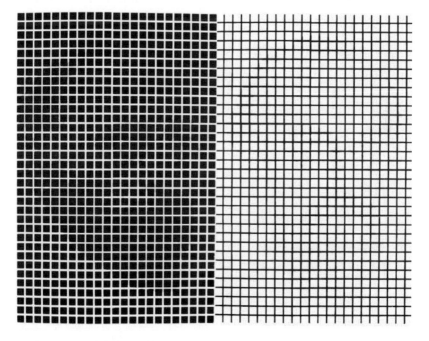

[그림 9-21] 헤르만과 헤링의 격자. 왼쪽 격자는 루디마르 헤르만을 포함하고, 오른쪽 격자는 헤링의 얼굴을 담고 있다. 그들의 얼굴은 몇 미터 떨어져서 봤을 때 가장 잘 보인다. (© 니콜라스 웨이드)

들을 동시대비 작용과 관련시켰다. 이후 헤링은 이와 정반대의 효과, 즉 밝은 회색 점들이 검은 선의 교차점에서 보이는 효과에 대해 기술했다. 왼쪽의 헤르만 격자는 헤르만의 얼굴을, 오른쪽의 헤링 격자는 헤링의 초상을 포함하고 있다.

헤르만 격자와 헤링 격자는 생리학적으로 기록된 수용장들(receptive fields)을 심리학적으로 결정된 '지각장(perceptive fields)'과 관련시킬 수 있는 수단을 제공했을 때 동시대 시각과학에서 상당히 중요한 위상을 차지했다. (Lingelbach & Ehrenstein, 2002; Spillmann, 1994를 보라.) 중심이 같은 수용장의 크기는 중심와(central fovea)로부터의 입력을 수용하는 망막신경절 세포에서 가장 작다. 또한 그것들은 중심와로부터 증가하는 거리와 함께 크기가 증가한다. 이것은 아마도 헤르만-헤링 점들이 고정된 교차 지점에서 보이지 않는 이유일 것이다. 중심과 주변 모두 정사각형 사이와 교차 지점 내부에 위치하고 있어 그것들로부터 차별적 반응도, 착시적 점들도 존재하지 않는다. 만약 충분히 작게 분리된다면, 점들은 고정된 교차 지점에서 보일 것이다. 착시점들을 산출하는 격자들을 한정하는 크기의 측정은 바로 이런 방법을 통해 이심률(eccentricities)이 서로 다른 인간 시각에서 '지각장'의 크기를 추정하기 위해 사용되어왔다.[18]

미학적 잠재력이 풍부한 또 다른 영역은 지각적 모호성을 포함하는 것이다. 지각적 모호성의 조작은 시각예술과 시각과학 모두에서 오랜 역사를 갖고 있다. (Alais & Blake, 2005; Gombrich, 1960; Piccolino & Wade, 2007을 보라.) 수 세기 동안 활용되어온 하나의 테마는 반전되는 형상(reversing figure)이다. 모호성은 3차원을 2차원으로 압축시키는 회화적 이미지의 본성과 불가피하게 관련되어 있다. 양각세공물(cameos)과 음각세공물(intaglios)은 모호한 깊이에 대해 보고하는 하나의 원천을 제공했다(Wade, 1998a). 또한 앞

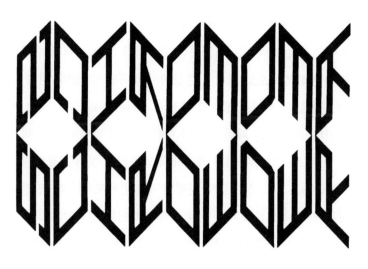

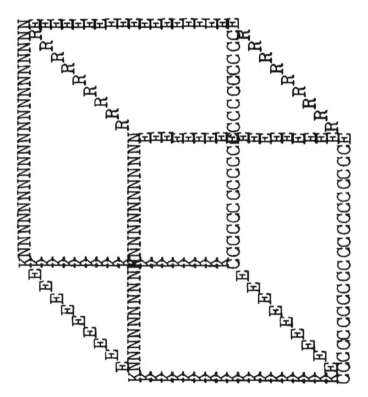

[그림 9–22] (좌) 네커 정육면체의 문자로 된 그림. (우)슈뢰더 계단으로 표현된 세브론(chevron)으로 가는 계단. (© 니콜라스 웨이드)

서 언급한 왜상은 회화적 깊이를 체계적으로 왜곡했다. 모호성은 〔그림 9-22〕가 문자 그대로 보여주는 것들처럼 암시적인 깊이 안에서 수시로 변동하는 단순한 윤곽선으로 이뤄진 형상에서 증폭될 수 있다. 왼쪽 그림에 보이는 문자들은 루이스 앨버트 넥커(Louis Albert Necker)라는 남자 이름의 철자들인데, 역전되는 패턴은 그의 이름을 따서 명명되었다. 넥커는 크리스털 윤곽 드로잉의 깊이가 계속해서 변동하는 것처럼 보인다는 점에 주목했다(Necker, 1832). 문자들이 분명히 평평함에도 좌측과 밑면이 가깝게 보이는 인상과 오른쪽과 윗면이 가까워 보이는 정육면체의 인상 사이에서 문자들의 모습이 확 바뀌어버린다. 그 패턴이 평평하다는 것을 충분히 알고 있음에도 지각적 변동이 발생하는 것을 막기 어렵다. 그 그림은 3차원 구조를 재현한다고 해석되지만, 어떤 부분이 가깝고 어떤 부분이 먼지 규정하기에는 (윤곽선 가리기, 원근법적 수렴, 또는 질감 같은) 세부사항이 충분히 존재하지 않는다. 그것은 종종 '넥커 정육면체'라고 지칭되지만, 넥커는 정육면체가 아니라 장사방형(rhomboid)을 인쇄했다(Necker, 1832). 윗스턴은 비슷한 현상이 3차원의 뼈대 정육면체에서도 발생한다는 것을 증명했다(Wheatstone, 1838).

〔그림 9-22〕의 오른쪽에서도 거의 동일한 현상이 발생하지만, 이 경우 인상은 계단 같은 단계적 표면에 관한 것이다. 이것을 제시하는 관례적 방식은 단일한 집합의 계단들로 하는 것이고, 이를 '슈뢰더 계단(Schroeder staircase)'이라고 부른다. 계단들의 방향은 가능한 두 가지 깊이 해석 사이에서 진동할 수 있다.

또 하나의 친숙하고도 모호한 형상은 꽃병과 한 쌍의 옆얼굴이 공유하는 윤곽선에 기반을 둔 것이다(그림 9-23) 좌측). 여기에서 모호한 형상은 착시적 윤곽선만으로 만들어지지만, 이것 역시 두 이미지 사이에

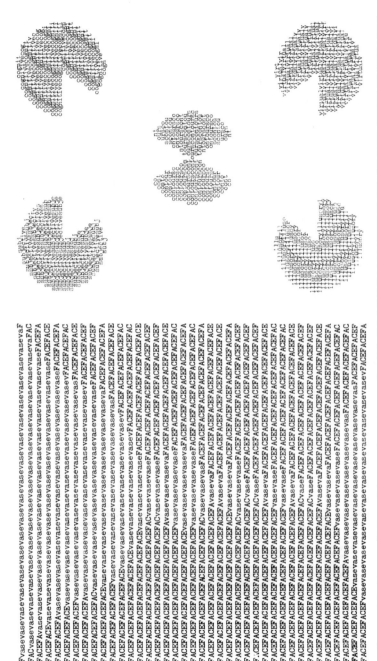

[그림 9-23] (좌) 마주 보는 얼굴들. 스펠링으로 그린 vase/face 모티프. (우) 하나의 현상일까 여러 현상일까? 여러 가지 이름을 부여받은 '섬각형'의 변들을 완성하는 [시각] 현상. (© 니콜러스 웨이드)

서 요동한다. 즉 두 요소를 나누는 연속선은 없지만, 그것들은 상당히 명확하고 예리하게 분리된 것처럼 보인다. FACE라는 단어가 좌변에는 규칙적으로 배열되어 있지만, 오른쪽 그림에는 그렇지 않다는 데 주목하라. 문자들로 이뤄진 둘쭉날쭉한 모서리를 따라 잘 이어진 형상은 〔그림 9-23〕의 우측에서 훨씬 강력하게 보인다. 착시적인 흰색 삼각형의 모서리들은 그것들을 묘사하는 데 사용되는 여러 용어 — 즉 'subjective', 'cognitive', 'illusory', 'virtual', 'contours' — 를 이루는 문자들로 규정되고 있다. 모든 용어가 공유하는 마지막 단어('contours')는 중앙에 보인다. 착시

[그림 9-24] (위) 나(I) 속이기. 현상을 기술하는 불완전한 단어들. (아래) 파형(波形) (© 니콜라스 웨이드)

적 윤곽은 〔그림 9-24〕에서 볼 수 있는 것처럼 여러 상이한 방식으로 산출될 수 있다.

　　그림들은 대상에 대한 암시를 제공하는데, 3차원에서 2차원으로의 이행과 함께 시행될 수 있는 속임수 중 몇몇은 앞서 이미 언급했다. 실로 이것은 예술 방앗간의 곡식이다. 그림들은 대상에 거의 혹은 결코 존재하지 않는 모호성과 불가능성을 병합한다. 〔그림 9-25〕에서 볼 수 있는 유형의 회화적 불가능성은 심리학적으로 해부되었고(Penrose & Penrose, 1958), 마우리츠 C. 에셔가 회화적으로 묘사했다(Ernst, 1986). 예를 들어 직사각형 막대기가 세 개의 선과 하나의 사변형으로 묘사될 수 있는 반면, 원기둥

[그림 9-25] 이중의 불가능성 (© 니콜라스 웨이드)

은 두 개의 선과 하나의 타원으로만 묘사될 수 있다. '불가능한' 삼각형은 선분의 맨 끝에서 여섯 개의 원기둥으로 변형되는 각 변으로부터 뻗어나온 네 개의 직사각형 막대기를 갖고 있다. 이런 두 가지 원리가 〔그림 9-25〕에 결합되어 있다.

시각 현상은 과학과 미술에 든든한 기반을 제공한다. 이 두 분야는 회화적 조작이 허용한 방종을 한껏 즐긴다. 자연적 시각은 역동적이고 양안에 기초하며 깊이의 지각을 산출한다. 그림들은 정적이고 평평하다. 이런 특징으로 인해 더욱 강화되는 회화적 모호성은 평면적 드로잉과 교호하는 깊이의 해석을 포함하고 있다. 모호성은 단안의 영역에서 깊이 지각이 실패한다는 것을 반영한다. 시각과 미학 모두에서 회화적 패턴은 지극히 중요하다. 시각에서 회화적 패턴은 자극 조작의 준비된 수단을 제공하는 반면, 미학에서는 자연 대상에 수반되는 깊이와 움직임이라는 골치 아픈 차원을 제거한다.

미학

인간이 〔평평한〕 표면에 표시들을 만들기 시작한 이래, 표시들은 그것을 본 사람들로부터 선호도를 형성해왔음에 틀림없다. (Wade & Melcher, 2006을 보라.) 그리스 미술에서 재현방식이 점점 더 공식화됨에 따라 그림의 미적 호소력은 끊임없이 토론의 원천이 되었다. 시각의 역사에서 중요한 위치를 차지하는 한 인물이 미학에 경험적 차원을 부가했다. 구스타프 테오도르 페히너(1801~1887)는 정신물리학의 창시자로 유명하다. 정신물리학이란 자극이라는 물리적 영역과 감각 경험이라는 심리적 차원 간의 관계를 다루는 학문이다(Fechner, 1860) 페히너의 통찰에 따르면, 정신적이고 물질적인 세계는 감각적 강도와 자극 강도의 영역에서 수학적으로 결합될 수 있다. 페히너의 실험은 감각의 크기와 자극 크기의 로그값이 비례한다는 것을 알려주었고, 이는 페히너의 이름을 딴 법칙적 관계가 되었다.[19] 간신히 페히너의 얼굴을 알아볼 수 있는 [그림 9-26]의 곡선은 심리측정 함수를 재현하고 있으며, 이때 페히너의 초상은 불확실성의 영역에서 발견된다. 자극과 감각의 로그적 관계에 도전장을 던진 것은 대안적인 멱법칙(power law)을 제안한 스탠리 스미스 스티븐스(Stanley

[그림 9-26] 심리측정 함수. 왼편을 향하고 있는 나이 든 페히너의 초상이 심리측정 함수 곡선들 안에서 불확실성 영역 안에서 재현된 가시성의 역치에 근접해 있다. (© 니콜라스 웨이드)

Smith Stevens)였다(1961). 두 법칙 간의 본질적 차이는 각각의 기초하는 가정에 있다. 즉 페히너는 똑같은 자극 차이가 똑같은 감각 차이를 생산한다는 가정을, 스티븐스는 똑같은 자극 비율이 똑같은 감각 크기의 비율로 이어진다는 가정을 각각 견지하고 있었다. (Wade & Swanston, 2001을 보라.)

페히너는 80대에 이르러 자신의 양적인 접근을 아름다움의 연구에 적용했고, 실험미학이라는 주제를 창시했다(Fechner, 1876). 그가 검토한 주제는 황금비율 또는 황금분할 같은 오랫동안 중시되었던 것이다. 유클리드에게 황금비율은 명백히 매력적이었고, 황금비율이 미술에 적용된 것은 자주 언급되어왔다. 페히너는 관찰자에게서 선호 판단을 유도하는 참신한 방식으로 회화의 비례에 대해 탐색했다. 일반적으로 황금비율(대략 1.6 : 1)에 근접한 면들을 가진 직사각형이 선호되었다.

신경미학은 뇌활동의 다양한 측정치가 어떻게 패턴 특성들을 반영하는가 하는 문제를 다룬다. 이런 식으로 신경미학은 그 자체의 매혹적인 역사를 지닌 뇌 기능의 국재화와 긴밀하게 관련되어 있다. 시초의 탐구들은 확실히 사변적이었으나, 뇌 구조 안에 존재하는 전문화를 인정하는 쪽으로 향해 갔다. 예를 들어 국재화 지지자(예: 프란츠 요제프 갈(Franz Joseph Gall, 1758~1828))와 동등주의 지지자(예: 마리 장 피에르 플로랭(Marie Jean Pierrre Flourens, 1794~1867)) 간의 논쟁으로 19세기 내내 떠들썩했다. 피에르 폴 브로카(Pierre Paul Broca, 1824~1880)는 뇌 기능이 국재화되어 있다는 것을 지지하기 위해 임상 검사와 해부로 증거를 제시했다. 브로카는 당초 비교해부학과 갈의 피질 국재화에 관한 추정 모두에서 영향을 받았지만, 골상학에 물들어 있지 않았던 까닭에 그의 견해는 과학자 공동체에서 훨씬 비중 있게 다뤄졌다. 브로카는 언어장애로 고통 받던 환자를 치료했다. 그 환자는 유일하게 발화할 수 있는 것이 '탄(Tan)'이었으므로 탄이라고

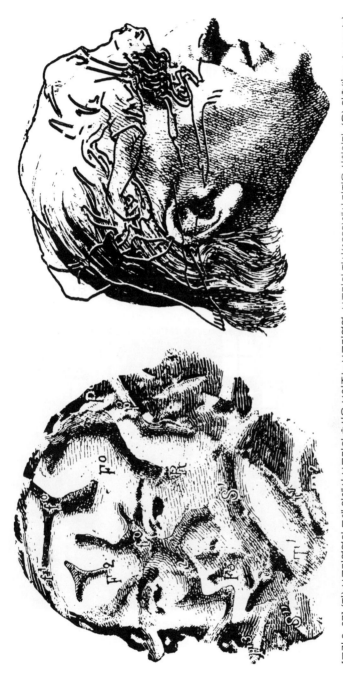

[그림 9-27] (좌) 브로카영역이 도해 안에서 브로카의 초상을 보여주는 브로카영역. 브로카의 저서(1888)에서 가져온 삽화이다. (우) 원호(l'arc de cercle), 샤르코의 저서(1892)이 권두삽화를 따라 그린 샤르코의 초상. 모티프는 샤르코와 리셰의 저서(1887)에 나오는 신경증 환자의 드로잉에서 나왔다. (© 니콜라스 웨이드)

알려져 있었지만, 그는 말을 이해할 수는 있었다. 탄이 죽은 후 뇌의 좌측 전두엽에 구멍이 있다는 것이 발견되었다. 브로카의 발견이 앞서 있다는 것과 그의 환자의 병변 정도에 관해 논란이 있었음에도, 언어와 피질 위치 사이의 연관은 상당히 생산적인 것으로 증명되었고 카를 베르니케(Carl Wernicke, 1848~1905) 등이 언어수용 측면과 좌반구의 더 뒤에 위치한 영역을 관련시키도록 이끌었다. 장-마르탱 샤르코(Jean-Martin Charcot, 1825~1893; 〔그림 9-27〕 우측)는 브로카와 마찬가지로 피질의 국재화에 대해 확고한 지지자였으며, 그의 강연과 책에서 실어증에 대해 길게 다뤘다. 샤르코는 임상적 징후와 뇌 부검을 관련시켰고, 임상적인 동시에 해부학적인 방법을 개발했다. 〔그림 9-27〕에서 그의 초상은 고전적인 자세 ─ 원호(l'arc de cercle) ─ 를 취한 히스테리 환자의 드로잉과 함께 보인다. 샤르코

[그림 9-28] 피에르 아리스티드 앙드레 브루이예, 〈살페트리에르에서의 임상 강의〉, 1987. 임상 수업을 하고 있는 샤르코와 그의 학생들을 그린 집단초상화이다. (ⓒ 파리 데카르트대학; 컬러 그림은 이 책의 259쪽을 보라.)

가 일군의 학생들에게 최면술을 증명하고 있는 "살페트리에르(Salpêtrière)에서의 임상 강의"를 브루이예(Brouillet)가 그린 유명한 회화에서 재현되고 있는 것은 동일한 히스테리성 위기다.

뇌 기능을 이론적으로 연구한 사람은 알렉산더 베인(Alexander Bain, 1818~1903)이었다. 그는 심리학을 독립적인 분과학문으로 옹호하기 위해 감각생리학과 철학을 통합했는데, "신경체계와 관련되어 있는 생리학자들의 여러 가지 충격적인 발견이 정신과학(the Science of Mind) 안에서 재인식된 자리를 찾아야 한다고 생각했다."(Bain, 1855, p. v) 〔그림 9-29〕 좌측의 지각적 초상은 애초 그의 과거 학생 중 하나가 편집한 학술지, 베인의 『마음Mind』의 중요성을 반영한다. 또한 그 초상은 다양한 강도의 입력을 가진 차별적 출력을 제공하는 베인이 디자인한 신경처리 모형을 통합하고 있다. 베인은 헵보다 70년 전에 학습에 대한 연결주의적 설명을 제안했다. (Willes & Wade, 1997을 보라.)

베인이 『마음』을 창립했다면, 데이비드 페리어(David Ferrier, 1848~1928: 〔그림 9-29〕 우측)는 1878년 발간된 학술지 『뇌』의 창립 편집자였다. 페리어는 많은 종의 뇌에 전기 자극을 가했고, 피질 부위들의 지도를 그려 감각 및 운동 영역들을 보여주었다. 뇌는 직접적 자극에 영향을 받지 않는다는 오랫동안 견지되던 견해를 구스타프 테오도르 프리치(Gustav Theodor Fritsch, 1838~1927)와 에두아르트 히치히(Eduard Hitzig, 1838~1907)가 1870년에 전복시켰다. 그들은 마취되지 않은 개의 뇌를 열고 전기 자극을 가했으며, 그 결과 근육이 수축된 특정 중심앞(precentral) 부위를 발견했다. 그들은 피질을 운동부위와 운동부위가 아닌 곳으로 나눴다. 존 휴링스 잭슨(John Hughlings Jackson, 1835~1911)은 특정한 피질 영역이 운동 조절에 관여한다는 사실을 자신의 간질 연구에 기초하여 제시했고, 이는 페리어의

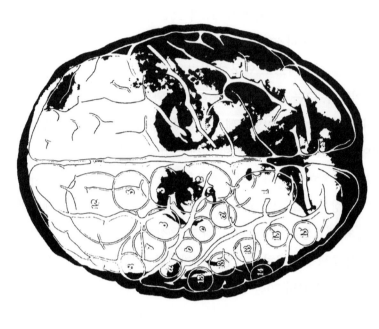

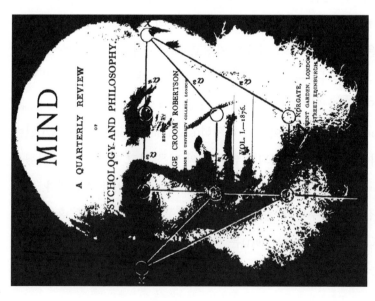

[그림 9-29] (좌) 마음을 읽는 자. 『마음』지 1호의 속표지와 함께 그려진 베인의 초상. (우) 뇌를 자극하는 자. [페리어의 저서(1876)에서 나타온 페리어가 인간 뇌 도해 안에 포함되어 있다. (© 니콜라스 웨이드)

연구에 자극을 주었다. 1873년 페리어는 마취된 개구리, 비둘기, 기니피그, 토끼, 고양이, 개, 원숭이로 일련의 실험을 시작했고, 국재화된 피질 부위들에 전기 자극을 적용했다. 그는 또한 동일한 부위들의 제거술(ablations)도 시행했다. 이들 연구는 현격한 종차를 증명했고, 대략적 추정의 위험성을 지적했다. 페리어의 대표적 성과는 원숭이의 운동 피질 지도로 표시되어 있는 인간 뇌의 삽화다. 여기서 숫자들은 손과 손목의 운동 영역을 나타내는 문자들과 함께 국재화된 운동을 명시하고 있다.

페리어는 19세기 신경과학의 무게중심을 영어권으로 이동시키기 위해 많은 일을 했으며, 찰스 스콧 셰링턴(Charles Scott Sherrington, 1857~1952; 〔그림 9-30〕 좌측)이 이러한 움직임을 더욱 강화시켰다. 전기적 뇌 자극은 뇌 기능을 밝혀줄 새로운 테크닉을 대표했다. 다른 많은 사람들이 신경체계의 구성단위로서 신경세포(nerve cell)라는 떠오르는 개념에 기초하고 있었다. 뉴런 독트린은 시냅스 ─ 시냅스 접합들을 가로지른 화학적 이행 방식을 제안한 셰링턴이 도입한 용어 ─ 에 관한 증거로 견고하게 정립되었다. 셰링턴의 초기 저작은 무릎반사와 소파반사(scratch reflex)에 관한 것이었고, 그는 작용 중인 유사한 통합 원리를 발견했다. 셰링턴은 『신경체계의 통합작용Integrative Action of the Nervous System』(1906)에서 반사작용에 관해 알려진 것의 지도를 그렸고, 앞으로 나아갈 길을 암시했다.

페리어와 셰링턴이 인간의 뇌 활동에 관한 연구를 위해 사용할 수 있었던 테크닉은 매우 제한적이었다. 리처드 케이튼(Richard Caton, 1842~1926)은 일찍이 1875년 토끼, 고양이, 원숭이의 노출된 뇌를 보고 작은 피질 전위를 기록했으나, 인간에 대한 기록을 얻는 데는 실패했다. 이런 상황은 한스 베르거(Hans Berger, 1873~1941; 〔그림 9-30〕 우측)가 인간 두개골 표면의 전기 전위를 기록하고 뇌전도(EEG)를 그렸을 때 완전히 달라지게 된다. 그는 평생 동안 주관적 경험에 관한 객관적 지수를 찾고자 했다. 그는 처음에 심적 에너지의 본질을 포착하고자 시도하면서 뇌 혈액순환과 체온의 변화를 측정했지만, 나중에는 이런 접근법을 포기했다. 베르거는 환자들을 대상으로 한 헛된 시도를 거듭한 이후, 1929년 보고한 논문에 따르면 자신의 십대 아들과 자신의 기록으로 성공사례를 얻게 되었다. 〔그림 9-30〕에서 베르거는 1930년의 두 번째 기록으로 출판된 알파파 리듬의 최초의 추적과 함께 보여진다. 기록은 시각적으로 증가했고, 심장박동수와 시간축에 관한 기록이 함께 제시되었다.

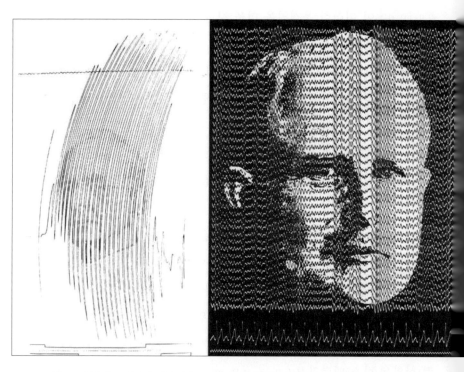

[그림 9-30] (좌) 소파반사. 세링턴의 초상이 (세링턴의 저서(1906)에 나오는) 소파반사 트레이싱 안에 싸여 있다. (우) 알파 리듬. 베르거의 얼굴이 (그의 저서(1930)에서 도출한) 그가 최초로 공개한 EEG 패턴 안에 포착되어 있다. (© 니콜라스 웨이드)

EEG는 뇌 손상을 진단하는 초기의 중요한 도구였지만, 사건에 대한 전기적 반응을 조사하는 연구 도구(사건 관련 전위, ERP)이기도 했다. 뇌 인지활동의 지도를 그리기 위해 ERP를 사용한 생산적인 연구는 20세기 마지막 10년간 시행되었지만, ERP 구성요소의 공간적 기원에 대한 제한적인 정보로 인해 언제나 해석 문제가 존재해왔다. 밀집지도를 보여주는(dense-mapped) ERP의 후속 발전과 MEG를 기록하고 자기 사건 관련 영역(ERF)을 탐지하기 위한 자기계를 사용하는 유관 테크닉의 후속적 발전은 훨씬 많은 주목을 끌었다. 왜냐하면 부분적으로 이런 테크닉으로 얻은 정확한 시간 정보가 더 새로운 뇌 영상 테크닉으로 성취한 공간적 정확성을 보완할 수 있었기 때문이다.

피질에서 생성되는 자기장에 기반을 둔 또 다른 테크닉은 TMS (transcranial magnetic stimulation, 경두개 자기자극)라고 불린다. 실버너스 톰슨(Silvanus Thompson, 1910)의 선례를 따라 어떤 식으로든 신경활동을 자극하거나 방해하기 위해 교류 자기장이 머리의 제한적 영역들에 사용될 수 있다. TMS에서 자기 코일이 피험자 머리의 특정 부위에 놓이고, 코일을 통해 전류가 흐른다. 그렇게 생산된 자기장은 피험자 뇌의 특정 부분에 전류를 유발한다. (Walsh & Cowey, 1998을 보라.) 그러한 TMS의 타이밍은 매우 정확해서 어떤 시각적 자극이 발생한 후 알려진 시간적 간격(interval)에 적용될 수 있다. 기능중단(disruption)이 일시적이므로 마치 이런 테크닉이 가상의 환자를 산출하는 것처럼 보인다.

시각 체계의 작용을 탐색하는 테크닉들의 목록이 확장되어 이제 활동 중인 전체 뇌의 작용을 촬영될 수 있게 되었다. 처음에 PET 스캔은 자원자들이 서로 다른 종류의 시각 패턴을 볼 때 발생하는 영역별 피질의 혈류량을 검사하는 데 사용되었다. 예를 들어 하나의 채색된 패턴은

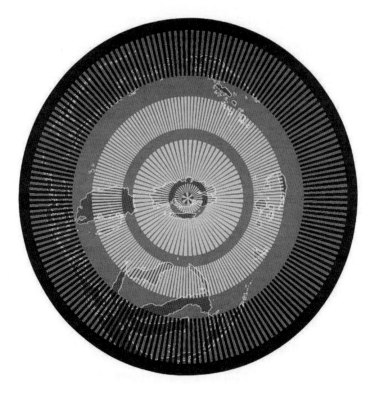

[그림 9-31] 변형된 에니그마 (© 니콜라스 웨이드; 컬러 그림은 이 책의 260쪽을 보라.)

V1, V2, V4와 일치하는 영역에서 활성화를 보였다. 즉 동일한 패턴이 회색조로 보였을 때 V4의 활성화가 대폭 감소했는데, 이는 V4가 인간 뇌에서 색채 분석을 담당하는 영역임을 시사한다. 마찬가지로 정적인 패턴과 비교되는 하나의 움직임은 '인간의 V5'에서 특히 활성화되었다. 정적인 패턴에서 보이는 착시적 동작 또한 이 부위에 귀속되어왔다. (Zeki, 1999를 보라.) 〔그림 9-31〕의 세미르 제키는 신경미학의 선구자 중 한 사람이다. 그는 우리가 "가장 고귀하고 심오한 인간의 노력 중 하나의 신경생물학적 기초에 관한 어떤 것을 학습할 수 있는" 문턱 앞에 서 있다고 논

파했다(Zeki, 1999, p. 2).

지각적 처리를 하는 인간의 뇌 활동을 조사하는 정교한 방법들이 있지만, 모든 테크닉은 결점이 있으며 실험은 반드시 명확하게 해석될 수 있도록 대단히 조심스럽게 디자인되어야 한다. PET와 비교할 때 MRI는 정확한 공간적 해상도를 산출한다. 기능적 MRI의 발전 덕분에 뇌 활동의 공간적 지도뿐만 아니라 시간적 지도도 그릴 수 있게 되었다. TMS와 MEG처럼 더 높은 시간적 정확성을 지닌 다른 테크놀로지의 발전과 결합된 fMRI를 사용하여 실효를 거둘 수 있을 것이다. 이러한 결합 장비들은 시각 정보의 신경 처리를 이해하는 열쇠가 될 것이다. 이 같은 영상 테크닉들이 지금 신경미학의 주춧돌을 놓고 있다.

결론

비록 하나의 특수한 유형의 이미지, 즉 회화적 이미지가 다른 것들보다 우선적이기는 했지만, 시각연구는 이미지에 관한 연구가 되어왔다. 인간은 수천 년에 걸쳐 미술을 생산해왔고, 미술은 지각의 국면들을 추출하고 다른 사람들이 재인할 수 있는 방식으로 그것들을 재현하는 것을 포함한다. 아마도 관찰자와 시각이론가 모두에게 매력적이라고 판명된 것은 이 같은 회화 이미지의 보편성 때문일 것이다. 이미지의 보편적 매력이 눈에서의 이미지 형성 원리와 결합되었을 때, 그 호소력은 압도적인 것이었다. '눈 안에 있는 그림(the picture-in-the-eye)'이라는 은유가 17세기 학자들을 추동했던 것과 같은 방식으로 동시대 시각과학을 강하게 추동하고 있다. 나는 이것을 '케플러의 유산'이라고 지칭한 적이 있다(Wade, 2005a). 우리는 이제 눈의 광학과 시각의 생리학에 대해 알고 있으나, 제기된 개념적 문제는 본질적으로 달라지지 않은 채 남아 있다. 이와 같은 회화적 이미지의 매혹은 컴퓨터그래픽의 도입과 함께 증가했다. 더 복잡한 그림이 생산될 수 있고, 이전엔 불가능했던 방식으로 조작될 수 있다.

케플러는 여러 세대에 거친 시각연구자들이 해결을 시도한 이래 갖고 있었던 문제를 이렇게 정식화했다. 즉, "우리는 어떻게 세계를 2차원의 망막 이미지에 기초하여 3차원으로 지각하는가?"라는 질문이다. 실상 이 유산은 양안의 역동적인 망막 이미지를 출발점으로 고려하는 대신, 그 문제가 단일하고 정적인 망막 이미지와 관련되어 있다고 규정하는 것으로 간주할 수 있다. 회화적 이미지의 유혹적인 매력은 시각의 최초 단계가 눈 안에 있는 2차원 이미지라는 믿음을 증폭시킨다. 그렇다면 이론가의 과제는 3차원을 복원하는 것으로 보인다. 신경생리학적 결과의 인상적 배열을 통해 이 문제에 접근할 수 있을 것이다. 말하자면 시각피질의 단일 세포들은 특수한 자극 특징들로 흥분되며, 다른 시각 모듈들이 그런 특징들을 후속적으로 처리되도록 한다는 것이다. 대부분 정보는 케플러 유산의 이상적인 시금(assay) — 즉 눈이 움직이지 않는 마취된 동물 — 에서 도출된다. 인간 지각을 연구하기 위한 신경영상 테크닉은 일반적으로 이런 결론을 지지해왔다. 물론 그런 장치들이 강요하는 제약들 안에서 사용되는 자극들은 회화적이다. 2차원의 자극에서 배운 것이 많지만, 시각은 견고한 구조를 가진 세계와 우리의 상호작용에 대한 이해라는 지각연구의 목표를 상실해서는 안 된다.

그림이 시각과 미학을 이해하는 데 그렇게 핵심적인가? 그림의 지각과 그림이 묘사하는 대상의 지각 관계는 무엇인가? 그림의 이해가 우리의 시각 이해를 촉진시키는가, 아니면 역으로 시각 이해가 우리의 그림 이해를 촉진시키는가? 어떻게 그런 독특한 그림들 — 기하학적이고 시각적인 착각들 — 이 다른 회화적 재현의 형식들과 관련되어 있는가? 깁슨이 논증한 것처럼 지각 연구는 그림에 대한 검토로 진전되지는 않을 것이라는 주장이 가능하다(Gibson, 1966, 1979). 푸르키녜가 "회화적 착시는 회화적 진실을 드러낸다"고 언명했을 때, 그는 기하학적인 시각적 착각을 언급하고 있지 않았다. 시각에 대한 자극으로서 그림의 적절성에 의문을 제기하는 것은 애초에 생각했던 것보다 더 전복적이다. 왜냐하면 그것은 이 분과학문 대부분을 차지하는 실험적 기반을 공격하는 것이기 때문이다.

부정적인 언급으로 결론을 내리는 대신 디자인의 희열에 흠뻑 빠졌던 〔그림 9-32〕의 미술가에게 경의를 표하고자 한다. 빅터 바자렐리(Victor Vasarely, 1908~1997)는 그의 작품에 다양하고도 단순한 시각현상을 사용했다(Holzhey, 2005; Vasarely, 1965; Wade, 1982; 1990, 2007c). 실제로 바자렐리는 시각에 대한 이런 착시 조사에 적합한 피날레를 제공한다. 말하자면 그는 종

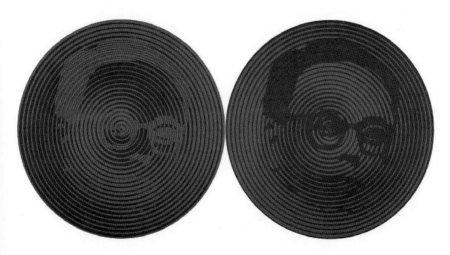

[그림 9-32] 바자렐리의 시각 (© 니콜라스 웨이드:컬러 그림은 이 책의 261쪽을 보라.)

종 알아차리지 못하고 지나칠 수 있는 지각 과정을 드러내기 위해 숙련된 기술로 원과 정사각형 같은 패턴 요소들을 조작했다. 그는 심지어 과학적으로 연구할 수 있는 시각현상 영역을 추가하기도 했다. (Tronscoso et al., 2005를 보라.) 더욱이 그는 시각의 미묘성을 매우 잘 알고 있었고, 탁월한 기술로 디자인의 미적 차원에 대해 다뤘다. 그의 많은 작품의 공통적인 조작 중 하나는 디자인에 대립적 관계인 요소들을 역전시키는 것이었다. 즉 검은 형태가 그림의 대칭적 부분에서 하얀 형태로 변형되곤 했다. 〔그림 9-32〕에서는 역전된 대립이 색채를 포함하고 있으며, 지각적 변형은 마치 사진현상 과정에서 음화가 양화로 바뀌는 것과도 같다. 아마도 지금은 시각과학자들이 미술계 동료들의 활동에 좀 더 주의를 기울여야 할 때가 아닌가 생각된다.

1) 물리학에서 회절이란 물결, 음파 또는 전자기파 등의 파동이 장애물 때문에 그 일부가 차단되었을 때 장애물의 그림자 부분에까지도 미치는 현상을 일컫는다. 회절 현상은 장애물의 크기와 파장이 같은 정도일 때 뚜렷이 나타난다.

2) 파동의 간섭이란 두 파동이 더 크거나 낮거나 혹은 동일한 진폭을 지닌 파동을 형성하기 위해 서로 겹쳐지는 현상을 말한다. 대체로 간섭은 서로 상관적이거나 일관적인 파동들이 상호작용하는 현상을 의미한다. 이러한 상호작용은 두 파동이 동일한 원천에서 비롯되었을 경우나 동일한 빈도로 나타날 경우에 발생한다.

3) 여기서 저자는 에임스 방(Ames room)을 말하는 것이다. 에임스 방은 안과의사 아델버트 에임스 2세(Adelbert Ames Jr.)가 착시를 일으키기 위해 고안한 방으로, 구멍을 통해 보면 왼쪽 모서리와 오른쪽 모서리의 거리가 같은 일반적인 직육면체 형태의 방처럼 보이지만 실제로는 두 모서리의 거리가 다른 방이다. 사람이 에임스 방의 두 모서리에 서 있으면 가까운 쪽에 있는 사람은 크게 보이고 먼 쪽에 있는 사람은 작게 보이는 착시가 일어난다.

4) 잘 알다시피 볼록렌즈를 닮은 수정체를 통과한 빛은 망막에 상하좌우가 반전된 도립상(inverted image)을 투사한다. '도립상'은 상하좌우가 똑바른 '정립상(upright image)'의 대립어이다.

5) 스넬의 법칙이란 굴절률이 다른 두 매질이 맞닿아 있을 때 매질을 통과하는 빛의 경로가 매질마다 광속이 다르므로 빛이 휘게 된다는 굴절의 법칙으로, 네덜란드의 수학자 빌러브로어트 스넬리우스(Willebrord Snellius)의 이름을 따라 명명되었다.

6) 단순(simple) 현미경은 하나의 렌즈 혹은 한 벌의 렌즈를 사용하여 각배율(angular magnification)만으로 대상을 확대하는 현미경을 말한다. 무색(achromatic) 현미경은 색지움렌즈(achromatic lens)를 사용한 현미경으로, 색지움렌즈는 색수차, 즉 모든 색이 동일한 수렴점으로 초점이 맞지 않는 현상을 보정하기 위해 고안된 렌즈다.

7) 푸르키녜세포란 소뇌피질 중층에서 포도나무 가지처럼 생긴 수상돌기(dendrite)가 뻗은 대형 신경세포를 말하며, '조롱박세포'라고도 부른다. 푸르키녜세포는 소뇌피질에서 나오는 유일한 출력세포이며, 등상섬유와 평행섬유 두 종류의 입력과 함께 흥분성 시냅스를 형성하고 있다.

8) 망막 양극세포(bipolar cells)는 망막에 있는 신경세포로서 광수용기(photoreceptors)로부터 신경절 세포(ganglion cells)로 신호를 전달한다. '양극세포'라는 이름은 중앙의 세포체로부터 두 개의 가지가 뻗어나가는 모양을 띤 데서 유래했다.

9) 수평 세포는 광수용기들을 서로 '수평으로' 연결하는 세포로, 광수용기들에 억제적 피드백을 제공하여 여러 광수용기로부터 오는 입력을 통합하고 조절하는 데 기여한다. 종종 '무

축삭세포'라고 번역되는 아마크린 세포는 양극세포와 신경절세포가 시냅스를 이루는 곳에서 세포들을 서로 수평으로 연결하며 억제적 피드백을 제공하는 세포를 말한다. '아마크린(amacrine)'이라는 이름은 '긴 섬유가 없다'는 뜻의 그리스어에서 온 것이다.

10) 조직학(histology)이란 생물체를 구성하고 있는 여러 조직을 연구대상으로 하는 생물학의 한 분과이다. 현미경이 발명되면서 조직학은 현미해부학의 한 분과로 발달했는데, 이는 고정액·염색법·도은법(鍍銀法)이 발달하고, 또 시료(試料)를 일정한 두께의 조각으로 잘라주는 마이크로톰(microtome)이 발달함에 따라 절편을 연속적으로 만들 수 있게 된 덕분이다.

11) 주지하듯이 빛은 각기 다른 파장들의 스펙트럼이다. 가시광선은 파장이 짧은 것에서 긴 것 순으로 보라에서 빨강에 이르는 여러 색채로 변별된다.

12) 우세한 눈(eye-dominance or ocular dominance)이란 왼쪽이나 오른쪽 눈 중 하나가 시지각 입력에서 더 우세하게 작용하는 현상을 말한다. 두 눈의 망막 오른쪽 시각장은 좌뇌에서, 왼쪽 시각장은 우뇌에서 통제하기 때문에 우세한 눈은 우세한 손(dominant hand)과 동일한 원리에 따라 형성되지는 않는다. 하지만 어찌 되었든, 오른손잡이나 왼손잡이처럼 사람들은 양안 중 어느 한쪽으로 시각자극 수용하기를 선호하는 경향이 있다. 대략 전 인류의 2/3 정도가 오른쪽 눈 우세를 보이고 1/3 정도가 왼쪽 눈 우세를 보인다고 알려져 있다.

13) 6장 주 15)를 참고하라.

14) 오실로스코프는 브라운관을 사용하여 변화가 심한 전기 현상의 파형을 눈으로 관찰하는 장치다. 일반적으로 수평축은 시간축이고 수직축은 입력 파형의 진폭을 나타낸다. 경우에 따라 수평축에 다른 파형을 넣어 두 파형의 위상차를 측정하기도 한다.

15) 이 단락에서 설명되고 있는 헤링의 대립과정 이론(opponent-process theory)에 대해 부연하면 이러하다. 즉 색채 지각은 두 개의 대립하는 기제(파랑-노랑 기제와 빨강-초록 기제)의 활동에 의해 결정된다. 각 기제에서 두 가지 색에 대한 반응이 각각 대립되며 하나는 흥분 반응을, 다른 하나는 억제 반응을 한다. 이 이론은 또한 흑백 기제도 포함하고 있는데, 이 기제는 밝기 지각과 관련된 것이다. 보색 잔상, 색채 상상하기, 동시색 대비 등의 현상이 대립과정이론을 지지한다. (곽호완 외, 2008을 참고하라.)

16) 근접 자극이란 대상을 가리키는 원격 자극과는 달리 감각 수용기에서 감지되는 자극이나 그 속성을 말한다. (곽호완 외, 2008을 참고하라.)

17) 여기서 저자가 말하고자 하는 바를 풀어서 다시 말하면 이러하다. 즉 분트를 비롯한 19세기 생리학자들은 수평-수직 착시를 안구 운동의 비대칭성, 즉 수평 방향의 안구 운동과 수직 방향의 안구 운동의 차이로 설명했으나, 안구 운동이 개입되지 않는 경우에도 수평-수직 착시가 나타났다는 것이다. 따라서 이러한 기하학적 시각적 착각을 생리학적으로만 접근

하는 것은 충분해 보이지 않았고, 이를 계기로 생리학과 구별되는 심리학 분야를 별도로 요구하게 되었다는 것이다.

18) 이 문장이 의미하는 바는 다음과 같다. 즉 격자의 교차점에서 착시점이 나타나면 지각장의 크기가 교차점의 크기보다 큰 것(지각장의 중심은 교차점 안에 있지만 주변은 밖에 있음)이고, 착시점이 나타나지 않으면 지각장이 교차점보다 작은 것(지각장의 중심과 주변이 모두 교차점 안에 있음)이다. 망막의 주변부에서 중심와 쪽으로 올수록 교차점의 크기가 더 작아져야 착시점이 나타나게 되는데, 이를 통해 중심와 쪽으로 올수록 지각장의 크기가 작아짐을 알 수 있다.

19) 베버-페히너의 법칙(Weber-Fechner law)은 두 개의 관련된 법칙인 베버의 법칙과 페히너의 법칙을 함께 부르는 말이다. 두 법칙은 물리적 자극의 변화와 지각된 변화 사이의 관계에 대한 법칙으로, 베버의 법칙은 자극의 변화에 대한 민감성이 첫 자극의 크기에 반비례한다는 것이다. 말하자면, 첫 자극의 크기가 작으면 작은 변화도 지각할 수 있지만 첫 자극의 크기가 크면 큰 변화가 있어야 지각할 수 있다는 것이다. 페히너의 법칙은 베버의 법칙으로부터 수학적으로 유도될 수 있으며, 물리적 자극과 지각된 자극이 로그 관계임을 나타낸다. 베버-페히너의 법칙을 거부하고 스탠리 스미스 스티븐스 물리적 자극과 지각된 자극이 멱함수 관계($f(x)=x^p$)라는 멱법칙을 주장했다.

10

인간 뇌와 음악적 소리

마리 테르바니에미(*Mari Tervaniemi*)

　서구 사회에서 음악은 다양한 형식을 띠고 우리 주변을 둘러싸고 있다. 음악은 전문적인 업적으로서, 또 느긋한 취미(hobby)로서 존중받는다. 게다가 음악은 그 존재나 내용을 우리가 반드시 의식적으로 알지 못하더라도 라디오, TV, 그리고 다양한 형식의 녹음물들을 통해 우리의 일상에 현존하고 있다. 그러면서 음악은 우리의 기분에 영향을 미치고, 심지어 슈퍼마켓에서 물건을 고르는 것 같은 실용적 행동을 변화시킬 수도 있다(North et al., 1997).

　음향학적 · 인지적 · 문화적 현상으로서의 복잡성 때문에 음악과 그 신경 처리는 현대 인지신경과학에 큰 도전이 되고 있다. 이 장에서는 신경의 음악적 코드화에 관한 두 가지 전통적인 경험적 접근에 대해 기술하는데, 첫 번째 접근은 새로운 소리에 대해 다루고 두 번째는 음악과 발화 처리의 관계를 다룬다. 더불어 음악적 감정의 신경 기초를 밝히려는 최근의 노력을 소개한다.

새로운 소리의 탐지

일반적으로 새로운 사건을 탐지하고, 이러한 사건이 부과하는 요구에 따라 행동을 수정하는 데 대한 민감성은 인간의 생존이나 인간 이외의 존재의 생존에 있어서 필수적이다. 음악에서 새롭고 예상치 못한 소리 사건(sound events)의 존재는 청자를 집중시키는 데 핵심적이며, 만약 적당한 정도로 존재한다면 긍정적인 감정을 창출하는 데도 중요하다(Meyer, 1956). 이러한 관련성 때문에 이와 같은 관점은 음악의 인지신경과학에서 최초의 연구들에 강한 영향을 주었다. 이런 초기 연구들은 주로 전기적인 뇌 전위(사건 관련 전위, ERP)에 의존했고, 그 덕분에 뇌간으로부터 피질 수준까지 이르는 인간 뇌 안에서의 정보 흐름을 밀리초(msec) 단위로 추적할 수 있었다.

베슨과 동료들(Besson et al., 1994), 그리고 베슨과 페이터(Besson & Faita, 1996)는 ERP의 P600 성분을 사용하여 멜로디를 듣는 동안 생겨나는 고차적인 기대에 대해 조사했다. 이 실험 이전에 P600은 언어적 맥락에서 마주치는 기대 위반(unexpectancy)의 정도에 대한 지표로 사용되었다(Hahne & Friederici, 1999).[1] 베슨과 동료들은 선율이나 화성 혹은 리듬에서 청각적으로 제시된 멜로디의 예상치 못한 마침음(ending notes)이 P600을 일으킨다는 것을 발견했다. 더욱이 P600은 기대 위반이 친숙하지 않은 선율보다 친숙한 선율에서 일어났을 때 더 강했다. 또한 기대 위반이 선율이나 화성 영역에서 일어났을 때 P600은 비음악가보다 음악가에게서 더 강했고 더 빨리 나타났다. 그러나 지연된(리듬을 위반한) 마침음이 유발한 P600은 음악가와 비음악가 간에 차이가 없었다. 따라서 이러한 자료는 "명백한 리듬 위반은 보통 음악가와 비음악가에게서 동일하게 처리되지만, 선율과 화성 위반은 음악가들에게서 더 쉽게 처리된다"는 것을 시사한다.

여러 연구에서 화음 마침(chord cadencies)에 의해 만들어지는 주관적 기대의 신경 결정인자 또한 조사되었다. 전통적인 마침 범위에서 제시된 기대하지 않던 화음은 불협화음이거나 음계가 잘못된 것(Janata, 1995), 동일 조성의 화음이 아닌 인접하거나 동떨어진 조성의 화음(Patel et al., 1998), 혹은 나폴리 화음(Neapolitan chord)이었다.[2] (Koelsch et al., 2000; Koelsch et al., 2002; Maess et al., 2001; 검토를 위해서는 Koelsch & Siebel, 2006을 참고하라.) 자극과 피험자에게 주어진 과제에 따라 상이한 뇌 지표가 발견되었다. 화음이 시작되고 나서 불과 200msec 후에 나타난 가장 빠른 반응은 나폴리 화음의 제시에 대한 것이었다(Koelsch et al., 2000, 2002; Maess et al., 2001). 서양 음악 이론에 따르면 나폴리 화음이 이런 음악적 마침에 배치되면 화성이 맞지 않는다(incongruous). 이 연구들에서는 피험자에게 나폴리 화음의 존재에 대해 알려주지 않았다. 그 대신 그들에게 자극 내에서 음색을 위반한 음을 탐지하라고 지시했다. 피험자들에게 '잘못된' 화음을 탐지하도록 했을 때 불협화음이거나 음계가 잘못된 화음은 화음 시작 후 약 300msec에서(Janata, 1995), 조성이 잘못된 화음은 약 600msec에서(Patel et al., 1998) 강한 반응을 일으켰다. 모든 연구에서 기대 위반의 정도는 피험자들의 신경 반응에 반영되었는데, 피험자의 기대를 가장 강하게 위반한 화음이 가장 빠르고 큰 반응을 일으켰다. 이러한 발견에 근거하여 인간의 뇌가 언어의 문법(syntax)과 비슷한 음악적 문법을 추적한다고 제안되었다(Koelsch & Sieble, 2006).

또한 인간의 뇌가, 더 구체적으로는 청각피질이 피험자가 청각적 양상 외의 과제를 수행하는 동안 음악 관련 소리 또는 소리의 특징들을 코드화하는지도 연구되었다. (예: 실험 참가자는 책을 읽거나 영화를 보았다. Näätänen, 1992; Tervaniemi & Huotilainen, 2003을 참고하라.) 이러한 연구들은 여러 활동을 병렬적으로 감독하고 실행하는 인간 뇌의 능력을 조명했다. 여기서는 MMN(불일치 음성) 뇌 성분이 청각피질에 소리에 대한 단기 기억 흔적이 존재한다는 증거로 간주되었다.[3] MMN은 반복적으로 제시된 소리(예: 440Hz의 피아노 소리)가 갑자기 더 낮거나, 높거나, 크거나, 혹은 다른 음색으로 연주되는 등 다른 소리로 대체되었을 때 발생한다고 예상된다.

음악 관련 소리에 대해서는 그 음색에서 나타나는 대부분의 음에서 벗어난 소리가 MMN을 유발하는 것으로 밝혀졌다(Caclin et al., 2006; Toiviainen et al., 1998). 또한 화성적으로 풍부한 소리가 유발하는 MMN이 순수한 사인 곡선의 음이 유발하는 MMN보다 강하다(Novitski et al., 2004; Tervaniemi et al., 1993). 이는 인공적이고 순수한 "실험실에서 만들어진" 소리에 비해 스펙트럼이 복잡하고 자연스러운 소리의 신호를 촉진하는 구조가 내장되어 있음(hardwired facilitation)을 시사한다. 마지막으로, MMN 매개변수가 음색 변별(Toivianinen et al., 1998)과 음고 변별(Novitsky et al., 2004)에서 피험자의 행동 정확성과 밀접한 상관성을 보였으므로 전주의적으로(preattentively) 형성된 기억 흔적이 음악 소리에 대한 이후의 의식적 변별의 기반을 제공하는 것으로 볼 수 있다.

단일한 소리뿐만 아니라 시간에 따라 흐르는 소리의 조합 또한 우리가 전주의적으로 코드화할 수 있는 복잡한 음악적 재료의 한계를 설정하기 위한 MMN 연구의 자극으로 점점 더 많이 사용해왔다. 예를 들어, 음의 쌍에서 음고 변화의 방향(Saarinen et al., 1992), 셰퍼드 음(Shepard-tone)[4] 같은 연속적인 음고 변화(Tervaniemi et al., 1994), 그리고 뒤바뀐 선율 같은 소리 패턴의 윤곽(Tervaniemi et al., 2001)은 청각피질에 의해 자동으로 코드화된다. 최근에는 또한 친숙하지 않은 선율의 비교적 큰 집합이 실험 자극으로 사용되었다(Brattico et al., 2006). 선율의 일부는 가락이 맞지 않거나 조성이 맞지 않는 잘못된 음을 포함하고 있었다. 피험자들은 음악교육을 공식적으로 받지 않았는데도 두 유형의 잘못된 음에 대한 MMN과 매우 유사한 뇌 반응을 보였다. 따라서 이러한 발견은 인간의 청각피질이, 피험자가 주의를 기울여 청취하지 않더라도 비교적 변화가 없는 추상적인 소리 정보를 코드화한다는 사실을 가리킨다(Näätänen et al., 2001도 참고). 결과적으로 말해, 음악과 관련해서 선율, 화성, 리듬 측면의 불변하는 요소들은 청자가 이것들을 능동적으로 알아채지 못하더라도 대부분 코드화되는 것으로 보인다.

발화지각 대 음악지각

청각 기능의 기저가 되는 피질 영역의 뇌 손상을 가진 신경학적 환자들의 행동 검사는 청각에서 좌반구와 우반구의 역할을 구별하는 모형으로 이어졌다. (검토를 위해서는 Dalla Bella & Peretz, 1999; Samson, 1999를 참고하라.) 이모형에 따르면 좌측 청각피질은 발화 지각에서 지배적인 역할을 하는 반면, 우측 청각피질은 음악 지각에 더 중요하다. 이러한 견해는 뇌 연구 기법을 활용하는 여러 연구자들의 지지를 받았다. 이러한 연구 중 일부를 다음 절에서 간단히 소개할 것이다.

첫 번째 증거는 마치오타와 동료들(Mazziotta et al., 1982)이 발견했다. 그들은 PET를 하면서 피험자들에게 단이(單耳)와 양이(兩耳)의 언어적(탐정소설)·비언어적(단일한 음악적 소리, 소리의 쌍, 화음의 쌍) 자극을 제시했다. 그 결과, 언어적 자극은 우반구보다 좌반구에서 더 광범위한 영역을 활성화시키는 반면 비언어적 자극은 그 반대임이 밝혀졌다. 이와 더불어 쌍음정(tone-pair) 자극을 제시하는 동안 관찰된 활동 양상은 피험자들의 청취 전략을 반영했다. 소리를 분석적으로 듣거나 시각적 심상을 사용해서 들었다고 보고한 피험자들은 좌반구에서 더 두드러진 활동을 나타냈다. 이와 대조적으로, 특별한 전략 없이 소리를 들은 피험자에게서는 우반구에서 더 강한 활동이 관찰되었다. 실험 패러다임, 그리고 피험자 집단의 크기가 어느 정도 비판의 여지를 남기기는 하지만, 음악적 자극과 개념을 사용한 첫 번째 뇌 영상 연구였기에 마치오타와 동료들의 연구는 여전히 이 분야에서 선구적인 것으로 볼 수 있다.

좀 더 최근에 발화와 음악적 소리의 처리에서 좌반구와 우반구의 상호보완적 역할이 추가적인 지지를 받았다. 자토레와 동료들은 자극을 일정하게 유지하는 가운데 뇌 활동 양상이 피험자에게 주어진 과제의 함수로 변화할 수도 있다는 것을 피험자 내 설계(within-subject design)를 통해[5] 보여주었다(Zatorre et al., 1992). 그들의 연구에서 피험자들은 구분된 블록에서 음소(phonemes)를 범주화하거나 이어지는 두 소리의 음고(pitch)를 변별하라는 요구를 받았다. 실험 결과는 음소 범주화 중에는 좌측의 활성화를 보여주었으나, 음고 변별 과제 중에는 우측의 활동 양상이 발견되었다. 그러나 우반구의 활동은 전두 영역에서 나타났다. 이는 음악적 음고 비교 과제에서 중요한 것은 측두엽(즉 청각피질) 활동의 조절이 아니라 전두엽이 주도하는 작업 기억 체계라는 것을 보여준다.

PET 실험기록에서 후그달과 동료들은 미리 정해진 표적을 탐지하라는 지시하에 피험자에게 발화와 음악적 소리가 비슷한 순서로 제시된 양분 청취(兩分聽取, dichotic-listening) 패러다임을 사용했다(Hugdahl et al., 1999). 자료는 발화에 대해서는 좌반구 지배, 음악적 소리에 대해서는 우반구 지배 경향을 보여주었다. 양분 청취 반응의 정확성을 판단하는 행동 자료는 발화에 대한 유의미한 좌반구 지배와 음악적 소리에 대한 유의미한 우반구 지배를 나타냈다. 따라서 이러한 자료는 소리 탐지 과제 중 좌반구와 우반구 영역이 발화와 음악적 소리 처리에서 서로 다른 역할을 담당한다는 것을 시사한다.

피험자가 소리와 관련 없는 과제에 집중하는 MMN 패러다임(앞의 내용 참고)을 사용한 MEG 기록 및 PET 측정에서는 먼저 화음 변별(A장조 대 A단조)이 좌반구보다 우반구에서 강한 활동을 일으키는 것으로 나타났다(Tervaniemi et al., 1999; Tervaniemi et al., 2000). 그러나 모음 변별에 대한 반구 비대칭성은 반복 가능성이 더 적었고, 적어도 모음 길이의 조작에 영향을 받았다. 하지만 이러한 자료는 각 반구 내에서 모음과 화음 변화에 대한 MMN 생성의 부위가 서로 다르다는 것을 의미한다(Tervaniemi et al., 1999). 화음 MMN의 위치(loci)는 모음 MMN의 위치보다 더 위쪽에 있었다. 이는 음 높이(Pantev et al., 1989a; Tiitinen et al., 1993), 길이(He et al., 1997) 그리고 세기(Heil et al., 1994; Pantev et al., 1989b)의 함수로서 피질 뉴런의 음위상 배열(tonotopical arrangement)에 더해 두 반구 내에 서로 다른 정보적 내용의 소리(발화, 음악)를 표상하는 공간적으로 구별되는 영역들이 있다는 것을 시사한다. 더욱이 소리에 대한 피험자의 의식적 주의는 이러한 신경 표상을 활성화하는 데 필수적이지 않다고 하는 것이 타당해 보인다.

최근 음악과 발화의 시간 및 주파수 코드화에 서로 다른 뇌 영역이 관여한다는 가설을 추가적으로 검증하기 위해 fMRI가 사용되었다(Terva-niemi et al., 2006). PET와 마찬가지로 fMRI는 신경 활성화와 관련된 뇌의 대사 변화를 관찰하는 데 사용될 수 있다. 테르바니에미와 동료들이 얻은 자료는 발화와 음악 소리 패턴이 측두엽과 전두엽의 구분된 뇌 영역을 활성화시킨다는 것을 보여주었다(Tervaniemi et al., 2006; [그림 10-1]). 청각 영역에서 매개변수의 특정적 활성화가 관찰되었는데, 발화의 길이 변화는 대부분 좌반구에서 코드화되었고 음악 소리의 길이 변화는 대부분 우반구에서 코드화되었다. 음악 소리의 주파수 변화는 대부분 우측 청각피질에서 코드화된 반면, 발화에서는 주파수 변화가 양쪽 청각 영역을 활성화시켰다. 이에 더해, 발화의 길이와 주파수 변화는 시상 구조를 활성화시켰다. 따라서 (Tervaniemi et al., 1999, 2000에서와 같은) 청각피질의 영역들뿐만 아니라 전두 피질과 피질하(시상) 구조의 영역들도 발화나 음악 소리에 따라 선택적으로 활성화된다고 할 수 있다.

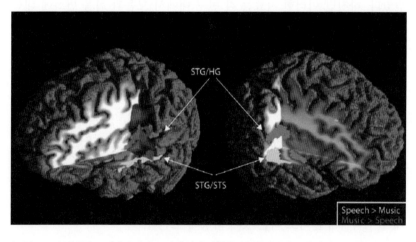

[그림 10-1] 발화된 소리와 음악적 소리에 따라 선택적으로 활성화되는 뇌 영역 (© 마리 테르바니에미; 컬러 그림은 이 책의 262쪽을 보라.)

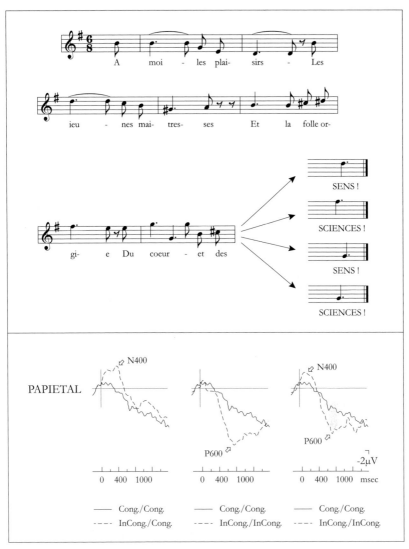

[그림 10-2] 적절하지 않은 선율 마침이 유발한 뇌 전위. (위) 오페라 발췌본의 여러 가지 마침의 사례. 가사와 음고가 세 가지 방식으로 적절하거나 적절하지 않았다. 즉 가사가 부적절하거나, 음고가 부적절하거나, 둘 다 적절하지 않았다. (아래) 이러한 선율 마침이 유발한 ERP(음악가 16명에 대한 평균). 적절하지 않은 가사는 음고 부조화 없이 제시되었을 때와 음고 부조화와 함께 제시되었을 때 N400을 유발했다(왼쪽과 오른쪽). 이에 대응하여 적절하지 않은 음고는 가사 부조화 없이 제시되었을 때와 가사 부조화와 함께 제시되었을 때 P600을 유발했다(가운데와 오른쪽). 이와 같은 데이터는 음악에서 화성 정보와 의미 정보가 독립적으로 처리된다는 사실을 지지한다. (© 마리 테르바니에미)

베슨과 동료들에 의해 발화와 음악 처리에 대해 구분되는 신경 표상의 존재를 조사하기 위한 다른 접근이 시도되었다(Besson et al., 1998). 그들은 뇌에서 발화 및 음악 관련 과정의 위치를 해부학적으로 특정 짓는 대신 기능적 ERP 지표 N400과 P600을 사용했다. 이 성분들은 언어 의미(N400)와 음악 구문(P600) 정보에서 마주치는 기대 위반의 정도를 반영한다(Besson et al., 1998; Kutas & Hillyard, 1980). 베슨과 동료들은 전문 오페라 가수인 피험자들에게 마침음이 적절하거나 적절하지 않은 오페라 발췌본을 제시했다. 마지막 음이 적절하지 않은 경우 그 부조화성은 가사, 선율 혹은 둘 다에서 동시에 발생했다. 베슨과 동료들의 가설에 따르면, 가사와 선율이 구분되는 신경 표상을 가지고 있다면 마지막 음이 두 영역 모두에서 주관적 기대를 위반한 경우 N400과 P600이 모두 나타나야 한다. 실제로 이것이 실험 결과 얻어진 데이터 패턴이었다. ([그림 10-2]를 참고하라.) 사실 "둘 다 조화롭지 않은" 조건에서 기록된 ERP 자료는 '가사'와 '선율'의 부조화성을 합친 것과 거의 일치했다. 따라서 이러한 자료는 고차 수준의 (인지적) 처리에서도 발화나 음악에 전문화된 신경망이 존재한다는 것을 강력하게 지지한다.

요약하면, 기존의 경험적 증거는 우측과 좌측 청각피질이 음악과 발화 재료를 구분해서 처리한다는 전문화를 지지한다. 그러나 가장 최근의 견해에 따르면 이러한 전문화는 청각 정보 자체의 정보적 내용 때문이 아니라 특히 발화에서의 빠른 시간적 변화의 존재와 중요성으로 인한 것이다(Zatorre, 2001). 해부학적 · 생리적 제약이 이 견해를 지지하지만(Zatorre, 2001; Zatorre et al., 2002), 이러한 발견은 추가적인 확인이 필요하다.

음악과 감정

지난 10년 동안 음악이 유발하는 감정의 신경 상관물에 대한 선구적인 연구들이 나타나기 시작했다. 이 연구들에서는 피질하(subcortical) 뇌 영역[6]에서 위치 특정을 하는 것도 가능하게 하는 신뢰할 만한 출처를 제공하는 PET와 fMRI 방법이 사용되었다. 시각 양상에 대해 수행된 감정적 뇌 기능에 대한 기존 연구들에서 피질하 구조가 관여할 것이라는 예측이 제시되었다. (예: Lane & Nadel, 1999를 참고하라.)

이러한 연구들 중 첫 번째에서는 선율과 반주 화음 사이의 협화음과 불협화음의 정도를 변화시킴으로써 음악이 주는 불쾌감을 체계적으로 조작했다(Blood et al., 1999). 피험자들의 평정에 따르면 이 악구들은 슬픔이나 행복 차원에서는 서로 다르지 않았으나, 지각적 쾌감의 측면(예: 긴장, 짜증, 분노를 느끼는 면)에서는 차이가 났다. 몇몇 피질하 뇌 영역에서 뇌 활성화가 불협화음의 정도에 따라 유의미하게 변화했다. 우측 해마방회와 설전부는 불협화음이 증가하면 더 많이 활성화되었고, 대상피질 영역들은 불협화음 감소와 관련되었다. 이러한 영역들은 단순한 음악 청취로 활성화되는 영역과는 구분된다는 것을 지적해야 한다. 또한 이러한 선구적인 연구에서 이 영역들은 부정적 감정에 의해 흔히 활성화되는 뇌 영역들과도 달랐다. 말하자면, 편도체의 활성화가 관찰되지 않았다는 것이다. 그러나 최근의 fMRI 및 신경생리학적 연구들에서는 불협화음 음악의 효과가 편도체(Gosselin et al., 2007; Koelsch et al., 2006), 해마, 측두극의 기능과도 연결되었고 블러드 외(Blood et al., 1999)의 원래 발견처럼 해마방회와도 연결되었다. 흥미롭게도 활성화의 강도는 실험 회기 동안 증가했는데(Koelsch et al., 2006), 이는 음악 감정을 뇌 신호에서 언제나 즉시 관찰할 수는 없으며, 오히려 발생하는 데 시간이 필요하다는 것을 보여준다.

두 번째 연구에서는 유쾌한 음악이 유발하는 감정에 내재하는 뇌 영역들에 대해 조사했다(Blood & Zatorre, 2001). 이를 위해 음악적으로 훈련된 피험자들에게 시원한 느낌이 있음(presence of chills)을 가리키는 정적 감정을 신뢰할 만하게 유발할 음악 발췌본을 선택하라고 지시했다. 선택할 발췌본은 가사를 포함하지 않았고, 에피소드에 대한 기억과는 최소한으로만 연합되도록 했다. 이 유쾌한 발췌본을 듣는 동안 유발된 뇌 활동을 중립적인 발췌본 청취가 유발한 뇌 활동과 비교했다. 시원함을 일으키는 음악 발췌본은 감정 및 각성상태(vigilance) 변화에 내재하는 피질 및 피질하 구조(복측 선조체, 중뇌, 편도체, 안와전두피질, 복내측 전전두피질)의 활동 변화와 함께 발생하는 것으로 드러났다. 흥미롭게도 이 영역 중 일부는 이전에 기본적인 생물학적 충족(음식, 성)이나 약물이 만들어내는 정적 감정과 연관되어왔다. 음악 유발 감정과 생물학적으로 결정되는 감정에 내재하는 신경적 기질 사이의 이러한 연관은 저자들이 쾌감과 보상의 일반적인 원천으로서 음악의 중요성을 강조하는 것으로 이어졌다.

음악적 감정의 뇌 기반에 대한 세 번째 연구 사례는 상당히 정교하고 반복 가능한 음악의 기분 조절 효과에서 영감을 받았다. 단조 음악은 (특히 느린 템포일 때) 종종 슬픈 감정과 연결되는 반면, 장조 음악은 (특히 빠른 템포일 때) 대개 행복한 감정과 연결된다. (예: Peretz et al., 1998이 그 사례이다.) 칼파와 동료들은 단조 발췌본이 장조 발췌본보다 대상피질과 전전두피질(좌측 안와 및 중앙 배외측 피질)을 더 많이 활성화시킨다는 것을 발견했는데(Khalfa et al., 2005), 이 영역들 역시 더 일반적인 감정 처리에 관여하는 것으로 알려져 있다.

종합하자면, 음악적 감정에 관여하는 뇌 체계에 대한 그림은 앞으로 몇 년 내에 더 완전해질 것이다. 방법론적 도전과 피험자 간에 차이가 큼에도 뇌에서 음악적 감정의 발생은 현재의 연구 패러다임과 설비를 사용해서 추적될 수 있다는 것이 현재 꽤 일반적인 동의를 얻어내고 있다. 더욱이 인지와 감정 연구 전통에서 온 실험 패러다임들을 결합하려는 새로운 접근이 최근에 더욱 발전해왔다(Steinbeis et al., 2006). 종국에는 이러한 시도가 음악적 활동에 몰두하는 동기적 기초에 대한 우리의 생각도 넓혀줄 가능성이 매우 높다.

결론

이 장에서 나는 신경인지적 음악 연구의 두 가지 전통적인 경험적 접근, 피질에서의 음악 소리 코드화에 대한 발견들, 그리고 음악적 감정의 뇌 기반을 연구하려는 최초의 시도들을 기술하려고 노력했다. 이러한 기술이 보여주는 것처럼 이 분야에는 진행 중인 실험적 연구를 나란히 발전시키는 몇 가지 이론적 · 개념적 틀이 있다. 연구 노력의 일부는 심리학 이론과 모형에서 동기를 부여받았고, 다른 일부는 생리학적 · 해부학적 질문에서 주로 동기를 부여받았다. 두 관점 모두에서 음악과 음악가는 잘 통제된 환경에서 매우 고차적인 인지적 · 창의적 수준의 인간 행동을 연구하는 유익한 수단을 제공한다.

1) 사건관련전위(ERP)의 하나인 P600은 언어활동과 관련이 있으며, 문법적 실수나 통사적 변칙을 읽거나 들었을 때 도출된다. P600은 자극이 주어지고 나서 500msec가 경과된 후 나타나는 양성(positive) 편향이 특징이며, 대체로 자극이 주어진 지 600msec 후에 정점에 달하고 이후 수백 msec 동안 지속된다. 한편 음전위인 N400은 주로 언어의 의미론적 층위와 관련되어 있다고 알려져 있다. 자극 제시 후 300~500msec 사이에 나타나는 N400은 문장의 전체 뜻과 의미론적으로 부합하는 단어로 끝나는 문장보다 부합하지 않은 단어로 끝나는 문장에서 유의미하게 큰 진폭으로 관찰되었으며, 부합하지 않는 정도가 클수록 더 큰 음전위를 보인다. N400은 언어적 자극에 의해서만 초래되는 것이 아니라, 의미적 처리 과정을 요하는 경우라면 비언어적 자극으로도 유발할 수 있다.

2) 나폴리 화음(Neapolitan chord)이란 어떤 조에서 반음을 내린 위으뜸음을 근음으로 하는 장3화음이다. 위으뜸음은 온음계의 두 번째 음이다. 다장조에서 나폴리 화음은 다음과 같다.

3) MMN(mismatch negativity: 불일치 음성)은 연속적으로 자극이 주어질 때 다른 자극들과 일치하지 않는 자극에 대한 ERP 성분을 가리킨다. MMN은 모든 감각체계에서 발생하나, 청각 및 시각과 관련하여 가장 많이 연구되었다.

4) 셰퍼드 음이란 로저 셰퍼드(Roger Shepard)의 이름을 따서 붙인 착음을 말한다. 셰퍼드 음은 옥타브별로 분리되는 사인파를 부과하여 구성한 소리로, 듣는 사람에게 마치 끝없이 상승하거나 하강하는 소리를 경험하게 한다. 셰퍼드 음의 상승영역 또는 하강영역은 '셰퍼드 음계(Shepard scale)'라고 한다.

5) 실험 참가자를 심리학적 실험이나 조사에 활용하는 방법은 기본적으로 두 가지다. 즉 피험자 간 설계(between-subjects design)와 피험자 내 설계(within-subjects design)가 그것이다. 피험자 간 설계는 두 개 이상의 독립적인 피험자 집단이 독립변인의 상이한 수준을 각각 할당받아 실험이나 조사에 임하도록 하는 방법이고, 피험자 내 설계는 모든 피험자가 독립변인의 모든 수준을 받아 실험이나 조사에 임하게 하는 방법이다. 예를 들어 커피와 각성 상태의 관계에 대한 실험을 이 두 가지 방법으로 설계할 수 있다. 피험자 간 설계에서는 한 집단의 사람들에는 커피를 주고 다른 한 집단에게는 커피를 주지 않은 상황에서 양자의 각성상태를 비교한다. 반면 피험자 내 설계는 피험자 전체 집단 안에서 기저선을 설정한 후 집단을 나누어 어떤 집단은 0잔부터 4잔까지 늘리고 다른 집단은 4잔부터 0잔까지 줄이는 등 변동을 주며 정보를 수집한다.

6) 피질하 영역은 변연계 등 대뇌피질 안쪽의 뇌 영역을 가리킨다. 변연계 구조는 2장 주3)을 보라.

11

문학적 독서의 신경미학

데이비드 마이얼(David S. Miall)

문학적임

문학적 독서는 아마도 대부분 사람들이 암암리에 인지하는 하나의 경험일 것이다. 그렇지만 문학적 독서가 무엇인지 말하기란 쉽지 않다. 그것을 독특한 경험으로 만드는 속성들이 존재하는가? 실제로 문학적 독서를 다른 종류의 독서, 즉 할리퀸로맨스나 광고 문구에 대한 우리의 반응과 구분할 수 있는가? 이 장에서 나는 이런 질문들이 문학적 독서에 대한 경험적 연구에 던지는 의미들에 초점을 맞추고 있다. 이를 통해 '문학적임(literariness)'을 경험하는 데 함축되어 있다고 보이는 몇 가지 핵심 과정을 확인할 수 있을 것이다. 신경심리학적 연구의 발견들과 비교하는 일은 그런 과정을 규정하고 후속 연구의 방향을 지시하는 데 도움이 된다. 문학적 독서에 관한 신경심리학 연구의 명확한 체제가 아직 존재하지 않는 한편, 다수의 연구들이 유사점을 시사한다. 이 연구들은 기억, 통찰, 감정이입, 느낌, 언어에 관한 질문들에 초점을 맞추고 있으며, 문학적 내러티브와 시적 언어에 대한 미적 반응을 구성하는 몇몇 요소를 검토하기 위한 얼개를 제공한다.

문학적 독서에 관한 예비적 스케치를 그리기 위해 나는 아래의 단편소설 서두의 두 단락에 대해 고찰하려 한다. 이 소설은 아일랜드 작가 숀 오파올레인(Seán O'Faoláin)의 〈송어〉로, 우리의 독서에 관한 경험적 연구 중 몇몇에서 주목했던 것이다(Miall & Kuiken, 1994; Kuikan & Miall, 2001). 텍스트는 숫자들로 지시되는 부분들로 나뉘어 있다.

① 그들이 G—에 도착할 때 줄리아가 언제나 처음 달려간 곳은 **어두운 길**(The Dark Walk)이었다. ② 어두운 길은 월계수길이며, 부드럽고 살팍진 나뭇가지들로 만들어진(of smooth, sinewy braches) 아주 오래되고 거의 황폐해진 고귀한 자정 터널(lofty midnight tunnel)이었다. ③ 발아래엔 거친 갈색 낙엽이 전혀 마르지 않아 타닥거리는 소리를 내며, 언제나 축축하고 서늘한 이슬(damp and cool trickle)이 있는 것처럼 보인다.

④ 줄리아는 거기까지 곧장 달려갔다. ⑤ 그녀는 항상 처음 몇 야드 동안 그녀 뒤로 비치는 태양에 대한 기억이 있었는데, ⑥ 그때 그녀는 그녀 위로 가파르게 떨어지는 땅거미를 느낀 나머지, 즐거움에 비명을 지르고 멀리 땅끝까지 뻗은 빛을 좇아 달렸다. ⑦ 닿기에는 언제나 다소 멀어서 그녀는 손을 움켜쥔 채 헉헉거리고 깔깔거리며(gasping, clasping her hand, laughing) 태양에 흠뻑 취했다(O'Faoláin, 1980~1982).

이 텍스트는 언어학과 내러티브라는 두 가지 주요 유형으로 분석될 수 있다. 언어학적 층위에서는 특정한 양식적 특징이 두드러지는 경향이 있다. 이 특징 중에는 "G —"라는 통상적이지 않은 약칭, "damp and cool trickle" 같은 구절에서 창출되는 협화(consonance), "gasping, clasping, laughing"에서 반복되는 "아(ah)" 음, 그리고 "고귀한 자정 터널"이라는 비유적 표현이 포함된다. 독자들은 의식적으로 하지는 않는다 하더라도 그런 특징들을 설명하려고 한다. 일반적으로 독자들은 다수의 양식적 특징을 포함한 부분을 읽는 데 더 오랜 시간이 걸리며, 이런 특징의 효과를 판단하라고 질문하면 독자들은 이런 부분은 충격적이며, 기분(feelings)의 수준이 고양되는 것을 경험한다고 보고한다(Miall & Kuiken, 1994).

내러티브 층위에서 독자들은 첫 번째 부분에서 호명된 등장인물의 존재에 대해 인식하고, 적어도 부분적으로는 줄리아의 관점에서 이야기를 이해하는 것처럼 보인다. 이야기는 장소와 시간, 그리고 그녀가 거주하는 세계 내에서 인물의 행동과 관련된 사건과 일치하는 시퀀스를 가리킨다. 그리하여 담화 처리의 어법으로 말하자면, 독자들은 그들이 이야기 속 사건들의 전개를 추적하게 해주는 상황 모형을 구축한다(Zwaan & Radvansky, 1998). 독자들은 내러티브가 진행되는 동안(즉 여기에 옮긴 처음 두 단락을 지나고 나면) 전개되는 플롯을 따라가면서 주요 등장인물의 행동과 욕구의 질곡을 경험하고 종종 등장인물에게 감정이입을 한다. 다시 말해 그들은 서스펜스, 호기심 또는 놀람을 느낄 수도 있다는 것이다. 이뿐만 아니라, 독자들은 내레이터와 암묵적인 관계를 형성하려는 경향을 띤다(Bortolussi & Dixon, 2003, pp. 72-77). 읽는 동안 또는 독서가 끝난 후에 독자들은 이야기의 의미가 그들 자신의 경험 — 즉 자전적 기억이나 그 가치 또는 내러티브의 문화적 의의 — 과 공명하는 방식으로 반추할 수도 있다.

언어학적 · 내러티브적 특징들의 영향 중 일부는 아래의 프로토콜을 통해 알 수 있다. 이러한 프로토콜은 우리가 한 명의 독자에게 이야기의 부분들을 하나씩 읽는 동안 그녀의 생각을 말하도록 요청하여 수집한 것이다. 여기에 〈송어〉의 시작 부분에 대한 그녀의 반응을 다시 옮긴다.

1. 오, 난 줄리아라는 이름이 좋아요. 왜 그들이 G 다음에 대시를 넣었는지 궁금해요. 왜 그들은 이름을 말해주지 않는 거죠? **어두운 길**은 매우 불길하게 들리네요.

2. "부드럽고 살팍한 나뭇가지들(smooth, sinewy branches)"은 매우 시적이네요. 마음에 들어요.

3. 나는 형용사들이 좋아요. 그 형용사들은 그 숲에 대해 생각하게 하네요.

4. "줄리아는 거기까지 곧장 달려갔다." 이 문장은 너무 갑작스러워 보였어요.

5. 읽을 때 나도 내 뒤에 있는 태양을 그려볼 수 있어요.

6. 그리고 땅거미는 독서할 때 나를 감싸고 있는 담요 같은 어떤 것 〔처럼 느꼈어요〕.

7. "깔깔거리며 태양에 흠뻑 취했다(laughing, drinking in the sun)"를 읽으며 행복을 느껴요. 정말 좋아요.

독자의 촌평에서 우세한 요소들은 그녀의 느낌을 지시하는 것들이다. 언어의 시적 특질로 인해 적어도 두 개의 촌평(2번 부분과 3번 부분)이 나온 것처럼 보이는 반면, 7번 부분에서는 "깔깔거리며(laughing)"와 은유 "태양에 흠뻑 취했다(drinking in the sun)"를 포함하는 음의 유사(assonance)가[1] 그녀의 행복감을 형성하는 데 기여하는 것처럼 보인다. 이런 부분들에 대한 반응으로 그녀는 이야기에 나오는 두 구절을 한 번씩 더 말했는데, 이는 그녀가 그 구절들을 충격적으로 받아들였다는 것과 소리 내어 반복하는 것이 그 구절의 시적 특질들을 음미하기에 더 좋다는 것을 시사한다. 앞서 수행했던 경험연구들에서 우리는 구절을 반복하는 경향이 양식적 효과의 빈도를 높이는 것과 서로 관계가 있다는 것을 알아냈다. 이 독자도 '줄리아'라는 이름에 긍정적인 연상을 갖고 있는 것처럼 보인다. 이것은 아마도 인물에 대한 긍정적 편향, 즉 인물의 관점이 암시하는 현실에 대한 견해를 기꺼이 지지하고자 하는 의지를 나타낸다. 이는 5번과 6번에서 분명해 보인다. 왜냐하면 여기서 독자가 그녀의 관점을 줄리아의 관점에 조율하고 있기 때문이다. 말하자면 그녀는 자신이 마치 줄리아인 듯 태양과 땅거미를 경험한 것에 대해 보고하고 있다는 것이다. 그린이 보여준 것처럼 내러티브 세계로 들어간 독자들은 공감적 인물을 향해 증가하는 긍정성을 보이며(Green, 2004, p. 248), 그들이 읽은 것의 타당성을 수용할 것처럼 보인다(Green & Brock, 2000, p. 703).

　반응에서 유일하게 부정적인 느낌은 1번 부분에서 발생한다. 거기서 독자는 G—의 전체 이름을 밝히지 않는 내레이터의 자세에 의문을 제기하고(내레이터는 '그들'이라고 지시되고 있다), 이어서 **어두운 길**이 "매우 불길하게 들린다"는 그녀의 즉각적인 반응이 나온다. 4번의 "그것은 너무 갑작스러워 보였다"에서 독자는 놀란 것처럼 보인다. 아마도 이 부분은 앞선 두 부분에 의해 독자 안에 스며들었던 기분을 파괴한다. 그때의 줄리아의 행동은 변칙적으로 보일 수도 있다. (독자는 줄리아가 아이라는 것을 아직 파악하지 못했을 것이다. 이후 이야기에서 그 아이가 열두 살이라는 것을 알게 된다.)

　우리의 독서를 문학적이게 하는 데 관한 두 가지 표준적 주장이 있다. 문학적 독서는 첫째로 우리가 풍부하고 잘 짜인 양식적 특징들의 배열을 만남으로써 촉발되거나(Miall & Kuiken, 1999), 둘째로 문학적 내러티브의 등장인물에 (보통 감정이입적으로) 참여함으로써 촉발된다(Oatley & Mar, 2005). 독자의 반응에 관한 이 짧은 섹션은 문학적 반응의 특징으로 간주되어 온 몇 가지 특징을 예증한다. 이 기본적 특징들을 받아들일 때 우리는 전체 이야기에 대한 반응을 포함하여 더 완전한 미적 반응을 위해 요구되는 다른 몇 가지 특징을 이론화할 수 있다.

하나의 잠재적인 전개는 **어두운 길**에 대한 반응으로, 독자가 보고한 대조적인 느낌들에서 발견된다. 그것은 처음엔 '불길'하다가 나중에는 시적 묘사가 독자에게 숲을 상기시킬 때 즐거운 것으로 나타난다. 사실상 대조는 이후 이야기의 여러 지점에서 이 독자가 주요 인물에 대해 이해하는 데 동기로 작용한다. 줄리아가 밤에 **어두운 길**을 가던 이야기의 절정에서 특히 그러하다. 느낌의 상충은 종종 문학 텍스트의 미적 복잡성에 핵심적인 것으로 보인다. 즉 상충되는 느낌으로 인해 독자들은 이어지는 에피소드들에 주의를 기울이게 되고 중요한 쟁점들에 대한 이해를 조직하게 된다(Miall, 2004). 더 나아가, 독자들은 자신의 느낌이 주는 의미에 대한 통찰을 경험할 수도 있고, 결과적으로 이해의 변화를 겪을 수도 있다(Kuiken et al., 2004). 독서 중에 자주 발생하는 일은 아니라고 할지라도 이처럼 자기이해에서 얻는 것들은 문학적 독서에서 획득하는 가장 가치 있는 것일 수 있다.

독서 중에 유발된 느낌들의 또 다른 단기적 전개는 우리가 **이화-재개념화** 주기(*defamiliarization-reconceptualization cycle*)라고 이름 붙인 것이다(Miall & Kuiken, 2001). 충격적으로 경험된, 양식적으로 풍부한 구절과 조우한 독자의 이해를 돕는 데 익숙한 도식은 적합하지 않을 것이다. 우리는 그 구절에 의해 유발된 느낌들이 독자가 새로운 이해를 추구하도록 하는 대안적 관점을 제공한다고 추정한다. 그 결과 재개념화는 애초에 그 구절과 만난 후에 내러티브의 흐름에서(아마도 여러 부분 더 진행해서) 발생한다는 것이다.

충격적인 구절에 대한 반응처럼 독서 중에 경험한 느낌은 종종 의미의 잉여를 포함한다. 그것은 작업기억의 틀 안에서 고찰할 수 있는 것보다 더 많은 생각을 유도한다. (이전에 [독서할 때] 재생한 것에 대해 독자가 자신의 생각을 소리 내어 말하는 것은 독자가 실제로 경험한 것의 한 부분만 포착한다.) 이것은 원형적 느낌이 유발되었다는 것을 지시할 수 있으며, 현재의 반응을 독자의 느낌에 대한 이전 경험과 그 느낌이 일반적으로 작동하는 법칙 양자를 연관시킬 수도 있다. 나중에 다시 언급하겠지만, 이는 미적 반응의 소위 무관심적 측면의 기저를 이룬다.

독자들은 내러티브 측면에서 등장인물의 느낌(De vega et al., 1996; Gernsbacher et al., 1992)과 지식(Graesser et al., 1999)을 따라가는 것처럼 보였다. 다른 내러티브들과 달리 문학적 텍스트는 우리가 다른 사람들의 마음을 읽기 위해 소유하는 능력을 구축하면서 등장인물의 마음에 특권적 접근을 할 수 있게 한다(Zunshine, 2006). 따라서 문학적 독서는 마음이론(Theory of Mind)의 탐구를 가능하게 하며, 이론-이론에 의한 설명(theory-theory account)이 아니라 모사(simulation)에 의한 설명을 지지한다고 할 수 있다.[2] 이런 능력은 또한 감정이입, 즉 다른 사람의 느낌을 마치 자신의 것인 양 경험하는 우리의 능력에 대해 고찰하는 중요한 틀을 제공한다.

내가 다수의 신경심리학적 연구와 관련하여 논의할 것은 바로 문학적 독서의 이런 측면, 즉 이화, 느낌, 감정이입이다. 내가 윤곽을 그린 독서 모형은 이 분야의 여러 선행 논문에 중요한 관점들을 부여하는 미학을 제시한다. 이와 관련된 선행 논문 중에는 줄리 케인(Julie Kane, 2004)과 레이몬드 마(Raymond Mar, 2004)가 최근 신경심리학적 분야에 기여한 바 있다. 케인은 우반구가 시에 특징적인 언어 처리과정의 독특한 집합을 통제한다고 주장한다. 이는 심상, 두운(alliteration), 공감각, 제유(synecdoche), 환유(metonymy), 역설, 반어, 운율(prosody, 즉 감정적 음조), 이야기 관계를 포함한다. 내가 예전에 검토 논문에서 제시한 것처럼 느낌은 그와 같은 우반구 현상의 중심적 요소 중 하나로 나타난다(Miall, 1995). 해소되지 않은 쟁점은 이 맥락에서 어떻게 느낌이 독특하게 문학적인 경험에 관여하거나 유발하는가 하는 것이다. 왜냐하면 케인이 인용하는 모든 특징은 비문학적 언어에서 문학적 효과를 일으키지 않고도 발생한다고 밝혀질 수 있기 때문이다. 케인은 문학적 도구상자의 본질적 부분을 항목별로 거론하지만, 그 항목들을 문학적 경험으로 통합시키는 미적인 힘은 증명되지 않은 채 남아 있다. 마는 내러티브의 구성요소들을 개요하고, 그것들을 예시할 수도 있는 신경심리학적 기제들의 후보 영역을 검토한다(Mar, 2004). 예를 들어, 배들리(Baddeley)가 만든 단편적 사건들로 이뤄진(episodic) 작업기억 모형은 가설적인 내러티브 시나리오들을 발전시킬 틀을 제공한다. (Miall, 2006, pp. 148-150을 보라.) 비먼(Beeman)과 동료들의 연구는 케인이 검토한 시적 특징들에 적합한, 우반구의 '성긴' 의미론적 코드화를 시연한다. 내러티브 속 등장인물에 관해 추론하도록 해주는 마음이론은 여러 우반구 구조에 국재화된 것으로 보인다. 또한 마는 뇌 스캐닝의 민감성에 대해 지적하는데, 뇌 스캐닝은 제목이 있거나 혹은 없는 이야기 사이의 (주로 우반구) 반응의 차이를 드러낼 수 있기 때문이다(Mar, 2004, p. 1421). 이는 문학 경험과 비문학 경험 간의 미세한 차이를 이제 뇌 스캐닝 기술을 통해 다룰 수 있다는 것을 시사하는 발견이다. 그러나 내러티브 특징들의 영역을 밝혀내고 관련된 개연적인 신경심리학적 기제를 보여주는 마의 연구 또한 문학적 내러티브의 독특한 경험이 발생하는 경계선 밖에 멈춰 있다.

어떻게 이런 한계를 넘어서는가는 또 다른 질문이다. (좀 더 일반적인 경험적 연구와 함께) 본고의 주제를 추구할 때 마주하는 1차적인 문제는 이론적인 것이다. 즉 문학적 반응에 독특한 것을 어떻게 구체화하며, 이런 반응에 함축되어 있는 심리학적 과정을 분리시킬 만큼 충분한 세부에서 어떻게 구체화할 것인가 하는 것이다. 우리가 만약 문학적 처리에서 기인한 차이를 발견한다면, 우리는 그것이 의미하는 것, 즉 그것이 문학적임이라는 개념에 기여하는 방식을 이해할 수 있게 되는가? 여기서 신경심리학은 연구를 위한 신뢰할 수 있는 기반이 될 만한 것을 제공한다. 뇌 스캐닝 결과 얻은 해상도 덕분에 우리는 확실히 문학적 반응을 비문학적 반응과 구별하는 구조를 식별할 수 있게 되었다. 이와 대조적으로 평정이나 언어적 촌평 같은 독자의 명백한 반응을 요청하는 경험적 방법은 참가자가 사회적으로 바람직한 반응을 제출할 때나 언어화 과제가 문학적 경험에 개입하기 때문에 그 경험을 왜곡하기 쉽다. 뇌 스캐닝 기술 자체가 방해가 되어 강력한 문학 경험에서 전형적으로 나타나는 몰입을 방해할 수도 있는 반면, 그것이 제공하는 척도는 참가자의 직접적 영향 하에 있지도 않으며 언어적 영역에 제한되어 있지도 않다. 이 장의 나머지 절들에서는 문학적임이라는 쟁점에 접근하는 두 가지 방법의 개요를 밝히고, 그 요소들을 밝히는 데 도움이 될 신경심리학적 연구들을 제시할 것이다.

전경화

　이미 주목했던 것처럼 전경화(foregrounding)는 양식적 특징에 대한 반응과 함께 시작되는 주기를 도입하는 것처럼 보인다. 예를 들어 〈송어〉 도입부의 **어두운 길**에 관한 구절에서 발생하는 두운과 은유, 즉 "부드럽고 살팍진 나뭇가지로 만들어진 고귀한 자정 터널(a lofty midnight tunnel of smooth, sinewy branches)" 같은 것이다. 이것들은 충격적이고(즉 이화하고), 느낌을 환기하는 것으로 알려진다. 다시 느낌은 시간이 흐르면서 그 구절의 낯선 측면이 재맥락화되는 맥락을 제공한다. 예를 들어 이 구절에서 '자정(midnight)'이라는 용어에 대한 반응으로 독자는 어쩌면 **어두운 길**의 고딕적인 분위기를 경험하게 될지도 모른다. 또는 "부드럽고 살팍진 나뭇가지"라는 신체적 힌트는 그 길이 띠는 활기를 암시할 수도 있다. (이 두 가지 함의는 모두 이후의 이야기에서 무슨 일이 벌어질지 이해하기에 합당한 맥락을 제공한다.) 이런 일련의 반응은 의심할 여지 없이 케인이 보여주는 것처럼 우반구 과정에 의존한다(Kane, 2004). 그것을 독특하게 문학적이게 하는 것은 반응의 풍부함 — 정상적 독서의 짧은 시간(timespan) 내에 감각된 잠재적 의미의 수 — 과 독자의 후속적 의미 변동을 예시하는 힘을 지닌 느낌의 환기(즉 재개념화 과정)인 것처럼 보인다. 여러 신경심리학적 연구는 전경화에 대한 이러한 해석을 지지한다.

　전경화된 구절에 대한 시초의 반응이 편도체를 활성화하리라는 것은 개연적으로 보인다. (로빈슨이 이를 제시했다. Robinson, 2005, p. 71을 보라.) 데이비슨과 동료들이 관찰한 것처럼 전경화의 도전과 잘 부합하는 촌평에서 편도체는 결정적인 역할을 수행한다. 즉 편도체는 "참신하고 '놀랍거나' 또는 '모호한' 자극처럼 비결정적인 우연적 사태(contingencies)와 연관된 감각적이고 지각적인 자극 처리를 최적화하기 위해 피질 흥분과 방심 없는 주의를 조정한다(co-ordinate)."(Davidson et al., 2003, p. 15) 이런 최초의 재빠른 반응(지각을 처리하는 더 느린 '상위 길' 대신 '하위 길'; LeDoux, 1996, p. 161)은 감정적 기억과 연결될 수도 있어서(Hogan, 2003, p. 156) 그 경험에 의미를 할당하는 대안적 틀을 제공한다. 이와 같은 최초의 반응은 로빈슨이 제시한 것처럼(Robinson, 2005, p. 151), 또 내가 다음에 언급할 연구가 보여주는 것처럼 '원시적일' 필요가 없다.

　전경화가 유발한 의미의 풍부함은 반응 초기에 발생하는 것으로 보인다. 포스너 외가 보인 것처럼 대상에 대한 자각은 입력 후 첫 100msec 내에 발생하는 과정에 의존하는 반면(Posner & DiGirolamo, 2000), 그들의 관찰에 따르면, "새로운 대상과 친숙한 대상에서 기인한 활성화 간의 차이는 입력 이후 155msec 내에 복측의 시각 영역 안에서 볼 수 있다." 더 나아가 그들은 주목되지 않은 자극의 처리는 상위 수준에서 발생할 수도 있음을 보인다. 말하자면 "다른 자극들이 아닌 하나의 자극을 선택하는 것은 선택되지 않은 항목이 주의의 재정향을 낳지 않음을 의미하지 않는다"는 것이다. 다르게 말하자면, 전경화에서 풍부한 의미는 후속 처리에 영향을 주기 위해 의식적으로 파악될 필요가 없다는 것이다. 엑스타인과 프리데리치가 발견한 것처럼 전경화된 측면들을 포함하는 언어의 운율적 측면은 처리 과정 초기에 취택된다(Eckstein & Friederici, 2006). 그들은 운율의 부조화(incongruity)가 단어 시작 후 300~500msec에 탐지된다고 보고한다. 이는 "발화 처리의 초기 분석 단계에 구절 운율의 즉각적 영향"이 있음을 암시한다. 그들의 발견은 통사적 특징(좌반구)과 운율적 특징(우반구)이 초기 단계에서 상호작용한다는 것을 실증한다.

　〈송어〉 독자들의 이런 반응 시간을 비교해보자면(Miall & Kuiken, 1994에서 나온 자료), 음절당 평균 독서 시간은 96msec의 표준적 이탈과 함께 258msec로 측정된다. 따라서 정상 범위 내에서 반응은 전경화가 높은 구절에 해당하는 354msec부터 전경화가 낮은 구절의 162msec까지 다양하다. (그러므로 고도로 전경화된 구절에 대한 반응은 거칠게 말해 두 배가 걸린다.) 이 측정 시간들이 의미하는 사실은 양식적 측면의 복잡한 처리는 의식의 창에 앞서 발생할 것 같다는 것이다. 다마지오가 말한 것처럼 "우리는 아마도 500msec가량 의식에 늦게 도달할 것이다."(Damasio, 1999, p. 127) 하나의 음절이 여러 전경화된 특징을 구체화할 수 있으므로 의식(awareness) 외부에서 처음 발생한 느낌은 종종 풍부하고 복잡하다. (즉 로빈슨(Robinson, 2005, p. 50)의 반응모형이 기반을 두고 있는 처음의 "신속하고 더러운" 처리와는 거리가 멀다. "직접적 감정 모사"의 "하위 길"이 있는 문학의 가능성을 배제한 호건의 저술(Hogan, 2003, p. 176)을 보라.)) 동시에 이 시초의 반응은 보고될 수 없을 것 같다. 피오레 외는 두 가지 문제를 해결하는 과제를 포함한 연구에 대해 보고하는데, 과제 중 하나는 단계적(incremental) 논리 과제이고 다른 하나는 통찰력 과제다(Fiore & Schooler, 1998). 언어화는 논리 과제가 아니라 통찰력 과제로서 간섭받는다는 것이 발견되었다. 이는 "통찰력 문제가 언어화에 취약한 보고할 수 없는 과정에 의지한다"는 것(p. 352)과 (역설적이게도 전경화가 언어적 현상이므로) "언어 기반 사고의 내재적 제약을 피하는 능력에 의지한다"는 것(p. 368)을 시사한다.

따라서 독자가 500msec 정도에서 전경화에 대한 반응을 의식적으로 입수할 수 있게 되면, 그는 이미 진행되고 있는 의미의 풍부함, 아직 해결해야 할 것으로 남아 있는 낯선 의미를 유발한 의미의 풍부함을 경험할 것이다. 오웬 바필드의 용어로 이화의 "**내부적 의미**"는 "틀림없이 이화의 다른 평면 또는 양태에서 발생하는 것으로 느껴질 것이다."(Owen Barfield, 1964, pp. 170-171) 이것은 그 자체로 문학적임에 관해 인식 가능한 특징적 효과다. 문학적 독자는 종종 문학적 텍스트가 자아를 통제하며, 어떤 친밀하지만 낯선 마음 부분에서의 반응을 지휘한다는 감각을 갖고 있다. 재개념화를 향해 반응이 더 발전하면 비먼과 동료들이 연구한 통찰력 문제를 해결하는 과정과 비교될 수도 있을 것이다.

비먼의 연구는 우반구가 좌반구와는 대조적으로 성긴 의미론적 코드화를 제공한다는 전제에 기초한다. 그러므로 더 동떨어진 단어들의 연상이 좌측 시각장(우반구)에 제시될 때 더 잘 재인된다(Beeman, 1998, p. 267). 하지만 이 연구의 흥미로운 측면과 문학적 반응 과정의 이해에서 그 연구가 갖는 적절성은 좌반구가 처리 과정 초기에 긴밀한 연상을 선택하는 경향이 있는 반면, 더 떨어져 있는 연상을 만드는 우반구의 능력은 단지 좌반구 과정에 부적합한 종류의 통찰력 문제와의 관계에서 시간이 흐르면서 그 장점을 보인다는 것이다. 보든과 비먼은 참가자들에게 세 개의 단어가 제시되는 통찰력 문제를 풀도록 했다(Bowden & Beeman, 1998). 그때 참가자들은 친숙한 구절을 창작하기 위해 세 단어 각각과 쌍을 이룰 네 번째 단어를 찾아야 했다. 예를 들어 '높은', '구역', '집'이라는 세 단어가 주어졌을 때 그 해답은 '학교'였다. 7초 또는 15초가 지난 후 해결 단어를 찾기 위해 우반구가 좌반구보다 더 큰 점화효과를 갖는다는 것이 알려졌다. 참가자들은 해결 단어가 좌측 시각장에 제시될 때 더 빨리 그것을 발음했다. 휴지시간 초기에는 (1.25msec 또는 2msec) 우반구의 장점이 나타나지 않았다. 그들은 초기 처리에서는 좌반구의 해석 과정이 우세한 반면, 수초가 지난 후에는 더 함축적인 우반구 처리가 장점을 보인다는 사실을 제시한다. 이 연구는 또한 내러티브처럼 연결된 담화가 진행되는 동안 우반구 처리가 더 큰 예측능력을 갖고 있다고도 주장한다. 즉, "일관성 단절을 만날 때 (우반구의) 탐색은 예전에는 명시적 언급이나 입력어와의 긴밀한 관계 또는 에둘러 관련되어 있는 입력어의 중첩에 의해 활성화된 잠재적으로 연결되어 있는 정보를 찾기 위해 따라 나온다."(Beeman et al., 2000, p. 328) 그래프먼이 말한 것처럼 우반구는 이야기에서 도덕을 찾는 것처럼 "제때에 사건들에 걸쳐 있는 정보를 통합하거나 종합하는 데 능숙할" 수도 있다(Grafman, 2002, p. 301). 통찰력 문제를 해결하는 데서 우반구의 역할은 영상 연구를 통해서도 확인된다. 보든 외(Bowden et al., 2005)는 "fMRI 실험 결과는 비통찰력에 의한 해결에 비해 통찰력에 의한 해결에서 우전측 상측두회(right anterior superior temporal gyrus)에서 증가하는 신호를 드러낸다"고 보고한다(p. 325). 유사한 연구에서 콜슨과 우는 농담의 반응에 대해 연구하고 우반구 처리에 귀속될 수 있는 "틀 변동(frame shifting)"을 발견했는데, 우반구가 에둘러 관련된 의미를 가능하게 한다는 것을 제시했다(Coulson & Wu, 2005). 그런 의미 변동은 모이치와 슈미트의 독자에 관한 경험 연구가 실증했듯이 문학적이지 않은 텍스트보다는 문학적인 텍스트에서 더 특징적으로 나타난다(Meutsch & Schmidt, 1985, p. 566).

여기에 보고된 신경심리학적 연구는 문학적 반응에서 전경화의 이론화된 기능을 지지한다. 즉 우반구 과정이 통찰력 문제 해결과 유사한 재개념화를 용이하게 하는데, 재개념화는 초기 반응의 하부에서 발생한다. 우리는 선행연구에서 이 모형을 세 가지 국면으로 기술했다(Miall & Juiken, 2001). 여기서 논의하는 신경심리학적 연구는 첫 번째 국면(이화)과 세 번째 국면(재개념화)에 대한 증거를 제공한다. 두 번째 국면에서 느낌은 전경화의 낯선 국면(예: "자정"의 은유나 s로 시작되는 두운 같은)을 위치시키기에 적합한 맥락의 탐색을 지휘한다. 우리의 경험적 발견들은 이 국면 동안 의미의 변동이 억제되었음을 시사한다. 비먼의 연구 또한 이런 제안에 대한 예비적 지지를 제공한다. 비먼이 보고한 바에 따르면(Beeman, 1998), 추론이 가능한 지점에 즉시 따라 나오는 내러티브에 대한 반응이 일어나는 동안 우반구가 억제되었을 수 있다. 그 이유는 "참가자들이 통합을 위해 추론이 선택되어야 할 시간에 lvf-RH(좌측 시각장(left visual field)과 우반구)에 있는 추론 관련 목표물에 반응할 시간에 점화를 보이지 않았기 때문이다." 반면 "참가자들은 같은 시간에 정확성에 대해서는 점화를 보였는데, 이는 정보가 기준치 이상으로 활성화되었으나 출력을 쉽게(빠르게) 낼 수는 없었다는 것을 시사한다." 이것은 그가 "잠정적 억제 가설"이라고 부르는 것에 대한 증거다(p. 276). 우리는 여기서 지적된 시간적 간격이 느낌에 가설 시험을 위한 어느 정도의 범위를 허용한다고 추정해볼 수도 있다. 즉 시간적 간격은 느낌이 해석에 가장 적절한 맥락을 정위할 수 있게 한다는 것이다. 문학적 독서에서 그런 간격의 가장 극적인 사례는 숭고에 대해 반응하는 동안 발생한다. 여기서 우리는 좌반구 처리가 불가능한 반면, 임시적 우반구 억제가 종종 보고되는 사고와 느낌의 순간적 정지 경험과 일치한다고 — 어떤 목격자는 "일종의 자아 소멸"이라고 지칭했던 것(Williams, 1798, I, p. 60) — 제시할 수도 있다.

국면 2에서 느낌의 중요성에 대한 확인은 내러티브 반응에 관한 연구가 제공한다. 한 fMRI 연구에서 페르스틀 외는 단편소설의 정감적 불일치에 대한 반응에서 우반구 활성화가 처음 시작되는 단어로부터 14msec까지 지속되었다는 것을 보여주었다(Ferstl et al., 2005). 그들은 이야기에 대한 반응 지도를 그림으로써 비언어적·감정적 반응의 차원을 보여주었다. 즉 "감정적 목표 정보에 유도됨으로써 확장된 편도체 복합체를 포함한 안와전두 및 복내측 전전두의 활성화는 이야기의 정동적 요소가 직접적으로 언어 이해를 넘어서는 과정을 유도한다는 것을 명확하게 보여준다. 그러므로 이런 이야기를 위한 상황 모형은 정동적 차원의 비언어적 · 비명제적 재현을 포함하고 있다."(pp. 733-734) 전경화와 조우하는 듯한 문학적 맥락에서 느낌은 전경화된 요소들의 해석을 발전시키기 위한 1차적인 수단을 제공한다고 해도 좋을 듯하다.

따라서 전경화는 의식에 선행하는 풍부한 반응을 촉발하는 것으로 보인다. 155msec 정도로 빠르게 낯선 양식적 특징을 탐지하는 것은 의미론적 측면뿐만 아니라 운율적 · 정감적 측면도 포함하는 반응 과정을 촉발할 수 있다. 이는 느낌이 낯선 것을 맥락화하는 억제 국면에 따라 나오며, 전경화가 시작된 후 몇초가 지나고 나면 새로운 의미의 출현이나 관점의 변동이 일어나는 쪽으로 나아간다. 성긴 코드화 같은 여러 신경심리학적 연구는 이 모형에 요구되는 기제들을 정교하게 다듬는 데 도움이 된다. 나는 문학적 반응에 중심적이기도 한 몇몇 신체적이고 정감적인 측면을 검토하려 한다.

감정이입과 몰입

내러티브에 대한 우리의 반응에서 좀 더 눈에 띄는 특징, 즉 아마도 가장 현저한 특징 중에는 '거기 있음(being there)' 또는 '이동(transport)'의 감각이 있다(Green, 2004). 독서를 하면서 우리가 경험하는 몰입은 생생하게 떠오르는 배경(예: 『폭풍의 언덕』의 무어랜드)이나 등장인물의 존재(예: 히드클리프)에 대한 감각과 관련되어 발생할 것이다. 그리고 때때로 몰입은 우리가 등장인물의 느낌과 동기에 감정이입하고 그 또는 그녀의 목표를 공유할 수 있도록 할 것이다. 이런 효과에 대해서는 18세기에 케임즈 경(Lord

Kames)이 최초로 기술했다. 그는 그것을 '이상적 존재'라고 칭했고, '백일몽'이라고 특징지었다(Kames, 1762, I, pp. 108-112). 마치 우리 앞에 전개되는 사건들을 보고 느끼는 것처럼 그런 경험은 때로는 매우 강력해서 심박수, 발한 또는 근육의 긴장 같은 신체적 증상을 초래할 수도 있다(Auracher, 2006). 이는 또한 문제적 쟁점이 되어왔다. 왜냐하면 우리는 허구적 사건과 인물에 관해 실제 감정처럼 느껴지는 것을 어떻게 경험할 수 있는지 설명하기 어렵기 때문이다(Walton, 1990). 그럼에도 그것은 문학적 텍스트뿐만 아니라 하위문학 형식이나 영화 같은 다른 예술형식에 대한 친숙한 반응이기도 하다. 나는 우선 이런 점에서 텍스트의 효력을 이해할 수 있게 하는 최초의 신경심리학 연구에 대해 기술하고, 이후 이것이 문학에 특유한 경험의 기초를 제공하는 방식에 대한 하나의 견해를 제시할 것이다.

내가 여기서 논의하는 제안의 요점은 지각적 입력을 해석하는 데 관련이 있는 뇌 부위들이 상상된 지각을 표상하는 뇌 부위들이기도 하다는 것이다. 예를 들어 1차 시각영역은 대상이 상상될 때만 활성화된다. 이는 베르만이 말한 것처럼 "지각을 거꾸로 작동하기(running perception backward)" 또는 하향식을 포함하는 과정이다(Behrmann, 2000).[3] 또한 베르만은 이미지의 크기나 거리도 표상된다는 증거가 있다고 지적한다. 예를 들면 참가자가 더 큰 이미지를 상상할 때 시각영역에서 상대적으로 더 많은 부분이 활성화된다는 것이다(p. 51). 츠반은 그런 증거를 바탕으로 독자는 "몰입된 경험자"이며 경험적 모사를 구축하기 위해 상황과 인물들에 대한 묘사를 이용한다는 제안을 제출한다(Zwaan, 2004). 그러므로 "이해는 언어적 입력에서 신호를 받은 실제 경험에서 온 흔적들의 통합과 배열을 통해 일어나는 묘사된 사건의 대리 경험이다."(p. 38) 츠반은 독서 일반에 대해 기술하고 있다. 독서 중의 미적 경험은 더 생생한 심상 또는 더 강렬한 느낌을 포함할 수도 있지만, 아마도 내가 아래에서 짧게 제시할 추가적 차원을 요구할 것이다.

츠반의 독서 모형과 관련이 있는 것은 거울뉴런의 발견이다. 거울뉴런은 원숭이에서 처음 관찰된 것으로, 원숭이가 구체적인 행동(예컨대 물체를 잡기 위해 손을 뻗는 행동)을 할 때 또는 다른 원숭이가 같은 행동을 하는 것을 관찰할 때 단일 뉴런들이 서로 점화한다는 것이 발견되었다. 이 뉴런들은 상당히 특수하다는 것이 밝혀졌다. 물체를 잡지 않고 손만 뻗으면 그 뉴런은 활성화되지 않는다. 좀 더 최근에 더 넓은 범위의 기능 수행을 포함하는 거울뉴런이 인간에게서도 발견되었다. 갤리스와 골드먼은 거울뉴런이 "마음 읽기"를 용이하게 하기 위한 것이라고 제시한다(Gallese & Goldmann, 1988). 말하자면 거울뉴런은 관찰자가 다른 사람의 목표와 목적을 표상할 수 있게 하며, 다른 이의 의도가 우호적인지 적대적인지 예상하도록 돕는다는 것이다. 리졸라티는 원숭이의 상측두구에 있는 거울뉴런이 다양한 신체 움직임에 반응한다고 지적한다(Rizzolatti, 2005). 이 부위는 또한 편도체 및 다른 감정 중추와 연관되어 있다. 이런 사실은 감정 반응의 모사도 발생할 수 있음을 시사한다.

또한 거울뉴런 발견은 사회적 인지에 대해 이해하도록 돕는 기제, 즉 우리가 타인의 마음을 읽을 수 있게 하는 마음이론이라는 모듈을 제공한다. 마음이론의 두 가지 표준적 설명 중에 거울뉴런 활동은 이론-이론 관점과 대조되는 모사 관점을 지지한다(Gallese & Goldmann, 1998). 이론-이론 접근은 외부적 사건을 내부적 상태와 관련시키기 위해 인과적이고 설명적인 법칙을 사용하며, 암묵적으로 이해된 인과법칙의 관계 속에서 추론한다고 주장한다. 모사이론은 사람들이 타인들이 생각하거나 느끼거나 행동하는 것을 계산하고 예측하는 그들 자신의 정신적 기제를 사용한다고 주장한다. 다시 말해 우리는 자신을 다른 사람의 입장에 놓고 그들의 경험이 무엇을 의미하는지 알아낸다는 것이다. 이 주장이 옳다면 거울뉴런 체계는 감정이입 경험의 기저를 이룰 것이며, 이는 종종 내러 티브에 대한 우리의 반응을 이루는 중요한 요소가 된다(Keen, 2006, p. 211).

독서와 감정이입적 반응, 그리고 다른 정감적 반응이 이뤄지는 동 안 거울뉴런의 역할에 대한 증거를 여러 연구에서 입수할 수 있다. 불랑 제와 동료들은 단어 시작 200msec 안에 독서와 운동체계 간의 상호작용 에 대해 보고했다(Boulenger et al., 2006). 참가자가 행위동사를 처리하는 동안 특수한 뻗치기 동작이 동시에 발생하는 그들의 연구에서는 그 동작이 행위동사가 함의한 것이 아닌 다른 반응기 근육을 요청할 때 간섭이 발 생한다. 이런 발견은 "행위동사의 지각, 즉 행위 자체에 대한 지각이 아 닌 것이 거울뉴런 체계를 촉발하기에 충분할 것임"(p. 1607)을 시사한다. 그러므로 언어와 운동체계는 신경 표상을 공유하는 것처럼 보인다. 하우 크와 풀버뮬러는 얼굴, 팔 또는 다리의 행동과 관련이 있는 단어를 읽는 동안 국소해부적(topographical), 위치특정적 뉴런 활동이 210~230msec 내 에 발생한다는 것을 발견했다(Hauk & Pulvermuller, 2004). 이런 발견 또한 전운 동피질(premotor cortex)에 있는 거울뉴런을 가리킨다. 그들은 "행동과 관련 된 뉴런들은 단어가 처리될 때 초기에 활성화되고, 이런 단어를 확인하 는 데 결정적인 역할을 수행한다."(p. 199)고 제안한다. 언어에 대한 반응 을 특수한 운동행위를 위한 거울뉴런 체계와 관련시키는 유사한 발견을 가르바리니와 아덴차토(Garbarini & Adenzato, 2004), 그래프턴과 동료들(Grafton et al., 1997), 올리베리와 동료들(Oliveri et al., 2004), 그리고 테타만티와 동료 들(Tettamanti et al., 2005)이 보고한다. 이아코보니는 거울뉴런이 손과 입의 동 작을 나타내는 인간의 BA 44에서 발생한다고 지적하고 있는데, 이 영역은 언어를 관장하는 브로카영역의 한 부분이다(Iacoboni, 2005, p. 89). 그러므로 인간에게 이 영역은 언어활동과 관련되어 있을뿐더러 모방행위에서도 중요한 역할을 수행한다고 볼 수 있으며, 이러한 사실은 "행동 재인, 모방, 언어 간의 진화적 연속성"(p. 91)을 암시한다.

또한 거울뉴런은 접촉, 느낌, 감정의 경험을 모사하는 능력의 기저를 이루는 것으로 보인다. 케이저스와 동료들은 fMRI 연구에서 참가자들이 (다리에) 자극이 주어지는 다른 사람을 관찰할 때와 같은 부위에 그들의 다리에 자극이 주어질 때 모두에서 2차 체성감각 영역(secondary somatosensory area, SII)[4]의 활성화를 보였다(Keysers et al., 2004). 한 선행연구도 참가자들이 신체 자극에 대한 기대를 갖는 것만으로도 SII에서 반응하는 것을 발견했다. 예를 들어 인간의 뇌섬엽(insula)은 역겨움을 경험하는 다른 사람의 얼굴을 봄으로써 활성화된다. 뇌섬엽에 전기 자극을 주어도 욕지기와 역겨움의 느낌을 산출한다. 거울뉴런은 모사를 통해 타인의 감정에 대한 개념적 지식만이 아니라 경험적 지식을 제공하는 것처럼 보인다. 감정이입의 생리학적 기초에 대해서는 이아코보니가 논의한다(Iacoboni, 2005). 한 fMRI 연구는 감정의 관찰과 모방 모두에서 — 비록 여러 영역에서 모방 중 더 높은 활성화가 나타났지만 — 뇌섬엽의 전측 부문에서 실질적으로 유사한 활성화를 발견했다. 이런 감정적 반응은 또한 편도체의 활동 증가와 상관관계가 있다. 이아코보니는 전측 뇌섬엽은 또한 행위주체 즉 행동 소유권의 모니터링, 원인이 되는 것처럼 보인다고 적고 있다(p. 97). 감정이입을 위한 거울뉴런 체계를 실증하는 다른 연구들이 싱어 외(Singer et al., 2004), 드비그네몽과 싱어(de Vignemont & Singer, 2006)에 의해 기술되었다.

따라서 문학적 반응의 감정이입은 우리가 그에 대해 읽고 있는 등장인물이 경험하는 느낌을 모사할 뿐만 아니라 접촉 또는 운동 활성화처럼 체화된 경험도 포함할 수 있다. 앞서 인용한 독자 반응은 그와 같은 반응을 시사한다. 말하자면 그녀는 자신이 다시 창조하는(re-create) 등장인물과 동일한 시각적 심상을 경험한다는 것이다. "난 읽으면서 내 뒤에 있는 태양을 그릴 수 있어요." **어두운 길**의 땅거미가 "독서할 때 나를 감싸고 있는 담요 같은 어떤 것"이라고 말한 것으로 보아 그녀는 그 배경을 공감각적으로 경험하는 것처럼 보인다. 그리고 등장인물의 감정은 전염성이 있는 것처럼 그녀가 "'깔깔거리며 태양에 흠뻑 취했다'를 읽으며 행복을 느끼고, '그건 정말 좋았다'고 말할 수" 있게 만든다. 이렇게 거울뉴런 체계는 독서 도중 발생하는 다양한 배열의 감정이입적 반응을 지지하는 것처럼 보인다.

베키오와 베르토네의 연구도 거울뉴런을 포함하는데, 독서 도중 초기 반응은 무관심(disinterest)의 한 유형을 포함한다고 제안한다(Becchio & Bertone, 2005). 이런 무관심 속에서 묘사된 경험이 행위주체와 무관하게 그 자체의 정당한 자격이 고려된다. 이리스 무르도흐는 칸트에게서 기원한 개념인 미적 무관심을 "자기(self)로부터 멀리 있음"을 가리키는 반응이라고 기술한다(Iris Murdoch, 1970, p. 66). 즉 미적 무관심은 "사적이지 않고(p. 75)", "자기를 버린(unselfing, p. 84)" 것이다. 그러므로 비교되는 나쁜 예술은 "이기적인 백일몽"(p. 86) 같은 것이다. 무르도흐의 설명은 만약 베키오와 베르토네의 연구가 정확하다면 중요한 방향으로 수정될 수 있을 것이다. 이 저자들은 특정한 거울뉴런들이 무형태적(amodal)이어서 문제의 사건이 시각적이든 청각적이든 간에 활성화된다고 보고한다. 그들은 "어떤 거울뉴런들은 지켜보거나 실행할 때 활성화되지만, 때로는 단지 행동을 취하는 것을 상상하는 것만으로도 활성화된다"고 말한다. 저자들은 계속해서 이렇게 주장한다. 이런 "시청각적 거울뉴런들은 모든 양상의 행동을 식별할 뿐만 아니라, **다중주체적인**(multisubjective) 신경 포맷 안에 있는 행동들이 행위자의 관점에서 중립적임을 보여준다."(p. 23) 이것을 어떻게 독서에 적용할 것인가? "두 행위자가 사회적으로 상호작용할 때 거울 네트워크의 활성화는 공유된 표상을 창출한다. 다시 말해 두 행위자의 뇌에서 동시에 활성화되는 표상들이 있다."(p. 23) 비대칭적인 독서의 경우, 등장인물은 물리적으로 존재하지 않고 상상된 것이지만 거울뉴런은 인물의 경험을 독자 안에서 표상하면서 인물의 느낌과 운동 행동을 복제한다. 그러나 베키오와 베르토네는 만약 동일한 표상이 두 사람의 뇌에서 작동한다면 우리는 어떻게 그 '나'를 식별할 수 있는지에 대해 묻는다. 이 질문은 독서 상황에도 적용된다. 그들은 "운동의 의도가 우선 공유되고 이후에야 귀속된다."(p. 28)고 제안한다. 이런 관점이 시사하는 것은 이러하다. 독자로서 우리는 이해를 돕기 위해 순간적으로나마 우리에게 그 자체의 요구를 하는 행동 또는 느낌의 도식을 경험한다는 것이다. 반성과 예측을 위한 수단으로서 그 도식의 지위는 자기와는 무관하게 우리가 읽고 있는 내러티브의 함의를 향하도록 우리를 정향한다. 하지만 그것은 결과적으로 우리 자신의 의도, 목표 또는 느낌과 연관될 수도 있긴 하다.

그러므로 거울뉴런이라는 틀은 독서하는 동안 몸이 어떻게 연루될 수 있는지, 또는 어떻게 등장인물에 대한 감정이입 반응이 가능한지에 대한 설명을 제공하는 데 도움을 줄 뿐만 아니라 (그럼으로써 어떻게 우리가 허구적 인물에 대해 실제 느낌을 가질 수 있는가 하는 문제에 대한 해결책을 가리킨다.), 무르도흐가 주장한 것처럼 자기로부터 떨어져나오기를 명시적으로 지시함으로써가 아니라 행위주체 없이도 경험을 제시함으로써 문학적 예술에 대한 무관심적 반응의 토대를 제공하는 것처럼 보인다. 시간이 흐른 후에야 경험은 후속적으로 독자의 느낌과 (아마도) 독자의 자전적 기억을 활성화함으로써 명시적인 자기지시의 증표(token)가 된다. 무관심의 함의가 더 자세하게 밝혀져야 할 테지만, 그것은 문학적 반응이 어떻게 독특해질 수 있는지 고찰하는 또 하나의 방식을 제공한다. 내러티브 내의 전경화 순간 또는 경이로운 전환은 무관심의 기반을 제공하며, 문제의 경험을 그 자체의 특유한 존재 및 발전 법칙을 가진 하나의 원형으로 위치시킨다. 이 장에서 문학적임에 대해 제시한 두 가지 주장은 그러한 순간과 결합될 수 있다. 양식적 측면과 무관심은 모두 기나긴 비평사를 갖고 있으므로 미학이론에서 친숙한 주제들이지만, 최근의 신경심리학 연구는 그 주제들을 재승인하고 재개념화할 풍부한 기반을 제공한다.

1) 음의 유사(assonance)란 인접한 두 단어의 두 음절이 모음은 같고 자음이 다르거나, 자음은 같고 모음이 다를 때 발생하는 효과를 일컫는다.

2) 심리학에서 통상 '마음이론(Theory of Mind)'이라고 부르는 것은 마음 혹은 심리에 대한 과학적인 탐구 결과를 일컫는 것이 아니라, 자신과 타인의 마음이 존재하며 마음은 믿음, 의도, 욕구, 인지 등의 상태를 취하고 있다고 가정하는 마음 읽기(mind reading) 능력을 의미한다. 자신과 타인이 믿음이나 욕구 같은 정신 상태를 지닌다고 가정하는 것은 우리가 오직 내성(introspection)을 통해서만 타인의 마음에 접근할 수 있기 때문이다. 우리는 타인의 마음이 우리의 것과 유사하다고 가정하고, 사회적 상호작용, 언어 사용, 타인의 감정과 행동에 대한 이해를 통해 타인의 마음에 간접적으로 접근한다. 성숙한 마음이론을 갖기 위해서는 꽤 긴 시간이 필요하며, 자폐증이나 정신분열증 같은 질환자들은 이런 능력을 결핍한다고 할 수 있다. 다르게 말해 우리가 기본적으로 이러한 가정을 취하지 않는다면, 즉 마음이론을 갖고 있지 않다면 정상적인 사회생활을 영위할 수 없다는 것이다. 본문에서 말하는 "이론-이론에 의한 설명(theory-theory account)"은 마음 읽기에 관한 전통적인 방식에 관한 것으로, 모사(simulation)에 의한 설명보다 더 긴 역사를 갖고 있다. 1980년대 중반 발달심리학의 맥락에서 개진되기 시작한 '이론-이론'은 인간이 이론 수정의 과정을 통해 학습하는 방식이 마치 과학자가 이론을 제안하고 수정하는 방식과 매우 유사하다는 견해다. 이론-이론과 자주 대조되는 모사이론은 타인의 마음을 이해하는 데 모사나 모방 또는 감정이입이 중추적이라고 보는 대안적인 마음 읽기 이론을 말한다.

3) 통상 인지적 표상은 시각작용이 발생한 후에 생기는 상위의 과정이다. 그런데 마이얼은 베르만을 인용하며 인지적 표상, 즉 상상이 먼저 일어나고 이후에 시각피질이 활성화되는 "상상된 지각 표상"이 있다고 설명한다.

4) 1차 체성감각 영역은 두정엽 앞부분, 즉 전두엽에 있는 1차 체성운동 영역의 바로 뒤쪽에 해당하는 대뇌피질 영역이다. 2차 체성감각 영역은 외측구(lateral sulcus) 위에 있는 또는 실비우스열(sylvian fissure) 두정판개(parietal operculum)에 위치한 대뇌피질 영역이다.

12

영상미학과 체화된 뇌

토르벤 그로달(Torben Grodal)

영화는 '총체예술(total art)'이라는 점에서 미학 안에서 특별한 지위를 가진다. 영화는 시각예술을 특징짓는 시각적으로 세련된 색, 원근법 등을 사용할 수 있다. 영화는 음악과 다양한 다른 음향을 광범위하게 사용한다. 영화는 비언어적 의사소통을 묘사할 수 있다는 점에서 연극과 비슷하지만, 사람의 얼굴과 몸의 클로즈업 장면들을 통해 사람들 간의 의사소통을 분석하고 감정을 담아내는 모듈을 미적으로 활용하는 능력에서 연극을 능가한다. 영화는 종종 영화 조명에 의해 돋보이는, 공간과 대상의 건축 같은 형상화(sculpting)를 포함한다. 영화는 문학처럼 스토리텔링에 기반을 둔다. 그뿐만 아니라, 1916년 하버드대학교 심리학과 교수 휴고 뮌스터베르그(Hugo Münsterberg)가 지적한 것처럼 영화는 사람의 주의를 자극하기 위한 그 자체의 세련된 기법들을 발명해왔다. 예를 들어 카메라 초점과 카메라 움직임을 사용한 기법들이 있는데, 이는 이미지의 합성(superimposition)과[1] 몽타주가[2] 연상적 연결과 망을 만들어내는 강력한 도구가 되는 것과 마찬가지다. 따라서 영화는 (비디오 게임과 특정한 가상현실 응용물들과 함께) 체화된 뇌와 세계의 상호작용에 의한 인간 경험의 가장 세련된 자극이다. (Anderson, 1996을 참고하라.) 이러한 복잡성은 이 다양한 분야들로부터 통일된 미적 경험을 만들어내는 일련의 고차적인 통합적 과정들을 요구하고, 또 가능하게 한다. 통합의 가장 중요한 도구는 내러티브, 감정, 느낌이다.

영화 발명의 동기는 움직이는 시각적 세계를 모사할 수 있는 매체를 만드는 것이었다. 이것이 영화의 모든 미적 효과가 반드시 사실주의에 기반을 둔다는 것을 의미하는 것은 아니다. 영화는 사실주의적 세계 재현을 지원하는 수천 가지 정신적 장치의 효과 중 어떤 것을 강화하고 고양시킬 수도 있고, 누그러뜨릴 수도 있다. 고전적 영화학자 루돌프 아른하임은 게슈탈트 심리학에서 영감을 받았다(Arnheim, 1957, 1974/1954). 그는 영화예술을 가능하게 한 것은 예를 들어 화면에 깊이나 색채가 결핍되게 할 때처럼 강조를 주기 위해 영화가 자연적 시각에서 일탈하기 위해 취할 수 있었던 모든 방법들이라고 생각했다. 판타지 영화는 현실의 일부 혹은 많은 근본적 측면들을 제거함으로써 효과를 창조한다. 영화는 '불가능한' 경험을 만들어내기 위해 지각적 특징들의 자연적인 결합을 조작한다. 이와 같이 히치콕은 〈현기증Vertigo〉에서 계단 위에서의 트랙인과 동시에 망원에서 광각으로 계속해서 변화하는 렌즈 사용을 통해 유명한 현기증 숏을 만들어냈다.[3] 그 결과 화면의 어떤 요소들(대상의 크기)은 접근을 암시하는 데 반해 망원에서 광각으로의 변화는 시각장을 확장시켰다. 이는 실제 삶에서 거리 증가를 나타내며, 이러한 지각 과정들의 단락(短絡, short-circuiting)이 현기증을 생성한다.

영화 경험과 뇌 구조

영화가 모든 경우에 이 모든 방법을 사용할 필요는 없다. 예를 들어 기본적인 지각과정에 초점을 맞춤으로써 특정한 예술영화와 실험영화들은 추상적인 자극이나 혹은 단지 기초적인 수준에서만 모방적이고 구상적인(figurative) 자극을 만들 수 있다. 이는 시각피질에서의 기본적인 과정들을 전경화하는 효과를 주며, 그렇게 함으로써 자극이 더 큰 '사실주의적인' 틀로 통합되지 않게 만든다. 뇌는 신체를 안내하고 대상과 공간을 지각하도록 만들어져 있을 뿐 추상적인 형태, 색채 등에 초점을 맞추게 되어 있지 않다. 나는 다른 경험으로부터 상대적으로 고립되고 분명한 감정적 내용으로부터 상대적으로 고립된 지각을 활성화하는 이런 경험을 **강렬함**(intense)이라고 불렀다(Grodal, 1997). 강렬한 느낌은 종종 어떤 숨겨진 의미들을 나타내는 것 같기도 한데, 이는 (뇌에) 내장된(built-in) 기제들이 어떤 비유적인 의미를 찾고 어느 시점에 어떤 의미 있는 연상을 동원하기 위해 노력하도록 미리 설정되어 있기 때문이다.

많은 뮤직 비디오나 내러티브 영화의 서정적 시퀀스와 같은 다른 영화들은 이미지와 기초적인 장면을 연상 과정 및 네트워크의 일부로서 전경화한다. (이는 아마도 주로 측두 및 두정 피질에서 발생할 것이다.) 이런 연상에는 공포, 욕정, 행복 등의 느낌과 연결된 연상들처럼 언제나 거칠지만 풍부한 감정적 감흥, 그리고 그런 연상에 대한 표식을 제공하는 어떤 감정적 가치가 붙여진다(Damasio, 1999). 이런 연상이 모호하지 않은 환경에서 그런 감정을 실행할 수 있는 행위주체와 기능적으로 연합된 (전두) 구조와 연결될 수 없는 한, 나는 이를 **포화되었다**고 불렀다(Grodal, 1997 참고). 그 이유는 느낌을 행동지향적 감정으로 변화시킬 수 있는 가용한 행동 패턴이 존재하지 않기 때문이다. 이런 포화된 연상은 매우 심층적인 의미를 가지는 것처럼 느껴질 수 있다.

몇몇 영화와 대부분의 TV 시트콤은 언어적 · 비언어적 의사소통을 활용하여 사회적 지능으로 초점을 좁힐 수 있다. 그러나 대부분의 영화는 주로 내러티브적 행동에 초점을 맞추고 어떤 목표를 추구하며 공간과 시간을 이동하는 사람들을 묘사한다. 시각과 연상의 재료는 운동 행위와 연결되게 된다. 따라서 들어오는 이미지를 감정이 담긴 저장된 기억과 짝지음으로써 유발되는 감정은 **긴장감**이 되는데, 이는 전운동피질 및 운동피질에서의 운동 활성화가 긴장, 즉 행위하려는 욕구로 느껴지기 때문이다(Grodal, 1997 참고).

그러면 영화의 개별적 유형은 어떤 뇌 영역을 전경화하는지에 따라 어느 정도 특징지어질 수 있다. 영화 유형의 특징짓기는 예컨대 강렬한, 포화된, 긴장된 경험 간의 차이 같은 미적 경험에서의 특정한 차원들을 특징지을 것이기 때문이다. 전형적인 영화는 주로 내러티브적이고, 기본적인 지각 과정은 행위와 결과에 대한 순행 지향적(forward-directed) 기대에 대한 원 재료로서 흡수되어 평균적인 관람자는 시각적 양식의 요소들의 세부사항을 기억할 수 없게 된다. 특히 빠른 편집(fast cutting)이나[4] 카메라가 빠르게 이동하는 동안에는 용량 제한으로 인해 우리의 의식적 경험은 이러한 행위 관련 요소들에 초점을 좁히게 될 것이다. 따라서 영화는 일반적으로 다른 예술에도 존재할 수 있는 지각적 · 인지적 · 감정적 요소들을 내러티브라는 수단을 통해 통합한다고 할 수 있다.

TV와 홈시어터가 등장하기 이전에 영화는 어두운 영화관에서 관람자가 지각하도록 강요되는 이미지와 음향을 투영하는 방식으로 소비되었다. 박물관이나 화랑의 방문자는 자유롭게 걸어 다니고 서로 다른 그림에 집중할 수 있다. 어떤 그림을 감상하는 데 사용하는 시간은 방문자가 통제한다. 이와 대조적으로 관람자의 주의의 윤곽과 영화 진행의 시간적 순서 및 속도는 관람자의 통제 밖에 있고 스크린은 관람자의 중앙 시각장에서 큰 부분을 차지한다. 이야기를 읽는 것은 어느 정도의 자유를 제공할 수 있는 데 반해 영화 관람자는 멈추거나 이전 장면으로 돌아가는 것조차 불가능하다. 그러므로 영화는 자유의 결핍과 관람자가 물리적 환경과 상호작용하지 못하는 (감상) 방식을 보상할 수 있을 만큼 강력한 매력을 가져야 한다. 이런 이유로 인해 일반 대중을 위한 영화는 오로지 관람자들을 스크린에 고정시키기 위한 매우 강한 감정적 몰입에 바탕을 둔 내러티브 영화뿐이었다. 더욱이 대중영화에서는 일반적으로 하나 또는 소수의 등장인물의 시점에 근접하는 방식으로 이야기되었다. 시각적이고 음향적인 요소, 영화 연기의 비언어적 의사소통, 그리고 특히 영화음악은 내러티브에 종속되거나 통합되었다. 따라서 주류 영화들은 대단히 내러티브적인 데 반해, 예술영화들은 왕왕 내러티브적 요소를 감소시키고 시각적 요소에 초점을 맞추기도 있다. 이런 점들을 염두에 두고 내러티브가 어떻게 기능하는지를 살펴보는 것에서 시작하여, 예술영화가 어떻게 더 후천적인 취미(taste)를 충족하는지 분석하도록 하자.

이야기가 만들어내는 기본적인 감정들은 투쟁 혹은 도주(fight or flight)에서와[5] 같이 능동적인 대처를 목표로 하는 교감신경계가 뒷받침하는 것들이다. 로맨틱 코미디의 짝 찾기조차 종종 능동적인 대처를 전제한다. 그러나 이야기는 일반적으로 어떤 주요한 목표가 성취될 때 끝나기 때문에 결말은 이완, 음식 섭취, 그리고 섹스를 지지하는 부교감신경[6] 반응을 유발하는 상황일 수 있다. EMG(electromyography, 근전도)로 측정되는 근육 긴장 또한 매력적인 이야기가 전개되는 동안 증가했다가 결말 이후 감소하여 종결의 유쾌한 느낌을 만든다. (Malmo, 1975를 참고하라.) 부교감 신경 반응은 이완, 음식 섭취 및 섹스와 연결된다.

스토리텔링과 원시적 자기감정

영화에서 가장 기본적이고 단순한 이야기들의 핵심적 특징은 이야기의 초점과 관심을 느끼고 지각하고 행동하는 살아있는 존재(영웅(hero), 주인공)로부터 끌어낸다는 것이다. 이는 영화에만 특유한 것은 아니다. 예를 들어, 설화는 언제나 하나의 주인공, 즉 영웅이 있는 이야기에 초점을 맞춘다. 이 영웅 행위자의 관심사(concerns)가 이야기 속 모든 것에 대한 관심(interest), 가치, 감정의 원천이다. 기본적인 스토리텔링은 짧은 기간 동안만 어떤 살아있는 존재의 매우 명백한 관심이 아닌 어떤 것을 다룰 것이다. 영웅 행위자가 인간일 필요는 없다. 즉 어린이들을 위한 기본적인 스토리텔링에는 물고기, 사슴, 혹은 쥐 같은 동물 영웅들이 매우 많다. 그러나 영웅은 지각하고, 기본적인 감정을 느끼고, 행위하며 의사소통할 수 있어야 한다.

영웅이 어떤 차원에서 관람자와 그 또는 그녀의 핵심 자아(core self)에 대한 대리적 대표라고 생각하는 것은 온당하다. 팽크셉은 핵심적 자아가 어떻게 PAG(periaqueductal gray, 수도관주위회백질)에 위치한 구조에 의해 지지되는지를 기술했다(Panksepp, 1999). 팽크셉은 "확장된 PAG는 통증, 공포, 분노, 분리 곤란(separation-distress), 성 및 모성 행동 체계의 기본적인 신경표상과 함께 신체의 내장 유형 지도를 정교화한다"라고 진술한다(p. 121). 원시적 자아는 기본적인 (변연계) 감정 체계에서 유래하는 가치 부여를 들어오는 지각 정보와 원시적인 반응 도식(행위 도식)과 통합한다. 팽크셉은 자아가 들어오는 감각 정보보다 운동 체계와 더 밀접한 관계가 있다고 강조한다. 이는 예컨대 감정은 행동 경향성이라는 프리다의 진술(Frijda, 1986), 노에와 오리건의 지각의 운동 기반에 대한 강조(Noë & O'Regan, 2001)와 일치하는 것이다. 라마찬드란과 허스테인은 더 나아가 측두 피질이 예를 들면 신체 심상의 느낌을 제공함으로써 지각, 감정 그리고 행위를 융합하는 데 중요한 기능을 한다고 강조했다(Ramachandran & Hirstein, 1999).

기본적인 자아 구조와 신체 심상 구조가 어떻게 지각, 기본 정서, 그리고 행위를 융합하는가에 관한 기술은 정전적인(canonical) 이야기들의 작동방식에 완벽히 들어맞는다. (Bordwell, 1986; Greimas, 1983; Grodal, 1997; Propp, 1968을 참고하라.) 그런 이야기들은 근본적인 의미에서 기본적인 행위자 기능들의 상위의 통합을 위한 소프트웨어이다. 규준적인 내러티브는 이것을 보고 이것을 느끼고 저것을 생각하고 저것을 행하는 — 이는 내가 지각(Perception), 감정(Emotion), 인지(Cognition), 운동 행위(Motor Action)의 약어로 PECMA 흐름이라고 불러온 것이다. (Grodal, 1997을 참고하라.) — 영웅에 초점을 맞춘다. 영웅이 용과 싸우고 공주나 왕자를 찾고 다가올 위험이나 기회를 기대할 때 강렬한 신체적 자기 느낌이 활성화된다. 모든 일상의 사소한 것들은 벗겨진다. 애니메이션 영화 〈니모를 찾아서〉에서 니모의 아빠 클라운피시는 아들을 잃어버린 후 아들을 되찾기 위한 일련의 행위에 몰두하게 된다. 분리, 공포, 분노와 관련된 강렬한 기본 정서들이 적절한 행동과 함께 경험의 기반을 마련했기 때문에 행위자가 클라운피시라는 것은 중요하지 않다.

두드러진 행위자가 스크린에 나타나자마자 관람자들은 이야기가 모델링을 지지하는 노선을 따라 행위자의 의도, 느낌, 행동을 모델링하려 하기 시작할 것이다. 관람(또는 청취) 조건 때문에 관람자(또는 청취자)의 구체적인 자기 인식, 즉 관람자의 경험적인 '나'는 스크린상의 행동과 관련이 없으며, 따라서 영화는 관람자의 자아기능을 자유롭게 '납치할' 수 있다. 더 강렬한 행동이 제시되고, 암시되는 감정적 동기가 더 근본적일수록 관람자의 몰입은 (모든 다른 요인들이 동일하다면) 더 강렬해진다. 100년이 넘는 기간 동안 영화 제작은 어떤 원시적인 감정들과 그런 감정들을 조절할 수 있는 행동을 융합하는 데 자주 목표를 두었다. (가령 추격 장면, 호러 장면, 애정 장면, 탐색 장면 등이 그러하다.) 숨기 혹은 추격하기라는 기본적인 포유류의 놀이-추격 시나리오와 같은 행위(Steen & Owens, 2001을 참고하라.)를 통해 강렬한 감정적 몰입을 만들어내는 것과 연관이 있는 이러한 테크닉은 얼굴 표정의 클로즈업에 의해 측두엽의 복측 부분과 그 변연계 연결에 있는 얼굴 재인 모듈을 통해 감정 모사를 증진하는 테크닉과 연결되어왔다. 다른 존재들을 모사할 수 있다는 것은 모방적 모사를 통해 학습하는 쉬운 방법을 제공하기 때문에 기능적·적응적 의미가 있다. (Bandura, 1994; Gibbs Jr., 2006을 참고하라.)

모방적 모사이론(simulation theory, ST)은 이른바 거울뉴런 이론의 면면에 들어맞는다(Rizzolati et al., 2002). 손으로 잡기(grasping)와 같은 기본적인 행동을 관찰할 때 전운동피질의 거울뉴런들은 그 관찰자가 손으로 잡기를 수행한다면 발화하게 될 방식과 유사한 방식으로 발화한다. 따라서 어떤 유형의 행동에 대한 이해는 그 행동의 모사 속에서 이루어질 수 있다. 아마도 단순한 모사가 타인의 마음 이해에 관한 진실의 전모는 아닐 텐데, 이에 대한 가장 단순한 이유 중 하나는 자기행위자가 종종 다른 행위자를 마주쳐서 그런 행위를 하는 타인들을 모델링할 용량이나 회로가 없을 수 있다는 것이다. 모사에서 감정과 행동 경향성 사이의 밀접한 연결이 문제를 일으킬 수 있는 것과 똑같이 말이다. 특히 '자기행위자'와 상당히 반대되는 감정과 동기를 가진 상대방을 포함하는 '악당'을 마주치는 경우에는 모사가 어렵고 혼란스러울 수 있다. 예를 들어 드라큘라의 잠재적 희생자의 공포를 모사할 때 관람자는 드라큘라의 욕정에 찬 공격성도 모사하도록 강요되어야 한다.

경쟁하는 한 이론은 우리가 다른 사람들이 생각하는 것을 추론할 때 사용하는 어떤 내장된 이론과 추론 규칙(통속심리학, a la folk psychology)을 가진 특별한 뇌 기능을 가지고 있다고 가정한다. 이를테면 마음이론(Theory of Mind, ToM)에서 그러하다. (Baron-Cohen, 1995를 참고하라.) 모사이론들과 마음이론에 관한 이론들을[7] 비교하기 위해 보절리와 뉴언은 서로 다른 이야기들을 읽는 사람들로 몇 번의 실험을 했다(Vogeley & Newen, 2002). 두 유형의 이야기들은 자기를 환기시키는 것을 목표로 했고 기본적인 영화의 스토리텔링에 가까웠다. 하나는 도둑이 어떻게 자기 일을 했는지에 대해 3인칭으로 전달된 '신체적인' 이야기였고, 따라서 자기지지(self-supported) 행위를 통합했다. 다른 하나는 비가 오기 시작할 때 우산 없이 런던으로 가는 것에 대한 1인칭 이야기였다. 두 이야기 유형은 ToM 기능을 유발하도록 설계되었고 몇 명의 행위자들을 포함한다. 하나는 도둑과 경찰관의 이야기로 구성되었다. 다른 하나는 도둑에게 절도를 당한 후 경찰관과 마주치는 사람으로 구성되었다. 자기 이야기들은 우측 측두정피질과 전측 대상피질을 활성화시켰지만, 나아가 우측 전운동피질 및 운동피질, 그리고 양측 설전부의 유의미한 증가로 이어졌다. 보절리는 우하측두정피질의 기능을 가상현실 장면을 항해하는 데 중요하다고 기술했고, 이 뇌 구조의 활성화는 자기중심적 경험 공간의 중심으로서의 신체 표상을 위해 중요할 수 있다고 기술했다. 더욱이 자기중심적 이야기가 운동피질 및 전운동피질의 유의미한 활성화 증가를 가져온다는 것은 매우 흥미롭다. 이러한 사실은 기본적인 이야기 경험이 감정을 신체 심상 및 운동 행위와 융합하는 것으로 구성된다는 생각을 지지하기 때문이다. ToM 이야기들은 우전측 대상피질과 좌측 측두극피질을 활성화시켰다. 뇌가 다른 사람의 마음을 다루는 보다 진전된 과제를 다루기 위해 주로 전측 대상피질에 위치한 기제를 발전시켰다는 것은 타당하다.

PECMA 흐름과 정신적 삶의 시각 미학

보절리와 뉴언이 분석한 이야기들은 독서에서 도출된 것이다(Vogeley & Newen, 2002). 영화관람은 이에 더해 여러 시청각적 기술에 의존한다. 영화관람을 형성하는 일반적인 기제는 시청각적 자극이 눈과 귀로 들어와서 시각 및 청각 피질에서 분석되는 연속적인 흐름이다. 변연계가 자아기능과 연관된 감정적 감흥을 처리할 준비를 하는 것처럼 연합피질은 예비적 형태와 의미론적 의미의 처리를 준비한다. 더욱이 전운동(및 운동)피질이 행동을 모사하기 위해 활성화되는 것과 똑같이, 전전두구조는 인과구조와 의도성을 제공하는 데 관여한다. 순행 처리는 연속적 피드백(feedback cascades)에 의해 보충된다(Edelman et al., 2000 참고). 언급한 것처럼 나는 순행 처리의 흐름을 'PECMA 흐름'이라고 불러왔다. 정보를 얻는 데 기여하는 행위들을 포함한 운동 행위는 새로운 지각적 상황을 산출할 것이기 때문에 미세 상황(microsituations)은 작은 PECMA-PEC-

MA-PECMA… 주기의 연쇄가 될 것이다.

정상적인 성인들에게 생생한 감각질(qualia)은 외부 세계에 대한 지각의 한 국면인 어떤 것으로, 외부세계가 운동 행위의 가능한 대상이 되는 방식과 밀접하게 연관되어 있다. (다른 사람들과 함께) 노에와 오리건은 감각질을 운동 행위의 가능한 대상인 현상들이 표시되는 방식이라고 가정하기도 했다(Noë & O'Regan, 2001). 이와 대조적으로 사고, 느낌, 상상으로 이뤄진 내부세계는 모호하거나 실재하지 않는 감각질만 갖고 있다. 하지만 영화는 외부세계가 어떻게 체화된 뇌에 의해 채색되거나 상상되는지를 시각화하기 위한 주관적인 색조를 제공할 수 있다. 일련의 시각적 효과는 당신이 내부의 정신적 공간으로 경험되는 것과 외부의 물리적 공간으로 경험되는 것 사이의 일종의 혼합이라고 묘사할지도 모를 특별한 경험을 산출하기 위해 PECMA 흐름을 조작하는 것과 연관되어 있다.

영화는 우리의 자연적 시각을 시간 속에서 모사하고 조작할 수 있으며, 이러한 시간 차원은 영화에 특유한 일련의 효과를 제공한다. 영화는 상호작용을 가능하게 하는 세계로서 생생하게 지각되고 착각적으로 경험되는 세계와의 관계 속에서 상호작용하고 느끼고 의도하는 인물들을 모사할 수 있다. 감정이란 행동의 경향성이기 때문에 관람자는 감정의 단서를 줄 뿐만 아니라 감정을 표출하기 위한 목표 지향적 행동을 가능하게 하는 상황에 의해 강렬한 감정을 모사하라는 신호를 받는다. 이뿐만 아니라, 영화의 세계는 살아있는 세계의 모사이므로 영화는 그런 세계에 대한 지각적 접근을 방해하거나 저지하거나 아니면 차단함으로써 강렬한 주관적 감정을 유발하는 고유한 도구를 가진다. 왜냐하면 살아있는 세계는 시간과 운동의 맥락에서 경험되기 때문이다. 따라서 영화의 세계는 정지하거나 느려질 수도 있고 빠른 운동으로 속도를 낼 수도 있다. (〈엘비라 마디간Elvira Madigan〉의 장면들과 같은) 슬로모션과 (트뤼포(Truffaut) 감독의 〈400번의 구타The 400 Blows〉의 유명한 마지막 프레임 같은) 정지 화면은 강렬한 서정적 강조를 제공한다. 회화는 정의상 죽은 세계인 동시에 당신이 능동적으로 살펴볼 수 있는 공간 속 대상이기 때문에 감상자는 얼어붙은 세계의 생생한 느낌을 받지 않는다. 그러나 영화의 세계가 인물에게 강렬하게 감정적인 상황에서 갑자기 정지하면 뇌는 이 정지를 현기증이 날 때의 불분명한 시각과 유사한 어떤 뇌 내부의 감정 유발적 일탈의 표현, 즉 주관적인 느낌으로 경험할 수 있다. 영화가 우리가 실제 세계를 경험하기 위해 사용하는 모든 정신적 능력을 활성화하기 때문에 관람자들은 시각적 변형을 정신적 · 뇌 내부적 과정으로 강렬하게 느낀다.

다른 기분 증진 장치 및 서정적 장치들은 공감각과 연결된다. 두드러지는 점은 영화가 시각장의 활동 전위를 표상하기 위해, 이에 따라 이미지에 어떤 촉각적 · 공감각적 특질을 부여하기 위해 영화 조명을 사용한다(Grodal, 2005). 주요 도구는 주변(확산)광과 직사광 사이의 관계를 통제하는 것이다. (태양으로부터 오는 직접적인 일광과 같은) 직사광은 그림자를 드리우고 그림자는 윤곽선 등을 제공하기 위한 3차원 대상에 대한 시각적 뇌의 분석에 매우 중요하다. 그러므로 직사광이 어떻게 대상에 매우 견고한 촉각적 특질을 부여하는지를 나타내기 위해 '날카롭다(sharp)'고 말한다. 대상의 질감이 보여지기 위해서는 그림자를 부드럽게 할 수 있는 약간의 주변광 또한 필요하다. 예를 들어 직사광은 콧날이 두드러져 조각적이고 견고한 특질을 제공하게 한다. 이에 반해 주변광은 머리의 한쪽 면이 어둡거나 보이지 않는 것을 막아준다. 이와 대조적으로, 안개나 두꺼운 구름이 만드는 것과 같은 매우 주변적인 빛은 그림자가 생기지 않게 하고, 따라서 대상을 부드럽게 거의 2차원적으로 만든다. 강렬한 직사광 또한 견고하고 조각적인 대상에 대한 우리의 지각을 파괴하는데, 이는 얼굴의 한쪽 면이 완전히 어두울 때처럼 그림자가 우리의 대상 재인을 왜곡하기 때문이다. 역광은 대상에서 3차원성을 제거하고 따라서 대상에 '정신적(mental)'·영적(spiritual) 느낌을 제공하는 데 반해 언더라이팅은 언캐니한데, 이는 뇌는 빛이 위에서부터, 즉 태양으로부터 온다고 가정하도록 설정되어 있기 때문이다. 대상의 촉각적 특질은 조명의 변화에 따라 변화하지 않기 때문에 우리의 시각은 몇몇 표준적인 가정들을 표상하는 대상의 촉각적 특질과 이미 내장된 연관성을 갖는다. 그러므로 영화 제작자들은 시각 체계의 선천적인 구조를 활용함으로써 부드럽고 서정적이고 정신적인 이미지를 만들 수 있다.

내러티브적인 영화가 꽤 긴 시간 동안 아무 일도 일어나지 않고 생생한 주인공의 관심이 없는 장면을 보여주더라도 관람자는 짧은 시간 후 행동 경향성으로 고취된 환경에 전형적인 감정적 긴장이 사라지고 포화된 느낌으로 변화하는 것을 느낄 수 있다. 이는 시각적 입력에 대한 뇌의 처리가 행위자가 수행하는 행동을 지지하기 위해, 혹은 전운동피질 및 운동피질에 의해 지지되고 따라서 경험에 초점을 제공할 수도 있는 명제를 만드는 것과 같은 '유사행위'를 수행하도록 설정되어 있기 때문일 것이다. 심리학자 말모는 근육 뉴런으로부터 오는 모든 피드백을 차단하는 큐라레(curare)를[8] 환자에게 투여한 실험에 대해 기술한다(Malmo, 1975). 결과는 환자들이 사고에 집중할 수 없고 의식의 흐름에 놓인 상태로 전락했다는 것이다. 브로카의 언어 중추는 전운동피질의 일부이고 명제는 운동행위라고 볼 수 있다. 그러므로 영화 장면에 수행할 행위나 생성할 명제가 없고 외계의 행위자(영화 제작자)가 스크린에 머물게 한 지각만이 존재한다면, 뇌는 어떤 (숨겨진) 의미에 대한 초점이 맞춰지지 않은 탐색을 수행할 때의 포화된 느낌에 의해 뒷받침되는 '측두정' 연합 디폴트 모드로 돌아갈 수 있다. 실제 생활에서 우리는 특정한 장면을 볼 때 어떤 의미를 찾아야 한다는 책임감을 스스로 느낀다. 그러나 한편으로 영화의 이미지가 실제 생활의 장면일 수 있고 다른 한편으로 그 의미가 명백하지 않다면 어떤 의미에서 영화는 모호한 것이다. (예를 들어 이미지가 주인공을 공격하는 호랑이를 보여줄 때 모호한 것처럼 말이다.) 이는 영화 이미지를, 숨겨진 의미가 있다는 사실이 어떤 방식으로든 보장되는 감독으로부터의 의사소통이라고 관람자가 느낄 수 있다는 의미에서 그러하다.

타르콥스키(Tarkovsky), 린치(Lynch), 혹은 안토니오니(Antonioni) 같은 예술영화 감독들은 종종 분명한 내러티브적 의미가 없는 장면들을 보여준다. 타르콥스키가 〈거울Zerkalo〉에서 불과 물을 사용한 것처럼 영화의 장면들이 분명한 의미가 없는 어떤 반복되는 현저한 이미지들을 갖고 있다면 효과는 더욱 복잡해질 것이다. 연상이 형성될 수 있고 불을 영화에서의 증가하는 장면들과 연결하는 노드들은 중요하고 의미 있는 포화된 느낌을 제공할 것이다. 이러한 느낌이 불은 사랑과 같다거나 불은 죽음과 같다는 것처럼 명제적이고 모호하지 않은 내용으로 변환될 수 있는 방법은 없지만 말이다. 포화된 연상으로 인한 이러한 깊이와 의미가 있는 느낌은 심지어 역시 부분적으로 측두피질의 효과로 생각되는 종교적인 느낌과 함께 갈 수도 있다. (Newberg & D'Aquili, 1998을 참고하라.)

위에 기술한 많은 유형의 포화된 기분 조절은 행동을 유발하는 느낌을 지지하기 위해 주류 영화들에서 짧은 시간 동안 사용될 수 있다. 그러나 이런 장치의 광범위한 사용은 예술영화들에서만 일어나는데(Grodal, 2000 참고), 예술영화들은 주류의 내러티브적 영화에 비해 훨씬 관객이 적다. 흐름을 방해하고 연상에 초점을 맞추는 데 관여하는 정신적 과정은 기본적인 욕구에 의해 동기가 부여되는 행동을 모사하는 것보다 수행하기 어려운 것으로 보인다. 이것은 원시적인 자기감정을 활성화하는 것보다 훨씬 더 어려울 뿐만 아니라 관람자들은 경험에 대해 분석적 자세를 취함으로써 정신적 메타조작을 수행해야 한다. 더욱이 예술영화의 이야기는 종종 한 사람의 인생에 응집성을 가져오고 진정한 정체성을 찾기 위한 노력에 초점을 맞춘다는 의미에서 자주 메타이야기가 된다. (베리만, 타르콥스키, 벤더스(Wenders), 린치는 종종 이런 '메타질문들'에 초점을 맞추는 영화제작자들이다.) 안토니오 다마지오는 자아에 대한 모형을 세 단계 — 기본 수준, 핵심 자아, 자전적 자아 — 로 스케치했다(Damasio, 1999). 핵심 자아는 팽크셉도 기술한 바 있는 기본 정서를 조직화하는 데 비해, 자전적 자아는 한 사람의 인생에서 오랜 기간에 걸쳐 가치와 이해의 일관성을 성취하기 위해 노력하는 더 상위의 정신적 기능들로 구성된다. 이런 과정들은 물론 기본적인 상황들과 관련된 것에 비해 훨씬 더 추상적이고 더 많은 정신적 에너지를 요구한다.

뇌의 현실 상태, 평가 그리고 영화

이미지가 내적 삶의 측면으로 느껴질 수 있다는 사실은 현실 상태(status of reality) 문제를 제기한다. 뇌는 의식의 현재 내용을 그 현실의 상태가 진행 중인 행동에 대해 갖는 적절성이 분명한 방식으로 표시해야 한다. 우리가 꿈, 사고, 혹은 기억을 우리의 현재 환경인 것과 혼동한다면 우리는 다소 곤란을 겪을 것이다. 그러나 우리가 이런 '오프라인'의 지각, 감정, 그리고 행동의 적절성을 표상하지 못한다면, 우리는 우리의 현재 행동이 뇌에 축적된 사고와 경험에 적절히 영향을 받도록 하지 못할 것이고 상상을 건설적으로 활용하지 못할 것이다. 영화 관람은 현실 상태에 대한 매우 복잡한 평가를 요구한다. 이와 같은 활동은 당신이 그 허구성에 대한 암묵적 지식을 잃어버리지 않은 채 내러티브에 몰입할 것을 요구한다. 이러한 틀 안에는 현실의 다양한 수준이 존재한다. 말하자면, 가장된(pretended) 실제 행동과 가장된 행동을 통해 (몇몇 인물이 가장한다는 것을 아는 것이 중요한 코미디처럼) 꿈이나 서정적인 의식의 흐름과 같은 주관적 상태에서부터 (그리너웨이(Greenaway)의 많은 영화에서처럼) 내러티브 밖의 시점에서 내러티브를 바라보는 메타픽션에 이르기까지 다양하다는 것이다.

현실의 여러 수준을 구별할 수 있고 또 허구를 즐길 수 있는 우리 능력의 진화적인 뿌리는 아마도 추격놀이를 하는 포유류의 능력에서 찾을 수 있을 것이다. 놀이를 한다는 것은 당신이 예를 들면 추격하거나 추격을 당하는 어떤 행동을 진지한 모드와 가장 모드의 두 가지 다른 모드로 수행할 능력을 요구한다. 추격자와 피추격자는 그들의 역할에 적합한 감정의 일부를 느낄 필요가 있지만, 동시에 그들에게는 온전한 역할 동일시를 억제하고 예를 들어 피추격자 역할을 할 때에도 일종의 만족감을 느낄 수 있게 하는 어떤 다른 표식이 필요하다. 포유류의 훈련 모드 추격놀이를 위해 고안된 뇌 구조는 이제 계획하고 가설을 세우는 진보된 능력과 같은 새로운 목적을 위해 재사용되었다. 스토리텔링은 우리가 허구의 영화를 볼 수 있게 하는 후발 주자이다.

영화에 있어서 큰 중요성을 갖는 놀이 모드들의 특수한 발달은 웃음과 유머인데, 직접적으로 추격놀이(액션, 스릴러 등)가 아닌 많은 영화에서 그런 반응이 지배적이기 때문이다. 웃음과 여러 형태의 유머는 관련된 행위와 감정의 현실 상태를 변경하는 특별한 모드이다. 프로빈은 간지럼 쾌감으로 표현되는, 우리의 조상들이 놀이를 하는 동안 다른 사람에게 접촉되는 것을 수용하고 즐거워할 수 있게 만든 기제로서 웃음 및 유머 발달의 국면들을 추적한다(Provine, 2000). 우리의 미소는 가장 활동 등 장난스러운 활동에 참여할 때 원숭이들이 사용한 놀이 표정(play faces)으로 거슬러 올라간다. 유머의 이해는 사회적·감정적 판단 및 계획과 연합된 위치인 뇌의 하부 전두엽에 기반을 두는 것으로 보인다. (웃음 및 유머의 신경 상관물에 대한 개관을 위해서는 Wild et al., 2003을 참고하라.) 웃음과 유머는 변연계의 쾌락 중추인 중격의지핵을 활성화시킨다.

코믹한 반응에는 여러 원인이 있지만 공통분모는 그것이 각성에 의해 촉발된다는 것이다(Grodal, 1997 참고). 운동 통제의 결핍(가령 추락, 서투름)이나 인지적 역설과 강박적 행동 외에 영화에서 유머를 촉발하는 원인 중 매우 중요한 부분은 수치심 같은 일련의 부정적인 사회적 감정이다. 코믹한 반응은 현실 상태를 재정의함으로써 그런 대단히 부정적인 반응을 즐거움으로 변형시킨다. (즐거움으로 변형되는 부정적 각성을 제공하는 상황은 왕왕 매우 현실적이기는 하지만) 우리는 이런 경험을 현실로 받아들일 필요가 없다. 그러므로 웃음은 우리가 현실 대처에서 차단당함으로써 부정적인 경험으로부터 탈출하고 사회적 의사소통을 부드럽게 할 수 있게 해주는 안전판이다. 그러나 우리가 웃고 싶은지 아닌지를 결정할 수 있게 해주는 의사결정 과정들은 매우 복잡하고 맥락에 대단히 민감하다. 종종 우리는 심지어 두 가지 상반되는 쾌락적 감정값을 가지는 두 가지 탈출 기제 — 슬픈 울음 혹은 즐거운 웃음 — 사이에서 선택해야 한다. 두 반응 모두 세계 지향적 대처를 자기 조절로 대신한다. 슬픔과 웃음은 어느 정도 동일한 뉴런의 지원을 공유하며, 웃음과 울음의 원인 및 유발 조건을 분석하는 전두 인지 중추와 울음과 웃음을 통제하는 소뇌 및 뇌간에 있는 중추들 사이 연결의 손상으로 인해 환자를 웃거나 울게 만드는 종류의 뇌 손상도 있다(Parvizi et al., 2001). 그리고 두 반응 모두 언제 대처를 포기할지를 결정하는 어떤 정신적 기제를 전제한다. 따라서 현실 상태를 평가하는 기제는 네 가지 차원에서 미적 효과를 제공하는 데 사용된다. 첫 번째 차원은 어떤 것이 외부 세계에서 일어나는지 마음속에서 일어나는지를 구별하여 긴장 대 포화(혹은 강도)를 명시하는 것과 관련이 있다. 두 번째 차원은 느껴지는 현실성의 변경을 통한, 영화의 사건이 유발하는 감정의 쾌락적 감정값(긍정적/부정적 척도에서 감정의 위치) 및 강도의 변경과 관련된다. 세 번째 차원은 진지함 대 가장 및 놀이의 정도와 관련되며, 이 차원은 유머와 웃음의 경우처럼 종종 두 번째 차원을 변경하기 위해 사용된다. 네 번째 차원은 (호러 영화나 동화에서처럼) 현실적인 것과 초자연적인 것 사이의 관계를 활용하는 것으로 구성된다. 현실 상태 기제를 조절하거나 전복하는 것은 종종 주류 영화와 예술영화에서 미적 목적을 위해 사용될 수 있는 강렬한 느낌을 유발한다.

뇌 구조와 영화미학

대부분의 영화는 일반적으로 외부 세계를 표상한다. 그러므로 종종 영화는 이 세계에 사는 사람들을 포함하는 외부 세계에 대해 그 영화가 무엇을 말하는가와 관련하여 기술된다. 그게 아니라면, 예술은 뇌의 선천적인 특징들을 자극 및 조절하는 문화적으로 산출된 방식으로 기술될 수 있다. 이것은 영화에서 느낌과 의미 사이의 관계의 문제와 관련해서 특히 적절하다. 일반적으로 예술은 삶과 세계에 대한 심층적인 의미의 전달수단이며, 뇌 접근법은 환원주의적이라고 종종 주장된다. 나의 입장은 사랑, 죽음, 우정, 병, 안전 추구 등과 같은 분명하고 진부한 의미 또한 가장 심오하다는 것이다. 오페라와 영화는 종종 매우 진부한 줄거리를 가지고 있으며, 〈지난해 마리앵바드에서Last Year in Marienbad〉나 (사실 다마지오의 연구에서 영감을 받은) 〈메멘토Memento〉와 같은 복잡한 예술영화조차도 감독이 내러티브를 뒤죽박죽으로 만들었기 때문에 복잡한 것일 뿐이다. 그러므로 예술의 변별점은 이런 흔한 인간 경험을 매우 현저한 것으로 만드는 능력이라고 할 수 있다. (영화) 예술에 관한 근본적인 문제는 그러므로 **무엇**을 의미하는가가 아니라 **어떻게** 의미하는가이다.

현저함은 때때로 클로즈업, 최적의 조명 조건, 이해하기 쉬운 얼굴 표정, 지각적 대조 등을 제공함으로써 우리가 타고난 지각적 · 감정적 · 인지적 능력을 모방하고 증진함으로써 얻어진다. 그러나 현저성은 종종 정신적 기능의 단락(short-circuiting)이 제공하는 것이다. 이미 언급한 것처럼 영화가 이렇게 하는 한 가지 방법은 예를 들어 포화된 이미지의 초점이 맞춰지지 않은 연쇄를 제공함으로써 PECMA 흐름을 방해하거나 저지하는 것이다. 또 다른 단락의 방법은 앞에서 기술한 것처럼 예를 들면 특이한 정신 상태, 초자연 현상, 혹은 감정 반응의 코믹한 조작에 대한 영화에서 모호하지 않은 현실 상태를 성립시키는 우리의 능력을 단락시킴으로써 어지러운 경험을 제공하는 것이다.

다마지오는 의식의 작동에 가장 근접한 것은 영화에서의 스토리텔링이라고 지적했다(Damasio, 1999, p. 188). 따라서 영화미학 연구에는 양 갈래 길이 있다. 한편으로는 뇌 구조에 대한 지식이 영화에서 스토리텔링을 하는 이유에 대한 통찰을 제공하고, 다른 한편으로는 영화는 어떻게 다양한 정신적 기능들이 서로 협력하는가와 스토리텔링을 통제하는 도식들이 어떻게 기본적인 PECMA 흐름을 조정하는 상위의 통합 기제로서 기능하는가에 대한 모범 사례인 것이다. 실험실에서의 실험과 달리, 영화는 종종 지각적 · 감정적 · 인지적 · 작동적(enactive) 과정의 연속적 흐름으로서 인간의 서로 간에 또 세계와의 상호작용을 자연주의적 세팅 안에서 보여준다.

1) 영화기법으로서 합성(superimposition)은 두 개 이상의 독립된 화면을 합쳐 하나의 화면을 구성하는 방법을 일컫는다.

2) 영화기법으로서 몽타주(montage)란 짧은 장면들을 이어붙임으로써 박진감 있는 이야기 전개를 보여주는 방법이다. 한 장면을 길게 촬영하여 이야기의 세부들을 보여주는 롱테이크와는 대조적으로 몽타주는 짧은 장면들 사이에 생략된 이야기는 관객의 상상에 남겨둔다. 몽타주 기법은 20세기 초반 미국의 영화감독 D. W. 그리피스(Griffith), 소련의 영화감독 세르게이 예이센시테인(Sergei Eizenshtein) 등이 발전시켰다.

3) '줌아웃 트랙인(zoom-out track-in)'은 히치콕이 〈현기증〉에서 처음 선보인 기법으로, 카메라 줌을 늘리면서 카메라를 전진하게 하여 배경이 한없이 멀어지는 것처럼 보이도록 하는 시각적 효과를 산출한다.

4) '빠른 편집' 혹은 '패스트커팅'은 몽타주 기법의 한 종류로, 3초 이내의 짧은 장면들을 연이어 보여주는 영화 편집방식을 의미한다. 주로 많은 정보를 빠르게 전달하기 위해 또는 박진감이나 혼돈을 암시하기 위해 주로 사용된다.

5) 심리학에서 '투쟁 도주 반응(fight or flight reaction)'은 갑작스런 자극에 대하여 투쟁할 것인가 도주할 것인가를 선택하는 본능적 반응을 의미한다.

6) 부교감신경계통(parasympathetic nervous system)은 교감신경계통과 함께 자율신경계통을 이루는 원심성 말초신경계통이다. 부교감신경이 흥분하면 맥박 감소, 혈압 감소, 소화 촉진 등 몸이 편안한 상태가 된다. 교감신경계와 길항적으로 작용하며 심장에 대해서는 억제, 위에 대해서는 촉진 작용을 한다.

7) 11장 주 1)을 참고하라.

8) 큐라레는 남미 원주민이 화살촉에 칠하는 독약이다.

13

예술의 즐거움에 대한 의식적 경험

오신 바타니안(Oshin Vartanian)

미적 경험은 흔한 현상이다. 우리는 영화감상, 음악감상 혹은 독서 같은 전형적인 미적 행위에 의식적으로 참여할 때뿐만 아니라 사랑하는 사람을 포옹하거나 멋진 레스토랑에서 음식 냄새를 맡을 때도 미적 경험을 한다. 미적 경험의 형성에 '차가운' 인지와 '뜨거운' 감정이 상대적으로 기여해온 정도에 대해서는 심리학과 철학에서 끊임없는 논쟁거리가 되어왔다. 이와 반대되는 최근의 일부 주장에도 불구하고(Freedberg & Gallese, 2007 참고) 여전히 논쟁적인 문제다. 예를 들면 놀라울 정도로 많은 미적 현상을, 그 과정에서 명시적으로 감정을 전혀 유발하지 않는 순수하게 인지적인 미적 경험 모형을 사용하여 설명할 수 있다. (Martindale, 2001 을 참고하라.) 적어도 이런 증거는 감정적 개입이 미적 경험의 필수적인 전제조건이 아닐 수도 있음을 시사한다.

이 장의 목적은 이러한 논쟁에 참여하는 것이 아니다. 나는 완전히 다른 목표를 달성하기 위해 감정의 신경과학에서 나온 최근의 통찰에 기반을 둔 예술적 즐거움의 의식적 경험에 관한 신경이론을 제시할 것이다. 나는 미적 경험에서 감정과 즐거움의 역할을 설명하기 위해서는 더 정교한 감정이론이 필요하다는 데 이 책의 다른 저자들(Brown & Dissanayake)과 견해를 같이하며, 최근에 그런 이론이 하나 등장했다고 생각한다. 그러므로 나는 신경미학의 최근 발견들이 이 감정 모형에 어떻게 대응하는지, 그리고 그 발견들이 미적 경험에서 즐거움의 역할에 대해 무엇을 알려주는지에 관해 논의할 것이다. 당연히 이 논의는 즐거움이라는 느낌을 수반하는 미적 경험들과만 관련될 것이다. 나는 이런 범주의 미적 경험이 얼마나 광범위한가 결정하는 일은 다른 사람들의 연구로 남겨놓을 것이다.

미적 경험에서의 즐거움

예술작품을 감상하거나 그것과 상호작용할 때 우리는 즐거움의 경험을 의식할 수 있다. 이러한 감각이 인지적·감정적 과정을 수반한다는 데 동의하지 않는 사람은 거의 없겠지만(Zaidel, 2005 참고), 지금까지 어떤 이론도 즐거움의 의식적 경험이 이런 미적 경험에서 하는 역할을 성공적으로 설명하지 못했다. 이 장의 맥락에서는 즐거움을 경험할 때 무의식적 감정 상태의 역할은 다루지 않을 것이다. (하지만 Berridge & Winkielman, 2003과 Winkielman & Berridge, 2004는 참고할 만하다.) 이런 실용적인 결정은 대부분의 미학 연구가 피험자들의 평가를 요구하므로 현재로서는 무의식적 처리에 비해 의식적 처리 문제를 다루는 자료가 더 많다는 사실에 근거한다. 즐거움의 의식적 경험으로 논의를 한정한다면 신경과학에서의 발견이 미적 경험의 심리적 모형을 더 잘 구성하는 데 기여할 수 있는 적어도 두 가지 충분한 가능한 방식이 있다. 첫째, 적어도 유쾌하거나 불쾌한 감정 상태의 경험과 관련되는 한 **감정이라는 주관적 경험**에 대한 신경과학 연구를 고찰해야 하고, 감정이 미적 경험에 관여하는 방식을 시험하기 위해 경계선 상의 조건들(boundary conditions)을 설정해야 한다. 내가 즐거움의 경험을 감정의 경험과 등치시키는 것은 아니라는 데 주목해야 한다. 오히려 나는 핵심 정동(core affect)에 대한 의식적 자각에 의해 감정이 유발된다고 논증할 것이므로(Barrett et al., 2007)[1] 즐거움의 의식적 경험에 대한 이론은 감정 경험에 대한 이론과 접점을 가져야 한다는 주장으로 들릴 수 있다.

덧붙여 일러둘 것은, 나는 예술과 관련하여 유발되는 즐거움의 의식적 경험으로 이끄는 기제가 다른 자극을 평가하는 동안 발생하는 즐거움의 의식적 경험이 유발하는 기제와 다르지 않다는 것이 당연하다고 생각한다는 것이다. (Zaidel, 2005도 참고하라.) 이러한 결론은 **자극보다는 과정**의 역할을 강조하는 신경과학의 증거의 정신에서만이 아니라(Stephan et al., 2003), 뇌가 의식적 즐거움을 만들어내기 위해 고려 대상 자극의 함수에 따라 다른 회로에 의존한다는 것은 진화적으로 가능성이 낮다는 사실에서 도출된 것이다.

미적 경험에서 의식적 즐거움의 소재를 결정하는 문제 일부는 예술작품 감상과 관련된 감정 상태로 이끄는 과정의 정확한 순서에 대한 우리의 현재 지식수준과 관계가 있다. 최근에 이 문제를 해명할 수 있다고 하는 유망한 모형들이 제안되기는 했지만(예: Chatterjee, 2003; Leder et al., 2004),

이들의 결정적 측면 중 어떤 것들은 아직 좀 더 검증이 필요하다. 순서를 밝히는 문제는 예술작품에 대한 노출로 시작해서 예술작품에 대한 평가 형성으로 끝나는 전체적인 경험 기제에서 인과관계에 대해 말해주므로 이런 모형들에 대해 시험하는 것은 매우 중요하다. 사실 예술작품의 평가를 형성하는 행위가 미적 경험을 하는 데 필수적인가 여부는 그 평가의 인지적 혹은 감정적 본성과는 관계없이 논란의 여지가 있다. (Chatterjee, 2003을 참고하라.) 이것이 필수적일 수 있다고 인정한다고 해도 정동적 평가 판단이 인지적 평가 판단을 뒤따르는지, 아니면 그에 앞서는지는 아직 결정할 수 없고, 이 문제는 이 장의 마지막 부분에서 다룰 것이다.

둘째, 이 장의 초점이 회화 형태의 시각예술이기는 하지만 회화를 자극으로 사용한 연구로만 범위를 한정할 필요는 없다. 예를 들어 많은 연구가 매력 측면에서 차이가 나는 얼굴을 볼 때 다양한 뇌 구조의 역할, 혹은 스캐너 속에서 얼굴의 매력을 평정하는 것을 조사해왔다. 이런 많은 연구는 얼굴의 매력을 평정하는 것이 즐거운 경험을 하는 동안에도 활성화되는 뇌의 보상 및 감정 회로를 활성화시킨다는 것을 발견했다. (Senior, 2003을 참고하라.) 이러한 연구의 결과는 여기서 고려하는 핵심적인 문제 ─ 즉 즐거움의 의식적 경험이 미적 경험에서 감정의 의식적 경험과 관련이 있는가? ─ 를 해결할 실마리를 줄 수 있다.

개관

이 장은 다음과 같이 구성될 것이다. 첫째, 내가 즐거움의 의식적 경험에 대한 이론은 감정 경험에 대한 이론과 접점을 가져야 한다고 주장했으므로 그런 '가교적(bridging)' 접근에 사용될 수 있다고 생각하는 최근에 제안된 감정 경험에 관한 신경생물학적 이론의 기본원리들을 개관할 것이다(Barrett et al., 2007). 둘째, 정보처리 과정에서 감정과 감정의 역할을 논의한 미적 경험의 정보처리 모형(≒ Leder et al., 2004)을 개관 및 검토하고, 배럿 외(Barrett et al., 2007)의 감정 모형이 어떻게 레더 외의 미적 경험 모형에서 정동과 감정의 역할에 대한 신경생물학적 기초를 형성할 수 있는가를 보일 것이다. 셋째, fMRI 스캐너 속에서 수행하는 그림과 얼굴에 대한 미적 평가에 관한 가용한 문헌 일부를 검토하여 이 결과들이 미적 경험에서 감정과 즐거움의 문제에 어떻게 기여할 수 있는지 강조할 것이다. 마지막으로는 미적 경험에 대한 즐거움의 기여를 연구하기 위한 기본적인 계획을 개관할 것이다.

감정 경험의 신경과학

감정에 관한 신경영상 연구에 대한 세 개의 대규모 메타 분석이 최근 문헌에 등장했다(Barrett & Wager, 2006; Murphy et al., 2003; Phan et al., 2002). 연구 결과의 전반적 패턴으로부터 다음과 같이 두 가지 중요한 결론을 도출할 수 있다. 첫째, 감정이 뇌의 구조망에서 분산되어 작용하기는 하지만, 이 체계에서 비교적 일관되게 중심부를 형성하는 다수의 구조를 가지고 예비적인 스케치를 만들 수 있다. 둘째, 공포, 분노, 행복 혹은 슬픔 같은 개별 감정에 대응하는, 서로 분리할 수 있는 활성화 패턴은 없다. 오히려 이러한 감정들을 경험하는 것은 폭넓게 중복되는 영역망의 활성화와 상관적인 것으로 보인다. 이런 발견은 분리할 수 있는 (기본) 정서에 대응하는 분리 가능한 피질체계를 강조하고자 하는 몇몇 연구 프로그램에는 문제가 될 수 있겠지만, 감정을 환경과 상호작용하는 핵심 정동의 정신적 표상으로 보는 연구 프로그램은 강력하게 지지한다(Russell, 2003). 아래에서 이와 같은 연구 프로그램에 대해 논의할 것이다.

핵심 정동과 감정

배럿 외의 감정 경험 모형은 감정 연구를 위해 존 설(John Searle)이 제시한 생물학에 기초한 철학적 틀을 출발점으로 삼는다(Searle, 2000; Barrett et. al., 2007). 간단히 말하면, '생물학적 자연주의'에는 세 가지 원리가 있다. 첫째, 감정 경험에 대한 적절한 설명에는 그 원인(들)의 명시가 필요할 뿐만 아니라 그 내용(즉 그 사람이 무엇을 느끼는지)을 명시하는 것도 필요하다. 첫번째 원리와 관련된 두 번째 원리는 감정 경험의 내용은 그 원인(들)으로 환원될 수 없다는 것이다. 이 원리는 감정이 뇌 활동의 특징과 연결될 수 있기는 하지만, 감정의 경험은 뇌 활동 자체보다 많은 것을 포괄한다는 사실을 천명한다. 감정 경험은 신경생물학적 특징뿐만 아니라 현상학적 특징도 가지는 창발적 속성이고, 두 가지 특징은 관련되어 있기는 하지만 서로 다른 실체를 나타낸다. 셋째, 감정의 경험은 의식적 상태이므로 1인칭 시점에서만 존재한다. 이는 감정 경험을 연구하기 위해서는 사람들에게 무엇을 느끼는지 물어보는 것이 필수적이라는 것을 의미한다. 이러한 진술의 이면에는 감정 경험을 연구하기 위해서는 3인칭 측정치에만 의존해서는 충분하지 않을 것이라는 점을 함축한다.

배럿 외는 생물학적 자연주의라는 관점에서 출발하여 현상학적 특징과 신경생물학적 특징을 모두 포괄하는 감정적 경험에 대한 모형을 발달시켰다. 배럿 외 모형의 골자가 되는 특징은 핵심 정동 개념으로(Russell, 2003), 이 개념은 내용을 포함한 쾌 혹은 불쾌 상태를 가리킨다. 핵심 정동은 대상이나 사건이 좋은지 나쁜지, 유익한지 해로운지, 보상적인지 위협적인지에 대한 지식을 포괄한다. 결과적으로, 감정 경험은 이런 핵심 정동 상태들의 정신적 표상으로 구성된다. 이러한 견해를 지지하기 위해 그들은 쾌 혹은 불쾌 상태를 감정에 대한 정신적 표상의 핵심으로 보는 방대한 증거를 인용한다. 물론 배럿 외는 감정 경험이 쾌나 불쾌 상태로 환원될 수 있다고 주장하는 것이 아니라, 쾌나 불쾌 상태가 감정 경험에 필수적인 구성요소라고 주장하는 것이다. 그들은 어떤 사람이 쾌나 불쾌 상태를 수반하는 핵심 정동 상태의 정신적 표상을 형성할 때 감정을 경험하지만, 감정은 유기체와 환경 간의 관계에 대한 다른 평가 또한 수반할 수 있다고 주장한다. 여기서 중요한 개념은 감정 경험이란 정동적 요소와 개념적 요소를 가진 마음 상태라는 것이다. 정동적 요소는 핵심 정동으로 요약되는 쾌나 불쾌 상태다. 개념적 요소는 유기체에게 환경과의 관계에 대한 정보를 주는 정동적 상태의 정신적 표상이다. 핵심 정동은 역동적인 상태이므로 환경에 대한 우리의 심리적 해석(construal)은 핵심 정동 상태의 변화에 관한 함수로서 변화한다.

핵심 정동의 뇌 기질

위에서 언급한 것처럼 감정에 관한 신경영상 연구가 별개의 혹은 기본정서들(공포, 분노 등)을 분리할 수 있는 신경적 특징(neural signature)과 연결시키지는 않았지만(Barrett & Wager, 2006; Murphy et al., 2003; Phan et al., 2002), 인간 뇌의 복측 부분은 핵심 정동을 함께 매개하는 것으로 보이는 두 개의 신경체계를 포함한다. 가치를 계산하는 데 인간 뇌의 복측 부분이 하는 역할을 지지하는 많은 증거가 있다(Bechara et al., 2000; Kringelbach & Rolls, 2004). 여기서 가치는 대상이나 사건의 감각적 속성이 유기체의 상태에 어떤 영향을 미치는지에 대한 정신적 표상으로 이해된다. 결과적으로, 이는 대상이나 사건에 대한 사전 경험과의 관계에서 유기체의 핵심 정동의 조정을 허용한다. 이것은 분리될 수 있지만 상호의존적인 두 신경체계의 기능을 통해 성취되는 것으로 보인다.

첫 번째 신경체계는 편도체의 기저측 복합체(basolateral complex), 안와전두피질 중심 및 외측 면, 그리고 전측 뇌섬엽으로 구성된다(그림 13-1). 이 체계는 감각적 속성과 유기체에 대한 영향 등 대상에 대한 가치 기반 표상을 생성한다. 이러한 통합된 체계에서 편도체의 기저측 복합체는 자극의 원래 가치를 코드화하고, 안와전두피질의 중심 및 외측 면은 자극의 맥락 의존적 가치를, 전측 뇌섬엽은 내수용성 단서를 코드화한다. 이러한 세 구조는 함께 감각적 속성에 대한 정보와 이 정보가 유기체에게 무엇을 의미하는지를 포함하는 자극의 초기 가치 기반 표상을 생성한다.

두 번째 신경회로는 복내측(ventromedial) 전전두피질과 전측 대상피질(anterior cingulate cortex) 및 편도체와의 연결을 포함한다(그림 13-1). 두 번째 회로는 첫 번째 회로에서 가치 기반 입력을 받아들여 배럿 외가 "정동적 작업 기억"이라고 부르는 것을 제공함으로써 그 내용이 선택, 의사결정 및 판단의 기초를 형성할 수 있게 된다. 즉 두 번째 회로, 특히 복내측 전전두피질에서 형성된 표상은 유기체가 추상적 규칙이 아닌 느낌과 직관

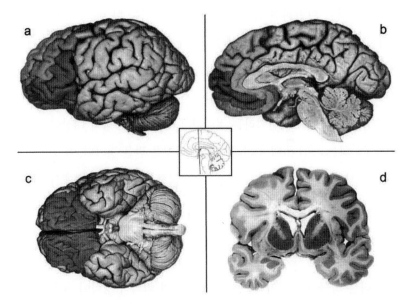

[그림 13-1] 감정의 정신적 표상에 대해 알려주는 신경적 준거 공간에서 핵심적인 뇌 영역 (© 2007 by Annual Reviews. www.annualreviews.org; 컬러 그림은 이 책의 263쪽을 보라.)

에 기초한 선택과 의사결정 및 판단을 할 수 있게 해준다.

핵심 정동과 미적 경험

배럿 외가 핵심 정동에 관여하는 두 신경회로 구조의 구체적인 기능이라고 한 것들을 지지하는 증거가 많이 있다(예: Bechara et al., 2000; Kringelbach & Rolls, 2004; Phelps, 2006). 그러나 여기서 문제는 이 모형이 미적 경험에서 즐거움의 의식적 경험의 역할을 이해하는 데 어떻게 사용될 수 있는가다. 기초적인 신경 구조만 개관하긴 했지만, 예술에서 즐거움의 의식적 경험이 일반적인 감정 경험과 관련이 있는 한 나는 이 모형이 예술에서 즐거움의 의식적 경험에 대한 가설을 시험하기 위한 기초가 될 수 있다고 생각한다. 구체적으로 말하자면, **예술작품으로서** 시각적 대상과 상호작용할 때(Leder et al., 2004) 감상자는 그 가치에 대한 1인칭의 정신적 표상을 형성하기 마련이라는 것이다. 이 가치는 시각적 대상이 상징적으로 표상하는 개념에 대한 사전 경험의 영향을 받을 것이다. 이 정신적 표상은 그 사람이 무엇을 느끼는가에 대한 정보를 담는다는 점에서 내용을 포함할 것이다. 이 정신적 표상은 예술작품과 상호작용하는 과정에서 추출되는 정보가 변화하는 본성의 함수로서 변화할 수 있다. 배럿 외가 옳다면, 또 예술과 관련된 즐거움의 의식적 경험으로 이르도록 유발되는 신경 기제가, 다른 자극들을 평가하는 동안 즐거움의 의식적 경험이 유발하는 기제와 동일하다는 것이 당연하다고 생각된다면(Zaidel, 2005도 참고), 우리는 배럿 외의 감정 경험 모형에서 두 신경회로의 일부를 이루는 구조들이 그림이나 얼굴 같은 시각적 대상과 관련된 미적 경험에 관여하는가를 시험할 수 있다. 그러나 그전에 나는 미적 경험에서 정동과 감정의 역할을 명시적으로 논의한 레더 외의 미적 경험 모형을 간략하게 검토할 것이다(Leder et al., 2004). 다른 곳에서 마르코스 나달과 나는 이미 이 모형에서 파생될 수 있고 생물학적 수준에서 검증할 수 있는 미적 경험의 다양한 측면에 대한 구체적인 가설들을 논의하고 서술한 바 있다(Vartanian & Nadal, 2007). 여기서의 초점은 미적 경험에서 즐거움의 의식적 역할이라는 면에서 이 모형이 무엇을 제공해줄 수 있는가가 될 것이다.

미적 경험의 한 모형

미적 경험에 대한 레더 외의 모형은 순서대로, 그리고 몇 개의 피드백 루프를 통해 연결된 다섯 개의 정보처리 단계로 구성된다. 정보의 흐름은 모형의 어떤 부분에서는 일방향적이고 다른 부분에서는 양방향적이어서 어떤 단계는 상향 처리와 하향 처리를 모두 포함하기도 한다. 이와 더불어 이러한 순차적인 흐름과 평행하게 작동하면서 그 출력을 받아들이는 정동적 평가의 흐름(연속적 정동 평가(Continuous Affective Evaluation))이 있다. 이 체계의 입력은 예술작품 자체인데, 이 장의 목적에 따라 이를 시각적 자극으로 한정할 것이다. 그리고 각 단계에서는 예술작품으로부터 다양한 특징을 추출하기 위해 예술작품에 대해 특정한 조작이 수행된다. 첫 번째 단계는 **지각적 분석**(perceptual analyses)과 관련된다. 이 단계에서는 복잡성이나 대칭성 같은 특징들이 추출된다. 두 번째 단계는 **암묵적 기억 통합**(implicit memory integration)과 관련되는데, 여기서는 지각적 정보가 과거 경험과 관련된다. 세 번째 단계는 내용 정보와 예술작품의 양식에 대한 명시적 정보의 분석을 통한 **명시적 분류**와 관련된다. 네 번째 단계는 **인지적 숙달**(cognitive mastering)이라고 부르며, 예술작품에 해석이나 의미가 부여되는 순간이다. 이와 같이 우리는 이미 지각적 속성을 추출하고 그것을 자기지시적(암묵적 기억 통합), 명시적(명시적 분류) 맥락 속에 위치시켰으므로 우리가 보고 있는 것이 무엇인지를 이해한다. **평가**(evaluation)라고 부르는 마지막 단계에서는 숙달하는 동안 예술작품에 부여한 의미나 해석을 평가한다. 이러한 평가 단계는 두 가지 출력을 생성한다. 즉 미적 판단과 미적 감정이 그것이다. 인지적 숙달이 성공적이고 감상자가 예술작품을 성공적으로 해석했다면, 예술작품은 훌륭한 예술작품이나 형편없는 예술작품 중 하나로 평가될 것이다. 이런 미적 판단은 각각 긍정적 미적 감정과 부정적 미적 감정을 동반할 것이다. 이에 반해, 인지적 숙달이 성공적이지 않고 감상자가 예술작품을 해석하는 데 실패했다면, 형편없는 예술작품으로 평가되고 부정적 미적 감정을 동반할 가능성이 높을 것이다.

이미 설명한 것처럼 레더 외의 모형은 위에서 개관한 배럿 외의 감정 경험 모형의 두 가지 핵심 특징과 놀라울 정도로 일치한다. 레더 외의 모형은 **연속적 정동 평가**로 나타나는 정동과 미적 경험의 두 가지 최종 산물 중 하나인 미적 감정을 구별한다. 연속적 정동 평가는 순차적인 정보처리의 흐름과 평행하게 작동하고, 이로부터 지속적으로 입력을 받는다. 이는 유기체에 영향을 미치는 환경 입력의 가치를 역동적으로 읽어낸다고 해석되는 핵심 정동에 대한 배럿 외의 기술과 개념적으로 유사하다. 물론 배럿 외의 모형에서 핵심 정동은 일반적인 감정 경험의 결정적인 구성요소로 개념화되는 데 반해, 레더 외의 모형에서 **연속적 정동 평가**는 특히 미적 경험과 관련되어 개념화된다. 그럼에도 이 단계에서 두 모형은 모두 감정이 아닌 정동을 강조한다. 그러나 레더 외의 모형의 마지막 단계에서는 생성되는 두 출력 중 하나가 미적 감정이다. 인지적 숙달이 성공적이고 피험자가 예술작품을 성공적으로 해석했다면, 예술작품은 훌륭한 예술작품이나 형편없는 예술작품 중의 하나로 평가될 것이다. 이런 미적 판단은 각각 긍정적 미적 감정과 부정적 미적 감정을 동반할 것이다. 반면에 인지적 숙달이 성공적이지 않다면 해당 예술작품은 형편없는 예술작품으로 평가되고 부정적 미적 감정을 동반할 가능성이 높을 것이다. 역시, 미적 감정에 대한 이러한 정의는 감정 경험이 핵심 정동의 정신적 표상을 수반하는 미적 경험에 대한 배럿 외의 정의와 일치한다. 두 모형 모두 정동적 상태에 대한 의미 있는 정신적 표상이 형성되지 않으면 감정적 경험이 완전하다고 간주하지 않는다.

미적 경험의 신경생물학

배럿 외의 모형이 다음과 같은 가정에 결정적으로 의존한다는 것을 상기하자. 즉 감정 경험이 의식적인 상태라는 것을 고려하면 이것은 1인 칭 시점에서만 존재한다. 이는 사람들에게 무엇을 느끼는지 물어봄으로써만 사람들의 주관적 경험 상태에 접근할 수 있다는 것을 의미한다. 어떤 3인칭 설명도 충분하지 않을 것이다. 나는 같은 원칙을 미적 경험에서 즐거움의 역할에 대한 해결의 실마리를 줄 수 있는 신경과학적 미학 연구로 확장시킬 것이다. 모든 미적 경험이 의식적인 즐거움을 수반할 필요는 없다는 것 또한 상기하자. 어떤 미적 판단들은 지각적 분석과 이후의 시각적 처리를 더 많이 강조하는 미적 경험의 모형들을 사용해서 상당히 성공적으로 설명될 수 있다. (예: Chatterjee, 2003을 보라.) 그러므로 나는 여기서 우리의 논의를 두 종류의 연구로 한정할 것이다. 첫째, 피험자들에게 주관적 선호나 미에 초점을 맞추라고 명시적으로 지시한, 예술작품의 시각적 미학에 대한 연구들의 결과를 검토할 것이다. 이때 주관적 선호와 미는 둘 다 인지적 상태와 정동적 상태를 모두 포함한다(Leder et al., 2005). 둘째, 피험자들이 스캐너 속에서 얼굴을 보는 동안 주관적 선호(매력)에 초점을 맞추라고 명시적으로 지시한 연구를 논의할 것이다. 그리고 나서 두 행위 모두에서 즐거움의 역할에 대해 흥미로운 것을 알려줄지도 모르는 중첩점들을 발견하기 위해 이 두 가지 연구 결과들을 비교할 것이다.

예술작품의 시각 미학

위에서 서술한 것처럼 지금까지 어떤 뇌 영상 연구도 피험자들에게 예술작품을 보는 것에 반응하여 나타나는 즐거움의 주관적 수준을 표시하라고 지시하지 않았다. 그러나 주관적 선호나 미 판단의 신경 상관물을 연구한 세 가지 fMRI 연구가 있다. 선호와 미 판단은 인지적 성분뿐만 아니라 정서적 성분도 가지고 있으므로(Leder et al., 2005) 둘 모두 미적 경험에서 감정의 역할에 대한 실마리를 줄 수 있다. 각 연구의 발견들을 논의한 후 이들을 레더 외의 미적 경험 모형 및 배럿 외의 감정 경험 모형과 관련시킬 것이다.

바타니안과 괼은 피험자들에게 스캐너 안에서 그림을 보면서 미적 선호에 대해 평정하라고 지시했다(Vartanian & Goel, 2004). 선호는 그림에 대한 호감의 정도로 정의되었다. 피험자들이 1인칭 시점에서 선호를 나타낼 수 있도록 함으로써 이 설계는 얼마나 그림을 좋아하는지 물어보는 것으로 사람들의 경험의 주관적 상태에 접근할 수 있게 해주었다. 저자들은 예술작품에 대한 미적 선호가 '무관심적' 혹은 인지적 태도(stance)로 특징지어지는 것인지, 아니면 예술작품의 속성에 대한 감정적 반응이 어떤 역할을 해서 나타나는 것인지 결정하는 데 관심이 있었다. 그들은 미적 선호가 감정에 의해 매개된다면 감정 처리에 관여한다고 생각해온 뇌 구조들이 이에 관여해야 한다는 가설을 세웠다. 이와 달리 미적 선호가 주로 인지적 과정이라면 감정적으로 중립적인 조건에서 평가에 관여한다고 생각해온 뇌 구조들이 이에 관여해야 한다. 실험 결과는 시각피질, 미상핵, 대상구 등 감정이나 보상을 처리하는 데 관여한다고 알려진 여러 피질 구조들의 활성화가 선호 평정의 함수로서 공변한다는 것을 보여주었다.

　이러한 결과가 레더 외의 미적 경험 모형 및 배럿 외의 감정 경험 모형과 얼마나 잘 맞는지 생각해보자. 레더 외의 **연속적 정동 평가**가 정보처리의 흐름과 평행하게 작동하며, 그로부터 연속적인 입력을 받아들인다는 것을 상기하자. 이는 예술작품과 상호작용하는 피험자가 정보처리의 순서 중 주어진 어느 시점에서든 그 예술작품에 대한 선호 평정을 제공할 수 있으며, 평정을 생성하기 전에 작품을 인지적으로 숙달할 필요는 없다는 것을 의미한다. 그러므로 바타니안과 괼의 결과는 아마도 **연속적 정동 평가**를 매개하는 피질 및 피질하 구조들에 대한 실마리를 주고, 피험자에게 주어진 예술작품에 대한 호감도를 나타내라고 했을 때 활성화를 볼 수 있을 것으로 기대되는 영역을 보여줄 수 있을 것이다. 또한 배럿 외의 모형에서 가치 — 대상이나 사건의 감각적 속성이 유기체의 상태에 어떻게 영향을 주는지에 대한 정신적 표상으로 이해되는 — 는 분리될 수 있지만, 상호의존적인 두 가지 신경체계의 통합적 기능을 통해 계산된다는 것을 상기하자. 이미 언급한 것처럼 이 모형의 두 번째 체계는 배럿 외가 "정동적 작업 기억"이라고 부르는 것을 제공하는데, 정동적 작업 기억은 유기체가 추상적인 규칙이 아니라 느낌과 직관에 기초한 선택, 결정, 판단을 할 수 있게 해준다. 이 회로는 전측 대상피질을 포함한다. 바타니안과 괼의 과제가 피험자들에게 선호 판단을 하도록 요구했다는 것과 대상구가 활성화된 영역 중 하나였다는 것을 고려할 때, 이 결과는 예술작품에 반응하여 1인칭 선호 판단을 하는 것이 핵심 정동을 보조하는 신경체계에 의해 매개될 수도 있다는 것을 시사한다.

　두 가지 fMRI 연구에서 (호감(liking)이 아니라) 미의 판단을 선택의 종속 변인으로 사용했다. 가와바타와 제키는 피험자들에게 스캐너 안에서 보기 전에 그들이 이미 아름답거나 추하다고 평정한 그림을 제시하고 스캐너 안에서 그림을 다시 평정하라고 지시했다(Kawabata & Zeki, 2004). 그 결과는 아름답다고 분류된 자극에 대해 안와전두피질에서의 활동이 더 강했다는 것을 보여주었다. 저자들은 안와전두피질에서의 이러한 활성화가 아름다운 그림의 보상 가치 때문이라고 주장했다. 이와 대조적으로, 스코프와 동료들은 피험자들에게 국제 정동적 사진 체제(International Affective Picture System: IAPS)에서 나온 자극들을 제시했다(Skov et al., 2005). IAPS는 감정적으로 긍정적, 부정적 혹은 중립적으로 분류된 사진들의 목록이다. 피험자들은 스캐너 안에서 각각의 자극을 보고 아름답거나 추하거나 중립적인 것으로 평정해야 했다. 추한 사진과 비교하여 아름다운 사진들은 후두엽, 두정엽, 전두엽을 포함하는 광범위한 영역의 망을 활성화시켰다. 피험자들이 감정적으로 부정적이라는 사실에도 (가령 죽음이나 부상을 나타내는 장면을 보여줬을 때) 사진을 아름답다고 평정했을 때는 후두엽, 측두엽, 전두엽을 포함하는 망에 활성화가 있었는데, 특히 양측 안와전두피질에 활성화가 있었다. 가와바타와 제키, 그리고 스코프 외가 모두 피험자에게 1인칭 시점에서 판단을 나타낼 수 있게 했고, 따라서 경험의 주관적 상태에 대한 접근을 가능하게 했다는 데 주목하라.

방법론적으로 서로 다르긴 했지만, 가와바타와 제키, 그리고 스코프 외의 연구는 (모두) 아름답다고 평가되는 자극에 의해 상대적으로 많이 활성화되는 피질구조를 분리해내고자 시도했다. 레더 외의 미적 경험 모형에 따르면, 미의 평가는 미적 판단을 이용하므로 이 계산은 모형의 다섯 단계에 걸친 처리 이후에만 나타날 수 있다. 따라서 두 연구 모두에서 나타난 안와전두피질에서의 활성화는 연속적 정동 평가와 관련되지 않았을 가능성이 높다. 오히려 아름다움의 어떤 정동적 속성이 안와전두피질에서 계산되는 것일 가능성이 높다. 안와전두피질에서의 활성화는 결과적으로 다양한 과정과 연결되었지만, 특히 복잡한 보상, 쾌락, 감정 간의 상호작용과 연결되었다(Kringelbach, 2005; Kringelbach & Rolls, 2004). 배럿 외의 모형에 따르면 가치의 계산에 관여하는 첫 번째 체계는 편도체의 기저 측 복합체, 안와전두피질의 중심 및 외측 면, 그리고 전측 뇌섬엽으로 구성된다. 이 체계는 감각적 속성과 유기체에 대한 영향을 포함하는 대상의 가치 기반 표상을 생성한다. 이 체계에서 안와전두피질의 중심 및 외측 면은 자극의 맥락 의존적 가치를 코드화하여 감각적 속성에 대한 정보와 이 정보가 유기체에게 무엇을 의미하는지를 포함하는 자극에 대한 초기 가치 기반 표상에 기여한다. 두 연구에서의 과제가 모두 피험자들에게 미의 판단을 할 것을 요구했다는 점과 안와전두피질이 두 연구에서 모두 이미지에 대한 '아름답다는' 주관적 판단 — 특히, 이 판단이 스코프 외의 연구에서 이미지의 감정적 상태와 모순될 때 — 과 관련하여 활성화된 영역이라는 점을 고려하면, 이러한 결과는 시각적 이미지에 대한 반응으로 1인칭의 미 판단을 하는 것이 핵심 정동을 보조하는 신경 체계에 의해 매개될 수 있다. 또한, 미의 판단은 가치의 정신적 표상으로 이끄는 과정들의 순서에서 비교적 이른 단계에 가치를 코드화한다는 것을 시사한다.

　요약하면 바타니안과 괼(2004), 가와바타와 제키(2004), 스코프 외(2005)의 발견은 미적 경험과 감정 경험의 모형들에 상당히 잘 들어맞는다. 이 발견들은 1인칭 미적 경험이 결과적으로 핵심 정동과 연결되어 쾌나 불쾌의 기본적 상태를 코드화하는 감정적 성분을 포함한다는 사실을 제시한다. 셀라콘데 외 또한 미 판단에 대한 뇌자도(MEG) 연구를 수행했다는 것을 언급할 필요가 있다(Cela-Conde et al., 2004). MEG의 매우 우수한 시간적 해상도 덕분에 셀라콘데 외는 fMRI로 가능한 것과 비교했을 때 매우 짧은 시간(< 1,000msec) 내에서 자료를 분석할 수 있게 해주었다. 그들의 결과는 참가자들이 자극을 아름답지 않다고 판단했을 때에 비해 아름답다고 판단했을 때 더 나중의 시간 동안(400~1,000msec) 좌측 배외측 전전두피질에서의 활동이 유의미하게 컸다는 것을 보여주었다. 이러한 결과로 얻어진 매우 짧은 시간 창은 이러한 활성화가 의사 결정을 위한 하향적 정보 흐름의 빠른 모니터링과 개시에서 기인한 것일 수 있다는 것을 시사한다(Davidson & Irwin, 1999; Heekeren et al., 2004; Herrington et al., 2005; Krawczyk, 2002; Wallis & Miller, 2003).

얼굴의 시각 미학

얼굴의 아름다움의 처리에 관한 신경과학 문헌은 매우 방대하고(검토를 위해서는 Senior, 2003 참고), 그 발견들에 대한 세세한 검토는 이 장의 범위를 벗어난다. 그러나 이 장에서 우리의 접근이 시각적 미학에 대한 1인칭 접근을 조사한 연구들에 초점을 맞췄고, 그 기준을 확고히 한다면 얼굴과 관련된 연구들의 분야는 상당히 좁아진다는 것을 상기하자. 나카무라 외는 많지 않은 이런 종류의 연구 중 하나를 수행했다(Nakamura et al., 1998). 그들의 연구에서는 남성 참가자 6명에게 PET 스캐너 안에서 여성의 얼굴들을 보여주고 매력적이거나, 중립적이거나 혹은 매력적이지 않다고 평정하도록 했다. 결과는 색채 변별 과제와 비교하여 얼굴을 매력에 대해 평정하는 것은 좌전측 및 중앙 전두피질(left anterior and middle frontal cortex), 좌측 전측두 연접부(left fronto-temporal junction), 안와전두피질, 미상핵,

그리고 시각피질에서 국소 뇌 혈류(regional cerebral blood flow, rCBF) 증가로 이어졌다는 것을 보여주었다. 저자들은 매력 평정에서 위에 언급한 영역들이 관여하는 것은 정동적 성분이 관여하는 평가적 판단에 대한 이 영역들의 더욱 일반적인 관여의 특수한 사례라고 주장했다. 다시 말해 저자들은 매력적인 얼굴을 감정 반응을 유발할 수 있는 보상적 자극으로 간주했다. 배럿 외의 모형에서 안와전두피질의 역할은 감각적 속성과 유기체에 대한 영향을 포함하는 대상에 대한 가치 기반 표상을 생성하는 것을 포함한다. 안와전두피질의 중심 및 외측 면은 자극의 맥락 의존적 가치를 코드화하여 감각적 속성에 대한 정보와 이 정보가 유기체에게 무엇을 의미하는가를 포함하는 자극에 대한 초기의 가치 기반 표상에 기여한다. 이러한 기술은 나카무라 외의 연구에서 참가자들에게 수행하게 한 과제에 잘 들어맞는데, 그 과제는 남성 피험자들이 여성의 얼굴을 바탕으로 매력 판단을 하는 것을 포함했기 때문이다. 여기서 또다시 실험결과가 알려주는 것은 시각적 이미지(얼굴)에 대한 반응으로 1인칭 미적(매력) 판단을 하는 것은 가치의 정신적 표상으로 이끄는 과정들의 순서에서 비교적 이른 단계에서 핵심 정동을 보조하는 신경체계에 의해 매개될 수 있다는 것이다.

미적 경험의 즐거움에 관한 한 모형

이 장에서 나는 배럿 외의 감정 경험 이론의 기본 원리들을 개관하고, 이것이 어떻게 레더 외의 미적 경험 모형에서 정동과 감정의 신경학적 기초를 형성할 수 있는지 개관했다. 그리고 나서 나는 fMRI 스캐너 안에서의 그림과 얼굴의 미적 판단에 대한 문헌 일부를 검토하여 그 결과들이 어떻게 미적 경험에서 감정과 즐거움의 문제에 기여하는지를 강조했다. 그 과정에서 나는 미적 경험에 대한 즐거움의 기여를 연구하기 위한 기본적인 전략을 개관하려고 노력했다.

현재 신경미학 분야는 감정과 인지 사이의 간극을 메우고 그 과정에서 미적 경험에서의 즐거움의 역할을 설명할 수 있는 틀이 부족하다. 이러한 틀을 획득하기 위해서는 두 가지 모형이 필요하다. 말하자면 하나는 정동과 감정의 차별적인 역할을 설명하는 미적 경험의 심리학적 모형이고, 다른 하나는 느껴지는 쾌와 불쾌 상태를 감정과 연결할 수 있고 그런 연결 과정에서 핵심 정동의 정신적 표상을 포함하는 감정 경험의 신경생물학적 이론이다. 나는 레더 외와 배럿 외가 제안한 모형들이 이 두 가지 요건을 각각 충족할 수 있다고 생각한다. 나달과 내가 레더 외의 모형에서 유도할 수 있는 가설의 상세한 집합을 제안하고 생물학적 수준에서 시험했으므로(Vartanian & Nadal, 2007) 여기서 다시 언급하지는 않을 것이다. 그러나 나는 여기서 개관한 틀이 차후의 연구에 동기를 부여하기에 충분할 만큼 명료하기를 바란다. 기본적으로 그것은 다음 공리들로 환원될 수 있다. 첫째, 핵심 정동은 감정 경험의 생리학적 기초를 형성한다. 둘째, 핵심 정동의 정신적 표상은 감정을 일으킨다. 셋째, 핵심 정동의 정신적 표상은 그 내용에 대한 인지적 숙달을 수반하므로 감정과 인지 사이에 가교를 형성한다. 넷째, 핵심 정동이 쾌/불쾌 느낌 상태의 기저를 형성하는 한, 핵심적 생리상태, 이로부터 발생하는 감정, 그리고 이에 의미를 부여하는 인지 사이에는 이론적 연관성이 있다. "이러한 체계의 연접점들(joints)"은 모두 미적 경험의 맥락 안에서 실험을 통해 검토되기를 기다리고 있다.

1) 정동과 감정의 차이에 대해서는 1장 주 6)을 참고하라.

14

미적 즐거움의 근원:
처리 유창성과 판단, 신체, 뇌의 정동[1]

트로이 셰니에(Troy Chenier)와 표트르 빙키엘만(Piotr Winkielman)

이 장은 우리가 미적 경험에서 필수조건(sin qua non)이라고 여기는 것과 관련이 있다. 다시 말해 이 장은 미적 즐거움 또는 대상의 지각으로 유발되는 즉각적인 쾌락적 경험에 관한 것이다. 여러 연구 전통에 따라 대상의 의미적 측면(연상되는 의미)이나 형식적 특징(색채나 형태) 중 하나에 초점을 맞춰서 이 경험을 이해하고자 한다. 이와 대조적으로, 여기서 우리는 미적 즐거움이 때로는 다른 원천, 즉 정보처리의 유창성(fluency)에서 나올 수 있다고 제안한다. 아래에서 우리는 '처리 유창성'이라는 용어가 무엇을 의미하는지 정의하면서 시작할 것이다. 그리고 호감 및 매력 판단과 긍정적 정동을 나타내는 심리생리학적 반응에서 표현된 것처럼 높은 처리 유창성의 쾌락적 결과를 보여주는 연구를 검토할 것이다. 마지막으로 우리는 유창성과 정동의 신경기초를 살펴보며 마무리할 것이다.

전체 논의에서 우리는 처리 유창성 개념이 광범위한 미적 현상에 대한 간결한 설명을 제공한다는 것을 보여주려고 노력할 것이다. 다시 말해, 인지 및 사회과학에서 유래한 것들 — 단순 노출, 구조적 관계 선호, 원형성, 점화기반 선호(priming-based preferences) — 로부터 실험미학과 가장 자주 연결되는 것들 — 정보의 양, 대칭성, 대조 및 명료성 — 까지 광범위한 미적 현상이 처리 유창성으로 설명될 것이다.

처리 유창성 개념

처리 유창성은 지각적(Jacoby et al., 1989 참고), 개념적(Winkielman et al., 2003 참고) 수준에서 모두 일어나는 정신적 조작의 상대적 속도나 용이성을 나타내는 일반 용어다. 이 개념은 지각자가 정보의 내용(자극이 '무엇'인가)뿐만 아니라, 처리 자체의 질(자극을 처리하는 것이 '얼마나' 빠른지, 혹은 쉬운지)에도 접근할 수 있다고 가정한다. 이러한 가정에 대한 증거는 내용 변화가 없다해도 자극은 식별(Jacoby, 1983; Roediger, 1990; Tulving & Schachter, 1990 참고)이나 분류(Posner & Keele, 1968; Winkielman et al., 2006 참고)의 속도가 달라질 수 있다는 것을 보여주는 많은 연구로부터 나온다. 이러한 유창성 신호가 판단 및 의사 결정에 대한 입력 역할을 한다는 많은 증거가 있다. 예를 들어, 기억 연구자들은 자극 내용의 변화 없이 자극이 처리되는 유창성을 증진시키면 그것을 전에 봤다는 주장이 높아진다는 것을 보여주었다(Whittlesea et al., 1990). 짐작건대, 실험 참가자들의 높은 유창성(빠른 식별 속도)은 자극 처리에 대한 어떤 사전 연습이 있었음을 가리킨다고 생각하여 일어나는 것 같다. 다른 연구는 유창성이 진실, 명성, 빈도와 같이 다양한 판단에 기여한다는 것을 보여주었다(Schwarz, 2004).

여기서 우리는 유창성이 자극의 역사적 위상, 혹은 진실 위상을 추론하기 위한 단서로 사용될 수 있는 것과 마찬가지로 평가적 판단을 하는 데도 — 자극의 호감도나 유쾌성을 결정하는 데도 — 사용될 수 있다고 제안한다. 중요한 것은 어떤 맥락에서 유창성이 자극을 '차가운' 방식으로 (암묵적 혹은 명시적 추론을 통해) 평가하는 데 사용될 수 있다는 것을 인정하는 한편, 우리는 이 장 전체에 걸쳐 유창성이 '뜨거운' 경로를 통해, 즉 진정한 긍정적 정동을 불러일으킴으로써 평가적 판단에 영향을 미칠 수도 있다고 주장한다.

이처럼 논란의 소지가 있는 제안의 배후에 있는 기본적인 생각은 높은 유창성이 인지체계 내에서든 세상 속에서든 긍정적인 사태의 신호로서 기능할 수 있다는 것이다. 좀 더 구체적으로, 높은 유창성은 ⓐ 처리의 순조로운 진전과 현재의 인지적 목표를 달성할 가능성, ⓑ 자극을 해석하기 위한 적절한 지식 구조의 가용성, ⓒ 자극에 대한 사전 경험과 자극이 해로울 우려 감소, 그리고 ⓓ 인지체계에서 더 큰 정도의 조화 또는 더 낮은 정도의 갈등 신호를 전달할 수 있다. 매우 유창한 처리가 이러한 특성들로 특징지어진다는 것을 고려할 때 우리는 이런 신호가 내재적인 '따뜻한 감정(warm glow)'을 가지고 있다고 생각한다. (좀 더 포괄적인 논의로는 Reber et al., 2004; Winkielman et al., 2003을 참고하라.)

우리의 쾌락적 유창성 제안의 실행력에 결정적인 것이자 이 책의 중심 주제가 되는 것은 심리생리학과 신경과학에서 나온 증거들이다. 그래서 다음에서는 이러한 방법들을 사용한 여러 연구에 대해 논의할 것이다. 관련된 연구의 대부분은 얼굴 근육의 전기적 활동량을 측정하여 감정의 지표로 삼는 얼굴 EMG를 사용하여 실시되었다(Cacioppo et al., 1986). 구체적으로, 긍정적 정동은 큰광대근(zygomaticus major, 미소 근육)의 활동 증가와 연합되고 부정적 감정은 눈썹주름근(corrugator supercillii)의 활동 증가와 연합된다. 우리는 이런 방식으로 정동 반응을 지표화함으로써 긍정적 정동을 비침습적으로 측정할 수단을 획득하며, 높은 처리 유창성이 쾌락적으로 표시된다는 우리의 제안에 수렴되는 지지를 얻을 수 있다. 또한 PET나 fMRI 같은 신경영상 기법을 사용한 관련 연구들에 대해 논의할 것이다. 이 연구 중 유창성과 정동을 직접 연결시킨 것은 매우 드물기는 하지만 말이다.

높은 처리 유창성과 선호의 연관성

미적 현상에 대한 연구는 두 가지 전통으로 나눌 수 있다. 한편으로는, 지각자의 학습 경험이 어떻게 그 사람의 선호를 형성하는지를 이해하는 데 초점을 둔 인지 및 사회심리학적 전통이 있다. 다른 한편으로는, 미적 대상의 쾌락적 속성을 식별하는 데 주로 관심이 있었던 실험미학 전통이 있다. (이 책의 3장을 참고하라.) 이 절에서는 지각자의 학습 경험과 미적 대상의 속성이 모두 하나의 동일한 기제를 통해 — 즉 처리 유창성을 높임으로써 — 미적 반응성의 행동 측정치(즉 호감 및 즐거움 평정)에 영향을 미친다는 것을 보여주고자 할 것이다.

지각자의 학습 경험

심리학에서 선호에 대한 연구는 어떤 영역에서의 사전 경험이 그 영역의 동일하거나 관련된 항목의 이후 매력에 어떻게 영향을 미치는지에 초점을 맞춰왔다. 이 전통에서는 다음과 같은 네 가지 관련된 현상이 많은 관심을 받아왔다. 즉 단순 노출, 구조적 관계 선호, 원형성, 그리고 점화기반 선호가 그것이다. 우리가 보여주는 것처럼 이러한 선호 현상들은 높은 처리 유창성에 대한 쾌락적 반응을 반영하는 것일 수 있다.

단순 노출

단순 노출 효과는 자극에 대한 반복적 경험의 결과로서 어떤 자극에 대한 태도의 향상을 가리킨다. 이것은 다양한 자극(예: 얼굴, 표의문자, 단어, 음악, 그림, 추상적 패턴)에서 다양한 종속 측정치(예: 강제 선택 선호 판단, 호감 및 유쾌성 평정 척도)를 사용하여 긍정적인 맥락과 부정적인 맥락 모두에서(Saegert et al., 1973) 발견되어왔으며, 실험실에서(Moreland & Zajonc, 1976), 현장 환경에서(Schaffner et al., 1981), 그리고 인간뿐만 아니라 동물에게서도(Hill, 1978) 발견되었다. (메타분석적 검토로는 Bornstein, 1989를 참고하라.) 그뿐만 아니라, 단순 노출은 특정한 작품의 즐거움을 높여주는 데 더해서 예술 규범 전체 유지에도 기여할 수 있다는 예술 영역 내에서의 증거가 있다(Cutting, 2003). 우리의 제안과 관련해서 중요한 것은 새로운 항목과 비교했을 때 단순히 노출된 항목에 대한 식별 및 분류 시간이 더 빠르다는 사실이 나타내는 것처럼 자극에 대한 단순 노출이 자극의 재처리를 촉진한다고 강고하게 제시되어왔다는 것이다. (Haber & Hershenson, 1965; Jacoby & Dallas, 1981을 참고하라.) 사실 여러 연구자가 우리의 제안과 일관되게 단순 노출은 바로 이 재처리의 이득 때문에 선호를 증가시킨다고 제안해왔다. (Bornstein & D'Agostino, 1994; Jocoby et al., 1989; Seamon et al., 1983; Whittlesea & Price, 2001을 참고하라.) 그러나 우리의 제안과 달리 이 연구자들은 유창성을 단순히 평가적 판단의 맥락에서 지각자에 의해 해석되어야 하는 인지적 단서로 본다. (Klinger & Greenwald, 1994를 참고하라.) 이런 차가운 설명과 대조적으로 우리의 뜨거운 설명은 높은 유창성이 진정한 긍정적 정동을 유발하므로 호감으로 이어진다고 제안한다. 우리의 제안에 대한 지지는 여러 원천으로부터 나온다. 행동 수준에서는 모나한과 동료들이 처음으로 실험 참가자들을 서로 다른 표의문자 25개 혹은 각각 5회씩 반복되는 서로 다른 표의문자 5개에 역하(subliminally) 노출시켰다(Monahan et al., 2000). 이후에 동일한 표의문자 5개에 반복해서 노출된 참가자들(높은 유창성 조건)은 서로 다른 표의문자 25개에 노출된 참가자들(낮은 유창성 조건)보다 더 기분이 좋다고 보고했다. 심리생리학적 수준에서는 하몬존스와 앨런이 새로운 항목에 비해 단순히 노출된 항목에 대해 (긍정적 정동을 나타내는) 큰광대근(Zygomaticus major)에서 더 큰 EMG 활동을 발견했다(Harmon-Jones & Allen, 2001). 종합하여 말하면, 이러한 행동적 · 심리생리학적 결과들은 단순 노출 효과가 높은 처리 유창성의 쾌락적 표시를 반영한다는 우리의 주장을 지지한다.

구조적 관계 선호

어떤 자극에 대한 선호의 발전은 반드시 지각자가 정확히 그 자극을 이전에 처리했다는 사실에 의존하는 것은 아니다. 오히려 이러한 선호는 단지 구조적으로 관련된 자극들을 이전에 처리했다는 사실로부터 발전할 수도 있다. 고든과 홀리오크는 범주 학습 패러다임을 사용해서 이를 증명했다(Gordon & Holyoak, 1983). 실험 참가자들은 먼저 문법적 구조에 합치하는 몇몇 문자열에 노출되었고, 그 후 새로운 문법적 또는 비문법적 문자열에 대한 호감을 평정했다. 실험결과는 구조적 관계 선호를 보였다. 참가자들은 새로운 문법적 문자열들이 비문법적 문자열보다 더 마음에 든다고 평정했다. 이후에 솔버저와 르버는 더 의미 있는 토널 시퀀스(tonal sequence)를[2] 사용해서 이러한 발견을 확인하고 확장시켰다(Sollberger & Reber, 2004). 참가자들은 이전에 들은 문법적인 토널 시퀀스와 새로운 문법적인 토널 시퀀스를 모두 비문법적인 토널 시퀀스보다 선호했다. 그리고 단순 노출이 정보 추출을 촉진하는 것과 같이 여기서도 마찬가지인 것으로 보인다. 구체적으로, 버크너의 연구에서 참가자들은 인공 문법 사례들에 노출된 후 검은색 패턴 차폐 밑에서부터 단계적으로 드러나는 새로운 문법적·비문법적 문자열을 가능한 한 빨리 식별하라는 지시를 받았다(Buckner, 1994). 참가자들은 비문법적 문자열보다 문법적 문자열에 더 빨리 반응했고, 따라서 어떤 항목 범주에 대한 사전 학습 경험이 이전에 학습한 범주와 어떤 구조적 관계를 갖는 새로운 항목에 대한 이후의 처리를 촉진한다는 것을 보여주었다.

원형성

어떤 범주의 가장 구조적으로 관련된 구성원을 종종 '원형'이라고 부른다. 원형은 범주에 속하는 모든 구성원의 평균 혹은 집중 경향(central tendency)을 대표한다(Posner & Keele, 1968). 원형에 대한 선호는 견고하다. 사람들은 생물 범주 — 인간의 얼굴(Rhodes & Tremewan, 1996; Rhodes et al., 2001)과 물고기, 개, 새(Halberstadt & Rhodes, 2000, 2003) — 와 무생물 범주 — 색상 패치(Martindale & Moore, 1988), 가구(Whitfield & Slatter, 1979), 손목시계와 자동차(Halberstadt & Rhodes, 2000, 2003) — 양자 모두에 대해 이러한 사실을 증명한다. 원형이 그 범주의 가장 대표적인 구성원이라는 것을 고려하면 원형이 가장 정확하고 빠르게 분류되는 구성원이기도 하다는 것은 놀랍지 않다(Posner & Keele, 1968; Read, 1972). 최근에 빙키엘만과 동료들은 원형성, 유창성 그리고 매력 사이의 관련성을 연구했다(Winkielman et al., 2006). 참가자들은 먼저 한 범주의 무작위적인 점 패턴(실험 1)이나 흔한 기하학적 패턴(실험 2)을 학습했고, 이후 원형성 수준에서 차이가 나는 새로운 패턴들에 노출되었다. 참가자들에게는 패턴들을 각각의 범주로 가능한 한 빨리 분류하고 각각의 매력을 평정하는 과제가 부여되었다. 실험결과 원형성 수준, 유창성, 매력 사이의 밀접한 관계가 관찰되었다. (분류 속도로 표시되는) 유창성과 매력 모두 패턴이 더 원형적이 될수록 증가해서 각 범주의 원형이 모든 패턴 중에서 가장 유창하게 처리되고 가장 매력적인 것으로 평정되었다. 중요한 것은 유창성이 통계적으로 통제되었을 때 원형성과 매력 사이의 관계는 (여전히 유의미하기는 했지만) 절반으로 떨어졌다. 이는 처리 촉진이 '평균성 속의 미(beauty-in-averageness)' 효과의 유일하지는 않더라도 중요한 원인이라는 것을 시사한다.

그러나 단순 노출 효과와 마찬가지로 이러한 결과는 참가자에 의한 자극의 차가운 인지적 평가("항목이 범주의 원형과 일치할수록 호감 평정을 높게 주겠다.")를 반영하는 것일 수 있다. 사실상 원형(더 유창하게 처리되는 항목)이 진정한 긍정적 정동 반응을 불러일으키는 것인지를 조사하기 위해 빙키엘만 외는 참가자들이 준비된 원형(참가자들이 보지 않은, 방금 노출된 점 패턴 범주의 원형)과 준비되지 않은 원형(참가자들이 보지 않은, 노출되지 않은 점 패턴 범주의 원형)을 보는 동안 얼굴 EMG를 측정했다(Winkielman, 2006, 실험 3). 우리의 쾌락적 유창성 제안과 일관되게 준비된 원형을 보는 것은 준비되지 않은 원형을 보는 것보다 유의미하게 큰광대근 활동을 유발했고, 따라서 짐작건대 더 큰 미적 즐거움을 유발했을 것이다.

점화기반 선호

처리 유창성이 지각적 혹은 개념적 점화 절차를 사용함으로써 증진될 수 있다는 것이 오래전부터 알려졌다. 두 가지 절차 모두 유창성과 정동의 관계를 평가하기 위해 사용되었다. 한 지각적 점화 연구에서 르버, 빙키엘만 및 슈바르츠는 참가자들에게 일치하는 윤곽이나 일치하지 않는 윤곽으로 역하 점화된 일상적 대상(책상, 새, 면)을 그린 다소 질이 떨어지는 그림을 제시했다(Reber et al., 1998). 어떤 참가자들에게는 그림을 가능한 한 빨리 식별하라고 요구했고, 다른 참가자들에게는 그림이 얼마나 마음에 드는지 판단하라고 했다. 우리의 유창성 설명과 일관되게, 일치하는 윤곽으로 점화된 그림은 불일치하는 윤곽으로 점화된 그림보다 참가자들에게 빨리 재인되었고 더 마음에 들어했다. 이후에 빙키엘만과 카치오포는 EMG를 사용하여 이러한 결과를 반복적으로 검증했고(Winkielman & Cacioppo, 2001, 연구 1), 결과적으로 처리 유창성의 쾌락적 표시에 대해 지지하는 증거를 제공했다. 다시 말해 일치하는 윤곽으로 점화된 그림이 불일치하는 윤곽으로 점화된 그림보다 더 많이 큰광대근 활동을 유발했다.

한 개념적 점화 연구에서 빙키엘만과 파첸데이로는 구성방식 간(cross-format) 의미 점화 절차를 사용하여 세 가지 유창성 조건을 만들었다(Winkielman & Fazendeiro, 준비 중). 즉 ⓐ 점화와 표적이 정확히 지각적 · 개념적으로 일치하는 높은 유창성 조건(예: 점화와 표적이 모두 단어 '개(dog)'나 개의 그림으로 이뤄진 경우), ⓑ 점화와 표적이 개념적으로만 일치하는 중간 유창성 조건(예: 단어 '잠그다(lock)'가 열쇠 그림을 점화하거나 그 반대일 경우), ⓒ 점화와 표적이 지각적 · 개념적으로 불일치하는 낮은 유창성 조건(예: 단어 '눈(snow)'이 책상 그림을 점화하거나 그 반대일 경우)의 세 가지다. 참가자들이 점화 자극을 표적 직전에 보았는지(연구 1), 아니면 이전 단계 중에 목록 안에서 점화 자극을 보았는지(연구 2)와 관계없이 그들은 높은 처리 유창성 조건에서 표적을 가장 호의적으로 평정했고, 중간 처리 유창성 조건에서 그다음으로 호의적으로 평정했으며, 낮은 처리 유창성 조건에서는 가장 덜 호의적으로 평정했다.

유창성, 정동 경험 그리고 판단 사이의 관계를 조사하기 위해 빙키엘만과 파첸데이로는 정서심리학에서 차용한 오귀인(misattribution) 조작을 사용하여 개념적 점화 패러다임을 확장시켰다(Winkielman & Fazendeiro, 준비 중). 구체적으로 말해, 그들은 연구가 진행되는 중에 뉴에이지 음악을 배경으로 틀어놓고, 일부 참가자들에게는 정보가 마음속에 얼마나 쉽게 들어오는지(유창성 경험)에 음악이 영향을 미칠 수 있다고 알려주고, 다른 참가자들에게는 음악이 자극과 관련된 느낌들(정동 반응)에 영향을 미칠 수 있다고 일러줬다. 실험결과는 많은 것을 알려주었다. 참가자에게 정보가 마음속에 얼마나 쉽게 들어오는가에 음악이 영향을 미칠 수 있다고 말하는 것은 호감에 대한 처리 유창성의 효과를 변화시키지 않았다. 그러나 참가자에게 음악이 항목에 대한 느낌에 영향을 미칠 수 있다고 암시하는 것은 호감에 대한 처리 유창성 효과를 제거했다. 즉 표적이 된 음악은 세 가지 유창성 조건에서 동일하게 마음에 든다고 판단되었다. 이러한 결과는 참가자들이 유창성 신호 자체가 아니라 유창성 기반 정동 반응을 호감 판단의 기초로 사용했다는 것을 시사하고, 따라서 높은 유창성이 쾌락적으로 표시된다는 우리의 제안을 지지한다.

자극의 객관적 특징

지각자의 학습 역사가 어떻게 선호에 영향을 미치는지에 초점을 맞추는 경향이 있는 심리학자들과 달리 실험미학 연구자들은 대상 속성의 역할에 초점을 맞추는 경향이 있다. 그런 속성 세 가지, 즉 정보의 양, 대칭성, 대조 및 명료성이 면밀히 연구되어왔다.

정보의 양

자극에 담겨 있는 정보의 양이 미적 매력의 중요한 결정 요인이라는 생각은 미학의 역사에서 오랫동안 이론적인 관심을 받아왔다. (Arnheim, 1974; Gombrich, 1984를 참고하라.) 가너는 정보의 양과 좋은 모양(figural goodness) 사이의 관계를 평가함으로써 이러한 생각에 경험적으로 접근했다(Garner, 1974). 이를 위해 그는 주어진 패턴을 뒤집거나 회전시켜서 얼마나 많은 고유한 패턴을 만들어낼 수 있는가를 정보의 양을 통해 조작적으로 정의했다. 만들어낼 수 있는 고유한 패턴의 수가 클수록 그 패턴은 많은 양의 정보를 담고 있는 것으로 가정되었다. 정보량에 대한 이러한 조작적 정의를 사용하여 그는 어떤 패턴이 적은 정보를 담고 있을수록 모양의 좋음이 높게 판단된다는 것을 관찰했다. 그리고 명백하게 이러한 결과는 단순한 패턴에 한정되지 않는다. 예를 들어 니키와 동료들은 입체파 그림에서 모호성이 감소할수록(즉 그림이 적은 정보를 담고 있을수록) 더 유쾌하다고 판단된다는 것을 발견했다(Nicki et al., 1981). 여기서 우리의 제안과 관련해서 중요한 것은 더 적은 정보를 가진 자극은 상대적으로 많은 정보를 가진 자극에 비해 더 유창하게 처리되는(짧은 재인 시간으로 표시되는) 것으로 나타나기도 했다는 것이다(Checkosky & Whitlock, 1973). 이는 정보량이 낮은 항목의 매력이 처리되는 유창성이 더 높은 것의 결과일 수도 있음을 시사한다.

대칭성

정보의 양이 미적 매력과 관련된다는 앞 절의 발견을 고려하면 대칭성에 대한 광범위한 선호가 존재한다는 것은 놀랄 일이 아니다. 다른 모든 것이 동일하다면 대칭적인 대상은 비대칭적인 대응물보다 적은 정보를 가지고 있다. 그러나 우리의 제안에 따르면, 대칭성은 정보처리를 촉진하는 능력 때문에 매력적인 것이지 단순히 대칭성이 있는 대상이 더 적은 전반적인 정보를 담고 있어서 그런 것이 아니다. 팔머와 동료들의 연구는 이러한 주장을 지지한다. 팔머는 (정보의 양이 일정하게 유지되도록) 동일한 대칭적 점 패턴들을 수직, 대각선, 수평의 세 가지 방향 중 하나로 제시하고, 참가자들에게 각 패턴의 모양 좋음을 평정하도록 했다(Palmer, 1991). 그는 수직 대칭인 방향으로 제시된 점 패턴이 가장 높은 모양 좋음 평정을 받았고 그다음은 수평 대칭인 방향으로 제시된 것이었으며, 대각선 대칭인 방향으로 제시된 것은 가장 낮은 모양 좋음 평정을 받았다는 사실을 발견했다. 가장 중요한 점은 모양의 좋음 평정이 대칭성 탐지의 용이성에 대한 팔머와 헤먼웨이의 이전 연구와 유사했다는 것이다(Palmer & Hemenway, 1978). 수직 대칭인 방향으로 제시된 점 패턴의 대칭성이 가장 빨리 탐지되었고, 그다음은 수평 대칭인 방향의 대칭성이었으며, 대각선 대칭인 방향으로 제시된 점 패턴의 대칭성은 가장 탐지하기 어려웠다. 세 방향의 패턴 각각은 동일한 양의 정보를 담고 있었으므로 이러한 결과는 대칭성이 정보량을 감소시키는 것을 넘어서 주어진 자극을 더 매력적으로 만든다. 이는 대칭성(특히 수직 대칭성)은 처리 유창성을 증진시키기 때문이다. 즉 대칭성은 지각자가 중복되는 정보를 탐지하고 이를 통해 자극을 더욱 쉽게 이해(혹은 식별 또는 분류)하는 능력을 촉진하기 때문이다. 르버와 슈바르츠는 추상적인 형태의 대칭성이 그 형태를 비대칭적인 비슷한 형태보다 더 매력적으로 만들 뿐만 아니라 더 쉽게 식별하게 한다는 것을 보여줌으로써 이러한 해석에 대한 추가적인 지지를 제공했다(Reber & Schwarz, 2006).

대조와 명료성

대조와 명료성은 미적으로 매력적인 대상의 특징으로서 반복적으로 확인되어왔다. (Gombrich, 1984; Maritain, 1966; Solso, 1997을 보라.) 우리의 제안에 따르면 이러한 속성은 정보 추출을 촉진하는 능력 때문에 미적 매력을 부여한다. 사실 대조와 명료성이 증가하면 처리 유창성도 증가한다는 것을 보여주는 몇몇 연구가 있다. 예를 들어, 첵코스키와 윗트록은 낮은 전경-배경 대조로 제시된 자극보다 높은 전경-배경 대조로 제시된 자극에 대해 재인 속도가 빠르다는 것을 관찰했다(Checkosky & Whitlock, 1973). 대조의 증가가 처리 유창성을 촉진한다는 가정에 근거해서 르버 외는 전경-배경 대조가 미묘하게 달라지는 원들을 제시하고 참가자들에게 각 원이 얼마나 예쁜지(혹은 추한지)를 판단하도록 했다(Reber et al., 1998). 처리 유창성 설명이 예측하는 것처럼 참가자들은 전경-배경 대조가 높은(유창성이 높은) 원이 낮은 전경-배경 대조로 제시된(유창성이 낮은) 원보다 더 예쁘다고(덜 추하다고) 판단했다. 더 높은 전경-배경 대조(즉 더 높은 유창성)가 평가 질문이 어떻게 틀지워져 있는가(질문이 자극이 얼마나 예쁜지에 초점을 맞췄는지, 아니면 얼마나 추한지에 초점을 맞췄는지)와 관계없이 더 호의적인 자극 평가와 신뢰도 있게 연합되었다는 것이 흥미롭다. 비정동 영역에서의 기존 연구는 높은 처리 유창성이 더욱 극단적인 판단으로 이어질 수 있음을 보여주었다. 예를 들어, 맨들러 외는 높은 처리 유창성이 질문의 초점에 따라 밝다는 판단과 어둡다는 판단을 모두 증가시킨다는 것을 발견했다(Mandler et al., 1987). 르버 외의 연구에서는 그렇지 않았으며(Reber et al., 1998), 우리가 아는 한 정동 판단에 대해서는 그런 적이 없고 더 높은 처리 유창성이 항상 더 호의적인 자극 평가와 연합되었다는 사실은 높은 처리 유창성과 긍정적 정동 사이의 내재적인 관련성을 지지한다.

요약

이 절에서 우리는 지각자의 학습 경험 및 대상의 특징에 의존하는 여러 가지 선호 효과를 살펴보았다. 이 두 요인이 유창성을 높일 수 있다는 것을 보여줌으로써 광범위한 미적 선호 현상(인지 및 사회과학에서 유래한 것들 — 단순 노출, 구조적 관계 선호, 원형성, 점화기반 선호 — 과 실험미학과 가장 자주 연결되는 것들 — 정보의 양, 대칭성, 대조 및 명료성 — 모두)에 대한 간결한 설명을 제공했다. 더 나아가 우리는 높은 처리 유창성의 쾌락적 표시(hedonic marking)에 대한 행동 증거와 심리생리학적 증거를 모두 제시함으로써 높은 처리 유창성이 미적 경험에서 느끼는 즐거움 중 하나의 가능한 기초이자 우리가 생각하기에 중요한 기초라는 제안으로 수렴되는 지지를 제공했다.

높은 처리 유창성과 정동의 신경 기초

유창성과 정동의 관련성에 대한 신경 기초를 직접적으로 살펴본 연구는 없었다. 그러나 점화(처리 유창성을 촉진한다고 보이는 하나의 변인)의 신경 기초와 강화 및 보상에 관여하는 신경회로에 대해서는 많은 신경과학 연구가 이뤄져왔다. 여기서는 이러한 연구를 검토하고 처리 유창성과의 가능한 관련성을 강조할 것이다.

높은 처리 유창성의 신경 상관물로서 신경 반응 억제

가장 일반적으로 점화는 동일하거나 관련된 항목에 대한 사전 노출의 결과로서 표적에 대한 행동 반응의 변화를 가리킨다. 동일하거나 유사한 항목에 대한 점화의 결과가 반응 간섭을 일으키는 것도 가능하지만, 전형적으로는 반응 촉진(더 빠른 RT,[3] 더 정확한 분류)이다(Huber & O'Reilly, 2003). 신경 수준에서는 두 가지 기제에 의해 점화가 뒷받침된다. 점화는 짧은 시간 동안 관련된 표상을 미리 활성화시키며, 추측건대 다음 반응의 역치를 낮출 수 있다. 그러나 더 장기적으로 점화의 결과는 신경 반응 억제, 즉 처음에 항목을 처리하기 위해 동원된 뇌 영역에서 신경 활동의 감소다(Wiggs & Martin, 1998). 이러한 감소는 인간이 아닌 영장류의 단일 세포 수준(Desimone, 1996)에서와 인간의 여러 피질 영역에 걸친 수준(Buckner et al., 1995) 모두에서 볼 수 있다. 게다가 이것은 시각과 청각 양상 모두에서 일어나고(Bergerbest et al., 2004) 지각적(반복되는 단어나 그림에 대해 판단하기) 점화와 개념적(이전에 본 단어에 대해 단어를 완성하기) 점화 절차 모두에서 발견된다. (검토하려면 Buckner & Koutstaal, 1998을 참고하라.) 마지막으로 이것은 원형을 포함한 구조적으로 관련된 항목에서도 일어날 수 있다(Reber et al., 1998). 요약하면 신경 반응 억제가 높은 처리 유창성의 신경 상관물로서 관찰될 수 있다.

하지만 왜 어떤 항목에 대한 행동 수행의 촉진이 신경 활동의 감소와 서로 관련되어야 할까? 한 가지 추측은 점화된 항목에 대한 신경 반응성의 억제가, 처음에 항목의 관련 없는 특징(항목의 식별에 필수적이지 않은 특징)에 반응한 뉴런이 반응 풀(pool)에서 낙오되는 신경 학습 과정을 반영한다는 것이다. 이러한 신경의 가지치기는 항목의 결정적인 특징을 처리하는 데 최적으로 맞춰진 뉴런들만 반응성이 유지되도록 항목의 표상을 선명하게 하는 효과를 낳는다. 최종 결과는 더 효율적인 신경 처리와 이에 따라 촉진된 행동 수행, 즉 항목을 식별하거나 분류하는 시간의 단축이다(Maccotta & Buckner, 2004). 우리는 대칭성이나 대조 및 명료성과 같이 처리 유창성을 촉진하는 것으로 밝혀진 다른 변인들도 더 선명하고 이에 따라 잡음이 더 적은 신경 표상을 생성함으로써 유사한 방식으로 행동 반응을 향상시킬 수 있다고 생각한다. 이러한 추측은 아직 경험적인 검증이 필요하기는 하지만, 최근의 몇몇 신경 모델링 연구와 일관적이다(Winkielman & Nowak, 2005).

높은 처리 유창성과 보상의 신경 표상

우리의 개념틀에 따르면, 높은 처리 유창성은 자극의 보상적 속성에 대한 정보를 신속하게 제공하는 단서로서 기능한다. 자극의 보상가를 평가하는 데 관여하는 것으로 지목된 신경 영역 하나는 내측 안와전두피질이다. 엘리엇 외는 이 구조를 지각자가 부분적 정보에 근거해서 자극에 반응해야 할 때(자극에 대한 면밀한 조사가 가능하지 않을 때) 행동적 결과를 평가하는 데 중요한 것으로 지목했다(Elliot et al., 2000). 만약 그렇다면 이 구조가 높은 처리 유창성에 민감하여 이 신호를 고려 중인 자극의 강화적·보상적 속성을 평가하기 위한 단서로 사용할 것이라고 예상할 수 있다. 많은 신경 영상 연구가 유창성 자체를 직접적으로 평가한 것은 아니지만, 이러한 추측을 어느 정도 지지한다.

맥과이어 외는 실험 참가자들에게 이해도가 다른 이야기들을 읽으면서 PET를 받도록 했다(Macguire et al., 1999). 그들은 이야기가 주관적으로 더 이해하기 쉬워질수록(그리고 아마도 더 유창해질수록) 내측 안와전두피질의 전측 영역에서 혈류가 증가한다는 것을 발견했다. 프리스 역시 PET를 사용했는데(Frith, 2000), 참가자들에게 한정적인(constraining) 문장구조에 단어를 넣어 완성하라고 요구하는 이해도 패러다임을 사용했다는 점 외에는 유사한 발견을 보고했다. 참가자들은 부적절한 문장을 완성했을 때와 대조적으로 적절하게 문장을 완성했을 때 더 큰 전내측 안와전두피질 활성화(이전 연구에서와 거의 정확히 동일한 위치에서)를 보였다.

엘리엇 외는 표본에 대한 지연된 불일치와 비교해서 지연된 일치의 신경 기질을 식별하기 위해 수행한 fMRI 연구를 보고했다(Elliot et al., 2000). 이 과제에서는 참가자들에게 처음에 하나의 항목을 보여준 다음 항목의 쌍을 보여주었고, 참가자들은 그들이 본 항목 혹은 보지 않은 항목을 식별해야 했다. 불일치 조건(즉 새로운 항목을 처리하는 동안)과 비교해서 일치 조건(즉 이전에 본(old) 항목을 재처리하는 동안)에서 복내측 안와전두피질에 유의미하게 많은 활동이 발생했다. 새로운 항목을 처리할 때보다 단순히 노출된 항목을 처리할 때 내측 안와전두피질이 유의미하게 많은 활성화를 보였고, 또 단순 노출은 처리 유창성을 증진하는 것으로 나타났으므로 이 연구는 내측 안와전두피질이 높은 처리 유창성에 민감하다는 사실을 시사한다고 해석될 수 있다. 이러한 결론은 엘리엇과 돌런의 역하 단순 노출 효과에 대한 이전의 PET 연구 결과와 일관된다(Elliot & Dolan, 1998). 그들의 연구에서 참가자들이 선호 판단을 할 때 반복된 자극은 내측 안와전두피질과 밀접하게 연결되어 있고, 보상 처리에서의 역할이라고 알려져 있기도 한 내측 안와전두피질을 활성화시켰다. 특히 반복된 자극에 대한 보상에 관여하는 신경회로의 활성화를 보여주는 이러한 신경 영상 연구들은 단순히 노출된 항목에 대한 더 큰 협골근 활성화를 보여준

하몬존스와 앨런의 EMG 연구와 정확히 들어맞는다(Harmon-Jones & Allen, 2001). 종합하면, 이러한 연구들은 단순 노출이 여러 수준에서 보인 쾌락적 결과와 또 더 일반적으로는 아마도 높은 처리 유창성을 강조한다.

마지막으로 폴츠와 폰 크라몬은 통찰의 신경 기초에 대한 fMRI 연구를 수행했다(Volz & von Cramon, 2006). 그들은 가능한 한 (실제) 대상이나 불가능한(터무니없는) 대상의 조각난 선화(線畵)를 짧게(400msec 동안) 제시하고 참가자들에게 대상이 가능하다고 생각하는지 불가능하다고 생각하는지에 관해 '직감'에 근거해서 빠르게 반응(2초 내)할 것을 요구했다. 그들은 참가자들이 조각난 선화를 가능하다고 판단할 때 내측 안와전두피질 활성화를 발견했고, 이 활성화는 그림의 파편화 정도에 근거해서 일관성 있는 게슈탈트를 지각하는 것이 실제로 얼마나 가능한지에도 의존하는 것으로 나타났다. 따라서 이러한 결과는 (그 지각대상(percept)을 실제로 성취하지는 않는) 일관된 지각대상 성취를 향한 진행과 내측 안와전두피질 활성화를 서로 관련시키고, 따라서 내측 안와전두피질이 사실상 정보처리의 유창성에 민감하다는 것을 시사한다.

요약

이 절에서 우리는 높은 처리 유창성의 신경 상관물로서 신경 반응 억제를 확인했다. 우리는 또한 내측 안와전두피질이 높은 처리 유창성에 민감하므로 유창성 신호가 사실상 내측 안와전두피질에 의해 자극의 강화적·보상적 속성 ― 자극이 접근, 획득 혹은 소비되어야 한다는 것 ― 을 빨리 감지하기 위한 단서로 사용되는 것일 수도 있다는 생각에 대해 다소의 예비적 지지를 제공하는 연구들을 검토했다.

전체 요약 및 결론

이 장의 관심은 우리가 미적 경험의 필요불가결한 요소라고 여기는 것, 즉 미적 즐거움을 이해하는 데 있었다. 우리는 높은 처리 유창성이 미적 즐거움으로 가는 하나의 가능한 경로이고, 따라서 미적 경험에 중요하게 기여한다는 것을 확인했다. 또한 행동적(선호 판단) · 심리생리학적(EMG 반응) · 신경과학적(보상 회로의 활성화) 연구에서 나온 증거를 제시함으로써 우리의 제안을 지지했다. 전체 논의에 걸쳐 우리는 유창성 개념이 어떻게 광범위한 미적 현상에 대한 간결한 설명을 제공하는지를 보여주었다. 정동 경험에 대한 유창성의 영향을 조절하는 조건과 함께 이 문제에 대한 더 나아간 논의에 관심 있는 독자들은 르버 외를 참고하면 좋을 것이다(Reber et al., 2004).

우리는 주관적 경험의 복잡성, 인지적 현상학에는 분명히 유창성과 이에 수반하는 즐거움 이상의 것이 있다는 것(Whittlesea, 2002), 그리고 미적 경험에 대해서는 특히 그렇다는 것을 강조하면서 마무리할 것이다. 실제로 우리의 미적 경험 중 다수는 질적으로 다른 여러 주관적 상태로 이뤄진다. 예를 들어, 그림을 감상하거나 심지어 영화에서 액션 장면을 보는 동안 감상자는 유쾌함, 흥미, 긴장, 놀람, 경외감의 조합을 경험할 수 있고, 그리하여 감상자는 그 경험을 회상하면서 흥미진진했다고 묘사할 수도 있다. 다양한 행동적 · 심리생리학적 · 신경과학적 측정치 간의 수렴에 도달함으로써 다양한 주관적 상태의 기저를 이루는 인지 과정을 더 잘 특징지을 수 있게 되고, 따라서 모든 인간의 경험 중 가장 탐나는 것 중 하나인 미적 경험에 대한 더욱 완전한 이해를 달성하기 위해 전진할 수 있게 되는 것이 우리의 희망이다.

감사의 글

이러한 생각에 대해 수년간 논의해준 데 대해 노르베르트 슈바르츠(Norbert Schwarz), 롤프 르버(Rolf Reber), 테드라 파첸데이로(Tedra Fazendeiro)에게 감사한다.

1) 〔원주〕 본 연구는 국립과학재단 보조금 BCS-0217294(P. W.) 후원하에 수행되었다.

2) 시퀀스란 주로 음악에서 짧은 악구의 선율이나 화음을 반복 진행하는 작곡기법을 의미한
   다. 시퀀스 중 반복 진행되는 것이 화음일 경우 '토널 시퀀스'라고 부른다.

3) 반응시간(response time)의 약어이다.

『신경미학』(2009) 이후 우리는 무엇을 배웠는가?

마르틴 스코프와 오신 바타니안

『신경미학』 영문판은 10년 전에 출간되었다(Skov & Vartanian, 2009). 2019년의 시점에서 볼 때 이 책은 여러 가지 면에서 한 연구 분야로서 그 당시 신경미학의 상태에 대한 증거가 되고 있다. 어떤 주제를 포함시킬지, 저자로 누구를 섭외할지 편집 과정에서 우리가 했던 선택들은 확실히 신경미학이 초창기에 처해 있었던 상태의 반영이라고 볼 수밖에 없다. 이 책의 14개 장에서 불확실성이 지배적으로 느껴진다는 것은 그리 놀랍지 않을 것이다. 즉 새로 생겨난 이 분야가 무엇에 관한 것이어야 하는가에 대한 불확실성, 그리고 미적 즐거움, 예술의 본성, 예술적 창의성, 미적 경험이 생물학적 유기체의 적응적 관심사와 갖는 관계 같은 현상의 기저에 있는 신경생물학에 대한 불확실성의 느낌이 극명하게 나타난다.

우리는 2005년에 신경미학에 대한 과학적 선집을 구성하기 위한 프로젝트를 시작했다. 2006년에 베이우드 출판사(Baywood Publishing Company)와 계약을 했고 2008년에는 대부분 장들의 원고를 확보했다. 이 말은 신경미학이 여전히 발생기에 있을 때 이 책이 구상되고 집필되었다는 것을 의미한다. 이 책의 서론에서 언급한 것처럼 신경미학은 1990년대에 PET, fMRI와 같은 현대적인 신경영상 도구들이 광범위하게 사용 가능해졌을 때에야 비로소 실험적인 기획이 될 수 있었다. 이러한 비침습적 방법들은 피험자들이 복잡한 행동적 활동을 하는 동안 나타나는 인간의 신경 과정에 관한 조사를 처음으로 가능하게 해주었다. 그리하여 신경영상기법은 과거 인문학이나 행동 심리학의 범위에만 머물렀던 인간 사고의 국면들 — 즉 언어, 경제, 추리, 창의성, 그리고 마침내 미학마저도 — 을 신경과학의 한 부분으로 만들고자 하는 진정한 분투를 촉발했다. 우리가 저자가 될 분들을 초청했을 당시는 신경미학이 의미 있는 방식으로 존재한 지 대략 6~7년밖에 되지 않은 시점이었다. 그래서 『신경미학』에 수록된 논문들은 여전히 고도로 탐색적이고 결론에 아직 이르지 못한 상태였으며, 대부분의 경우 대단히 참신한 연구들을 다루고 있었다.

우리는 여러 가지 이유 때문에 『신경미학』을 출판하고 싶었다. 그 이유들은 모두 이 급성장하는 분야에서 생겨나고 있던 일단의 지식에 일정한 조직과 구조를 부여하고자 하는 우리의 열망으로부터 뻗어 나온 것이었다. 구체적으로 말해, 당시 우리는 이 일단의 지식이 지녔던 불확실성을 줄이고자 노력하는 가운데 향후 연구의 방향을 관리하기 위해서는 구조화된 틀이 유용할 것이며 아마도 필수적일 것이라고 느꼈다. 그 이유를 하나 말하자면 신경미학이 매우 새롭고 미성숙한 분야라고 할지라도 사실상 과학적인 분야라는 것을 주장하기 위해서였다. 우리는 『신경미학』이라는 제목의 책 덕분에 신경미학이 서로 동떨어진 몇몇 연구자들의 노력에 불과한 것이 아니라 전통을 지닌 하나의 집합적 연구분야로 성립되기를 바랐다. 또한 우리는 이 미래의 학문 분야를 위한 어떤 원칙들을 발전시키려는 희망을 품고 각 장의 집필을 요청했다. 말하자면 신경미학은 단순히 기초적인 신경과학의 다양한 발견들을 기반으로 예술의 본성에 대해 사색하는 것이 아니라 진정한 실험적 분과학문이 되어야 한다는 것, 신경미학 연구는 단 하나의 예술 형식이나 단 하나의 감각 양상에만 관련되어서는 안 된다는 것, 그리고 신경미학은 주변적인 정신 현상에 관한 연구가 아니라 주류 신경과학에 온전히 통합된 일부로 받아들여져야 한다는 것이다.

이러한 원칙들은 모두 초창기 신경미학의 특징이었던, 잘 정의된 범위와 초점이 결여되었던 데에 대한 반응에서 나온 것이다. 따라서 첫 번째 원칙, 즉 신경미학을 하나의 집합적 연구분야로 정립하는 일은, 초기 신경미학 연구자들이 다양한 배경으로부터 나왔으며 서로 다를 뿐더러 때로는 서로 불일치하는 목적을 가지고 있었다는 점 때문에 우리에게 필수적이라고 느껴졌다. 예를 들면 신경미학에 착수한 다수의 연구자들이 현존하는 경험미학 연구를 확장하기 위한 새로운 방법으로 신경미학을 바라보는 심리학적 미학의 전문가였던 반면에(Fechner, 1876; Berlyne, 1971; Miall, 1976; Rentschler, Hertzberger & Epstein, 1988; 이러한 역사에 대한 논의는 Nadal, Gomilla & Gàlvez-Pol, 2014를 참고하라.), 다른 사람들은 경험미학 자체와 이전에 아무런 연관이 없던 신경과학자로서 주로 기존의 발견들을 예술 경험과 미적 감상이라는 주제에 적용할 기회로서 신경미학을 바라보았다. 후자의 접근에서 특히 중요한 대표자는 1999년에 각각 논문을 출판하여 두 편 모두 바로 파장을 일으켰던 세미르 제키와 V. S. 라마찬드란이었다. 이를테면 제키는 「예술과 뇌」를(Zeki, 1999), 라마찬드란은 허스테인과 함께 「예술의 과학」을 출판했다(Ramachandran & Hirstein, 1999). 하지만 신경미학이 실제적인 과학적 분야로서 성공하기 위해서는 **안으로부터**(from within)

독자적인 신경과학적 질문들을 정립하고 다른 전통들에서 나온 관심사와는 별개로 이 질문들을 추구해야 한다는 점이 우리에게 명확해 보였다. 신경과학은 기존 행동미학의 시녀라든지 기성 신경과학이 예술과 미를 연구할 새로운 놀이터로 정의될 수는 없었다.

불행하게도 우리가 『신경미학』을 준비하기 시작할 당시에는 미학에 관한 신경과학적 연구가 더 정확하게 무엇을 해야 하는지에 대해 그다지 명확하지 않았다. 미학(aesthetics)이라는 단어가 도대체 무엇을 의미하는가? 미학이라는 개념은 어떤 종류의 신경과학적 질문들이 수반되는가? 신경미학은 우리가 어떻게 예술을 경험하는가에 대한 과학이어야 하는가, 아니면 어떻게 아름다움을 완상하는가에 대한 과학이어야 하는가? 더 골치 아픈 질문은 이 두 가지 개념 — 예술과 아름다움 — 이 지칭하는 것이 도대체 무엇인가에 관한 것이다. 어떤 유형의 경험이 '예술' 경험으로 간주되는가? 예술 경험은 실험에서 사용되는 특정한 자극으로 정의될 수 있는가? 이와 유사하게 어떤 종류의 신경생물학적 반응이 '아름다움'이라는 반응으로 간주되는가하는 질문도 던질 수 있다. 그림이 유발하는 즐거움은 본질적으로 미적으로 간주되지만 초콜릿 우유 한 잔이 발생시키는 쾌감은 그렇지 않은가?

초기 연구들은 이러한 질문들과 다른 근본적인 질문들을 제기했다. 예를 들면 음악적 소름(musical chills)과 관련된 신경 상관물을 연구한 앤 블러드와 로버트 자토르의 PET 연구는 떠오르는 신경미학 공동체에 속한 많은 이들에게 신경미학 실험이 무엇을 구체화해야 하는지에 대한 진정한 사례로 받아들여졌다(Blood et al., 1999; Blood & Zatorre, 2001). 이 연구들은 모두 음악이라는 예술 형식을 자극으로 사용했고 사람들이 이 특정한 자극에 대해 강한 쾌감을 경험할 때 뇌에서 무슨 일이 일어나는지 연구했다. 하지만 블러드와 자토르 자신은 그들의 연구를 신경미학의 일부로 생각하지 않았다. 그들에게 음악 연구는 신경미학과 관련 없는 별개의 과학적 지류로 여겨졌다. 이와 유사하게, 얼굴의 매력을 연구한 일련의 연구자들도(예를 들어 Nakamura et al., 1998; Aharon et al., 2001; Kampe et al., 2002; O'Doherty et al., 2003) 확실히 자신들을 신경미학 무리의 일원으로 생각하지 않았지만, 얼굴의 아름다움이 오랫동안 경험미학의 관심사 중 하나였기 때문에 당연히 신경미학에 대한 기여로 이해될 수 있었다. 다른 한편 자신들을 신경미학 연구자로 **규정한** 토마스 야콥센과 레아 회펠이 수행한 2회의 EEG 연구는 미적 판단을 기하학적 판단과 비교했는데, 대부분의 사람이 예술의 자격을 갖췄다고 생각할 자극을 사용하지 않았다(Jacobsen & Höfel, 2002, 2003). 다시 말해 이러한 초기 논문들에서는 어떤 종류의 실험이 신경미학의 부분으로서 자격이 있는지 명확하지가 않았다는 것이다. 즉 어떤 종류의 과제, 자극, 혹은 신경 반응이 신경미학인 실험과 신경미학이 아닌 신경과학 실험을 구별해주는지가 불분명했다. 마르코스 나달(Marcos Nadal)과 동료들이 2008년 부상 중인 신경미학 문헌들에 대한 첫 리뷰 중 하나를 출판했을 때 이런 상황이 잘 드러났다. 그들은 의도적으로 "예술적·미적 대상에 대한 감상의 신경 상관물에 대한 일반적인 개관"을 포기하기로 선택하여 이러한 범주들이 지칭하는 것을 어떻게 정의할지라는 바로 이 성가신 딜레마를 다뤄야 하는 일을 피하려고 했다(Nadal et al., 2008, p. 380). 그들은 대신 그들의 조사를 "시각적 미적 선호의 신경 상관물"로 한정하는 편을 선택하여, 어떤 종류의 연구가 이 정의의 범위에 들어갈지 단순화했으며 명확하게 이런 질문을 다룬 총 세 건의 연구로 자격이 되는 논문들을 한정했다(Cela-Conde et al., 2004; Kawabata & Zeki, 2004; Vartanian & Goel, 2004a).

신경미학이 출범하는 데 관여한 연구자 다수는 이 새로운 분야에 두 가지 중심적인 주제, 즉 미적 감상과 예술 경험이 있다는 것을 직관적 사실로 간주한다. 그러나 이러한 직관은 뇌 기능에 대한 현존하는 이론 보다는 18, 19세기의 철학자들이 구성한 생각에 기초한 것이었다(Kranjec & Skov, 2019; Skov & Nadal, 2019b). 그리하여 신경미학은 곧 근본적인 질문에 직면했다. 말하자면 어떤 종류의 신경생물학적 현상이 사실상 '미적 감상' 과 '예술 경험'을 지시하는가? 만약 가능하다면, 이 두 철학적 개념은 어떤 종류의 정신 상태, 기능적 반응, 신경 과정으로 의미 있게 번역될 수 있는가? 더 나아가 축적되기 시작하는 경험적 발견들로 인해 '미적 감상'과 '예술 경험'이 공통의 신경 과정과 관련되지 않을 수 있다는 것 또한 금방 명확해졌고, 두 주제가 실제로 동일한 과학적 분과에 속하는지 여부에 대한 의문이 제기되었다. 이 중심적인 질문에 대한 확실한 대답은 거의 없었고, 어떤 종류의 대상이 예술로서 자격을 갖춘 것인지, 미적 경험이란 무엇인지, 미적 감상을 어떻게 정의할지, 예술 및 미적 감상은 어떤 신경 기제를 요구할 것으로 생각되는지에 대한 치열한 논의도 이루어지지 않았다. (예를 들어 Chatterjee, 2003, 2004; Jacobsen, 2006; Nadal et al., 2008; Senior, 2003; Skov, 2005, 2007; Vartanian & Goel, 2004b; Vartanian & Nadal, 2007을 보라.)

이 모든 기본적인 문제들이 우리가 『신경미학』에 포함하기로 한 내용의 선택에 영향을 미쳤다. 당시의 공감대에 따라 우리는 미적 감상과 예술 경험 양자 모두에 관한 장들을 요청했다. 우리는 신경영상 연구의 결과를 이해하기 위한 필수적인 보완물로서 신경심리학적 접근법의 중요성을 절감했고 따라서 안잔 채터지와 달리아 자이덜에게 기여를 요청했다. 마찬가지 맥락에서 더 넓은 진화론적 렌즈 속에서 [새로운] 발견들에 대해 저술하는 일의 중요성이 책 전체에서 명백하게 드러났다. (예를 들어 나달 외가 쓴 6장을 보라.) 우리는 무엇이 예술 경험을 구성하는지에 대한 폭넓고 포괄적인 정의를 촉진하기를 희망하며 시각 예술(예: 웨이드)뿐만 아니라 음악(테르바니에미), 영화(그로달), 문학(마이얼)에 대한 장들도 포함하려는 결정을 의식적으로 했다. 우리는 특히 폭넓은 음악 연구 공동체가 스스로를 신경과학 공동체의 일부로 간주하도록 유도하고 싶었다. 더 나아가 우리는 신경미학 연구는 예술과 아름다움의 수용뿐만 아니라 예술 대상과 아름다운 대상, 그리고 인공물의 창조에 대한 연구도 포함할 것이 기대되어야 한다는 점을 강조하기를 바라며 예술 행동의 수행적, 혹은 창조적 측면에 대한 장들도 찾고자 노력했다.

돌이켜 보면 우리에게 가장 중요한 것은 『신경미학』에 대한 모든 기여는 신경미학이 무엇에 관한 것인가라는 질문을 중심으로 이루어져야 한다는 점이었다. 독자들은 실제로 모든 장에서 정의와 경계의 문제에 대한 집착을 느낄 수 있을 것이다. 예술이란 무엇인가? 미적 경험은 특정한 대상에만 따라오는 것인가, 아니면 모든 유형의 감각 자극에 공통된 신경생물학적 기제를 이용하는 것인가? 만약 예술 경험이 본성상 일상 경험과 다른 것이라면 이를 구별해주는 기능과 과정은 무엇인가? 지각, 감정, 인지는 예술 경험과 미적 경험을 만들어내는 데 어떤 역할을 하는가? 이러한 신경 과정들은 인간의 뇌에만 특유한 것인가, 아니면 다른 종의 뇌에서도 유사한 과정들을 찾을 수 있는가? 이러한 질문들이 이 책을 지배했고 이 책으로부터 계속 이어지는 유산이라고 할 수 있을 것이다.

우리는 적어도 『신경미학』이 몇몇 핵심적인 쟁점들을 확고하게 제기하는 것을 도움으로써 이 연구영역의 형태와 경계를 만들고 이후 몇 년 동안 등장한 신경미학의 토대를 위한 더 성숙한 개념적 작업(예: Brattico

& Pearce, 2013; Chatterjee & Vartanian, 2016; Nadal & Pearce, 2011; Pearce et al., 2016)에 영감을 던지기까지 자그마한 보탬이 되었으리라고 믿는다. 확실히『신경미학』 출간 이후 10년 동안 이 책의 각 장에서 논의한 쟁점들 중 많은 것이 훨씬 더 명확해졌고 상황에 따라서는 잠정적인 경험적 해답을 찾은 것도 있다. 이 쟁점들 중 두 가지와『신경미학』이후 이 분야가 어떻게 나아갔는지 짧게 언급하겠다.

미적 감상

우리가 다룰 첫 번째 쟁점은 미적 취향을 어떻게 이해해야 하는가의 문제다. 이 책의 여러 장들이 이 쟁점을 중심으로 다루고 있고 미적 취향이란 무엇인지와 뇌가 그것을 어떻게 구현하는지에 대해 토론한다 (예: 3장, 4장, 5장, 8장, 13장, 14장). 토마스 야콥센이 자신의 장에서 쓴 것처럼 무엇이 미적 감상을 추동하는지의 문제는 심리학적 미학의 중심에 있다. 이 문제는 페히너가 미적 처리에 대한 획기적인 연구에서 제기한 질문이다. 실제로 야콥센은 미적 처리라는 개념을 "미, 추, 예쁨, 조화, 우아함, 맵시, 혹은 매력의 평가나 산출"과 동일시함으로써(이 책, 59-60쪽), 미적 감상이 어떻게 작동하는지 이해하는 것이 경험미학의 핵심적인 문제임을 시사한다. 그러나 다른 저자들이 분명히 한 것처럼 미적 감상이라는 용어가 어떤 종류의 현상을 지칭하는가는 그렇게 명확하지 않다. 미적 감상은 특정한 부류의 심리적 반응을 유발하는가? 그것은 특정한 지각적 속성(properties)과/이나 특질(qualities)에 대응되는가? 예술 작품이 촉발하는 쾌감은 다른 심리적 사건이 일으키는 쾌감과는 다른가? 페히너가 시작한 행동 연구 프로그램이 미적 애호에 영향을 미치는 다수의 요인들을 밝혀낸 반면, 미적 감상의 기저에 있는 계산적 구조는 본질적으로 알려지지 않은 상태라는 것이 실상 더 시급한 문제다. 오신 바타니안이 이 책 13장에서 지적하고 있는 것처럼 『신경미학』이 나왔을 당시에도 인지적·감정적 과정이 미적인 쾌와 불쾌를 산출하는 데 어떤 종류의 역할을 하는지는 아직 불명확했다. 더욱이 바타니안뿐만 아니라 브라운과 디사나야케도 언급한 것처럼 미적 쾌감에 대한 과학적 이론은 어떻게 이 특정한 감정 상태가 (일상적인) 감정 — 알려지지 않은 또 하나의 커다란 영역 — 에 대한 일반적 이론과 조화를 이룰 것인지를 설명해야 할 것이다.

신경미학이 어떤 영역에서든 유의미한 진전을 했다고 말할 수 있다면 이는 이상과 같은 문제들에 접근한다는 면에서 가능해진다. 다양한 형식의 실험들을 통해 우리는 이제 어떤 신경생물학적 과정들이 미적 감상의 사례들과 연결되는가에 관한 좋은 작업 가설과 이러한 과정들을 지배하는 계산적 원칙에 대한 더 명확한 이해를 갖게 되었다. (깊이 있는 검토를 위해서는 Skov, 2019b를 참고하라.) 결과적으로 미적 감상과 미적 취향이 무엇을 수반하는지에 대한 우리의 생각은 혁명 같은 것을 겪게 되었다(Skov, 2019a). 예를 들면 우리는 이제 감각적 대상의 감상에서 중심적인 구성요소는 중뇌피변연(mesocorticolimbic) 보상 회로에 있는 핵들의 분산된 망의 활성화를 통한 쾌락적 가치의 생성이라는 것을 어느 정도 확실하게 알게 되었다. 하지만 이 체계의 신경 활동이 지각 및 인지 표상과 관련된 체계뿐만 아니라 신체의 집행 통제 및 내수용성 상태를 구현하는 신경 체계까지 여러 다른 체계로부터 오는 입력들에 영향을 받는다는 것도 분명해졌다(Skov, 2019b; Skov & Nadal, 2019a). 이러한 상이한 신경 과정들의 상호 연결에 대한 지도를 만듦으로써 우리는 왜 미적 애호가 지각적 (불)확실성,

지식, 혹은 과제의 요구 등의 요인들에 영향을 받는지에 대한 훨씬 더 정교한 이해 또한 발전시켰다. 앞으로 10년 안에 우리가 미적 감상이란 무엇인가에 대한 일반적인 이해로부터 미적 취향의 개인차(individual differences) — 제구실을 하는 모형이라면 어떤 모형이 됐든 만족스럽게 다뤄야 할 또 다른 핵심 질문인 — 에 대한 설명까지 나아갈 수 있으리라고 믿을 만한 이유가 충분하다.

훨씬 더 중요한 사실은 미적 애호의 기저에 있는 신경생물학적 기제에 대한 이해 증진과 함께 전통적으로 미적 감상에 관한 이론들을 이끌어 온 가정들이 재평가되었다는 것이다. 예를 들면, '미적' 애호는 다른 '미적이지 않은' 형태의 애호와 신경생물학적으로 다르지 않다는 것이 명백해졌다(Skov, 2019a; Skov & Nadal, 2019a-b). 이러한 발견은 예술 경험이 유발하는 즐거움이 초콜릿 우유와 같은 다른 범주의 감각 대상이 유발하는 즐거움과 구별되지 않는다는 것을 시사한다. 더구나 인간과 다른 포유류 뇌의 신경생물학의 비교는 예술을 포함한 감각 대상에 대해 쾌락적 가치를 생성하는 우리의 능력이 일반적으로 다른 종들의 능력과 연속선상에 있다는 것을 시사한다. 종합적으로 말해 이러한 발견들은 미학적 사유에서 애지중지해왔던 가정들과 완전히 단절된다. 이를테면 미적 감상은 대상 '그 자체에 대한' 쾌락적 향유라는 의미에서 **무관심적**이라는 가정 말이다. 그 대신 미적 감상이 어떻게 작동하는가에 관한 현재의 모형들은 쾌락적 평가의 적응적 본성을 강조한다. 즉 우리가 마주치는 감각 대상들에 미적인 애호(liking)와 혐오(disliking)를 어떻게 할당하는지가 우리가 이런 대상들에 행동적으로 관여하는 방식을 조절하는 데 도움을 준다.

예술 경험

우리가 다룰 두 번째 쟁점은 예술을 어떻게 이해해야 하는가, 그리고 예술 경험이란 무엇인지의 문제이다. 무엇이 하나의 자극을 예술로서 자격을 갖추게 하며 어떤 종류의 기능적 구성요소들이 예술 경험을 특징짓는가? 미적 감상에 대한 연구와 마찬가지로, 『신경미학』 출간 이후 이런저런 방법으로 예술 대상에 대한 반응을 연구하는 실험의 수가 정말 인상적으로 증가했다. 두 가지 주요 하위분야인 음악과 시각예술에서 산출되는 결과물도 많을뿐더러, 오늘날의 신경미학은 무용, 건축, 문학과 시, 영화 등의 예술 형식에 초점을 맞춘 다수의 작고 활기찬 하위분야들을 포함하고 있어서 한 연구자가 모든 새로운 출판물을 따라가기가 어렵다. 이러한 예술 형식들의 경험에서 중요한 핵심적인 심리적 기능 — 예를 들어 예술에 대한 반응을 형성하는 데 학습과 지식이 하는 역할 — 과 이와 관련된 신경 기제에 대한 이해가 크게 증진되었다. 더욱이 10년 전에는 아마 관심을 덜 받았을 기제들이 예술 경험의 형성에 중요한 방식으로 기여한다는 것이 실험적으로 검증되었다. 특히 기대 및 예측(expectation/prediction) 기제가 이에 해당한다. 주어진 시점에 뇌가 기대하는 지각적 정보에 대한 예측은 이 정보가 표상되고 다른 신경 체계로 중계되는 방식을 유의미하게 조절한다(modulate). (Koelsch, Vuust & Friston, 2018을 참고하라.) 이제까지 연구의 결과로 기대가 우리가 예술작품을 지각하고 해석하는 방식을 형성하여 지각적 일관성, 양식, 의미, 감정 같은 중요한 예술 구성요소들에 영향을 미친다는 것이 발견되었다. (예: Kesner, 2014; Pearce & Wiggins, 2012, Van de Cruys & Wagemans, 2011) 마찬가지로 기대는 또 예술작품에 대한 우리의 감정적 반응에 직접적으로 영향을 미쳐 음악과 시각

예술에 대한 긍정적 또는 부정적 정서를 생성하는 데 관여하는 과정들을 조절한다는 것이 밝혀졌다(예: Gold et al., 2019; Salimpoor et al., 2014).

하지만 미적 감상에 대한 신경미학 연구가 오래된 수수께끼들을 해결하기 위해 먼 길을 왔고, 앞에서 언급한 것처럼 미적 감상의 개념에 대한 근본적인 재고를 촉발시킨 데 반해 이 쏟아져나오는 실험적 발견들이 예술의 개념을 둘러싼 이론적 쟁점들을 해결하는 데 도움을 주었는지 여부는 그다지 분명하지 않다. (만약 그런 것이 있다면) 예술과 다른 대상들을 구별해주는 것은 무엇인지, 그리고 이에 따라 예술 경험을 예술 경험**으로서** 구별해주는 것이 무엇인지는 아직 불확실하다. 이 분야에서는 최근에 이 근본적인 질문과 관련이 있는 꽤 활발한 토론을 목도했지만 합의점은 보이지 않는다. (예를 들어 Brown, 2018; Carbon, 2018; Pelowski et al., 2017, 2018; Skov & Nadal, 2019a-b를 참고하라.) 신경미학이 이제 무엇이 예술 자극으로 간주되는지, 그리고 어떤 종류의 신경생물학적 과정이 '예술 경험'의 일부로서 자격이 있는지에 대해 더 넓은 정의를 허용하고 있는 데 비해, 동일한 계산적 체계를 사용하는 경험들 — 가령 신문 기사 읽기 — 과 예술 경험 — 가령 시 읽기 — 을 구별해주는 것이 무엇인지에 대해 공통적으로 받아들여지는 정의를 만들어냈다고 이야기할 수는 없다.

우리의 책이 세상에 알리는 데 도움을 준 쟁점 하나는 신경미학이 미적 감상과 예술 경험이라는 두 가지 주요한 주제를 어떻게 동시에 다뤄나가는가에 관한 문제이다. 위에서 본 것처럼 우리의 직관은 신경미학이 어떻게든 이 **두 가지 모두**의 과학이어야 한다고 지시했다. 확실히 신경미학에 대한 대부분의 소개는 이러한 이원성을 견지한다(Chatterjee & Vartanian, 2016). 하지만 그렇게 하는 데 문제가 없지는 않다. 구체적으로 말해 미적 감상과 예술 경험이라는 주제가 단순히 겹친다고 생각해서 미적 감상을 예술 경험의 특수한 경우로 본다면, 결과적으로 실험적 발견들과 일치하지 않는 두 가지 현상에 대한 가정이 될 것이다. 예를 들어 스티븐 브라운과 엘렌 디사나야케는 그들의 장에서 만약 신경미학을 다른 무엇보다도 어떻게 예술이 미적 애호를 유발하는지에 대한 연구라고 정의한다면 예술에 중심적인 수많은 다른 기능들을 무시하게 된다고 주장한다. 그러므로 예술 경험의 신경과학은 미적 애호의 문제로만 환원될 수가 없다. 우리는 이 점을 이해하고 있다. 하지만 마찬가지로 미적 감상에 대한 연구가 예술이 촉발하는 애호와 동일시된다면 인간의 뇌에서 애호가 어떻게 발생하는지에 대한 우리의 이해는 미적 애호가 어떻게 예술 이외의 많은 다른 자극 유형들을 포함하는지를 무시하게 될 것이라고 주장할 수 있다. 실제로 인간의 뇌가 감각 양상이나 대상의 범주에 관계없이 쾌락적 애호를 계산하기 위해 공통의 평가 체계를 활용한다는 것이 오늘날에는 잘 받아들여지고 있다(Skov, 2019a-b; Skov & Nadal, 2019a).

　『신경미학』 4장에서 시작된 논의는 대부분의 연구자들이 미적 감상과 예술 경험이라는 두 주제가 별개의 연구 문제, 신경 기제, 그리고 기능을 수반한다는 것을 인정하는 쪽으로 진행되었다(Pearce et al., 2016; Skov & Nadal, 2019b). 실용적인 이유 때문에 신경미학 분야는 계속 두 가지 모두에 대한 연구라고 생각될 가능성이 높지만, 미적 감상과 예술 경험이 서로 직접적으로 연결되어 있다고 보는 것이 더 이상 과학적으로 유의미하지는 않다. 이 둘은 두 개의 서로 다른 신경생물학적 현상이고 예술은 특정한 종류의 미적 쾌감을 촉발하지 않으며 예술 경험이 본질적으로 미적 쾌감의 존재에 의해 구성되지도 않는다. 예술 경험에 대한 체계적인 연구가 미적 평가를 넘어서는 것을 포함하여 존재한다고 알려진 모든 경험적인 구성요소를 다뤄야 하는 것과 마찬가지로, 인간의 뇌가 어떻게 감각 대상에 쾌락적 가치를 부여하게 되는지에 대한 충실한 연구는 상상할 수 있는 어떤 종류의 감각 경험이든지 포함해야 한다.

이상은 하나의 연구 분야로서 신경미학이 『신경미학』에 취합된 장들이 제기한 이론적 쟁점들 중 몇 가지에 대해 모종의 해답의 형식을 찾았다는, 혹은 적어도 이제 견고한 경험적 연구들에 의지해서 토론할 수 있게 되었다는 성공의 증언이다. 대략 20살밖에 안 된 이 분야는 이미 놀랄 만큼 많은 양의 중요한 발견을 산출했고 미적 감상과 예술 경험이 무엇이라고 생각될 수 있는가에 대한 우리의 이해를 넓혔으며 여러 가지 점에서 우리가 이러한 현상들과 관련된 신경생물학적 과정에 대해서 생각하는 방식에 혁명을 불러왔다. 이 경험적 과학은 『신경미학』에 제시된 연구를 뛰어넘어 진전을 이뤘다. 그럼에도 불구하고 우리는 여전히 이 책이 담고 있는 14개 장을 읽는 것이 독자에게 이 분야가 어디서 왔는지에 대한 훌륭한 소개와 이 책이 출간된 후 신경미학이 걸어간 방향에 대한 이해를 제공해줄 것이라고 생각하고 있다.

2019년 10월

옮긴이의 말

역자 대표 강미정

　영국 출신 신경과학자 세미르 제키가 『이너비전: 뇌로 보는 그림, 뇌로 그리는 미술』에서 '신경미학(neuroaesthetics)'이라는 용어를 소개한 이후(Zeki, 1999), 인문학계에서도 더 이상 이 신생 연구분야가 낯설지 않게 된 것 같다. 실상 『이너비전』이 등장하기 이전에도 이미 여러 연구자들이 신경미학 연구를 시도하고 있었다. 신경미학을 뇌신경과학 방법에 따른 미학 연구라고 규정한다면, 이와 같은 방향은 1990년대 중반에 이미 진척되고 있었다. 가령 이 책 10장 저술에 참여한 테르바니에미는 1993년에 절대음감에 관한 EEG 실험을 수행했으며(Tervaniemi, 1993), 11장의 저자 마이얼도 1990년대 중반부터 문학작품의 독자 반응에 관한 신경생물학적 고찰을 시도했다(Miall & Kuiken, 1994; Miall, 1995). 시각예술에 관한 뇌과학적 접근의 초기 사례는 하버드대학교 의대교수 마거릿 리빙스턴이 일찍이 1988년에 출판한 저술에서 찾아볼 수 있다(Livingstone, 1988).

　1990년대 중반에 이미 과학과 예술의 여러 분야에서 학제적 연구의 일환으로 신경미학적 접근이 시도되었음에도 불구하고 『이너비전』

이 새로운 과학적 미학의 출발점으로 간주되는 이유는 단지 '신경미학'이라는 학명의 도입 때문만은 아니다. 제키의 저서는 명실상부하게 최초의 신경미학 저서라고 할 만한 이론적 준거를 갖고 있다. 비록 시각예술, 그중에서도 모더니즘 회화 분석에 집중하고 있기는 하지만, 『이너비전』에서 제키는 미술가가 시각 뇌의 본성을 꿰뚫고 지각대상에서 본질적인 것만 추출해내는 능력을 갖고 있다는 이론을 제시하고 미술사의 다양한 사례들의 분석에서 그 증거를 제시했다. 이 이론은 여러 신경미학자들이 병행론(parallelism)이라고 부르는 것으로, 신경계와 예술가의 목표가 유사하다는 가정에 기초한다(Chatterjee, 2010). 기성 미학자들과 미술사학자들뿐만 아니라 신경과학자들의 비난에 가까운 비판에도 불구하고, 그의 책이 신경미학이라는 모험적 분야의 분기점으로 널리 인정되는 이유는 탁월한 시각 뇌 연구자인 저자가 나름의 미학적 가설을 정립하여 제시했기 때문이다. 『이너비전』이 출판되기 훨씬 전에 올리버 색스가 『아내를 모자로 착각한 남자』를 세상에 내놓아 유명해졌지만(Sacks, 1985), 그의 책은 체계적인 신경미학서라고 간주하기 어렵다. 색스는 여기서 음악과 미술에서 남다른 능력을 발휘하게 된 신경질환자들의 사례를 제시한다. 그러나 그들 모두를 예술가로 인정하기 어렵다는 점을 차치하더라도 색스가 제시하는 일련의 사례들이 어떤 미학적 근거에 기초하고 있다고 볼 수 없다. 저명한 신경과학자 장 피에르 샹주가 1994년 출판한 논문도 눈여겨 볼만한 선구적 성과 중 하나다. 하지만 여기서 샹주는 어떤 이론적 얼개를 제안하기보다는 예술계 종사자들이 미적 경험의 뇌 기전에 관심을 갖기를 독려하는 데 그치고 있다(Changeux, 1994).

『이너비전』 외에 1990년대에 출판된 주목할 만한 신경미학 저술로는 미적 경험의 여덟 가지 법칙을 제시한 라마찬드란과 허스테인의 논문 「예술에 관한 과학」을 꼽아볼 수 있을 것이다(Ramachandran and Hirstein, 1999). 1990년대 신경미학 저술을 출판할 당시 제키와 라마찬드란은 각각 시지각과 환상지(phantom limb) 연구의 성과로 신경과학계에서 이미 입지를 굳힌 석학들이었다. 라마찬드란은 본서 11장과 12장에서 사실주의 예술의 신경학적 근거로 제시되고 있는 거울뉴런 가설의 대표적 주창자이기도 하다. 그들의 선구적인 행보가 과학적 미학의 새로운 지평을 여는 데 커다란 기여를 했다는 점에는 거의 이견이 없다. 그러나 그들의 노력이 의미 있는 결실을 거두기 시작한 것은 2000년대 들어 신경미학 탐구를 본격화한, 그들보다 한 세대 아래의 젊은 학자들이었다. 미학이론의 측면에서 볼 때 이 책 곳곳에서 인용되고 있는 레더와 동료들의 미적 감상 및 판단 모형에 관한 논문은 그러한 결실 중 하나다. (Leder et al, 2004를 보라. 이 논문은 이 책 1, 2, 6, 13장에서 인용되고 있다.)

사변적 논증에 기초하는 철학적 미학과는 다르게, 과학적 미학은 인간적 경험을 정량화하여 실험 결과의 객관성을 담보할 수 있는 적절한 인지 모형을 필요로 한다. 레더와 동료들의 논문은 현대미술 감상의 인지적 처리 과정을 지각, 명시적 분류, 암묵적 분류, 인지적 숙달, 평가의 다섯 단계로 구분함으로써 '미적 경험'의 모호성을 최소화하는 한편, 미적 경험의 한 국면이 아니라 전체를 감상자가 처한 맥락 안에서 통합적으로 조망하고 있다. 미적 경험의 과학적 모형 구축은 신경미학 연구를 본격화하기 위해 필수적이기 때문에 채터지나 바타니안과 나달도 동일한 시도를 한 바 있다. (Chatterjee, 2003; Vartanian & Nadal, 2007을 참고하라.) 그들이 이러한 시도를 할 수 있었던 것은 그때까지 10여 년간 축적되어 온 신경미학 연구 덕분이라고 할 수 있다. 레더, 채터지, 바타니안 등이 제시한 신경미학에 대한 전망은 당시로서는 가장 포괄적이었고, 이 저자들은 현재 모두 가장 활발하게 신경미학에 관한 성과를 제출하는 연구자들 그룹에 속한다. 2000년대 중반 과학적 미학 연구를 위한 인지 모형 구축에 골몰하던 신경과학자들은 미학적 주제들에 무엇을 포함시키고 무엇을 배제할 것인가에 대해 고심하는 동시에, 그런 주제들을 과학적으로 연구하는 절차를 강구하고자 절치부심했다. 위에 거론한 저자들을 포함한 일군의 신경과학자들은 신경미학이란 무엇인가에 관한 상당히 잘 정리된 견해를 2016년 「신경미학: 미적 경험의 인지신경과학」이라는 제목의 논문으로 공동 출판한 바 있다(Pearce et al., 2016). 그들은 여기서 신경미학이 다룰 주제를 자연적·인공적 대상에 관한 미적 경험으로 좁히는 한편, 이 주제가 어떤 방식으로 과학의 테두리 내에서 다뤄질 수 있는가에 대해 상술하고 있다.

2009년 스코프와 바타니안이 편저한 본서 『신경미학』은 『이너비전』 이후 출판된 가장 의미 있는 신경미학 분야의 단행본이라고 할 수 있다. 이러한 필자의 판단은 원서가 출판된 지 꼬박 10년이 지난 현시점에도 여전히 유효하다. 위에서 언급한 피어스 외의 저술에 참여한 총 일곱 명의 저자들은 대부분 이 책 저술에 참여했다. 그들은 본서에서 공동 출판을 했던 전력을 바탕으로 2016년에 다시 한번 의기투합했다. 이를테면 2016년 논문의 공동저자인 자이덜은 이 책의 8장을, 바타니안은 13장을, 스코프는 2장을, 채터지는 7장을, 나달은 그의 동료들과 함께 6장을 각각 저술했다. 주저자인 마커스 T. 피어스(Marcus T. Pearce)와 공저자 중 한 명인 레더는 『신경미학』 저술에 참여하지는 않았지만, 각자의 방식으로 꾸준히 신경미학 연구를 수행해왔다. 레더는 앞서 언급한 2004년 논문을 필두로 현재까지 꾸준히 미적 경험의 인지 모형을 개선하는 데 심혈을 기울이고 있다. (Belke et al., 2006; Leder, 2013; Leder and Nadal, 2014; Pelowski et al.,

2016 등을 보라.) 피어스는 2000년대 이후 꾸준히 음악에 관한 신경미학 실험을 시행하고 있다(Pearce, 2006, 2015). 2000년 이래 각 영역에서 나름대로 신경미학을 모색하던 젊은 학자들이 어느덧 중견이 되어 마침내 2016년에 이르러 신경미학에 관한 공통의 견해를 수렴했던 것이다.

2016년 일군의 신경미학자들이 이룬 이론적 성과의 초석이 실질적으로 놓인 것은 2009년에 출판된 본서 『신경미학』에서라고 할 수 있다. 이렇게 말할 수 있는 근거는 이 책의 목표와 구성에서 찾아볼 수 있다. 책의 목표는 편저자인 스코프와 바타니안이 쓴 1장 서론에서 잘 나타난다. 그들은 미술, 음악, 영화 등 예술의 여러 영역을 망라할뿐더러 "실험적, 진화적, 신경심리학적, 신경영상학적인" 다양한 접근법을 함께 포섭할 이론적 틀을 제시하고자 이 책을 기획했다. 그러나 많은 학문분야가 그러하듯이 같은 학명을 표방하는 연구들이라고 할지라도 하나의 우산아래 완전히 통합하기는 그리 쉽지 않다. 신경미학은 넓게는 신경과학과 인문학의 통섭을 꾀하고 있으며, 같은 경험과학의 범주 안에서도 심리학, 진화론, 인지신경과학으로 분리될 수 있는 서로 다른 방법들의 협력을 요구하고 있다. 편저자들은 그간 각기 다른 전망을 가지고 신경미학적 탐구를 시도해온 대표적인 저자들을 이 책에 참여시켰는데, 각 장의 저자들은 거칠게 말해 두 부류로 나뉠 수 있다. 우선 신경미학의 정의와 학문적 준거틀을 제시하고자 하는 한 부류가 있으며, 여기에는 2장에서 8장에 이르는 총 일곱 편의 논문의 저자들이 속한다. 첫 번째 부류의 공통 관심사는 각 저자들이 실험심리학, 진화심리학 및 진화생물학, 인지신경과학 등 서로 다른 관점에서 접근하고 있다고 하더라도, 신경미학과 그 연구범위를 어떻게 규정할 것인지 숙고하는 것이다. 이어지는 9장부터 14장까지는 좀 더 각론에 가까운 내용을 저술한 것이다. 말하자면 니콜라스 웨이드가 쓴 9장은 시각예술에 관한 신경심리학적 연구의 역사라고 할 수 있으며, 10장에서 12장까지 3개 장은 테르바니에미, 마이얼, 그로달이 각각 음악, 문학, 영화에 관한 신경미학 연구를 소개하고 있다. 바타니안의 13장과 셰니에와 빙키엘만의 14장에서도 미적 즐거움에 관한 신경과학적 분석을 각자의 방법으로 상술하고 있어서 마지막 장들의 내용 역시 미학의 세부 주제에 관한 연구들로 이뤄져 있다고 하겠다. 제키가 『이너비전』을 출판한 시점을 기준으로 한다면, 신경미학의 학적 근거를 마련하려는 연구자들의 10여 년의 노력이 이 책에서 총망라되어 있다고 할 수 있다. (각 장 세부 내용의 개관은 편저자들이 본서 1장과 2장에서 하고 있다.)

우리가 『신경미학』 번역에 착수한 것은 서울대학교 융합기술연구원에서 근무하던 2013년으로 거슬러 올라간다. 지금부터 거의 6년 전이다. 북코리아 출판사와 출판 계약을 했던 것이 2014년 10월이었으므로 계약시점을 기준으로 헤아려보아도 우리는 4년 넘게 이 책을 붙들고 있었던 것이다. 그사이 우리는 미술전시 감상에 관한 실험심리학 연구를 수행했고 그 결과물을 발표하기도 했다(Kang, 2017). 번역의 착수에서 출판에 이르기까지 긴 시간이 소요된 데는 여러 이유가 있지만, 그중 적지 않은 분량의 역주를 삽입하는 작업이 크게 한몫을 했다. 우리가 번역작업을 진행하는 사이, 이 책에도 참여한 두 저자, 자이덜과 채터지의 신경미학 단행본이 번역되어 출판되었다(자이덜, 2015; 채터지, 2018). 『기억을 찾아서 In Search of Memory』라는 뇌과학 교양서로 유명한 에릭 캔델(Eric Kandel)의 『통찰의 시대』(2014)와 『어쩐지 미술에서 뇌과학이 보인다』(2019)도 속속 번역되어 신경미학 대중화에 기여하고 있다. 그렇다면 『신경미학』은 현재 국내에 소개되는 해외 저자의 신경미학서로는 여섯 번째인 셈이다. (앞서 거론한 올리버 색스의 책은 예술가의 케이스만 국한해서 다루지 않으므로 신경미학 전문서 목록에서 제외하자.) 전작들과 비교하면 이 책은 가장 학술적이라고 할 수 있다. 제키의 『이너비전』이나 채터지의 『미학의 뇌』는 대중교양서라고 말해도 무방할 정도로 비교적 수월하게 읽힌다. 자이덜의 『신경심리학과 예술』은 내용이 좀 더 전문적이긴 하나, 『신경미학』만큼 포괄적인 학술서라고 할 수는 없다. 더욱이 이 책은 열 명이 훌쩍 넘는 다수 저자들의 논문을 편집해놓아서 내용의 방대함에 있어서도 자이덜의 저서를 능가한다. 본서 각 장의 글들은 당초 과학자들을 대상으로 저술한 학술논문들이다. 우리는 다양한 배경의 독자들을 위한 해설이 필요하다고 판단하여 신경과학의 전문 용어들이나 논문 내용에 대한 부연설명을 각 장마다 미주로 삽입했고 원서에 수록되지 않은 그림들도 여러 장 추가했다. 본서의 주해들이 누군가에게는 불충분하고 또 다른 누군가에게는 잉여적으로 느껴질 것이나, 설혹 그렇다 하더라도 역자들로서는 최선을 다한 결과물이니 독자들이 널리 양해해주기를 바란다.

서울대학교 융합기술원에 근무하면서 일찍이 필자가 신경미학에 주목했던 것은 그간의 연구노정의 연장선상에서 과학자들과 융합연구를 도모하기 위해서였다. 찰스 S. 퍼스(Charles S. Peirce)의 프래그머티즘을 연구하면서 필자의 관심이 인간 마음의 — 특히 느끼고 향유하고 창조하는 마음의 — 본성과 인지 기제로 자연스럽게 이어졌고, 그 방법을 인식론과 인지과학뿐만 아니라 뇌신경과학에서 취하고자 했다. 아무리 뇌 연구가 아카데미의 각 분야에 침투하여 인문학자들마저도 신경학에 관심을 기울이는 세상이 되었다 하더라도, 철학적 미학을 20년 넘게 연구해온 연구자가 뇌신경과학에 발을 들여놓는 것이 쉬운 일은 아니었기에 많은 사람들의 도움이 필요했다. 아니, 어쩌면 필자는 주변의 영향을 받아 신경생리학과 진화생물학에 관심을 갖게 된 것 같다. 필자에게 직간접적인 계기를 제공해준 사람 중 하나는 거의 매일 얼굴을 마주하는 가족이었다. 진화론과 뇌과학 분야 신간에 대한 견해를 공유하고 때로는 필자의 관심주제에 의미심장한 통찰을 던져주기도 했던 남편에게 감사한다. 서울대학교 미학과 선후배 동료 연구자들에게 받은 영향도 필자가 신경미학 연구를 지속할 수 있었던 추진력이었던 것 같다. 박사논문 지도교수인 김진엽 선생님이 일찍부터 진화미학을 연구하고 후학들에게 신경미학 연구를 독려해온 것은 결코 작지 않은 힘이 되었다. 필자와는 다르게 지각심리학의 관점에서 신경미학을 추구해온 고려대학교 김채연 선생님, 그리고 필자처럼 철학적 미학을 배경으로 신경과학과의 학제적 연구를 추구하고 있는 명지대학교 정혜윤 선생님의 연구활동은 신선하고 즐거운 자극제가 되어줬다. 또한 석사 시절부터 의욕적으로 신경미학 연구를 개척해온 박사과정생 엄정아와 김지수는 존재만으로도 필자에게 힘을 북돋아준 것 같다. 이들 모두에게 감사의 마음을 전하고 싶다. 이 책의 직접적 기여자들은 북코리아 출판사 관계자들과 2016년 2학기 서울대학교 미학과 대학원에서 개설했던 '미술심리학' 수업에 참여했던 수강생들이다. 이미 말한 것처럼 본서의 계약 이후 교정과 주해 작업으로 오랜 시간을 소요했다. 긴 기다림의 시간을 감내해주신 북코리아 이찬규 대표님께 감사드린다. 미학과 대학원 수업은 번역의 질을 높일 수 있는 좋은 계기였다. 당시 수업에 참여했던 모든 이들에게 감사한다.

이 책의 편저자들을 포함한 몇몇 저자들이 언급하고 있는 것처럼 신경미학은 여전히 발아단계에 있다. 앞서 설명한 것처럼 최근에 이르러 비로소 피어스와 동료들이 신경미학이 무엇인가에 관해 비교적 정리된 견해를 출판했다(Pearce et al., 2016). 그러나 이마저도 완전하기는커녕 그렇게 충분하다고 보이지는 않는다. 이를테면 미학이론의 측면에서 과

연 신경미학의 주제를 미적 경험에 국한시키는 것이 정당한가 하는 의문을 제기할 수 있다. 이 책 5장의 저자들처럼 예술 창조자의 경험도 미적 경험의 테두리 안에서 다뤄질 수 있다고 할 수도 있다. 하지만 그들과는 다른 방식으로 예술적 창조행위에 접근해야 한다고 생각하는 이들이 적지 않을 것이라고 예상된다. (가령 이 책의 7장과 8장에서는 임상병리학적 관점에서 예술적 창조성에 대해 다룬다.) 한편 인문학자들뿐만 아니라 신경과학자들도 인간의 인지작용에 관한 기존의 과학적 가설을 미적 경험 같은 주관적 현상에 적용하는 데 이의를 제기한다는 것도 묵과하기 어렵다. 더 나아가 뇌신경과학이 인간의 마음에 대해 우리에게 알려주는 사실이 여전히 매우 제한적이라는 것도 신경미학의 발목을 잡고 있는 주요 요인이라고 하겠다. 사정이 이러하다 할지라도, 미적 활동을 포함한 인간 행동의 본성에 대해 우리가 지금까지 알지 못했던 것을 알려줄 뇌신경과학의 잠재성은 부인할 수 없다. 어쩌면 신경미학이 아직 시초적 단계에 있다는 것이 철학적 미학자와 신경미학자 모두에게 더 매력적으로 다가가는지도 모르겠다. 이러한 뉴프런티어의 잠재성 발굴에서 징검다리 역할이라도 할 수 있다면, 비록 많이 부족하다 하더라도『신경미학』번역 출판의 의의를 다소나마 찾아볼 수 있지 않을까 생각한다.

참고문헌

1. 서론: 신경미학이란 무엇인가?

Allen, G. (1877), *Physiological aesthetics*, New York: D. Appleton & Company.

Berlyne, D. E. (1971), *Aesthetics and psychobiology*, East Norwalk, CT: Appleton-Century-Crofts.

Chatterjee, A. (2003), Prospects for a cognitive neuroscience of visual aesthetics, *Bulletin of Psychology and the Arts*, 4, 55-60.

Critchley, M. & Henson, R. (1977), *Music and the brain. Studies in the neurology of music*, London: Heinemann.

Darwin, E. (1792), *Zoonomia; or, The laws of organic life* (Part I), London: J. Johnson.

Fechner, G. T. (1876), *Vorschule der Aesthetik [Experimental Aesthetics]*, Leipzig: Breitkopf & Härtel.

Gregory, R., Harris, J., Heard, P. & Rose, D. (1995), *The artful eye*, Oxford, New York & Tokyo: Oxford University Press.

Hirth, G. (1897), *Aufgaben der kunstphysiologie*, München & Leipzig: Hirth's Kunstverlag.

Jacobsen, T., Buchta, K., Köhler, M. & Schröger, E. (2004), The primacy of beauty in judging the aesthetics of objects, *Psychological Reports*, 94(3), 1253-1260.

Leder, H., Belke, B., Oeberst, A. & Augustin, D. (2004), A model of aesthetics appreciation and aesthetic judgments, *British Journal of Psychology*, 95, 489-508.

Livingstone, M. (1988), Art, illusion and the visual system, *Scientific American*, 258,

68-75.

Marshall, H. R. (1892), The field of aesthetics psychologically considered. II: The differentiation of aesthetics from hedonics, *Mind*, *1*(4), 453-469.

_____ (1893), Hedonic aesthetics, *Mind*, *2*(5), 15-41.

_____ (1894), *Pain, pleasure and aesthetics*, New York: Macmillan.

Martindale, C. (2007), Recent trends in the psychological study of aesthetics, creativity, and the arts, *Empirical Studies of the Arts*, 25, 121-141.

Miall, D. S. (1976), Aesthetic unity and the role of the brain, *Journal of Aesthetics and Art Criticism*, 35, 57-67.

Miller, G. (2000), *The mating mind: How sexual choice shaped the evolution of human nature*, New York: Doubleday.

Miller, G. F. (2001), Aesthetic fitness: How sexual selection shaped artistic virtuosity as a fitness indicator and aesthetic preferences as mate choice criteria, *Bulletin of Psychology and the Arts*, 2, 20-25.

Naumann, G. (1899), *Geschlecht und Kunst — Prolegomena zu einer Physiologischen Aesthetik*, Leipzig: H. Haeffel.

Price, U. (1810), *Essays on the picturesque*, London: J. Mawman.

Reed, E. S. (1997), *From soul to mind. The emergence of psychology from Erasmus Darwin to William James*, New Haven & London: Yale University Press.

Rentschler, I., Herzberger, B. & Epstein, D. (1988), *Beauty and the brain. Biological aspects of aesthetics*, Basel: Birkhauser Verlag.

Webb, D. (1769), *Observations on the correspondence between poetry and music*, London: printed for J. Dodsky.

Zaidel, D. W. (2005), *Neuropsychology of art: Neurological, cognitive, and evolutionary perspectives*, Hove, UK: Psychology Press.

*DeCharms R. C. and A. Zador (2000), "Neural Representation and The Cortical Code," *Annual Reviews of Neuroscience*, 23, 613-647.

*Thagard Paul (2014), "Creative Intuition: How Eureka results from Three Neural Mechnisms" in *Rational Intuition: Philosophical Roots, Scientific Investigations*, ed by Lisa M. Osbeck and Barbara S. Held, New York: Cambridge University Press

*멜리사 그레그와 그레고리 J. 시그워스(2015), 『정동 이론』, 서울: 갈무리.

2. 신경미학의 문제: 신경미학 연구를 위한 틀

Aggleton, J. P., & Brown, M. W. (2005). Contrasting hippocampal and perirhinal cortex function using immediate early gene imaging. *Quarterly Journal of Experimental Psychology B*, 58, 218–233.

Aristotle. (1941). Poetics. In R. McKeon (Ed.), *The basic works of Aristotle*. New York: Random House.

Barrett, L. F., & Wager, T. D. (2006). The structure of emotion. Evidence from neuroimaging studies. *Current Directions in Psychological Science*, 15, 79–83.

Beardsley, M. C. (1969). *Aesthetic experience regained. Journal of Aesthetics and Art Criticism*, 28(1), 3–11.

Baumgartner, T., Lutz, K., Schmidt, C. F., & Jäncke, L. (2006). The emotional power of music: How music enhances the feeling of affective pictures. *Brain Research*, 1075, 151–164.

Bookheimer, S. (2002). Functional MRI of language. *Annual Review of Neuroscience*, 25, 151–188.

Chatterjee, A. (2003). Prospects for a cognitive neuroscience of visual aesthetics. *Bulletin of Psychology and the Arts*, 4, 55–60.

Churchland, P. S., Ramachandran, V. S., & Sejnowski, T. J. (1994). A critique of pure vision. In C. Koch & J. L. Davis (Eds.), *Large-scale neuronal theories of the brain* (pp. 23–60). Cambridge, MA & London: The MIT Press.

Cupchik, G., Shereck, L., & Spiegel, S. (1994). The effects of textual information on artistic communication, *Visual Arts Research*, 20, 62–78.

Dalgleish, T. (2004). The emotional brain. Nature Review Neuroscience, 5, 582–589.

Démonet, J.-F., Thierry, G., & Cardebat, D. (2005). Renewal of the neurophysiology of language: Functional neuroimaging. *Physiology Review*, 85, 49–95.

Dissanayake, E. (1979). An ethological view of ritual and art in human evolutionary history. *Leonardo*, 12, 27–31.

_____ (1982). Aesthetic experience and human evolution. *Journal of Aesthetics and Art Criticism*, 41(2), 145–155.

_____ (2000). *Art and intimacy*. Seattle & London: University of Washington Press.

Eco, U. (1989). *The open work*. London: Hutchison Radius.

Erlich, V. (1981), *Russian formalism. History — Doctrine* (3rd ed.). New Haven & London: Yale University Press.

Fauconnier, G., & Turner, M. (2000). Conceptual integration networks. *Cognitive Science*, 22, 133-187.

Felleman, D., & van Essen, D. (1991). Distributed hierarchical processing in the primate cerebral cortex. *Cerebral Cortex*, 1, 1-47.

Gernsbacher, M., & Kaschak, M. (2003). Neuroimaging studies of language production and comprehension. *Annual Review of Psychology*, 54, 91-114.

Goodale, M., & Milner, D. (1992). Separate visual pathways for perception and action. *Trends in Neuroscience*, 15, 20-25.

Hagoort, P. (2005). On Broca, brain and binding: A new framework. *Trends in Cognitive Sciences*, 9, 416-423.

Hyman, J. (2006). Art and neuroscience. Downloaded from www.interdisciplines.org/artcognition/papers/15 (accessed January, 23, 2006).

Janata, P., Birk, J. L., Van Horn, J. D., Leman, M., Tillmann, B., & Bharucha, J. J. (2002). The cortical topography of tonal structures underlying western music. *Science*, 298, 2167-2170.

Jung-Beeman, M. (2005). Bilateral brain processes for comprehending natural language. *Trends in Cognitive Sciences*, 11, 512-518.

Kan, I., & Thompson-Schill, S. (2004). Selection from perceptual and conceptual representations. Cognitive, *Affective, & Behavioral Neuroscience*, 4, 466-482.

Kant, I. (1974). *Kritik der Urteilskraft*. Frankfurt am Main: Suhrkamp. (Original work published 1778.)

Kanwisher, N. (2003). The ventral visual object pathway in humans: Evidence from fMRI. In L. Chapula & J. Werner (Eds.), *The visual neurosciences* (pp. 1179-1189). Cambridge, MA: The MIT Press.

Koelsch, S., & Siebel, W. A. (2005). Towards a neural basis of music perception. *Trends in Cognitive Sciences*, 9, 578-584.

Koelsch, S., Kasper, E., Sammler, D., Schulze, K., Gunter, T., & Friederici, A. D. (2004). Music, language and meaning: Brain signatures of semantic processing. *Nature Neuroscience*, 7, 302-307.

Leder, H., Belke, B., Oeberst, A., & Augustin, D. (2004). A model of aesthetic appreciation and aesthetic judgments. *British Journal of Psychology*, 95, 489-508.

Leder, H., Carbon, C.-C., & Ripas, A.-L. (2006). Entitling art: Influence of title information on understanding and appreciation of paintings. *Acta Psychologia*, 121, 176-198.

Levelt, W. (1999). Producing spoken language: A blueprint of the speaker. In C. Brown & P. Hagoort (Eds.), *The neurocognition of language* (pp. 83–122). Oxford: Oxford University Press.

Livingstone, M. (1988). Art, illusion and the visual system. *Scientific American, 258*, 68–75.

Martindale, C. (1994). Biological bases of creativity. In R. J. Sternberg (Ed.), *Handbook of creativity* (pp. 137–152). Cambridge, MA: Cambridge University Press.

Miall, D. S., & Kuiken, D. (1994). Foregrounding, defamiliarization, and affect: Response to literary stories. *Poetics, 22*, 389–407.

Miyashita, Y. (2004). Cognitive memory: Cellular and network machineries and their top–down control. *Science, 306*, 435–440.

Panksepp, J. (2004). Affective consciousness: Core emotional feelings in animals and humans. *Consciousness and Cognition, 14*, 30–80.

Patel, A. D. (2003). Language, music, syntax and the brain. *Nature Neuroscience, 6*, 674–681.

Peretz, I., & Zatorre, R. J. (2005). Brain organization for music processing. *Annual Review of Psychology, 56*, 89–114.

Rapp, A. M., Leube, D. T., Erb, M., Grodd, W., & Kircher, T. T. J. (2004). Neural correlates of metaphor processing. *Cognitive Brain Research, 20*, 395–402.

Russell, P. A. (2003). Effort after meaning and the hedonic value of paintings. *British Journal of Psychology, 94*, 99–110.

Schmidt, G., DeBure, C., & Seger, C. (in press). Right hemisphere metaphor processing? *Brain and Language.*

Shklosky, V. (1965). Art as technique. In L. T. Lemon & M. J. Reis (Eds.), *Russian formalist criticism: Four essays* (pp. 3–24). Lincoln, NE: University of Nebraska Press. (Original work published 1917.)

Skov, M., Stjernfelt, F., & Paulson, O. B. (2007). Language and the brain's 'mental cinema.' In B. Grundtvig, M. McLaughlin, & L. W. Petersen (Eds.), *Image, eye, and art in Calvino. Writing visibility* (pp. 185–194). Leeds, UK: Maney Publishing.

Solso, R. L. (1994). *Cognition and the visual arts.* Cambridge, MA & London: The MIT Press.

_____ (2003). *The psychology of art and the evolution of the conscious brain.* Cambridge, MA & London: The MIT Press.

St. George, M., Kutas, M., Martinez, A., & Sereno, M. I. (1999). Semantic integration in reading: Engagement of the right hemisphere during discourse processing. *Brain,*

122, 1317–1325.

Thompson-Schill, S. (2005). Dissecting the language organ: A new look at the role of Broca's area in language processing. In A. Cutler (Ed.), *Twenty-first century psycholinguistics: Four cornerstones* (pp. 173–189). Mahway, NJ & London: Lawrence Erlbaum.

Thompson-Schill, S., Bedny, M., & Goldberg, R. F. (2005). The frontal lobes and the regulation of mental activity. *Current Opinion in Neurobiology, 15*, 1–6.

Van Damme, W. (1996). Beauty in context. *Towards an anthropological approach to aesthetics.* Leiden, New York, & Köln: E. J. Brill.

Vartanian, O., & Goel, V. (2007). Neural correlates of creative cognition. In C. Martindale, P. Locher, & V. Petrov (Eds.), *Evolutionary and neurocognitive approaches to aesthetics, creativity and the arts* (pp. 195–207). Amityville, NY: Baywood.

Zaidel, D. W. (2005). *Neuropsychology of art: Neurological, cognitive, and evolutionary perspectives.* Hove, UK: Psychology Press.

Zalla, T., Phipps, M., & Grafman, J. (2002). Story processing in patients with damage to the prefrontal cortex. *Cortex, 38*, 215–231.

Zatorre, R. J., Chen, J. L., & Penhune, V. B. (2007). When the brain plays music: Auditory-motor interactions in music perception and production. *Nature Review Neuroscience, 8*, 547–558.

Zeki, S. (1999). *Inner vision.* Oxford: Oxford University Press.

_____(2005). The Ferrier lecture 1995. Behind the seen: The functional specialization of the brain in space and time. *Philosophical Transactions of the Royal Society of London B, 360*, 1145–1183.

Zeki, S., & Marini, L. (1998). Three cortical stages of colour processing in the human brain. *Brain, 121*, 1669–1685.

*곽호완 · 박창호 · 이태연 · 김문수 · 진영선 (2008). 『실험심리학용어사전』, ㈜시그마프레스.

3. 신경미학과 미학심리학

Arnheim, R. (1974). *Art and visual perception: The new version*. Berkeley, CA: University of California Press.

Baldwin, M. W. (1992). Relational schemas and the processing of social information. *Psychological Bulletin, 112*(3), 461-484.

Berlyne, D. E. (1970). Novelty, complexity, and hedonic value. *Perception & Psychophysics, 8*(5-A), 279-286.

_____ (1971). *Aesthetics and psychobiology*. East Norwalk, CT: Appleton-Century-Crofts.

_____ (1974). *Studies in the new experimental aesthetics: Steps toward an objective psychology of aesthetic appreciation*. Oxford: Hemisphere.

Eysenck, H. J. (1983). A new measure of good taste in visual art: The Visual Aesthetic Sensitivity Test. *Leonardo, 16*(3), 229-231.

Fechner, G. T. (1876). *Vorschule der Aesthetik* [Experimental Aesthetics; "Pre-school" of aesthetics]. Leipzig: Breitkopf & Härtel.

Gazzaniga, M. S. (2004). *The cognitive neurosciences III*. Cambridge, MA: The MIT Press.

Hekkert, P., & van Wieringen, P. C. W. (1990). Complexity and prototypicality as determinants of the appraisal of cubist paintings. *British Journal of Psychology, 81*(4), 483-495.

Höfel, L., & Jacobsen, T. (2003). Temporal stability and consistency of aesthetic judgments of beauty of formal graphic patterns. *Perceptual and Motor Skills, 96*(1), 30-32.

_____ (2007a). Electrophysiological indices of processing aesthetics: Spontaneous or intentional processes? *International Journal of Psychophysiology, 65*(1), 20-31.

_____ (2007b). Electrophysiological indices of processing symmetry and aesthetics: A result of judgment categorization or judgment report? *Journal of Psychophysiology, 21*(1), 9-21.

Höfel, L., Lange, M., & Jacobsen, T. (2007). Beauty and the teeth: Perception of tooth color and its influence on the overall judgment of facial attractiveness. *International Journal of Periodontics & Restorative Dentistry, 27*(4), 349-357.

Höge, H. (1995). Fechner's experimental aesthetics and the golden section hypothesis today. *Empirical Studies of the Arts, 13*(2), 131-148.

Jacobsen, T. (2002). Kandinsky's questionnaire revisited: Fundamental correspondence of basic colors and forms? *Perceptual and Motor Skills, 95*(3), 903-913.

_____ (2004). Individual and group modeling of aesthetic judgment strategies. British *Journal of Psychology, 95*(1), 41-56.

_____ (2004). Kandinsky's color-form correspondence and the Bauhaus colors: An empirical view. *Leonardo, 37*(2), 135-136.

_____ (2006). Bridging the arts and sciences: A framework for the psychology of aesthetics. *Leonardo, 39*(2), 155-162.

Jacobsen, T., Buchta, K., Köhler, M., & Schröger, E. (2004). The primacy of beauty in judging the aesthetics of objects. *Psychological Reports, 94*(3), 1253-1260.

Jacobsen, T., & Höfel, L. (2000). Descriptive and evaluative judgment processes: An event-related protential analysis of processing symmetry and aesthetics. *Journal of Cognitive Neuroscience, 12*(Supplement), 110.

_____ (2002). Aesthetic judgments of novel graphic patterns: Analyses of individual judgments. *Perceptual and Motor Skills, 95*(3), 755-766.

_____ (2003). Descriptive and evaluative judgment processes: Behavioral and electrophysiological indices of processing symmetry and aesthetics. *Cognitive, Affective & Behavioral Neuroscience*, 3(4), 289-299.

Jacobsen, T., Schubotz, R. I., Höfel, L., & v. Cramon, D. Y. (2006). Brain correlates of aesthetic judgment of beauty. *NeuroImage, 29*(1), 276-285.

Konecni, V. J. (1979). Determinants of aesthetic preference and effects of exposure to aesthetic stimuli: Social, emotional and cognitive factors. *Progress in Experimental Personality Research, 9*, 149-197.

Langlois, J. H., & Roggman, L. A. (1990). Attractive faces are only average. *Psychological Science, 1*(2), 115-121.

Leder, H., Belke, B., Oeberst, A., & Augustin, D. (2004). A model of aesthetic appreciation and aesthetic judgments. *British Journal of Psychology, 95*(4), 489-508.

Locher, P. J. (2003). An empirical investigation of the visual rightness theory of picture perception. *Acta Psychologica, 114*, 147-164.

Martin, L. J. (1906). An experimental study of Fechner's principles of aesthetics. *Psychological Review, 13*, 142-219.

Martindale, C. (1988). Aesthetics, psychobiology, and cognition. In F. H. Farley & R. W. Neperud (Eds.), *The foundation of aesthetics, art and art education*. New York: Praeger.

Nodine, C. F., Locher, P. J., & Krupinski, E. A. (1993). The role of formal art training on perception and aesthetic judgment of art compositions. *Leonardo, 26*(3), 219-227.

Parsons, M. (1987). *How we understand art: A cognitive developmental account of aesthetic experience.* Cambridge, MA: Cambridge University Press.

Petty, R. E., Wegener, D. T., & Fabrigar, L. R. (1997). Attitudes and attitude change. *Annual Review of Psychology, 48,* 609-647.

Ritterfeld, U. (2002). Social heuristics in interior design preferences. *Journal of Environmental Psychology, 22*(4), 369-386.

Rosch, E. (1975). Cognitive representations of semantic categories. *Journal of Experimental Psychology: General, 104*(3), 192-233.

Roye, A., Höfel, L., & Jacobsen, T. (2008). Aesthetics of faces: Behavioural and electrophysiological indices of evaluative and descriptive judgment processes. *Journal of Psychophysiology, 22*(1), 41-57.

Whitfield, A. (1984). Individual differences in evaluation of architectural colour: Categorization effects. *Perceptual and Motor Skills, 59*(1), 183-186.

Wundt, W. (1900/1920). *Völkerpsychologie (10 Bde.), Bd. III: Die Kunst.* Leipzig: Kröner-Engelmann.

*임마누엘 칸트 (2009), 『판단력비판』, 백종현 역, 서울: 아카넷.

4. 예술은 미학 그 이상이다: 협소한 미학으로서의 신경미학

Aharon, I., Etcoff, N., Ariely, D., Chabris, C. F., O'Connor, E. & Breiter, H. C. (2001), Beautiful faces have variable reward value: fMRI and behavioral evidence, *Neuron, 32,* 537-551.

Alcorta, C. S. & Sosis, R. (2005), Ritual, emotion, and sacred symbols: The evolution of religion as an adaptive complex, *Human Nature, 16,* 323-359.

Anderson, A. K., Christoff, K., Stappen, I., Panitz, D., Ghahremani, D. G., Glover, G. et al. (2003), Dissociated neural representation of intensity and valence in human olfaction, *Nature Neuroscience, 6,* 196-202.

Appleton, J. (1990), *The symbolism of habitat.* Seattle: University of Washington Press.

Bartels, A. & Zeki, S. (2004), The neural correlates of maternal and romantic love,

Neuroimage, 21, 1155-1166.

Baumgarten, A. (1735/1954), *Reflections on poetry,* Berkeley: University of California Press.

Beebe, B., Lachmann, F. L. & Jaffe, J. (1997), Mother-infant interaction structures and presymbolic self and object representations, *Psychoanalytic Dialogues, 7,* 133-182.

Blood, A. J. & Zatorre, R. J. (2001), Intensely pleasurable responses to music correlate with activity in brain regions implicated in reward and emotion, *Proceedings of the National Academy of Sciences, 98,* 11818-11823.

Blood, A. J., Zatorre, R. J., Bermudez, P. & Evans, A. C. (1999), Emotional responses to pleasant and unpleasant music correlate with activity in paralimbic brain regions, *Nature Neuroscience, 2,* 382-387.

Brown, S. (2000), Evolutionary models of music: From sexual selection to group selection, In F. Tonneau & N. S. Thompson (Eds.), *Perspectives in ethology. 13: Behavior, evolution and culture* (pp. 231-281), New York: Plenum.

Brown, S., Martinez, M. J. & Parsons, L. M. (2004), Passive music listening spontaneously engages limbic and paralimbic systems, *NeuroReport, 15,* 2033-2037.

Brown, S. & Volgsten, U. (2006), Is Mozart's music good? In S. Brown & U. Volgsten (Eds.), *Music and manipulation: On the social uses and social control of music* (pp. 365-369), New York: Berghahn.

Burgdorf, J. & Panksepp, J. (2006), The neurobiology of positive emotions, *Neuroscience and Biobehavioral Reviews, 30,* 173-187.

Carter, C. S., Lederhandler, I. I. & Kirkpatrick, B. (Eds.). (1999), *The integrative neurobiology of affiliation,* Cambridge, MA: MIT Press.

Chernoff, J. M. (1979), *African rhythm and African sensibility,* Chicago: University of Chicago Press.

Clore, G. L. (1994), Why emotions require cognition. In P. Ekman & R. J. Davidson (Eds.), *The nature of emotion: Fundamental questions* (pp. 181-191), New York: Oxford University Press.

Clore, G. L. & Ortony, A. (2000), Cognition in emotion: Always, sometimes, or never? In L. Nadel, R. Lane & G. L. Ahern (Eds.), *The cognitive neuroscience of emotion* (pp. 24-61), New York: Oxford University Press.

Darwin, C. (1871), *The descent of man and selection in relation to sex,* London: J. Murray.

_____ (1872), *The expression of emotion in man and animals,* London: J. Murray.

Davies, S. (2006), *The philosophy of art*, Malden, MA: Blackwell.

Dissanayake, E. (1988), *What is art for?* Seattle: University of Washington Press.

_____ (1992), *Homo aestheticus: Where art comes from and why*, Seattle: University of Washington Press.

_____ (2000), *Art and intimacy: How the arts began*, Seattle: University of Washington Press.

_____ (2006), Ritual and ritualization: Musical means of conveying and shaping emotion in humans and other animals. In S. Brown & U. Volgsten (Eds.), *Music and manipulation: On the social uses and social control of music* (pp. 31-57), Oxford: Berghahn.

_____ (2007), What art is and what art does: An overview of contemporary evolutionary hypotheses. In C. Martindale, P. Locher & V. Petrov (Eds.), *Evolutionary and neurocognitive approaches to aesthetics, creativity, and the arts* (pp. 1-14), Amityville, NY: Baywood.

_____ (2008), If music is the food of love, what about survival and reproductive success? *Musicae Scientiae*, 169-195.

Eibl-Eibesfeldt, I. (1989), *Human ethology*, Hawthorne, NY: Aldine de Gruyter.

Ekman, P. (1992), Are there basic emotions? *Psychological Review*, *99*, 550-553.

_____ (1999), Basic emotions. In T. Dalgleish & M. Power (Eds.), *Handbook of cognition and emotion* (pp. 45-60), Sussex, UK: John Wiley and Sons.

Falk, D. (1998), Hominin brain evolution: Looks can be deceiving, *Science*, *280*, 1714.

Francis, S., Rolls, E. T., Bowtell, R., McGlone, F., O'Doherty, J., Browning, A. et al. (1999), The representation of pleasant touch in the brain and its relationship with taste and olfactory areas, *NeuroReport*, *10*, 453-459.

Gould, S. J. (1977), *Ontogeny and phylogeny*, Cambridge, MA: Harvard University Press.

Hennelotter, A. & Schroeder, U. (2006), Partially dissociable neural substrates for recognizing basic emotions: A critical review, *Progress in Brain Research*, *156*, 443-456.

Kawabata, H. & Zeki, S. (2004), Neural correlates of beauty, *Journal of Neurophysiology*, *91*, 1699-1705.

Miall, D. S. & Dissanayake, E. (2003), The poetics of babytalk, *Human Nature*, *14*, 337-364.

Miller, G. (2000), *The mating mind: How sexual choice shaped the evolution of human nature*, New York: Doubleday.

_____ (2001), Aesthetic fitness: How sexual selection shaped artistic virtuosity as a fitness indicator and aesthetic preferences as mate choice criteria, *Bulletin of Psychology and the Arts*, *2*, 20-25.

Miller, W. B. & Rodgers, J. L. (2001), *The ontogeny of human bonding systems: Evolutionary origins, neural bases, and psychological mechanisms*, Dordrecht: Kluwer.

Murray, L. & Trevarthen, C. (1985), Emotional regulation of interaction between two month-olds and their mothers. In T. Field & N. Fox (Eds.), *Social perception in infants* (pp. 177-197), Norwood, NJ: Ablex.

Nadel, J., Carchon, I., Kervella, C., Marcelli, D. & Réserbet-Plantey, D. (1999), Expectancies for social contingency in 2-month-olds, *Developmental Science*, *2*, 164-173.

Nakamura, K., Nagumo, S., Ito, K., Sugiura, M., Kato, T., Nakamura, A. et al. (1998), Neuroanatomical correlates of the assessment of facial attractiveness, *NeuroReport*, *9*, 753-757.

Nelson, E. & Panksepp, J. (1998), Brain substrates of infant-mother attachment: Contributions of opioids, oxytocin, and norepinepherine, *Neuroscience and Biobehavioral Reviews*, *22*, 437-452.

Nitschke, J. B., Nelson, E. E., Rusch, B. D., Fox, A. S., Oakes, T. R. & Davidson, R. J. (2004), Orbitofrontal cortex tracks positive mood in mothers viewing pictures of their newborn infant, *NeuroImage*, *21*, 583-592.

O'Doherty, J., Winston, J., Critchley, H., Perrett, D., Burt, D. M. & Dolan, R. J. (2003), Beauty in a smile: The role of medial orbitofrontal cortex in facial attractiveness, *Neuropsychologia*, *41*, 147-155.

Orians, G. H. (2001), An evolutionary perspective on aesthetics, *Bulletin of Psychology and the Arts*, *2*(1), 25-29.

Ortony, A. & Turner, T. (1990), What's basic about basic emotions? *Psychological Review*, *97*, 315-331.

Pedersen, C. A., Caldwell, J. D., Jirikiwski, G. F. & Insel, T. R. (Eds.). (1992), Oxytocin in maternal, sexual and social behaviors, *Annals of the New York Academy of Sciences*, *652*.

Portmann, A. (1941), Die Tragzeit der Primaten und die Dauer der Schwangerschaft beim Menschen: Ein Problem der vergleichende Biologie, *Revue Suisse de Zoologie*, *48*, 511-518.

Rappaport, R. A. (1999), *Ritual and religion in the making of humanity*, London: Cambridge University Press.

Reisenzein, R. (1994), Pleasure-arousal theory and the intensity of emotions, *Journal of Personality and Social Psychology*, *67*, 525-539.

Rolls, E. T. (2004), Convergence of sensory systems in the orbitofrontal cortex in primates and brain design for emotion, *The Anatomical Record*, *281A*, 1212-1225.

_____ (2005), Taste, olfactory, and food texture processing in the brain, and the control of food intake, *Physiology and Behavior*, *85*, 45-56.

Ruso, B., Renninger, L. & Atzwanger, K. (2003), Human habitat preferences: A generative territory for evolutionary aesthetics research. In E. Voland & K. Grammer (Eds.), *Evolutionary aesthetics* (pp. 279-294), Berlin: Springer-Verlag.

Schore, A. N. (1994), *Affect regulation and the origin of the self: The neurobiology of emotional development*, Hillsdale, NJ: Erlbaum.

Shiner, L. (2001), *The invention of art: A cultural history*, Chicago: University of Chicago Press.

Small, D. M., Gregory, M. D., Mak, E. Y., Gitelman, D., Mesulam, M. M. & Parrish, T. (2003), Dissociation of neural representation of intensity and affective valuation in human gustation, *Neuron*, *39*, 701-711.

Solso, R. L. (1994), *Cognition and the visual arts*, Cambridge, MA: MIT Press.

Stockfelt, O. (2006), Music and reuse: Theoretical and historical considerations. In S. Brown & U. Volgsten (Eds.), *Music and manipulation: On the social uses and social control of music* (pp. 315-335), New York: Berghahn.

Thornhill, R. (1998), Darwinian aesthetics. In C. Crawford & D. L. Krebs (Eds.), *Handbook of evolutionary psychology: Ideas, issues, applications* (pp. 543-572), Mahwah, NJ: Erlbaum.

Tinbergen, N. (1952), Derived activities: Their causation, biological significance, origin, and emancipation during evolution, *Quarterly Review of Biology*, *27*, 1-32.

Trevarthen, C. (1979), Communication and cooperation in early infancy: A description of primary intersubjectivity. In M. Bullowa (Ed.), *Before speech: The beginning of human communication* (pp. 321-347), Cambridge, MA: Cambridge University Press.

Tucker, D. M. (1992), Developing emotions and cortical networks. In M. R. Gunnar & C. A. Nelson (Eds.), *Development, behavior, neuroscience* (pp. 75-128), Hillsdale, NJ: Erlbaum.

Turner, V. (1969), *The ritual process: Structure and anti-structure*, London: Routledge and Kegan Paul.

Üvnas-Moberg, K. (1999), Physiological and endocrine effects of social contact. In C. S.

Carter, I. I. Lederhendler & B. Kirkpatrick (Eds.), *The integrative neurobiology of affiliation* (pp. 245-261), Cambridge, MA: MIT Press.

van Damme, W. (1996), *Beauty in context: Towards an anthropological approach to aesthetics*, Leiden: E. J. Brill.

Vartanian, O. & Goel, V. (2004), Neuroanatomical correlates of aesthetic preference for paintings, *NeuroReport, 15*, 893-897.

Voland, E. & Grammer, K. (Eds.). (2003), *Evolutionary aesthetics*, Berlin: Springer-Verlag.

Young, L. J. & Wang, Z. (2004), The neurobiology of pair bonding, *Nature Neuroscience, 7*, 1048-1054.

Zeki, S. (1999), *Inner vision: An exploration of art and the brain*, Oxford: Oxford University Press.

*Ekman, P., Friesen, W. V. & Ellsworth, P. (1972), Emotion in the human face: Guideline for research and an integration of findings, New York: Pergamon Press

*Kowalczuk, Zdzisław and Michał Czubenko (2016. April 19), Computational Approaches to Modeling Artificial Emotion – An Overview of the Proposed Solutions, *Frontiers in Robotics and AI, 3* | https://doi.org/10.3389/frobt.2016.00021

5. 생물미학과 미적 경로: 역동적인 인지적 · 문화적 관점

Amira, J. & Cornelius, S. (1992), *The music of Santería*, New York: Talman.

Avital, E. & Jablonka, E. (2000), *Animal traditions: Behavioural inheritance in evolution*, Cambridge, MA: Cambridge University Press.

Baumgartner, T., Esslen, M. & Jäncke, L. (2006), From emotion perception to emotion experience: Emotions evoked by pictures and classical music, *International Journal of Psychophysiology, 60*, 34-43.

Bernstein, L. (1981), *The unanswered question: Six talks at Harvard* (Charles Eliot Norton Lectures), Cambridge, MA: Harvard University Press.

Blood, A. J. & Zatorre, R. J. (2001), Intensely pleasurable responses to music correlate with activity in brain regions implicated in reward and emotion, *Proceedings of the National Academy of Sciences, USA, 98*, 11818-11823.

Bonner, J. T. (1983), *The evolution of culture in animals*, Princeton: Princeton University Press.

Boyd, R. & Richerson, P. J. (1985), *Culture and the evolutionary process*, Chicago: University of Chicago Press.

Catchpole, C. K. (1973), The functions of advertising song in the sedge warbler (Acrocephalus schoenobaenus) and reed warbler *(A. scirpaceus)*, *Behaviour*, *46*, 300-320.

Cooke, M. (1998), Jazz, London: Thames & Hudson.

Cooper, H. (1982), *The basic guide to how to read music*, New York: Putnam: Perigee.

Cross, I. (2003), Music, cognition, culture and evolution. In I. Peretz & R. J. Zatorre (Eds.), *The cognitive neuroscience of music* (pp. 42-56), Oxford: Oxford University Press.

Dale, R. (2004), *Teach yourself Jazz*, London: Hodder Headline.

Dannenberg, R. B. (1993), Music representation issues, techniques, and systems, *Computer Music Journal*, 17, 20-30.

Fitch, W. T. (2006a), On the biology and evolution of music, *Music Perception*, *24*, 85-88.

_____ (2006b), The biology and evolution of music: A comparative perspective, *Cognition*, *100*, 173-215.

Gaare, M. (1997), Alternatives to traditional notation, *Music Educators Journal*, *83*, 17-23.

Galef, B. G., Jr. (1992), The question of animal culture, *Human Nature*, *3*, 157-178.

Gombrich, E. H. (1959), *Art and illusion: A study in the psychology of pictorial representations*, London: Phaidon.

Gooding, M. (2001), *Abstract art*, London: Tate Publishing.

Hahn, J. & Münzel, S. (1995), Knochenflöten aus dem Aurignacien des Geissenklösterle bei Blaubeuren, Alb-Donau-Kreis, *Fundberichte aus Baden-Württemberg*, *20*, 1-12.

Helmholtz, H. v. (1911), *Handbuch der Physiologischen Optik*, Hamburg: Voss.

Henshilwood, C., D'Errico, F., Yates, R., Jacobs, Z., Tribolo, C., Duller, G. et al. (2002), Emergence of modern human behavior: Middle Stone Age engravings from South Africa, *Science*, *295*, 1278-1280.

Hutchinson, A. (1961), *Labanotation*, Norfolk, CT: New Directions.

Juslin, P. & Sloboda, J. A. (Eds), (2001), *Music and emotion: Theory and research*,

Oxford: Oxford University Press.

Kilmer, A. D. & Tinney, S. (1996), Old Babylonian music instruction texts, *Journal of Cuneiform Studies*, *48*, 49-56.

King, J. (1997), *What jazz is: An insider's guide to understanding and listening to jazz*, New York: Walker and Co.

Koelsch, S., Gunter, T. C., Freiderici, A. D. & Schröger, E. (2000), Brain indices of music processing: "Non-musicians" are musical, *Journal of Cognitive Neuroscience*, *12*, 520-541.

Krumhansl, C. L. (1997), An exploratory study of musical emotions and psychophysiology, *Canadian Journal of Experimental Psychology*, *51*, 336-353.

Langer, S. K. (1942), *Philosophy in a new key: A study in the symbolism of reason, rite and art*, Cambridge, MA: Harvard University Press.

Lerdahl, F. (2001), *Tonal pitch space*, New York: Oxford University Press.

Lerdahl, F. & Jackendoff, R. (1983), *A generative theory of tonal music*, Cambridge, MA: The MIT Press.

Locke, D. (1983), *Drum Gahu: The rhythms of West African drumming*, New York: Talman.

Malevich, K. S. (1915), From Cubism to futurism to suprematism: The new realism in painting. In T. Andersen (Ed.), *The artist, infinity, suprematism. Unpublished writings 1913-1933* (p. 51), Copenhagen: Borgen.

_____ (1976), *The world as non-objectivity. Unpublished writings 1913-1933*, Copenhagen: Borgen.

Marler, P. (1991), The instinct to learn. In S. Carey & R. Gelman (Eds.), *The epigenesis of mind: Essays on biology and cognition* (pp. 37-66), HIllsdale, NJ: Lawrence Erlbaum Associates.

_____ (2000), Origins of music and speech: Insights from animals. In N. L. Wallin, B. Merker & S. Brown (Eds.), *The origins of music* (pp. 31-48), Cambridge, MA: The MIT Press.

Marler, P. & Slabbekoorn, H. (2004), *Nature's music: The science of birdsong*, New York: Academic Press.

Marr, D. (1982), *Vision: A computational investigation into the human representation and processing of visual information*, San Francisco: W. H. Freeman & Co.

Marshack, A. (1976), Some implications of the paleolithic symbolic evidence for the origin of language, *Current Anthropology*, *17*, 274-282.

McGrew, W. C. (2004), *The cultured chimpanzee*, Cambridge, MA: Cambridge

University Press.

Mithen, S. (2005), *The singing Neanderthals: The origins of music, language, mind, and body*, London: Weidenfeld & Nicolson.

Nettl, B. (2000), An ethnomusicologist comtemplates universals in musical sound and musical culture. In N. L. Wallin, B. Merker & S. Brown (Eds.), *The origins of music* (pp. 463-472), Cambridge, MA: The MIT Press.

Nyklicek, I., Thayer, J. F. & Van Doornen, L. J. P. (1997), Cardiorespiratory differentiation of musically-induced emotions, *Journal of Psychophysiology, 11*, 304-321.

Peretz, I. & Zatorre, R. J. (Eds), (2003), *The cognitive neuroscience of music*, Oxford: Oxford University Press.

Read, G. (1969), *Music notation: A manual of modern practice*, New York: Crescendo: Taplinger Publishing.

Russo, W. (1961), *Composing for the jazz orchestra*, Chicago: University of Chicago Press.

Sloboda, J. A. (1985), The musical mind: The cognitive psychology of music, Oxford: Clarendon.

_____ (1991), Music structure and emotional response: Some empirical findings, *Psychology of Music, 19*, 110-120.

_____ (2005), *Exploring the musical mind: Cognition, emotion, ability, function*, Oxford: Oxford University Press.

Sundberg, J. & LindBlom, B. (1976), Generative theories in language and music descriptions, *Cognition, 4*, 99-122.

Temperley, D. (2000), Meter and grouping in African music: A view from music theory, *Ethnomusicology, 44*, 66-96.

Tervaniemi, M. (2003), Musical sound processing: EEG and MEG evidence. In I. Peretz & R. J. Zatorre (Eds.), *The cognitive neuroscience of music* (pp. 294-309), Oxford: Oxford University Press.

Tervaniemi, M., Winkler, I. & Näätänen, R. (1997), Pre-attentive categorization of sounds by timbre as revealed by event-related potentials, *NeuroReport, 8*, 2571-2574.

Titon, J. T., Koetting, J. T., McAllester, D. P., Reck, D. B. & Slobin, M. (Eds), (1984), *Worlds of music: An introduction to the music of the world's peoples*, New York: Schirmer Books.

Tomasello, M. (1999), *The cultural origins of human cognition*, Cambridge, MA: Harvard University Press.

Trainor, L. J. & Schmidt, L. A. (2003), Processing emotions induced by music. In I. Peretz & R. J. Zatorre (Eds.), *The cognitive neuroscience of music* (pp. 310-324), Oxford: Oxford University Press.

Trehub, S. E. & Trainor, L. J. (1998), Singing to infants: Lullabies and play songs, *Advances in Infant Research*, *12*, 43-77.

West, M. L. (1994), The Babylonian musical notation and the Hurrian melodic texts, *Music & Letters*, *75*, 161-179.

Whiten, A., Goodall, J., McGrew, W. C., Nishida, T., Reynolds, V., Sugiyama, Y. et al. (1999), Cultures in chimpanzees, *Nature*, *399*, 682-685.

Wimsatt, W. K. & Beardsley, M. C. (1946), The intentional fallacy, *Sewanee Review*, *54*, 468-488.

Wold, M. & Cykler, E. (1976), *An introduction to music and art in the Western world*, Dubuque, IA: Wm. C. Brown and Co.

Wolfe, T. (1975), *The painted word*, New York: Farrar, Straus and Giroux.

Wundt, W. M. (1908), *Grundzüge der physiologischen Psychologie*, Leipzig: Wilhelm Engelmann.

Zeki, S. (1999), *Inner vision: An exploration of art and the brain*, Oxford: Oxford University Press.

Zhadova, L. A. (1982), *Malevich: Suprematism and revolution in Russian art 1910-1930*, London: Thames and Hudson.

Zschocke, N. (2006), *Der irritierte Blick: Kunstrezeption und Aufmerksamkeit*, Munich: Wilhelm Fink Verlag.

6. 예술 및 미적 감상의 진화에 대한 가설 한정하기

Allen, G. (1880), Aesthetic evolution in man, *Mind*, *5*, 445-464.

Allman, J., Hakeem, A. & Watson, K. (2002), Two phylogenetic specializations in the human brain, *The Neuroscientist*, *8*, 335-346.

Amadio, J. P. & Walsh, C. A. (2006), Brain evolution and uniqueness in the human genome, *Cell*, *126*, 1033-1035.

Barton, R. A. (2006), Primate brain evolution: Integrating comparative, neurophysiological, and ethological data, *Evolutionary Anthropology*, *15*, 224-236.

Belin, P. (2006), Voice processing in human and non-human primates, *Philosophical Transactions of the Royal Society B*, *361*, 2091-2107.

Brace, C. L. (1965), The stages of human evolution, Englewood Cliffs, NJ: Prentice-Hall.

Bush, E. C. & Allman, J. M. (2004), The scaling of frontal cortex in primates and carnivores, *Proceedings of the National Academy of Sciences USA*, *101*, 3962-3966.

Bush, G., Luu, P. & Posner, M. I. (2000), Cognitive and emotional influences in anterior cingulate cortex, *Trends in Cognitive Sciences*, *4*, 215-222.

Cáceres, M., Lachuer, J., Zapala, M. A., Redmond, J. C., Kudo, L., Geschwind, D. H. et al. (2003), Elevated gene expression levels distinguish human from non-human primate brains, *Proceedings of the National Academy of Sciences USA*, *100*, 13030-13035.

Cela-Conde, C. J., Marty, G., Maestú, F., Ortiz, T., Munar, E., Fernández, A. et al. (2004), Activation of the prefrontal cortex in the human visual aesthetic perception, *Proceedings of the National Academy of Sciences USA*, *101*, 6321-6325.

Changeux, J.-P. (2005), Genes, brains, and culture: From monkey to human. In J.-R. D. S. Dehaene, M. D. Hauser & G. Rizzolatti (Eds.), *From monkey brain to human brain* (pp. 73-94), Cambridge, MA: MIT Press.

Chatterjee, A. (2003), Prospects for a cognitive neuroscience of visual aesthetics, *Bulletin of Psychology of the Arts*, *4*, 55-60.

Chiavaras, M. M. & Petrides, M. (2000), Orbitofrontal sulci of the human and macaque monkey brain, *The Journal of Comparative Neurology*, *422*, 35-54.

Clay, F. (1908), The origin of the aesthetic emotion, *Sammelbände der Internationalen Musikgesellschaft*, *9*, 282-290.

Croxson, P. L., Johansen-Berg, H., Behrens, T. E. J., Robson, M. D., Pinsk, M. A., Gross, C. G. et al. (2005), Quantitative investigation of connections of the prefrontal cortex in the human and macaque using probabilistic diffusion tractography, *The Journal of Neuroscience*, *25*, 8854-8866.

d'Errico, F., Hensilwood, C., Lawson, G., Vanhaeren, M., Tillier, A.-M., Soressi, M. et al. (2003), Archaeological evidence for the emergence of language, symbolism, and music. An alternative multidisciplinary perspective, *Journal of World Prehistory*, *17*, 1-70.

Deacon, T. W. (1997), *The symbolic species*. New York: W. W. Norton & Company.

Denys, K., Vanduffel, W., Fize, D., Nelissen, K., Sawamura, H., Georgieva, S. et al. (2004), Visual activation in prefrontal cortex is stronger in monkeys than in humans,

Journal of Cognitive Neuroscience, 16, 1505-1516.

Dorus, S., Vallender, E. J., Evans, P., Anderson, J. R., Gilbert, S. L., Mahowald, M. et al. (2004), Accelerated evolution of nervous system genes in the origin of *Homo sapiens*, *Cell, 119*, 1027-1040.

Enard, W., Khaitovich, P., Klose, J., Zöllner, S., Heissig, F., Giavalisco, P. et al. (2002), Intra- and interspecific variation in primate gene expression patterns, *Science, 296*, 340-343.

Etcoff, N. (1999), *Survival of the prettiest*, New York: Doubleday.

Flack, J. C. & De Waal, F. B. M. (2000), 'Any animal whatever.' Darwinian building blocks of morality in monkeys and apes, *Journal of Consciousness Studies, 7*, 1-29.

Francis, S., Rolls, E. T., Bowtel, R., McGlone, F., O'Doherty, J., Browning, A. et al. (1999), The representation of pleasant touch in the brain and its relationship with taste and olfactory areas, *Neuroreport, 10*, 453-459.

Heekeren, H. R., Marrett, S., Bandettini, P. A. & Ungerleider, L. G. (2004), A general mechanism for perceptual decision-making in the human brain, *Nature, 431*, 859-862.

Hensilwood, C. S., d'Errico, F., Marean, C. W., Milo, R. G. & Yates, R. (2001), An early bone tool industry from the Middle Stone Age at Blombos Cave, South Africa: Implications for the origins of modern human behaviour, symbolism and language, *Journal of Human Evolution, 41*, 631-678.

Hensilwood, C. S. & Marean, C. W. (2003), The origin of modern human behavior, *Current Anthropology, 44*, 627-651.

Holloway, R. L. (2002), How much larger is the relative volume of area 10 of the prefrontal cortex in humans? *American Journal of Physical Anthropology, 118*, 399-401.

Hornak, J., Bramham, J., Rolls, E. T., Morris, R. G., O'Doherty, J. O., Bullock, P. R. et al. (2003), Changes in emotion after circumscribed surgical lesions of the orbitofrontal and cingulate cortices, *Brain, 126*, 1691-1712.

Hublin, J.-J. (2005), Evolution of the human brain and comparative paleoanthropology. In J.-R. D. S. Dehaene, M. D. Hauser & G. Rizzolatti (Eds.), *From monkey brain to human brain* (pp. 57-71), Cambridge, MA: MIT Press.

Jacobsen, T., Schubotz, R. I., Höfel, L. & von Cramon, D. Y. (2005), Brain correlates of aesthetic judgment of beauty, *Neuroimage, 29*, 276-285.

James, H. V. A. & Petraglia, M. D. (2005), Modern human origins and the evolution of behavior in the later Pleistocene record of South Asia, *Current Anthropology, 46*,

S3-S16.

Kaestner, S. & Ungerleider, L. G. (2000), Mechanisms of visual attention in the human cortex, *Annual Review of Neuroscience*, *23*, 315-341.

Kaplan, S. (1992), Environmental preference in a knowledge-seeking, knowledge-using organism. In J. H. Barkow, L, Cosmides & J. Tooby (Eds.), *The adapted mind: Evolutionary psychology and the generation of culture* (pp. 581-598), New York: Oxford University Press.

Kawabata, H. & Zeki, S. (2004), Neural correlates of beauty, *Journal of Neurophysiology*, *91*, 1699-1705.

Klein, R. G. (1995), Anatomy, behavior, and modern human origins, *Journal of World Prehistory*, *9*, 167-198.

Kondo, H., Saleem, K. S. & Price, J. L. (2003), Differential connections of the temporal pole with the orbital and medial prefrontal networks in macaque monkeys, *The Journal of Comparative Neurology*, *465*, 499-523.

Krawczyk, D. C. (2002), Contributions of the prefrontal cortex to the neural basis of human decision making, *Neuroscience and Biobehavioral Reviews, 26*, 631-664.

Laland, K. N., Odling-Smee, J. & Feldman, M. W. (2001), Cultural niche construction and human evolution, *Journal of Evolutionary Biology*, *14*, 22-33.

Lane, R. D., Reiman, E. M., Axelrod, B., Yun, L.-S., Holmes, A. & Schwartz, G. E. (1998), Neural correlates of levels of emotional awareness: Evidence of an interaction between emotion and attention in the anterior cingulate cortex, *Journal of Cognitive Neuroscience*, *10*, 525-535.

Lang, P. J., Bradley, M. M., Fitzsimmons, J. R., Cuthbert, B. N., Scott, J. D., Moulder, B. et al. (1998), Emotional arousal and activation of the visual cortex, and fMRI analysis. *Psychophysiology*, *35*, 199-210.

Leder, H., Belke, B., Oeberst, A. & Augustin, D. (2004), A model of aesthetic appreciation and aesthetic judgments, *British Journal of Psychology*, *95*, 489-508.

Lewontin, R. C. (1990), The evolution of cognition. In D. N. Smith (Ed.), *An invitation to cognitive science*, *Vol. 3: Thinking* (pp. 229-246), Cambridge, MA: MIT Press.

Linnaeus, C. (1735), *Systema Naturae per Naturae Regna Tria, Secundum Classes, Ordines, Genera, Species cum Characteribus, Synonymis, Locis*, Stockholm: Laurentii Sylvii.

Majdan, M. & Shatz, C. J. (2006), Effects of visual experience on activity-dependent gene regulation in cortex, *Nature Neuroscience*, *9*, 650-659.

Marcus, G. (2004), *The birth of the mind: How a tiny number of genes creates the complexities of human thought*, New York: Basic Books.

Martin, R. D. (1998), Comparative aspects of human brain evolution: Scaling, energy costs and confounding variables. In N. G. Jablonski & L. C. Aiello (Eds.), *The origin and diversification of language* (pp. 35-68), San Francisco: The California Academy of Sciences.

McBrearty, S. & Brooks, A. (2000), The revolution that wasn't: A new interpretation of the origins of modern human behavior, *Journal of Human Evolution, 39*, 453-563.

Mellars, P. A. (1991), Cognitive changes and the emergence of modern humans in Europe, *Cambridge Archaeological Journal, 1*, 63-76.

Miller, G. F. (2001), Aesthetic fitness: How sexual selection sharped artistic virtuosity as a fitness indicator and aesthetic preferences as mate choice criteria, *Bulletin of Psychology and the Arts, 2*, 20-25.

Munakata, Y., Santos, L. R., Spelke, E. S., Hauser, M. D. & O'Reilly, R. C. (2001), Visual representation in the wild: How rhesus monkeys parse objects, *Journal of Cognitive Neuroscience, 13*, 44-58.

Nakamura, K. & Kubota, K. (1996), The primate temporal pole: Its putative role in object recognition and memory, *Behavioural Brain Research, 77*, 53-77.

Nimchinsky, E. A., Gilissen, E., Allman, J. M., Perl, D. L., Erwin, J. M. & Hof, P. R. (1999), A neuronal morphologic type unique to humans and great apes, *Proceedings of the National Academy of Sciences USA, 96*, 5268-5273.

O'Doherty, J. O., Deichmann, R., Critchley, H. D. & Dolan, R. J. (2002), Neural responses during anticipation of a primary taste reward, *Neuron, 33*, 815-826.

O'Doherty, J. O., Kringelbach, M. L., Rolls, E. T., Hornak, J. & Andrews, C. (2001), Abstract reward and punishment representations in the human orbitofrontal cortex, *Nature Neuroscience, 4*, 95-102.

Oldham, M. C., Horvath, S. & Geschwind, D. H. (2006), Conservation and evolution of gene coexpression networks in human and chimpanzee brains, *Proceedings of the National Academy of Sciences USA, 103*, 17973-17978.

Orban, G. A., Van Essen, D. & Vanduffel, W. (2004), Comparative mapping of higher visual areas in monkeys and humans, *Trends in Cognitive Sciences, 8*, 315-324.

Orians, G. H. (2001), An evolutionary perspective on aesthetics, *Bulletin of Psychology and the Arts, 2*, 25-29.

Orians, G. H. & Heerwagen, J. H. (1992), Evolved responses to landscapes. In J. H. Barkow, L. Cosmides & J. Tooby (Eds.), *The adapted mind: Evolutionary psychology and the generation of culture* (pp. 556-579), New York: Oxford University Press.

Petrides, M. (2005), Lateral prefrontal cortex: Architectonic and functional organization, *Philosophical Transactions of the Royal Society B*, *360*, 781-795.

Petrides, M. & Pandya, D. N. (1999), Dorsolateral prefrontal cortex: Comparative cytoarchitectonic analysis in the human and macaque brain and corticocortical connection patterns in the monkey, *European Journal of Neuroscience*, *16*, 291-310.

Poghosyan, V., Shibata, T. & Ioannides, A. A. (2005), Effects of attention and arousal on early responses in striate cortex, *European Journal of Neuroscience*, *22*, 225-234.

Pollard, K. S., Salama, S. R., Lambert, N., Lambot, M.-A., Coppens, S., Pedersen, J. S. et al. (2006), An RNA gene expressed during cortical development evolved rapidly in humans, *Nature*, *443*, 167-172.

Poremba, A., Malloy, M., Saunders, R. C., Carson, R. E., Herscovitch, P. & Mishkin, M. (2004), Species-specific calls evoke asymmetric activity in the monkey's temporal poles, *Nature*, *427*, 448-451.

Preuss, T. M. & Coleman, G. Q. (2002), Human-specific organization of primary visual cortex: Alternating compartments of dense Cat-301 and Calbindin immunoreactivity in layer 4A, *Cerebral Cortex*, *12*, 671-691.

Rilling, J. K. (2006), Human and nonhuman primate brains: Are they allometrically scaled versions of the same design? *Evolutionary Anthropology*, *15*, 65-77.

Rilling, J. K. & Insel, T. R. (1999), The primate neocortex in comparative perspective using magnetic resonance imaging, *Journal of Human Evolution*, *37*, 191-223.

Rilling, J. K. & Seligman, R. A. (2002), A quantitative morphometric comparative analysis of the primate temporal lobe, *Journal of Human Evolution*, *42*, 505-533.

Rolls, E. T. (2004), Convergence of sensory systems in the orbitofrontal cortex in primates and brain design for emotion, *The Anatomical Record Part A*, *281A*, 1212-1225.

Sasaki, Y., Vanduffel, W., Knutsen, T., Tyler, C. & Tootell, R. (2005), Symmetry activates extrastriate visual cortex in human and nonhuman primates, *Proceedings of the National Academy of Sciences USA*, *102*, 3159-3163.

Schenker, N. M., Desgouttes, A.-M. & Semendeferi, K. (2005), Neural connectivity and cortical substrates of cognition in hominoids, *Journal of Human Evolution*, *49*, 547-569.

Schoenemann, P. T. (2006), Evolution of the size and functional areas of the human brain, *Annual Review of Anthropology*, *35*, 379-406.

Schoenemann, P. T., Sheehan, M. J. & Glotzer, L. D. (2005), Prefrontal white matter volume is disproportionately larger in humans than in other primates, *Native Neuroscience*, *8*, 242-252.

Sejnowski, T. J. & Churchland, P. S. (1989), Brain and cognition. In M. I. Posner (Ed.), *Foundations of cognitive science* (pp. 301-356), Cambridge, MA: MIT Press.

Semendeferi, K., Armstrong, E., Schleicher, A., Zilles, K. & Van Hoesen, G. W. (1998), Limbic frontal cortex in hominoids: A comparative study of area 13, *American Journal of Physical Anthropology*, *114*, 224-241.

Semendeferi, K. & Damasio, H. (2000), The brain and its main anatomical subdivisions in living hominoids using magnetic resonance imaging, *Journal of Human Evolution*, *38*, 317-332.

Sereno, M. I. & Tootell, R. B. H. (2005), From monkeys to humans: what do we now know about brain homologies? Current Opinion in Neurobiology, 15, 135-144.

Sherwood, C. C., Holloway, R. L., Semendeferi, K. & Hof, P. R. (2005), Is prefrontal white matter enlargement a human evolutionary specialization? *Nature Neuroscience*, *8*, 537-538.

Sherwood, C. C., Stimpson, C. D., Raghanti, M. A., Wildman, D. E., Uddin, M., Grossman, L. I. et al. (2006), Evolution of increased glia-neuron ratios in the human frontal cortex, *Proceedings of the National Academy of Sciences USA*, *103*, 13606-13611.

Shi, P., Bakewell, M. A. & Zhang, J. (2006), Did brain-specific genes evolve faster in humans than in chimpanzees? *Trends in Genetics*, *22*, 608-613.

Sigala, N., Gabbiani, F. & Logothetis, N. K. (2002), Visual categorization and object representation in monkeys and humans, *Journal of Cognitive Neuroscience*, *14*, 187-198.

Smith, C. U. M. (2005), Evolutionary neurobiology and aesthetics, *Perspectives in Biology and Medicine*, *48*, 17-30.

Tincoff, R. & Hauser, M. D. (2005), Cognitive basis for language evolution in nonhuman primates. In K. Brown (Ed.), *Encyclopedia of language and linguistics* (pp. 533-538), New York: Elsevier.

Tomasello, M. (1999), *The cultural origins of human cognition*, Cambridge, MA: Harvard University Press.

Uddin, M., Wildman, D. E., Liu, G., Xu, W., Johnson, R. M., Hof, P. R. et al. (2004), Sister grouping of chimpanzees and humans as revealed by genome-wide phylogenetic analysis of brain gene expression profiles, *Proceedings of the National Academy of Sciences USA*, *101*, 2957-2962.

Van Essen, D. (2005), Surface-based comparisons of macaque and human cortical organization. In J.-R. D. S. Dehaene, M. D. Hauser & G. Rizzolatti (Eds.), *From monkey brain to human brain* (pp. 3-19), Cambridge, MA: MIT Press.

Vartanian, O. & Goel, V. (2004), Neuroanatomical correlates of aesthetic preference for paintings, *Neuroreport, 15*, 893-897.

Vartanian, O. & Nadal, M. (2007), A biological approach to a model of aesthetic experience. In L. Dorfman, C. Martindale & V. Petrov (Eds.), *Aesthetics and innovation* (pp. 429-499), Cambridge, MA: Cambridge Scholars Publishing

Vogels, R. (1999), Categorization of complex visual images by rhesus monkeys. Part 2: Single-cell study, *European Journal of Neuroscience, 11*, 1239-1255.

Weiss, D. J. & Newport, E. L. (2006), Mechanisms underlying language acquisition: Benefits from a comparative approach, *Infancy, 9*, 241-257.

Zilles, K. (2005), Evolution of the human brain and comparative cyto- and receptor architecture. In J.-R. D. S. Dehaene, M. D. Hauser & G. Rizzolatti (Eds.), *From monkey brain to human brain* (pp. 41-56), Cambridge, MA: MIT Press.

Zilles, K., Armstrong, E., Schleicher, A. & Kretschmann, H.-J. (1988), The human pattern of gyrification in the cerebral cortex, *Anatomy and Embryology, 179*, 173-179.

Zilles, K., Schlaug, G., Matelli, M., Luppino, G., Schleicher, A., Qü, M. et al. (1995), Mapping of human and macaque sensorimotor areas by integrating architectonic, transmitter receptor, MRI and PET data, *Journal of Anatomy, 187*, 515-537.

Zysset, S., Huber, O., Ferstl, E. & von Cramon, D. Y. (2002), The anterior frontomedian cortex and evaluative judgment: An fMRI study, *Neuroimage, 15*, 983-991.

*Binford, Lewis (1962), Archaeology as Anthropology, *American Antiquity 28*(2), 217-225

*https://web.stanford.edu/group/stanfordbirds/text/essays/Nonvocal_Sounds.html

7. 시각예술의 신경심리학에 대한 전망

Annoni, J., Devuyst, G., Carota, A., Bruggimann, L. & Bogousslavsky, J. (2004), Changes in artistic style after minor posterior stroke, *Journal of Neurology, Neurosurgery, and Psychiatry, 76*, 797-803.

Blanke, O., Ortigue, S. & Landis, T. (2003), Color neglect in an artist, *Lancet*, *361*, 264.

Bogousslavsky, J. & Boller, F. (2005), *Neurological disorders in famous artists*, Basel: Karger.

Brown, J. (1977), *Mind, brain, and consciousness. The neuropsychology of cognition*, New York: Academic Press.

Cantagallo, A. & Sala, S. D. (1998), Preserved insight in an artist with extrapersonal spatial neglect, *Cortex*, *34*, 163-189.

Chatterjee, A. (2003), Neglect. A disorder of spatial attention. In M. D'Esposito (Ed.), *Neurological foundations of cognitive neuroscience* (pp. 1-26), Cambridge, MA: The MIT Press.

_____ (2004a), The neuropsychology of visual artists, *Neuropsychologia*, *42*, 1568-1583.

_____ (2004b), Prospects for a cognitive neuroscience of visual aesthetics, *Bulletin of Psychology and the Arts*, *4*, 55-59.

Chatterjee, A., Amorapanth, P. & Hamilton, R. (2006), Art produced by a patient with Parkinson's disease, *Behavioural Neurology*, *17*, 105-108.

Code, C., Wallesch, C.-W., Joanette, Y. & Lecours, A. (1996), *Classic cases in neuropsychology*, Hove: Psychology Press.

Crutch, S., Isaacs, R. & Rossor, M. (2001), Some workmen can blame their tools: Artistic change in an individual with Alzheimer's disease, *Lancet*, *347*, 1096-1098.

Farah, M. J. (1990), *Visual agnosia*, Cambridge, MA: The MIT Press.

Franklin, S., van Sommers, P. & Howard, D. (1992), Drawing without meaning? Dissociations in graphic performance of an agnosic artist. In R. Campbell (Ed.), *Mental lives. Case studies in cognition* (pp. 179-198), Cambridge, MA: Blackwell.

Gardner, H. (1975), *The shattered mind. The person after brain damage*, New York: Alfred A. Knopf.

Garrels, G. (1995), Three toads in the garden: Line, color, and form. In *Willem de Kooning. The late paintings, the 1980s* (pp. 9-37), Minneapolis: San Franscisco Museum of Modern Art and Walker Arts Center.

Gombrich, E. (1960), *Art and illusion*, Princeton: Princeton University Press.

Grammer, K., Fink, B., Moller, A. P. & Thornhill, R. (2003), Darwinian aesthetics: Sexual selection and the biology of beauty, *Biological Review*, *78*, 385-407.

Halligan, P. W. & Marshall, J. C. (1997), The art of visual neglect, *Lancet*, *350*, 139-140.

Heller, W. (1994), Cognitive and emotional organization of the brain: Influences on the creation and perception of art. In D. Zaidel (Ed.), *Neuropsychology* (pp. 271-292), New York: Academic Press.

Jung, R. (1974), Neuropsychologie und neurophysiologie des konturund formsehens in zeichnerei und malerei. In H. Weick (Ed.), *Psychopathologie mususcher gestaltungen* (pp. 27-88), Stuttgart: FK Shattauer.

Kaczmarek, B. (1991), Aphasia in an artist: A disorder of symbolic processing, *Aphasiology*, *5*, 361-371.

Kapur, N. (1996), Paradoxical functional facilitation in brain-behavior research, *Brain*, *119*, 1775-1790.

Kwon, J., Kim, J., Lee, D., Lee, J., Lee, D., Kim, M. et al. (2003), Neural correlates of clinical symptoms and cognitive dysfunctions in obsessive-compulsive disorder, *Psychiatry Research*, *122*, 37-47.

Lissauer, H. (1890), Ein fall von seelenblindheit nebst einem beitrage zur theori derselben, *Archiv für Psychiatrie und Nervenkrankheiten*, *21*, 222-270.

Livingstone, M. (2002), Vision and art: The biology of seeing, New York: Abrams.

Lythgoe, M., Polak, T., Kalmus, M., de Haan, M. & Khean Chong, W. (2005), Obsessive, prolofic artistic output following subarachnoid hemorrhage, *Neurology*, *64*, 397-398.

Marsh, G. G. & Philwin, B. (1987), Unilateral neglect and constructional apraxia in a right-handed artist with a left posterior lesion, *Cortex*, *23*(1), 149-155.

Maurer, K. & Prvulovic, D. (2004), Paintings of an artist with Alzheimer's disease: Visuoconstructive deficits during dementia, *Journal of Neural Transmission*, *111*, 235-245.

Miller, B. & Hou, C. (2004), Portraits of artists: Emergence of visual creativity in dementia, *Archives of Neurology*, *61*, 842-844.

Miller, B. L., Cummings, J., Mishkin, F., Boone, K., Prince, F., Ponton, M. et al. (1998), Emergence of artistic talent in frontotemporal dementia, *Neurology*, *51*, 978-982.

Miller, G. (2000), *The mating mind: How sexual choice shaped the evolution of human nature*, New York: Doubleday.

Podoll, K. & Robinson, D. (2000), Migraine experiences as artistic inspiration in a contemporary artist, *Journal of the Royal Society of Medicine*, *93*(5), 263-265.

Prinzhorn, H. (1972), *Artistry of the mentally ill*, Heidelberg: Springer-Verlag.

Ramachandran, V. S. & Hirstein, W. (1999), The science of art: A neurological theory of aesthetic experience, *Journal of Consciousness Studies*, *6*(6-7), 15-51.

Rimland, B. & Fein, D. (1988), Special talents of autistic savants. In L. Obler & D. Fein

(Eds.), *The exceptional brain* (pp. 474-492), New York: Guilford.

Rose, F. E. (2006), *The neurobiology of painting*, London: Academic Press.

Sacks, O. (1995a), The case of the color blind painter. In *An anthropologist on mars* (pp. 3-41), New York: Alfred A. Knopf, Inc.

_____ (1995b), The landscape of his dreams. In *An anthropologist on mars* (pp. 153-187), New York: Alfred A. Knopf.

_____ (1995c), Prodigies. In *An anthropologist on mars* (pp. 188-243), New York: Alfred A. Knopf.

Saxena, S., Brody, A., Maidment, K., Dunkin, J., Colgan, M., Alborzian, S. et al. (1999), Localized orbitofrontal and subcortical metabolic changes and predictors of response to paroxetine treatment in obsessive-compulsive disorder, *Neuropsychopharmacology, 21*, 683-693.

Schnider, A., Regard, M., Benson, D. F. & Landis, T. (1993), Effect of a right-hemisphere stroke on an artist's performance, *Neuropsychiatry, Neuropsychology & Behavioral Neurology, 6*(4), 249-255.

Schwartz, M. & Chawluck, J. (1990), Deterioration of language in progressive aphasia: A case study. In M. Schwartz (Ed.), *Modular deficits in Alzheimer-type dementia* (pp. 245-296), Cambridge, MA: The MIT Press.

Selfe, L. (1977), *Nadia. A case of extraordinary drawing ability in an autistic child*, New York: Academic Press.

Storr, R. (1995), At last light. In *Willem de kooning. The late paintings, the 1980s* (pp. 37-79), Minneapolis: San Franscisco Museum of Modern Art and Walker Arts Center.

Ursu, S., Stenger, V. A., Shear, M. K., Jones, M. R. & Carter, C. S. (2003), Overactive action monitoring in obsessive-compulsive disorder, *Psychological Science, 14*, 347-353.

Waldman, P. (2000, Friday, May 12), Master stroke: A tragedy transforms a right-handed artist into a lefty — and a star, *Wall Street Journal*.

Wapner, W., Judd, T. & Gardner, H. (1978), Visual agnosia in an artist, *Cortex, 14*, 343-364.

Waxman, S. & Geschwind, N. (1975), The interictal behavior syndrome associated with temporal lobe epilepsy, *Archives of General Psychiatry, 32*, 1580-1586.

Wilkinson, M. & Robinson, D. (1985), *Migraine art, Cephalalgia, 5*(3), 151-157.

Zaidel, D. (2005), *Neuropsychology of art*, New York: Psychology Press.

Zaimov, K., Kitov, D. & Kolev, N. (1969), Aphasie chez un peintre, *Encephale, 58*,

377-417.

Zeki, S. (1999), *Inner vision: An exploration of art and the brain*, New York: Oxford University Press.

*곽호완 · 박창호 · 이태연 · 김문수 · 진영선(2008), 『실험심리학 용어사전』, 서울: 시그마프레스.

8. 뇌와 예술: 분과학문들의 교차점에서 신경 단서 찾기

Altenmüller, E. O. (2001), How many music centers are in the brain? *Annals of the New York Academy of Sciences*, *930*, 273-280.

Amaducci, L., Grass, E. & Boller, F. (2002), Maurice Ravel and right-hemisphere musical creativity: Influence of disease on his last musical works? *European Journal of Neurology*, *9*, 75-82.

Appelle, S. (1972), Perception and discrimination as a function of orientation: The 'oblique effect' in man and animals, *Psychological Bulletin*, *78*, 266-278.

Appenzeller, T. (1998), Art: Evolution or revolution? *Science*, *282*, 1451.

Arnheim, R. (1958), *Film as art*, Berkeley: University of California Press.

Arnold, K. & Zuberbuhler, K. (2006), Language evolution: Semantic combinations in primate calls, *Nature*, *441*, 303.

Baeck, E. (2002), The neural networks of music, *European Journal of Neurology*, *9*, 449-456.

Basso, A. (1999), The neuropsychology of music, In *Handbook of clinical and experimental neuropsychology*, Hove, UK: Psychology Press.

Bentivoglio, M. (2003), Musical skills and neural functions. The legacy of the brains of musicians, *Annals of the New York Academy of Science*, *999*, 234-243.

Bever, T. G. & Chiarello, R. J. (1974), Cerebral dominance in musicians and nonmusicians, *Science*, *185*, 137-139.

Brooks, A. S., Nevel, L., Yellen, J. E. & Hartman, G. (2006), Projectile technologies of the African MSA: Implications for modern human origins. In E. Hovers & S. L. Kuhn (Eds.), *Transitions before the transition: Evolution and stability in the middle paleolithic and middle stone age* (pp. 233-256), New York: Springer.

Carmichael, S. T. (2006), Cellular and molecular mechanisms of neural repair after stroke: Making waves, *Annals of Neurology, 59,* 735-742.

Carstairs-McCarthy, A. (2004), Language: Many perspectives, no consensus, *Science, 303,* 1299-1300.

Cela-Conde, C. J., Marty, G., Maestu, F., Ortiz, T., Munar, E., Fernandez, A. et al. (2004), Activation of the prefrontal cortex in the human visual aesthetic perception, *Proceedings of the National Academy of Sciences, USA, 101,* 6321-6325.

Chen, A. C., German, C. & Zaidel, D. W. (1997), Brain asymmetry and facial attractiveness: Beauty is not simply in the eye of the beholder, *Neuropsychologia, 35,* 471-476.

Clavagnier, S., Fruhmann Berger, M., Klockgether, T., Moskau, S. & Karnath, H. O. (2006), Restricted ocular exploration does not seem to explain simultanagnosia, *Neuropsychologia, 44,* 2330-2336.

Corballis, M. C. (2004), The origins of modernity: Was autonomous speech the critical factor? *Psychology Reviews, 111,* 543-552.

De Renzi, E. (1999), Agnosia. In G. Denes & L. Pizzamiglio (Eds.), *Handbook of clinical and experimental neuropsychology,* Hove, UK: Psychology Press.

de Waal, F. B. M. & Tyack, P. L. (Eds.), (2003), *Animal social complexity: Intelligence, culture, and individualized societies,* Cambridge, MA: Harvard University Press.

DeLong, G. R. (1999), Autism: New data suggest a new hypothesis, *Neurology, 52,* 911-916.

Delson, E. & Harvati, K. (2006), Palaeoanthropology: Return of the last Neanderthal, *Nature, 443,* 762-763.

Dennell, R. (1997), The world's oldest spears, *Nature, 385,* 767.

Dissanayake, E. (1988), *What is art for?* Seattle: University of Washington Press.

_____ (1995), *Homo aestheticus: Where art comes from and why,* Seattle: Washington University Press.

Einwogerer, T., Friesinger, H., Handel, M., Neugebauer-Maresch, C., Simon, U. & Teschler-Nicola, M. (2006), Upper palaeolithic infant burials, *Nature, 444,* 285.

Ettlinger, G., Warrington, E. K. & Zangwill, O. L. (1957), A further study of visual-spatial agnosia, *Brain, 80,* 335-361.

Farah, M. J. (1990), *Visual agnosia: Disorders of object recognition and what they tell us about normal vision,* Cambridge, MA: MIT Press.

Finlayson, C., Pacheco, F. G., Rodriguez-Vidal, J., Fa, D. A., Gutierrez Lopez, J. M., Santiago Perez, A. et al. (2006), Late survival of Neanderthals at the southernmost extreme of Europe, *Nature*, *443*, 850-853.

Fisher, S. E. & Marcus, G. F. (2006), The eloquent ape: Genes, brains and the evolution of language, *Nature Reviews Genetics*, *7*, 9-20.

Freitag, C. M. (2007), The genetics of autistic disorders and its clinical relevance: A review of the literature, *Molecular Psychiatry*, *12*, 2-22.

Frith, U. & Hill, E. (Eds.), (2003), *Autism: Mind and brain*, Oxford: Oxford University Press.

Gentilucci, M. & Corballis, M. C. (2006), From manual gesture to speech: A gradual transition, *Neuroscience & Biobehavioral Reviews*, *30*, 949-960.

Gottschall, J. & Wilson, D. S. (Eds.), (2005), *The literary animal: Evolution and the nature of narrative*, Chicago: Northwestern University Press.

Gould, J. L. & Gould, C. G. (1989), *Sexual selection*, New York: Scientific American Library.

Harvati, K., Frost, S. R. & McNulty, K. P. (2004), Neanderthal taxonomy reconsidered: Implications of 3D primate models of intra- and interspecific differences, *Proceedings of the National Academy of Sciences, USA*, *48*, 647-652.

Hauser, M. D., Chomsky, N. & Fitch, W. T. (2002), The faculty of language: What is it, who has it, and how did it evolve? *Science*, *298*, 1569-1579.

Henshilwood, C., d'Errico, F., Vanhaeren, M., van Niekerk, K. & Jacobs, Z. (2004), Middle stone age shell beads from South Africa, *Science*, *304*, 404.

Henshilwood, C. S., d'Errico, F., Yates, R., Jacobs, Z., Tribolo, C., Duller, G. A. T. et al. (2002), Emergence of modern human behavior: Middle stone age engravings from South Africa, *Science*, *295*, 1278-1280.

Ikegami, E. (2005), *Bonds of civility: Aesthetic networks and the political origins of Japanese culture*, New York: Cambridge University Press.

Jacobsen, T., Schubotz, R. I., Hofel, L. & Cramon, D. Y. (2006), Brain correlates of aesthetic judgment of beauty, *NeuroImage*, *29*, 276-285.

Jenkins, W. & Merzenich, M. (1987), Reorganization of neocortical representations after brain injury: A neurophysiological model of the bases of recovery from stroke, *Progress in Brain Research*, *71*, 249-266.

Kapur, N. (1996), Paradoxical functional facilitation in brain-behaviour research. A critical review, *Brain*, *119*, 1775-1790.

Kawabata, H. & Zeki, S. (2004), Neural correlates of beauty, *Journal of Neurophysiology*, *91*, 1699-1705.

Kinsbourne, M. & Warrington, E. K. (1962), A disorder of simultaneous form perception,

Brain, 85, 461-486.

Kirk, A. & Kertesz, A. (1991), On drawing impairment in Alzheimer's disease, *Archives of Neurology, 48*, 73-77.

_____ (1993), Subcortical contributions to drawing, *Brain and Cognition, 21*, 57-70.

Knecht, S., Floel, A., Drager, B., Breitenstein, C., Sommer, J., Henningsen, H. et al. (2002), Degree of language lateralization determines susceptibility to unilateral brain lesions, *Nature Neuroscience, 5*, 695-699.

Laland, K. N. & Janik, V. M. (2006), The animal cultures debate, *Trends in Ecology and Evolution, 21*, 543-547.

Latto, R. & Russell-Duff, K. (2002), An oblique effect in the selection of line orientation by twentieth century painters. *Empirical Studies of the Arts, 20*, 49-60.

Levine, D. N. & Calvanio, R. (1978), A study of the visual defect in verbal alexia-simultanagnosia, *Brain, 101*, 65-81.

Lewis-Williams, D. (2002), *The mind in the cave: Consciousness and the origins of art*, London: Thames and Hudson.

Lezak, M. D., (1995), *Neuropsychological assessment*, Oxford: Oxford University Press.

Lieberman, P. (2002), On the nature and evolution of the neural bases of human language, A*merican Journal of Physical Anthropology, 119*, 36-62.

Madden, J. (2001), Sex, bowers and brains, *Proceedings of the Royal Society of London B, 268*, 833-838.

Marmor, M. F. & Lanthony, P. (2001), The dilemma of color deficiency and art, *Survey of Ophthalmology, 45*, 407-415.

McBrearty, S. & Brooks, A. S. (2000), The revolution that wasn't: A new interpretation of the origin of modern human behavior, *Journal of Human Evolution, 39*, 453-563.

McBrearty, S. & Tryon, C. (2006), From acheulean to middle stone age in the Kapthurin formation, Kenya. In E. Hovers & S. L. Kuhn (Eds.), *Transitions before the transition: Evolution and stability in the middle paleolithic and middle stone age* (pp. 257-277), New York: Springer.

McMahon, M. J. & MacLeod, D. I. A. (2003), The origin of the oblique effect examined with pattern adaptation and masking, *Journal of Vision, 3*, 230-239.

Miller, B. L., Cummings, J., Mishkin, F., Boone, K., Prince, F., Ponton, M. et al. (1998), Emergence of artistic talent in frontotemporal dementia, *Neurology, 51*, 978-981.

Miller, B. L. & Hou, C. E. (2004), Portraits of artists: Emergence of visual creativity in dementia, *Archives of Neurology, 61*, 842-844.

Miller, B. L., Ponton, M., Benson, F. D., Cummings, J. L. & Mena, I. (1996), Enhanced artistic creativity with temporal lobe degeneration, *Lancet*, *348*, 1744-1745.

Miller, G. F. (2000), *The mating mind: How sexual choice shaped the evolution of human nature*, New York: Doubleday.

_____ (2001a), Evolution of human music through sexual selection. In N. L. Wallin, B. Merker & S. Brown (Eds.), *The origins of music* (pp. 329-360), Cambridge, MA: MIT Press.

_____ (2001b), Aesthetic fitness: How sexual selection shaped virtuosity as a fitness indicator and aesthetic preferences as mate choice criteria. *Bulletin of Psychology and the Arts*, *2*, 20-25.

Münte, T. F., Altenmüller, E. & Jäncke, L. (2002), The musician's brain as a model of neuroplasticity, *Nature Reviews Neuroscience*, *3*, 473-478.

Nathan, J. (2002), The painter and handicapped vision, *Clinical and Experimental Optometry*, *85*, 309-314.

Noonan, J. P., Coop, G., Kudaravalli, S., Smith, D., Krause, J., Alessi, J. et al. (2006), Sequencing and analysis of Neanderthal genomic DNA, *Science*, *314*, 1113-1118.

Nykvist, S. (2003), The director of photography. In IMAGO (Ed.), *Making pictures: A century of European cinematography*, New York: Harry N. Abrams.

Pantev, C., Oostenveld, R., Engelien, A., Ross, B., Roberts, L. E. & Hoke, M. (1998), Increased auditory cortical representation in musicians, *Nature*, *392*, 811-814.

Patel, A. D. (2003), Language, music, syntax and the brain, *Nature Neuroscience*, *6*, 674-681.

Paterson, A. & Zangwill, O. L. (1944), Disorders of visual space perception associated with lesions of the right cerebral hemisphere, *Brain*, *67*, 331-358.

Peretz, I. (2002), Brain specialization for music, *Neuroscientist*, *8*, 372-380.

Pinker, S. & Bloom, P. (1990), Natural language and natural selection, *Behavioral and Brain Sciences*, *13*, 707-784.

Ravin, J. G. (1997), Artistic vision in old age. In M. F. Marmor & J. G. Ravin (Eds.), *The eye of the artist*, St. Louis: Mosby-Year Book, Inc.

Rose, M. (2004), *The mind at work: Valuing the intelligence of the American worker*, New York: Viking.

Sacks, O. (1995), *An anthropologist on Mars*, New York: Alfred A. Knopf.

_____ (2004), Autistic geniuses? We're too ready to pathologize, *Nature*, *429*, 241.

Saur, D., Baumgaertner, A., Schraknepper, V., Willmes, K., Rijntjes, M. & Weiller, C.

(2006), Dynamics of language reorganization after stroke, *Brain*, *129*, 1371-1384.

Stringer, C. (2002), Modern human origins: Progress and prospects, *Philosophical Transactions of the Royal Society B: Biological Sciences*, *357*, 563-579.

Turner, C. (2006), Through art to association in Japanese politics, *Science*, *313*, 1575-1576.

Vargha-Khadem, F., Gadian, D. G., Copp, A. & Mishkin, M. (2005), FOXP2 and the neuroanatomy of speech and language, *Nature Review Neuroscience*, *6*, 131-138.

Vargha-Khadem, F., Watkins, K. E., Price, C. J., Ashburner, J., Alcock, K. J., Connelly, A. et al. (1998), Neural basis of an inherited speech and language disorder, *Proceedings of the National Academy of Sciences*, *USA*, *95*, 12695-12700.

Vartanian, O. & Goel, V. (2004), Neuroanatomical correlates of aesthetic preference for paintings, *NeuroReport*, *15*, 892-897.

Warrington, E. K. & James, M. (1966), Drawing disability in relation to laterality of cerebral lesion, *Brain*, *89*, 53-82.

Welsch, W. (2004), Animal aesthetics, *Contemporary Aesthetics*, *2*, 56-62.

Whatmough, C., Chertkow, H., Murtha, S. & Hanratty, K. (2002), Dissociable brain regions process object meaning and object structure during picture naming, *Neuropsychologia*, *40*, 174-186.

Wieser, H. G. (2003), Music and the brain. Lessons from brain diseases and some reflections on the "emotional" brain, *Annals of the New York Academy of Sciences*, *999*, 919-920.

Zaidel, D. W. (2005), N*europsychology of art: Neurological, cognitive, and evolutionary perspectives*, Hove, UK: Psychology Press.

Zaidel, D. W. & Cohen, J. A. (2005), The face, beauty, and symmetry: Perceiving asymmetry in beautiful faces, *International Journal of Neuroscience*, *115*, 1165-1173.

Zaidel, D. W., Chen, A. C. & German, C. (1995), She is not a beauty even when she smiles: Possible evolutionary basis for a relationship between facial attractiveness and hemispheric specialization, *Neuropsychologia*, *33*, 649-655.

Zaidel, D. W. & FitzGerald, P. (1994), Sex of the face in Western art: Left and right in portraits, *Empirical Studies of the Arts*, *12*, 9-18.

Zaidel, D. W. & Kasher, A. (1989), Hemispheric memory for surrealistic versus realistic paintings, *Cortex*, *25*, 617-641.

Zangwill, O. L. (1964), Neurological studies and human behaviour, *British Medical*

Bulletin, *20*, 43-48.

Zatorre, R. J. (2003), Absolute pitch: A model for understanding the influence of genes and development on neural and cognitive functions, *Nature Neuroscience*, *6*, 692-695.

Zilhao, J., d'Errico, F., Borders, J.-G., Lenoble, A. & Texier, J.-P. (2006), Analysis of Aurignacian interstratification at the Chatelperronian-type site and implications for the behavioral modernity of Neanderthals, *Proceedings of the National Academy of Sciences, USA*, *103*, 12643-12648.

*http://en.wikipedia.org/wiki/equipotentiality

9. 시각 표상의 암시

Alais, D. & Blake, R. (2005), *Binocular rivalry*, Cambridge, MA: MIT Press.

Bain, A. (1855), *The senses and the intellect*, London: Parker.

_____ (1873), *Mind and body. The theories of their relation*, London: King.

Baltrušaitis, J. (1977), *Anamorphic art*, W. J. Strachan (Trans.), Cambridge, UK: Chadwyck-Healey.

Barlow, H. B. (1953), Summation and inhibition in the frog's retina, *Journal of Physiology* (Lond.) *119*, 69-88.

Behrens, R. R. (1993), *The man who made distorted rooms: A chronology of the life of Adelbert Ames Jr.*, University of Northern Iowa: published by the author.

Berger, H. (1930), Über das Elektrenkephalogramm des Menschen. Zweite Mitteilung, *Journal für Psychologie und Neurologie*, *40*, 160-179.

Brewster, D. (1825), On some remarkable affections of the retina, as exhibited in its insensibility to indirect impressions, and to the impressions of attenuated light, *Edinburgh Journal of Science*, *3*, 288-293.

Broca, P. (1888), *Mémoires sur le cerveau de l'homme et des primates*, Paris: Reinwald.

Burton, H. E. (1945), The Optics of Euclid, *Journal of the Optical Society of America*, *35*, 357-372.

Cajal, S. R. y, (1893), La rétine des vertebras, *La Cellule*, *9*, 119-257. (English edition

1972: *The structure of the retina*, S. A. Thorpe & M. Glickstein (Trans.), Springfield, IL: Charles C Thomas.)

Campbell, F. W. & J. G. Robson. (1968), Application of Fourier analysis to the visibility of gratings, *Journal of Physiology*, *197*, 551–566.

Caton, R. (1875), The electric currents of the brain, *British Medical Journal*, *2*, 278.

Charcot, J.-M. (1892), *Oeuvres complètes de J. M. Charcot. Lecons sur les maladies du système nerveux*, Paris: Baittaille.

Charcot, J.-M. & P. Richer. (1887), *Les démoniaques dans l'art*, Paris: Delahaye and Lecrosnier.

Cohen, M. R. & Drabkin, I. E. (1958), *A source book in Greek science*, Cambridge, MA: Harvard University Press.

Craik, K. J. W. (1943), *The nature of explanation*, Cambridge, MA: Cambridge University Press.

_____ (1966), *The nature of psychology. A selection of papers*, essays and other writings by the late Kenneth J. W. Craik. S. L. Sherwood (Ed.), Cambridge, MA: Cambridge University Press.

Crombie, A. C. (1964), Kepler: De Modo Visionis. In *Mélange Alexandre Koyré I. L'Aventure de la Science* (pp. 135–172), Paris: Hermann.

Daxecker, F. (2004), *The physicist and astronomer Christopher Scheiner. Biography, letters, works*, Innsbruck: Leopold-Franzens-University of Innsbruck.

Descartes, R. (1637/1902), *La Dioptrique. In Oeuvres de Descartes* (Vol. 6, pp. 81–228), C. Adam & P. Tannery (Eds.), Paris: Cerf.

_____ (1664/1909), *Traité de l'Homme. In Oeuvres de Descartes* (Vol. 11, pp. 119–215), C. Adam & P. Tannery (Eds.), Paris: Cerf.

_____ (1965), *Discourse on method, optics, geometry, and meteorology*, P. J. Olscamp (Trans.), Indianapolis: Bobbs-Merrill.

Ernst, B. (1976), *Het begoochelde oog. Onmogelijkeen meerzinnige figuren*, Utrecht: Meulenhoff/Landshoff.

Fechner, G. T. (1860), *Elemente der Psychophysik*, Leipzig: Breitkopf and Härtel.

_____ (1876), *Vorschule der Aesthetik*, Leipzig: Breitkopf and Härtel.

Ferrier, D. (1876), *The functions of the brain*, London: Smith, Elder.

Findlay, J. M. & Gilchrist, I. D. (2003), *Active vision: The psychology of looking and seeing*, Oxford: Oxford University Press.

Gibson, J. J. (1966), *The senses considered as perceptual systems*, Boston: Houghton

Mifflin.

_____ (1979), *The ecological approach to visual perception*, Boston: Houghton Mifflin.

Golgi, C. (1873) Sulla struttura della sostanza grigia del cervello, *Gazzetta Medica Italiana* (Lombardia), 6, 244-246.

Goodale, M. A. & Milner, A. D. (2003), *Sight unseen. An exploration of conscious and unconscious vision*, Oxford: Oxford University Press.

Gombrich, E. H. (1960), *Art and illusion. A study in the psychology of pictorial representation*, London: Phaidon.

Grimaldi, F. M. (1665), *Physico-mathemis de lumine coloribis et iride*, Bologna.

Hartline, H. K. (1928), A quantitative and descriptive study of the electric response to illumination of the arthropod eye, *American Journal of Physiology*, *83*, 466-483.

Hebb, D. O. (1949), *The organization of behavior*, New York: Wiley.

Helmholtz, H. (1867), Handbuch der physiologischen Optik. In G. Karsten (Ed.), *Allgemeine Encyklopädie der Physik* (Vol. 9), Leipzig: Voss.

_____ (1873), *Popular lectures on scientific subjects. First series*. E. Atkinson (Trans.), London: Longmans, Green.

_____ (1925), *Helmholtz's treatise on physiological optics* (Vol. 3), J. P. C. Southall (Trans.), New York: Optical Society of America.

_____ (2000), *Helmholtz's treatise on physiological optics* (3 Vols.), J. P. C. Southall (Trans.), Bristol: Thoemmes.

Hering, E. (1931), *Wissenschaftliche Abhandlungen* (Vol. 1), Leipzig: Thieme.

Holzhey, M. (2005), *Victor Vasarely* (1906-1997); Pure vision, Taschen: Köln.

Hubel, D. H. & Wiesel, T. N. (1962), Receptive fields, binocular interaction and functional architecture in the cat's visual cortex, *Journal of Physiology*, *166*, 106-154.

_____ (1968), Receptive fields and functional architecture of the monkey visual cortex, *Journal of Physiology*, *195*, 215-243.

Huygens, C. (1690), *Traité de la lumiere*, Leiden: Vander Aa.

Ittelson, W. H. (1952), *The Ames demonstrations in perception*, Princeton: Princeton University Press.

Kemp, M. (1990), *The science of art. Optical themes in Western art from Brunelleschi to Seurat*, New Haven, CT: Yale University Press.

Kepler, J. (1604), *Ad Vitellionem paralipomena*, Frankfurt: Marinium and Aubrii.

Kubovy, M. (1986), *The psychology of perspective and Renaissance art*, Cambridge, MA: Cambridge University Press.

Kuffler, S. W. (1953), Discharge patterns and functional organization of mammalian retina, *Journal of Neurophysiology*, *16*, 37-68.

Lingelbach, B. & Ehrenstein, W. H. (2002), Das Hermann-Gitter und die Folgen, *Deutsche Optikerzeitung*, *5*, 14-20.

Mach, E. (1886), *Beiträge zur Analyse der Empfindungen*, Jena: Fischer.

Mariotte, E. (1668), A new discovery touching vision, *Philosophical Transactions of the Royal Society*, *3*, 668-669.

McCulloch, W. S. & Pitts, W. H. (1943), A logical calculus of the ideas immanent in nervous activity, *Bulletin of Mathematical Biophysics*, *5*, 115-133.

Marr, D. (1982), *Vision. A computational investigation into the human representation and processing of visual information*, New York: Freeman.

Millican, P. J. R. & Clark, A. (Eds.), (1996), *Machines and thought. The legacy of Alan Turing* (Vol. 1), Oxford: Clarendon Press.

Milner, A. D. & Goodale, M. A. (1995), *The visual brain in action*, Oxford: Oxford University Press.

Necker, L. A. (1832), Observations on some remarkable phenomena seen in Switzerland; and an optical phenomenon which occurs on viewing a figure of a crystal or geometrical solid, *London and Edinburgh Philosophical Magazine and Journal of Science*, *1*, 329-337.

Newton, I. (1704), *Opticks: Or, a treatise of the reflections, refractions, inflections and colours of light*, London: Smith and Walford.

Niceron, J.-F. (1646), *Thaumaturgus Opticus*, Paris.

Oppel, J. J. (1856), Neue Beobachtungen und Versuche über eine eigentümliche, noch wenig bekannte Reaktionsthätigkeit des menschlichen Auges, *Annalen der Physik und Chemie*, *99*, 540-561.

Park, D. (1997), *The fire within the eye. A historical essay on the nature and meaning of light*, Princeton: Princeton University Press.

Penrose, L. S. & Penrose, R. (1958), Impossible objects: A special type of illusion, *British Journal of Psychology*, *49*, 31-33.

Piccolino, M. & Wade, N. J. (2007), *Insegne ambiguë. Percorsi obliqui tra storia, scienza e arte, da Galileo a Magritte*, Pisa: Edizioni ETS.

Purkinje, J. (1823), *Beobachtungen und Versuche zur Physiologie der Sinne. Beiträge zur Kenntniss des Sehens in subjectiver Hinsicht*, Prague: Calve.

_____ (1825), *Beobachtungen und Versuche zur Physiologie der Sinne. Neue Beiträge zur Kenntniss des Sehens in subjectiver Hinsicht*, Berlin: Reimer.

Ratliff, F. (1965), *Mach bands: Quantitative studies on neural networks in the retina*, San Francisco: Holden-Day.

Scheiner, C. (1619), *Oculus, hoc est fundamentum opticum*, Innsbruck: Agricola.

_____ (1630), *Rosa Ursina*, Bracciani: Phaeum.

Sherrington, C. S. (1906), *The integrative action of the nervous system*, New York: Scribner.

Smith, A. M. (2004), What is the history of medieval optics really about? *Proceedings of the American Philosophical Society*, *148*, 180-194.

Spillmann, L. (1994), The Hermann grid illusion: A tool for studying human perceptive field organization, *Perception*, *23*, 691-708.

Stevens, S. S. (1961), To honor Fechner and repeal his law, *Science*, *133*, 80-86.

Tartuferi, F. (1887), Sulla anatomia della retina, *Archivio per le Scienze Mediche*, *11*, 335-358.

Thompson, S. P. (1910), A physiological effect of alternating magnetic field, *Proceedings of the Royal Society of London. Series B*, *82*, 396-398.

Tronscoso, X. G., Macknik, S. L. & Martinez-Conde, S. (2005), Novel illusions related to Vasarely's 'nested squares' show that vorner salience varies with corner angle, *Perception*, *34*, 409-420.

Turner, R. S. (1994), *In the eye's mind. Vision and the Helmholtz-Hering controversy*, Princeton: Princeton University Press.

Ungeleider, L. G. & Mishkin, M. (1982), Two cortical visual systems. In D. J. Ingle, M. A. Goodale & R. J. W. Mansfield (Eds.), *Analysis of visual behaviour* (pp. 549-586), Cambridge, MA: MIT Press.

Vasarely, V. (1965), *Vasarely*, Neuchatel: Editions Griffon.

von Soemmerring, S. T. (1801), *Abbildungen des menschlichen Auges*, Frankfurt: Varrentrapp and Wenner.

Wade, N. (1982), *The art and science of visual illusions*, London: Routledge and Kegan Paul.

Wade, N. J. (Ed.), (1983), *Brewster and Wheatstone on vision*, London: Academic Press.

Wade, N. (1990), *Visual allusions: Pictures of perception*, Hove, UK: Lawrence Erlbaum Associates.

_____ (1995), *Psychologists in word and image*, Cambridge, MA: MIT Press.

Wade, N. J. (1998a), *A natural history of vision*, Cambridge, MA: MIT Press.

_____ (1998b), Light and sight since antiquity, *Perception, 27,* 637-670.

_____ (2005a), *Perception and illusion: Historical perspectives,* New York: Springer.

_____ (2005b), Sound and sight: Acoustic figures and visual phenomena, *Perception, 34,* 1275-1290.

_____ (2007a), Image, eye and retina, *Journal of the Optical Society of America A, 24,* 1229-1249.

_____ (2007b), Artful visions, *Spatial Vision, 21,* 27-53.

_____ (2007c), *Circles. Science, sense and symbol,* Dundee: Dundee University Press.

Wade, N. J. & Brožek, J. (2001), *Purkinje's vision. The dawning of neuroscience,* Mahawa, NJ: Erlbaum.

Wade, N. J., Brožek, J. & Hoskovec, J. (2002), Images of Purkinje's vision, *History & Philosophy of Psychology, 4,* 1-9.

Wade, N. J. & Bruce, V. (2001), Surveying the seen. 100 years of British vision, *British Journal of Psychology, 92,* 79-112.

Wade, N. J. & Heller, D. (1997), Scopes of perception: The experimental manipulation of space and time, *Psychological Research, 60,* 227-237.

Wade, N. J. & Melcher, D. (2006), Cave art interpretation. I, Perception, 35, 577-580.

Wade, N. J. & Piccolino, M. (2006), Nobel stains, *Perception, 35,* 1-8.

Wade, N. J. & Swanston, M. T. (2001), *Visual perception: An introduction* (2nd ed.), Hove, UK: Psychology Press.

Wade, N. J. & Tatler, B. W. (2005), *The moving tablet of the eye: The origins of modern eye movement research,* Oxford: Oxford University Press.

Walsh, V. & Cowey, A. (1998), Magnetic stimulation studies of visual cognition, *Trends in Cognitive Sciences, 2,* 103-110.

Wheatstone, C. (1830), Contributions to the physiology of vision. No I, *Journal of the Royal Institution of Great Britain, 1,* 101-117. (Published over the initials C. W.),

_____ (1838), Contributions to the physiology of vision — Part the first. On some remarkable, and hitherto unobserved, phenomena of binocular vision, *Philosophical Transactions of the Royal Society, 128,* 371-394.

Wilkes, A. L. & Wade, N. J. (1997), Bain on neural networks, *Brain and Cognition, 33,* 295-305.

Wundt, W. (1898), Die geometrisch-optischen Täuschungen, *Abhandlungen der mathematisch-physischen Classe der Königlichen Sächsischen Gesellschaft der Wissenschaften, 42,* 55-178.

Young, T. (1802), On the theory of lights and colours, *Philosophical Transactions of the Royal Society*, *92*, 12-48.

Zeki, S. (1999), *Inner vision. An exploration of art and the brain*, Oxford: Oxford University Press.

*곽호완 · 박창호 · 이태연 · 김문수 · 진영선 (2008), 『실험심리학 용어사전』, 서울: ㈜시그마프레스.

10. 인간 뇌와 음악적 소리

Besson, M. & Faita, F. (1996), An event-related potential (ERP) study of musical expectancy: Comparison between musicians and non-musicians, *Journal of Experimental Psychology: Human Perception and Performance*, *21*, 1278-1296.

Besson, M., Faita, F. & Requin, J. (1994), Brain waves associated with musical incongruities differ for musicians and non-musicians, *Neuroscience Letters*, *168*, 101-105.

Besson, M., Faita, F., Peretz, I., Bonnel, A. M. & Requin, J. (1998), Singing in the brain: Independence of lyrics and tunes, *Psychological Science*, *9*, 494-498.

Blood, A. J., Zatorre, R. J., Bermudez, P. & Evans, A. C. (1999), Emotional responses to pleasant and unpleasant music correlate with activity in paralimbic brain regions, *Nature Neuroscience 2*, 382-387.

Blood, A. J. & Zatorre, R. J. (2001), Intensely pleasurable responses to music correlate with activity in brain regions implicated in reward and emotion, *Proceedings of the National Academy of Sciences*, *98*, 11818-11823.

Brattico, E., Tervaniemi, M., Naatanen, R. & Peretz, I. (2006), Musical scale properties are automatically processed in the human auditory cortex, *Brain Research*, *1117*, 162-174.

Caclin, A., Brattico, E., Tervaniemi, M., Naatanen, R., Morlet, D., Giard, M.-H. et al. (2006), Separate neural processing of timbre dimensions in auditory sensory memory, *Journal of Cognitive Neuroscience*, *18*, 1959-1972.

Dalla Bella, S. & Peretz, I. (1999), Music agnosias: Selective impairments of music recognition after brain damage, *Journal of New Music Research*, *28*, 209-216.

Gosselin, N., Peretz, I., Johnsen, E. & Adolps, R. (2007), Amygdala damage impairs emotion recognition from music, *Neuropsychologia, 45,* 236-244.

Hahne, A. & Friederici, A. D. (1999), Electrophysiological evidence for two steps in syntactic analysis: Early automatic and late controlled processes. *Journal of Cognitive Neuroscience, 11,* 194-205.

He, J., Hashikawa, T., Ojima, H. & Kinouchi, Y. (1997), Temporal integration and duration tuning in the dorsal zone of cat auditory cortex, *Journal of Neuroscience, 17,* 2615-2725.

Heil, P., Rajan, R. & Irvine, D. R. (1994), Topographic representation of tone intensity along the isofrequency axis of cat primary auditory cortex, *Hearing Research, 76,* 188-202.

Hugdahl, K., Bronnick, K., Kyllingsbaek, S., Law, I., Gade, A. & Paulson, O. B. (1999), Brain activation during dichotic presentation of consonant-vowel and musical instrument stimuli: A 15O-PET study, *Neuropsychologia, 37,* 431-440.

Janata, P. (1995), ERP measures assay the degree of expectancy violation of harmonic contexts in music, *Journal of Cognitive Neuroscience, 7,* 153-164.

Khalfa, S., Schon, D., Anton, J. L. & Liegeois-Chauvel, C. (2005), Brain regions involved in the recognition of happiness and sadness in music, *NeuroReport, 6,* 1981-1984.

Koelsch, S., Fritz, T., von Cramon, D. Y., Muller, K. & Friederici, A. D. (2006), Investigating emotion with music: An fMRI study, *Human Brain Mapping, 27,* 239-250.

Koelsch, S., Gunter, T. C., Friederici, A. D. & Schroger, E. (2000), Brain indices of music processing: 'Non-musicians' are musical, *Journal of Cognitive Neuroscience, 12,* 520-541.

Koelsch, S. & Siebel, W. A. (2006), Towards a neural basis of music perception, *Trends in Cognitive Sciences, 10,* 195-196.

Koelsch, S., Schroger, E. & Gunter, T. C. (2002), Music matters: Preattentive musicality of the human brain, *Psychophysiology, 39,* 38-48.

Kutas, M. & Hillyard, S. A. (1980), Reading senseless sentences: Brain potentials reflect semantic incongruity, *Science, 207,* 203-205.

Lane, R. D. & Nadel, L. (1999), *Cognitive neuroscience of emotion,* Oxford, UK: Oxford University Press.

Maess, B., Koelsch, S., Gunter, T. C. & Friederici, A. D. (2001), Musical syntax is processed in Broca's area: An MEG study, *Nature Neuroscience, 4,* 541-545.

Mazziotta, J. C., Phelps, M. E., Carson, R. E. & Kuhl, D. E. (1982), Tomographic mapping of human cerebral metabolism: Auditory stimulation, *Neurology, 32,* 921-937.

Meyer, L. B. (1956), *Emotion and meaning in music*, Chicago: The University of Chicago Press.

Naatanen, R. (1992), *Attention and brain function*, Hillsdale, NJ: Lawrence Erlbaum Publishers.

Naatanen, R., Tervaniemi, M., Sussman, E., Paavilainen, P. & Winkler, I. (2001), 'Primitive intelligence' in the auditory cortex, *Trends in Neurosciences*, *24*, 283-288.

North, A. C., Hargreaves, D. J. & McKendrick, J. (1997), In-store music affects product choice, *Nature*, *390*, 132.

Novitski, N., Tervaniemi, M., Huotilainen, M. & Naatanen, R. (2004), Frequency discrimination at different frequency levels as reflected by electrophysiological and behavioral indices, *Cognitive Brain Research*, *20*, 26-36.

Pantev, C., Hoke, M., Lutkenhoner, B. & Lehnertz, K. (1989a), Tonotopic organization of the auditory cortex: Pitch versus frequency representation, *Science*, *246*, 486-488.

Pantev, C., Hoke, M., Lehnertz, K. & Lutkenhoner, B. (1989b), Neuromagnetic evidence of an ampliotopic organization of the auditory cortex, *Electroencephalography and Clinical Neurophysiology*, *72*, 225-231.

Patel, A. D., Gibson, E., Ratner, J., Besson, M. & Holcomb, P. J. (1998), Processing syntactic relations in language and music: an event-related potential study, *Journal of Cognitive Neuroscience*, *10*, 717-733.

Peretz, I., Gagnon, L. & Bouchard, B. (1998), Music and emotion: Perceptual determinants, immediacy, and isolation after brain damage, *Cognition*, *68*, 111-141.

Saarinen, J., Paavilainen, P., Schroger, E., Tervaniemi, M. & Naatanen, R. (1992), Representation of abstract attributes of auditory stimuli in human brain, *NeuroReport*, *3*, 1149-1151.

Samson, S. (1999), Musical function and temporal lobe structures: A review of brain lesion studies, *Journal of New Music Research*, *28*, 217-228.

Steinbeis, N., Koelsch, S. & Sloboda, J. A. (2006), The role of harmonic expectancy violations in musical emotions: Evidence from subjective, physiological and neural responses, *Journal of Cognitive Neuroscience*, *18*, 1380-1393.

Tervaniemi, M., Alho, K., Paavilainen, P., Sams, M. & Naatanen, R. (1993), Absolute pitch and event-related brain potentials, *Music Perception*, *10*, 305-316.

Tervaniemi, M. & Huotilainen, M. (2003), The promises of change-related brain potentials in cognitive neuroscience of music, *Annals of the New York Academy of Sciences*, *999*, 29-39.

Tervaniemi, M., Kujala, A., Alho, K., Virtanen, J., Ilmoniemi, R. J. & Naatanen, R. (1999), Functional specialization of the human auditory cortex in processing phonetic and musical sounds: A magnetoencephalographic (MEG) study, *NeuroImage, 9*, 330-336.

Tervaniemi, M., Maury, S. & Naatanen, R. (1994), Neural representations of abstract stimulus features in the human brain as reflected by the mismatch negativity, *NeuroReport, 5*, 844-846.

Tervaniemi, M., Medvedev, S. V., Alho, K., Pakhomov, S. V., Roudas, M. S., van Zuijen, T. L. et al. (2000), Lateralized automatic auditory processing of phonetic versus musical information: A PET study, *Human Brain Mapping, 10*, 74-79.

Tervaniemi, M., Rytkonen, M., Schroger, E., Ilmoniemi, R. J. & Naatanen, R. (2001), Superior formation of cortical memory traces for melodic patterns in musicians, *Learning & Memory, 8*, 295-300.

Tervaniemi, M., Szameitat, A. J., Kruck, S., Schroger, E., Alter, K., De Baene, W. et al. (2006), From air oscillations to music and speech: Functional magnetic resonance imaging evidence for fine-tuned neural networks in audition, *Journal of Neuroscience, 26*, 8647-8652.

Tiitinen, H., Alho, K., Huotilainen, M., Ilmoniemi, R. J., Simola, J. & Naatanen, R. (1993), Tonotopic auditory cortex and the magnetoencephalographic (MEG) equivalent of the mismatch negativity, *Psychophysiology, 30*, 537-540.

Toiviainen, P., Tervaniemi, M., Louhivuori, J., Huotilainen, M., Saher, M. & Naatanen, R. (1998), Musical timbre: Convergence of neural, behavioral, and computational approaches, *Music Perception, 16*, 223-241.

Zatorre, R. J. (2001), Neural specializations for tonal processing, *Annals of the New York Academy of Sciences, 930*, 193-210.

Zatorre, R. J., Belin, P. & Penhune, V. (2002), Structure and function of auditory cortex: Music and speech, *Trends in Cognitive Sciences, 6*, 37-46.

Zatorre, R. J., Evans, A. C., Meyer, E. & Gjedde, A. (1992), Lateralization of phonetic and pitch discrimination in speech processing, *Science, 256*, 846-849.

11. 문학적 독서의 신경미학

Auracher, J. (2006, August), *Biological correlates of suspense—An empirical investigation*, Paper presented at the 10th Conference of the International Society for the Empirical Study of Literature and Media (IGEL), Frauenchiemsee, Germany.

Barfield, O. (1964), *Poetic diction: A study in meaning*, Toronto: McGraw-Hill.

Becchio, C. & Bertone, C. (2005), Beyond Cartesian subjectivism: Neural correlates of shared intentionality, *Journal of Consciousness Studies, 12*, 20-30.

Beeman, M. (1998), Coarse semantic coding and discourse comprehension. In M. Beeman & C. Chiarello (Eds.), *Right hemisphere language comprehension: Perspectives from cognitive neuroscience* (pp. 255-284), Mahwah, NJ: Erlbaum.

Beeman, M. J., Bowden, E. M. & Gernbacher, M. A. (2000), Right and left hemisphere cooperation for drawing predictive and coherence inferences during normal story comprehension, *Brain & Language, 71*, 310-336.

Behrmann, M. (2000), The mind's eye mapped onto the brain's matter, *Trends in Psychological Science, 9*, 50-54.

Bortolussi, M. & Dixon, P. (2003), *Psychonarratology: Foundations for the empirical study of literary response*, Cambridge, MA: Cambridge University Press.

Boulenger, V., Roy, A. C., Paulignan, Y., Deprez, V., Jeannerod, M. & Nazir, T. A. (2006), Cross-talk between language processes and overt motor behavior in the first 200 msec of processing, *Journal of Cognitive Neuroscience, 18*, 1607-1615.

Bowden, E. & Beeman, M. J. (1998), Getting the right idea: Semantic activation in the right hemisphere may help solve insight problems, *Psychological Science, 9*, 435-440.

Bowden, E. M., Jung-Beeman, M., Fleck, J. & Kounios, J. (2005), New approaches to demystifying insight, *Trends in Cognitive Sciences, 9*, 322-328.

Carruthers, P. & Smith, P. K. (Eds.), (1996), *Theories of theories of mind*, Cambridge, MA: Cambridge University Press.

Coulson, S. & Wu, Y. C. (2005), Right hemisphere activation of joke-related information: An event-related brain potential study, *Journal of Cognitive Neuroscience, 17*, 494-506.

Damasio, A. (1999), *The feeling of what happens: Body and emotion in the making of consciousness*, New York: Harcourt Brace.

Davidson, R. J., Pizzagalli, D., Nitschke, J. B. & Kalin, N. H. (2003), Parsing the subcomponents of emotion and disorders of emotion: Perspectives from affective neuroscience. In R. J. Davidson, K. R. Scherer & H. H. Goldsmith (Eds.), *Handbook of affective sciences* (pp. 8-24), Oxford: Oxford University Press.

De Vega, M., Leon, I. & Diaz, J. M. (1996), The representation of changing emotions in reading comprehension, Cognition and Emotion, 10, 303-321. de Vignemont, F. & Singer, T. (2006), The empathic brain: How, when and why? Trends in Cognitive Sciences, 10, 435-441.

Eckstein, K. & Friederici, A. D. (2006), It's early: Event-related potential evidence for initial interaction of syntax and prosody in speech comprehension, Journal of Cognitive Neuroscience, 18, 1696-1711.

Ferstl, E. C., Rinck, M. & von Cramon, D. Y. (2005), Emotional and temporal aspects of situation model processing during text comprehension: An event-related fMRI study, Journal of Cognitive Neuroscience, 17, 724-739.

Fiore, S. M. & Schooler, J. W. (1998), Right hemisphere contributions to creative problem solving: Converging evidence for divergent thinking. In M. Beeman & C. Chiarello (Eds.), Right hemisphere language comprehension: Perspectives from cognitive neuroscience (pp. 349-371), Mahwah, NJ: Lawrence Erlbaum.

Gallese, G. & Goldmann, A. (1998), Mirror-neurons: In reflection, Trends in Cognitive Sciences, 2, 493-501.

Gallese, V., Keysers, C. & Rizzolatti, G. (2004), A unifying view of the basis of social cognition, Trends in Cognitive Sciences, 8, 396-403.

Garbarini, F. & Adenzato, M. (2004), At the root of embodied cognition: Cognitive science meets neurophysiology, Brain and Cognition, 56, 100-106.

Gernsbacher, M. A., Goldsmith, H. H. & Robertson, R. R. W. (1992), Do readers mentally represent characters' emotional states? Cognition and Emotion, 6, 89-111.

Graesser, A. C., Bowers, C., Olde, B., White, K. & Person, N. K. (1999), Who knows what? Propagation of knowledge among agents in a literary story world, Poetics, 26, 143-175.

Grafman, J. (2002), The Structured Event Complex and the human prefrontal cortex. In D. T. Stuss & R. T. Knight (Eds.), Principles of frontal lobe function (pp. 292-310), New York: Oxford University Press.

Grafton, S. T., Fadiga, L., Arbib, M. A. & Rizzolatti, G. (1997), Premotor cortex activation during observation and naming of familiar tools, Neuroimage, 6, 231-236.

Green, M. C. (2004), Transportation into narrative worlds: The role of prior knowledge and perceived realism, Discourse Processes, 38, 247-266.

Green, M. C. & Brock, T. C. (2000), The role of transportation in the persuasiveness of public narratives, Journal of Personality and Social Psychology, 79, 701-721.

Hauk, O. & Pulvermuller, F. (2004), Neurophysiological distinction of action words in the fronto-central cortex, Human Brain Mapping, 21, 191-201.

Hogan, P. C. (2003), *Cognitive science, literature, and the arts*, New York & London: Routledge.

Iacoboni, M. (2005), Understanding others: Imitation, language, and empathy. In S. Hurley & N. Chater (Eds.), *Perspectives on imitation: From neuroscience to social science* (Vol. 1): *Mechanisms of imitation and imitation in animals* (pp. 77-99), Cambridge, MA: MIT Press.

Kames, H. H., Lord. (1762), Elements of criticism. Edinburgh: A. Miller. Kane, J. (2004), Poetry as right-hemispheric language, *Journal of Consciousness Studies, 11*, 21-59.

Keen, S. (2006), A theory of narrative empathy, *Narrative, 14*, 207-236.

Keysers, C., Wicker, B., Gazzola, V., Anton, J-L., Fogassi, L. & Gallese, V. (2004, April 22), A touching sight: SII/PV activation during the observation and experience of touch, *Neuron, 42*, 335-346.

Kuiken, D. & Miall, D. S. (2001), Numerically aided phenomenology: Procedures for investigating categories of experience, *FQS. Forum: Qualitative Social Research*, 2.1, February 2001. Retrieved February 27, 2007, from http://qualitative-research.net/fqs-texte/1-01/1-01kuikenmiall-e.htm

Kuiken, D., Miall, D. S. & Sikora, S. (2004), Forms of self-implication in literary reading, *Poetics Today, 25*, 171-203.

LeDoux, J. (1996), *The emotional brain: The mysterious underpinnings of emotional life*, New York: Simon & Schuster.

Mar, R. A. (2004), The neuropsychology of narrative: Story comprehension, story production and their interrelation, *Neuropsychologia, 42*, 1414-1434.

Meutsch, D. & Schmidt, S. J. (1985), On the role of conventions in understanding literary texts, *Poetics, 14*, 551-574.

Miall, D. S. (1995), Anticipation and feeling in literary response: A neuropsychological perspective, *Poetics, 23*, 275-298.

_____ (2004), Episode structures in literary narratives, *Journal of Literary Semantics, 33*, 111-129.

_____ (2006), *Literary reading: Empirical and theoretical studies*, New York: Peter Lang.

Miall, D. S. & Kuiken, D. (1994), Foregrounding, defamiliarization, and affect: Response to literary stories, *Poetics, 22*, 389-407.

_____ (1999), What is literariness? Three components of literary reading, *Discourse Processes, 28*, 121-138.

_____ (2001), Shifting perspectives: Readers' feelings and literary response. In W. van

Peer & S. Chatman (Eds.), *New perspectives on narrative perspective* (pp. 289-301), Albany, NY: State University of New York Press.

Murdoch, I. (1970), *The sovereignty of good*, London: Routledge and Kegan Paul.

Oatley, K. & Mar, R. A. (2005), Evolutionary pre-adaptation and the idea of character in fiction, *Journal of Cultural and Evolutionary Psychology, 3*, 179-194.

O'Faolain, S. (1980-1982), *The trout. In The collected stories of Se£n O'Faol£in* (Vol. I, pp. 383-386), London: Constable.

Oliveri, M., Finocchiaro, C., Shapiro, K., Gangitano, M., Caramazza, A. & Pascual-Leone, A. (2004), All talk and no action: A transcranial magnetic stimulation study of motor cortex activation during action word production, *Journal of Cognitive Neuroscience, 16*, 374-381.

Posner, M. I. & DiGirolamo, G. J. (2000), Cognitive neuroscience: Origins and promise, *Psychological Bulletin, 126*, 873-889.

Rizzolatti, G. (2005), The mirror neuron system and imitation. In S. Hurley & N. Chater (Eds.), *Perspectives on imitation: From neuroscience to social science.* Vol. 1: *Mechanisms of imitation and imitation in animals* (pp. 55-76), Cambridge, MA: MIT Press.

Robinson, J. (2005), *Deeper than reason: Emotion and its role in literature, music, and art*, Oxford: Clarendon Press.

Shklovsky, V. (1965), Art as technique. In L. T. Lemon & M. J. Reis (Eds. and Trans.), *Russian formalist criticism: Four essays* (pp. 3-24), Lincoln, NE: University of Nebraska Press. (Original work published 1917.)

Singer, T., Seymour, B., O'Doherty, J., Kaube, H., Dolan, R. J. & Frith, C. D. (2004, February 20), Empathy for pain involves the affective but not sensory components of pain, *Science, 203*, 1157-1162.

Tettamanti, M., Buccino, G., Saccuman, M. C., Gallese, V., Danna1, M., Scifo, P. et al. (2005), Listening to action-related sentences activates fronto-parietal motor circuits, *Journal of Cognitive Neuroscience, 17*, 273-281.

Walton, K. L. (1990), *Mimesis as make-believe: On the foundations of the representational arts*, Cambridge, MA: Harvard University Press.

Williams, H. M. (1798), *A tour in Switzerland; or, A view of the present state of the government and manners of those cantons: With comparative sketches of the present state of Paris*, London: G. G. & J. Robinson.

Zunshine, L. (2006), *Why we read fiction: Theory of mind and the novel*, Columbus: Ohio State University Press.

Zwaan, R. A. (2004), The immersed experiencer: Toward an embodied theory of language comprehension. In B. H. Ross (Ed.), *The psychology of learning and motivation* (Vol. 44, pp. 35-62), New York: Academic.

Zwaan, R. A. & Radvansky, G. A. (1998), Situation models in language comprehension and memory, *Psychological Bulletin, 123*, 162-185.

12. 영상미학과 체화된 뇌

Anderson, J. D. (1996). *The reality of illusion: An ecological approach to cognitive film theory.* Carbondale: Southern Illinois University Press.

Arnheim, R. (1957). *Film as art.* Berkeley, CA: University of California Press

_____ (1974/1954): *Art and visual perception: A psychology of the creative eye,* Berkeley, CA: University of California Press.

Bandura, A. (1994), Social cognitive theory of mass communication. In J. Bryant & D. Zillmann (Eds.), *Media effects. Advances in theory and research,* Hillsdale, NJ: Lawrence Erlbaum Associates.

Baron-Cohen, S. (1995), *Mindblindness,* Cambridge, MA: MIT Press.

Bordwell, D. (1986), *Narration in the fiction film,* London: Methuen.

Damasio, A. (1999), *The feeling of what happens. Body and emotion in the making of consciousness,* New York: Harcourt, Brace & Co.

Frijda, N. (1986), *The emotions,* Cambridge: Cambridge University Press.

Greimas, J. A. (1983/1966), *Structural semantics: An attempt at a method,* Lincoln: University of Nebraska Press.

Grodal, T. (1997) *Moving pictures. A new theory of film genres, feelings and cognition,* Oxford: Clarendon/Oxford University Press.

_____ (2000), Art film, the transient body and the permanent soul, *Aura, 6,* 33-53.

_____ (2005), Film lighting and mood. In J. Anderson & B. Anderson (Eds.), *Motion picture theory: Ecological considerations* (pp. 152-163), Carbondale: Southern Illinois University Press.

_____ (2006, Summer), The PECMA flow. A general theory of visual aesthetics, *Film Studies, 8,* 1-11.

_____ (2009), *Embodied visions. Evaluation, emotion, culture and film,* New York:

Oxford University Press.

Malmo, R. B. (1975), *On emotions, needs, and our archaic brain*, New York: Holt, Rinehart and Winston.

Newberg, A. B. & D'Aquili, E. G. (1998), The neuropsychology of religious experience. In H. G. Koenig et al. (Eds.), *Handbook of religion and mental health* (pp. 75-94), San Diego: Academic Press.

Noe, A. & O'Regan, K. (2001), A sensori-motor account of vision and visual consciousness, *Behavioral and Brain Sciences*, *24*, 5.

Panksepp, J. (1999), The periconscious substrates of consciousness. Affective states and the evolutionary origins of the self. In S. Gallagher & J. Shear (Eds.), *Models of the self* (pp. 113-130), Exeter: Imprint Academic.

Propp, V. (1968), *Morphology of the folktale*, Austin, TX: University of Texas Press.

Provine, R. R. (2000), *Laughter. A scientific investigation*, New York: Penguin.

Rizzolati, G., Craighero, L. & Fadiga, L. (2002), The mirror systems in humans. In M. Stamenov & V. Gallese (Eds.), *Mirror neurons and the evolution of brain and language* (pp. 37-59), Amsterdam/Philadelphia: John Benjamins.

Stamenov, M. & Gallese, V. (Eds.), (2002), *Mirror neurons and the evolution of brain and language*, Amsterdam/Philadelphia: John Benjamins.

Steen, F. F. & Owens, S. A. (2001), Evolution's pedagogy: An adaptiationist model of pretense and entertainment, *Journal of Cognition and Culture*, *1*, 289-321.

Vogeley, K. & Newen, A. (2002), Mirror neurons and the self construct. In M. Stamenov & V. Gallese (Eds.), *Mirror neurons and the evolution of brain and language* (pp. 135-150), Amsterdam/Philadelphia: John Benjamins.

Wild, B., Rodden, F., Grodd, W. & Ruch, W. (2003), Neural correlates of laughter and humour, *Brain*, *126*, 2121-2213.

13. 예술의 즐거움에 대한 의식적 경험

Barrett, L. F., Mesquita, B., Ochsner, K. N. & Gross, J. J. (2007), The experience of emotion, *Annual Review of Psychology*, *58*, 373-403.

Barrett, L. F. & Wager, T. (2006), The structure of emotion: Evidence from the neuroimaging of emotion, *Current Directions in Psychological Science*, *15*, 79-85.

Bechara. A, Damasio, H. & Damasio, A. R. (2000), Emotion, decision making and the orbitofrontal cortex, *Cerebral Cortex, 10*, 295-307.

Berridge, K. C. & Winkielman, P. (2003), What is an unconscious emotion: The case for unconscious 'liking,' *Cognition and Emotion, 17*, 181-211.

Cela-Conde, C. J., Marty, G., Maetsu, F., Ortiz, T., Munar, E., Fernandez, A. et al. (2004), Activation of the prefrontal cortex in the human visual aesthetic perception, *Proceedings of the National Academy of Sciences USA, 101*, 6321-6325.

Chatterjee, A. (2003), Prospects for a cognitive neuroscience of visual aesthetics, *Bulletin of Psychology and the Arts, 4*, 55-60.

Davidson, R. J. & Irwin, W. (1999), The functional neuroanatomy of emotion and affective style, *Trends in Cognitive Sciences, 3*, 11-21.

Freedberg, D. & Gallese, V. (2007), Motion, emotion, and empathy in esthetic experience, *Trends in Cognitive Sciences, 11*, 197-203.

Heekeren, H. R., Marrett, S., Bandettini, P. A. &. Ungerleider, L. G. (2004), A general mechanism for perceptual decision-making in the human brain, *Nature, 431*, 859-862.

Herrington, J. D., Mohanty, A., Koven, N. S., Fisher, J. E., Stewart, J. L., Banich, M. T. et al. (2005), Emotion-modulated performance and activity in left dorsolateral prefrontal cortex, *Emotion, 5*, 200-207.

Kawabata, H. & Zeki, S. (2004), Neural correlates of beauty, *Journal of Neurophysiology, 91*, 1699-1705.

Krawczyk, D. C. (2002), Contributions of the prefrontal cortex to the neural basis of human decision making, *Neuroscience and Biobehavioral Reviews, 26*, 631-664.

Kringelbach, M. L. (2005), The human orbitofrontal cortex: Linking reward to hedonic experience, *Nature Reviews Neuroscience, 6*, 691-702.

Kringelbach, M. L. & Rolls, E. (2004), The functional neuroanatomy of the human orbitofrontal cortex: Evidence from neuroimaging and neurophysiology, *Progress in Neurobiology, 72*, 341-372.

Leder, H., Belke, B., Oeberst, A. & Augustin, D. (2004), A model of aesthetic appreciation and aesthetic judgments, *British Journal of Psychology, 95*, 489-508.

Leder, H., Augustin, D. & Belke, B. (2005), Art and cognition: Consequences for experimental aesthetics, *Bulletin of Psychology and the Arts, 5*, 11-20.

Martindale, C. (2001), How does the brain compute aesthetic experience? *The General Psychologist, 36*, 25-35.

Murphy, F. C., Nimmo-Smith, I. & Lawrence, A. D. (2003), Functional neuroanatomy of emotions: A meta-analysis, *Cognitive, Affective & Behavioral Neuroscience, 3*, 207-233.

Nakamura, K., Kawashima, R., Nagumo, S., Ito, K., Sugiura, M., Kato, T. et al. (1998), Neuroanatomical correlates of the assessment of facial attractiveness, *Neuroreport, 9*, 753-757.

Phan, K. L., Wager, T., Taylor, S. F. & Liberzon, I. (2002), Functional neuroanatomy of emotion: A meta-analysis of emotion activation studies in PET and fMRI, *Neuroimage, 16*, 331-348.

Phelps, E. A. (2006), Emotion and cognition: Insights from studies of the human amygdala, *Annual Review of Psychology, 57*, 27-53.

Russell, J. A. (2003), Core affect and the psychological construction of emotion, *Psychological Review, 110*, 145-172.

Searle, J. R. (2000), Consciousness, *Annual Review of Neuroscience, 23*, 557-578.

Senior, C. (2003), Beauty in the brain of the beholder, *Neuron, 38*, 525-528.

Skov, M., Christensen, M. S., Rowe, J. B. & Paulson, O. B. (2005, June), *Specific activations underlie aesthetic judgment of affective pictures*, Poster presented at the 11th annual meeting of Human Brain Mapping, Toronto, Ontario, Canada.

Stephan, K. E., Marshall, J. C., Friston, K. J., Rowe, J. B., Ritzl, A., Zilles, K. et al. (2003), Lateralized cognitive processes and lateralized task control in the human brain, *Science, 301*, 384-386.

Vartanian, O. & Goel, V. (2004), Neuroanatomical correlates of aesthetic preference for paintings, *NeuroReport, 15*, 893-897.

Vartanian, O. & Nadal, M. (2007), A biological approach to a model of aesthetic experience. In L. Dorfman, C. Martindale & V. Petrov (Eds.), *Aesthetics and innovation* (pp. 429-444), Cambridge, MA: Cambridge Scholars Press.

Wallis, J. D. & Miller, E. K. (2003), Neuronal activity in primate dorsolateral and orbital prefrontal cortex during performance of a reward preference task, *European Journal of Neuroscience, 18*, 2069-2081.

Winkielman, P. & Berridge, K. C. (2004), Unconscious emotion, *Current Directions in Psychological Science, 13*, 120-123.

Zaidel, D. W. (2005), *Neuropsychology of art: Neurological, cognitive, and evolutionary perspectives*, Hove, UK: Psychology Press.

14. 미적 즐거움의 근원: 처리 유창성과 판단, 신체, 뇌의 정동

Arnheim, R. (1974), *Art and visual perception, The new version*. Berkeley, CA: University of California Press.

Bergerbest, D., Ghahremani, D. G. & Gabrieli, J. D. E. (2004), Neural correlates of auditory repetition priming: Reduced fMRI activation in the auditory cortex, *Journal of Cognitive Neuroscience*, *16*, 966-977.

Bornstein, R. F. (1989), Exposure and affect: Overview and meta-analysis of research 1968-1987, *Psychological Bulletin*, *106*, 265-289.

Bornstein, R. F. & D'Agostino, P. R. (1994), The attribution and discounting of perceptual fluency: Preliminary tests of a perceptual fluency/attributional model of the mere exposure effect, *Social Cognition*, *12*, 103-128.

Buckner, A. (1994), Indirect effects of synthetic grammar learning in an identification task, *Journal of Experimental Psychology: Learning, Memory, and Cognition*, *20*, 550-566.

Buckner, R. L. & Koutstaal, W. (1998), Functional neuroimaging studies of encoding, priming, and explicit memory retrieval, *Proceedings of the National Academy of Sciences*, *95*, 891-898.

Buckner, R. L., Peterson, S. E., Ojemann, J. G. & Miezin, F. M. (1995), Functional anatomical studies of explicit and implicit memory retrieval tasks, *Journal of Neuroscience*, *15*(1), 12-29.

Cacioppo, J. T., Petty, R. E., Losch, M. E. & Kim, H. S. (1986), Electromyographic activity over facial muscle regions can differentiate the valence and intensity of affective reactions, *Journal of Personality and Social Psychology*, *50*, 260-268.

Checkosky, S. F. & Whitlock, D. (1973), The effects of pattern goodness on recognition time in a memory search task, *Journal of Experimental Psychology*, *100*, 341-348.

Cutting, J. E. (2003), Gustave Caillebotte, french impressionism, and mere exposure, *Psychonomic Bulletin & Review*, *10*, 319-343.

Desimone, R. (1996), Neural mechanisms for visual memory and their role in attention, *Proceedings of the National Academy of Sciences*, *93*, 13494-13499.

Elliott, R. & Dolan, R. (1998), Neural response during preference and memory judgments for subliminally presented stimuli: A functional neuroimaging study, *The Journal of Neuroscience*, *18*, 4697-4704.

Elliot, R., Dolan, R. J. & Frith, C. D. (2000), Dissociable functions in the medial and lateral oribitofrontal cortex: Evidence from human neuroimaging studies, *Cerebral Cortex*, *10*, 308-317.

Frith, C. D. (2000), The role of dorsolateral prefrontal cortex in the selection of action, as reveal by functional imaging. In S. Monsell & J. Driver (Eds), *Control of cognitive processes: Attention and performance XVIII* (pp. 549-565), Cambridge, MA: MIT Press.

Garner, W. R. (1974), *The processing of information structure*, Potomac, MD: Lawrence Erlbaum.

Gombrich, E. H. (1984), *A sense of order* (2nd ed.), London: Phaidon.

Gordon, P. C. & Holyoak, K. J. (1983), Implicit learning and generalization of the "mere exposure" effect, *Journal of Personality and Social Psychology*, *45*, 492-500.

Haber, R. N. & Hershenson, M. (1965), The effects of repeated brief exposures on growth of a percept, *Journal of Experimental Psychology*, *69*, 40-46.

Halberstadt, J. B. & Rhodes, G. (2000), The attractiveness of nonface averages: Implications for an evolutionary explanation of the attractiveness of average faces, *Psychological Science*, *11*, 285-289.

_____ (2003), It's not just average faces that are attractive: Computer manipulated averageness makes birds, fish and automobiles attractive, *Psychonomic Bulletin & Review*, *11*(1), 149-156.

Harmon-Jones, E. & Allen, J. J. B. (2001), The role of affect in the mere exposure effect: Evidence from psychophysiological and individual differences approaches, *Personality and Social Psychology Bulletin*, *27*, 889-898.

Hill, W. F. (1978), Effects of mere exposure on preferences in nonhuman mammals, *Psychological Bulletin*, *85*, 1177-1198.

Huber, D. E. & O'Reilly, R. C. (2003), Persistence and accommodation in short-term priming and other perceptual paradigms: Temporal segregation through synaptic depression, *Cognitive Science*, *27*, 403-430.

Jacoby, L. L. (1983), Perceptual enhancement: Persistent effects of an experience, *Journal of Experimental Psychology: Learning, Memory, and Cognition*, *9*(1), 21-38.

Jacoby, L. L. & Dallas, M. (1981), On the relationship between autobiographical memory and perceptual learning, *Journal of Experimental Psychology: General*, *110*, 306-340.

Jacoby, L. L., Kelley, C. M. & Dywan, J. (1989), Memory attributions. In H. L. Roediger & F. I. M. Craik (Eds.), *Varieties of memory and consciousness: Essays in honour of Endel Tulving* (pp. 391-422), Hillsdale, NJ: Erlbaum.

Klinger, M. R. & Greenwald A. G. (1994), Preferences need no inferences?: The cognitive basis of unconscious mere exposure effects. In P. M. Niedenthal & S. Kitayama (Eds.), *The heart's eye* (pp. 67-85), San Diego: Academic Press.

Lang, P. J., Greenwald, M. K., Bradley, M. M. & Hamm, A. O. (1993), Looking at pictures: Affective, facial, visceral, and behavioral reactions, *Psychophysiology, 30*, 261-273.

Maccotta, L. & Buckner, R. L. (2004) Evidence for neural effects of repetition that directly correlate with behavioral priming, *Journal of Cognitive Neuroscience, 9*, 1625-1632.

Macguire, E. A., Frith, C. D. & Morris, R. G. M. (1999), The functional neuroanatomy of comprehension and memory: The importance of prior knowledge, *Brain, 122*, 1839-1850.

Mandler, G., Nakamura, Y. & Van Zandt, B. J. S. (1987), Nonspecific effects of exposure on stimuli that cannot be recognized, *Journal of Experimental Psychology: Learning, Memory, and Cognition, 15*, 646-648.

Maritain, J. (1966), Beauty and imitation. In M. Rader (Ed.), *A modern book of esthetics* (3rd ed., pp. 27-34), New York: Holt, Rinehart and Winston.

Martindale, C. & Moore, K. (1988), Priming, prototypicality, and preference, *Journal of Experimental Psychology: Human Perception and Performance, 14*, 661-670.

Monahan, J. L., Murphy, S. T. & Zajonc, R. B. (2000), Subliminal mere exposure: Specific, general, and diffuse effects, *Psychological Science, 11*, 462-466.

Moreland, R. L. & Zajonc, R. B. (1976), A strong test of exposure effects, *Journal of Experimental Social Psychology, 12*(2), 170-179.

Nicki, R. M., Lee, P. L. & Moss, V. (1981), Ambiguity, cubist works of art, and preference, *Acta Psychologica, 49*, 27-41.

Palmer, S. E. (1991), Goodness, Gestalt, groups, and Garner: Local symmetry subgroups as a theory of figural goodness. In G. R. Lockhead & J. R. Pomerantz (Eds.), *The perception of structure* (pp. 23-39), Washington, DC: American Psychological Association.

Palmer, S. E. & Hemenway, K. (1978), Orientation and symmetry: Effects of multiple, near, and rotational symmetries, *Journal of Experimental Psychology: Human Perception and Performance, 4*, 691-702.

Posner, M. I. & Keele, S. W. (1968), On the genesis of abstract ideas, *Journal of Experimental Psychology, 77*, 353-363.

Read, H. (1972), *The meaning of art*, London: Faber & Faber.

Reber, P. J., Stark, C. E. L. & Squire, L. R. (1998), Cortical areas supporting category learning identified using functional MRI, *Proceedings of the National Academy of Science USA, 95*, 747-740.

Reber, R. & Schwarz, N. (2006), Perceptual fluency, preference, and evolution, *Polish Psychological Bulletin, 37*, 16-22.

Reber, R., Schwarz, N. & Winkielman, P. (2004), Processing fluency and aesthetic pleasure: Is beauty in the perceiver's processing experience? *Personality and Social Psychology Review, 8*, 364-382.

Reber, R., Winkielman, P. & Schwarz, N. (1998), Effects of perceptual fluency on affective judgments, *Psychological Science, 9*, 45-48.

Rhodes, G. & Tremewan, T. (1996), Averageness, exaggeration, and facial attractiveness, *Psychological Science, 7*, 105-110.

Rhodes, G., Yoshikawa, S., Clark, A., Lee, K., McKay, R. & Akamatsu, S. (2001), Attractiveness of facial averageness and symmetry in non-western cultures: In search of biologically based standards of beauty, *Perception, 30*, 611-625.

Roediger, H. L. (1990), Implicit memory: Retention without remembering, *American Psychologist, 45*(9), 1043-1056.

Saegert, S., Swap, W. & Zajonc, R. B. (1973), Exposure, context, and interpersonal attraction, *Journal of Personality and Social Psychology, 25*, 234-242.

Schaffner, E. P., Wandersman, A. & Stang, D. (1981), Candidate name exposure and voting: Two field studies, *Basic and Applied Social Psychology, 2*(3), 195-203.

Schwarz, N. (2004), Meta-cognitive experiences in consumer judgment and decision making, *Journal of Consumer Psychology, 14*, 332-348.

_____ (2006), On judgments of truth and beauty, *Daedalus, 135*, 136-138.

Seamon, J. G., Brody, N. & Kauff, D. M. (1983), Affective discrimination of stimuli that are not recognized: Effects of shadowing, masking, and central laterality, *Journal of Experimental Psychology: Learning, Memory and Cognition, 9*, 544-555.

Sollberger, B. & Reber, R. (2004), *Artificial grammar learning as a potential mechanism for the acquisition of music preference*, Unpublished manuscript.

Solso, R. L. (1997), *Cognition and the visual arts*, Cambridge, MA: MIT Press.

Tulving, E. & Schachter, D. L. (1990), Priming and human memory systems, *Science, 247*(4940), 301-306.

Volz, K. G. & von Cramon, D. Y. (2006), What neuroscience can tell us about intuitive processes in the context of discovery, *Journal of Cognitive Neuroscience, 18*, 2077-2087.

Whitfield, T. W. A. & Slatter, P. E. (1979), The effects of categorization and prototypicality on aesthetic choice in a furniture selection task, *British Journal of Psychology*, *70*, 65-75.

Whittlesea, B. W. A. (2002), On the construction of behavior and subjective experience: The production and evaluation of performance. In J. Bowers & C. Marsolek (Eds.), *Rethinking implicit memory* (pp. 239-260), Oxford, UK: Oxford University Press.

Whittlesea, B. W. A., Jacoby, L. L. & Girard, K. (1990), Illusions of immediate memory: Evidence of an attributional basis for feelings of familiarity and perceptual quality, *Journal of Memory and Language*, *29*, 716-732.

Whittlesea, B. & Price, J. (2001), Implicit/explicit memory versus analytic/nonanalytic processing: Rethinking the mere exposure effect, *Memory and Cognition*, *29*, 234-246.

Wiggs, C. L. & Martin, A. (1998), Properties and mechanisms of perceptual priming, *Current Opinion in Neurobiology*, *8*, 227-233.

Winkielman, P. & Cacioppo, J. T. (2001), Mind at ease puts a smile on the face: Psychophysiological evidence that processing facilitation leads to positive affect, *Journal of Personality and Social Psychology*, *81*, 989-1000.

Winkielman, P. & Fazendeiro, T. (in preparation), *The role of conceptual fluency in preference and memory*.

Winkielman, P., Halberstadt, J., Fazendeiro, T. & Catty, S. (2006), Prototypes are attractive because they are easy on the mind, *Psychological Science*, *17*, 799-806.

Winkielman, P. & Nowak, A. (2005), Dynamics of cognition-emotion interface: Coherence breeds familiarity and liking, and does it fast, *Behavioral and Brain Sciences*, *28*, 222-223.

Winkielman, P., Schwarz, N., Fazendeiro, T. & Reber, R. (2003), The hedonic marking of processing fluency: Implications for evaluative judgment. In J. Musch & K. C. Klauer (Eds.), *The psychology of evaluation: Affective processes in cognition and emotion* (pp. 189-217), Mahwah, NJ: Lawrence Erlbaum.

한국어판(2019)을 내며

Aharon, I., Etcoff, N., Wriely, D., Chabris, C. F., O'Connor, E., & Breiter, H. C. (1998), Beautiful faces have variable reward value: fMRI and behavioral evidence, *Neuron, 32,* 537-551.

Berlyne, D. E. (1971), *Aesthetics and psychobiology,* New York: Appleton-Century-Crofts.

Blood, A. J., Zatorre, R. J., Bermudez, P., & Evans, A. C. (1999), Emotional responses to pleasant and unpleasant music correlate with activity in paralimbic brain regions, *Nature Neuroscience, 2,* 382-387.

Blood, A. J., & Zatorre, R. J. (2001), Intensely pleasurable responses to music correlate with activity in brain regions implicated in reward and emotion, *Proceedings of the National Academy of Sciences, 98,* 11818-11823.

Brattico, E., & Pearce, M. (2013), The neuroaesthetics of music, *Psychology of Aesthetics, Creativity, and the Arts, 7,* 48-61.

Brown, S. (2018), Toward a unification of the arts, *Frontiers in Psychology, 9,* 1938.

Carbon, C.-C. (2018), Empirical aesthetics: In quest of a clear terminology and valid methodology, In Z. Kapoula et al. (Eds.), *Exploring Transdisciplinarity in Art and Sciences* (pp. 107-119), Berlin: Springer.

Cela-Conde, C. J., Marty, G., Maestú, F., Ortiz, T., Munar, E., Fernández, A., Roca, M., Rossello, J., & Quesney, F. (2004), Activation of the prefrontal cortex in the human visual aesthetic perception. *Proceedings of the National Academy of Sciences of the United States of America, 101,* 6321-6325.

Chatterjee, A. (2003), Prospects for a cognitive neuroscience of visual aesthetics, *Bulletin of Psychology and the Arts, 4,* 55-59.

Chatterjee, A. (2004).The neuropsychology of visual artistic production. *Neuropsychologia, 42,* 1568-1583.

Chatterjee, A., & Vartanian, O. (2016), Neuroscience of aesthetics. *Annals of the New York Academy of Sciences,* 1369, 172-194.

Fechner, G. T. (1876), *Vorschule der Ästhetik,* Leipzig: Breitkopf und Härtel.

Gold, B. P., Mas-Herrero, E., Zeighami, Y., Benovoy, M., Dagher, Al., & Zatorre, R. J. (2019), Musical reward prediction errors engage the nucleus accumbens and motivate learning, *Proc. Natl. Acad. U.S.A., 116,* 3310-3315.

Jacobsen, T. (2006), Bridging the arts and sciences: A framework for the psychology of aesthetics, *Leonardo, 39(2),* 155-162.

Jacobsen, T., Höfel, L. (2001), Aesthetics electrified: An analysis of descriptive symmetry and evaluative aesthetic judgment processes using event-related potentials, *Empirical Studies of the Arts*, *19*, 177-190.

Jacobsen, T., Höfel, L. (2003), Descriptive and evaluative judgment processes: Behavioral and electrophysiological indices of processing symmetry and aesthetics, *Cognitive, Affective, & Behavioral Neuroscience*, *3*, 289-299.

Kampe, K. K. W., Frith, C. D., Dolan, R. J., & Frith, U. (2001), Reward value of attractiveness and gaze, *Nature*, *413*, 589.

Kawabata, H., & Zeki, S. (2004), Neural correlates of beauty, *Journal of Neurophysiology*, *91*, 1699-1705.

Kesner, L. (2014), The predictive mind and the experience of visual art work, *Frontiers in Psychology*, *5*, 1417.

Koelsch, S., Vuust, P., & Friston, K. (2018), Predictive processes and the peculiar case of music, *Trends in Cognitive Science*, *23*, 63-77.

Kranjec, A., & Skov, M. (2019), Visualizing aesthetics across two centuries: From beauty, sense, and subjectivity...to art, experience, and objectivity, *Submitted*.

Leder, H., Belke, B., Oeberst, A. & Augustin, D. (2004), A model of aesthetic appreciation and aesthetic judgements, *British Journal of Psychology*, 95, 489-508.

Miall, D. (1976). Aesthetic unity and the role of the brain, *Journal of Aesthetics and Art Criticism*, *35*, 57-67.

Nadal, M., Munar, E., Capó, M. A., Rosselló, J., & Cela-Conde, C. J. (2008), Towards a framework for the study of the neural correlates of aesthetic preference, *Spatial Vision*, *21*, 379-396.

Nadal, M., Gomila, A., & Gálvez-Pol, A. (2014), A history for neuroaesthetics, In J. O. Lauring (Ed.), *An introduction to neuroaesthetics. The neuroscientific approach to aesthetic experience, artistic creativity and arts appreciation* (pp. 2-49), Copenhagen: Museum Tusculanum Press.

Nadal, M., & Pearce, M. T. (2011), The Copenhagen Neuroaesthetics conference: Prospects and pitfalls for an emerging field, *Brain and Cognition*, *76*, 172-183.

Nadal, M., & Skov, M. (2018), The pleasure of art as a matter of fact, *Proceedings of the Royal Society B: Biological Sciences*, 2017-2252.

Nakamura, K., Kawashima, R., Ito, K., Sugiura, M., & Kojima, S. (1998), Neuroanatomical correlates of the assessment of facial attractiveness, *Neuroreport*, 9, 753-757.

O'Doherty, J., Winston, J., Critchley, H., Perrett, D., Burt, D. M., & Dolan, R. J. (2003), Beauty in a smile: The role of medial orbitofrontal cortex in facial attractiveness,

Neuropsychologia, 41, 147-155.

Pearce, M. T., & Wiggins, G. A. (2012), Auditory expectations: The information dynamics of music perception and cognition, *Topics in Cognitive Science, 4*, 625-652.

Pearce, M. T., Zaidel, D. W., Vartanian, O., Skov, M., Leder, H., Chatterjee, A., & Nadal, M. (2016), Neuroaesthetics: The cognitive neuroscience of aesthetic experience, *Perspectives on Psychological Science, 11*, 265-279.

Pelowski, M., Markey, P. S., Forster, M., Gerger, G., & Leder, H. (2017a), Move me, astonish me… delight my eyes and brain: The Vienna Integrated Model of top-down and bottom-up processes in Art Perception (VIMAP), *Physics of Life Reviews*, 21, 80-125.

Pelowski, M., Forster, M., Tinio, P. P. L., Scholl, M., & Leder, H. (2017b), Beyond the lab: An examination of key factors influencing interaction with 'real' and 'museum-based' art, *Psychology of Aesthetics, Creativity, and the Arts, 11*, 245-264.

Ramachandran, V. S., & Hirstein W. (1999), The science of art: A neurological theoryof aesthetic experience, *Journal of Consciousness Studies, 6 (6-7)*, 15-51.

Rentschler, I, Herzberger, B., & Epstein, D. (1988), *Beauty and the Brain: Biological Aspects of Aesthetics*, Basel: Birkhauser Verlag.

Salimpoor, V. N., Zald, D. H., Zatorre, R. J., Dagher, A., & McIntosh, A. R. (2014), Predictions and the brain: How musical sounds become rewarding, *Trends in Cognitive Sciences, 19*, 86-91.

Senior, C. (2003), Beauty in the Brain of the Beholder, *Neuron, 38*, 525-528.

Skov, M. (2005), Hvad er neuroæstetik? [What is neuroaesthetics?], *Kritik, 174*, 1-10.

Skov, M. (2007), *Følelser og æstetik* [Emotions and aesthetics], In T. W. Jensen & M. Skov (Eds.), Følelser og kognition (pp. 167-196), Copenhagen: Museum Tusculanum Press.

Skov, M. (2019a), Aesthetic appreciation: The view from neuroimaging, *Empirical Studies of the Arts, 37*, 220-248.

Skov, M. (2019b), The neurobiology of sensory valuation. In M. Nadal & O. Vartanian (Eds.), *The Oxford Handbook of Empirical Aesthetics* (pp. 1-40), Oxford: Oxford University Press, DOI: 10.1093/oxfordhb/9780198824350.013.7

Skov, M., & Nadal, M. (2018), Art is not special: An assault on the last lines of defense against the naturalization of the human mind, *Reviews in the Neurosciences, 29*, 699-702.

Skov, M., & Nadal, M. (2019a), The nature of perception and emotion in aesthetic appreciation: A response to Makin's challenge to Empirical Aesthetics, *Psychology of Aesthetics, Creativity, and the Arts, In press*, DOI:10.1037/aca0000278

Skov, M., & Nadal, M. (2019b), A farewell to art. The place of aesthetics in psychology and neuroscience, *Perspectives on Psychological Science, In press.*

Skov, M., & Vartanian, O. (2009), *Neuroaesthetics*, Amityville, NY: Baywood.

Van de Cruys, S., & Wagemans, J. (2011), Putting reward in art: A tentative prediction error account of visual art, *I-Perception*, *2*, 1035-1062.

Vartanian, O., & Goel, V. (2004a), Neuroanatomical correlates of aesthetic preference for paintings, *NeuroReport*, 15, 893-897.

Vartanian, O., & Goel, V. (2004b), Emotion pathways in the brain mediate aesthetic preference, *Bulletin of Psychology and the Arts*, *5(1)*, 37-42.

Vartanian, O. & Nadal, M. (2007), A biological approach to a model of aesthetic experience, In L. Dorfman, C. Martindale & V. Petrov (Eds.), *Aesthetics and Innovation* (pp. 429-444), Cambridge: Cambridge Scholars Press.

Zeki, S. (1999), Art and the brain, *Journal of Consciousness Studies*, *6 (6- 7)*, 76-96.

옮긴이의 말

Belke, B., Leder, H., & Augustin, M. D. (2006). Mastering style: Effects of explicit style-related information, art knowledge and affective state on appreciation of abstract paintings. *Psychology Science*, 48(2), 115-134.

Changeux, J. P. (1994), Art and Neuroscience, *Leonardo*, *27*(3), 189-201

Chatterjee, A. (2010). Neuroaesthetics: A Coming of Age Story, *Journal of Cognitive Neuroscience*, *23*(1), 53-62

Chatterjee, A. (2003). Prospects for a cognitive neuroscience of visual aesthetics. *Bulletin of Psychology and the Arts*, *4*, 55-60.

Kang, M. (2017), "'The Neural Sublime' Revisited: On the Scientific Approaches to the Sublime" *Proceeding of 20th International Congress of Aesthetics 2016*, 562-567

Leder, H., & Nadal, M. (2014). Ten years of a model of aesthetic appreciation and aesthetic judgments: The aesthetic episode—Developments and challenges in empirical aesthetics. *British Journal of Psychology*, *105*, 443 -464.

Leder, H. (2013). Acknowledging the diversity of aesthetic experiences: effects of style, meaning and context. Commentary/Bullot & Reber for BBS 36(5) 2012. The artful mind meets art history: Toward a psycho-framework for the science of art appreciation. *Behavioural and Brain, Sciences*, *36*(2), 149-150.

Leder, H., Belke, B., Oeberst, A., & Augustin, D. (2004). A model of aesthetic appreciation and aesthetic judgments. *British Journal of Psychology*, *95*, 489-508.

Livingston, M. (1988), Art, Illusion and the Visual System, *Scientific America*, *258*(1), 78-85.

Miall, D. S. (1995), Anticipation and feeling in literary response: A neuropsychological perspective, *Poetics*, *23*, 275-298.

Miall, D. S. & Kuiken, D. (1994), Foregrounding, defamiliarization, and affect: Response to literary stories, *Poetics*, *22*, 389-407.

Nadal, M., & Pearce, M. T. (2011). The Copenhagen Neuroaesthetics conference: Prospects and pitfalls for an emerging field. *Brain and Cognition*, *76*, 172-183

Pearce, M. T., Zaidel, D. W., Vartanian, O., Skov, M., Leder, M., Chatterjee, A., & Nadal, M. (2016). Neuroaesthetics: the cognitive neuroscience of aesthetic experience. *Perspectives in Psychological Science*, *11*, 265-279.

Pearce, M. T. (2015). Effects of expertise on the cognitive and neural processes involved in musical appreciation. In J.P. Huston, M. Nadal, L. Agnati, F. Mora, and C.J. Cela-Conde (eds.), *The Oxford Handbook of Neuroaesthetics* Oxford: Oxford University Press, 319-338.

Pearce, M. T. and Wiggins, G. (2006). Expectation in melody: The influence of context and learning. *Music Perception*, *23*, 377-405.

Pelowski, M., Markey P. S., Lauring, J., and Leder, H., (2016), Visualizing the Impact of Art: An Update and Comparison of Current Psychological Models of Art Experience, *Frontiers in Human Neuroscience*, *10*(160), 1-20

Ramachandran, V. S. and Hirstein, W. (1999), The science of art: a neurological theory of aesthetic experience, *Journal of Consciousness Studies*, *6*, 15-41

Tervaniemi, M., Alho, K., Paavilainen, P., Sams, M. & Naatanen, R. (1993), Absolute pitch and event-related brain potentials, *Music Perception*, *10*, 305-316.

색스, O. (2006), 『아내를 모자로 착각한 남자』, 조석현 역, 서울: 이마고. (Sacks, O. (1985), *The Man Who Mistook His Wife for a Hat*, Summit Books.)

자이덜, D. W. (2015), 『신경심리학과 예술: 신경, 인지, 진화론적 관점』, 최은영, 백용운, 공마리아, 김자령 역, 서울: 학지사. (Dahlia W. Zaidel (2005), *Neuropsychology of Art: Neurological, Cognitive and Evolutionary Perspective*, Psychology Press.)

제키, S. (2003), 『이너비전: 뇌로 보는 그림, 뇌로 그리는 미술』, 제이슨 박 역, 서울: 시공사. (Zeki, S. (1999), *Inner Vision: An Exploration of Art and the Brain*. Oxford and New York: Oxford University Press.)

채터지, A. (2018), 『미학의 뇌』, 심희정 역, 서울: PARC. (Anjan Chatterjee (2014), *The Aesthetic Brain*, New York: Oxford University Press.)

캔델, E. (2014), 『기억을 찾아서』, 전대호 역, 서울: 알에이치코리아. (Eric Kandell (2007), *In Search of Memory*, W. W. Norton & Company.)

_____ (2014), 『통찰의 시대: 뇌과학이 밝혀내는 예술과 무의식의 비밀』, 이한음 역, 서울: 알에이치코리아. (Eric Kandell (2012), *The Age of Insight*, Random House.)

_____ (2019), 『어쩐지 미술에서 뇌과학이 보인다』, 이한음 역, 파주: 프시케의숲. (Eric Kandell (2016), *Reductionism in Art and Brain Science: Bridging the Two Cultures*, Columbia University Press.)

찾아보기

집필진 소개

안잔 채터지(Anjan Chatterjee)

펜실베이니아 대학교(University of Pennsylvania)의 신경학 교수이자 펜 신경미학센터 소장(Director of the Penn Center for Neuroaesthetics), 인지신경과학센터(Center for Cognitive Neuroscience) 구성원이다. 펜실베이니아 대학교 의과대학 졸업 후 시카고 대학교(University of Chicago)에서 신경학 레지던트를 마쳤고 케이스 웨스턴 리저브 대학교(Case Western Reserve University)에서 치매로, 플로리다 대학교(University of Florida)에서 인지신경학으로 박사후 연수를 마쳤다. 그의 임상 진료는 인지장애 환자에 초점을 맞추고 있다. 그의 연구는 공간 및 시간 주의, 공간과 언어의 인터페이스, 신경미학, 신경윤리학에 초점을 맞추고 있다. 2002년 미국신경학회(American Academy of Neurology)에서 수여하는 노르만 게슈빈트 행동 및 인지신경학상(Norman Geschwind Prize in Behavioral and Cognitive Neurology)을 수상했다. 인지신경과학회지(Journal of Cognitive Neuroscience) 부편집장이며 예술의 경험적 연구(Empirical Studies of the Arts), 인지신경심리학(Cognitive Neuropsychology), 신경심리학(Neuropsychology), 인지 및 행동신경학(Cognitive and Behavioral Neurology), 행동신경학(Behavioural Neurology)의 편집위원이다.

안테 폰 그레베니츠(Antje von Graevenitz)

20세기 아방가르드 미술을 전문으로 하는 미술사가, 저자, 편집자이다. 퀼른 대학교(University of Cologne) 미술사연구소(Kunsthistorisches Institut) 미술사 명예교수이다. 미술사, 고고학, 민족학을 공부한 후 1972년 뮌헨 루트비히 막시밀리안 대학교(Ludwig-Maximilians-University of Munich)에서 박사학위를 받았고 예술에서의 의식(rituals)과 같은 인류학적 문제를 전문으로 한다. 그녀의 연구는 초현실주의, 키네틱 아트, 행위예술 같은 운동들과 뒤샹(Duchamp), 자코메티(Giacometti), 브랑쿠시(Brancusi), 보이스(Beuys), 나우먼(Nauman) 같은 예술가들을 포함하는 1920년대와 1950년대부터 오늘날까지의 예술에 초점을 맞춰왔다.

카밀로 J. 셀라-콘데(Camilo J. Cela-Conde, 스페인 마드리드, 1946)

발레아레스제도 대학교(스페인 팔마 데 마요르카(Palma de Mallorca)) 인류학 수석교수(Senior Professor)이자 인간분류학연구소(Laboratory of Human Systematics, UIB) 명예교수이다. 발레아레스제도 대학교에 인간분류학 연구소(Laboratory of Human Systematics, UIB)를 설립했다. 저서로는 인간 진화(Human Evolution, 공저자 프란시스코 J. 아얄라(Francisco J. Ayala), 뉴욕, 옥스퍼드 대학교 출판부(Oxford University Press), 2007) 등이 있다. 미국과학진흥협회(American Association for the Advancement of Sciences, 1999년 선임) 생물학 분과 회원이다. 인류발생론 학술연구 및 훈련센터(Center of Academic Research and Training in Anthropogeny), 솔크연구소(Salk Institute), 캘리포니아 대학교 샌디에이고 캠퍼스(University of California, San Diego)의 구성원이기도 하다(2008년 선임).

달리아 W. 자이덜(Dahlia W. Zaidel)

캘리포니아 공과대학(Caltech) 로저 스페리(Roger Sperry)의 연구실에서
교련절개술(commissurotomy, "분할 뇌(split-brain)") 환자들을 연구하는 것으로 반구 전문화
분야에서 뇌 연구를 시작했는데 기억, 문제 해결, 공간지각, 운동 통제의 기능적 편재화에 중점을
두었다. 예술은 대뇌 반구들에 대한 정보를 알아내기 위한 그녀의 연구에서 매력적인 경험적 도구가
되었다. 뇌나 얼굴의 좌우 비대칭성에 대한 그녀의 관심은 옥스퍼드에서 풀브라이트 장학생(Fulbright
Scholar)으로서, 그리고 UCLA 심리학과에서 교수로서의 연구를 계속해서 지배했고 이제 그녀의
초점은 신경과학, 미, 얼굴, 예술, 그리고 뇌의 교차점에 맞춰져 있다.

데이비드 S. 마이얼(David S. Miall)

캐나다 앨버타 대학교(University of Alberta) 영문학 명예교수이다. 이전의 출판물로는 편집자를
맡은 『인문학과 컴퓨터: 새로운 방향』(Humanities and the Computer: New Directions, 1990),
『낭만주의: 시디롬』(Romanticism: The CD-ROM, 1997), 그리고 『논문(monograph) 문학
읽기: 경험적, 이론적 연구』(Literary Reading: Empirical and Theoretical Studies, 2006) 등이
있다. 이에 더하여 90개가 넘는 챕터와 학술지 논문을 저술했다. 그의 전문 분야는 영국 낭만주의
시대의 문학과 문학 읽기에 대한 경험적 연구 — 1990년부터 돈 쿠이켄(Don Kuiken, 심리학과)과
협업한 분야 — 이다. 낭만주의 문학, 고딕 소설, 문학적 계산(literary computing), 문학 읽기의
경험적 · 역사적 연구에 대해 강의하고 있다.

엘렌 디사나야케(Ellen Dissanayake)

인간 본성에 내재된 진화된 행동으로서의 예술에 관한 학제적 연구를 하는 독립 학자이자 저술가이다.
그녀의 저서 『예술은 무엇을 위해 존재하는가(What Is Art For?)』, 『미학적 인간: 예술은 어디서,
왜 왔는가(Homo Aestheticus: Where Art Comes From and Why)』, 『예술과 친밀성:
예술은 어떻게 시작되었는가(Art and Intimacy: How the Arts Began)』는 모두 워싱턴 대학교
출판부(University of Washington Press)에서 출간되었다. 『미학적 인간』은 중국어와 한국어로
번역되었다. 시애틀에 거주하며 그곳에서 워싱턴 대학교 음악대학 겸임교수로 재직하고 있다.

엔릭 무나르(Enric Munar, 스페인 마요르카, 1963)

심리학과 교수(발레아레스제도 대학교)이다. 1989년 콤플루텐세 대학교(University of
Complutense, 마드리드)에서 심리학 학위를 취득했고 2000년 발레아레스제도 대학교에서
박사학위를 취득했다. 무나르 박사는 인간 진화 및 인지 연구 그룹(Human Evolution and
Cognition research group, www.evocog.com)의 회원이다. 그의 연구 관심사는 일반적으로는
실험인지심리학, 특히 인간 지각이다. 주의 및 지각 연구에 대한 핸드북인 『주의 및 지각의
매뉴얼』(Manual de Atención y Percepción, 1999)을 편찬했다. 현재 미적 선호, 인간 인지의 진화,
착시를 다루는 몇 개의 프로젝트에 활발히 참여하고 있다.

에릭 니콜라스(Eric Nicolas)

뉴욕시에서 살면서 작업하는 음악가이자 작곡가이다. 브라운 대학교에서 문학과 사회로 학사학위를 받았다. 재즈, 브라질 및 미국 팝, 록 등 다양한 대중적 스타일로 작곡, 녹음, 연주한다. 직업적 밴드 리더 겸 편곡자로서 현대의 기보 관습(contemporary chart-writing conventions)에 매우 익숙하다. 더 많은 정보는 www.ericnicolas.com을 참고하라.

마르코스 나달(Marcos Nadal, 스페인 마요르카, 1975)

발레아레스제도 대학교에서 심리학 학위와 인간 진화 및 인지 박사학위를 받았다. 언어, 미적 선호, 도덕성의 인지, 신경, 진화적 기반에 관한 연구를 수행해왔다. 현재 발레아레스제도 대학교 심리학과 교수이다.

마리 테르바니에미(Mari Tervaniemi)

1997년 핀란드 헬싱키 대학교(University of Helsinki)에서 심리학 박사학위를 취득했고 그때부터 그곳에서 연구자로 일했다. 이와 동시에 2000~2001년 핀란드 유바스큘래 대학교(University of Jyväskylä)에서 교수로, 2001~2002년 독일 라이프치히에서 마리 퀴리 연구원(Marie Curie fellow)으로 활동했다. 2004~2005년 헬싱키 대학교 선임 강사로 근무했다. 2006~2009년 EU가 지원한 연구 프로젝트인 음악을 위해 뇌 조율하기(Tuning the brain for music)의 코디네이터로, 2008~2010년 핀란드 학제적 음악 최고 연구센터(Finnish Centre of Excellence for Interdisciplinary Music Research) 부소장으로 활동했다.

마르틴 스코프(Martin Skov)

언어학과 문학 이론으로 훈련을 받은 후 신경과학으로 박사학위 과정을 밟으며 기능 자기공명영상(fMRI)을 사용하여 미적 선호 형성의 신경생물학적 기반을 연구했다. 현재 흐비도브레 코펜하겐 대학교 병원(Copenhagen University Hospital Hvidovre) 덴마크 자기공명연구센터(Danish Research Centre for Magnetic Resonance)의 연구원이다. 덴마크어와 영어로 된 몇 권의 책의 공동 편집자이며 동료와 함께 선호 형성과 의사 결정의 관계에 대한 책을 집필하고 있다.

미켈 카포(Miquel Capó, 스페인 마요르카, 1971)

발레아레스제도 대학교(University of Balearic Islands)에서 철학 박사학위와 인간 진화 및 인지 석사학위를 받았다. 언어, 미적 선호 및 도덕성의 인지, 신경, 진화적 기반, 그리고 생물철학에 대한 연구를 수행해왔다. 현재 발레아레스제도 대학교 철학과 조교수이다.

니콜라스. J. 웨이드(Nicholas J. Wade)

에든버러 대학교(University of Edinburgh)에서 심리학 학사학위를 받았고 오스트레일리아 모나시 대학교(Monash University)에서 심리학 박사학위를 받았다. 영연방 장학금(British Commonwealth Scholarship)의 장학생이었다. 독일 막스플랑크 행동생리학연구소(Max-Planck-Institute for Behavioural Physiology)에서 알렉산더 폰 훔볼트 재단(Alexander von Humboldt Stiftung)으로부터 박사후 연구 장학금을 받았다. 던디 대학교(University of Dundee) 심리학 강사, 던디 대학교 심리학 부교수(reader)를 역임했고 1991년부터 던디 대학교 시각심리학 교수이다. 에든버러 왕립협회(Royal Society of Edinburgh) 회원이자 1997년부터 애버테이 던디 대학교(University of Abertay Dundee) 명예교수이다. 그의 연구는 인간 시각에서 공간과 운동의 표상, 시과학 연구의 역사, 시과학과 시각예술의 관계에 초점이 맞춰져 있다.

오신 바타니안(Oshin Vartanian)

메인 대학교(University of Maine)에서 콜린 마틴데일(Colin Martindale) 박사의 지도를 받아 실험심리학 박사학위를 받았다. 토론토 요크 대학교에서 비노드 고엘(Vinod Goel) 박사의 지도하에 인지신경과학으로 박사후 과정을 마쳤고 토론토의 캐나다 국방연구개발원(DRDC)에서 데이비드 R. 맨델(David R. Mandel) 박사의 지도하에 방문 연구원 과정을 마쳤으며 현재 DRDC의 국방과학자이자 토론토 대학교(University of Toronto) 심리학과 대학원 겸임교수(Cross-Appointed Graduate Faculty)이다. 창의성, 추리, 의사결정 등 고차 인지 기능의 신경 기반과 선호 형성 및 미학의 신경 기초를 연구한다.

표트르 빙키엘만(Piotr Winkielman)

캘리포니아 대학교 샌디에이고 캠퍼스 심리학 교수이다. 그의 연구는 사회 및 인지심리학과 신경과학에서 가져온 방법들을 사용하여 인지, 감정, 체화, 의식의 상호작용을 탐색한다. 특히 이러한 연구의 사회 인지에 대한 함의 — 인지 및 감정 과정이 어떻게 상호작용하여 사회적 판단과 의사결정에 영향을 미치는지 — 에 관심을 가지고 있다.

스티븐 브라운(Steven Brown)

온타리오(Ontario)주 해밀턴(Hamilton)에 소재한 맥매스터 대학교(McMaster University) 심리학, 신경과학 및 행동학과에서 근무하는 인지신경과학자이다. 뉴욕에 소재한 컬럼비아 대학교(Columbia University) 유전학과에서 박사학위를 받았고 파리의 파스퇴르연구소(Pasteur Institute), 스톡홀름의 카롤린스카연구소(Karolinska Institute), 샌안토니오의 텍사스 대학교 건강과학센터(University of Texas Health Science Center), 밴쿠버의 사이먼 프레이저 대학교(Simon Fraser University)에서 박사후 연구를 수행했다. 그의 연구는 인간 의사소통 과정의 신경 기반을 다루는 예술에 초점을 맞추고 있다. 책 두 권의 공저자이다: 『음악의 기원』(The Origins of Music, 매사추세츠 공과대학 출판부(MIT Press), 『음악과 조작』(Music and Manipulation, Berghahn Books).

토마스 야콥센(Thomas Jacobsen)

독일 헬무트 슈미트 대학교(Helmut Schmidt University) 실험심리학 및 행동신경과학 교수이다. 그의 주된 연구 초점은 언어 및 비언어 소리의 전주의적 인지 처리에 대한 실험, 인지신경과학이다. 미학의 신경인지심리학에 대해서도 연구한다.

지젤 마르티(Gisèle Marty, 스위스 제네바, 1951)

발레아레스제도 대학교(스페인 팔마 데 마요르카)의 수석교수이다. 그녀의 연구와 강의는 예술심리학과 기억심리학에 초점이 맞춰져 있다. 몇 권의 책과 많은 국제 학술지에 논문을 게재했다. 다른 방법들과 더불어 뇌영상 기법을 사용하여 그 분야에 접근해온 경험미학의 다양한 연구 프로젝트의 주요 연구자이다. 그녀의 연구는 스페인에서 예술심리학에 대한 지속적인 연구 프로그램을 세우는 데 기여해왔다.

토르벤 그로달(Torben Grodal)

코펜하겐 대학교(University of Copenhagen) 영화 및 미디어학 명예교수이다. 옥스퍼드 대학교 출판부에서 발간한 『영화. 영화 장르, 감정, 그리고 인지의 새 이론(Moving Pictures. A New Theory of Film Genres, Feelings, and Cognition)』과 『체화된 시각: 진화, 감정, 문화, 그리고 영화(Embodied Visions: Evolution, Emotion, Culture, and Film)』의 저자이고 그 밖에도 덴마크어로 된 문화사와 영화 및 문학 이론에 대한 책들도 저술했다. 영화 이론과 영화 분석, 미학 이론, 비디오 게임 이론과 같은 주제들과 관련하여 감정의 역할에 특별한 강조점을 두고 인문학적 방법과 뇌과학을 결합하는 많은 논문을 출판했다.

트로이 셰니에(Troy Chenier)

캘리포니아 대학교 샌디에이고 캠퍼스에서 사회심리학으로 박사학위를 취득했다. 그의 연구는 인지현상학 이해에 초점을 맞추고 있다: 정보처리 역학의 변이가 어떻게 감정(즉 친숙성의 감정), 신념(즉 자신의 자기주장성에 대한) 및 태도(즉 호감)를 낳는가. 특히 관심 있는 것은 선호 발달 및 미적 경험에 대한 이러한 인지적 기제의 기여이다.

W. 테쿰세 피치(W. Tecumseh Fitch)

빈 대학교(University of Vienna) 인지생물학과 교수로 재직 중인 생물학자이자 인지과학자이다. 브라운 대학교(Brown University)에서 생물학 및 의학 학사학위와 인지 및 언어과학 박사학위를 받았다. 그의 연구는 인간을 포함한 다양한 종 집단에서의 인지 및 의사소통의 진화에 초점을 맞추고 있다. 음악, 발화(speech), 언어의 생물학 및 진화에 특히 관심을 두고 있다.

역자 소개

강미정

서울대학교 미학과를 졸업하고 동대학원에서 미학과 미술이론을 전공하여 박사학위를 취득했다. 서울대학교 강사, 서울대학교 융합기술연구원 선임연구원, 카이스트 인문사회과학부 대우교수 등을 역임했다. 그동안 미술이론의 역사, 찰스 S. 퍼스의 기호학적 프래그머티즘, 디지털미디어론 등에 관심을 가지고 연구해왔고, 현재는 서울대학교와 한국예술종합학교에서 가르치면서 신경미학과 미디어아트의 역사를 중심으로 예술과 과학을 가로지르는 학제적 연구를 하고 있다. 저서로는 『퍼스의 기호학과 미술사』가 있으며, 대표 논문에는 「사이버네틱스와 공간예술의 진화」, 「가추법과 디자인씽킹」, 「디지털미디어와 지표적 지시」 등이 있다.

민철홍

서울대학교 심리학과를 졸업하고 동대학원 박사과정에서 언어심리학을 연구하고 있다. 안구운동 추적 실험을 통해 글을 읽을 때 음운 정보의 역할을 알아보는 연구로 석사학위를 받았으며, 서울과학기술대학교, 서울대학교, 이화여자대학교에서 강의를 했고 서울대학교 융합기술연구원에서 연구원으로 근무했다. 박사과정을 수료한 후 서울대학교에서 강의하면서, '악보를 읽을 때의 안구운동 양상에 대한 연구'로 논문을 준비하고 있으며, 또한 언어심리학을 대중에게 쉽고 재미있게 소개하기 위한 팟캐스트 '마음에서 언어 찾기'를 대학원 동료들과 함께 제작하고 있다.